VERÖFFENTLICHUNGEN DER

HISTORISCHEN KOMMISSION ZU BERLIN

BAND 74

Walter de Gruyter · Berlin · New York

1990

SEELSORGE UND DIAKONIE IN BERLIN

Beiträge zum Verhältnis von Kirche und Großstadt im 19. und beginnenden 20. Jahrhundert

Herausgegeben von

KASPAR ELM

und

HANS-DIETRICH LOOCK

W DE G

Walter de Gruyter · Berlin · New York

1990

Gedruckt mit Unterstützung des Bischöflichen Ordinariats Berlin
Die Schriftenreihe der Historischen Kommission zu Berlin erscheint mit Unterstützung der Senatsverwaltung für Wissenschaft und Forschung, Berlin

Redaktion

Rita Weber

Lektorat der Schriftenreihe

Christian Schädlich

♾ Gedruckt auf säurefreiem Papier
(alterungsbeständig — pH 7, neutral)

CIP-Titelaufnahme der Deutschen Bibliothek

Seelsorge und Diakonie in Berlin : Beiträge zum Verhältnis von Kirche und Großstadt im 19. und beginnenden 20. Jahrhundert / hrsg. von Kaspar Elm u. Hans-Dietrich Loock. —
Berlin ; New York : de Gruyter, 1990
(Veröffentlichungen der Historischen Kommission zu Berlin ; Bd. 74)
ISBN 3-11-012619-2
NE: Elm, Kaspar [Hrsg.]; Historische Kommission <Berlin, West>: Veröffentlichungen der Historischen ...

Printed in Germany
Satz: Historische Kommission zu Berlin, Berlin 38
Druck: Werner Hildebrand, Berlin 65, Einband: Lüderitz & Bauer, Berlin 61
Schutzumschlag: Rudolf Hübler

VORBEMERKUNG

Die vorliegenden Beiträge zum Thema „Seelsorge und Diakonie im Berlin des 19. und beginnenden 20. Jahrhunderts“ sind nicht nur im technischen, sondern auch im eigentlichen Sinne des Wortes Beiträge. Sie sollen dazu beitragen, einen zwar nicht unbekannten, aber dennoch wissenschaftlich nur wenig untersuchten Vorgang in Erinnerung zu rufen, zu analysieren und zu beurteilen, der weit über das hinausgeht, was man im allgemeinen mit Seelsorge und Diakonie, ja mit Kirchengeschichte, in Verbindung bringt. Es ist in ihnen von dem Bemühen der Kirchen, religiöser Gemeinschaften und weitsichtiger Christen die Rede, mit einem Phänomen fertigzuwerden, das im Laufe des 19. und des beginnenden 20. Jahrhunderts alle europäischen Großstädte betraf, Berlin, die Hauptstadt Preußens und seit 1871 auch des neugegründeten Reiches, jedoch im besonderen Maße: die im Zuge der Industrialisierung und Urbanisierung fast explosionsartig erfolgte Bevölkerungszunahme, die nicht nur die staatlichen und kommunalen Behörden, sondern auch die Kirchen vor Aufgaben stellte, zu deren Bewältigung sie weder geistig noch institutionell ausreichend gerüstet waren. Aus welcher Gesinnung, mit welchen Mitteln und welchem Erfolg die Kirchen, die etablierte evangelische und die nach der Reformation erst allmählich wieder Fuß fassende katholische, in Berlin auf diese Herausforderung reagierten, soll dargestellt und mit den Lösungen, die in anderen Metropolen und Industriestädten gefunden wurden, verglichen werden.

Bis auf einige, die später hinzugefügt wurden, handelt es sich bei den nun im Druck vorliegenden Beiträgen um Vorträge und Referate, die vom 7. bis 9. Oktober 1987 auf der anläßlich der 750-Jahr-Feier Berlins vom Evangelischen Bildungswerk und der Katholischen Akademie Berlin in Verbindung mit der Historischen Kommission zu Berlin im Mittelhof veranstalteten wissenschaftlichen Konferenz „Berlin — die Metropole des ausgehenden 19. und beginnenden 20. Jahrhunderts: ein Feld der Seelsorge und der Diakonie“ gehalten wurden.

Daß diese Konferenz durchgeführt und ihr Ertrag zum Druck gebracht werden konnte, ist vielen zu verdanken: dem damaligen Bischof von Berlin, Joachim Kardinal Meisner, und Dr. Martin Kruse, Bischof der evangelischen Kirche in Berlin-Brandenburg, die die Anregung der Unterzeichneten mit Wohlwollen aufgriffen, ihnen Unterstützung zusagten und bei Planung und Durchführung freie Hand ließen; der Historischen Kommission zu Berlin und ihrem damaligen Vorsitzenden, Prof. Dr. Dr. h. c. Klaus Zernack, die der Konferenz im „Mittelhof" Gastrecht gewährten und sich an ihrer Durchführung beteiligten und damit zu verstehen gaben, welche Bedeutung sie dem Gegenstand und seiner wissenschaftlichen Bearbeitung zumessen; dem Senat von Berlin, dem Bischöflichen Ordinariat Berlin und der Katholischen Akademie Berlin — speziell Herrn Dr. Johannes Brune —, die durch finanzielle Zuschüsse und technische Hilfeleistungen die Durchführung der Konferenz und den Druck ihrer Ergebnisse ermöglichten. Dank und Anerkennung gebühren auch Frau Dr. Rita Weber, die wesentlichen Anteil an der Redaktion des vorliegenden Bandes hat, und Herrn Dr. Felix Escher, der stets mit Rat und Tat zur Verfügung stand. Ihnen kommt auch das Verdienst zu, den Band mit einer Reihe zum Teil bisher unveröffentlichter Abbildungen versehen zu haben, die auf eindrucksvolle Weise das vor Augen führen, was der Historiker nur mit Mühe rekonstruiert. Die Autoren haben sich einem strengen Regiment unterwerfen müssen. Sie wurden um Ergänzungen, Erweiterungen und Erläuterungen gebeten, hatten Kürzungen, Umstellungen und Veränderungen hinzunehmen, damit Wiederholungen und Überschneidungen vermieden werden konnten und dem Band eine gewisse Geschlossenheit verliehen wurde. Wir haben ihnen für ihr nicht selbstverständliches Entgegenkommen zu danken. Daß der Band zu einem Zeitpunkt erscheint, an dem ihm besondere Aufmerksamkeit sicher ist, nämlich zu dem vom 23. bis 26. Mai 1990 in Berlin stattfindenden 90. Deutschen Katholikentag, ist der Entscheidungsfreudigkeit des Herrn Generalvikars Dr. Johannes Tobei, der Umsicht des Lektors bei der Historischen Kommission, Herrn Christian Schädlich, und der guten Zusammenarbeit mit dem Verlag zu verdanken.

Berlin, im März 1990

Prof. Dr. Kaspar Elm
Prof. Dr. Hans-Dietrich Loock

INHALT

III

IV

Berlin — die Metropole des ausgehenden 19. und beginnenden 20. Jahrhunderts: ein Feld der Seelsorge und der Diakonie

Bericht über eine Wissenschaftliche Konferenz, veranstaltet vom Evangelischen Bildungswerk und der Katholischen Akademie Berlin in Verbindung mit der Historischen Kommission zu Berlin vom 7. bis 9. Oktober 1987

KASPAR ELM
Berlin

Das Berliner Jubiläumsjahr 1987 mit seinen Reden, Kongressen, Ausstellungen, Konzerten und Volksfesten ist inzwischen Geschichte. Die Aktivitäten des folgenden Jahres, in dem sich Berlin als „Kulturstadt Europas" darstellte, und stärker noch die politischen Ereignisse von 1989 und 1990 haben die vielen spektakulären Veranstaltungen diesseits und jenseits der Mauer in Vergessenheit geraten lassen. Schon haben die Historiker Bilanz gezogen und die für die „Historische Berlin-Forschung" relevanten Ergebnisse festgehalten.[1] Was „Religion und Kirche" angeht, kommen sie zu dem Schluß, die mittelalterliche Kirchengeschichte Berlins sei, ähnlich wie die Reformation in Berlin-Brandenburg, weitgehend erforscht, wohingegen „die Basisarbeit, die in einzelnen Kirchengemeinden im Zeitalter der Industrialisierung zu leisten war, als die uferlos expandierenden Kirchengemeinden in ihrer geringen personellen und sachlichen Ausstattung die sozialen Probleme nicht in den Griff bekommen konnten", so gut wie unbeachtet geblieben sei. Auch wenn man der Begründung, die dafür geliefert wird, nicht

[1] Wolfgang Ribbe, *Ergebnisse und Aufgaben der Historischen Berlin-Forschung,* in: *Jahrbuch für die Geschichte Mittel- und Ostdeutschlands* 38 (1989), S. 1—80, hier S. 43—54.

in allem zustimmt, besteht dennoch kein Zweifel daran, daß der Rolle der Kirchen in der neueren Geschichte Berlins, speziell ihrem Anteil an der Bewältigung des in der Mitte des 19. Jahrhunderts einsetzenden rapiden Bevölkerungswachstums und der damit verbundenen politischen, sozialen und ökonomischen Probleme, bisher zu wenig Aufmerksamkeit geschenkt wurde. Wenn die Absenz der Kirche beklagt wird und von einem Versagen sowohl des Staates als auch der Kirche die Rede ist, braucht man sich bei einer solchen Forschungssituation nicht darüber zu wundern, ist Entrüstung fehl am Platze.

Als sich 1986 bei der vom Senat der Stadt Berlin in Angriff genommenen Planung der Jubiläumsfeiern, vor allem der wissenschaftlichen Kongresse und Ausstellungen, herausstellte, daß in ihnen das Schwergewicht auf Wissenschaft, Kunst und Kultur gelegt, die historische Rolle von „Kirche und Religion" lediglich in der auf das Mittelalter beschränkten Ausstellung „Bürger — Bauer — Edelmann" des Museums für Vor- und Frühgeschichte in der Spandauer Zitadelle berücksichtigt werden sollte, sah sich der Verfasser dieses Berichtes veranlaßt, auf eine Selbstverständlichkeit hinzuweisen, daß nämlich die Entwicklung Berlins von der Residenz der Markgrafen von Brandenburg und späteren Könige von Preußen bis zur Weltstadt der zwanziger Jahre unseres Jahrhunderts ohne Berücksichtigung der Kirchen nur unzureichend erfaßt und das Bild von seinem kulturellen und geistigen Leben ohne einen Blick auf die soziale Lage und das religiöse Verhalten der evangelischen Mehrheit und der sich im Laufe des 19. und 20. Jahrhunderts durch Zuzug erheblich vergrößernden katholischen Minderheit unvollständig bleiben müsse. Folge dieser Intervention war nicht etwa eine Änderung der Konzeption der Planungskommission des Senates, sondern die Durchführung von zwei zusätzlichen Veranstaltungen zur Kirchengeschichte der Stadt: eine im Winterhalbjahr 1986/87 von der Arbeitsgemeinschaft für Berlin-Brandenburgische Kirchengeschichte gemeinsam mit dem Diözesangeschichtsverein im Bistum Berlin in der Kapelle der Kaiser-Wilhelm-Gedächtniskirche veranstaltete Vortragsreihe über „Kirche in Berlin und Brandenburg" und die im Oktober 1987 durchgeführte Wissenschaftliche Konferenz, an deren Planung und Leitung sich Prof. Dr. H.-D. Loock, Friedrich-Meinecke-Institut der Freien Universität Berlin, dankenswerterweise beteiligte. Von Anfang an war klar, daß auf dieser Konferenz der kirchengeschichtliche Aspekt nicht der vorherrschende, sondern nur einer von den vielen sein könne, unter denen das Problem „Kirche und Religiosität unter den Bedingungen der modernen Industriegesellschaft", ein Zentralthema der Religionssoziologie, Kirchen- und Sozialgeschichte, gesehen werden muß. Die Einladung nicht nur von Wissenschaftlern verschiedener Disziplinen aus Berlin, dem In- und Ausland, sondern auch von Vertretern und Mitarbeitern sozialer und kirchlicher Einrichtungen sollte Methodenvielfalt ermöglichen, den Anschluß an den aktuellen Forschungsstand sichern und die Nähe von Theorie und Praxis garantieren. Von Anfang an bestand kein Zweifel daran, daß eine einseitig konfessionelle Ausrichtung nicht geeignet sei, dem Problem gerecht zu werden, der Reiz einer sich auf die Berliner Verhältnisse konzentrierenden Konferenz vielmehr darin bestehe, die Reaktionen der von unterschiedlichen Positionen ausgehenden Kirchen auf dieselben Probleme herauszuarbeiten, zu vergleichen und auf ihre Wirksamkeit hin zu überprüfen.

Ausgehend von diesen Prämissen entschlossen sich die Initiatoren der Konferenz, ein Verfahren anzuwenden, das am ehesten ihren Intentionen entgegenkam. Sogenannte Rapporteure übernahmen es, in einleitenden Referaten für bestimmte Teilbereiche des Gesamtthemas die Problemlage und den Forschungsstand darzustellen. Ihren Überblicken folgten jeweils zwei Referate, die den Berliner Aspekt des jeweiligen Themenkomplexes unter besonderer Berücksichtigung der für die beiden Konfessionen charakteristischen Vorgehens- und Reaktionsweisen darstellten. Bei diesen Teilbereichen handelte es sich um den „Prozeß der Urbanisierung im europäischen Kontext" (Hofmann, Berlin; Teuteberg, Münster; Weißensteiner, Wien; Diederiks, Leiden), die „Räumlichen und administrativen Veränderungen als Folgen von Bevölkerungswachstum und Zuwanderung" (Büsch, Berlin; Ribbe, Berlin; Escher, Berlin; Matzerath, Köln; Reuther, Berlin/Hann. Münden) und die „Möglichkeiten und Grenzen der statistischen Erfassung kirchlicher Bindungen" (Mackensen, Berlin; Hölscher, Bielefeld). Vor der Beschäftigung mit den Formen der Großstadtseelsorge sowie der Diakonie und Caritas standen Begriffsklärungen, die die Herren Gatz (Rom) und Sauter (Bonn) nach einer Einführung von Herrn Selge (Berlin) vornahmen. Mit der Predigt beschäftigten sich die Herren Wintzer (Bonn) und Boeckh (Berlin) — der katholische Aspekt konnte wegen Erkrankung des Referenten Herrn Iserloh (Münster) nicht berücksichtigt werden. Nach Rapporten der Herren Zulehner (Wien) und Sösemann (Berlin) gaben die Herren Bloth und Simon, Weichert und Schulz, alle aus Berlin, detaillierte Einblicke in die Methoden und Bedeutung von „Religionsunterricht und außerschulischer Katechese" beziehungsweise der „Evangelischen und katholischen Kirchenpresse". Ihnen schlossen sich, von Herrn Mieck (Berlin) eingeleitet, Referate an, die die Herren Aschoff (Hannover) und Greschat (Gießen) über „Spezifische Formen der Großstadtseelsorge in Berlin" hielten. Im Mittelpunkt der Beschäftigung mit den diakonischen Leistungen, zu denen die beiden genannten Referate hinführten, standen eine exemplarische Darstellung der Geschichte des Berliner St. Hedwig-Krankenhauses (Rieden, Berlin) und die Erläuterung grundsätzlicher Probleme diakonischer Tätigkeit durch den Leiter des Spandauer Johannesstifts, Pfarrer H. A. Oelker, die Herr Heinrich (Berlin) einleitete. Höhepunkt der Konferenz waren die öffentlichen Vorträge und abschließenden Beiträge, in denen es um grundsätzliche Aspekte des Themas ging, nämlich um „Großstadtseelsorge im 19. und 20. Jahrhundert: Forschungsergebnisse und Forschungsprobleme" (Gatz, Rom), den „Wandel der Theologie in der Sorge um den Menschen des 19. und 20. Jahrhunderts" (Sauter, Bonn; Besier, Berlin) und die „Möglichkeiten und Grenzen der Liturgie als Form der Seelsorge und der sozialen Integration" (Honnefelder, Berlin; Richter, Münster; Kornemann, Hannover). Es bedarf keiner Begründung, daß diese Teilthemen nur eine begrenzte Auswahl möglicher Fragestellungen und Untersuchungsgegenstände darstellen. Nicht nur die beschränkt zur Verfügung stehende Zeit und die Schwierigkeit, geeignete Referenten zu finden, sondern der auch für zentrale Bereiche des Themas unbefriedigende Forschungsstand haben zu Schwerpunktsetzungen geführt, die keineswegs Verbindlichkeit beanspruchen oder den Eindruck vermitteln wollen, sie hätten geholfen, das Problem in seiner Gesamtheit in den Griff zu bekommen, und seien allen christlichen Kirchen, Gemeinschaften und Gemeinden gerecht geworden. Eher sollte man sagen, sie hätten deutlich gemacht, wieviel es auf diesem Gebiet noch zu tun gibt.

Die Initiatoren der Konferenz müssen bekennen, daß sie ihren Gästen schon mit diesem in groben Zügen beschriebenen Programm viel zugemutet haben. Die große Zahl der angesprochenen Themen, die dichte Abfolge der Rapporte und Referate und nicht zuletzt die straffe Gesprächsführung ließen nur wenig Zeit für Gespräche und Entspannung. Der am Abend des 7. Oktober von Kardinal Meisner und Bischof Kruse gegebene Empfang, zu dem sich auch der Regierende Bürgermeister von Berlin einfand, und die von Dr. F. Escher im Anschluß an die Konferenz geleitete Exkursion mögen dafür, so hoffen sie, eine gewisse Entschädigung gewesen sein.

Der vorliegende Band bietet weniger und zugleich mehr als die Konferenz. Eine Reihe von Rapporten und Referaten konnte aus persönlichen und sachlichen Gründen nicht gedruckt werden, was bedeutet, daß die Konzeption der Konferenz jetzt kaum oder nur noch schwach zu erkennen ist. Dafür haben die Herren McLeod (Birmingham) und Saal (Dortmund) den Vergleichs- und Bezugsrahmen erweitert, indem sie Überblicke über den Stand der entsprechenden Forschung in England beziehungsweise den Verlauf und die Auswirkungen der Industrialisierung auf die kirchlichen Verhältnisse Dortmunds beisteuerten, die Herren Müller (Berlin) und Rosal (Berlin) Beiträge zum Verhältnis von Katholischer Aktion und Vereinskatholizismus sowie zur Geschichte und Bedeutung der Märkischen Katholikentage lieferten und Frau Liedtke (Berlin) den Aufsatz über das St. Hedwig-Krankenhaus mit einem Beitrag zur Geschichte der Niederlassung der Borromäerinnen in Berlin abrundete. Die Ergebnisse der gemeinsamen Arbeit sollen hier nicht in extenso referiert oder gar im einzelnen gewürdigt werden, das muß den Lesern selbst überlassen bleiben. Eines stand jedoch schon am Ende der Konferenz fest. Es kann nicht die Rede davon sein, daß die Kirchen angesichts der Herausforderung durch Industrialisierung und Urbanisierung in toto versagt und so die bittere Bemerkung J. H. Wicherns, man müsse in Berlin gottlos werden, ob man wolle oder nicht, bestätigt hätten. Die Konferenz hat vielmehr deutlich gemacht, daß die Kirchen die auf sie im 19. Jahrhundert zukommenden Probleme schon bald erkannt und sich nach Kräften um die Verhinderung einer sozialen und geistigen Katastrophe bemüht haben. Die Reaktion der evangelischen, mit Staat und Gesellschaft eng verbundenen Kirche und der Einsatz der relativ jungen katholischen Gemeinden lassen eine nicht zu unterschätzende Aktivität bei der Bewältigung der auf sie zukommenden Probleme erkennen. Wenn sich dabei die Institution und Strukturen der Kirchen, aber auch das Bewußtsein der Geistlichkeit und vieler Gläubiger nur zögernd den veränderten Bedingungen anzupassen vermochten, zeigte sich in beiden Konfessionen, bei einzelnen Geistlichen und Kirchenmännern, im Vereinswesen, bei der Stadtmission, in den Orden und Kongregationen ein Maß an Phantasie und Engagement, ja Opferbereitschaft bei der Bewältigung der geistigen und materiellen Not, das Bewunderung verdient. Ihren Initiativen und ihrer Aktivität ist es denn auch in erster Linie zu verdanken, wenn bereits in den siebziger Jahren des 19. Jahrhunderts eine Besserung der Lage eingetreten ist, zu der neben dem intensivierten Kirchenbau und der verstärkten politischen Präsenz der Kirchen neue Formen der Seelsorge und Diakonie beigetragen haben, die bis auf den heutigen Tag bestehen.

I

Die Sorge um den Menschen in der evangelischen Theologie des 19. und 20. Jahrhunderts*

GERHARD SAUTER
Bonn

Sorge um den Menschen: Das bedeutet zunächst Sorge für den Menschen, also Fürsorge — dies nicht allein und ausschließlich, aber jedenfalls auch und seit dem 19. Jahrhundert in neuen Formen und mit besonderer Dringlichkeit. Diese Sorge für den Menschen beschränkt sich nicht auf Fürsorge in jenem eingeschränkten Sinne, in dem wir von „christlicher Wohltätigkeit" zu sprechen pflegen — das geschieht oft mit einer gewissen Überheblichkeit, die womöglich daher rührt, daß unsere heutige Sorge um den Menschen so überhandgenommen hat, daß sie sich nicht mit ganz begrenzten Zielen und schon gar nicht mit einem Beistand ohne große Absichten zufriedengeben will. Ein geschichtlicher Rückblick kann vielleicht helfen, unseren Blick für diese Unterschiede zu schärfen, indem wir an einigen Beispielen — mehr als Streiflichter können es nicht sein — darauf aufmerksam werden, in welcher Gestalt die Sorge um den Menschen begegnet und worauf sie sich erstreckt.

I
Fürsorge als Seelsorge?

In dem 1929 anonym erschienenen *Tagebuch eines Großstadtpfarrers* schreibt Gerhard Jacobi, der damals als Domprediger in Magdeburg wirkte, seine Predigt über Matth. 25, 31—46 enthalte sein „soziales

* Theophil Vogt (Zürich) zum 65. Geburtstag.
Dieser Vortrag wurde am 12. Oktober 1987 auch als Gastvorlesung an der Sektion Theologie der Martin-Luther-Universität Halle/Wittenberg gehalten.

Glaubensbekenntnis". „Ich wollte einfach dies sagen: wir müssen bei den Fragen des Lebens von der Not ausgehen, aber nicht von der eigenen Not, sondern von der Not der anderen. Von der Not der Menschen aus gesehen bekommen die harmlosesten Dinge oft ein großes Schwergewicht."[1] Jacobi bezieht sich auf Jesu Ankündigung des Gerichtes, in dem Christus als Weltenrichter alle Menschen danach beurteilen wird, wie sie ihm „im Geringsten seiner Brüder" begegnet sind. Bei den Fragen des Lebens von der Not der anderen auszugehen, das kennzeichnet den Weg evangelischer Diakonie, wie ihn Johann Hinrich Wichern, Friedrich von Bodelschwingh, Johannes Evangelista Goßner und viele andere in ihren Spuren gewiesen haben. Oder denken wir an Albert Schweitzer: Ihn trieb die Sorge um den Menschen in einem Kontinent, der unter der Kolonialherrschaft „christlicher" Völker hoffnungslos verelendet war, von seinem theologischen Lehrstuhl fort und in den afrikanischen Urwald. Trotz unterschiedlicher Motive ist diesen Männern gemeinsam, daß sie Verelendung, Behinderung, Krankheit und Kriminalität nicht als Notstände ansehen, die bloß am Rande der Gesellschaft vorkommen. Sie erkennen vielmehr in menschlicher Not die Signatur des Menschen, stellvertretend für die ganze gefährdete Menschheit, und sie erwarten von der Not anderer einen Hinweis auf die Fragen des Lebens, nicht nur des Hilfsbedürftigen, sondern auch des Helfers und darüber hinaus auf Fragen des Lebens, das sie beide mit anderen teilen.

Läßt sich dann „Seelsorge" im traditionellen Sinne — als Menschenführung und Sorge für das rechte Leben in der Gemeinschaft des Glaubens — säuberlich trennen von der Sorge für das Lebensnotwendige? Die Grenzen zwischen beiden werden im Laufe des 19. Jahrhunderts fließend; gleichwohl heben viele in Kirche und Theologie den Unterschied zwischen Seelsorge und Fürsorge hervor, wohl um sozusagen lehrbuchmäßig aufgelistete Aufgabenstellungen festzuhalten, die dann freilich praktisch ineinander übergehen. Doch im ganzen wird die Seelsorge nicht von irgendeiner Sorge um das leibliche Gedeihen abgespalten, und auch von einem Dualismus von „Heil" und „Wohl" kann schon damals, genauer besehen, nicht die Rede sein. Was im Laufe des 19. Jahrhunderts an Unterscheidungen vorgenommen wurde und dann auch umstritten war, läßt sich kaum an Schlagworten ablesen. War von

[1] *Tagebuch eines Großstadtpfarrers. Briefe an einen Freund,* Berlin o. J. (1929), S. 19. Gerhard Jacobis Aufzeichnungen beziehen sich auf seine Tätigkeit in der Pauluskirchengemeinde in Halle.

„Seelsorge" die Rede, dann konnte damit nicht ein Teil des Menschen oder auch sein Wesenskern gemeint sein, sondern der Mensch als ganzer — aber dies nicht mit Rücksicht auf irgendeine Vorstellung von Ganzheit, etwa eines organischen Ganzen, sondern im Interesse am Menschen, dem eine bestimmte, unverwechselbare Sorge gilt.

Kann die vielberedete „soziale Frage" ein Schlüssel für die Sorge um den ganzen Menschen sein? Es hat zwar im Laufe des 19. Jahrhunderts und darüber hinaus nicht wenige Erklärungen dieser Frage gegeben, aber sie wirken viel schwächer als alle Versuche, sich dieser Frage wirklich zu stellen, das heißt: sie als Frage zu hören und nicht gleich in ein Problem zu verwandeln, das gelöst werden kann, wenn man es nur recht anpackt — nach dem Motto: „Gefahr erkannt, Gefahr gebannt!" Dazu ein Beispiel: Am 27. Juni 1849 spricht Moritz August von Bethmann-Hollweg auf der Bonner Konferenz über die Innere Mission.[2] Er ist Professor der Jurisprudenz an der jungen Bonner Universität und Presbyter der nur ein wenig älteren, 1816 gegründeten Bonner evangelischen Gemeinde; später wird er Kurator der Universität und 1858 bis 1862 preußischer Kultusminister sein. 1848 hatte er dem Wittenberger Kirchentag vorgestanden. Jetzt, 1849, will er den geistigen Boden für Wicherns Werk bereiten helfen und bringt den Notstand der Zeit auf den Begriff „Pauperismus", Massenelend, herbeigeführt durch religiöse Entfremdung und Verfall der Sitten. Beides meint er auf den Subjektivismus der Reformation zurückführen zu müssen, aber erst der Vernunftglaube der Aufklärung habe diese Keime zur Entfaltung gebracht, materialistisches Denken und materielles Elend seien daraus erwachsen. Die Folgerung erscheint klar: Man muß das Übel an der Wurzel packen, auch wenn man bei den Folgeerscheinungen ansetzt und die soziale Not beheben will.

Bei dieser Diagnose — wie bei vielen ähnlich lautenden aus jener Zeit — sticht ins Auge, daß ökonomische Faktoren so gut wie gar nicht analysiert werden und daß man zwar neue Sozialformen fordert, ohne aber das mitgebrachte und weiterhin zugrunde gelegte Gesellschaftsbild zu überprüfen. Diese Mängel sind inzwischen hinlänglich bekannt und auch oft kritisiert worden, einschneidend vor vierzig Jahren im *Darmstädter Wort* des Bruderrates der Bekennenden Kirche „zum politischen Weg unseres Volkes": „Wir sind in die Irre gegangen, als wir begannen, eine ‚christliche Front' aufzurichten gegenüber notwendig gewordenen

[2] Vgl. dazu Wolfgang Eichner, *Evangelische Sozialarbeit im Aufbruch. Aus der Geschichte der Kirchengemeinde in Bonn,* Bonn 1986, S. 156.

Neuordnungen im gesellschaftlichen Leben der Menschen." Und: „Wir sind in die Irre gegangen, als wir übersahen, daß der ökonomische Materialismus der marxistischen Lehre die Kirche an den Auftrag und die Verheißung der Gemeinde für das Leben und Zusammenleben der Menschen im Diesseits hätte gemahnen müssen. Wir haben es unterlassen, die Sache der Armen und Entrechteten gemäß dem Evangelium von Gottes kommendem Reich zur Sache der Christenheit zu machen."[3] Die Auseinandersetzung mit dieser Kritik wäre ein Thema für sich; dabei wäre auch die ökonomische Betrachtungsweise zu überprüfen, die uns inzwischen geläufig, vielleicht schon allzu geläufig geworden ist und die die sozialen Konflikte der Neuzeit nicht mehr als eine Art Geisterkampf zwischen den Mächten des Verfalls und den Kräften gesellschaftlicher Ordnung anzusehen erlaubt, wie es die Mehrzahl der christlichen Kulturkritiker im 19. und weithin auch noch im 20. Jahrhundert getan hat.[4] Hier soll uns jedoch eine andere Frage beschäftigen: War die Innere Mission und waren die ihr verwandten Bestrebungen, sich der Sorge um den Menschen in neuen Formen der Fürsorge neben der bisherigen Seelsorge und Diakonie zu widmen, nur Mittel zum Zweck für die Gesellschaftsreform, wie sie Bethmann-Hollweg und anderen vor Augen schwebte? Dann wäre man eigentlich nur um die bestehende Gesellschaftsordnung besorgt gewesen, und um die Notleidenden bloß deshalb, weil sie diese Ordnung bedrohten — zunächst durch ihre Not, dann aber auch als wachsende politische Macht.

Wie wenig indessen die Sorge für den Menschen durch restaurative Tendenzen tatsächlich eingeengt wurde, läßt sich gerade in Bonn beobachten, wo Bethmann-Hollweg zu den Begründern und Förderern evangelischer Sozialarbeit gehörte. Sie hat sich dort ohne störende Nebenabsichten frei entfalten können, unabhängig von staatlichen Ein-

[3] Thesen 3 und 5 des *Darmstädter Wortes,* abgedruckt in: *Im Zeichen der Schuld. 40 Jahre Stuttgarter Schuldbekenntnis. Eine Dokumentation,* hrsg. von Martin Greschat, Neukirchen-Vluyn 1985, S. 85 f.

[4] Als Gegenbeispiel sei Martin Kähler genannt: „Weil er weder dem hochgespannten nationalen und wissenschaftlichen Fortschrittsglauben seiner Zeit noch der äußeren Machtstellung der Kirche traute, hat er in einem tiefen Krisenbewußtsein nach dem gefragt, was Bestand hatte, und hat in dieser Frage Grundlagen gefunden, die ihn zu einem theologischen Klassiker gemacht haben." (Martin Fischer, *Martin Kähler zur Bibelfrage,* in: *Theologia Viatorum,* 10. Jg. [1966], S. 86—107, hier: S. 89.) Vgl. Martin Kähler, *Die starken Wurzeln unserer Kraft. Betrachtungen über die Begründung des Deutschen Kaiserreichs und seine erste Krise,* Gotha 1872, S. 204—233; ders., *Theologe und Christ. Erinnerungen und Bekenntnisse,* hrsg. von Anna Kähler, Berlin 1926, S. 254.

richtungen, die noch weit vom modernen Wohlfahrtsstaat entfernt waren, aber auch unbesorgt um kirchliche Interessen im engeren Sinne. Zwischen beidem blieb Raum zur persönlichen Verantwortung der Gemeindeglieder füreinander, nicht nur in akuten Notlagen wie Armut und Krankheit, sondern auch im Zusammenhang neuentstehender Notstände wie Altersversorgung, Wohnungselend und vieles mehr.[5]

In den gesellschaftspolitischen Gesamtentwürfen spiegelt sich freilich oft die Ratlosigkeit wider, mit der man — übrigens nicht nur in Kirche und Theologie — dem Wandel des Verhältnisses von Gesellschaft und Staat gegenüberstand. Auch wie die traditionellen Formen menschlicher Gemeinschaft im industriellen Zeitalter und bei sprunghaft steigender Bevölkerungszahl ausgehöhlt wurden, blieb den meisten, die nicht unmittelbar davon betroffen waren, verborgen. Die Aufmerksamkeit war zumeist von anderen, scheinbar vordringlicheren Sorgen beherrscht, nämlich von den ungelösten nationalen und verfassungsrechtlichen Problemen: Es ging um die deutsche Nation als politische Einheit und um die politische Willensbildung in ihr. Übrigens gilt dies in Deutschland bis in die Mitte unseres Jahrhunderts hinein — auch im *Darmstädter Wort* vom 8. August 1947 spricht sich die Sorge um den Menschen vorwiegend als Option für eine bestimmte, jetzt allerdings nicht mehr deutsch-nationale Richtung des „politischen Wegs unseres Volkes“ aus.[6] Oder es sei daran gedacht, wie Martin Niemöller nach dem letzten Weltkrieg und in seiner Auslegung der Stuttgarter Erklärung vom 18./19. Oktober 1945 neben der Schuld der Kirche im Bekenntnis zu Gott die Versäumnisse in der „Verantwortung für den Menschen“ beklagte.[7] Gemeint war damit die Sorge um die Rechtsordnung, das Eintreten für das Recht — in Gestalt des Rechtsstaates —, das dazu verhelfen kann, daß nicht soziale und persönliche Not aus Unrecht entsteht.

Sorge um den Menschen als Fürsorge — von heute aus gesehen erscheint dies oft als Tropfen auf den heißen Stein, womöglich auch als

[5] Detailliert und anschaulich schildert dies W. Eichner, *Evangelische Sozialarbeit...* (wie Anm. 2), bes. S. 80—357.

[6] Siehe dazu Hans Joachim Iwand, *Die politische Existenz des Christen unter dem Auftrag und der Verheißung des Evangeliums von Jesus Christus* (1954), wieder abgedruckt in: ders., *Um den rechten Glauben. Gesammelte Aufsätze*, hrsg. von Karl Gerhard Steck (= Theologische Bücherei, Bd. 9), München 1959, S. 183—201, hier: S. 190 und S. 194.

[7] Vgl. Karl Gerhard Steck, *Schuld und Schuldbekenntnis. Ein kritischer Bericht*, in: *Evangelische Theologie*, 6. Jg. (1946/47), S. 368—385, hier: S. 375.

ein bloßes Zupflastern von Wunden, die mancher lieber offengehalten sehen möchte, damit eine durchgreifende Heilung des ganzen Sozialkörpers möglich wird. Müßten wir eine Bilanz ziehen, dann wäre sie wohl von einem Ruhmesblatt ebensoweit entfernt wie von dem Urteil, Kirche und Theologie hätten aufs ganze gesehen versagt — denn zuvor müßte erkennbar werden, und zwar in einer auch für uns heute verantwortbaren Weise, woran ein solches Versagen zu messen ist. Viel wichtiger als solche Aufrechnungen, seien sie apologetischer oder kritischer Art, scheint mir die Frage zu sein, worauf wir durch die Sorge für den Menschen, wie sie uns im geschichtlichen Rückblick vor Augen tritt, tatsächlich aufmerksam gemacht werden. „Bei den Fragen des Lebens von der Not der anderen ausgehen" — bedeutet dies nicht auch, daß das Gegenüber von Hilfsbedürftigen und Hilfeleistenden aufgehoben wird?[8] Dazu ein weiteres Zitat aus dem *Tagebuch eines Großstadtpfarrers:* Man „empfindet immer wieder, daß es etwas Menschenunwürdiges ist, von den Gaben anderer leben zu müssen — sofern diese nicht gegeben werden, wie sie Kinder ihren alten Eltern geben und Brüder ihren Schwestern".[9] Wird hier nicht eine indirekte Antwort auf die Frage nach der Sozialität, nach der Gestalt des gemeinsamen und gemeinschaftlichen Lebens vorbereitet, auf die Frage, die hinter der „sozialen Frage" steht und aus dieser immer wieder hervorbricht?

Dieses Problem wird auch zur seelsorglichen Aufgabe an denen, die sich die Fürsorge um den Menschen besonders angelegen sein lassen, sie womöglich zu ihrem Beruf gemacht haben. Wie können Menschen nach menschlichem Ermessen davor bewahrt werden, Schaden an ihrer Seele

[8] Ein Kenner der Entwicklung, der Loccumer Abt Gerhard Uhlhorn, der eine *Geschichte der christlichen Liebesthätigkeit* verfaßte (3 Bde., Stuttgart 1881—1890), hatte einen äußerst wachen Blick für ein Abgleiten fürsorglicher „Nächstenliebe" in eine Betreuung, die den Hilfsbedürftigen bevormundet, indem sie dessen Sache besorgen will. Hilfsbedürftigkeit bedeutet ja nicht immer zugleich auch hilflose Unselbständigkeit! Damit, so meinte Uhlhorn, werde der sozialen Frage nur ausgewichen, und schon gar nicht sei sie mit der Parole „Christlich-Sozial!" zu beantworten — hinter ihr verstecke sich ein patriarchalischer Geist, dessen Zeit längst abgelaufen sei. So berichtet Gottfried Traub, *Meine Studienreise im Jahre 1895*, Privatdruck (o. O. o. J.), S. 27f. — Vgl. auch Reinhard Turre (Halle), *„Es gibt immer eine sociale Frage". Gerhard Uhlhorn zur Auseinandersetzung zwischen Christentum und Sozialismus*, in: *Vorlagen. Eine Aufsatzreihe*, hrsg. von Eduard Lohse, Heft 27, Hannover 1985; dieser Aufsatz erschien mit dem Untertitel *Gerhard Uhlhorns Beitrag zur Auseinandersetzung zwischen Christentum und Sozialismus im 19. Jahrhundert*, auch in: *Die Zeichen der Zeit. Evangelische Monatsschrift für Mitarbeiter der Kirche*, 40. Jg. (1986), S. 76—80.

[9] *Tagebuch eines Großstadtpfarrers...* (wie Anm. 1), S. 171.

zu nehmen, wenn sie ganz für andere da sein wollen? Das ist sicherlich eine uralte Frage, doch unter den veränderten Umständen und in den neuen institutionellen Formen der Sozialarbeit tritt sie verstärkt ins Bewußtsein. Wenn man genau hinhört, vernimmt man sie in zahlreichen Berichten über die Arbeit der Inneren Mission und die diakonische Arbeit, zumal in Großstadtgemeinden, wo die Überfülle der Not zu einer geschäftsmäßigen Versorgung nötigt und dabei neue Formen von Herrschaft und Unterwerfung hervorbringt. In der Berufsordnung für die Diakonen Bethels heißt es: „Was will ich? Dienen will ich. Wem will ich dienen? Dem Herrn Jesu in seinen Elenden und Armen. Was ist mein Lohn? Ich diene weder um Lohn noch um Dank, sondern aus Dank und Liebe. Mein Lohn ist, daß ich dienen darf."[10] Spricht daraus nicht eine tiefe Sorge um den Menschen, und zwar um den Pfleger ebenso wie um den Pflegebefohlenen? Die Frage, ob der altertümliche Begriff „Seelsorge" noch ausreicht bei dem neuen Ausmaß sozialer Not, wird relativ unbedeutend gegenüber der anderen, was Menschen in ihrer Sorge für andere wirklich leisten können. Wie läßt sich vermeiden, mit dieser Überlegung persönliche Verantwortung einzuschränken und Resignation aufkommen zu lassen gegenüber dem, was menschenmöglich ist? Diese Frage läßt sich weder theoretisch noch praktisch, weder durch eine Reflexion auf menschliche Handlungsmöglichkeiten in der Gesellschaft noch durch das schlichte Tun des jeweils Notwendigen, hinreichend beantworten. Sie wird wohl viel eher in einem Gebet wie diesem ausgesprochen werden können: „Herr Christus, ermögliche es uns, Hungrigen so Nahrung zu verschaffen, daß sie nach dir als dem Brot des Lebens fragen; Kranke so zu pflegen und zu tragen, daß sie ausschauen lernen nach deiner großen Hilfe, und den Gefangenen und Gebundenen so zur Seite zu stehen, daß sie von dir Befreiung erbitten."[11] Unser Handeln und Gottes Wirken sind also gleichsam asymmetrisch, und gerade dadurch erhält unser notwendiges Tun seine heilsame Dynamik.

An dieser Stelle ist noch eine kritische Anmerkung zum Kennwort „Nächstenliebe" am Platze. In der Sorge um den Menschen tritt der Nächste ins Blickfeld, und zwar in einer höchst persönlichen Weise, nicht als ein „Fürsorgefall", sondern als der jetzt und hier gerade Not Leidende, der mich in dieser Not anspricht und dem ich nur „unbese-

[10] Zit. nach G. Traub, *Meine Studienreise...* (wie Anm. 8), S. 25.

[11] *Neuer Erde Morgenstern. Gebete aus der Hoffnung*, gesammelt und bearbeitet von Jakob Frey, Zürich 1965, S. 21.

hen" helfen kann, das heißt: ohne seine Notlage erst einmal zu erklären und auf diesem Umwege für ihn Hilfe zu schaffen. Daß man sich in der Christenheit derart auf den einzelnen eingelassen hat, daß man nichts weiter wollte, als ihm zu helfen und beizustehen, ohne damit sogleich eine Veränderung gesellschaftlicher Verhältnisse in Gang zu setzen, wird der Kirche und der Theologie oft angekreidet, mit der Begründung, es werde an Symptomen herumkuriert anstatt die Krankheitsursachen aufzudecken. — Um zu einer richtigeren Einschätzung zu kommen, müßte man die Entwicklung in Deutschland mit der in Frankreich und Italien vergleichen, wo die Sozialarbeit im ausgesprochenen Gegensatz des Laizismus zu den karitativen Institutionen der katholischen Kirche aufgebaut worden ist. Sachkenner meinen, daß dort die persönliche Zuwendung zum hilfsbedürftigen Menschen in seiner Individualität weniger zur Geltung kommt als etwa in Deutschland[12] (hier auch in den Wohlfahrtsverbänden und in der staatlichen Fürsorge), und sie führen dies nicht zuletzt auf den Einfluß des Menschenbildes christlicher Ethik zurück. Träfe dies zu, wäre weiter zu fragen, ob sich unter Berufung auf die „Nächstenliebe" nicht unversehens die Perspektive verschoben hat: Der Nächste ist ja — denken wir an das „Gleichnis vom barmherzigen Samariter" (Lk. 10, 29—37) — nicht eigentlich der Hilfsbedürftige, sondern der Helfer wird dem Notleidenden zum Nächsten. Es ist schon ein Unterschied, ob jemand immer schon weiß, wer sein Nächster ist — nämlich der, dessen Hilfsbedürftigkeit er einsieht —, oder ob er zum Nächsten des Notleidenden wird, an dem er nicht vorübergehen kann.

II

Gemeindeaufbau und kirchliche „Versorgung"

Ein weiteres Problem der Sorge um den Menschen hat sich im Zusammenhang mit der Entwicklung der Kirchengemeinden in den letzten beiden Jahrhunderten, speziell mit der Entstehung von Großstadtgemeinden ergeben. Auch hier müssen Momentaufnahmen genügen, mit deren Hilfe ein Bild jedoch eher zu gewinnen sein dürfte als mit einem theoretischen Zugriff.

[12] Martin Kähler verweist auf Charles Dickens' Kritik an der „bequemen Heuchelei der anstaltlichen Liebe". (*Glaubensleben und Lebenswandel aus der Versöhnung heraus*, in: ders., *Dogmatische Zeitfragen*, 2. Heft: *Zur Lehre von der Versöhnung*, Leipzig 1898, S. 435.)

1929 schildert Günther Dehn, damals Pfarrer an der Reformationskirche in Berlin-Moabit, in seinem Buch *Proletarische Jugend* einen typischen Entwicklungsprozeß: „Vor 100 Jahren hatte unser Stadtteil im Nordwesten Berlins, in dem jetzt 200 000 Menschen wohnen, ungefähr 700 Einwohner ... Die kirchliche Versorgung der Bewohner fand durch die im Zentrum der Stadt gelegene Sophienkirche statt, zu der die Menschen etwa fünf viertel Stunden lang zu gehen hatten. Im Jahre 1835 wurde dann mit königlicher Unterstützung die erste Kirche gebaut, die 400 Sitzplätze hatte und erst fast zwei Menschenalter später erweitert wurde. Am Aufstieg der Hauptstadt nahm dann auch dieser Stadtbezirk seinen Anteil. Er hatte 1860: 6500 Einwohner, zehn Jahre später: 14 000, 1885: 35 000, 1896: 120 000. Schon seit 20 Jahren kann die Einwohnerzahl nicht mehr wachsen, da jedes in Betracht kommende Fleckchen Erde in ihm bebaut ist. Die zweite Kirche wurde erst im Jahre 1895 errichtet. Dadurch war wenigstens ein Anfang gemacht, um der herrschenden, für die alten Berliner Verhältnisse so typischen Kirchennot ein Ende zu bereiten. Es war auch hier so gewesen, wie damals fast überall in der so gewaltig anwachsenden Stadt, daß ein Pfarrer, unterstützt von einem Hilfsprediger, eine Seelenzahl von über 100 000 allein hatte versorgen müssen. Es war in jener Zeit üblich, daß ein Pastor 20 bis 24 Konfirmandenstunden gab. Es ist klar, daß dann bei der noch hinzukommenden Fülle von Amtshandlungen (der Hallenser Theologe Martin Kähler sprach von „Winkeltaufen"[13]) und der regelmäßigen Predigtleistung von irgendeiner speziellen Gemeinde- und Seelsorgearbeit nicht mehr die Rede sein konnte. Mit dem Neubau von Kirchen ist bei uns kräftig fortgefahren worden. 1910 war die kirchliche Durchorganisierung des Bezirks vollzogen. Wir haben jetzt fünf große Kirchen mit im ganzen 18 Pfarrern."[14]

Eine ganz und gar nicht organische Entwicklung! Von der Urkirche bis in die Anfänge des 19. Jahrhunderts hinein war die Pfarrgemeinde eine überschaubare Gemeinschaft, nicht eine bloße Zahl und schon gar nicht eine „Seelenzahl" für das Kirchenregister. Industrialisierung, Urbanisierung und die damit verbundene Bevölkerungsentwicklung

[13] Martin Kähler, *Die Mission. Ist sie ein entbehrlicher Zug am Christentume?*, in: ders., *Dogmatische Zeitfragen. Alte und neue Ausführungen zur Wissenschaft der christlichen Lehre*, 2., gänzl. veränd. u. verm. Aufl., Bd. 2: *Angewandte Dogmen*, Leipzig 1908, S. 340—486, hier: S. 474.

[14] Günther Dehn, *Proletarische Jugend. Lebensgestaltung und Gedankenwelt der großstädtischen Proletarierjugend*, Berlin o. J. (1929), S. 15f.

haben diesen organischen Einheiten ein Ende gesetzt. Früher war die Kirche mitten im Dorf — auch im übertragenen Sinne, als Mittelpunkt des sozialen Lebens, der Sitte, des Füreinander-Daseins mit allen seinen Schwierigkeiten. Wie wenig idyllisch diese Gemeinden bei näherem Zusehen waren und mit welchen Problemen die Pfarrer zu kämpfen hatten, auch wenn ihr gesellschaftlicher Ort deutlich und anerkannt war,[15] hat etwa Theodor Fontane für das 19. Jahrhundert dargestellt.[16] Wenn aber das Dorf allmählich zu einem Stadtteil wurde, verlor die Kirche ihren scheinbar angestammten Platz, auch wenn ein neues Kirchengebäude an städtebaulich hervorragender Stelle errichtet wurde. Für den deutschen Protestantismus entstanden daraus besondere Probleme, die vom Vorrang der Verkündigungsaufgabe herrührten. Konnte der Pfarrer als Mitte seines Berufes weiterhin die Gemeindepredigt ansehen? Mit der Zeit wurden zwar nicht alle, aber doch manche Pfarrer auf die Vielgestaltigkeit der Verkündigung aufmerksam, etwa im kirchlichen Unterricht oder auch in der Öffentlichkeitsarbeit. Oft beschränkte sich dies auf neue rhetorische Aktivitäten. Nicht selten wurde aber auch das Gespür dafür geweckt, daß Verkündigung, die diesen Namen verdient, sagt, was Menschen sich selber nicht sagen können, daß sie also Selbstgespräche durchbricht, die ja nicht nur privat, sondern auch öffentlich geführt werden.

Eine weitere Belastung entstand durch das besondere Verhältnis von Kirche und Staat. Wie hätten sich evangelische Gemeinden in Berlin entwickelt, wenn die evangelische Kirche nicht Landeskirche gewesen wäre, mit einer Kirchenleitung, die bis in das letzte Drittel des 19. Jahrhunderts hinein eine staatliche Behörde war, und mit zahlreichen Kirchengründungen seitens des Herrscherhauses? Da wären wohl kaum jene Kathedralen entstanden, die auch repräsentative Zwecke erfüllen sollten. Wie bunt war im Vergleich dazu das kirchliche Leben etwa in London, trotz der anglikanischen Hochkirche, die das Bündnis von Thron und Altar womöglich noch bewußter hochhielt als die deutschen evangelischen Landeskirchen, wo es aber daneben auch die

[15] Zur Situation des Pfarrerstandes im 18. Jahrhundert, mit ihren Auswirkungen bis weit ins 19. Jh. hinein vgl. Paul Drews, *Der evangelische Geistliche in der deutschen Vergangenheit* (= Die deutschen Stände in Einzeldarstellungen, Bd. 12), 2. Aufl., Jena 1924, S. 126—145.

[16] Vgl. Agnes von Zahn-Harnack, *Theodor Fontanes Pfarrergestalten,* in: *Der Pfarrerspiegel,* hrsg. von Siegbert Stehmann, Berlin-Steglitz 1940, S. 259—279.

„low church" und die zahlreichen Freikirchen gab, die mit der Stadtentwicklung viel eher Schritt zu halten vermochten.

Zugespitzt gesagt: In den deutschen Großstädten hat es keinen Gemeindeaufbau, sondern eine möglichst flächendeckende kirchliche Versorgung gegeben. Die Sorge um den Menschen wurde erheblich durch die Aufgaben und Schwierigkeiten der „Versorgung" bestimmt. Dieses Wort aus der Sprache der Bürokratie sagt eigentlich schon genügend, wes Geistes Kind die Kirchenbehörden, Pfarrer, kirchlichen Mitarbeiter und alle weiteren für ein Gemeindeleben Verantwortlichen in Beschlag nahm — notgedrungen, wie man hinzufügen muß, und ohne jede theologische Hilfestellung. Wie sonst hätte man sich des höhnischen Kommentars Friedrich Nietzsches erwehren können, der über die „Massen" nur zu sagen wußte: „Der Teufel hole sie und die Statistik!"? Ausnahmen bestätigen die Regel; in der Schweiz scheint man unbefangener gewesen zu sein. Alexander Schweizer erhoffte eine „kommende Periode der Freikirche" mit kleinen übersichtlichen Gemeinden,[17] und Adolf Schlatter soll angeregt haben: „Viele kleine gottesdienstliche Räume statt der großen Dome und Kirchen."[18] Im großen und ganzen aber hat die Theologie die Gemeinden in ihrer oft sprunghaften Entwicklung, auch in industrialisierten Landregionen, im Stich gelassen.[19] Gilt dies nicht bis heute? Als Merkmale der Kirche galten und gelten Verkündigung, Dienst an den Sakramenten, Amtshandlungen und Unterricht. Aber hätte man sich nicht beispielsweise durch Luther daran erinnern lassen sollen, daß die „notae ecclesiae" nur gleichsam Hinweisschilder sein können für den „Aufbau" der Gemeinde, etwa durch das Leiden, das daraus erwächst, daß Menschen keinen anderen Gott haben wollen[20] als den, der durch Kreuz und Leiden Jesu Christi zu uns spricht?

Im allgemeinen ist die deutsche evangelische Kirche einen anderen Weg gegangen, auch nach der erzwungenen Neuordnung nach dem letzten

[17] Alexander Schweizer, *Pastoraltheologie oder die Lehre von der Seelsorge des evangelischen Pfarrers,* Leipzig 1875, S. 118f.

[18] Zit. nach: *Tagebuch eines Großstadtpfarrers...* (wie Anm. 1), S. 10.

[19] Ein Schlaglicht auf diese kirchliche Situation wirft das anonym erschienene *Tagebuch eines Landpfarrers* mit dem bezeichnenden Untertitel *Ein Kampf um die Seele der Volkskirche und Volksmission aus vorletzten Tagen,* Berlin o. J. (1934).

[20] Vgl. Martin Luther, *Von den Konziliis und Kirchen* (1539), in: *D. Martin Luthers Werke. Kritische Gesamtausgabe,* Bd. 50, Weimar 1914, S. 642, Z. 15f.: „... das sie Christum allein und keinen andern Gott haben wollen."

Kriege und in der euphorischen Phase der Neugestaltung vor fünfzehn Jahren. Die Reformansätze — ich habe sie im Rhein-Main-Ballungsgebiet und im Rheinland verfolgen können — waren fast ausschließlich von organisationssoziologischen Überlegungen bestimmt; sie folgten der Gebietsreform im kommunalen Bereich, die größere Verwaltungseinheiten schuf, angeblich um der besseren Versorgung der Menschen willen.[21] Auch in der Kirche wollte man Spezialisten für alle denkbaren Bedürfnisse einstellen und die Bevölkerung optimal „versorgen" — und „entsorgen", wenn ich mit dem Wort „Sorge" noch ein wenig weiterspielen darf, wie es in unserer technokratischen Sprache abgewandelt worden ist. Die „Entsorgung" von menschlicher Not, die Entlastung vom Seelenmüll, von den — um im Bilde zu bleiben — schrottreifen familiären und anderen Beziehungen, spielte eine erhebliche Rolle. Es ist dann doch, Gott sei Dank, anders gekommen, auch weil die Kirche inzwischen weniger Geld zur Verfügung hat, als ihr lieb ist. Bei alledem spielt auch die Auseinandersetzung mit Gemeinschaftsbewegungen alter und neuer Art — nicht nur mit dem Pietismus — eine besondere Rolle. Oft war eine Abgrenzung nicht zu umgehen, wenn Glaubensgemeinschaft mit religiöser Nestwärme verwechselt wurde. „Kirche bedeutet aber, verglichen mit Gemeinschaft selbst in unserer Situation: weiterer Horizont, größere innere Freiheit, besseres Urteil über Zeit und Menschen und damit stärkere Wirkungsmöglichkeit", schrieb Günther Dehn im Jahre 1929.[22] Darüber wurde jedoch häufig vergessen, daß Kirche nach evangelischem Verständnis immer die versammelte Gemeinde ist. Hat man sich hinreichend um Formen nicht nur des Zusammenlebens, sondern auch der Austragung von Gegensätzen um des Glaubens willen gekümmert?

Auch die Gemeinschaftsbildung gehört, wenngleich oft nur indirekt, zur unbewältigten Sorge um den Menschen im 19. und 20. Jahrhundert. Viele Pfarrer in der Großstadt kommen mit ihren Gemeindegliedern nur bei Kasualien, bei Taufen, Konfirmationen, Hochzeiten und Beerdigungen, ins Gespräch. Dabei tritt häufig eine spezielle Not zutage, die Not der Bindungslosigkeit — eine Ungebundenheit, die die Kehrseite von erwünschter Mobilität, persönlicher Freiheit und abwechslungsreicher Lebensgestaltung ist. Dies alles geht mit dem Verfall sozialer Ordnungen und dem Schwinden tragender Sitte einher. Bilden

[21] Siehe Gerhard Rau, *Volkskirche heute — im Spiegel ihrer theologischen Problematisierung*, in: *Verkündigung und Forschung*, 32. Jg. (1987), S. 2—31, hier: S. 25 ff.

[22] G. Dehn, *Proletarische Jugend* ... (wie Anm. 14), S. 31.

beide nicht mehr das Gehäuse, in dem man einander begegnet, sich als verbunden erfährt und in eins damit auch als gebunden erlebt, dann wird der einzelne freigesetzt, ohne damit auch schon als Individualität Fuß fassen zu können und Eigeninitiativen zu entwickeln. So schaut er etwa nach einer gemeinsamen Willensbildung aus, um sich von ihr in den unmittelbaren Nöten seiner Existenz getragen zu wissen, beispielsweise in der Solidarität eines Klassenbewußtseins. Aufmerksame Seelsorger, die die wachsende Entfremdung von der Kirche in ihrem Umkreis nicht einfach auf eine schicksalhafte Säkularisierung zurückführten, sondern genauer nach den Gründen von Bindungslosigkeit fragten, haben immer wieder beobachtet, daß die Kirchengemeinden von ihrer Struktur her nur noch bestimmten Menschengruppen ein Zuhause bieten: nämlich denjenigen Kleinbürgern, für die die Kirche mit ihrem Öffentlichkeitsprofil die eigenen Lebensinteressen wahren hilft — und dafür sind sie dann auch bereit, sich zu engagieren. Eine Gemeinde kann sich dadurch unversehens sozial fesseln lassen. Darüber haben vor allem Pfarrer in vorwiegend proletarischen Gemeinden oft geklagt, sicherlich mit Recht, wenn sie an die Zusammensetzung von Kirchenvorständen und kirchlichen Ausschüssen dachten. Allerdings ist die abfällige Beurteilung der „Bürgerlichkeit" in Kirche und Theologie inzwischen derart in Mode gekommen, daß man sich fragen muß, ob sich dahinter mehr intellektueller Hochmut als soziologische Kritik versteckt. Den „Bürger" kennzeichnet doch auch, im Unterschied zum Spießbürger, eine Offenheit über unmittelbare eigene Lebensinteressen hinaus, damit verbunden das Bestreben, das Leben recht und schlicht in Gang zu halten — und das braucht an sich noch nicht verkehrt zu sein.

Doch davon einmal abgesehen: Kann nicht gerade die Kirche zum Ort werden, an dem einer den anderen in seiner unverrückbaren Andersheit nicht nur erfährt, sondern erträgt? Entsteht nicht gerade dadurch Gemeinschaft? Diese Frage begleitet die Sorge um den Menschen, während sie in der Strategie kirchlicher Versorgung oft unerträglich verkürzt erscheint. Und doch hätte man sich hier für die Wahrnehmung des Menschen in seiner andrängenden oder verdeckten Not öffnen können!

III

Besorgnisse um die Humanität: „Rettet den Menschen!"

In der deutschen evangelischen Theologie des 19. und 20. Jahrhunderts steht dagegen eine Sorge im Vordergrund, die ohne die beschriebenen Entwicklungen kaum zu denken ist, auch wenn sie uns unabhängig davon entgegentritt: Wie kann die Selbständigkeit des einzelnen, seine Individualität als religiöses Gut bewahrt und unmißverständlich zur Darstellung gebracht werden?

Zu Weihnachten 1799 veröffentlichte Friedrich Schleiermacher die Schrift *Über die Religion. Reden an die Gebildeten unter ihren Verächtern.* Schleiermacher wandte sich mit ihnen an Zeitgenossen, die in ihrer Lebensorientierung bindungslos geworden waren und nun in den Sog von Denkzwängen und weltumspannenden Handlungszielen zu geraten drohten. Um sie von beidem zu befreien und den Menschen wieder auf einen Boden zu stellen, auf dem er sich entfalten kann, statuierte Schleiermacher die Freiheit der Religion von der Metaphysik — also der Ableitung des Lebens aus dem reinen Denken — und von der Moral,[23] heute würde man vielleicht sagen: von theoretischen Konstruktionen ebenso wie vom Diktat der Praxis. Der Mensch muß lernen, sich beidem gegenüber zu behaupten; nur so findet er zu sich selbst und zu anderen Menschen. Diese unableitbare Freiheit bildet dann auch die Grundlage für Schleiermachers Leitbild der Seelsorge. Sie hat es mit den einzelnen zu tun, „die aus der Identität mit dem Ganzen herausgefallen sind".[24] Es gilt, diese Menschen wirklich als einzelne (nicht als Vereinzelte) zu sehen und so auch anzusprechen. Das bedeutet auch, sie nicht in irgendwelche Ordnungen und Sitten einzuzwängen, sondern sie dem Ganzen als dessen lebendige Glieder zuzuführen und frei wachsen zu lassen. Als das „Ganze" ist unmittelbar die christliche Gemeinde ins Auge gefaßt, wie sie durch den „Gemeingeist" geleitet und gestaltet wird. Wenn darüber hinaus erreicht werden soll, daß der einzelne nicht aus der Welt herausfällt, darf sich Seelsorge nicht auf die Pflege herkömmlicher Christlichkeit in ihren zeitgemäßen Wandlungen beschränken. Vielmehr muß sie helfen, einen Lebensstil zu entwickeln, der den Menschen für die Welt öffnet, wie sie sich ihm jenseits von Denk- und Handlungszwängen erschließt. Dies bedeutet für Schleiermacher Religion als Rettung des Menschen.

Die Sorge um den Menschen kommt hier auf leisen Sohlen. Sie äußert sich nur selten aufdringlich, aber sie ist doch bei genauerem Zuhören unverkennbar, inmitten aller lauten Auseinandersetzungen um die Maßstäbe des Glaubens im Wandel der Geschichte — dem Problem, das die Gemüter so gut wie unaufhörlich beschäftigte und viele Kräfte

[23] Vgl. Friedrich Schleiermacher, *Über die Religion. Reden an die Gebildeten unter ihren Verächtern,* Berlin 1799, hier: *Zweite Rede: Über das Wesen der Religion.*

[24] Friedrich Schleiermacher, *Praktische Theologie,* Berlin 1850, S. 13.

verbrauchte. Ina Seidel schildert dies 1938 in ihrer Pfarrergeschichte *Lennacker*, einem Gegenstück zum nationalsozialistisch eingefärbten und propagierten *Pfaffenspiegel:* Der elfte und zwölfte Ahnherr des Pastorengeschlechtes Lennacker verwickeln sich in den Generationenkonflikt zwischen konservativer Kirchlichkeit und liberaler, sozial aufgeschlossener Theologie. Hier repräsentiert der Jüngere, Hans Joachim Lennacker, recht zuversichtlich und selbstbewußt den Typus des „freien" Protestanten gegen Ende des 19. Jahrhunderts, der durch die Schule Albrecht Ritschls, Adolf von Harnacks und Wilhelm Herrmanns gegangen ist. Diese Theologie hat nicht zuletzt über den gymnasialen Religionsunterricht gewirkt; Ritschls kurzgefaßte Glaubenslehre *Unterricht in der christlichen Religion*[25] war als Schulbuch für Gymnasien geschrieben. In seinem Religionslehrer Günther ist Lennacker einem wahrhaft sittlich-religiösen Verhalten begegnet: Für ihn „war einzig das Erlebnis von Jesu Person, von seinem Leben, Leiden und Sterben und der dadurch besiegelten Lehre maßgeblich"; „das Ziel seiner Predigt, seiner Seelsorge, seines Unterrichts (sah er) nur darin, dies Erlebnis in anderen zu wecken und die Berührung und Verbindung der einzelnen Seele mit Christus herzustellen als mit dem gestaltgewordenen innerten Lebens- und Wachstumsgesetz des geistigen Menschen außerhalb aller durch irdische Daseinsformen bedingten Beziehungen."[26] Die sittlich-religiöse Persönlichkeit, die uns hier in der Gestalt Jesu vor Augen gestellt wird und die den Menschen zu eigenem Erleben entzünden soll, steht jedoch im Schatten einer Bedrohung der

[25] Albrecht Ritschl, *Unterricht in der christlichen Religion,* Bonn 1875.

[26] Ina Seidel, *Lennacker. Das Buch einer Heimkehr,* Stuttgart 1960, S. 579. Vgl. dazu Wilhelm Herrmann: „Jenes Höchste ist auch dem geringsten, ungebildetsten Menschen erreichbar, sobald er durch die sittliche Forderung zur Selbstbesinnung gebracht ist. Der Arbeiter, der sich den Branntwein versagt, weil er sich vorhält, daß Weib und Kind ein Anrecht an seine Kraft und seinen Erwerb haben, betritt in diesem Akte der Selbstverleugnung eine Höhe des geistigen Lebens, auf welche uns weder die wissenschaftliche noch die ästhetische Kultur zu führen vermag. Er besinnt sich in diesem Akte auf sich selbst, er bemerkt nun erst sein inneres Leben und zugleich gibt er demselben einen solchen Gehalt, daß es ihm von nun an der Pflege und Beachtung wert erscheint. Er hält etwas auf sich und gewinnt eine Selbstachtung, die niemandem von Natur durch keine Blüte des Talents zuwächst. In dieser geistigen Situation, auf der Stufe des Charakters, entsteht die Fähigkeit zum Verständnis des christlichen Glaubens, der sich an geschichtliche Tatsachen klammert." (*Warum bedarf unser Glaube geschichtlicher Tatsachen* [1884], wieder abgedruckt in: Wilhelm Herrmann, *Schriften zur Grundlegung der Theologie,* hrsg. von Peter Fischer-Appelt [= Theologische Bücherei, Bd. 36], Teil 1, München 1966, S. 97.)

Humanität in der durch Naturwissenschaft und Technik beherrschten Welt. Die Freiheit des Menschen muß, wie Lennacker es wiedergibt, „außerhalb aller durch irdische Daseinsformen bedingten Beziehungen" gefunden werden, also jenseits aller feststellbaren Zusammenhänge, die in Ursache und Wirkung auseinanderzulegen sind. Der Mensch kann — so lautet die auf eine tiefe Daseinserschütterung abgestimmte Botschaft — nur gerettet werden, wenn er sich als ein unbedingtes Wesen verstehen lernt, dessen Existenz einen Wert hat, der durch alle Daseinsbedingungen und das, was in ihnen erreicht und von ihnen bedroht werden kann, nicht angetastet wird.

Heute heißt es mit derselben Perspektive, der Mensch sei wesenhaft auf Sinn hin angelegt. Seiner Bestimmung werde er gewahr, indem er die Frage nach dem Sinn seines Lebens stellt und an dieser umfassenden Sinnfrage alles mißt, was ihm widerfährt und was er tun kann. Mit alledem wird ein Verhalten kultiviert, das sich aufbauen muß in der steten Auseinandersetzung mit einer Welt, die in Atome zerfällt, und gegen ein Leben, das zur Berechenbarkeit herabgewürdigt und zur bloßen Sache gemacht worden ist. Diese religiöse Kultur, erwachsen aus der tiefen Besorgnis um die Wahrung der Menschlichkeit, ist jedoch ein Stück Gegenkultur. Ihr Zutrauen in die selbstheilenden Kräfte der Humanität ist kaum angefochten, so sehr es in der Tiefe ihrer Weltsicht auch erschüttert sein mag. Dagegen wäre in vernünftigen Grenzen nichts einzuwenden, wenn nicht die Gegenkultur aus Sorge um die Humanität so gefährlich eindeutig wäre. Theologisch beansprucht sie, der Platzhalter für Gottes Sorge um den Menschen zu sein: in der Bewahrung und Vollendung seiner Schöpfung, in der Rettung des Menschen, in der Bewahrung und im Überdauern seiner Seele, vielleicht in Gestalt eines sich fortpflanzenden erfüllten Lebens.

IV
Sorge um den Menschen aus Gottes Sorge für den Menschen

Von Gottes Sorge mußte bisher nicht eigens die Rede sein, entweder weil sie unausgesprochen hinter der Sorge für den Menschen stand oder weil sie in die Betreuung von Menschen einging und vielleicht sogar in ihr aufging, oder schließlich, weil sie sich mit der Besorgnis um die weltüberlegene Menschlichkeit identifizieren ließ. Ist mit alledem schon etwas davon gesagt, daß Gott sich um den Menschen sorgt, indem er für ihn sorgt — ja, kann in diesen Zusammenhängen überhaupt davon die Rede sein?

In Günther Dehns Abschiedspredigt in seiner Berliner Arbeitergemeinde (1930) heißt es nach einer kritischen Aufzählung kirchlicher Versorgung, der Pfarrer sei dafür da, „daß er die Menschen dazu bringe, daß sie auf Gott, wirklich auf Gott hören, daß sie ihre Götzen verbrennen, daß sie die völlige Hoffnungslosigkeit ihrer Lebenslage erkennen und anfangen zu begreifen, was es heißt, von Gottes Gnade leben".[27] Dies wird vor dem Hintergrund großer Sensibilität für die komplexe Lebenslage der Gemeindeglieder gesagt. Das ist kein theologischer Überbau, keine Über-Sorge gewissermaßen, die die bisher genannten Sorgen und Besorgtheiten relativiert. Aber ihnen wird die Eindeutigkeit genommen, die Neigung, mit ihrer Hilfe Gott in der Welt zu lokalisieren. Wie es eine Betrübnis von Gott gibt, die zur Umkehr führt, im Unterschied zu einer Betrübnis der Welt, die den Tod bewirkt (2. Kor. 7, 10), so läßt Gott Menschen an seiner Sorge teilhaben, um damit ihre Besorgtheiten aufzuheben: „Alle euere Sorge werfet auf ihn, denn er sorgt für euch!" (1. Petr. 5, 7.) Wie ist dies in der Theologie des 19. und 20. Jahrhunderts zu Gehör gekommen? Die Gottessorge kann keine gesteigerte Sorge um den Menschen sein, keine Sorge in zweiter Potenz. Wird sie Menschen zuteil, dann läßt sie das Elend in der Welt im Lichte dessen sehen, was Gott für diese Welt getan hat und für sie will: „Gott will, daß alle Menschen gerettet werden und sie zur Erkenntnis der Wahrheit kommen." (1. Tim. 2, 4.) Dieses „alle Menschen" berechtigt zur Sorge um den Menschen, und das heißt: um den Menschen als den von Gott Geliebten, nicht als Gattungswesen oder gar als einen, der von Gott in besonderer Weise umsorgt, behütet, beschützt wird inmitten einer aufs äußerste bedrohten Welt.

„Jesus ist das Amen auf die Menschheit, daß sie Gottes ist und nicht soll verloren werden", hat der schwäbische Seelsorger Christoph Blumhardt gesagt.[28] In seiner Verkündigung wie bereits in der seines Vaters Johann Christoph Blumhardt ist von der Sorge um den Menschen in spürbar anderer Weise die Rede, als bisher zu berichten war. Diese Stimmen wurden auch in den Industriezentren der Nordschweiz, im Ruhrgebiet, auf manchen ostdeutschen Gütern mit ihrem Landprole-

[27] Privatdruck.

[28] Christoph Blumhardt, *Eine Auswahl aus seinen Predigten, Andachten und Schriften,* hrsg. von Robert Lejeune, Bd. 3: *Ihr Menschen seid Gottes! Predigten und Andachten aus den Jahren 1896 bis 1900,* Zürich-Leipzig 1928, S. 82.

tariat gehört; mit ihren seelsorgerlichen Mitteilungen in gedruckten Predigten und einer Art offener Briefe nutzten sie publizistische Möglichkeiten, die ähnlich wie die Flugschriften der Reformationszeit eine Kommunikation neben der kirchlichen Presse und dem kirchlichen Buchwesen eröffneten. Der ältere und der jüngere Blumhardt sind auf ein Ausmaß menschlichen Elends gestoßen, das den meisten ihrer christlichen Zeitgenossen verborgen blieb. Sie sahen nicht allein Krankheit, Verelendung, Entwurzelung, Unfreiheit, ja geradezu Besessenheit, sondern in alledem auch Selbstgerechtigkeit und verzweifelte Versuche, sich selber zu schützen in Aberglaube und Unterwerfung unter fremde Götter. Wenn sie dies aussprechen, wird man daran erinnert, wie Jesus „des Volkes jammerte, denn sie waren wie Schafe, die keinen Hirten haben" — viel eher als an eine christliche Zeit- und Gesellschaftskritik, die allemal schon weiß, an welcher Front Gott zu finden ist. Zwar haben beide Blumhardt auch Kritik geübt, sehr heftig sogar, der ältere Blumhardt in gewisser Nähe zu jener Verfallstheorie, die auch bei der Inneren Mission Pate gestanden hatte, der jüngere Blumhardt in Zustimmung zur sozialistischen Gesellschaftskritik.[29] Doch ihre Verkündigung des Reiches Gottes, mit dem Gott seine Sorge um die Menschen bereits auf Erden zu seinem Ziel bringt, geht immer wieder über solche Anschauungen hinaus, ohne daß sie jemals zu einer totalen Kritik der Geschichte würde. Vater und Sohn Blumhardt haben die Not namhaft gemacht, indem sie auf Notleidende zugingen und sich ihrer Not aussetzten, dies freilich im Zusammenhang der großen Taten Gottes, die sie mitzuteilen hatten und die jede einzelne Not in einen anderen Zusammenhang stellen, als es eine Verallgemeinerung von Einzelfällen oder eine universelle Erklärung singulärer Notstände erreichen kann. Es gilt, sich wirklich um den einzelnen zu sorgen, ihn aber nicht vereinzelt zu lassen. An die Stelle der Sorge um das „spezifisch Christliche" tritt die Verkündigung von Gottes Gerechtigkeit,[30] der Verweis auf Gottes Umschaffen schuldhaft zerstörter

[29] Vgl. Gerhard Sauter, *Die Theologie des Reiches Gottes beim älteren und jüngeren Blumhardt,* Zürich 1962, S. 72 und S. 131—153.

[30] Gerhard Jacobi, *Tagebuch eines Großstadtpfarrers...* (wie Anm. 1), S. 79f., zitiert Christoph Blumhardt: „Wir müssen nicht uns suchen und unsere Gerechtigkeit, wir müssen suchen, daß Gott in die Welt komme mit seinem Recht." — „Wir müssen uns opfern für die Gerechtigkeit Gottes; vergesset euch selbst, suchet nicht immer selbst recht zu sein, bittet nur, daß Gott komme." Entnommen aus der Morgenandacht vom 28. September 1893, abgedruckt in: Chr. Blumhardt, *Eine Auswahl...* (wie Anm. 28),

Verhältnisse, der Ruf zur Hoffnung gegen alles Erwarten auf Gott, der die Toten lebendig macht. Eifernde Besorgtheit um die Zukunft des Menschen weicht, wenn man alles tatsächlich Besorgniserregende der Hilfe Gottes anvertrauen kann, was ja gerade nicht bedeutet, die eigene Verantwortung dafür abzuschieben. Aber nur wer nicht von Sorge beherrscht wird, kann auch der Wege gewahr werden, die durch Not und Elend hindurchführen und nicht an ihnen vorbei.

Die deutsche evangelische Theologie hat sich im 19. und 20. Jahrhundert mehrfach gewandelt — nicht durchgehend, wie es sich bei der Vielschichtigkeit der Vorgänge versteht, aber doch in bezeichnender und oft auch repräsentativer Weise. Ein soziales Glaubensbekenntnis wurde wiederentdeckt. Mit der Devise „Es geht um den Menschen!“ entstand eine Theologie der Humanität, eine auch um ihre Menschlichkeit und damit ihre Eigenständigkeit besorgte Theologie. Unter dem Eindruck der Entkirchlichung und des politisch-sozialen Strukturwandels mußte sie sich mit neuen Formen der Sozialität auseinandersetzen; sie versuchte, sich an Gemeinschaftsbildungen anzuschließen oder solche zu entwickeln. Damit sind Wandlungen verbunden, die mitunter zu Verwandlungen, zu Metamorphosen der Theologie führten. Es bleibt eine offene Frage, wieweit sie sich in alledem auch zur Erkenntnis Jesu Christi hat verwandeln lassen, der die Sorge um den Menschen auf sich genommen hat, indem er die Besorgnis von Menschen um sich selbst besiegte.

Bd. 2: *Predigten aus den Jahren 1888 bis 1896*, Erlenbach-Zürich-Leipzig 1925, S. 434—438, hier: S. 435 und S. 438.

Katholische Großstadtseelsorge im 19. und 20. Jahrhundert

Grundzüge ihrer Entwicklung

ERWIN GATZ
Rom

Großstadt bildet in der Geschichte und somit auch in der Geschichte des Christentums ein relativ spätes Phänomen, obwohl die alte Kirche in der städtischen Gesellschaft heranwuchs und ihre Gestalt fand. Aber dies ist nicht unser Gegenstand, obwohl dazu gerade in den letzten Jahren eine Reihe wertvoller Untersuchungen erschien.[1] Unsere Aufgabe ist es vielmehr, einen Überblick darüber zu gewinnen, wie Großstadt im deutschsprachigen Zentraleuropa seit der Aufklärung seelsorglich bewältigt und wie Großstadtseelsorge reflektiert wurde. Die Rahmenbedingungen waren für beide großen Konfessionen im wesentlichen die gleichen. Hier soll jedoch nur die Entwicklung innerhalb der katholischen Kirche dargestellt werden, und zwar in der Zeit vom 18. Jahrhundert bis zur Reichsgründung 1871, in der Epoche der eigentlichen Urbanisierung von der Reichsgründung bis zum Ersten Weltkrieg, während der Zwischenkriegszeit und in der Zeit nach dem Zweiten Weltkrieg.

I

Als Großstadt bezeichnet man nach der Definition des Internationalen Instituts für Statistik aus dem Jahre 1887 eine Stadt mit mehr als 100 000 Einwohnern.[2] Es liegt auf der Hand, daß diese Festlegung

[1] Zur Geschichte des Christentums in der antiken Stadt zuletzt: Georg Schöllgen, *Ecclesia sordida? Zur Frage der sozialen Schichtung frühchristlicher Gemeinden am Beispiel Karthagos zur Zeit Tertullians* (= *Jahrbuch für Antike und Christentum*, Erg.bd. 12), Münster 1984.

äußerst problematisch ist und der Ergänzung durch die Funktion der jeweiligen Stadt bedarf. So nahmen noch in den ersten Jahrzehnten unseres Untersuchungszeitraumes zahlreiche Städte mit weniger als 100 000 Einwohnern eindeutige Zentralfunktionen wahr. In München lebten zum Beispiel 1840 erst 89 000 Einwohner. Dennoch wird niemand in Frage stellen, daß die bayerische Hauptstadt damals schon eine Metropole von weit größerer Bedeutung war, als die Zahl ihrer Einwohner erkennen läßt. Um 1800 gab es in unserem Untersuchungsbereich nur drei Städte mit mehr als 100 000 Einwohnern, nämlich: Berlin (172 122; davon 25 221 Militärpersonen), Hamburg und Wien. Köln zählte dagegen im Jahre 1801 erst 41 658 Einwohner. Trotz des Anwachsens der Bevölkerung, des Einsetzens der Industrialisierung und der Binnenwanderung gab es 1871 im gleichen Bereich erst fünf Städte mit mehr als 100 000 Einwohnern, nämlich: Berlin (825 937), Hamburg (1875: 348 000), Köln (129 233), München und Wien (1869: 840 000). Düsseldorf zählte dagegen 1871 erst 69 356 Einwohner. In den vier Großstädten des Deutschen Reiches lebten 1871 nur 4,8 Prozent der Reichsbevölkerung. Von den genannten Städten waren Berlin und Hamburg evangelisch, Köln und München wie auch Wien katholisch geprägt. Da die Bewohner der Großstadt innerhalb der Gesamtbevölkerung nur einen geringen Teil bildeten, ist es verständlich, daß die junge Disziplin der Pastoraltheologie, die erstmals 1777 in Wien einen Lehrstuhl erhalten hatte, das Thema „Großstadtseelsorge" damals noch nicht in den Blick nahm. Seit dem späten 18. Jahrhundert vollzog sich jedoch jener tiefe kirchliche Wandel, der die künftige Großstadtseelsorge maßgeblich prägen sollte. Ich denke an die Rezeption des Gemeindegedankens in der katholischen Kirche. Luther hatte die Sammlung des Volkes Gottes in Gemeinden gefordert, und die reformatorischen Kirchenordnungen waren grundsätzlich Gemeindeordnungen. Dabei wurde Gemeinde prinzipiell territorial begriffen. In den Gemeinden der Kirchen der Reformation lebten die vorreformatorischen Pfarreien weiter, und infolge des Unterganges der Klosterkultur und weitgehend auch des Bruderschaftswesens waren sie seelsorglich konkurrenzlos geworden.

[2] Zur Urbanisierung vgl. Horst Matzerath, *Urbanisierung in Preußen 1815—1914* (= Schriften des Deutschen Instituts für Urbanistik, Bd. 72), Stuttgart-Berlin-Köln-Mainz 1985, und zusammenfassend: Jürgen Reulecke, *Geschichte der Urbanisierung in Deutschland,* Frankfurt a. M. 1985.

Anders verlief die Entwicklung in der katholischen Kirche. Auch das Konzil von Trient (1545—1563) hatte entsprechend seinen an den Bedürfnissen der Seelsorge orientierten Reformmaßnahmen („Cura animarum suprema lex") die Pfarrei betont, die Einteilung der Diözesen in Pfarreien mit klar umgrenzten Sprengeln und Pfarrern gefordert und die ausschließliche Zuständigkeit des Bischofs für die Einteilung und Aufsicht der Pfarreien festgelegt.[3] Die Begünstigung der territorialen Gemeinde hat sich jedoch erst langfristig ausgewirkt. Sie ist wie viele andere Bestimmungen des Tridentinums in den deutschsprachigen Ländern im Grunde erst nach der Säkularisation, also mit einer Verzögerung von zweieinhalb Jahrhunderten, voll durchgesetzt worden. So ist denn die katholische Erneuerung nach dem Tridentinum zunächst nicht von den Pfarreien und dem in ihnen tätigen Weltklerus, sondern von den Orden und dem Ordensklerus getragen worden. Der Weltklerus hat dagegen erst langsam und vornehmlich durch die Bildungsanstalten des Jesuitenordens jenes Gewicht und Profil gewonnen, das die Voraussetzungen für eine anspruchsvollere Seelsorgsarbeit bildete. Zwischen dem Weltklerus des 16. und dem des 18. Jahrhunderts bestand ein außerordentlich großer Unterschied. Friedrich Wilhelm Oediger hat errechnet, daß vom deutschen Weltklerus des 16. Jahrhunderts nur zwei Prozent eine Universitätsausbildung besaßen. Im 18. Jahrhundert hatte dagegen jeder Geistliche zumindest die philosophischen und theologischen Kurse einer höheren Schule absolviert. Auf diesem Hintergrund stieg seit dem 18. Jahrhundert die Wertschätzung des Weltklerus, bei wachsender Kritik an den Orden, die schließlich zu deren Zurückdrängung und in den meisten deutschsprachigen Ländern außer Österreich und der Schweiz mit der Säkularisation zu ihrer Aufhebung führte. Der Weltklerus wurde nun am Beispiel des „Guten Hirten" gemessen, und die Pfarrei bildete den Ort der ordentlichen Seelsorge. Der Begriff der Gemeinde wurde allerdings im katholischen Bereich damals noch nicht rezipiert, und die beiden großen Pfarregulierungen, von denen nun die Rede sein muß, gingen keineswegs vom Gemeindeverständnis aus. Sie wurden vielmehr autoritär, ohne jede Mitwirkung der Gemeinden, durchgeführt. Die Pfarrer der josephinischen beziehungsweise französischen Pfarregulierung sollten nach dem Willen ihrer Schöpfer nicht nur die „Guten Hirten" ihrer Gemeinden

[3] Zur Reform des Pfarrinstituts durch das Tridentinum vgl. Alex Blöchlinger, *Die heutige Pfarrei als Gemeinschaft*, Einsiedeln-Zürich-Köln 1962, S. 122—127.

sein, sie sollten zugleich auch öffentliche Aufgaben erfüllen und die Interessen des Staates vertreten.

Die Aufwertung der Pfarrei fand also ihren Niederschlag in zwei groß angelegten, von rationalen Prinzipien geleiteten Pfarregulierungen, und zwar in der josephinischen Pfarregulierung, die seit 1783 in den habsburgischen Ländern durchgeführt wurde, sowie in der französischen oder napoleonischen Pfarregulierung, zu der es seit 1803 in Frankreich kam.[4] Sie betraf auch jene linksrheinischen Gebiete, die 1815 auf dem Wiener Kongreß Preußen, Hessen-Darmstadt und Bayern zugesprochen wurden. Beide Pfarregulierungen haben die Pfarrorganisation tief verändert und wirken bis heute nach.

Kaiser Joseph II. (1780—1790) wünschte wie schon seine Mutter Maria Theresia (1740—1780) aus seelsorgerlichen Gründen eine Vermehrung der Pfarreien beziehungsweise pfarreiähnlicher Seelsorgeposten, die den Gläubigen die Teilnahme am Gottesdienst erleichtern, zugleich aber auch im Dienste der Staatsreform und der Modernisierung der gesamten öffentlichen Verwaltung stehen und eine bessere Erfassung der Bevölkerung erreichen sollten. Nebenkirchen wurden geschlossen, zum Teil sogar abgebrochen. Der Ort des ordentlichen Gottesdienstes sollte künftig die Pfarrkirche, und nur sie, sein. Wallfahrten wurden eingeschränkt oder unterdrückt, der Ordensklerus und die Klöster weitgehend in die Pfarrseelsorge integriert. Die josephinische Pfarregulierung darf somit als Sieg des Pfarrprinzips gelten. Noch einschneidender als die josephinische war die französische Pfarregulierung, die im Gegensatz zu jener von den Bischöfen, aber nach Maßgabe staatlicher Gesetze durchgeführt wurde. Sie war einschneidender, weil sie stärker mit den gewachsenen Traditionen brach. Da zugleich alle Patronatsrechte wegfielen, stand den Bischöfen in Frankreich seitdem im Gegensatz zu den habsburgischen Ländern, wo das Patronatsrecht fortbestand, die freie Besetzung aller Pfarreien und geistlichen Stellen zu. Ein weiterer gravierender Unterschied bestand darin, daß in Frankreich alle Orden aufgelöst und die Ordenspriester dem Diözesanklerus integriert wurden, während in Österreich und in der Schweiz Klöster und Ordens-

[4] Zur Pfarreientwicklung in den deutschsprachigen Ländern seit dem 18. Jahrhundert: Erwin Gatz (Hrsg.), *Pfarr- und Gemeindeorganisation. Studien zu ihrer Entwicklung in Deutschland, Österreich und der Schweiz seit dem Ende des 18. Jahrhunderts* (= Quellen und Forschungen aus dem Gebiet der Geschichte, N. F., H. 10), Paderborn-München-Zürich 1987.

leute in vermehrtem Umfang zur Übernahme von Pfarreien und anderen Seelsorgsstellen verpflichtet wurden.[5]

Ungleich geringere Konsequenzen für die Pfarrorganisation hatte die ansonsten so einschneidende Säkularisation, die seit 1803 in den meisten deutschen Staaten durchgeführt wurde. Während ihr nämlich alle geistlichen Territorien, Dom-, Stiftskapitel und fast alle Klöster zum Opfer fielen, blieben die Pfarreien mit ihren Ausstattungen unangetastet. So einschneidend die große Säkularisation als solche auch war, das System der elementaren Seelsorgseinrichtungen blieb davon unberührt, und infolge des Fortfalls der Klöster wurden die Pfarreien faktisch sogar aufgewertet. Lediglich in Österreich und in der Schweiz behielten Ordenspriester und Klöster einen festen Platz in der Pfarrseelsorge.

Wie wirkte sich nun die neue Situation in den Großstädten aus? Ich möchte dies am Beispiel von Köln verdeutlichen.[6] Im Jahre 1794 zählte die Stadt 44 000 Einwohner, 1852 waren es 101 000 und 1885 bereits 239 000. Vom 14. bis zum Anfang des 19. Jahrhunderts besaß Köln 19 Pfarreien. Daneben gab es im Jahre der Säkularisation noch acht Stiftskirchen — drei weitere Stiftskirchen waren zugleich Pfarrkirchen —, zwei Abtei- und 89 andere Klosterkirchen beziehungsweise -kapellen. Während die Pfarrkirchen bei der Säkularisation erhalten blieben, fielen alle Stifts- und Klosterkirchen an den Staat. Dem Kölner Stadtrat gelang es jedoch in Zusammenarbeit mit dem Aachener Bischof Marc Antoine Berdolet, die Stifts- und Abteikirchen zu Pfarrkirchen umzuwidmen und gegen die meist unansehnlichen Pfarrkirchen einzutauschen. Dadurch wurden jene kunsthistorisch bedeutenden Kölner Kirchen, die das Stadtbild bestimmten, vor dem Untergang gerettet. Die danach vorgenommene Umschreibung der Pfarreien mußte sich einerseits an den kommunalen Verwaltungsgrenzen, andererseits an den Standorten der neuen Pfarrkirchen orientieren. Sie blieb daher in vielfacher Hinsicht unzulänglich, wurde aber bis zum Kulturkampf nur

[5] Über den österreichischen Ordensklerus in der Pfarrseelsorge: Rudolf Zinnhobler, *Der Anteil der Orden an der Pfarrseelsorge im Bistum Linz,* in: E. Gatz (Hrsg.), *Pfarr- und Gemeindeorganisation*... (wie Anm. 4), S. 137—148.

[6] Vgl. Eduard Hegel, *Der Einfluß der städtebaulichen, wirtschaftlichen und verkehrsmäßigen Entwicklung auf die soziologische Schichtung und das kirchliche Leben der Kölner Innenstadtpfarreien seit Beginn des 19. Jahrhunderts,* in: *Jahrbuch des Kölnischen Geschichtsvereins,* 25. Jg. (1950), S. 180—208.

unwesentlich geändert. Im Durchschnitt gehörten zu jeder Kölner Pfarrei im Jahre 1802: 2275; 1850: 4118 und 1872: 5284 Katholiken.[7]

Im Jahre 1872 betrug die Zahl der Katholiken pro Pfarrseelsorger 1476, bei 19 Pfarrern und 51 Kaplänen. Berücksichtigt man, daß neben den Pfarrseelsorgern noch 94 weitere Geistliche, insgesamt also 162, in anderen kirchlichen oder staatlichen Positionen oder als Pensionäre in Köln lebten, so betrug die Relation Priester — Katholiken 1:620. In Köln konnte also im Jahre 1872 noch die Forderung des Tridentinums erfüllt werden, wonach die Seelsorger die Angehörigen ihrer Sprengel persönlich kennen sollten. Dabei ist auch zu berücksichtigen, daß die Mobilität der Bevölkerung damals noch gering war. Auch der Pfarrklerus blieb verhältnismäßig lange an seinem Dienstort. Die 19 Kölner Pfarrer des Jahres 1872 leiteten ihre Gemeinden durchschnittlich seit 13,7 Jahren. Ein Pfarrer war seit 37, ein anderer seit 34 Jahren in seiner Gemeinde. Im Jahre 1872 bestand also in Köln noch keine Veranlassung zu einer größeren Veränderung der Pfarrorganisation, da damals selbst die größte der Stadtkölner Pfarreien, nämlich St. Gereon, nur 9961 Katholiken zählte. In ihr waren neben dem Pfarrer zwei Kapläne und zwei weitere Kuratpriester tätig.

Ungleich schlechter waren um die gleiche Zeit die Städte München und vor allem Wien versorgt, wo dem Ausbau der Pfarrstruktur unter anderem rechtliche Hindernisse im Wege standen. Wien zählte 1869 für 768 335 Katholiken 72 Pfarreien beziehungsweise andere selbständige Seelsorgssprengel mit 216 Pfarrseelsorgern. Das waren 3557 Katholiken je Seelsorger. In Wien hatte also jeder Seelsorger 2,4 Mal mehr Katholiken zu betreuen als in Köln.[8] Durch eine extreme Diasporasituation war die Lage der Katholiken in Berlin geprägt. Hier standen 1855 für die 21 000 Katholiken in einer einzigen Pfarrei fünf Seelsorger zur Verfügung. Die Relation war also schlechter als in Köln, aber besser als in Wien, wobei die Arbeit allerdings durch die großen Entfernungen und die Zerstreuung der Katholiken in der Stadt erschwert wurde.

In Köln dagegen vollzog sich Seelsorge, und darauf kommt es hier insbesondere an, wie damals in allen anderen Städten noch völlig im Rahmen der Pfarrei. Der Pfarrgottesdienst in seiner Vielfalt, die Kate-

[7] Die statistischen Angaben zur Kölner Pfarrseelsorge sind den *Handbüchern des Erzbistums Köln,* Köln 1827 ff., entnommen bzw. nach deren Angaben errechnet.

[8] Vgl. Johann Weißensteiner, *Erzdiözese Wien,* in: E. Gatz (Hrsg.), *Pfarr- und Gemeindeorganisation*... (wie Anm. 4), S. 44.

chese in den mit den Pfarreien verbundenen Schulen sowie die sonntägliche Christenlehre in der Kirche, die Spendung der Sakramente und die regelmäßigen Hausbesuche des Klerus bestimmten das Gemeindeleben. Die Konzentration auf die Pfarrei lag ganz in der Linie der Aufklärung, und wenn man auch — abgesehen von der Leistung verschiedener Dienste wie der Eheassistenz — nicht mehr von einem eigentlichen „Pfarrzwang" sprechen konnte, so regierte doch das Pfarrprinzip, und der sonntägliche Gottesdienst bildete die Mitte des gemeindlichen Lebens.[9] Erste Signale für eine nicht mehr ausschließlich pfarrgebundene Seelsorge stellten das Wiederaufkommen einer Wallfahrtsbewegung seit der Trierer Rockwallfahrt von 1844 dar, die innerhalb weniger Wochen eine Million Pilger an die Mosel führte, ferner seit 1846 die Gründung von Gesellenvereinen durch Adolph Kolping — im Jahre 1865 gab es bereits 24 600 Mitglieder in 418 Ortsvereinen — sowie schließlich seit 1850 die in großem Stil durch Ordenspriester durchgeführten Volksmissionen, die beim Pfarrklerus zunächst auf Reserve stießen.[10]

II

Die Epoche von der Reichsgründung bis zum Ersten Weltkrieg war nicht nur durch ein starkes Bevölkerungswachstum, sondern auch durch eine massive Binnenwanderung gekennzeichnet, gegenüber der die um die Mitte des Jahrhunderts erhebliche Auswanderung immer mehr zurücktrat.[11] Die Binnenwanderung in der Phase der Hochindustrialisierung bildete die bis dahin größte Massenbewegung in der deutschen Geschichte. So lebten im Jahre 1907 im Gebiet des Deutschen Reiches 48 Prozent der Bevölkerung außerhalb der Gemeinde ihrer Geburt. Mit anderen Worten: Zwischen der Reichsgründung und dem

[9] Vgl. Andreas Heinz, *Die sonn- und feiertägliche Pfarrmesse im Landkapitel Bitburg-Kyllburg der alten Erzdiözese Trier von der Mitte des 18. bis zur Mitte des 19. Jahrhunderts*, Trier 1978.

[10] Vgl. Erwin Gatz, *Rheinische Volksmission im 19. Jahrhundert, dargestellt am Beispiel des Erzbistums Köln. Ein Beitrag zur Geschichte der Seelsorge im Zeitalter der katholischen Bewegung*, Düsseldorf 1963.

[11] Zur Bevölkerungsentwicklung im Gebiet des Deutschen Reiches: Wolfgang Köllmann, *Bevölkerungsgeschichte 1800—1970*, in: Hermann Aubin/Wolfgang Zorn (Hrsg.), *Handbuch der deutschen Wirtschafts- und Sozialgeschichte*, Bd. 2, Stuttgart 1976, S. 9—50; H. Matzerath, *Urbanisierung...* (wie Anm. 2).

Ersten Weltkrieg nahm fast jeder zweite Deutsche infolge der Industrialisierung an der Binnenwanderung teil, die vorwiegend vom Land in die Städte führte. Für unseren Untersuchungsraum können so die Jahre von der Reichsgründung bis zum Ersten Weltkrieg als die Phase der Urbanisierung bezeichnet werden. 1871 lebten erst 4,8 Prozent, 1910 bereits 21,3 Prozent der Reichsbevölkerung in Städten mit mehr als 100 000 Einwohnern. Die Zahl dieser Städte stieg von vier im Jahre 1871 auf 48 im Jahre 1910, die Reichsbevölkerung dagegen von 41 auf knapp 65 Millionen, also um 58,1 Prozent. Für unsere Überlegungen spielen weder die Ursachen noch die unterschiedlichen Phasen dieses Wachstums eine Rolle, wohl aber die Frage, ob es sich um überwiegend katholische Städte mit gewachsenen Gemeindestrukturen oder um Diasporagebiete handelte, in denen die Gemeindestruktur erst mühsam aufgebaut werden mußte; ferner, ob es sich um das Wachstum historischer Städte oder um unorganische Neugründungen wie im Ruhrgebiet nördlich der Emscher handelte.

Das Anwachsen der Großstädte führte nach der Jahrhundertwende in der katholischen Theologie erstmals zu einer wissenschaftlichen Reflexion über die Großstadtseelsorge. Es kommt nicht von ungefähr, daß gerade der Wiener Pastoraltheologe Heinrich Swoboda dieses Thema erörterte,[12] denn in der Hauptstadt der Habsburger Monarchie betraf der pastorale Notstand die katholische Bevölkerung stärker als in allen anderen Städten des deutschen Sprachraumes: Die Zahl der Katholiken stieg hier von 768 335 im Jahre 1869 auf 1 742 920 im Jahre 1910, das war ein Zuwachs von 127 Prozent. Dem stand eine Zunahme der Pfarreien von nur 15,2 Prozent, der Pfarrseelsorger von 35,6 Prozent gegenüber. Auf evangelischer Seite fanden sich vergleichbare Verhältnisse in Berlin. In Wien entfielen im Jahr 1909 auf jede Pfarrei durchschnittlich 21 000 und auf jeden Pfarrseelsorger knapp 6000 Katholiken, die größte Wiener Pfarrei zählte damals fast 70 000 Gemeindemitglieder. Während das Wiener Provinzialkonzil von 1858 noch 10 000 Gemeindemitglieder als Obergrenze bezeichnet hatte, legte eine 1893 eingesetzte Kommission bereits 25 000 Gemeindemitglieder als Obergrenze fest. Seit der Aufklärung und dem Sieg des Pfarrprinzips war die territoriale Gemeinde zur fast konkurrenzlosen Trägerin der Seelsorge geworden. Swoboda hat daran nicht gerüttelt, sondern dieses

[12] Heinrich Swoboda, *Großstadtseelsorge. Eine pastoraltheologische Studie*, Regensburg-Rom-New York-Cincinnati 1909.

Prinzip bestätigt und darauf hingewiesen, daß die Pfarreien beziehungsweise selbständigen Seelsorgssprengel bedeutend vermehrt werden müßten, wenn sie ihrer Aufgabe gerecht werden sollten. Im Grunde zielte das Bemühen um eine adäquate Großstadtseelsorge allenthalben in die gleiche Richtung. Dem Anwachsen beziehungsweise Zustrom der Bevölkerung sollte der Ausbau der Pfarrorganisation folgen.

Auch diese Entwicklungsphase läßt sich gut am Beispiel der Stadt Köln verfolgen. Eduard Hegel hat schon vor fast vier Jahrzehnten dargelegt, daß die Stadtentwicklung Kölns in zwei Richtungen verlief.[13] Zum einen wuchs die Stadt an Einwohnern und Gebäuden. Die zu Beginn des 19. Jahrhunderts im innerstädtischen Bereich noch zahlreichen Gartengrundstücke wurden bebaut, und seit der Entfestigung im Jahre 1880 griff die Stadt rapide in ihr Umland aus. Während sie 1852 noch 101000 Einwohner zählte, stieg deren Zahl bis 1885 auf 239000 und bis 1910 auf 516000. Parallel dazu setzte zum anderen bereits die City-Bildung ein mit der Konzentration von öffentlichen und privaten Verwaltungszentren, einem qualifizierten Einzelhandel, aber auch mit der Durchschneidung der alten Wohngebiete durch neue Verkehrsachsen. Die Folgen trafen vor allem die Pfarreien der innersten Altstadt. Dort sank die Zahl der Katholiken von 1872: 19620 auf 1911: 16701, also um ca. 15 Prozent. Viel gravierender war aber die gleichzeitige Veränderung der Altersstruktur. Während nämlich 1884 in den genannten Gemeinden noch 481 Taufen gespendet wurden, waren es 1914 nur noch 189. Der Rückgang belief sich also auf ca. 60 Prozent. Er entsprach keineswegs dem allgemeinen Geburtenrückgang. Mit anderen Worten: Schon vor dem Ersten Weltkrieg zeigte die Kölner Innenstadt eine rückläufige Bevölkerungsentwicklung und eine überalterte Bevölkerungsstruktur. Ähnlich verlief die Entwicklung in anderen Großstädten.

Während des Kulturkampfes hatte die Pfarrseelsorge stagniert, und obwohl die katholische Wohnbevölkerung allein im Erzbistum Köln von 1872 bis 1888 um 21 Prozent stieg, konnte keine Pfarrei und kein Seelsorgsbezirk neu gegründet werden. In den übrigen preußischen Diözesen war die Situation ähnlich. Daher konzentrierte sich der 1885 nach Köln berufene Erzbischof Philipp Krementz sofort nach dem Abklingen des Konfliktes auf den Ausbau der Gemeinden in den Groß-

[13] Vgl. E. Hegel, *Der Einfluß*... (wie Anm. 6), S. 189—199.

städten und Ballungsräumen.[14] Die Finanzierung dieses Ausbaus bildete jedoch ein grundlegendes Problem. Zunächst wurden die finanziellen Mittel größtenteils durch Kollekten zusammengetragen, doch bald erwies sich dieses Verfahren als unzureichend. Deshalb wuchs nach der Jahrhundertwende die Überzeugung, daß der weitere Ausbau der Gemeinden nur noch durch eine Besteuerung zu finanzieren sei. So wurde seit 1903 zunächst in Preußen, später auch in den anderen deutschen Bundesstaaten stufenweise ein Kirchensteuersystem eingeführt.[15] In Österreich blieb dagegen der unter Joseph II. aus Mitteln aufgehobener Klöster gebildete Religionsfonds bis 1939 für die Finanzierung der Pfarreien zuständig.[16] Die neu eingeführte Kirchensteuer hatte deshalb tief einschneidende Folgen, weil sie die bis dahin vorhandene Finanzautonomie der einzelnen Kirchengemeinden zugunsten der Diözesen beschnitt. Die neue finanzielle Kompetenz der Diözesen hat ihrerseits eine großräumigere und großzügigere, an den überörtlichen Bedürfnissen gemessene Planung ermöglicht. 1911 beschäftigte sich erstmalig die Fuldaer Bischofskonferenz mit Fragen der Großstadtseelsorge.[17] Ihre beiden Referenten, Erzbischof Thomas Nörber von Freiburg und Bischof Adolph Bertram von Hildesheim, folgten Swoboda und betonten übereinstimmend die Wichtigkeit der Kontaktpflege von Pfarrklerus und Gläubigen sowie moderner Organisationshilfen.

Insgesamt dominierte also in der Großstadtseelsorge bis zum Ersten Weltkrieg die Pfarrei mit ihren vielfältigen Diensten und Lebensvollzügen. Daneben war freilich seit dem Ende des 19. Jahrhunderts eine Fülle von Vereinen entstanden, die, vielfach, aber nicht immer an die Pfarrei gebunden, zahlreiche aktive Gläubige vereinten.[18] Dabei bilde-

[14] Vgl. Erwin Gatz, *Zur Entwicklung der Pfarrei im Erzbistum Köln von der Säkularisation bis zum Zweiten Vatikanischen Konzil*, in: *Historisches Jahrbuch der Görres-Gesellschaft*, 105 (1985), S. 197 ff.

[15] Vgl. Erwin Gatz, *Auf dem Weg zur Kirchensteuer. Kirchliche Finanzierungsprobleme in Preußen an der Wende zum 20. Jahrhundert*, in: ders. (Hrsg.), *Römische Kurie. Kirchliche Finanzen. Vatikanisches Archiv. Studien zu Ehren von Hermann Hoberg*, Bd. 1, Rom 1979, S. 249—262.

[16] Vgl. Sebastian Ritter, *Die kirchliche Vermögensverwaltung in Österreich. Von Patronat und Kongrua zum Kirchenbeitrag*, Salzburg 1954.

[17] Vgl. Erwin Gatz (Hrsg.), *Akten der Fuldaer Bischofskonferenz*, Bd. 3: *1900—1919*, Mainz 1985, S. 180 und 186.

[18] Einen guten Überblick bietet das *Kirchliche Handbuch für das katholische Deutschland*, begr. von Hermann Anton Krose, hrsg. von der amtlichen Zentralstelle für

ten die Erwachsenenbildung sowie zahlreiche sozial- und gesellschaftspolitische Fragen, ferner die Standesseelsorge mit der Erfassung bestimmter Berufs- und Altersgruppen die entscheidenden Anliegen. Da die katholischen Vereine stark mit der Zentrumspartei kooperierten, waren sie gesellschaftspolitisch von erheblichem Gewicht. Herbert Lepper hat das Engagement und die Bedeutung eines solchen Vereins, und zwar des „Arbeitervereins zum Hl. Paulus für Aachen und Burtscheid" eindrucksvoll geschildert und reich dokumentiert.[19] Aachen zählte zwar im Jahre der Vereinsgründung erst 70000 Einwohner. Es war also, obwohl weitgehend industrialisiert, in statistischem Sinn noch keine Großstadt. Der Verein hatte soziale Aufgaben wie den Wohnungsbau, aber auch Freizeit- und Weiterbildungsziele. In seiner Blütezeit zählte er 5000 Mitglieder. Auch Leo Jablonski hat in seiner *Geschichte des fürstbischöflichen Delegaturbezirkes Brandenburg und Pommern* eine Darstellung des katholischen Vereinswesens einbezogen und sie bezeichnenderweise in den Abschnitt über die „Hilfsmittel der Seelsorge" eingeordnet.[20] Ähnlich sind die Vereine lange Zeit im *Kirchlichen Handbuch für das katholische Deutschland* eingeordnet worden.[21] Sie waren Hilfsmittel der Seelsorge und auf die Pfarrei hingeordnet.

III

Die Bevölkerungsentwicklung der Zwischenkriegszeit war in den deutschsprachigen Ländern durch ein deutliches Abflachen der Geburtenhäufigkeit gekennzeichnet, das sich allerdings in den geschlossen katholischen Gebieten weniger stark auswirkte. Die Binnenwanderung hielt jedoch an und erfuhr während der nationalsozialistischen Herrschaft noch einmal eine bedeutende Steigerung. Allerdings wuchsen die Großstädte und Ballungsräume nicht mehr im gleichen Tempo wie vor

kirchliche Statistik des katholischen Deutschlands, Freiburg 1908 ff.; ferner: Wilhelm Spael, *Das katholische Deutschland im 20. Jahrhundert. Seine Pionier- und Krisenzeiten 1890—1945*, Würzburg 1964.

[19] Herbert Lepper (Bearb.), *Sozialer Katholizismus in Aachen. Quellen zur Geschichte des Arbeitervereins zum Hl. Paulus für Aachen und Burtscheid 1869—1878 (88)* (= Veröffentlichungen des Bischöflichen Diözesanarchivs Aachen, Bd. 36), Mönchengladbach 1977.

[20] Leo Jablonski, *Geschichte des fürstbischöflichen Delegaturbezirkes Brandenburg und Pommern*, Bd. 2, Breslau 1929, S. 216—246.

[21] Vgl. oben Anm. 18.

dem Ersten Weltkrieg. Unter seelsorglichem Aspekt blieb das Augenmerk darauf konzentriert, die Großstädte mit einer ausreichenden Zahl von Pfarreien auszustatten. Als ideale Größe sah man 5000 bis 6000 Pfarrangehörige an. Das vor und nach der Jahrhundertwende so stark ausgebaute Vereinswesen wurde hingegen Zielscheibe der Kritik. Diese wurde von dem Jesuiten und Pastoraltheologen Constantin Noppel, aber auch von aktiven Pfarrseelsorgern vorgetragen und richtete sich vor allem gegen die angebliche Selbstgenügsamkeit und Stagnation der Vereine, die die territoriale Pfarrei als natürliches Feld und den vorgegebenen Rahmen der ordentlichen Seelsorge mehr belasteten als bereicherten.[22] Die Kritiker forderten, daß die Pfarrei der Integrationsort aller Vereine sein müsse. Zur Großstadtseelsorge nahm 1924 der Bonner Religionssoziologe Wilhelm Schwer Stellung,[23] der weit über das 1909 von Swoboda entwickelte Programm hinausging, das den Bedürfnissen der Großstadtseelsorge im Grunde durch verbesserte Organisation beizukommen glaubte. Schwer arbeitete dagegen den Unterschied zwischen den meist über lange Zeit gewachsenen historischen Altstadtpfarreien und den im Kontext der Urbanisierung seit dem 19. Jahrhundert organisierten neuen Großstadtpfarreien heraus. Er warnte dringend vor der Nachahmung des in evangelischen Landeskirchen fehlgeschlagenen Versuches von Personalpfarreien und plädierte eindeutig für die territoriale Gemeinde. Dazu schrieb er: „Die alte historische Pfarrei, das heißt die räumlich umgrenzte Pfarrgemeinde, ist auch heute noch die allein bewährte und aussichtsreiche Trägerin der Großstadtseelsorge. Alles muß geschehen, um diesen Pfarrverband zu kräftigen und ihm neues Leben zuzuführen, alles ferngehalten werden, was seinen Zusammenhang zu schwächen und zu durchbrechen geeignet ist."[24]

Wie aber Vereinsarbeit und Pfarrseelsorge im konkreten Fall einer Großstadtpfarrei verbunden werden konnten, das schilderte 1926 Maximilian Kaller, damals noch Pfarrer in Berlin-St. Michael mit 17000 Katholiken bei einer Gesamtwohnbevölkerung von etwa 170000.[25]

[22] Constantin Noppel, *Aedificatio Corporis Christi. Aufriß der Pastoral*, Freiburg 1937; ders., *Die neue Pfarrei. Eine Grundlegung*, Freiburg 1939.

[23] Wilhelm Schwer, *Die alte Pfarrei in der neuen Stadt*, in: *Bonner Zeitschrift für Theologie und Seelsorge*, 1. Jg. (1924), S. 60—77.

[24] *A. a. O.*, S. 75.

[25] Maximilian Kaller, *Aus einer Großstadtpfarrei. Erkenntnisse und Folgerungen aus*

Unter dem Begriff des „Laienapostolates", den die 1922 von Papst Pius XI. proklamierte „Katholische Aktion" in den Vordergrund stellte, hatte Kaller in seiner Gemeinde eine eindrucksvolle Zahl ehrenamtlicher Mitarbeiter mobilisiert, die auf den Gebieten der Organisation und Verwaltung, der Sozialhilfe (Caritas), der Intensiv- und Standesseelsorge, im Grunde in allen denkbaren kirchlichen Tätigkeitsbereichen mitarbeiteten. Der ganz pfarreibezogene grandiose Organisations- und Arbeitseifer Kallers fand seine Anerkennung, als der damalige Berliner Nuntius Eugenio Pacelli, von Kallers Konzept zutiefst beeindruckt, diesen 1926 zum Apostolischen Administrator von Schneidemühl und 1930 zum Bischof von Ermland empfahl. Dort hat Kaller ähnliche Wege beschritten, ist aber wegen seines Aktivismus in den ländlichen Gebieten auf Widerstand gestoßen. Wie neben der pfarrbezogenen Großstadtseelsorge komplementäre Bereiche aussehen konnten, das zeigte im Berlin der Nachkriegszeit Carl Sonnenschein.[26] Von Mönchengladbach, wo er beim Volksverein für das katholische Deutschland tätig war, siedelte er 1918 nach Berlin über. Er hatte das anspruchsvolle Ziel, das „katholische Berlin" aufzubauen. Das Entscheidende liegt darin, daß Sonnenschein den Berliner Katholizismus über die einzelnen Pfarreien hinweg als Einheit sah, gleichsam als „Kirche von Berlin", ehe diese ein Bistum wurde. Um sein Sekretariat Sozialer Studentenarbeit (SSS) versammelte sich seitdem eine ganze Fülle sozial-karitativer Aktivitäten, die untrennbar mit der Studentenarbeit und einer Seelsorge ohne Rücksicht auf Pfarrgrenzen verbunden blieben.

Neben der einsetzenden Vereinskritik war die Großstadtseelsorge in der Zwischenkriegszeit vor allem durch das Aufkommen der Liturgischen Bewegung, der eng damit verbundenen Erneuerung der Ekklesiologie und des Kirchen- sowie Gemeindebewußtseins charakterisiert, das sich zunächst in kleinen Kreisen artikulierte, später aber, zum Teil unter dem Druck des nationalsozialistischen Regimes, zum Durchbruch kam.[27] Von Maria Laach und Klosterneuburg ausgehend, ver-

einer Pfarrkartei, Freiburg 1923; ders., *Unser Laienapostolat in St. Michael-Berlin. Was es ist und wie es sein soll*, Leutesdorf 1926.

[26] Vgl. Ernst Thrasolt, *Dr. Carl Sonnenschein. Der Mensch und sein Werk*, München 1930; Hans Gerhard Müller, *Carl Sonnenschein (1876—1929)*, in: Wolfgang Knauft (Hrsg.), *Miterbauer des Bistums Berlin. 50 Jahre Geschichte in Charakterbildern*, Berlin 1979, S. 9—22.

[27] Theodor Maas-Ewerd, *Liturgie und Pfarrei. Einfluß der liturgischen Erneuerung auf Leben und Verständnis der Pfarrei im deutschen Sprachgebiet*, Paderborn 1969.

breitete sich die neue Art, Gottesdienst zu feiern und damit die Kirche als Gemeinschaft zu erleben, zunächst in Akademikerkreisen und in der Jugendbewegung. Eng damit verbunden war die Hinwendung zur Lektüre der Hl. Schrift. In Deutschland trieb Romano Guardini, in Österreich Pius Parsch die neue Bewegung maßgeblich voran. Als das katholische Vereinswesen nach 1933 unter Druck und Terror des nationalsozialistischen Regimes trotz heftigen Widerstandes immer mehr zurückging, verlagerte sich das kirchliche Leben ganz auf die Pfarreien, an die das Regime zunächst keine Hand legte. Infolge der neuen Art, Gottesdienst zu feiern, erhielten sie eine neue geistliche Dimension. So waren beim Kriegsausbruch in Deutschland wie in Österreich die Großstadtpfarreien vitaler als Jahrzehnte zuvor, weil sie nunmehr wie nach der Säkularisation wieder konkurrenzlos geworden waren.

IV

Nachdem das nationalsozialistische Regime schon vor dem Ausbruch des Zweiten Weltkrieges durch Arbeitsdienst, Kinderlandverschickung und verstärkte Einberufung zum Militärdienst eine neue Binnenwanderung ausgelöst hatte, die zu einer religiösen Entwurzelung führte und die im Verlauf des sich verstärkenden Bombenkrieges die Großstädte und Ballungsräume gründlich veränderte, kam es gegen Kriegsende zur weitgehenden Zerstörung der historischen Stadtzentren mit zum Teil irreversiblen Konsequenzen nicht zuletzt für die Großstadtseelsorge. Auch dieser Vorgang mag am Beispiel der Stadt Köln verdeutlicht werden. In der Kölner Innenstadt, also jenem Bereich, der bis 1888 von den Stadtmauern umgeben war und seit dem 19. Jahrhundert 19 Pfarreien zählte, lebten im Jahre 1932: 123 195 Katholiken.[28] Infolge der Kriegseinwirkungen wurden in diesem Gebiet bis 1945 98 Prozent aller Wohnungen zerstört, die Zahl der ansässigen Bevölkerung sank rapide. Nach dem Krieg stieg sie zwar bis 1953 wieder auf geschätzt 36 884, doch haben die Kriegszerstörungen der City-Bildung zum Sieg verholfen. Dazu hat auch der Ausbau von Stadtautobahnen und anderen Verkehrsachsen beigetragen. Schon vor dem Er-

[28] Angaben nach *Handbuch des Erzbistums Köln 1933*, 1954. Vgl. auch H. Linn, *Die Entwicklung kirchlichen Lebens auf dem Boden der Pfarreien 1895—1970, aufgezeigt an ausgewählten Pfarreien des Erzbistums Köln*, Ms., Historisches Archiv des Erzbistums Köln, 1980.

sten Weltkrieg hatten die großen Straßendurchbrüche die Auflösung der historischen Altstadt eingeleitet. Dieser Prozeß kam nun zum Abschluß. 1980 wurden in der Kölner Innenstadt nur noch 25719 Katholiken gezählt. Das waren 20,9 Prozent der Anzahl von 1932. In der engeren Altstadt war die Entwicklung noch krasser. Während hier 1932 noch 12969 Katholiken wohnten, waren es 1980 nur noch 1713. Angesichts dieser Entwicklung wurde die herkömmliche Pfarrstruktur fragwürdig. Dennoch wurden, unter anderem mit Rücksicht auf historisch wertvolle Kirchenbauten, nur wenige Pfarreien aufgehoben und nur einzelne, wie Köln-St. Alban, an die Stadtperipherie verlegt.

Die Nachkriegszeit war ferner durch die erneute Diskussion um das Pfarrprinzip gekennzeichnet. Hatte die territoriale Pfarrei in der Großstadt noch eine Chance, und wenn ja, sollte man dann das vom nationalsozialistischen Regime zerschlagene Vereinswesen neu aufleben lassen? Viele Seelsorger sprachen sich dagegen aus. Sie wünschten, daß künftig ausschließlich die Pfarrei, die „Pfarrgemeinde" oder „Pfarrfamilie", wie man seit den dreißiger Jahren zu sagen pflegte, der Ort der Seelsorge bleibe. Dafür wußten sie auch theologische Argumente vorzutragen. Dennoch hat das Vereinswesen nach der Währungsreform noch einmal eine Nachblüte erlebt, die allerdings nicht mehr so viele Mitglieder zu erfassen vermochte, wie das vor 1933 der Fall gewesen war. Heute ist die Diskussion um das Pfarrprinzip längst verstummt. Statt dessen ist seit den siebziger Jahren angesichts der zuvor unbekannten Bevölkerungsmobilität viel über eine Strukturreform, über eine „funktionale Anpassung" (Norbert Greinacher) der Kirche in der Großstadt diskutiert worden. Dem lag die Beobachtung zugrunde, daß Wohn- und Arbeitsort in der Großstadt bei den meisten Menschen auseinanderfallen, so daß moderne Seelsorge mit ihrem vielfältigen Angebot nicht mehr in den Grenzen einer oft kleinen Pfarrei geleistet werden kann. Die Vorschläge zielten daher in zwei Richtungen: Zusammenfassung mehrerer Gemeinden zu großen, kooperativen Einheiten („Verbandpfarreien", „Pfarrverbände") und Ergänzung der territorialen durch die kategoriale Seelsorge. Wer heute ein kirchliches Handbuch aufschlägt, wird staunen, wie viele kategoriale, sozial-karitative und seelsorgliche Dienste neben den territorialen Pfarreien angeboten werden.

Die Erforschung der Geschichte der Großstadtseelsorge, die hier in ihren Grundzügen dargestellt wurde, speziell derjenigen in der Diaspora, steht noch in den Anfängen. Sie sieht sich einer ganzen Fülle von Aufgaben gegenüber. Eine davon ist die Sicherung jener Quellen, die stärker als andere in Gefahr sind, zu versiegen oder unbeachtet zu bleiben: die Erfahrungsberichte und die Reflexionen von Seelsorgern, die in der Großstadtseelsorge tätig waren oder noch sind. Die pastorale Arbeit hat gerade im Kreise ihrer Träger bisher kaum einen schriftlichen Niederschlag gefunden, so daß ihre Erhaltung und Sicherung ein besonderes Desiderat darstellt.[29] Wie in anderen sozialwissenschaftlich ausgerichteten Disziplinen wird auch die Geschichte der Seelsorge nicht umhin können, sich quantifizierender Methoden zu bedienen, um die Vitalität der Gemeinden, ihre Abnahme und Zunahme, zu erfassen und präzise Daten über den „Rezipientenkreis" und die Wirkung der Cura animarum in der Großstadt des 19. und 20. Jahrhunderts gewinnen zu können.

[29] Einen Versuch bildet: Erwin Gatz (Hrsg.), *Erinnerungen rheinischer Seelsorger aus den Diözesen Aachen, Köln und Lüttich (1933—1986)*, Aachen 1988.

Möglichkeiten und Grenzen der statistischen Erfassung kirchlicher Bindungen

LUCIAN HÖLSCHER
Bielefeld

Den folgenden Ausführungen liegt ein Begriff der kirchlichen Bindung zugrunde, der zunächst der Klärung bedarf. Problematisch ist dabei sowohl der Begriff der „Kirche“ als auch der der „Bindung“. Man hat in der protestantischen Kirchenstatistik zwar immer eingeräumt, daß es sich bei der Kirche, von der hier die Rede ist, natürlich nur um die politisch-soziale Organisationsform, die „sichtbare Kirche“ handeln könne, nicht um die unsichtbare Gemeinschaft der Gläubigen.[1] Aber der Streit, ob in der Kirchenstatistik nicht eine Überbewertung der äußeren Gestalt gegenüber der inneren Substanz der Kirche, eine Verzerrung nicht nur theologischer, sondern auch geistig-sozialer Art vorliege, bei der quantitative Größe mit sozialer Macht, zahlenmäßige Kleinheit mit geistlicher und politischer Schwäche verwechselt werden — dieser Streit begleitet die kirchliche Statistik seit langem. Erinnert sei nur zum Beispiel an die Kritik von Karl Barth in den zwanziger Jahren[2] und an die Tätigkeit der Bekennenden Kirche im Dritten Reich, die trotz ihres geringen Umfangs eine große politisch-geistige Stärke besaß.

[1] Vgl. Johannes Schneider, Artikel *Statistik, kirchliche,* in: Hermann Gunkel/Leopold Zscharnack (Hrsg.), *Die Religion in Geschichte und Gegenwart. Handbuch für Theologie und Religionswissenschaft* (im folgenden *RGG* zitiert), 5 Bde., 2. Aufl., Tübingen 1927—1932, hier Bd. 5 (1932), Sp. 764; Paul Troschke: *Aus der Geschichte der Statistik. Aufgaben und Arbeitsweise* (= Evangelische Kirchenstatistik Deutschlands, Heft 1), Berlin 1929, S. 40ff.

[2] Vgl. Karl Barth, *Quousque tandem . . .,* in: *Zwischen den Zeiten,* 8. Jg. (1930), S. 1ff.; anonym, *Warum kirchliche Statistik. Zugleich eine Antwort an Karl Barth aus dem kirchlichen Jahrbuch,* Gütersloh 1930; Johannes Schneider, *Die kirchliche Statistik in ihrer apologetischen Bedeutung,* Gütersloh 1929.

Die Kritik an der Überbewertung quantitativer Größen im kirchlichen Leben ist häufig durchaus berechtigt gewesen. Sie stellte den grundsätzlichen Wert der Kirchenstatistik jedoch nie ernsthaft in Frage. Denn daß die in ihrem äußeren Umfang und Bestand statistisch beschriebene Kirche mit der unsichtbaren Kirche innerlich zusammenhängt, daß ihr Schicksal aufs Tiefste auch das der christlichen Glaubensgemeinschaft im nicht organisatorischen Sinne beeinflußt, darüber bestand und besteht bis heute kein Zweifel.

Ernster zu nehmen ist der ebenfalls immer wieder geäußerte Einwand, die Kirchenstatistik verfehle nicht nur die wahre, nämlich die unsichtbare Kirche, sondern auch die Kirche in ihrer äußeren sozialen Gestalt. Sie definiere nämlich Kirche als eine soziale Gemeinschaft, die sich anhand bestimmter Kriterien — etwa der Kirchenmitgliedschaft oder der Teilnahme an den kirchlichen Riten — klar von anderen sozialen Gemeinschaften abgrenzen lasse. Sie berücksichtige damit nicht jene „latente Kirche" (Tillich), jene „Kirche außerhalb der Kirche", die sich etwa auf Kirchentagen präsentiere, Formen, die der Kirche ebenfalls zugerechnet werden müßten, wenn man sie quantitativ beschreiben wolle.[3] Vor der Diskussion dieses richtigen Einwands sei zunächst jedoch der Begriff der „kirchlichen Bindung" näher beleuchtet.

Bekanntlich hat die Kirchen- und Religionssoziologie gerade diesen Begriff in den letzten Jahrzehnten stark reflektiert und analytisch differenziert.[4] Deutlich geworden ist dabei die Vielzahl möglicher Bindungen des einzelnen Gläubigen an Kirche und Religion, ja die Mehrdimensionalität von Religion überhaupt, das heißt die Tatsache, daß jemand in einem Sinne, etwa in seiner kirchlichen Praxis oder in seinem Bekenntnis, tief religiös sein kann, ohne es in einem anderen Sinne, etwa in seinen Werken oder seiner inneren Erfahrung nach zu sein.[5]

Für den Zweck der gegenwärtigen Erörterung reicht es, vier Formen kirchlicher Bindungen zu unterscheiden: die formal-rechtliche Mitgliedschaft in der Kirche; die Vielzahl öffentlicher Teilnahmeformen am kirchlichen Leben, vor allem Kirchenbesuch, Abendmahlsempfang,

[3] Vgl. Rolf-Walter Becker, *Religion in Zahlen*, Heidelberg 1968, S. 85 ff.

[4] Vgl. auch hierzu den Überblick bei Becker, *a. a. O.*, S. 40 ff.

[5] So zum Beispiel bei Charles Y. Glock, *The Religious Revival in America?*, in: Jane C. Zahn (Hrsg.), *Religion and the Face of America*, Berkeley 1958, S. 25 ff.; Yoshio Fukuyama, *The Four Dimensions of Church Membership*, in: *Review of Religious Research*, Bd. 2 (1961), Nr. 4.

Taufe, Konfirmation beziehungsweise Firmung, Trauung und Beerdigung; die noch größere Vielzahl privater Formen der Partizipation am kirchlichen Leben, von der Teilhabe an kirchlichen Gemeinschaften und Vereinen, der Beteiligung an Sammlungen, dem Bezug kirchlicher Presseerzeugnisse bis hin zur religiösen Praxis des einzelnen und der Familie: Hausandachten, Gebete, Lektüre religiöser Schriften; schließlich die inneren Bindungen des einzelnen an christliche Anschauungen, Werte, Überzeugungen, Erfahrungen, seine Selbstbindung an die Geschichte des Christentums, an die Person Christi und anderes mehr.

Die offizielle Kirchenstatistik hat sich bis zum Zweiten Weltkrieg fast ausschließlich mit den beiden ersten Formen kirchlicher Bindung beschäftigt, der Kirchenmitgliedschaft und den öffentlichen Formen der Teilnahme am kirchlichen Leben. Nur bei ihnen verfügen wir daher heute über lange historische Reihen, die bis in die Mitte des 19. Jahrhunderts, gelegentlich sogar weiter zurückreichen.[6] Die private Seite des kirchlichen Lebens, dessen soziale und mentale Verfassung, blieb dagegen weitgehend ausgeblendet. Die Religionssoziologie hat aus der Erkenntnis dieses Defizits zwar schon früh damit begonnen, eigene statistische Erhebungen durchzuführen: Erinnert sei in Deutschland etwa an die Arbeitererhebungen von Martin Rade und Adolph Levenstein an der Wende zum 20. Jahrhundert.[7] Diese gewähren uns heute einen überaus wichtigen, die kirchenoffizielle Einschätzung korrigierenden Einblick in die geistige Einstellung von Arbeitern gegenüber Kirche und Religion.[8]

[6] Im Überblick bis heute noch immer am ausführlichsten in: Paul Troschke, *Evangelische Kirchenstatistik Deutschlands*, H. 8/9: *Die Äußerungen des kirchlichen Lebens*, Berlin 1932. Der Verfasser bereitet gegenwärtig einen *Atlas zur religiösen Geographie Deutschlands seit 1850* vor, in dem das kirchenstatistische Datenmaterial ausführlicher dargestellt werden soll.

[7] Martin Rade, *Die sittlich-religiöse Gedankenwelt unserer Industriearbeiter*, in: *Verhandlungen des 9. evangelisch-sozialen Kongresses 1898, abgehalten in Berlin am 2. u. 3. 6. 1898*, Berlin 1898, S. 66ff.; Adolph Levenstein, *Die Arbeiterfrage*, München 1912, S. 326ff. Vgl. ferner Wilhelm Ilgenstein, *Die religiöse Gedankenwelt der Sozialdemokratie*, Berlin 1914; Günther Dehn, *Die religiöse Gedankenwelt der Proletarierjugend*, Berlin 1923; Paul Piechowski, *Proletarischer Glaube. Die religiöse Gedankenwelt der organisierten deutschen Arbeiterschaft nach sozialistischen und kommunistischen Selbstzeugnissen*, Berlin 1928; ders., *Die sterbende Kirche*, in: *Zeitschrift für Religion und Sozialismus*, 1. Jg. (1929), H. 3.

[8] Die wichtigsten neueren Arbeiten in zeitlicher Reihenfolge: Wilhelm Brepohl, *Industrievolk im Wandel von der agraren zur industriellen Daseinsform dargestellt am Ruhrgebiet*, Tübingen 1957; Vernon L. Lidtke, *August Bebel and German Social Demo-*

Die Sozial- und Mentalitätsgeschichte vermag sich jedoch für die neueren Meinungsumfragen, wie sie seit den 1940er Jahren in der Religionssoziologie allgemein üblich geworden sind, nur begrenzt Ersatz zu verschaffen. Die religionsgeschichtliche Forschung ist auf ein in jeder Hinsicht beschränktes und lückenhaftes Material angewiesen. Die folgenden Überlegungen setzen daher bei der Kritik dieses Materials ein, um sodann zur Diskussion weiterführender Forschungsperspektiven fortzuschreiten.

I

Der grundlegende Befund, der bis heute die statistischen Erhebungen der Kirche motiviert und schon bei deren Beginn um die Mitte des letzten Jahrhunderts deren Interessen bestimmte, ist der Abfall weiter Bevölkerungsteile von Kirche und Christentum.[9] Bekanntlich war es die Erweckungsbewegung des frühen 19. Jahrhunderts, die den Verfall der kirchlichen Riten, die Entleerung der Gotteshäuser, die Verflachung des Glaubens, die Verweltlichung des Klerus und andere Zeichen des religiösen Niedergangs nachdrücklich ins öffentliche Bewußtsein

cracy's Relation to the Christian Churches, in: *Journal of the History of Ideas,* 27. Jg. (1966), S. 245 ff.; Heiner Grote, *Sozialdemokratie und Religion. Eine Dokumentation für die Jahre 1863—1875,* Tübingen 1968; Gottfried Korff, *Heiligenverehrung und soziale Frage. Zur Ideologisierung der populären Frömmigkeit im späten 19. Jahrhundert,* in: Günther Wiegelmann (Hrsg.), *Kultureller Wandel im 19. Jahrhundert,* Göttingen 1973, S. 102 ff.; Hugh McLeod, *The Dechristianization of the Working Class in Western Europe (1850—1900),* in: *Social Compass,* Bd. 27 (1980), S. 191 ff.; ders., *Protestantism and the Working Class in Imperial Germany,* in: *European Studies Review,* Bd. 12 (1982), S. 323 ff.; Vernon Lidtke, *Social Class and Secularization in Imperial Germany. The Working Class,* in: *Leo Baeck-Institut Yearbook,* Bd. 25 (1980), S. 21 ff.; Jochen-Christoph Kaiser, *Arbeiterbewegung und organisierte Religionskritik. Proletarische Freidenkerverbände in Kaiserreich und Weimarer Republik,* Stuttgart 1981; Werner Marquardt, *Arbeiterbewegung und evangelische Kirchengemeinde im Wilhelminischen Deutschland. Kirchenstuhlfrage und Kirchenvorstandswahlen in Groß Langden bei Göttingen,* Göttingen 1985; Lucian Hölscher, *Weltgericht oder Revolution. Protestantische und sozialistische Zukunftsvorstellungen im deutschen Kaiserreich,* Stuttgart 1989, Kap. 3.

[9] Die eindringlichste Darstellung dieser Entwicklung bietet noch immer Franz Schnabel, *Deutsche Geschichte im 19. Jahrhundert,* Bd. 4: *Die religiösen Kräfte,* Freiburg 1937, Ndr. München 1987, S. 279 ff. Vgl. auch Thomas Nipperdey, *Deutsche Geschichte 1800—1966. Bürgerwelt und starker Staat,* München 1983, S. 440 ff.; ders., *Religion im Umbruch,* München 1988; L. Hölscher, *Weltgericht oder Revolution ...* (wie Anm. 8), Kap. 3.

rückte. Man maß diesen Erscheinungen auch eine Teilschuld an den deutschen Niederlagen in den napoleonischen Kriegen sowie an der sozialen und materiellen Verelendung des beginnenden Industriezeitalters zu und rechnete die zutage tretenden Symptome des geistigen und sittlichen Verfalls in die Zukunft hoch zur beängstigenden Vision einer gänzlich entkirchlichten Gesellschaft.[10] Angesichts dieser kirchlichen Zeitstimmung kann es nicht überraschen, daß die Revolution von 1848 von der breiten Phalanx pietistischer, konfessionalistischer und orthodoxer Geistlicher, die inzwischen in fast allen Landeskirchen die Herrschaft übernommen hatten, wenn nicht als unmittelbares Vorspiel des göttlichen Weltgerichts selbst, so doch zumindest als ernsthaftes Zeichen der völligen Selbstauflösung von Staat und Gesellschaft gewertet wurde.

Die Notwendigkeit energischer Gegenmaßnahmen, des Aufbaus einer inneren Mission, die jenseits des ordentlichen Kirchenbetriebs die entkirchlichten Massen wieder für das Christentum zurückgewinnen würde, lag für sie spätestens seit 1848 zwingend auf der Hand.[11] In diesem Zusammenhang rief Wichern 1849 erstmals zur Zusammenstellung kirchenstatistischer Daten auf, die es erlauben sollten, ein objektives Bild über das Ausmaß und die Schnelligkeit des Abfalls von der Kirche zu gewinnen.[12] Sein Ziel war es, die Gewissen der Gläubigen, des Staates, der führenden Kirchenkreise aufzurütteln: Aus der Erkenntnis der Versäumnisse sollten neue Kräfte für die innere Missionsarbeit entstehen.

So rudimentär der Erfolg von Wicherns Aufruf zunächst auch war, der auf seine Initiative tätig gewordene Evangelische Verein für kirchliche Zwecke in Berlin konnte 1850 immerhin statistisch nachweisen, daß die Beteiligung am Abendmahl in Berlin um die Mitte des 19. Jahrhunderts nur noch ein Siebtel von derjenigen ein Jahrhundert zuvor betrug;[13] die Notwendigkeit kirchenstatistischer Erhebungen im Sinne Wi-

[10] Vgl. Karl Gottlieb Bretschneider, *Über die Unkirchlichkeit dieser Zeit im protestantischen Deutschland*, Gotha 1820.

[11] Vgl. die große Resonanz, die Wichern mit seiner eindringlichen Zeitanalyse auf dem Wittenberger Kirchentag im September 1848 hervorrief: Johann Hinrich Wichern, *Sämtliche Werke*, hrsg. von Peter Meinhold, 10 Bde., Berlin-Hamburg 1962—1988, hier Bd. 1, S. 155 ff., und deren Ausarbeitung in Wicherns Denkschrift von 1849: *Die innere Mission der deutschen evangelischen Kirche*, *a. a. O.*, Bd. 1, S. 175—366.

[12] Vgl. J. H. Wichern, *a. a. O.*, Bd. 2, S. 108 f.

[13] Vgl. den Artikel *Die Abnahme der Communikanten*, in: *Fliegende Blätter aus dem Rauhen Haus*, 7. Jg. (1850), S. 321 ff.

cherns war seither in den protestantischen Landeskirchen unbestritten. Das württembergische Konsistorium stieß daher auf keinen grundsätzlichen Widerspruch, als es 1858 die Eisenacher Kirchenkonferenz zur umfassenden Erhebung kirchenstatistischer Daten aufforderte.[14]

Interessant an diesem ersten kirchenoffiziellen Vorstoß ist vor allem, wie die Notwendigkeit überregionaler Erhebungen begründet wurde, nämlich: gar nicht. Da auch die staatlichen Behörden längst kräftig am Ausbau ihrer Verwaltungsstatistiken arbeiteten, lag der Aufbau einer eigenständigen Kirchenstatistik in den 1850er Jahren so sehr im Zuge der Zeit, daß sich eine Diskussion der Zweckmäßigkeit oder gar der Legitimität von kirchlichen Statistiken für die Eisenacher Konferenz erübrigt zu haben scheint.[15] Soweit aus den Akten hervorgeht, widmete sie der Frage, ob sich Kirchlichkeit überhaupt durch das Auszählen äußerer Handlungen, etwa des Kirchenbesuchs oder des Abendmahlsempfangs, messen lasse, keinen Moment ihre Aufmerksamkeit. Überraschenderweise war es dann allerdings gerade die württembergische Landeskirche, aus der die entscheidende Initiative hervorgegangen war, welche sich unter dem Einfluß pietistischer Vorbehalte gegenüber der Überbewertung äußerer kirchlicher Ausdrucksformen des Glaubens am stärksten gegen die statistischen Erhebungen christlicher Gesinnung sperrte.[16]

1859 wurde der württembergische Finanzrat Eduard Zeller mit der Ausarbeitung eines wissenschaftlich fundierten statistischen Gerüsts beauftragt, zunächst ohne Vorgabe von Schwerpunkten und Interessen der ins Auge gefaßten Kirchenstatistik.[17] Erst bei der Durchsicht und Diskussion von Zellers umfassender und grundlegender Denkschrift traten allmählich die pragmatischen Interessen der Kirchenbe-

[14] Vgl. Paul Troschke, *Aus der Geschichte der Statistik ...* (wie Anm. 1), S. 32.

[15] Für die Zweckhaftigkeit einer kirchlichen Statistik machte der Referent Oberkirchenratsdirektor Runde aus Oldenburg auf der Eisenacher Kirchenkonferenz von 1859 in erster Linie allgemeine Gründe geltend: die Notwendigkeit, mit dem Ausbau der staatlichen Statistik Schritt zu halten und die Kirchengeschichtsschreibung zu verwissenschaftlichen — erst in zweiter Linie auch das praktische Interesse an der Aufdeckung kirchlicher Mißstände und des richtigen Einsatzes der kirchlichen Finanzmittel. Vgl. die Akten der Eisenacher Kirchenkonferenz im Evangelischen Zentralarchiv in Berlin (im folgenden EZA Berlin zitiert), Bestand 1/A1/317.

[16] Insbesondere die Kommunikantenstatistik wurde in Württemberg nur wenig betrieben und selten veröffentlicht.

[17] Vgl. EZA Berlin, Bestand 1/A1/317, Bl. 7ff.

hörden zutage.[18] Im Mittelpunkt der 1862 erstmals durchgeführten Erhebung der Eisenacher Kirchenkonferenz standen jetzt administrative Belange: Das ungleiche Wachstum der evangelischen Bevölkerung in Stadt und Land, die Überlastung der meisten Geistlichen in den Großstadtgemeinden, die desolate geistige und materielle Lage dort verlangten nach einer Umlenkung und Aufstockung der finanziellen Ressourcen in bislang unbekanntem Ausmaß. Die Kirchenstatistik sollte der dazu erforderlichen Planung die notwendige Grundlage liefern. Dahinter mußte selbst das ursprüngliche Interesse am Ausmaß des Verfalls der Kirchlichkeit und der Sittlichkeit zurücktreten. Die Erhebung von 1862 beschränkte sich in dieser Hinsicht auf die Frage nach der Zahl der Kirchenein- und -austritte, der Ehescheidungen, der Kommunionen, der Taufen und der Trauungen.[19] Dieser Kanon stabilisierte sich dann seit 1880 — erweitert um Fragen nach der Höhe der Kollekten und der Beteiligung an den kirchlichen Wahlen — zur jährlichen Erhebungspraxis und bildet bis heute die Basis der kirchlichen Statistik.[20]

Auch wenn sich die Erhebungen der Eisenacher Kirchenkonferenz aus Gründen ihrer Durchführbarkeit auf wenige Fragen beschränken mußten, so war doch das Interesse an der kirchlichen Statistik in der zweiten Hälfte des 19. Jahrhunderts vielschichtig: Neben dem schon erwähnten administrativen Interesse an der richtigen Lenkung der kirchlichen Ressourcen, dem wissenschaftlichen Interesse an der Entwicklung objektiver Indikatoren des kirchlichen Lebens und dem seelsorgerlichen Interesse an der Aufrüttelung des öffentlichen Gewissens im Hinblick auf die seelischen Notstände der Zeit verfolgte die Kirchenstatistik zum Beispiel auch apologetische Zwecke: In Konkurrenz zu anderen Religionsgemeinschaften, vor allem zur feindselig beargwöhnten katholischen Kirche, wurden etwa die Zahl der Konversionen, ihre Richtung und ihre Motive registriert — wobei der langfristige Überhang katholischer Konversionen zum Protestantismus ebensoviel Anlaß zur Befriedigung gab wie die negative Konversionsbilanz gegen-

[18] Vgl. die Stellungnahmen von Runde, Becker und Albracht, *a. a. O.*, Bl. 41 ff., und P. Troschke, *Aus der Geschichte der Statistik* ... (wie Anm. 1), S. 32 ff.

[19] Gerhard Zeller, *Zur kirchlichen Statistik des evangelischen Deutschlands im Jahre 1862*, Stuttgart 1865.

[20] *Statistische Mitteilungen aus den deutschen evangelischen Landeskirchen*, veröffentlicht als Separatdruck und im *Allgemeinen Kirchenblatt für das evangelische Deutschland*, 30. Jg. ff. (1882 ff.).

über den sogenannten Sekten Anlaß zur Besorgnis. Das statistisch nachgewiesene ungünstige Abschneiden der protestantischen Kirchen bei der kirchlichen Einsegnung von Mischehen begründete die Notwendigkeit offensiven Vorgehens in dieser Frage. Auf dem Felde der religiösen Propaganda gab die steigende Flut vertriebener Bibeln und Erbauungsschriften der Hoffnung Nahrung, auf diesem Wege könnten die entkirchlichten Massen für das kirchliche Leben wiedergewonnen werden.[21]

Sozialhistorisch gesehen, ist die Kirchenstatistik vor allem als Antwort auf den fortschreitenden Verlust der regionalen Überschaubarkeit kirchlicher Verhältnisse zu verstehen. In den großstädtischen Gemeinden hatte der Pfarrer schon im Vormärz vielfach den Kontakt zur Mehrzahl seiner nominellen Gemeindeglieder verloren. Über ihre religiösen Bedürfnisse und Vorstellungen war er nur unzureichend informiert, selbst ihre Namen und Wohnstätten waren ihm angesichts der rapide ansteigenden Zahl und Mobilität der Bevölkerung meist unbekannt. Hilfe und Beistand der Kirche beschränkten sich unter solchen Umständen auf einen minimalen Kreis von Gemeindegliedern. Die Kirchenstatistik vermochte dieser weitgehenden Ignoranz der kirchlichen Amtsträger wenigstens in einigen Punkten durch anonyme Erhebungen und den überregionalen Vergleich der kirchlichen Verhältnisse entgegenzuwirken.

Hinzu kam der Verlust der Kirchenzucht.[22] Die Vernachlässigung der kirchlichen Pflichten und der christlichen Sittengebote konnte von den kirchlichen Organen schon seit dem ausgehenden 18. Jahrhundert zumindest in den Städten kaum noch geahndet werden. Die Kirchenstatistik bot auch hier einen indirekten Ersatz: Durch den statistischen Nachweis unmoralischer Handlungen, von Ehebrüchen, unehelichen Geburten, Schwerverbrechen und Selbstmorden, konnte einerseits die moralische Zuständigkeit der Kirche für diesen Bereich des sozialen Lebens bekräftigt werden. Andererseits konnte unter Umständen auch Druck auf den Staat ausgeübt werden, die Kirche im Kampf gegen diese

[21] Diese Gesichtspunkte betonte schon das Korreferat des Oberkirchenrats Albracht auf der Eisenacher Kirchenkonferenz von 1859. Vgl. EZA Berlin, Bestand 1/A1/317, Bl. 44 f.

[22] Vgl. das Referat über Kirchenzucht von Karl Immanuel Nitzsch auf der Eisenacher Kirchenkonferenz von 1857, in: *RGG*, 3. Aufl., Bd. 3, Sp. 1600; ferner Friedrich Uhlhorn, *Die Kirchenzucht nach den Grundsätzen der lutherischen Kirche*, Berlin-Hannover 1901; Karl Bachmann, *Geschichte der Kirchenzucht in Hessen*, Marburg 1910.

Laster zu stärken. Im Kaiserreich ist von dieser Möglichkeit im Kampf gegen Materialismus, Sozialismus und soziale Verelendung ausführlich Gebrauch gemacht worden. Die Kirche gewann auf diesem Wege indirekt ein politisches Mandat gegen die Sozialdemokratie und die liberalen Parteien, das sie offiziell ablehnte.[23]

Schon bald gerieten die Vertreter der kirchlichen Moralstatistik, die sich die Aufdeckung der sittlich-religiösen Mißstände zum Ziel gesetzt hatten, selbst unter den berechtigten Beschuß wissenschaftlicher und politischer Kritiker. Sie waren, wie etwa Alexander v. Oettingen,[24] zu schnell bereit, aus der Entkirchlichung und Entchristlichung städtischer Bevölkerungsschichten auf deren Entsittlichung zurückzuschließen und in deren Kirchen- und Religionskritik die eigentlichen Wurzeln des sozialen Elends zu sehen.[25] Sie verkannten damit den sittlichen Ernst der kirchen- und christentumskritischen Stimmen ebenso wie den Zusammenhang von Religiosität und sozialen Normen, die einem rapiden Wandel unterlagen, ohne daß damit notwendig eine Entchristlichung einherging.[26]

Alle genannten Motive, Interessen und objektiven Funktionen der Kirchenstatistik sind zu bedenken, wenn ihre Daten in der heutigen sozialgeschichtlichen Forschung verwendet werden. Diese Daten verstärken nämlich in der Form und Auswahl, in der sie erhoben wurden, die ohnehin bestehende Gefahr, daß der Grad kirchlicher Bindungen in erster Linie an der Bewahrung traditioneller Äußerungsformen christlicher Gesinnung gemessen wird, daß mithin der kulturelle Strukturwandel der modernen Gesellschaft, der in den Städten seinen Anfang nahm, pauschal ins Dunkel der Kirchen- und Religionsfeindschaft be-

[23] Vgl. den Zirkularerlaß des Evangelischen Oberkirchenrats in Berlin vom 15. 1. 1863 sowie dessen Ansprachen vom 20. 2. 1879 und 17. 4. 1890, abgedr. in: Günther Brakelmann, *Kirche, soziale Frage und Sozialismus*, Bd. 1, Gütersloh 1977, S. 66 ff.; zur Interpretation siehe L. Hölscher, *Weltgericht oder Revolution* ... (wie Anm. 8), Kap. 7, Abs. III. 2.

[24] Alexander v. Oettingen, *Die Moralstatistik in ihrer Bedeutung für eine Sozialethik*, 3. Aufl., Erlangen 1882, S. 607 und passim.

[25] Typisch für diese Tendenz sind z. B. die Schriften des Gefängnispfarrers Hermann Stursberg, *Die Zunahme der Vergehen und Verbrechen und ihre Folgen*, Düsseldorf 1878; ders., *Die Prostitution in Deutschland und ihre Bekämpfung*, Düsseldorf 1886.

[26] Vgl. Karl Theodor v. Inama-Sternegg, *Zur Kritik der Moralstatistik*, in: ders., *Staatswissenschaftliche Abhandlungen*, Leipzig 1903, S. 303 ff.; zusammenfassend Robert Michels, *Sittlichkeit in Ziffern? Kritik der Moralstatistik*, München-Leipzig 1928.

ziehungsweise umgekehrt Religion und kirchliches Leben in die historische Perspektive einer vormodernen Kultur gerückt werden.

Die kirchliche Orthodoxie, die den Aufbau der kirchlichen Statistik im 19. Jahrhundert theologisch legitimierte, wurde so zum Opfer ihres eigenen engen und traditionalistischen Kirchen- und Religionsbegriffs. Der Prozeß der Entkirchlichung und Entchristlichung hätte sich quantitativ schon damals ganz anders darstellen können, als es die kirchenstatistischen Daten suggerierten, wenn man den säkularen Aktualisierungen und Neuformulierungen christlicher Normen und Denkformen etwa im humanistischen Bildungskanon des liberalen Bürgertums oder im sozialistischen Bekenntnis der Arbeiterschaft stärkere Aufmerksamkeit geschenkt hätte.[27] Die Kirchenstatistik selbst hat nicht unwesentlich dazu beigetragen, daß diesen kirchenfernen sozialen Schichten vielfach überhaupt jede Christlichkeit abgesprochen wurde und daß sie damit geistig aus dem Raum der Kirche ausgegrenzt zu werden drohten.[28]

Fassen wir die Grenzen der Kirchenstatistik im 19. und frühen 20. Jahrhundert in drei Punkten zusammen:

1. Die kirchenstatistischen Daten sagen bis in die 1950er Jahre praktisch nichts über den individuellen Glaubensstand, das heißt über die Glaubensvorstellungen und die private religiöse Praxis der Gläubigen aus. Darin liegt keine prinzipielle Begrenztheit der Kirchenstatistik, sondern nur diejenige der offiziellen Erhebungen, wie sie bis zum Zweiten Weltkrieg durchgeführt wurden. Wie breit nämlich deren Netz ursprünglich ausgelegt worden war, zeigt ein Blick in die Denkschrift ihres Begründers Eduard Zeller von 1859. Der umfassende Fragenkatalog, den Zeller der Eisenacher Kirchenkonferenz zur Diskussion vorlegte,[29] enthielt neben Fragen nach der konfessionellen Schichtung der

[27] Die darauf gerichteten Bemühungen des Protestantenvereins in den 1860er Jahren, insbesondere von Richard Rothe (vgl. ders., *Die gegenwärtige Lage und Aufgabe der deutsch-evangelischen Kirche,* in: ders., *Ausgewählte Schriften,* hrsg. von Th. Schneider, Halle o. J. [1899], S. 69ff.), blieben zunächst ohne größere Resonanz. Erst seit den 1890er Jahren konnte die um Martin Rade und die Christliche Welt gescharte Gruppe auf die Politik einzelner Landeskirchen allmählich Einfluß gewinnen. Vgl. Martin Rade, *Die Religion im modernen Geistesleben,* Freiburg 1898; Johannes Rathje, *Die Welt des freien Protestantismus,* Stuttgart 1952.

[28] Diese Tendenz ist ablesbar z. B. in der von Paul Drews seit 1902 herausgegebenen Reihe: *Das kirchliche Leben in den deutschen evangelischen Landeskirchen,* Tübingen-Leipzig 1902ff.

[29] *Vorschläge zur Erzielung einer Statistik der deutschen evangelischen Kirchen* (MS), EZA Berlin, Bestand 1/A1/317, Bl. 28ff.

Gemeinden, nach den Äußerungen des kirchlichen Lebens, der Kirchenverfassung und -organisation auch zahlreiche Fragen nach den Einkommens-, Wohn-, Ausbildungs- und Arbeitsverhältnissen der Pfarrer, nach dem Bildungsstand der Gemeinde, nach der kirchlichen Vereins- und Pressetätigkeit und nach der privaten religiösen Praxis der Gemeindeglieder: etwa die Frage nach der Heilighaltung der Sonn- und Feiertagsordnung oder die nach der Lesefähigkeit der Gemeindeglieder, ihrer Versorgung mit religiösen Lesestoffen, die Frage nach der Einhaltung des Brautexamens, nach der Zahl geistlicher Hausbesuche, der Sühneversuche bei Ehestreitigkeiten, nach den Gründen von Ehescheidungen und anderes mehr. Der Fragebogen umfaßte 52 Hauptfragen, die oft in mehrere Unterfragen untergliedert waren.

Viele der von Zeller entwickelten Fragen sind von der neueren Religionssoziologie wieder aufgegriffen worden und beschäftigen heute die sozialgeschichtlich ausgerichtete Kirchenkunde. Statistische Indikatoren der genannten Art machen neue Formen kirchlicher Bindung sichtbar, von denen die traditionellen Statistiken des kirchlichen Lebens schweigen. Sie dürften unser Bild von der religiösen Geographie Deutschlands im 19. Jahrhundert mit der Zeit erheblich modifizieren.

2. Ein noch tiefer reichender Einwand, ebenfalls nicht gegen die Kirchenstatistik als solche, wohl aber gegen ihre traditionelle Ausrichtung, liegt darin, daß sie dazu neigt, die Unterschiede und Grenzen zu anderen kirchlichen Gemeinschaften überaus groß erscheinen zu lassen, innerkirchliche Differenzen dagegen zu nivellieren. In der statistisch ausgerichteten Kirchenkunde zeigte sich dies etwa daran, daß die Bekenntnisunterschiede zwischen den protestantischen Sekten und den Landeskirchen überaus scharf in Erscheinung traten, obwohl zum Beispiel zwischen dem Methodismus und der innerkirchlichen Gemeinschaftsbewegung im Kaiserreich eine so nahe Verwandtschaft bestand, daß man unter religionsgeschichtlichem Aspekt von einem gleitenden Übergang zwischen beiden Konfessionen sprechen müßte.

In der Konfrontation mit der sozialistischen Arbeiterbewegung hatten die kirchenstatistischen Rechenschaftsberichte, etwa in Schneiders *Kirchlichem Jahrbuch* oder in den amtlichen Berichten der Konsistorien an die Synodalkonferenzen der Landeskirchen, oft den Charakter einer Heerschau. Teile der protestantischen Kirche neigten, verführt durch das Spiel mit den großen Zahlen, zweifellos dazu, in der vereinsmäßigen Organisation des Kirchenvolks so etwas wie das Aufstellen weltanschaulicher Kohorten gegen den Sozialismus, aber ebenso auch gegen den Katholizismus und Liberalismus zu erblicken. Wie oft erwiesen sich solche Machtdemonstrationen dann als hohl und gefährlich, etwa wenn man die tatsächliche Wirkung religiöser Erbauungsstoffe mit derjenigen sozialdemokratischer Broschüren auf das Bewußtsein der Arbeiterschaft verglich!

Die Schärfe der Grenzziehung nach außen wurde durch die Einebnung innerkirchlicher Differenzen ergänzt: Kirchenstatistische Darstellungen betonten zwar immer wieder die regionalen Unterschiede im religiösen Brauchtum,[30] etwa daß niedrige Abendmahlsbeteiligung in reformierten Gegenden Nordwestdeutschlands etwas anderes bedeute als im lutherischen Sachsen. Geringe Berücksichtigung fand dagegen die individuelle und schichtenspezifische Bedeutung kirchlicher Sitten: Von der Tatsache etwa, daß sich die religiöse Erbauung und Reflexion des Bildungsbürgertums von der regelmäßigen Teilnahme an den kirchlichen Riten weitgehend gelöst und der Lektüre religiöser Schriften — im Extremfall auch von religionskritischen Autoren wie Arthur Schopenhauer, Ludwig Feuerbach, Friedrich Nietzsche, Ludwig Büchner, Ernst Haeckel und anderen — zugewandt hatte, davon wußte die Kirchenstatistik nichts zu vermelden. Die Tiefe nichtkirchlich gebundener Frömmigkeit entging ihr ebenso wie die Flachheit des Gewohnheitschristentums. Von der Kirchenstatistik wurde jedwede Kirchlichkeit, ganz gleich welcher sozialen Schicht und welcher religiösen Richtung auch immer, in einen Topf geworfen: Die pietistische Frömmigkeit der Gemeinschaftsleute galt ihr gleichviel wie die aufgeklärt-rationalistische Frömmigkeit des Bildungsbürgertums, wenn sie sich nur in gleichen kirchlichen Handlungen äußerte. Dabei erkannten schon im Kaiserreich kritische Beobachter, daß der kirchenpolitische Richtungsstreit vielerorts eine solche Schärfe angenommen hatte, daß man eigentlich gar nicht mehr von Varianten einer einzigen Konfession sprechen konnte.[31] Die Kirchenstatistik täuschte hier eine Einheitlichkeit des Glaubens vor, die faktisch nicht bestand.

[30] Auch hierfür repräsentativ die von P. Drews herausgegebene kirchenkundliche Reihe (siehe Anm. 28).

[31] Vgl. etwa die scharfe Verurteilung der Ritschl-Schule in orthodoxen und pietistischen Kreisen, so z. B. bei Gustav Ecke, *Die theologische Schule Albrecht Ritschls und die evangelische Kirche der Gegenwart,* 2 Bde., Berlin 1904, die sie mitunter sogar unter die Symptome der endzeitlichen Herrschaft des Antichristen rechneten, so z. B. Ernst Mühe, *Das enthüllte Geheimnis der Zukunft oder die letzten Dinge des Menschen und der Welt,* 2. Aufl., Neu-Erkerode 1876.

3. Wie eingangs schon erwähnt, war es der Abfall von der Kirche, der im 19. Jahrhundert zur Erhebung statistischer Daten über das kirchliche Leben geführt hatte. Er war es auch, der etwa seit der Wende zum 20. Jahrhundert der Säkularisierungsthese ihre empirische Basis und Evidenz verlieh.[32] Im Verlaufe der Säkularisierungsdebatte haben sich allerdings mittlerweile die Gewichte verschoben: Nicht mehr dem statistisch meßbaren Abfall von der Kirche, sondern dem Wandel der Glaubensvorstellungen in ihr gilt das Hauptaugenmerk. Stand die Kirche in der alten Säkularisierungsdebatte noch einer unchristlichen Welt gegenüber, vor deren zersetzendem Einfluß sie sich zu bewahren strebte, so sucht sie sich in der neueren Säkularisierungsdebatte eher als einen Teil der säkularen Welt selbst zu begreifen. Typisch für dieses neuere Verständnis ist etwa das Säkularisierungsmodell von Gogarten, demzufolge Säkularisierung eine vom christlichen Glauben selbst gebotene Hinwendung zur Welt bedeutet, oder dasjenige des amerikanischen Soziologen Will Herberg, demzufolge Säkularisierung eine Anpassung der konventionellen Religion an die faktisch geltenden Anschauungen und Wertvorstellungen einer Gesellschaft bedeutet.[33] Mit der Auszählung der Kirchen- und Abendmahlsbesucher, der Höhe kirchlicher Kollekten und Sammlungen und anderen traditionellen Kirchlichkeitsindikatoren läßt sich dieser Art von Säkularisierung nicht nachspüren. Sind die kirchenstatistischen Quellen deshalb für uns uninteressant geworden?

II

Welche Perspektiven man für die weitere religionsgeschichtliche und -soziologische Forschung entwirft, hängt von den Interessen ab, die man mit ihr als Sozialhistoriker verfolgt. Hier kann es deshalb nur darum gehen, Akzente aus meiner Sicht der Forschungsdefizite zu setzen. Zwei Korrekturen scheinen heute bei der statistischen Messung

[32] Zum folgenden vgl. Hermann Lübbe, *Säkularisierung. Geschichte eines ideenpolitischen Begriffs*, Freiburg-München 1965; Peter L. Berger, *Zukunft der Religion. Soziologische Betrachtungen zur Säkularisierung*, in: Oskar Schatz (Hrsg.), *Hat die Religion Zukunft?*, Graz 1971, S. 49ff.; Hans Blumenberg, *Säkularisierung und Selbstbehauptung*, Frankfurt 1974.

[33] Vgl. Friedrich Gogarten, *Verhängnis und Hoffnung der Neuzeit. Die Säkularisierung als theologisches Problem*, Stuttgart 1953; Will Herberg, *Religion in a Secularized Society*, in: *Review of Religous Research*, Bd. 3 (1962), S. 145ff.

kirchlicher Bindung gegenüber der älteren Forschung dringend geboten: Zum einen müssen die traditionellen Indikatoren öffentlicher Kirchenbindung ergänzt werden durch Indikatoren des privaten religiösen Lebens. Kirche muß nicht nur als Bekenntnis- und rituelle Gemeinschaft, sondern auch als soziale und Gesinnungsgemeinschaft quantitativ beschrieben werden. So wissen wir zum Beispiel nur wenig über das religiöse Leben in der Privatsphäre des Hauses, über die religiöse Gebets- und Lesekultur, über Hausandachten, die Bedeutung religiöser Kunst und Musik, über das religiöse Verhalten in außerordentlichen Lebenssituationen; ebensowenig über das religiöse Leben im privaten geselligen Verkehr, über religiöse Vorträge, das Engagement in religiösen Gemeinschaften, Vereinen und anderes mehr.

Noch viel weniger wissen wir über die religiöse Vorstellungswelt der Gläubigen, ihre religiösen Zweifel, deren Ursachen und die Wege zu ihrer Behebung beziehungsweise Verstärkung; schließlich über die Spannungen, die aus unterschiedlichen Glaubensvorstellungen innerhalb einer Gemeinde, etwa bei der Einstellung von Geistlichen, aber auch überregional auf Synoden und Kirchenkonferenzen erwuchsen. Natürlich kann nicht alles durch statistische Daten quantitativ gewichtet werden. Wo immer möglich, sollten jedoch statistische Schätzungen die qualitative historische Darstellung ergänzen.

Die zweite notwendige Korrektur ergibt sich aus dem veränderten Verhältnis von Kirche und Gesellschaft. An die Stelle des alten Konkurrenzverhältnisses muß eine integrierende Betrachtungsweise treten: Kirchliche Gemeinschaftsformen etwa sollten stärker als Teil der „weltlichen“ Geselligkeitskultur gesehen werden, nicht als Ersatz für sie. Aufschlußreich wäre unter diesem Gesichtspunkt zum Beispiel eine Bestandsaufnahme der Doppelmitgliedschaft in kirchlichen und nichtkirchlichen Vereinen; oder die Untersuchung religiöser und nichtreligiöser Schriften als sich ergänzende Lesestoffe bei der Ausbildung des religiösen Bewußtseins. Erst auf der Grundlage solcher vergleichenden Untersuchungen wäre dann auch zu entscheiden, ob sich die kirchliche Kultur von der weltlichen tatsächlich weitgehend abgekapselt hatte oder ob es nicht in Wirklichkeit viel mehr Kontakte zwischen Kirche und bürgerlicher Gesellschaft gab, als man bis heute öffentlich wahrhaben will.

Auch die soziale Stellung des Pfarrers erschiene dann in einem neuen Licht: Stimmt es, worauf vieles hindeutet, daß die Mehrzahl der Geistlichen in den Städten der zweiten Jahrhunderthälfte eine deutlich isoliertere Stellung innerhalb ihrer Gemeinden, besonders innerhalb der

„guten Gesellschaft", einnahm als um 1800? Wo fügte sich die Gemeinde überhaupt noch zu einem sozialen Kreis, der sich um den Pfarrer nicht nur als ihre kirchliche Verwaltungsspitze, sondern auch als ihren sozialen und geistlichen Mittelpunkt schloß? Der Kirchenstatistik fallen auch bei der Beantwortung solcher Fragen wichtige Aufgaben zu.

Der veränderte Blick auf das Verhältnis von Kirche und Gesellschaft verlangt schließlich kompliziertere Techniken der Auswertung vorhandener kirchenstatistischer Daten als bisher. Vielfach bedürfen diese einer sekundären Bearbeitung und Korrelation zu anderen sozialstatistischen Daten. Zu denken ist dabei einerseits an die regionale und lokale Aufspaltung kumulierter kirchenstatistischer Daten, andererseits an ihre personale Zuordnung zu bestimmten sozialen Gruppen und Schichten.

Die sozialgeschichtliche Forschung hat diesen Weg schon seit geraumer Zeit zu beschreiten angefangen. So wissen wir heute etwa über den Zusammenhang von Kirchlichkeit und Großstadtbildung, vor allem in England und Frankreich, wo die Forschung auf diesem Gebiet einen deutlichen Vorsprung vor der deutschen hat,[34] erheblich mehr als noch vor zwanzig Jahren. Für Berlin lassen sich die Umrisse der religiösen und kirchlichen Entwicklung im 19. Jahrhundert folgendermaßen umreißen:

1. Der Rückgang der Abendmahlsbeteiligung setzte hier schon mindestens in der ersten Hälfte des 18. Jahrhunderts ein. Die Zahl der ausgeteilten Kommunionen pro 100 evangelische Einwohner fiel von ca. 150 um 1740 fast kontinuierlich auf unter 30 schon um 1810. In

[34] Vgl. Edward Ralph Wickham, *Church and People in an Industrial City*, o. O. 1957; Harold James Dyos/Michael Wolff (Hrsg.), *The Victorian City. Images and Realities*, 2 Bde., London 1973; Archibald Allan MacLaren, *Religion and Social Class. The Disruption Years in Aberdeen*, London 1974; Hugh McLeod, *Class and Religion in the Late Victorian City*, London 1974; ders., *Religion and the People of Western Europe*, Oxford 1981, S. 75 ff.; Stephen Yeo, *Religion und Voluntary Organization in Crisis*, London 1976; Pierre Pierrand, *La vie ouvrière à Lille sous le Second Empire*, Paris 1965; Fernand Charpin, *Pratique religieuse et formation d'une grande ville*, Paris 1964; Michel Lagree, *Mentalités, religion et histoire en Haute-Bretagne au XIXe siècle: le diocèse de Rennes 1815—1848*, Paris 1977; für Deutschland vgl. Ludwig Heitmann, *Großstadt und Religion*, 3 Tle., Hamburg 1913—1920; W. Brepohl, *Industrievolk im Wandel* ... (wie Anm. 8); Wolfgang Köllmann, *Sozialgeschichte der Stadt Barmen im 19. Jahrhundert*, Tübingen 1960; Hermann Vorländer, *Evangelische Kirche und soziale Frage in der werdenden Industriegroßstadt Elberfeld*, Düsseldorf 1963.

anderen protestantischen Großstädten zeichnete sich derselbe Verfall der Abendmahlssitte ab, allerdings selten in derselben Stärke: In Hamburg etwa fiel die Abendmahlsbeteiligung zwischen 1750 und 1800 von 100 auf unter 50, in Nürnberg zwischen 1700 und 1800 von 200 auf 100.[35]

Im 19. Jahrhundert setzte sich der Rückgang mit vermindertem Tempo fort. Zwar gab es auch kurzfristige Erholungsphasen, in denen sich das Niveau der Abendmahlsbeteiligung leicht anhob: So stieg diese in Berlin zum Beispiel im Jahrzehnt nach 1810 und in den beiden Jahrzehnten nach 1875 jeweils um einige Prozentpunkte. Aber dadurch wurden bestenfalls die tiefen Einbrüche während der vorangegangenen Kriegsperioden kompensiert, keine mittel- oder gar langfristige Trendwende eingeleitet. Vor allem ist hervorzuheben, daß die Erweckungsbewegung nach 1820 auf die Kirchlichkeit der protestantischen Bevölkerung in Berlin wie auch anderswo keinen sichtbaren Einfluß hatte: Die Abendmahlsbeteiligung fiel vielmehr von 30 Prozent um 1820 auf 23 Prozent um 1840 und 16 Prozent im Jahre 1849 — ein Niveau, das nach dem deutsch-französischen Krieg 1870/71 zwar noch einmal kräftig unterschritten (1875: 11 Prozent), bis zum Ende des Jahrhunderts aber wieder erreicht wurde. Ein erneuter Abschwung setzte erst wieder zu Beginn des 20. Jahrhunderts ein.[36]

2. Ausschlaggebend für den Niedergang des kirchlichen Lebens waren in erster Linie demographische und soziale Faktoren.[37] Zwischen der Bevölkerungsvermehrung der Großstädte und der anwachsenden Fluktuation ihrer Bevölkerung einerseits sowie deren Abwendung von der Kirche andererseits bestand ein enger, auch statistisch nachweisbarer Zusammenhang. Dabei war es nicht allein die Unterversorgung mit Kirchen und Geistlichen, die die Kirchenentfremdung in den hochmobilen Ballungsräumen verschuldete, sondern ebenso der Traditionalismus kirchlicher Sozialisations- und Geselligkeitsformen. Durch die Unattraktivität der kirchlichen Gemeinschaftsformen, ihrer Vereins-

[35] Vgl. Hermann Mulert, Art. *Kirchlichkeit,* in: *RGG,* Bd. 3, Tübingen 1912, Sp. 1484.

[36] Die Daten für Berlin von 1740 bis 1849 wurden berechnet auf der Basis der Tabellen in den *Fliegenden Blättern* von 1850 (siehe Anm. 13), S. 324. Für die Daten ab 1875 vgl. *Statistisches Jahrbuch der Stadt Berlin,* Abt. Religionsverbände, 2. Jg. (1876) und folgende.

[37] Zum folgenden vgl. L. Hölscher, *Weltgericht oder Revolution* ... (wie Anm. 8), Kap. 3.

kultur und ihrer religiösen Lesestoffe wurde der in Wahrheit hohe Bedarf gerade der Unterschichten nach sozialen und geistigen Bindungen im großstädtischen Leben weitgehend verfehlt. Quantitativ-strukturelle Aussagen ließen sich auf diesem Gebiet allerdings nur dann begründen, wenn man nicht wie bisher bei der Aufzählung kirchlicher Aktivitäten stehen bliebe, sondern diese mit den konkurrierenden beziehungsweise sie ergänzenden Angeboten der säkularen Vereine und anderer kultureller Institutionen sowie mit der säkularen Presse und Buchproduktion in Beziehung setzen würde.[38]

Gegenüber den demographischen und sozialen Faktoren hatten politische, auch kirchen- und religionspolitische Veränderungen nur in geringem Maße Einfluß auf das quantitative Niveau des kirchlichen Lebens. So ist auch weder der Liberalismus in der ersten noch die Sozialdemokratie in der zweiten Jahrhunderthälfte — entgegen einem schon unter den Zeitgenossen weitverbreiteten Vorurteil[39] — als treibender Faktor der Entkirchlichung anzusehen. Richtig ist allerdings, daß die Sozialdemokratie gerade in großstädtischen Regionen wie Berlin, die ohnehin stark entkirchlicht waren, besonders starken Zulauf fand.[40] Sie bildete hier ein Auffangbecken für diejenigen, die aus weltanschaulichen und politisch-sozialen Gründen der Landeskirche entfremdet worden waren — allerdings keineswegs das einzige: Auf der Suche nach überschaubaren und politisch unabhängigen Gemeinschaften schloß sich vielmehr schon seit der Jahrhundertmitte, verstärkt dann nach 1890 eine schnell anwachsende Zahl von Proletariern und Kleinbürgern im Norden und Osten Berlins den außerlandeskirchlichen Gemeinschaften der neuapostolischen Kirche, den Baptisten und Methodisten, schließlich auch der großen freireligiösen Gemeinde an.[41]

[38] In diesem Sinne ist angelegt etwa die Studie von Hans-Jürgen Brand, *Kirchliches Vereinswesen und Freizeitgestaltung in einer Arbeitergemeinde 1872—1933. Das Beispiel Schalke,* in: Gerhard Huck (Hrsg.), *Sozialgeschichte der Freizeit,* Wuppertal 1980, S. 207ff.

[39] Vgl. etwa G. Ecke, *Die theologische Schule Albrecht Ritschls* ... (wie Anm. 31), Bd. 2: *Die evangelischen Landeskirchen Deutschlands im 19. Jahrhundert,* passim.

[40] Kirchliche und sozialdemokratische Gesinnung gingen dagegen in der Frühzeit des Kaiserreichs auch gelegentlich noch Hand in Hand, so z. B. im sächsischen Erzgebirge und Vogtland. Vgl. Paul Drews, *Das kirchliche Leben der evangelisch-lutherischen Landeskirche des Königreichs Sachsen,* Tübingen-Leipzig 1902, S. 354.

[41] Zum ganzen Abschnitt und den folgenden Ausführungen vgl. L. Hölscher, *Weltgericht oder Revolution* ... (wie Anm. 8), Kap. 3.I.

Über die Motive kirchlicher Bindungen, ihre regionale und soziale Verteilung vermag eine sekundäre Auswertung der kirchenstatistischen Daten zusätzliche, über die bislang bekannten Erkenntnisse hinausgehenden Auskünfte zu erteilen. Ein Beispiel bietet die Zuordnung von Äußerungen des kirchlichen Lebens zu städtischen Wohngebieten mit unterschiedlicher Sozialstruktur: In Berlin waren bekanntlich die kirchlichen Bindungen im 19. Jahrhundert in den proletarischen Vorstädten weit geringer als im bürgerlichen Zentrum und Westen der Stadt. Interessante Aufschlüsse bietet nun die Detailanalyse der statistischen Daten: Es zeigt sich dabei zum Beispiel, daß von der Regeneration des kirchlichen Lebens nach 1875 die kleinbürgerlichen und proletarischen Vorstadtgemeinden weit stärker erfaßt wurden als die großbürgerlichen Zentrumsgemeinden. Dadurch wird die politisch naheliegende Meinung widerlegt, die Wiederbelebung des kirchlichen Lebens sei in erster Linie der politisch motivierten Anlehnung des Bürgertums an die Kirche im Kampf gegen die Sozialdemokratie zuzuschreiben.

Politisch gesehen waren die nördlichen und östlichen Vorstädte Berlins, in denen die Abendmahlsbeteiligung seit Ende der 1870er Jahre stark zunahm, Hochburgen der Sozialdemokratie. Daraus ist zwar nicht der weitergehende Schluß zu ziehen, es habe im Kaiserreich eine weitverbreitete Affinität sozialdemokratischer Wähler zur protestantischen Kirche gegeben. Angesichts der Tatsache, daß die Sozialdemokratie nach dem Fehlschlag ihrer Aufrufe zum Kirchenaustritt von 1878 in ihrer Kirchen- und Religionskritik zunehmend vorsichtiger wurde,[42] bleibt es jedoch eine lohnende Aufgabe, die Größe der Schnittfläche zwischen der kirchentreuen und der sozialdemokratischen Bevölkerung auszumessen. Zur Erklärung der kirchlichen Regenerationsphase im letzten Viertel des 19. Jahrhunderts bietet das Wahlverhalten der Bevölkerung in Berlin wie anderswo jedenfalls keine Grundlage.

Aber auch die weitere Hypothese, die Regeneration sei einer Verbesserung der kirchlichen Infrastruktur zuzuschreiben, läßt sich durch die Detailanalyse der kirchenstatistischen Daten widerlegen. Der Neubau von Kirchen und die kräftige Vermehrung der Pfarrstellen setzten in Berlin nämlich erst nach 1890 ein. Der seit Ende der siebziger Jahre beobachtbare Aufschwung des kirchlichen Lebens kann deshalb nicht als Folge der verbesserten Infrastruktur verstanden werden. Mehr

[42] Vgl. Jochen-Christoph Kaiser, *Sozialdemokratie und „praktische" Religionskritik. Das Beispiel der Kirchenaustrittsbewegung 1878—1914*, in: *Archiv für Sozialgeschichte*, Bd. 22 (1982), S. 263 ff.

noch: Der stete Ausbau des kirchlichen Versorgungssystems nach 1890 ging spätestens seit Ende der neunziger Jahre wieder mit einem Niedergang der Nachfrage nach kirchlichen Amtshandlungen einher. Das kirchliche Leben entwickelte sich also weitgehend unabhängig vom materiellen Niveau der kirchlichen Infrastruktur. Es waren anonymere, kaum steuerbare Kräfte, die die Nachfrage nach kirchlichen Amtshandlungen bestimmten: Zu denken wäre etwa an die wirtschaftliche Depressionsstimmung der siebziger und achtziger Jahre oder die weitverbreitete revolutionäre Naherwartung. Doch bleiben solche im Einzelfall wohl zutreffenden Erklärungen aufs ganze gesehen Spekulationen, die durch statistische Analysen kaum erhärtet werden können.

Eine andere Möglichkeit der sekundären Interpretation kirchenstatistischer Daten besteht in deren personaler Desaggregierung. Die folgenden Beispiele beziehen sich auf die kirchlichen Verhältnisse in Hannover, lassen sich aber sowohl methodisch als auch in der Tendenz ihrer Ergebnisse leicht auf die Berliner Verhältnisse im Kaiserreich übertragen:[43] Die kirchenstatistischen Erhebungen ermittelten für 1875 in der Altstadt Hannover eine Abendmahlsbeteiligung von ca. 20 Prozent, 1895 ca. 25 Prozent.[44] Die personale Fixierung dieser Zahlen, welche aufgrund der überlieferten Kommunikantenregister möglich ist, zeigt nun, daß es sich bei dieser Minderheit nicht um einen harten Gemeindekern regelmäßiger Abendmahlsempfänger handelte, dem eine kirchenferne Restgemeinde von 75—80 Prozent gegenüberstand, sondern um eine in Wahrheit sehr viel mehr als 20—25 Prozent umfassende Zahl von gelegentlichen Empfängern des Abendmahls: Nur ein Fünftel der registrierten Abendmahlsgänger nahm um 1875 innerhalb von drei Jahren, nur etwa die Hälfte innerhalb von zehn Jahren überhaupt mehr als einmal am Abendmahl teil. Dies bedeutet, daß die Zahl derjenigen, die wenigstens dann und wann einmal zum Abendmahl gingen, weit mehr als 20—25 Prozent der Gemeinde ausmachten, zugleich aber auch, daß der Kreis der einigermaßen regelmäßigen Abendmahlsempfänger

[43] Zum folgenden vgl. die Studie des Verfassers *Die Sozialstruktur der Kirchengemeinde Hannovers im 19. Jahrhundert,* die demnächst im *Jahrbuch der Gesellschaft für niedersächsischen Kirchengeschichte* erscheinen wird.

[44] Bezirkssynodalprotokolle der Stadt und Inspektion Hannover, Landeskirchliches Archiv Hannover; vgl. auch Ernst Rolffs, *Evangelische Kirchenkunde Niedersachsens,* 2. Aufl., Göttingen 1938, S. 176 ff.; Philipp Meyer, *Die Kirchengemeinden in der werdenden Großstadt,* in: *Studien zur Kirchengeschichte der Stadt Hannover,* hrsg. vom Stadtkirchenausschuß Hannover, Braunschweig 1933, S. 283 ff.

weit kleiner war und bei einer Gemeinde von 10000 Gliedern kaum mehr als wenige Dutzend Gemeindeglieder umfaßte. Verständlich wird so, daß der Pfarrer im Kaiserreich unter seinen Abendmahlsgästen nur selten einem bekannten Gesicht begegnete.

Ferner: Daß im Kaiserreich nur etwa ein Drittel der Abendmahlsempfänger in Hannover männlichen, zwei Drittel dagegen weiblichen Geschlechts waren, war aus den zeitgenössischen Bezirkssynodalprotokollen Hannovers schon bislang bekannt. Die personale Aufgliederung der kirchenstatistischen Daten zeigt darüber hinaus aber, daß drei Viertel dieser Männer überhaupt nur in Begleitung ihrer Ehefrauen oder anderer Anverwandter zum Abendmahl gingen. Der Befund, daß die großstädtische Kirchengemeinde ihrer sozialen Basis nach eine überwiegend weibliche Kirche war,[45] wird dadurch noch erheblich verstärkt.

Schließlich läßt sich durch die Analyse der Kommunikantenregister auch die soziale Zusammensetzung der Abendmahlsgemeinde ermitteln: Es bestätigt sich der auch aus anderen Quellen[46] gewonnene Eindruck, daß die Masse des städtischen Kirchenvolks im Kaiserreich der oberen Unter- und der unteren Mittelschicht angehörte, das heißt denjenigen Schichten, die noch eine relative Stabilität des Wohnorts bewahrt hatten. Die obere Mittelschicht, vor allem die Angehörigen freier Berufe, entzog sich dagegen, von wenigen Ausnahmen abgesehen, fast vollständig dem kirchlichen Leben.

Personale Zuordnungen kirchenstatistischer Daten weisen auch anderswo neue Wege, etwa bei der sozialen Beschreibung derjenigen Gruppen, die aus der Kirche austraten, die kirchliche Trauung, Taufe oder Konfirmation verweigerten und anderes mehr. Eine erhebliche Lücke in der religionshistorischen Forschung klafft schließlich bei der qualitativen Bestimmung von Unkirchlichkeit: Viele sozialstatistische Daten legen es nahe, die Unkirchlichkeit des 19. und 20. Jahrhunderts weitgehend auf äußere Faktoren wie die Vermehrung und die starke Fluktuation der städtischen Bevölkerung zurückzuführen.[47] Wie füg-

[45] Vgl. Hugh McLeod, *Weibliche Frömmigkeit — männlicher Unglaube? Religion und Kirchen im bürgerlichen 19. Jahrhundert*, in: Ute Frevert (Hrsg.), *Bürgerinnen und Bürger. Geschlechterverhältnisse im 19. Jahrhundert*, Göttingen 1988, S. 134 ff.

[46] Vgl. vor allem die kirchenamtliche Berichterstattung in den zeitgenössischen Visitationsprotokollen einzelner städtischer Gemeinden und im Aktenstück 4 der Hannoverschen Landessynodalprotokolle, Landeskirchliches Archiv Hannover.

[47] Ausführlich hierzu P. Meyer, *Die Kirchengemeinden ...* (wie Anm. 44), S. 308 ff.

ten sich in diese Tendenzen aber qualitative Faktoren wie der christentumskritische Impuls humanistischer Gymnasien, der weltanschauliche Einfluß naturwissenschaftlicher und philosophischer Lektüre, die politisch-soziale Feindschaft gegenüber der Kirche?

Gelingt es, auch hier mit Hilfe statistischer Daten schichtenspezifische und regional differenzierte Antworten zu gewinnen, so wird sich der Charakter kirchlicher Bindungen sehr viel genauer als bisher bestimmen lassen. Dabei wird sich vermutlich zeigen, daß nur ein Bruchteil der entkirchlichten städtischen Bevölkerung auch kirchenfeindlich eingestellt war; ferner, daß Kirchenfeindschaft nicht notwendig auch Religionsfeindschaft einschloß und umgekehrt; und schließlich, daß christliche Werte und Denkfiguren auch in einer säkularisierten, kirchenfernen Gesellschaft eine erstaunliche Festigkeit und Dauerhaftigkeit zu bewahren vermögen.

II

Urbanisation and Religion in 19th Century Britain

HUGH McLEOD
Birmingham

When Hippolyte Taine visited Britain in 1858 and 1862, he was impressed by the religiosity of the people. In London the churches were packed, and they were attended by men as well as women, by the bourgeoisie as well as by uneducated people. He was also struck by the quality of the clergy — here they were cultured gentlemen, whereas in France they were „peasants with the muck half-scraped off them.“[1] 19th century Germans also commented on the religiosity of the British, though not always favourably — like Taine, they did not take kindly to the British Sunday.[2] The surprising point is that, whereas it was axiomatic for observers of French and German religion that the countryside tended to be more religious than the town, no-one seems to have considered the paradox that it was precisely the most urbanised and industrialised of European nations that was also one of the most religious. Indeed it is only very recently that historians have begun to address themselves to this problem.

First, one or two factual points about urbanisation and religion in 19th century Britain.[3] In 1801, Britain still lagged slightly behind the Netherlands in the level of urbanisation; but by 1851, England and Wales with 39 per cent and Scotland with 32 per cent of the population living in towns of 10 000 people or more, had overhauled the Nether-

[1] Hippolyte Taine, *Notes on England*, Engl. transl., London 1957, pp. 11 s., 158 s.

[2] Ernst Dronke, *Berlin*, 2 vols., Frankfurt/Main 1846, 1, pp. 9—10, refers to those who wanted to impose on Berlin a Sabbath „of English strictness“, and *Berlin und die Berliner. Dinge, Sitten, Winke*, Karlsruhe 1905, pp. 374—375, twice made comparisons between the piety of London and the irreligion of Berlin.

[3] Population figures in this paragraph are drawn from Eric E. Lampard, *The Urbanizing World*, in: Harold James Dyos/Michael Wolff (eds.), *The Victorian City*, 2 vols., London 1973, 1, pp. 3—56; Adna F. Weber, *The Growth of Cities in the Nineteenth*

lands, and were far ahead of any other European nation; in 1891, England and Wales with 62 per cent and Scotland with 50 per cent had further widened the gap. Britain also contained more very large cities than any other country in the 19th century. London, with around a million people in 1801 was in a class of its own among European cities; in 1891, with over five million people, it was by far the largest city in the world. By the latter date, four other British cities — Manchester, Glasgow, Liverpool and Birmingham — were in the world's top twenty-five. By comparison, the United States and India had three giant cities each, and no other country had more than two. In 1881 there were a further twenty cities in England and Scotland with over 100 000 people. It should be noted that 19th century Wales, though highly industrialised, had few large towns, industry being characteristically sited in villages and small towns strung along the bottom of narrow valleys: In this paper I shall only be considering England and Scotland. Both countries were notable for a high degree of religious pluralism, and this was especially true of the towns. In England, the Established Church was by far the largest denomination, but the religious census of 1851 showed that in most towns Anglican worshippers were outnumbered by the combined strength of the numerous Dissenting chapels, among which the largest group were the Methodists. There was also a significant minority of Roman Catholics in some towns. In Scotland, the Established Church accounted for only a third of all worshippers in 1851, and in many towns it was outnumbered by one or both of its two main rivals, the Free Church and the United Presbyterians. The Roman Catholics were strong in and around Glasgow.

Until the later 1950s there was very little discussion by historians of the specifically urban dimensions of 19th century British religion. It was taken for granted that religion was a generally pervasive influence in British society for most of the century, and historians concentrated either on exploring the consequences, for good or ill, of this religiosity, or on identifying the roots (usually the intellectual roots) of the religious crisis of the late Victorian period.[4] The two writers who first

Century, New York 1899; Geoffrey Best, *Mid-Victorian Britain 1851—75,* London 1971, p. 11.

[4] See, for instance, Elie Halevy, *History of the English People in the Nineteenth Century,* English translation, 6 vols., London 1961; Robert Charles Kirkwood Ensor, *England 1870—1914,* Oxford 1936; Howard Rogers Murphy, *The Ethical Revolt against Christian Orthodoxy in Early Victorian England,* in: *American Historical Review,* 60 (1955), pp. 800—819.

identified the relationship between religion and urbanisation in 19th century Britain as an important historical problem requiring serious research were an Anglican bishop, Edward Ralph Wickham, and an Australian historian, Kenneth Stanley Inglis. Wickham, who had founded the Church of England's Sheffield Industrial Mission, wrote a history of the churches in Sheffield from the 17th century to the present day, the main theme of which was their failure to win the support of the city's working class.[5] Inglis made two important contributions: an article on patterns of church attendance in 1851, and a widely-read book on the relationship between churches and workers in late Victorian England.[6]

The pioneering work of Wickham and Inglis has exercised a great influence on historians of 19th century Britain, and that influence can still be seen today, in spite of the very considerable body of new research that has been undertaken during the past twenty-five years. They were the first historians to suggest that the growth of cities in the 19th century may have presented the churches, and especially the Church of England, with problems that they were unable to solve, and they were the first to write about the separation between the churches and the working class. They were able to challenge existing assumptions about 19th century religion because of their rediscovery of two extensive, but largely forgotten, types of source: the censuses of church attendance conducted nationally by the government in 1851, and locally by newspapers at various points, most notably the 1880s; and the numerous books and pamphlets by Victorian churchmen, which deplored examples of working-class irreligion, and suggested ways of combatting it. Most relevant for our present purposes is the article by Inglis on the 1851 religious census. In this he showed that average levels of church attendance were significantly higher in rural areas of England than in large towns. (Probably slightly under half the adult population attended in villages and small towns, whereas about a third did so in the large towns, which were defined as those with populations of 20 000 or more.)[7] He went on to argue that the main reason for the difference lay

[5] Edward Ralph Wickham, *Church and People in an Industrial City*, London 1957.

[6] Kenneth Stanley Inglis, *Patterns of Religious Worship in 1851*, in: *Journal of Ecclesiastical History*, 11 (1960), pp. 74—86; Kenneth Stanley Inglis, *Churches and the Working Classes in Victorian England*, London 1963.

[7] The total number of attendances included both attendances by Sunday School children and multiple attendances by some adults, and thus was considerably greater

in non-attendance by working class people, especially in London and the industrial north. In most of these places Nonconformity (especially Methodism) did better than the Church of England, but, according to Inglis, none of the churches made a significant impact on the urban working class.

There certainly were some weaknesses in Inglis's arguments.[8] In particular, he assumed, rather than demonstrated, that the rural/urban differential could be explained by working-class non-participation. But he had set a major part of the agenda for research on 19th century religion in the 1960s. Some historians argued that the Church of England was too deeply rooted in its rural past to adapt successfully to the needs of the modern city.[9] Others focused more specifically on the indifference or hostility of working class people to the churches evangelistic efforts.[10] The most interesting new arguments were those of Brian Harrison, who argued that efforts by religiously-inspired reformers to stop alcohol and cruel sports and to enforce observance of Sunday had the effect of alienating many working class people from all kinds of organised religion.[11] An intensive local study of Methodism in Yorkshire provided some support for Inglis: Greaves showed that although Methodism initially flourished in the industrial areas to the west of the county, by 1851 it was strongest in the rural east and north; so far as the south and west were concerned, it was proving much more successful in industrial villages than in the great cities of Leeds and Sheffield.[12] It was

than the number of individual adults who attended a service at some point in the day. The best attempt I have seen at converting total attendances into an estimated number of individual adult attenders is by Michael R. Watts in *Religion in Victorian Nottinghamshire. The Religious Census of 1851,* 2 vols., Nottingham 1988, 1, p. XIV.

[8] See, for instance, some criticisms in Hugh McLeod, *Class, Community and Region. The Religious Geography of Nineteenth-Century England,* in: Michael Hill (ed.), *A Sociological Yearbook of Religion in Britain,* 6 (London 1973), pp. 29—72.

[9] Standish Meacham, *The Church in the Victorian City,* in: *Victorian Studies,* 11 (1968), pp. 359—378. David Mole, *Challenge to the Church. Birmingham 1815—65,* in: H. J. Dyos/M. Wolff (eds.), *The Victorian City...* (cf. note 3), 1, pp. 815—836, began on similar lines to Meacham, but was more positive about the ability of the churches, including the Anglicans, to adapt to the urban situation.

[10] Allan MacLaren, *Presbyterianism and the Working Class in a Mid-Nineteenth Century City,* in: *Scottish Historical Review,* 46 (1967), pp. 115—139; Henry Pelling, *Popular Politics and Society in Late Victorian Britain,* London 1968.

[11] Brian Harrison, *Religion and Recreation in Nineteenth-Century England,* in: *Past and Present,* 38 (1967), pp. 98—125.

[12] Brian Greaves, *Methodism in Yorkshire 1740—1851,* University of Liverpool Ph. D. thesis, 1968.

symptomatic of the trend of research in the early '70s that Standish Meacham, in a study of working class life, highlighting the importance of ties with neighbours and kin, managed to dispose of the theme of religion within one paragraph. The best attempt at a provisional synthesis of the work on urbanisation and religion in this period came in an article by John Kent, one of the most versatile, as well as the most astringent, of modern religious historians. He argued that the main theme in the religious history of 19th century cities was the emergence „of a religious sub-culture which was slowly separating itself, institutionally, from the dominant largely secular culture."[13] The one exception that the historians of this time were prepared to make in their generally critical re-assessment of the Victorian churches concerned the Roman Catholic church. They generally assumed that the Irish Catholics who were crowding into the slums of London, Liverpool, Manchester, and many other cities, were much more strongly attached to their church than the native population.[14] The most important research was done by Raphael Samuel and Sheridan Gilley, who emphasised the size of the task that England's tiny Roman Catholic church faced in responding to a huge influx of immigrants, especially in the years following the famines of the 1840s.[15] Gilley stressed that many earlier immigrants had effectively lost touch with Catholicism before the church organised itself effectively to meet the needs of the Irish. But they were prepared to give at least a qualified assent to the common view that the Roman Catholic church was unusually successful in retaining the loyalty of its working-class members. The leitmotiv of their accounts was the intense and many-sided relationship between priest and people, in which the respect in which the clergy were commonly held was frequently tinged with elements both of love and of fear. In the eyes of English Protestants, accustomed to a relatively low-key relationship

[13] Standish Meacham, *A Life Apart*, London 1977, pp. 199—200; John Henry Somerset Kent, *The Role of Religion in the Cultural Structure of the Later Victorian City*, in: *Transactions of the Royal Historical Society*, 5th series, 23 (1973), p. 158.

[14] See, for instance, H. Pelling, *Popular Politics...* (cf. note 10), pp. 31—34. There was nothing new about the suggestion that Irish Catholics were significantly more devout than the native working class. The same claim was made by Charles Booth in his massive study of London at the end of the 19th century, *Life and Labour of the People in London*, 17 vols., London 1902—1903, 3rd series, *Religious Influences*, 7, p. 401.

[15] See, for instance, the contribution by Gilley to H. J. Dyos/M. Wolff (eds.), *The Victorian City...* (cf. note 3), and by Gilley and Samuel to Roger Swift/Sheridan Gilley (eds.), *The Irish in the Victorian City*, London 1985.

with their clergy, there was, and still remains, an exotic flavour to the Catholicism of this era, appealing to some and appalling to others. There has been some tendency therefore for historians to romanticise or sensationalise, and to overlook the many areas in which the Catholic clergy faced similar problems and proffered similar solutions to their Protestant counterparts. Gilley, who combines a strong sympathy for Victorian Catholics with an unparallelled knowledge of the sources, has provided a valuable antidote to the more highly-coloured accounts.

Inglis, Wickham and their immediate successors laid the foundations for all subsequent research. The completion in the early '70s of a series of theses on 19th century urban religion marked the emergence of a new generation, who could take the work of the pioneers as given, and now wanted to explore more deeply at one point or another. The publication within a period of a few months of a series of major studies in this area made 1976 the „annus mirabilis" for the study of Britain's modern religious history.[16] The most significant development was the influence of social history, which was the most flourishing and fashionable branch of historical study in Britain at that time. Three important attempts to integrate religious history into social history can be mentioned here: Alan Gilbert's general history of English religion from the beginnings of Methodism to the First World War; and local studies by Allan MacLaren and Stephen Yeo of Aberdeen and Reading respectively.[17]

Gilbert was the first historian to address himself directly to the question of why, when most sociologists have indicated a close relationship between industrialisation and secularisation, the period of the English Industrial Revolution was a time of religious revivals and rapidly growing churches. His answer was that in the long-run industrialisation did lead to secularisation, but that in the short-run it actually increased the importance of religion in English society. He proposed a three-stage chronology. From about the 1740s to the 1840s,

[16] Besides the studies under consideration here, 1976 also saw the publication of such other major works as James Obelkevich, *Religion in Rural Society. South Lindsey 1825—75*, Oxford 1976; Thomas Laqueur, *Religion and Respectability. Sunday Schools and Working Class Culture, 1780—1850*, New Haven 1976; Edward Robert Norman, *Church and Society in England 1770—1970*, Oxford 1976.

[17] Alan D. Gilbert, *Religion and Society in Industrial England. Church, Chapel and Social Change 1740—1914*, London 1976; A. Allan MacLaren, *Religion and Social Class. The Disruption Years in Aberdeen*, London 1974; Stephen Yeo, *Religion and Voluntary Organisations in Crisis*, London 1976.

the Church of England was in serious decline because of its failure to react appropriately to shifts in population and the growing spirit of independence among those at the lower end of the social hierarchy. The religious vacuum was filled by the revival of Dissent and, more especially by the growth of Methodism, which won a huge following among artisans, weavers, miners, and similar occupational groups. They offered community and emotional security in a time of social upheaval, and they provided a religious legitimation for the denial of deference to social „superiors." The characteristic scene of the Methodist revivals was, according to Gilbert, the industrial village, which he presented as a transitional form of community between the mainly Anglican countryside and the mainly irreligious city. He argued that by the 1840s Methodism and the other branches of Evangelical Dissent had run out of steam. In the second half of the century, Nonconformity was undermined by Anglican revival and more significantly by incipient secularisation. The full fruits of this secularisation were seen in the early 20th century, when all the churches and chapels were losing members. But he insisted that its roots lay deep in the Victorian period. One reason for this was more rapid urbanisation, and in particular the decline of the industrial village and the rise of the modern conurbation. Gilbert assumed that industrialisation is ultimately subversive of all forms of religion, because increased human control over the environment has provided technical means for solving most of the problems that formerly required supernatural assistance. But he suggested that organised religion faced particularly acute problems in the cities. These were often unable to sustain coherent communities on which such organisation as churches could be based. The exceptions were certain strongly working-class areas, held together by a strong sense of common identity and resistance to all bodies coming in from outside — such as churches. The clarity and neatness of Gilbert's argument has appealed to many readers, and though he has not lacked critics, every subsequent writer in the field has had to take account of his work.[18]

Stephen Yeo's book on Reading has probably had an even greater influence on specialists than Gilbert's work, but it has been much less widely read. This is partly because his microscopic approach has less appeal than Gilbert's bird's eye perspective, and partly because Yeo's

[18] See also Alan D. Gilbert, *The Making of Post-Christian Britain*, London 1980, which uses the same ideas, but puts them in a longer-term perspective.

tortuous prose style tends to exhaust the powers of concentration of all but the most committed readers. Yeo's originality lay partly in his focus on the churches as organisations and his extensive use of their financial records, partly in the unprecedented thoroughness with which he related the churches to their economic and social context. In the early years of Reading's development as an industrial town — roughly between 1840 and 1900 — this context was highly favourable to the growth of religious organisations, and indeed voluntary organisations of all kinds. The town's economic leaders, notably the Quaker owners of the giant Huntley and Palmer's biscuit factory, lived in the town, took an active part in local institutions, encouraged their employees to do the same, and provided financial support for organisations, ranging from churches to football clubs, that an impoverished working class could not have maintained unaided. The crucial change around the turn of the century was, he argued, the declining importance of locally-based institutions, in the face of an increasingly centralised economy and state. The family firms that had remained so important for much of the 19th century were being absorbed into giant combines with their headquarters in London; the local elite were playing less and less part in the life of the town; local welfare provision was becoming increasingly marginalised by growing state provision; the growth of the leisure industry was bringing about equally drastic changes in the nature of leisure, and changes in the same direction — away from active participation and towards passive consumption, away from local control and towards the primacy of economic rationality over all sentimental considerations. According to Yeo, then, it was not urbanisation as such that undermined the churches, but the change from the relatively self-contained town of the mid-Victorian period to the 20th century town, in which locally-based organisations of all kinds were much less significant, and religion had become largely privatised.[19]

The third pioneering study in the social history of 19th century religion was that by Allan MacLaren of the Disruption of 1843. This was one of the most famous and the most traumatic events in Scottish church history, when a third of the ministers in the Church of Scotland seceded to form the Free Church, evangelical, independent of the state, and without private patronage. Aberdeen was an appropriate place for a

[19] Some aspects of Stephen Yeo's argument are further developed in his article, *On the Uses of „Apathy"*, in: *Archives Europeennes de Sociologie*, 15 (1974), pp. 279—311.

local study, since all fifteen of the ministers in the city seceded. McLaren's achievement was to show that the familiar analyses in terms of personalities and of theological differences were insufficient. The division in this booming commercial and industrial centre reflected conflicts between the old-established merchant class, who had ties with the country gentry, and remained loyal to the old church, and the „nouveaux riches“ who were the mainstay of the new church. The lay leadership of the two churches differed in their sources of wealth, their life-style and outlook, and in the parts of the city where they tended to live. Both neglected the interests of their working-class co-religionists — partly because both churches hoped to solve their financial problems by establishing congregations in fashionable areas and attracting middle-class recruits.

Here, then, were three excellent examples of the application of social-history techniques to the interpretation of religious history. However, the new religious history very largely excluded some aspects of religion. The role, if any, of theology, or of religious ideas more generally was little discussed by MacLaren or Yeo, and Gilbert's book was notable for its somewhat impersonal tone — his concern was with identifying the underlying social processes, rather than with how they were experienced by actual individuals. If one product of the trend towards social history was a taste for more abstract and theoretical kinds of writing, the other tendency was to go to the opposite extreme by attempting an „Alltagsgeschichte“, a term for which there is no idiomatic English equivalent. Particularly important here was the development from the late 1960s of oral history, pioneered by Paul Thompson and Thea Vigne at the Department of Sociology in the University of Essex, and Elizabeth Roberts at the Centre for North-West Regional Studies in the University of Lancaster.[20] Thompson and Vigne interviewed over 500 people born between 1872 and 1906, and drawn from all social classes and all regions of Great Britain; Roberts concentrated on the working class in Lancashire. Although neither survey was primarily concerned with religion, both have made a major contribution to our knowledge of the part played by religion in everyday life around the turn of the century. Roberts' work had radical implications: Not only did she stress the general importance of the

[20] See Paul Thompson, *The Edwardians,* London 1975; Elizabeth Roberts, *A Woman's Place,* Oxford 1984.

churches in north Lancashire at that time; but, in particular, she suggested that the picture of working-class alienation, that had become historical orthodoxy was greatly exaggerated.[21] She thus prepared the way for an important shift of emphasis in research during the 1980s, which will be discussed later.

The other major development in the 1970s was a growing interest in the interaction between religion and politics at the local level. The main themes to be investigated were sectarian conflict and the religious activities of industrialists. The pioneering work on the latter topic was done by Ernest Peter Hennock and Asa Briggs, who studied the religious influences on urban elites in the mid-Victorian period.[22] Briggs presented a very positive picture of the „civic gospel" preached by Nonconformist ministers in Birmingham in the 1860s, and '70s, who thus prepared the way for the „municipal socialism" enacted by local politicians in the last quarter of the century. However, a more critical view of the relationship of religion and politics was presented by Patrick Joyce in his widely-discussed study of mid-Victorian Lancashire factory towns.[23] He showed how factory-owners became closely associated with particular places of worship, and encouraged their employees to do the same, so that one mill might be regarded as Wesleyan, and a neighbouring mill as Anglican. Churches and chapels would enjoy generous benefactions, and their clergy might feel constrained to act in ways acceptable to their patrons. Moreover, the religious bonds between employer and workers made an important contribution to the process by which attitudes of deference were internalised, and they inhibited the development of independent working-class organisations. This was particularly so in areas of Lancashire with a large Irish Catholic population. Tensions between immigrants and natives led to the development of strong sectarian identities, which were effectively exploited by Conservative politicians and by some Anglican clergymen. Militant Protestantism made a major contribution to Lancashire's long tradition of working-class Toryism; and some strongly Evangelical clergymen, who combined a folksy style with outspoken anti-

[21] Elizabeth Roberts, *Working Class Barrow and Lancaster 1890—1930*, Lancaster 1976. See also Hugh McLeod, *New Perspectives on Victorian Working Class Religion*, in: *Oral History Journal*, 14 (1986), pp. 31—49.

[22] Asa Briggs, *Victorian Cities*, London 1963; Ernest Peter Hennock, *Fit and Proper Persons*, London 1973.

[23] Patrick Joyce, *Work, Society and Politics*, Brighton 1980.

Catholicism, were unusually successful in building up large working-class congregations.

Joyce's book has provoked a large body of literature, both in support and in refutation of his arguments, and his influence has been felt as much in religious history as in the many other areas which his worked touched upon. The controversial aspect of his book was his interpretation of factory paternalism, and I shall return to that later. In emphasising ethnicity and sectarian conflict, he was less an innovator, and more a part of a general trend in the 1970s, substantially influenced, no doubt, by events in Belfast. Liverpool and Glasgow, the two major cities with the largest proportions of Catholics and the strongest ultra-Protestant traditions, have naturally attracted the greatest amount of attention. One particularly interesting approach has been comparison between the cities, often with the purpose of determining whether and, if so, why, sectarianism was „worse" in Liverpool.[24] Otherwise, there have been regrettably few comparative studies of British urban religion, and historians have had to define the distinctive religious atmosphere of their own chosen town, while lacking any real point of comparison.[25]

The 1970s, then, established the history of religion as a major branch of 19th century British history, and urban studies as a major branch of religious history. In the 1980s a third generation has emerged of historians who have built on the work of the 1960s, but have set out to challenge most of the orthodoxies of those decades. The main themes of this new work have been more intensive use of church records, and sometimes of statistical evidence, and a generally more positive view of what the Victorian churches achieved.

A pointer to these new trends was a study of the churches in south London by the American historian, Jeffrey Cox.[26] In a self-consciously iconoclastic opening chapter, he began by attacking most previous

[24] Joan Smith, *Labour Tradition in Glasgow and Liverpool*, in: *History Workshop*, 17 (1984), pp. 32—56; Tom Gallagher, *A Tale of Two Cities. Communal Strife in Glasgow and Liverpool before 1914*, in: R. Swift/S. Gilley (eds.), *The Irish...* (cf. note 15), pp. 106—129. Other studies of Protestant/Catholic conflict include Philip J. Waller, *Democracy and Sectarianism. A Political and Social History of Liverpool 1868—1939*, Liverpool 1981; Tom Gallagher, *Glasgow. The Uneasy Peace*, Manchester 1987.

[25] An exception to the rule is Paul T. Philipps, *The Sectarian Spirit*, Toronto 1982, which examines the role of sectarianism (mainly church v. chapel conflicts) in various 19th century Lancashire towns.

[26] Jeffrey Cox, *English Churches in a Secular Society. Lambeth 1870—1930*, Oxford 1982.

work on 19th century religion, as well as much of the writing by sociologists on the theme of secularisation. He was dismissive of any attempt to explain religious change primarily in terms of the history of ideas. But he was also critical of the determinism of many sociologists and sociologically-influenced historians. Repudiating claims that the Victorian churches had „failed“, he argued that this was only so if impossibly ambitious criteria for success were imposed; and rejecting the argument that church decline in the 20th century was due to an ineluctable process of secularisation, he pointed to the relative success with which churches in the United States had adapted to social change. In Cox's view, church decline in the 20th century arose directly out of the manner of their 19th century success: they had invested too many of their resources into providing social services which were essential in the Victorian period, but were increasingly displaced in the 20th century by provision from national and local government. Cox also presented a new perspective on working-class attitudes. While accepting that the churches had little appeal for most working-class people, he argued for the prevalence of what he termed a „diffusive Christianity“, which included belief in God, the Bible, and rewards after death for the good, and attachment to Christian ceremonies at certain decisive moments in the annual cycle and in the individual life-cycle.

The younger generation of historians has followed some of Cox's leads, but in some respects has taken his arguments much further. There has been no attempt to suggest that the whole enterprise of linking the history of religion with social history was a mistake. But it has become a frequent complaint that religious history has too often been the junior partner in the alliance. The most strident, as well as the most talented exponent of this view has been Gerard Connolly, the author of several outstanding articles on 19th century Catholicism. In one of those he complained that historians seemed to be more interested in the talents of Catholic priests as bankers or pig-keepers than in their participation in „a holy enterprise, having to do with saving souls“.[27] Any adequate history must of course include both sides of the priest's role, and Connolly himself has never practised a narrowly traditional form of religious history. For instance in his article on the

[27] Gerard Connolly, *Little Brother Be at Peace. The Priest as Holy Man in the Nineteenth-Century Ghetto*, in: William J. Sheils (ed.), *The Church and Healing*, Oxford 1982, pp. 191—206.

priest as „holy man" in the Irish districts of Manchester he took English urban history on to territory sadly neglected both by historical traditionalists and radicals. The nearest thing to a precedent would be the explorations into the intricacies of the relationship between ministers and people in the very different world of middle-class Dissent by the maverick Nonconformist historian, Clyde Binfield.[28] When not baiting the more secular-minded social historians, Connolly has been equally severe on the more conventional Catholic historians. Challenging the commonly accepted view that the salvation of the 19th century Catholic church was the immigration of pious Irish labourers, he argued that the immigrants were generally less pious than English Catholics, and that in London, at least, most of the Irish remained non-practising. He also suggested that the church that emerged from the era of mass immigration was insular, aggressive and clerically-dominated, and compared unfavourably with the English Catholicism of the early 19th century.[29]

One of the most outspokenly revisionist of the younger generation has been Mark Smith, whose study of the churches during the Industrial Revolution in Oldham, a medium-sized industrial town in east Lancashire, challenged just about every accepted orthodoxy.[30] The choice of Oldham was significant, as the Marxist historian, John Foster, had established the reputation of the town's workers as being among the most class-conscious in England.[31] In a widely-debated study, he argued that in the 1830s and early '40s the town was under the effective control of secularist radicals, and that the churches underwent a drastic decline, from which, admittedly, they later partly recovered. Smith rejected most parts of Foster's argument, claiming, among other things, that he greatly exaggerated the decline of churches and the growth of secularism during the first half of the 19th century. Smith's most important new evidence came from chapel membership lists: By

[28] See, for instance, Clyde Binfield, *So Down to Prayers. Studies in English Nonconformity 1780—1920,* London 1977.

[29] Gerard Conolly, *Irish and Catholic. Myth or Reality?,* in: R. Swift/S. Gilley (eds.), *The Irish...* (cf. note 15), pp. 225—254; Gerard Connolly, *The Transubstantiation of Myth. Towards a New Popular History of Nineteenth-Century Catholicism in England,* in: *Journal of Ecclesiastical History,* 35 (1984), pp. 78—104.

[30] Mark Smith, *Religion in Industrial Society. Oldham and Saddleworth 1780—1865,* University of Oxford D. Phil. thesis, 1987.

[31] John Foster, *Class Struggle in the Industrial Revolution,* London 1974.

identifying members in the manuscript census schedules, he was able to show that most Nonconformist chapels had a very substantial working class element in their membership, and that the popular picture of a working class generally alienated from organised religion by the mid-19th century could not be sustained. Smith also argued that the Anglican clergy were considerably more effective and popular in the later 18th and early 19th centuries than is generally assumed, and that in Oldham there was much less sectarian conflict than historians have usually suggested. Smith's relentless revisionism may have led him to overstate his case; but some of the same points were being made by other historians. For instance, Hillis, in an intensive study of a group of Presbyterian congregations in Glasgow, called in question some of MacLaren's arguments concerning the middle-class domination of the Scottish churches. While accepting that most of the lay leadership were middle class, Hillis argued that the membership of most congregations was predominantly working class, and he rejected MacLaren's claim that church discipline was middle-class biased — Presbyterian discipline was often strict, but it applied to all church members, regardless of class.[32] In one of the best-balanced of the many theses completed during the '80s, Alan Bartlett, writing on a working-class district of London, avoided polemics and one-sided rejection of established views. But he managed to correct the rather external view of religion prevalent in a lot of the older social history by entering sympathetically into the minds both of clergy and of ordinary church-goers.[33] Patrick Joyce's work on paternalist factory-owners and on sectarianism also received critical scrutiny from the younger generation. In a thorough investigation of church records in the Halifax-Keighley district of West Yorkshire, Simon Green found that although a few churches and chapels were dominated by employers in the way described by Joyce, the great majority benefitted or suffered from no such patronage, and depended for financial salvation on numerous small contributions and incessant bazaars.[34] Philip Ingram, one of the few historians, who has tried to

[32] Peter Hillis, *Presbyterianism and Social Class in Mid-Nineteenth-Century Glasgow. A Study of Nine Churches*, in: *Journal of Ecclesiastical History*, 32 (1981), pp. 47—64.

[33] Alan Bartlett, *The Churches in Bermondsey 1880—1939*, University of Birmingham Ph. D. thesis, 1987.

[34] Simon Green, *Religion and the Industrial Town with special Reference to the West Riding of Yorkshire c. 1870—1920*, University of Oxford D. Phil. thesis, 1989. The latest research on the religious involvement of 19th century businessmen is collected in David Jeremy (ed.), *Business and Religion*, Aldershot 1988.

understand sectarianism from the inside, by entering sympathetically into the world of Liverpool's militant Protestants, has been particularly critical of those who have seen sectarianism as something imposed from outside by Machiavellian employers and politicians.[35] This reflects a common tendency among the younger generation of historians of religion: a desire to take the beliefs of ordinary people seriously, and a rejection of the arrogance and patronage implicit in the concept of „false consciousness", or in any other concept that implicitly assumes that the historian knows what the people of the time ought to have been doing or thinking.

The other direction from which established orthodoxies are being challenged is through computer-aided studies of church membership records and of the 1851 religious census. Here the leader has been Callum Brown, a specialist in the study of Scottish religion.[36] In a provocative article entitled *Did Urbanization Secularize Britain?*, which must certainly be regarded at the latest word on the subject, though it is unlikely to be the last word, Brown answered with a loud „No!".[37] The one concession that he would make was that rapid urban growth presented the churches with very formidable logistical problems, and that this was reflected in the fact that in Scotland (though probably not in England and Wales) towns that had grown exceptionally fast during the first half of the 19th century had below average rates of church attendance in 1851. On the other hand, there was no relationship between the size of a town and the level of church-going. The influence of religion in British society may have reached an all-time peak, he suggests, in the late Victorian period: When decline set in around the mid-1890s, it was associated not with urbanisation, but with suburbanisation. He also quoted the work of Hillis and others, in order to challenge the idea that the 19th century working class generally stayed away from church. In this instance he overstates his case some-

[35] Philip Ingram, *Sectarianism in the North West of England with Special Reference to Class Relationships in the City of Liverpool 1846—1914*, Council for National Academic Awards Ph. D. thesis, 1987.

[36] See, for instance, Callum G. Brown, *The Social History of Religion in Scotland since 1730*, London 1987; Callum G. Brown, *Religion and Social Change*, in: Thomas Devine/ Rosalind Mitchison (eds.), *People and Society in Scotland 1750—1830*, Edinburgh 1988, pp. 143—162.

[37] Callum G. Brown, *Did Urbanization Secularize Britain?*, in: *Urban History Yearbook*, (1988), pp. 1—14.

what: For instance, it is incorrect to state that the 1851 religious census provides no evidence of below-average church-going by the working class, since the returns for London were broken down by registration district, and showed that attendances were lowest in the mainly working-class districts in east and south London. It is also a pity that he did not give more attention to possible differences within the working class: The evidence for a significant level of church-going by men, and more especially women, from the skilled working class is now so extensive that it can hardly be ignored; but a reasonable case can still be made for suggesting that the churches failed to attract the poorer sections of the working class — as for instance Rosemary Chadwick argues with regard to Bradford, in one of the best of the recent statistically-based studies.[38] Finally, in a section reminiscent of the pioneering work by Hennock and Briggs, he draws on his own researches in Glasgow to show how evangelical ministers and businessmen exercised a crucial influence on the city's government for much of the 19th century.

In summary, it is generally agreed by British historians that the onset of rapid urban growth in the later 18th century co-incided with a widespread movement away from the Church of England and Church of Scotland in the direction of Dissent. The period from about 1780 to 1850 was also a time of mass religious conversions, in which new sects proliferated, and religious issues gained a greater degree of prominence in the nation's life than at any time since the mid-17th century. Historians are not agreed, however, as to whether all social classes were affected by this revival, or whether it affected urban areas as much as rural areas and industrial villages. Rising levels of prosperity in the years from about the 1840s to the 1870s undoubtedly found a reflection in an unparallelled wave of church-building; these years also saw some revival of the national churches. However, some historians suggest that the decline of Nonconformity began in this period, while others deny this; more generally, some historians see this as a period of incipient secularisation, while others see it as the time of the greatest of all religious booms. This was clearly a period in which men with strong church connections held key positions of political and economic power at the local level, and a time of considerable sectarian strife; however, it is disputed what the causes and effects of these facts were, and whether

[38] Rosemary Chadwick, *Church and People in Bradford and District 1880—1914*, University of Oxford D. Phil. thesis, 1986, pp. 160—161.

there was any connection between them. It is generally agreed that at some time between 1880 and 1914, the Protestant churches entered a period of decline that has lasted for most of this century (the decline of Roman Catholicism set in more recently), but the precise timing of this decline is not generally agreed — it may, of course, have varied considerably from one part of the country to another. There is no agreement at all as to the causes of this decline, though at least three lines of approach can be distinguished: There are those, such as Brown and Yeo, who focus on the effect of changes around the end of the 19th century, and draw a fairly sharp contrast between the churches' Victorian prosperity and Edwardian decline; there are those like Gilbert who see the decline as the inevitable consequence of long-term changes in British society associated with „modernisation"; and those, such as Cox and myself,[39] who identify certain long-term factors (notably the consequences of religious pluralism) which made this decline possible, but also certain immediate precipitating factors that actually brought it about.

I want to conclude by mentioning two significant gaps in the British literature on religion and urbanisation. One disappointing feature is that there has been relatively little contact between religious history and women's history. In this respect Britain lags far behind the United States.[40] As a recent analysis of church membership records in Bradford showed, women far outnumbered men in the membership of most denominations — with the exception of the Quakers who, in an interesting irony, went further than any other contemporary body in giving a prominent role to women in church life.[41] This gender gap was greatest in the working class, but it was quite considerable in the middle class too: The only major study of this topic yet to appear concerns middle-class families in Birmingham and in rural Essex, whose female members were often strongly influenced by the evangelical move-

[39] I discussed this subject in: Hugh McLeod, *Class and Religion in the Late Victorian City*, London 1974. I am at present working on a comparative study of religion in Berlin, London and New York c. 1870—1914, in which I hope to restate my view of this topic in the light of the extensive work that has been published since my original research on London.

[40] I have discussed some of the American work in Hugh McLeod, *Weibliche Frömmigkeit, männlicher Unglaube?*, in: Ute Frevert (ed.), *Bürgerinnen und Bürger*, Göttingen 1988.

[41] R. Chadwick, *Church and People*... (cf. note 38), p. 145.

ment.[42] A second source of disappointment is that the whole area of „popular religion", so memorably pioneered by James Obelkevich in his work on rural Lincolnshire, has been largely ignored by urban historians. However, tentative beginnings have been made by Connolly in work cited above, and by Cox and Bartlett, in their study of the meanings attached to such ceremonies as christening and churching by working class Londoners. The problem now may be more the difficulty of finding sources, rather than lack of interest by historians in the subject.[43] The greatest overall need at the moment is for a more effective integration of social history and religious history. Fortunately, few historians advocate a sterile exclusivism. But few have the bredth of competence to do justice to sources of many different kinds and to understand with equal facility changes in religious ideas, changes in politics, and changes in the economy. It is clear that these cannot be separated from oneanother. Nor will it do to claim that change in one dimension is fundamental, and everything else contingent. Yet in practice each historian is a specialist, seeking explanations by preference within the limited area of the past within which she or he has made a home.

[42] Leonore Davidoff/Catherine Hall, *Family Fortunes. Men and Women of the English Middle Class 1780—1850*, London 1987. There is also some relevant material in Gail Malmgreen (ed.), *Religion in the Lives of Englishwomen 1750—1930*, London 1985.

[43] J. Obelkevich, *Religion*... (cf. note 16), chapter 8; G. Connolly, *Little Brother*... (cf. note 27); J. Cox, *English Churches*... (cf. note 26), p. 103; A. Bartlett, *The Churches*... (cf. note 33), pp. 182—188. See also David Hempton's chapter on *Popular Religion* in: Terence Thomas (ed.), *The British*, London 1989.

Großstadt und Konfessionen

Amsterdam während der zweiten Hälfte des 19. Jahrhunderts

HERMAN DIEDERIKS
Leiden

In diesem Beitrag geht es um die Forschung, die die Entwicklung Amsterdams zur Großstadt und die Auswirkungen dieses Prozesses auf die etablierten Konfessionen betrifft. Im Mittelpunkt steht die Frage, wie sich diese dem Bevölkerungswachstum, der Urbanisierung und der sozialen Frage gegenüber verhalten haben. Obwohl diese Thematik vom Standpunkt eines Stadt- und Sozialhistorikers dargestellt wird und dementsprechend die lokalen Verhältnisse besonders interessieren, ist es unmöglich, den nationalen Bezugsrahmen außer acht zu lassen. Um die Besonderheiten der Entwicklung Amsterdams besser verstehen zu können, müssen — nach einer Einführung in die demographischen und räumlichen Verhältnisse und die konfessionelle Zusammensetzung der Bevölkerung — drei große Themen der Nationalgeschichte in die Darstellung einbezogen werden: die mit den Begriffen Emanzipation, „Versäulung" und Disziplinierung der arbeitenden Klasse bezeichneten gesellschaftlichen Entwicklungen, die eng miteinander verknüpft sind. Sie werden zunächst getrennt, dann in ihren wechselseitigen Beziehungen vorgestellt. Abschließend wird erörtert, welche Bedeutung den konfessionellen „Säulen" bei der Bewältigung der genannten Probleme zukam.

I

Während die Niederlande zwischen dem 16. Jahrhundert und dem Ende des 18. Jahrhunderts im Prozeß der Urbanisierung eine führende Rolle spielten, stagnierte hier die wirtschaftliche und demographische Entwicklung im 19. Jahrhundert. Erst in der letzten Dekade des 19. Jahrhunderts setzte sich die Industrialisierung des Landes durch und begann damit die noch stark agrarisch geprägte niederländische Gesellschaft tiefgreifend zu beeinflussen. Zu Beginn des 19. Jahrhunderts gehörte Amsterdam mit mehr als 200 000 Einwohnern zu den europäischen Großstädten, während der „französischen Periode" zwischen 1795 und 1813 verlor die Stadt jedoch fast 20 Prozent ihrer Bevölkerung. In der Zeit des Königreichs der Niederlande, genauer im Jahre 1813, zählte Amsterdam 180 000 Einwohner. Diese Zahl nahm während der ersten Hälfte des 19. Jahrhunderts nur sehr langsam zu. Die Volkszählung von 1849 weist eine Gesamteinwohnerschaft von etwa 240 000 auf.[1] Seit 1860 wuchs die Hauptstadt jährlich um etwa ein Prozent, seit 1875 verdoppelte sich das Wachstum und in den achtziger Jahren betrug es fast drei Prozent. Um die Jahrhundertwende hatte die Stadt nach einigen Eingemeindungen 510 000 Einwohner.[2] Es läßt sich darüber streiten, ob Amsterdam zu den Großstädten gezählt werden darf; unbestreitbar ist, daß die Stadt in dieser Zeit ein Zehntel der niederländischen Gesamtbevölkerung zu ihren Einwohnern zählte. Um 1920 wohnten 650 000 Menschen in der Stadt, danach nahm der Anteil der Amsterdamer Bevölkerung an der Gesamtbevölkerung allmählich ab. Derzeit beträgt er mit 700 000 zu 14 Millionen nur noch fünf Prozent.[3] Die Einwanderung hat immer das Wachstum der Stadt bestimmt, während der großen Agrarkrise der achtziger Jahre des vorigen Jahrhunderts wurde sie zu deren wichtigster Ursache. Um 1875 war die Hälfte des Wachstums auf die Einwanderung zurückzuführen, in den achtziger Jahren waren es mehr als 60 Prozent. Erst in den neunziger Jahren begann das natürliche Bevölkerungswachstum eine immer wichtigere Rolle zu spielen.

In der räumlichen Ausdehnung folgte Amsterdam nur sehr langsam der demographischen Entwicklung. Bis 1877, als die erste Erweiterung vorgenommen wurde, war die ständig wachsende Zahl der Einwohner auf den Raum angewiesen, der durch die seit der Mitte des 17. Jahrhun-

[1] Theo van Tijn, *Twintig jaren Amsterdam. De maatschappelijke ontwikkeling van de hoofdstad, van de jaren '50 der vorige eeuw tot 1876*, Amsterdam 1965, S. 106.

[2] Herman Diederiks, *The Role of Amsterdam during the 19th Century in the Process of Urbanization — Some Observations*, in: Hans Jürgen Teuteberg (Hrsg.), *Urbanisierung im 19. und 20. Jahrhundert. Historische und geographische Aspekte* (= Städteforschung, Reihe A, Bd. 16), Köln-Wien 1983, S. 135.

[3] *Nota over de economische structuur van Amsterdam. Commissie voor de economische ontwikkeling van Amsterdam*, Amsterdam 1960, S. 97.

derts bestehenden Stadtgrenzen vorgegeben war. Unerträgliche sanitäre und soziale Verhältnisse waren die Folge dieser Zusammenballung. Die räumliche Erweiterung von 1877 war noch bescheiden, erst die Vergrößerungen von 1896 und 1921 erbrachten den notwendigen städtischen Raum. Festzuhalten ist, daß die Bedeutung Amsterdams im niederländischen Urbanisierungsprozeß seit dem 19. Jahrhundert abgenommen hat. Neben Amsterdam übernahmen Den Haag und Rotterdam, später auch Utrecht, zentrale städtische Funktionen. In absoluten Zahlen hatte Amsterdam allerdings die meisten Menschen unterzubringen, einzugliedern und zu sozialisieren; im Vergleich mit den anderen Städten war Amsterdam vor schwierigere Probleme gestellt. Welchen Beitrag die Kirchen zur Lösung dieser Probleme leisteten, werden wir noch sehen.

Die Verteilung der Konfessionen in Amsterdam ist das Ergebnis einer seit dem Ende des 16. Jahrhunderts bewegten Geschichte. Bis zum Ende des 18. Jahrhunderts war die Reformierte Kirche dominierend: Nur Angehörige dieser Konfession konnten öffentliche Ämter innehaben.[4] Diese privilegierte Position wurde 1796 durch die Trennung von Staat und Kirche beendet. Nach einer Zeit der Wirren während der französischen Besetzung kam 1816 eine kirchliche Ordnung zustande, die dem König großen Einfluß einräumte.[5] Ihm bereitete die Verfassungsreform von 1848, durch die in den Niederlanden das parlamentarische System eingeführt wurde, ein definitives Ende.[6] Über die konfessionelle Zusammensetzung der Amsterdamer Bevölkerung liegen Informationen erst für die Zeit nach 1796 vor: Bis 1860 gehörte die Hälfte der Einwohner zur Reformierten oder „Hervormde" Kirche. Danach sank ihr Anteil von 40 Prozent um 1890 auf 30 Prozent um 1920 und weniger als 20 Prozent nach dem Zweiten Weltkrieg. Bei dieser rückläufigen Entwicklung ist allerdings zu bedenken, daß es in der Reformierten Kirche im 19. Jahrhundert zwei Spaltungen gab: die sogenannte Abspaltung (Afscheiding) von 1834, die ihre An-

[4] J. G. van Dillen, *Omvang en samenstelling van de bevolking van Amsterdam in de 17e en 18e eeuw,* in: J. G. van Dillen, *Mensen en achtergronden. Studies uitgegeven ter gelegenheid van de tachtigste verjaardag van de schrijver,* Groningen 1964, S. 484—497.

[5] J. A. Bornewasser, *Het Koninkrijk der Nederlanden 1815—1830,* in: *Algemene Geschiedenis der Nederlanden,* Bd. 11, Bussum 1983, S. 257—259.

[6] J. C. Boogman, *De „revolutie" van 1848 en haar nasleep,* in: *Algemene Geschiedenis der Nederlanden,* Bd. 12, Bussum 1977, S. 333—352.

hänger vor allem außerhalb Amsterdams in den unteren Bevölkerungsschichten und in agrarischen Gebieten gefunden hat, und die „Doleanz" von Abraham Kuyper im Jahre 1886. Im Zuge dieser zweiten Abspaltung haben sich viele Kleinbürger von der Hauptkirche gelöst. 1890 gehörten fast sieben Prozent der Amsterdamer Bevölkerung zu dieser Kirche, nach dem Zweiten Weltkrieg immer noch vier Prozent.[7] Erstaunlich ist die Kontinuität des Anteils der Katholiken; während des gesamten 19. Jahrhunderts betrug er 22, später 23 Prozent. Relativ konstant blieb auch der Anteil der jüdischen Bevölkerung; zwischen 1880 und 1890 waren es 13 Prozent, bis zum Zweiten Weltkrieg etwas mehr als zehn Prozent. Der Anteil der evangelischen Bevölkerung dagegen nahm kontinuierlich ab: Die Angehörigen beider Evangelischen Kirchen — es gab am Ende des 18. Jahrhunderts eine Spaltung — bildeten zu dieser Zeit zusammen eine Quote von 17 Prozent; sie sank auf neun Prozent am Ende des 19. Jahrhunderts und knapp drei Prozent nach dem Zweiten Weltkrieg. Eine Erklärung für diesen Rückgang läßt sich vielleicht in den vielen Mischehen der Lutheraner finden.[8]

II

Wenden wir uns nun dem Beitrag zu, den die Konfessionen zu den langfristigen nationalen Entwicklungen, der Emanzipation, der „Versäulung" und der Disziplinierung der arbeitenden Klasse geleistet haben. Die Emanzipation betraf im 19. Jahrhundert in den Niederlanden hauptsächlich vier Bevölkerungsgruppen: die Frauen, die Katholiken, die Arbeiter und die Reformierten.[9] In der Emanzipation der Arbeiter, der Reformierten und der Katholiken werden die Wurzeln der „Versäulung" gesehen — einer typisch holländischen Erscheinung, die sich am ehesten vergleichen läßt mit der Proporzdemokratie, wie sie sich in Österreich entwickelt hat —, während die Emanzipation der Frauen, so

[7] C. H. W. van den Berg, *De ontstaansgeschiedenis van de Doleantie te Amsterdam*, in: W. Bakker u. a. (Hrsg.), *De Doleantie van 1886 en haar geschiedenis*, Kampen 1986, S. 76—105.

[8] W. H. Vermooten, *Hervormd Amsterdam en zijn maatschappelijke achtergrond in de 19e en 20e eeuw* (= Handboek Pastorale Sociologie, Bd. 6), 's Gravenhage 1960, S. 51.

[9] H. Verwey-Jonker, *De emancipatiebewegingen*, in: A. N. J. den Hollander (Hrsg.), *Drift en Koers, een halve eeuw sociale verandering in Nederland*, Gorcum 1962, S. 105—125.

wird behauptet, durch die „Versäulung" behindert wurde.[10] Diese Zusammenhänge seien kurz erläutert.

Bis zur Mitte des 19. Jahrhunderts hatte die „Hervormde" Kirche, eine Fortsetzung der Reformierten Kirche aus der Zeit der Republik der Vereinigten Provinzen, ihre dominierende Stellung behaupten können. 1834 wurde ihre Vorherrschaft von einer Abspaltungsbewegung zur Diskussion gestellt, die im agrarischen Nordosten der Niederlande aus Unzufriedenheit mit der etablierten Kirche entstanden war. In Amsterdam hat sie nur wenige Anhänger gefunden.[11] Da die Verfassung von 1815 nur die damals vorhandenen Konfessionen anerkannt hatte, Versammlungen von mehr als zwanzig Personen außerdem verboten waren, wurden die Anhänger dieser Abspaltung mit Geldstrafen, Haft oder mit einer Zwangsrekrutierung als Soldaten schwer bestraft.[12] Viele kehrten zur Hauptkirche zurück, andere wanderten nach Amerika aus. Die Mitglieder dieser Bewegung entstammten den unteren Bevölkerungsschichten, für eine breite oppositionelle Volksbewegung innerhalb der etablierten Kirche fehlten in der ersten Hälfte des 19. Jahrhunderts noch die Voraussetzungen. Ganz anders war es um eine etwa 1840 einsetzende Bewegung bestellt, die unter dem Namen „Reveil" bekannt geworden ist.[13] Sie wurde von Aristokraten getragen, ihre führenden Persönlichkeiten waren nicht Kleriker, sondern begeisterte Laien. In der Diagnose stimmten sie mit der Abspaltungsbewegung von 1834 überein, nicht aber in der Therapie. Die Reveilanhänger sprachen vom kranken Körper der Reformierten Kirche; sie bekämpften die kranke Kirche, nicht die gesellschaftlichen Mißstände. Sie mischten sich ein in den Kampf zwischen Modernisten und Fundamentalisten, der sich im Verlauf des Jahrhunderts noch verschärfte. Die Fundamentalisten hatten sich zu Beginn des Jahrhunderts in „Conventikeln" zusammengeschlossen, 1834 treffen wir sie in der Trennungsbewegung, danach im „Reveil"; im letzten Viertel des 19. Jahrhunderts fanden sie schließlich in der Doleanzkirche und in der Partei der Anti-Revolutionäre eine kirchliche und politische Heimat.[14]

[10] Siep Stuurman, *Verzuiling, Kapitalisme en patriarchaat. Aspecten van de ontwikkeling van de moderne staat in Nederland,* Nijmegen 1984.

[11] L. H. Mulder, *Revolte der Fijnen,* Meppel 1973.

[12] W. H. Vermooten, *Hervormd Amsterdam*... (wie Anm. 8), S. 59.

[13] M. E. Kluit, *Het protestantse reveil in Nederland en daarbuiten 1815—1865,* Amsterdam 1970.

[14] Th. van Tijn, *Twintig jaren Amsterdam*... (wie Anm. 1), S. 364.

Erst mit dem Entstehen der Doleanzkirche kann von einer Emanzipation innerhalb der Reformierten Kirche gesprochen werden. Der Pfarrer, Politiker und Journalist Abraham Kuyper hatte die Doleanzkirche initiiert,[15] getragen wurde sie von Arbeitern, Landbewohnern und vielen niederen Angestellten. Die Emanzipation dieser Gruppen machte sich in einer eigenen politischen Partei bemerkbar, der Partei der Anti-Revolutionäre, und in einer eigenen, von staatlichem Einfluß freien Universität, der Freien Universität von Amsterdam, die im Jahre 1880 gegründet wurde. Die von Abraham Kuyper 1878 gegründete antirevolutionäre Partei war die erste politische Partei in den Niederlanden. Wie bereits erwähnt, war die Doleanzkirche ein Ergebnis fundamentalistischer Bestrebungen, die schon 1816 mit der staatlichen Verwaltungsordnung für die Reformierte Kirche begonnen hatten. Durchsetzen konnte sich die Doleanzkirche, nachdem Abraham Kuyper und einige Gesinnungsgenossen im Januar 1886 mit Hilfe eines Zimmermanns den Zugang zur Neuen Kirche auf dem Damm in Amsterdam erzwungen hatten. Die etablierte Reformierte Kirche gewann zwar die Neue Kirche durch ein Gerichtsurteil wieder zurück, aber noch 1886 erklärten in Amsterdam sechs Pfarrer, siebzig Kirchenälteste und Diakone und etwa 25 000 Gläubige ihren Austritt aus der Reformierten Kirche, die insgesamt etwa 155 000 Angehörige zählte.[16] Bis heute ist die kirchliche, politische und kulturelle Bewegung der Doleanzkirche eine einflußreiche Kraft in der niederländischen Gesellschaft geblieben.

Die Emanzipationsbewegung der Katholiken hat wie die der Reformierten — bald in gemeinsamem Vorgehen, bald gegeneinander gerichtet — die für die niederländische Gesellschaft so charakteristische „Versäulung" herbeigeführt. Die katholische Kirche erhielt zwar im Jahr 1795 die volle Gleichberechtigung, aber es dauerte noch bis zum letzten Jahrzehnt des 19. Jahrhunderts, bis die katholischen Mitbürger von der Mehrheit der Bevölkerung wirklich akzeptiert wurden. 1853 wurde die Einrichtung neuer Bistümer im Norden der Niederlande genehmigt. Die Protestanten sahen darin eine Bedrohung durch den Papst; eine kurze, aber kräftige antipapistische Reaktion war die Folge. Die sogenannte Aprilbewegung des Jahres 1853 erzwang den Rücktritt

[15] Vgl. u. a. J. Stellingwerf, *Dr. Abraham Kuyper en de Vrije Universiteit*, Kampen 1987.

[16] W. H. Vermooten, *Hervormd Amsterdam...* (wie Anm. 8), S. 80.

des liberalen Kabinetts Thorbecke, das dies bewilligt hatte. Dies führte dazu — darauf wird noch ausführlicher eingegangen —, daß die Armenfürsorge 1854 anders eingerichtet wurde, als Thorbecke es beabsichtigt hatte.[17] Die Reaktion der Protestanten auf die Wiederherstellung des Episkopates erzeugte bei den Katholiken eine Kampfstimmung, die entscheidend zur Entstehung einer katholischen „Säule" beigetragen hat. Mit der Neuordnung wurde in den niederländischen Städten auch das System der Pfarrgemeinden eingeführt. Während bis dahin die Gläubigen zur Kirche gehen konnten, wo sie wollten, sollten sie sich jetzt an die Pfarreigrenzen halten. Dadurch verringerte sich der Einfluß der Laien, der des Klerus wuchs. Neben der „Klerikalisierung", die das Mißtrauen der Protestanten erregte,[18] war die Gründung einer politischen Partei im Jahre 1883 ein wichtiger Schritt im Prozeß der Emanzipation der Katholiken. Die „Versäulung" zeichnete sich bereits ab.

Der Begriff „Verzuiling", der mit dem Wort „Versäulung" nur unzulänglich ins Deutsche übersetzt ist, kennzeichnet eine vertikale Gliederung der Gesellschaft, die dadurch zustande kommt, daß Angehörige verschiedener sozialer Klassen und Schichten auf der Grundlage einer gemeinsamen Weltanschauung oder Ideologie subkulturelle Milieus, nämlich „Säulen", bilden. So entstanden in den Niederlanden seit der Mitte des 19. Jahrhunderts eine evangelische, eine katholische, später auch eine sozialdemokratische oder sozialistische „Säule".[19] Jede „Säule" umfaßte eine Elite sowie Mittel- und Unterschichten, die sich in allen Lebensbereichen — Religion, Politik, Wirtschaft, Freizeitgestaltung — dort zuhause fühlten beziehungsweise sich nach Ansicht der führenden Gruppe zuhause fühlen sollten. Die Eliten der verschiedenen „Säulen" verständigten sich zwar häufig in bezug auf die nationale Politik, zugleich aber respektierten sie die Autonomie der einzelnen „Säule".

Diese relative Autonomie des eigenen Kreises hat wesentlich zur Disziplinierung der unteren Volksschichten beigetragen. Weil die füh-

[17] P. B. A. Melief, *De strijd om de armenzorg in Nederland 1795—1854*, Groningen-Djakarta 1955.

[18] Zu den Angaben über Den Haag vgl. u. a. P. R. D. Stokvis, *De wording van modern Den Haag. De stad en haar bevolking van de Franse Tijd tot de Eerste Wereldoorlog*, Zwolle 1987, S. 35.

[19] J. C. H. Blom, *Verzuiling in Nederland 1850—1925* (= Amsterdamse Historische Reeks, Bd. 2), Amsterdam 1981.

renden Gruppen innerhalb einer „Säule" autonom waren, konnten sie Institutionen schaffen, die sowohl die Ideologie der „Säule" bestätigten, als auch ihre eigene Führungsposition sicherten. Die evangelischen und die katholischen Arbeiter lernten zum Beispiel, daß Streiken sich mit der christlichen Lebensweise nicht vereinbaren ließ. Auch außerhalb der Arbeitswelt bewirkte die Ideologie der jeweiligen Säule systemkonformes Verhalten. Ein Mitglied einer „Säule" fand in ihr alles, was es brauchte, zum Beispiel in eigenen Wohnungsbaugesellschaften, Sportvereinen, Unterrichtsvereinen und Konsumgenossenschaften. Allerdings war die Benutzung solcher Einrichtungen mit einer strengen sozialen Kontrolle verbunden. Verhaltensweisen, die innerhalb einer „Säule" nicht toleriert werden konnten, wurden korrigiert. Die Fabrikarbeiter zum Beispiel lernten, sich innerhalb ihrer jeweiligen „Säule" normengemäß zu benehmen. Die Emanzipation der Frauen ist durch das System der „Säulen" und seine disziplinierende Wirkung lange verzögert worden. In der evangelischen und in der katholischen „Säule" waren traditionelle Auffassungen über das Familienleben, über die Rolle des Vaters und der Frau, wichtiger Bestandteil der dominanten Ideologie. Da die Frauen keine eigene „Säule" bilden konnten, sondern sich auf „Säulen" verteilten, die sich der Frauenemanzipation widersetzten,[20] war die „Versäulung" der Gesellschaft ein wichtiges Hindernis auf dem Weg ihrer Emanzipation.

Die Versäulungsproblematik ist gegenwärtig ein wichtiges Forschungsthema in den Niederlanden. Den Anfang machten Untersuchungen auf nationaler Ebene, inzwischen gibt es aber schon mehrere Projekte, die Aspekte der „Versäulung" vor allem in kleineren Städten untersuchen. Für Amsterdam wurden bisher nur Teilaspekte der „Versäulung" analysiert.[21]

III

Die Wirkung der „Versäulung" in der niederländischen Gesellschaft läßt sich in drei wichtigen Bereichen aufzeigen: im Unterrichtswesen, in der Armenfürsorge und auf dem Gebiet der öffentlichen Ordnung.

[20] S. Stuurman, *Verzuiling, Kapitalisme en patriarchaat...* (wie Anm. 10).

[21] J. C. H. Blom/C. J. Misset (Hrsg.), *Broeders sluit u aan. Aspecten van verzuiling in zeven Hollandse gemeenten,* Amsterdam 1985. Analysiert sind: Den Haag, Delft, Zaandam, 's Heerenland, Schiedam, Hoorn, Diemen.

Das Unterrichtswesen wurde auf der nationalen Ebene ein Instrument der Emanzipation und der „Versäulung". Im sogenannten Schulkampf gingen die Emanzipationsbewegungen der Reformierten von Abraham Kuyper und die der Katholiken eine Koalition ein. Gemeinsame Interessen hatten die Katholiken und die Reformierten gegenüber einem liberalen Bürgertum in der Frage, wie das Schulwesen organisiert und finanziert werden sollte. Die Auseinandersetzungen um dieses Problem führten in beiden Konfessionen zur Gründung eigener politischer Parteien. Der Interessenkonflikt, der die Nation in die Reformierten und Katholiken auf der einen und die liberale Bourgeoisie auf der anderen Seite spaltete, war im Schulgesetz von 1857 bereits angelegt: Die öffentliche Gemeinschaftsschule wurde Regelschule, nur sie wurde vom Staat finanziert. Konfessionelle Schulen waren zwar zugelassen, sie sollten jedoch von den Eltern oder von privaten Einrichtungen unterhalten werden. Auf protestantischer Seite reagierte man auf diese Regelung mit der Gründung von „Schulen mit der Bibel", das Problem ihrer Finanzierung allerdings blieb bis zum Beginn des 20. Jahrhunderts Gegenstand des „Schulkampfes".[22] Die Folgen dieses Schulkampfes für die allgemeine Entwicklung des Unterrichtswesens müssen positiv bewertet werden, ebenso die Gegensätze zwischen Modernen und Fundamentalisten in der Reformierten Kirche und die Gegensätze zwischen Protestanten und Katholiken: Während die Modernen im 19. Jahrhundert die Bibel und die neuen Naturwissenschaften in Einklang zu bringen versuchten und deshalb öffentlichen Unterricht für wichtig hielten, standen für die Orthodoxen oder Fundamentalisten der Religionsunterricht und das Bibellesen im Vordergrund. Doch der Kampf mit den Modernen stellte die Orthodoxen vor die Notwendigkeit, sich geistig besser zu „bewaffnen", und dies erforderte einen besseren Unterricht. Nach 1860 gab es eine ganze Reihe von Schulvereinen, die von Privatpersonen gegründet worden waren. Sie trugen Namen wie „Christlich-National", „Reformierter Schulunterricht", „Schule mit der Bibel". Auch die Aufgeklärten hatten ihre eigenen Organisationen wie die „Gesellschaft zum Nutzen des Allgemeinen", die schon am Ende des 18. Jahrhunderts gegründet worden war. Die Katholiken legten weniger Wert auf Schulunterricht als die Protestanten. In einem Hirtenbrief der katholischen Bischöfe von 1868

[22] Vgl. u. a. J. H. Meijsen (Bearb.), *Lager onderwijs in de spiegel der geschiedenis. 175 jaar nationale wetgeving op het lager onderwijs in Nederland,* Den Haag 1976, S. 50ff.

wurde die öffentliche Gemeinschaftsschule als eine bedauernswerte Notwendigkeit bezeichnet.[23] In Amsterdam entstanden zwischen 1847 und 1893 immerhin neun katholische Schulen und zehn katholische Kindergärten.[24] — Die neuere Forschung stellte fest, daß der Schulbesuch in den Niederlanden aufgrund des Schulkampfes zugenommen hat.[25] Amsterdam allerdings blieb hinter der nationalen Entwicklung zurück. Um 1870 besuchten in Amsterdam 70 von Hundert der 6- bis 12jährigen die Schule, im nationalen Durchschnitt waren es mehr als 80 Prozent.[26] Erst 1901 wurde in den Niederlanden die allgemeine Schulpflicht eingeführt, 1920 die finanzielle Gleichbehandlung aller Schulen gesetzlich garantiert.

Ein an der Armenfürsorge interessierter Jurist und Historiker bemerkte schon um die Mitte des 19. Jahrhunderts, daß die Armut Gegenstand vielfältiger Untersuchungen sein könne.[27] Als Ursachen der Armut galten bis zum Ende des 19. Jahrhunderts der Alkoholismus, die Neigung der Armen, früh zu heiraten, die mangelnde Sparsamkeit und die freiwillige oder unfreiwillige Arbeitslosigkeit.[28] In den Niederlanden war die Armenpflege bis 1854 eine Angelegenheit der lokalen Behörden, die Konfessionen spielten dabei eine wichtige Rolle. Der führende liberale Politiker Thorbecke versuchte in der Mitte des 19. Jahrhunderts, die Armenpflege zu einer staatlichen Angelegenheit zu machen. Sein Ministerium wurde jedoch aufgrund der bereits erwähnten Aprilbewegung, in der die Opposition weiter protestantischer Kreise gegen die Wiedererrichtung der katholischen Hierarchie zum Ausdruck kam, 1853 vom König entlassen.[29] Das Armengesetz von

[23] A. P. J. Juffermans, *Honderd jaar Katholiek werk in de hoofdstad. Gedenkboek van de Vereeniging tot weldadigheid van de Allerheiligste Verlosser 1841—1941,* Amsterdam 1941, S. 91.

[24] *A. a. O.*, S. 201.

[25] Hans Knippenberg, *Deelname aan het lager onderwijs in Nederland gedurende de negentiende eeuw. Een analyse van de landelijke ontwikkeling en van de regionale verschillen* (= Nederlandse Geografische Studies, Bd. 9), Amsterdam 1986, S. 123—125.

[26] *A. a. O.*, S. 161 f.

[27] J. de Bosch Kemper, *Geschiedkundig onderzoek naar de armoede in ons vaderland, hare oorzaken en de middelen, die tot hare vermindering zouden kunnen worden aangewend,* Haarlem 1851.

[28] L. Frank van Loo, *„den arme gegeven . . .". Een beschrijving van armoede, armenzorg en sociale zekerheid in Nederland, 1784—1965,* Meppel 1981, S. 71.

[29] R. B. Evenhuis, *Ook dat was Amsterdam. De Kerk der Hervorming in de negentiende eeuw: de strijd voor kerkherstel,* Bd. 5, Baarn 1978, S. 230—236.

1854, das die Armenpflege bis 1912 regelte, machte die kirchliche und private Wohltätigkeit zum Ausgangspunkt der Armenfürsorge; nur wenn die Mittel der lokalen kirchlichen Behörden nicht ausreichten, konnten sich die Armen an ihre politische Gemeinde wenden.[30] Das Wachstum Amsterdams und seiner Pfarrgemeinden führte zu einem wachsenden Einfluß der städtischen Behörden auf die Armenfürsorge. Die Konfessionen erwiesen sich immer weniger imstande, mit der Armenpflege fertig zu werden. Weder die evangelische noch die katholische Armenfürsorge hat im 19. Jahrhundert neue Wege beschritten. Die Katholiken waren zu sehr mit den Problemen ihrer Emanzipation beschäftigt und die Protestanten mit den Spannungen in ihren eigenen Kreisen. Um 1890 bestand nur noch ein minimales Interesse an der Armenpflege. Armut wurde noch immer als durch eigene Schuld verursacht oder als Fügung Gottes verstanden; die Standesunterschiede blieben gerechtfertigt, die Ursachen der wirtschaftlichen Verhältnisse unbegriffen. Deshalb sollten sich die Armen mit ihrem Los abfinden.[31] Das geringe Interesse der Konfessionen an der Armenfürsorge läßt sich auch an der Zusammensetzung der Kollegien der Diakone ablesen: In den Städten zogen sich die oberen Schichten aus der Wohltätigkeit zurück und überließen die Arbeit den Kleinbürgern. Es gibt noch keine Untersuchungen über die Amsterdamer Diakone, aber für Rotterdam ist bekannt, daß der Anteil der reichen Kaufleute von 46 Prozent um 1860 auf 16 Prozent im Jahre 1900 sank und daß die Beteiligung von Repräsentanten der freien Berufe von 25 auf sechs Prozent zurückging. Demgegenüber wuchs der Anteil der Kleinhändler in der gleichen Zeitspanne von 21 auf 69 Prozent, und das Durchschnittsalter der Diakone erhöhte sich von 39 auf 55 Jahre.[32]

Die katholische Armenfürsorge war zentralisiert im „Römisch-Katholischen Alten-Armen-Kontor", einer Institution, die zu Beginn des 17. Jahrhunderts gegründet worden war und die noch heute besteht.[33] Der Vorstand dieser Institution wurde aus den reicheren Bevölkerungskreisen rekrutiert. Von dieser Gruppe waren weder neue Auffassungen über die Aufgaben der Armenfürsorge noch neue Wege zu ihrer Realisierung zu erwarten; notwendige Reformen blieben aus. Als die

[30] L. Frank van Loo, „*den arme gegeven...*" (wie Anm. 28), S. 65.

[31] *A. a. O.*, S. 72.

[32] *A. a. O.*, S. 67.

[33] H. C. de Wolf, *Geschiedenis van het R. C. Oude-Armenkantoor te Amsterdam*, Hilversum-Antwerpen 1966.

Erweiterung der Stadtgrenzen mit dem demographischen Wachstum der Stadt nicht Schritt halten konnte, wurde es für das katholische „Armen-Kontor" immer schwieriger, auch jene Pfarrgemeinden zu betreuen, die kirchlich zu Amsterdam, politisch-juristisch zu Nachbargemeinden gehörten. Die Bischöfe wollten für die Pfarrgemeinden außerhalb Alt-Amsterdams eine eigene Armenverwaltung einführen, der Vorstand des „Armen-Kontors" beharrte jedoch auf seiner Zuständigkeit. Dieser Konflikt hat eine Verbesserung der Armenfürsorge lange verzögert; schließlich wurde unter dem Einfluß des Bischofs ein Kompromiß gefunden. Neben dieser offiziellen kirchlichen Einrichtung gab es private Initiativen, zum Beispiel die Sankt Vinzenz-Vereinigungen: In den Niederlanden nahmen die Vinzenz-Vereine 1846 in Den Haag ihre Arbeit auf und breiteten sich schnell auf viele Städte aus.[34] In Amsterdam wurde die Arbeit 1849 begonnen; seit der Cholera-Epidemie von 1853 bereiteten weibliche Angehörige des Vinzenzwerkes zum Beispiel Speisen für die Armen zu, andere erteilten Unterricht.[35] In den Niederlanden blieben solche Bewegungen allerdings eine Randerscheinung, was die Verdienste ihrer Mitglieder nicht schmälert.

Die These, daß die Kirchen zur Disziplinierung der unteren Volksschichten beigetragen haben, läßt sich weniger leicht belegen. An einem Beispiel aus der Arbeit der Inneren Mission und an zwei historischen Episoden soll zumindest ihre Plausibilität erkennbar werden.

Die deutsche „Innere Mission", angeregt durch Johann Hinrich Wicherns Ansprache auf dem Kirchentag in Wittenberg 1848, hat auch in den Niederlanden Wirkung gezeigt. Vor allem Anhänger der Reveil-Bewegung entwickelten eine Vielzahl von Aktivitäten, die der Inneren Mission zuzurechnen sind.[36] Die Einrichtung des Willemshauses im Volksviertel der Jordaan zum Beispiel kann als Form der Inneren Mission angesehen werden: Adama van Scheltama, ein Pfarrer der irenisch-orthodoxen Richtung, bekämpfte zunächst den Alkoholismus; als Mittel dazu diente ihm die Bibellesung. Später verließ er den

[34] T. A. Wouters, *Van bedeling naar Verheffing. Evolutie in houding tegenover de behoeftige mens te 's Hertogenbosch 1854—1912,* Tilburg 1968, S. 196—225.

[35] *100 jaar Vincentiuswerk in de hoofdstad,* in: *Maanblad Amstelodamum,* (1949), S. 40.

[36] J. A. Zeilstra, *Zending in de achterbuurt van de hoofdstad. C. S. Adama van Scheltema en het koning Willemshuis in de Jordaan, een vergeten hoofdstuk Amsterdamse kerkgeschiedenis 1849—1920,* Utrecht 1985.

Standpunkt des radikalen Anti-Alkoholikers, um mehr Amsterdamer Bürger für sein Projekt zu gewinnen. Adama van Scheltama engagierte sich auch im Bereich der Sonntagsschulen. In den Niederlanden gab es 1866 schon 300 solcher Schulen mit etwa 25 000 Schülern.[37] Die Schule von Adama van Scheltama in Amsterdam besuchten im Jahre 1880 — das war der Höhepunkt — jeden Sonntag 700 Kinder.[38]

Als Beispiel der Disziplinierungsversuche seien folgende Episoden vorgestellt: 1858 hatte die Direktion eines Eisenbahnunternehmens verbilligte Sonntagsfahrten angeboten, damit auch Angehörige der unteren Volksschichten den Sonntag in der freien Natur verbringen konnten.[39] Der Gemeindekirchenrat allerdings meinte, daß dies ein Vorschlag des Teufels sei. In einem offenen Brief an die Eisenbahndirektion und an die Bedürftigen selbst wurde gefordert, daß diese Fahrten eingestellt würden. In der Begründung hieß es, früher sei Freizeit den gehobenen Ständen vorbehalten gewesen, und diese hätten sich zu benehmen gewußt. Da die niederen Schichten hingegen nicht wüßten, was gutes Benehmen ist, sei zu befürchten, daß die Leute übermütig in die Züge einsteigen und sich im Freien mit viel Radau bewegen würden. Dieser Mahnruf wurde in 30 000 Exemplaren unter den Armen Amsterdams verteilt; auch sie sollten die Meinung des Kirchenrates kennenlernen. Der zweite Vorfall betrifft die Amsterdamer Kirmes. Sie dauerte drei Wochen, und viele Gruppen und Vereine beschwerten sich immer wieder über den Radau und die Unbotmäßigkeit der Kirmesbesucher. Seit der Mitte des 19. Jahrhunderts setzte eine breite Diskussion für und wider die Kirmes ein, alle Gemeindekirchenräte unterstützten die Gegner der Kirmes. Als sie 1876 schließlich verboten wurde, entstand auf dem Kirmesplatz ein Aufruhr, der eine Woche lang anhielt. Es gab mehrere Tote und Verwundete. Die Geschichtsschreibung überliefert, daß die Schiffsbauer eines bestimmten Stadtviertels sich an dem Aufruhr nicht beteiligten, und erklärt dies aus der kirchlichen Bindung dieser Personengruppe.[40]

Zusammenfassend ist festzustellen: Direkt, das heißt auf dem Gebiet der Armenfürsorge, haben die Konfessionen in Amsterdam zur Lösung der sozialen Frage wenig Neues beigetragen. Die alten Diakonien und das „Katholische Alten-Armen-Kontor" haben die Arbeit im 19. Jahr-

[37] *A. a. O.*, S. 48.

[38] *A. a. O.*, S. 206.

[39] R. B. Evenhuis, *Ook dat was Amsterdam...* (wie Anm. 29), S. 209.

[40] *A. a. O.*, S. 212.

hundert so weitergeführt, wie sie im 18. Jahrhundert angelegt worden war. Obwohl das Armengesetz von 1854 der kirchlichen Armenfürsorge eine zentrale Rolle zuwies, mußte diese zunehmend von der Stadt geregelt und bezahlt werden, weil die traditionelle Organisation des Armenwesens, an der die Repräsentanten der protestantischen und katholischen Armenfürsorge festhielten, den neu entstehenden Aufgaben nicht mehr gerecht werden konnte. Positiver ist der Beitrag der Kirchen bei der Entwicklung des Schul- und Unterrichtswesens einzuschätzen. Durch eigene Schulen haben sich die verschiedenen Konfessionen Instrumente geschaffen, die das Entstehen und die Stabilisierung eines eigenen sozialen Milieus förderten; damit haben sie der niederländischen Gesellschaft ihr eigenartiges Gepräge gegeben. Gleichzeitig hat die Emanzipation den orthodoxen Protestanten und den Katholiken Instrumente zur Disziplinierung der anwachsenden städtischen Bevölkerung zur Verfügung gestellt.

Obwohl Amsterdam keine Metropole geworden ist, hatte die Stadt die typischen Großstadtprobleme zu bewältigen, die mit einer großen Zahl von Einwanderern und mit einer Lockerung der Beziehungen zwischen breiten Kreisen der Bevölkerung und der traditionellen Kirche verbunden waren. Diese Problematik ist auf der nationalen Ebene weitgehend erforscht; was fehlt, sind lokale Studien, zum Beispiel für Amsterdam.

Großstadtseelsorge in Wien

Zur Pfarrentwicklung von der josephinischen Pfarregulierung bis in das 20. Jahrhundert

JOHANN WEISSENSTEINER
Wien

Im 19. Jahrhundert vollzog sich die räumliche und bevölkerungsmäßige Entwicklung Wiens zur Großstadt und Metropole.[1] Einige Daten sollen diese Entwicklung illustrieren: 1783, zur Zeit der josephinischen Pfarregulierung, zählte die eigentliche Stadt (heute der erste Wiener Gemeindebezirk) rund 52 000 Einwohner; mit den Vorstädten (Bezirke 2—9) wies Wien 207 979 Einwohner auf. 1850 erfolgte die Einbeziehung der Vorstädte, 1857 wurden die Stadtbasteien abgebrochen. 1880 überschritt die Einwohnerzahl mit 1 115 030 erstmals die Millionengrenze. 1890 wurde mit der Einbeziehung der ehemaligen Vororte die zweite große Stadterweiterung vollzogen. Bei der Volkszählung des Jahres 1910 wies die Stadt Wien mit 2 004 939 Einwohnern die höchste Einwohnerzahl in ihrer Geschichte auf. Der Katholikenanteil betrug 1857 93,5 Prozent, im Jahr 1900 82,15 Prozent.

Mit der Entwicklung Wiens zur Großstadt stellte sich auch immer dringender die Frage einer speziellen Großstadtseelsorge.[2] Bahnbre-

[1] Zur städtischen Entwicklung Wiens vgl. Felix Czeike, *Probleme Wiens in der Ringstraßenära*, in: Wilhelm Rausch (Hrsg.), *Die Städte Mitteleuropas im 19. Jahrhundert* (= Beiträge zur Geschichte der Städte Mitteleuropas, Bd. 7), Linz 1983, S. 127—137; Wolfgang Mayer, *Die städtische Entwicklung Wiens in der franzisko-josephinischen Zeit*, in: *Wiener Geschichtsblätter*, 29. Jg. (1974), S. 264—284; beide Autoren bieten weiterführende Literatur.

[2] Ein zusammenfassender Forschungsbericht fehlt noch. Einen Teilaspekt, die Pfarrentwicklung in Wien, behandelte der Autor, in: Erwin Gatz (Hrsg.), *Pfarr- und Gemeindeorganisation. Studien zu ihrer Entwicklung in Deutschland, Österreich und der Schweiz seit dem Ende des 18. Jahrhunderts* (= Quellen und Forschungen aus dem Gebiet

chend — nicht nur für Wien — sollten sich dabei die Arbeiten des Wiener Pastoraltheologen Heinrich Swoboda[3] erweisen. Später wurde die historische Dimension dieser Fragestellung nicht mehr so eingehend behandelt.[4] Zu Einzelfragen, wie dem Kirchenbau in Wien[5] und dem katholischen Vereinswesen,[6] liegen wichtige Untersuchungen vor. Die moderne Stadtgeschichtsforschung hat dagegen die Frage der Großstadtseelsorge in Wien bis jetzt kaum beachtet.[7] Seit 1952 besteht in Wien das Katholische Institut für Kirchliche Sozialforschung, Abteilung Österreich, seit 1962 Institut für Kirchliche Sozialforschung.[8] Mit seinen Untersuchungen bietet es der Seelsorge wichtige Entscheidungshilfen zur Planung der pastoralen Arbeit, gerade unter den speziellen Verhältnissen und Erfordernissen einer Großstadt. Damit kann die moderne Großstadtseelsorge — im Gegensatz zu ihren Anfängen — bei ihrer Arbeit systematischer und effizienter vorgehen.

Ordnet man die Pfarren im Gebiet der Stadt Wien nach ihren Errichtungsjahren, so ergibt sich folgendes Bild:[9] Von den 155 Pfarren (Stand

der Geschichte, N. F., H. 10), Paderborn-München-Wien-Zürich 1987, S. 27—44. Der folgende Beitrag baut wesentlich auf dieser Arbeit auf.

[3] Vgl. die in Anm. 75 und 76 genannten Arbeiten.

[4] Vgl. *Kirche in der Stadt* (= Beiträge des Österreichischen Seelsorgeinstitutes zur Erneuerung des kirchlichen Heildienstes), hrsg. vom Österreichischen Seelsorgeinstitut, Bd. 1 und 2, Wien 1967—1968. Dieses aus der Arbeit eines soziologischen und eines pastoralen Arbeitskreises des Österreichischen Seelsorgeinstitutes und der Katholischen Aktion Österreichs erwachsene Sammekwerk behandelt vor allem die theologische Grundlegung der Großstadtseelsorge und stellt Experimente und Initiativen der heutigen Stadtseelsorge vor. Allgemein vgl. Erich Bodzenta/Norbert Greinacher/Linus Ground (Hrsg.), *Regionalplanung in der Kirche* (= Schriften zur Pastoralsoziologie, Bd. 5), Mainz 1965.

[5] Norbert Rodt, *Kirchenbauten in Wien 1945—1975. Auftrag, Aufbau und Aufwand der Kirche von Wien* (= Veröffentlichungen des Kirchenhistorischen Instituts der katholisch-theologischen Fakultät der Universität Wien, Bd. 19), Wien 1976.

[6] Walter Sauer, *Katholisches Vereinswesen in Wien. Zur Geschichte des christlichsozial-konservativen Lagers vor 1914* (= Geschichte und Sozialkunde, Forschungen, Bd. 5), Salzburg 1980.

[7] So wird das Thema „Großstadtseelsorge" bei F. Czeike, *Probleme Wiens...* (wie Anm. 1), nicht erwähnt.

[8] Vgl. Institut für Kirchliche Sozialforschung, *Entwicklung und Stand der kirchlichen Sozialforschung*, in: Ferdinand Klostermann/Hans Kriegl/Otto Mauer/Erika Weinzierl (Hrsg.), *Kirche in Österreich 1918—1965*, Bd. 1, Wien-München 1966, S. 258—264.

[9] Die folgenden Angaben nach: *Personalstand der Erzdiözese Wien*, Jg. 1985, Wien 1985. Eine Einteilung der Pfarren der Stadt Wien nach Errichtungsjahren bietet schon der Bericht Nr. 9 des Katholischen Institutes für Kirchliche Sozialforschung, Abteilung Österreich, über *Die Entwicklung der Pfarrstruktur und des Kirchenbedarfes in Wien*

1985) wurden 28 (18,06 Prozent) vor Kaiser Joseph II., 40 (25,81 Prozent) unter Kaiser Joseph II. (1780—1790) und 90 (56,12 Prozent) nach Kaiser Joseph II. gegründet. Von den nachjosephinischen Gründungen fallen nur 18 in das 19. und beginnende 20. Jahrhundert. Eine neue Welle von Pfarrgründungen setzte erst unter Kardinal Innitzer ein: Von 1932 bis 1955 wurden in der Stadt Wien 45 (29,03 Prozent) neue Pfarren errichtet; von 1955 bis 1985 erhöhte sich die Zahl der Pfarren um 24 (15,48 Prozent). Damit können Kaiser Joseph II. und Kardinal Innitzer als die großen Gestalter und Reformer der Pfarreinteilung der Stadt Wien bezeichnet werden. Diese Feststellung zeigt einerseits den großen Wandel in der Geschichte und der Stellung der österreichischen Kirche vom josephinischen Staatskirchentum zur „freien Kirche im freien Staate";[10] andererseits macht sie deutlich, daß gerade in jenem Zeitraum, in dem Wien zur Großstadt und Metropole anwuchs und sich die Notwendigkeit einer eigenen Großstadtseelsorge ergab, die Pfarrorganisation eindeutig hinter den Erfordernissen einer Großstadt zurückblieb. Der folgende Beitrag wird daher zunächst eine Erklärung für diese Entwicklung bieten müssen; dabei wird die Frage einer speziellen Großstadtseelsorge in Wien mitbehandelt werden.

I

Grundzüge der josephinischen Pfarregulierung und die Pfarrentwicklung in Wien bis 1850

Die große josephinische Pfarregulierung, die in den Jahren 1783 bis 1787 in allen Erbländern der Habsburgermonarchie durchgeführt wurde,[11] hat die Pfarrstruktur der Stadt Wien entscheidend verbessert: In der eigentlichen Stadt wurde die Zahl der Pfarren von drei auf acht

vom Mittelalter bis zur Gegenwart, 2. Aufl., Wien 1954, jedoch ohne Erklärung für die Häufung bzw. das Fehlen von Pfarrgründungen.

[10] Dieses Motto prägte den Österreichischen Katholikentag 1952.

[11] Zur josephinischen Pfarregulierung vgl. jetzt bes. Herbert Krückel, *Beiträge zur Geschichte der josephinischen Pfarrerrichtungen im St. Pöltner Diözesangebiet,* in: *Jahrbuch für Landeskunde von Niederösterreich,* N. F., 52. Jg. (1986), S. 96—167; Helmuth Feigl, *Die Entwicklung des Pfarrnetzes in Niederösterreich* (= Wissenschaftliche Schriftenreihe Niederösterreich, Bd. 79), St. Pölten 1985; Johann Weißensteiner, *„Schematismus" der josephinischen Pfarren der Erzdiözese Wien,* in: *Beiträge zur Wiener Diözesangeschichte,* 24. Jg. (1983), S. 3—7 und S. 20—28; ders., *Die Diözesanregulierung Kaiser Josephs II. und das Erzbistum Wien,* in: *Jahrbuch für Landeskunde von Niederösterreich,* N. F., Bd. 52 (1986), S. 270—313.

erhöht; diesen Pfarren war eine Stadtbevölkerung von zusammen rund 52 000 zugewiesen. In den Vorstädten wurden zu den fünf bestehenden Pfarren fünfzehn neue errichtet; damit wurde hier die Zahl der Pfarren vervierfacht. In einem Hofdekret hat Kaiser Joseph II. am 26. April 1783 selbst die Prinzipien, nach denen diese großzügige Pfarregulierung erfolgt war, dargelegt: Keine Pfarre sollte zuviele Seelen umfassen, um das Übel, daß der Hirt seine Gemeinde und diese ihren Hirten nicht kennt, zu vermeiden. Die Errichtung zusätzlicher Pfarren wurde der Konzentration von Geistlichen vorgezogen. Als Pfarrkirchen wurden vor allem zentral gelegene und geräumige Kirchen ausgewählt; sie sollten so groß sein, daß sie auf zweimal die Pfarrgemeinde fassen konnten. Die Pfarrgrenzen sollten auch mit den weltlichen Grenzen übereinstimmen; damit wurde die bis dahin gegebene pfarrliche Verbindung der Vorstädte mit der Stadt beseitigt. Allgemein galt der Grundsatz, auf einen Seelsorger sollten in der Stadt nur 500 Seelen, in den Vorstädten nur 700 Seelen kommen. Durch die Sperrung zahlreicher Neben- und Klosterkirchen wurden die Pfarrkirchen als Hauptort der Seelsorge aufgewertet. Die materielle und personelle Basis für die große Pfarregulierung bot die Aufhebung zahlreicher Klöster; die Exreligiosen wurden ebenso wie die noch belassenen Ordenspriester weitgehend für die Seelsorge herangezogen. Aus dem Vermögen der aufgehobenen Klöster wurde von Kaiser Joseph II. 1782 der Religionsfonds geschaffen, der bis zum Kirchenbeitragsgesetz des Jahres 1939 die Hauptquelle zur Finanzierung der katholischen Kultusbedürfnisse bildete. Die Bedeutung der von Kaiser Joseph II. durchgeführten Pfarregulierung wird in der Forschung heute allgemein anerkannt und positiv bewertet.[12] Vom Standpunkt der Großstadtseelsorge her hat Leopold Engelhart, einer der Mitbegründer der modernen Wiener Großstadtseelsorge, ein ähnliches Urteil schon 1933 ausgesprochen: „Einer der größten Reformatoren auf dem Gebiete der Großstadtseelsorge war — Kaiser Josef II. Er erkannte die Bedeutung der Pfarrseelsorge.“[13]

Das josephinische Staatskirchensystem blieb im wesentlichen bis 1850 bestehen. Damit blieb das Recht, neue Pfarren zu errichten, auch

[12] Vgl. H. Krückel, *Beiträge...* (wie Anm. 11), und Karl Albrecht-Weinberger/Johann Weißensteiner (Bearb.), *Josephinische Pfarrgründungen in Wien. 92. Sonderausstellung des Historischen Museums der Stadt Wien,* Wien 1985.

[13] Leopold Engelhart, *Gottessiedlungen und Klosterkirchen im Organismus der Pfarre,* in: *Die lebendige Pfarrgemeinde. Bericht über die dritte Wiener Seelsorger-Tagung 26.—29. Dezember 1933,* Wien 1934, S. 98—101, hier S. 98.

weiterhin beim Kaiser.[14] Als sich die Bevölkerung der Stadt Wien in diesem Zeitraum stark erhöhte und die Notwendigkeit, neue Pfarren zu errichten, dringender wurde, hat Kaiser Ferdinand I. (1835—1848) diese Verpflichtung tatsächlich wahrgenommen: Im April 1842 gab er der niederösterreichischen Regierung den Auftrag, gemeinsam mit dem Wiener Erzbischof Vorschläge zur Anpassung der Pfarrorganisation an die geänderten Verhältnisse vorzulegen.[15] Erzbischof Milde (1832—1853) beauftragte daraufhin die Pfarrer in der Stadt Wien und in den Vorstädten, über die Seelsorgeverhältnisse in ihren Pfarren zu berichten. Im einzelnen sollten sie die Größe der Pfarrkirche, die Zahl der allfälligen weiteren Kirchen im Pfarrgebiet, die Zahl der Schulen, der Schulkinder, der Taufen, der Versehgänge, der Beerdigungen, der Trauungen und der Armen und Pfründner — die Besorgung des Armenwesens lag zu diesem Zeitpunkt bei den Pfarren — melden. Diese Erhebung wurde vom Erzbischof folgendermaßen motiviert: „Da es nothwendig ist, nachzuweisen, daß die Seelsorger in Wien mit Geschäften überhäuft sind und aus diesem Grund auch bey dem besten Willen nicht vollkommen entsprechen können."[16] Der Generalvikar, Weihbischof Anton Aloys Buchmayer, nahm dazu den Lokalaugenschein in den Vorstädten vor. Dabei stellte er etwa über die Pfarre Schottenfeld, die zu diesem Zeitpunkt rund 30 000 Einwohner umfaßte, fest: „Diese Pfarre, die sechs Pfarrschulen hat, kann offenbar, wenn Krankenbesuch, Beichtstuhl, Unterricht versehen werden sollen, nicht auf drei Geistliche beschränkt seyn, da der Pfarrer den Seelsorgegeschäften auch bei bestem Willen entzogen und mit Armen-Aufnahmen, Betheilungen und Auskünften überladen ist."[17]

Zur Veranschaulichung der Seelsorgeverhältnisse, wie sie 1841 in Wien bestanden, seien die Meldungen einiger Pfarren angeführt:[18]

(Siehe die TABELLE auf Seite 100)

[14] Vgl. Johann Ludwig Ehrenreich Barth-Barthenheim, *Oesterreichs geistliche Angelegenheiten in ihren politisch-administrativen Beziehungen*, Wien 1841, S. 5: „Neue Pfarren. Deren Errichtung ist ein Reservat Sr. Majestät."

[15] Österreichisches Staatsarchiv, Abteilung Allgemeines Verwaltungsarchiv (im folgenden AVA zitiert), Alter Kultus 37 (194), Wien in genere, 1842/Zl. 13153.

[16] Diözesanarchiv Wien (im folgenden DAW zitiert), Pfarrsachen, 1842/Zl. 7984.

[17] DAW, *a. a. O.*, 17. Juni 1842.

[18] Vgl. Anm. 15.

	Pfarre St. Ulrich	Pfarre Schottenfeld	Pfarre Wieden
Einwohner	20.862	31.316	19.475
Seelsorger	4	4	3
Taufen	776	1.052	654
Versehgänge	500	500	928
Krankenbesuche	1.500	·	·
Begräbnisse	629	845	1.015
Trauungen	225	·	·
Schulen im Pfarrgebiet	7	6	·
Fassungsvermögen der Pfarrkirche	·	1.935	·

Angesichts dieser Verhältnisse mußte Erzbischof Milde in seinem Bericht an Kaiser Ferdinand I. feststellen, „daß es dadurch unmöglich wird, daß die wenigen Seelsorger ihre Gemeinde kennen oder von ihr gekannt werden, was aber die nothwendige Bedingung des gegenseitigen Zutrauens ist, worauf die Wirksamkeit der Priester im Beichtstuhl und am Krankenbette beruht“.[19] Nachdrücklich wies er dann auf den „die religiöse Bildung und Erziehung des Volkes nicht bloß lähmenden, sondern beinahe unmöglich machenden Mangel an Seelsorgern und Kirchen“[20] in Wien hin. Im einzelnen machte er darauf aufmerksam, daß sich seit der großen Pfarregulierung des Jahres 1783 die Zahl der Pfarren in Wien nicht erhöht, sondern um eine vermindert hatte. Die Bevölkerung in der Stadt und in den Vorstädten hatte dagegen von 208 472 auf 374 063, also um fast 80 Prozent zugenommen. Während dabei in der eigentlichen Stadt die Bevölkerungszahl von 1783 (51 514) bis 1842 (58 528) — wir begegnen damit einem frühen Beispiel einer „Citybildung“ — nur geringfügig gewachsen war, so daß der Erzbischof hier keine Änderungen in der Pfarrstruktur für nötig erachtete, hatte sich die Bevölkerung in den Vorstädten mehr als verdoppelt. Die Zahl der Seelsorger war dagegen von 127 im Jahr 1783 auf 87 im Jahr 1842 gesunken. Die Gründe dafür lagen vor allem im Ableben der zunächst zahlreichen Exreligiosen — sie stellten gleichsam das personelle Reservoir für die große josephinische Pfarregulierung — und dem Wegfall von nicht weniger als sieben Männerklöstern, die durch die Neueinführung der Redemptoristen und der für die Pfarrseelsorge ohnehin nicht in Frage kommenden Mechitaristen nicht hatte wettgemacht werden können. Während die josephinische Pfarregulierung bekanntlich die

[19] Vgl. Anm. 15.

[20] DAW, Präsidialia, N 13/17.

Betreuung von maximal 700 Einwohnern durch einen Geistlichen als Ideal postuliert hatte, kamen nunmehr durchschnittlich 3626 Personen auf einen Seelsorger. Obwohl der Erzbischof die Zahl von 10 000 Einwohnern als Obergrenze für die Größe einer Stadtpfarre festsetzen und eine solche Pfarre von sechs Geistlichen betreut wissen wollte, sah er sich angesichts des Priestermangels und vor allem der hohen Kosten für die Errichtung neuer Kirchen und Pfarren gezwungen, seine Forderungen auf die Beseitigung der augenfälligsten Unzulänglichkeiten in der Pfarrstruktur zu beschränken. Zu diesem Zweck forderte er die Errichtung von fünf neuen Pfarren in den westlichen Vorstädten und die Vergrößerung von zwei bereits bestehenden Pfarrkirchen. Dabei traf Erzbischof Milde die folgende grundsätzliche Feststellung: „Ich muß ferner ... offenherzig darauf aufmerksam machen, daß es sich nicht darum handelt, Denkmähler der Baukunst zu errichten, sondern dem religiösen Bedürfniße des Volkes abzuhelfen ..."[21] Er drängte auch auf Berücksichtigung des späteren Bevölkerungszuwachses und einer entsprechend großen Dimensionierung der neuen Pfarrkirchen.

Mit Hofkanzleiverordnung vom 17. November 1843 genehmigte Kaiser Ferdinand I. die Anträge des Wiener Erzbischofs.[22] Schon 1845 wurden die Grenzen für die fünf neuen Pfarren und die Bauplätze für die neuen Pfarrkirchen festgelegt.[23] Die Revolution des Jahres 1848 verzögerte die Verwirklichung dieses Projektes. Diese Verzögerung sollte sich für die Pfarrentwicklung der Stadt Wien und damit auch für die gesamte Großstadtseelsorge folgenschwer auswirken. Am Beispiel der Pfarre Breitenfeld wird dies besonders deutlich: Die Errichtung dieser Pfarre wurde bereits am 11. März 1845 genehmigt;[24] sie hätte zu diesem Zeitpunkt etwa 8000 Katholiken umfaßt. Die Grundsteinlegung zum Bau der Pfarrkirche erfolgte jedoch erst am 9. Mai 1894, also fast 50 Jahre später. Die Pfarrerrichtung wurde schließlich erst im Jahr 1898 vorgenommen. Damals zählte die neue Pfarre rund 25 000 Katho-

[21] *Ebda.*

[22] Vgl. Anm. 15. Die niederösterreichische Regierung hatte für die Genehmigung der Anträge des Wiener Erzbischofs folgende Gründe vorgebracht: „Da es ein dringendes Bedürfniß und zugleich eine strenge Pflicht ist, daß das Volk durch Anhörung des Wortes Gottes zur Religiosität und zur Moralität angeleitet wird, so sei es gleichfalls dringend nothwendig, durch Erbauung neuer Kirchen dem Volke Gelegenheit zu verschaffen, dieser Verpflichtung nachzukommen."

[23] AVA, Alter Kultus 37 (194), 1845/Zl. 9106.

[24] *Ebda.*

liken. In der Zwischenzeit hatten die topographische und die städtebauliche Situation eine wesentliche Änderung erfahren: Nunmehr lag die Kirche, deren Bauplatz noch vor 1848 festgelegt worden war, direkt an einer der am dichtest befahrenen Straßen der Stadt Wien.

In die erste Hälfte des 19. Jahrhunderts fällt die beginnende Industrialisierung Wiens;[25] 1810 wurden in Wien 27000 „Fabrikarbeiter" gezählt. Durch den Zustrom aus Böhmen und Mähren erhöhte sich ihre Zahl rasch. 1847 bestanden in Wien und in den Vorstädten 425 „Fabriken". Die hier tätigen Arbeiter waren durchaus noch religiös geprägt.[26] Die Notwendigkeit einer speziellen seelsorglichen Betreuung dieser Gruppen wurde aber damals kaum erkannt. In diesem Zusammenhang muß aber auch festgestellt werden, daß sich die bisherige Forschung erst wenig mit dem Problem der Seelsorge für Industriearbeiter in Wien beschäftigt hat.[27]

Ein anonymer Artikel in der *Wiener Kirchenzeitung* des Jahres 1848, wirft ein grelles Licht auf die seelsorgliche Situation in Wien am Ende des „Vormärzes": „Gar oft hört man in unsern Tagen über den jetzt allenthalben herrschenden Unglauben und über die schreckliche Sittenlosigkeit besonders der Bewohner größerer Städte klagen. Wenn man aber bedenkt, wie wenig in mancher Stadt zur Belehrung und Veredlung der Bewohner geschieht, so muß man sich wahrlich darüber wundern und es als ein Werk der Barmherzigkeit Gottes betrachten, daß es noch so viele aufrichtige, tugendhafte Christen gibt. Wie dürftig ist nicht für das Seelenheil der Gläubigen in den Vorstädten Wien's gesorgt? Manche Stadtpfarre zählt 15000 bis 20000 Seelen, in der Pfarre Schottenfeld beläuft sich die Seelenzahl über 34000, und in dieser Pfarre sind nicht mehr als vier Geistliche angestellt!, ein Pfarrer und drei Kooperatoren. Die Herrn Pfarrer haben mit dem höchst verdrießlichen Armenwesen, mit den Kanzeleigeschäften und den Eheangelegenheiten

[25] Vgl. Erika Weinzierl, *Österreichs Klerus und die Arbeiterschaft. Ihr Verhältnis im 19. Jahrhundert nach den Quellen*, in: *Wort und Wahrheit*, 12. Jg. (1957), S. 613—620; Eduard Hosp, *Kirche Österreichs im Vormärz 1815—1850* (= Forschungen zur Kirchengeschichte Österreichs, Bd. 9), Wien-München 1971, bes. S. 343—348; Peter Leisching, *Die römisch-katholische Kirche in Cisleithanien*, in: Adam Wandruszka/Peter Urbanitsch (Hrsg.), *Die Habsburgermonarchie 1848—1918*, Bd. 4: *Die Konfessionen*, Wien 1985, S. 136—139.

[26] E. Hosp, *Kirche*... (wie Anm. 25); P. Leisching, *Die römisch-katholische Kirche*... (wie Anm. 25).

[27] E. Hosp, *Kirche*... (wie Anm. 25), S. 404, Anm. 34a.

vollauf zu thun. Das Wort Gottes wird von den Herrn Pfarrern wohl nur selten, zum größten Theil aber gar nicht, verkündiget. Demnach haben die 3 Kooperatoren in jeder Pfarre das so überaus wichtige Predigeramt allein zu verwalten. Jeder Kooperator, oft noch ein ganz junger, vom Lande erst hereingekommener Priester, muß wochentlich einen Vortrag, bisweilen auch zwei oder drei halten. Nun, das geschieht wohl; aber wie? ... Jeder wird es gern zugeben, daß es keine Kleinigkeit ist, fast täglich und zu gewissen Zeiten sogar mehrere Stunden lang selbst vor einer Predigt Beicht zu hören. Dadurch wird nicht nur der Priester selbst ermüdet, sondern auch die Gläubigen werden ungeduldig und unterlassen mitunter die Beicht gänzlich, weil sie so lang nicht dazu kommen können. Gesetzt, daß in einer Pfarre nur 10 000 Kommunikanten wohnen, und diese wollen in der österlichen Zeit in der Pfarrkirche ihre Beicht verrichten, so kommen, weil die österliche Zeit 10 Wochen dauert, auf jede Woche und zwar vorzüglich auf jeden Sonntag, beinahe 1000. Wie sollen drei oder vier Priester so viele vornehmen? Zudem muß von diesen wenigen Priestern immer einer um den andern aus dem Beichtstuhle aufstehen, um die heil. Messe zu lesen, oder eine Predigt zu halten. Es läßt sich da fast nichts Anderes thun, als im Richterstuhle der heil. Beicht, wie man sagt, zu schleudern und bald rechts, bald links das heil. Kreuz zu machen. Zwar gehen in Wien nicht alle erwachsenen Katholiken zur heil. Beicht; allein das ist traurig genug und wenn nur die Beichtväter ihr heil. Amt besser verwalten könnten, wenn ferner die Gläubigen nicht so lang warten dürften, so würden sicher bei Weitem mehr beim Beichtstuhle sich einfinden ... Endlich liegt es fast ausschließlich den Kooperatoren in den Vorstadtpfarren ob, den Kranken die heil. Sakramente auszuspenden. An manchen Tagen hat der dienstthuende Priester zwei, drei oder noch mehr Versehgänge zu machen. Die Kranken soll er hierauf besuchen, um ihnen Trost zuzusprechen, sie auf die Reise in die Ewigkeit vorzubereiten oder auch sie zur genauen Befolgung der ärztlichen Anordnungen zu ermahnen und daher zur Wiederherstellung ihrer Gesundheit beizutragen. Wie ist es möglich, das Alles zu leisten? Man müßte ein Vicentius von Paula, ein Philippus Neri sein, wenn man alle obliegenden Pflichten unverdroßen und genau erfüllen sollte. Der Priester ist und bleibt doch immer nur ein Mensch und jeder Mensch will auch bisweilen Ruhe und eine kleine Erholung haben. Ein Bogen, der immerfort gespannt ist, muß brechen. Studenten und Beamten haben ihre Ferien, die Seelsorger aber haben keine. Diesem Übelstande, unter dem nicht bloß der Priester, sondern die gute Sache leidet, kann nur abgeholfen werden, wenn die Zahl der Seelsorger in den Vorstadtpfarren Wien's vermehrt wird. In mancher Pfarre wären wenigstens fünf, und in andern vier Kooperatoren erforderlich." In der Folge macht der Verfasser weitere Vorschläge, wie verbesserte Ausbildung und bessere Bezahlung vor allem der Stadtseelsorger.[28]

II

Zwischen Konkordat (1855) und Katholikengesetz (1874): Bemühungen um eine Verbesserung der Pfarreinteilung

Nach dem Ende des josephinischen Staatskirchensystems im Jahr 1850 stellte das Konkordat von 1855 die Rechtsverhältnisse der katholischen Kirche in Österreich auf eine neue Grundlage. In ihm wurde den Bischöfen zugestanden, „kleinere Pfründen zu errichten und nachdem sie mit Seiner kaiserlichen Majestät vorzüglich wegen entsprechender Anweisung der Einkünfte sich einverstanden haben, Pfarren zu gründen, zu theilen oder zu vereinigen".[29] Damit war es nun den Bischöfen möglich, von sich aus die Initiative zur Verbesserung der Pfarrorganisation zu ergreifen. Kardinal Rauscher (1853—1875) machte von dieser Möglichkeit sofort Gebrauch: Zunächst trug er der im Jahr 1850 vorgenommenen Stadterweiterung, bei der die ehemaligen Vorstädte mit der eigentlichen Stadt vereinigt wurden, dadurch Rechnung, daß er für die in diesem Gebiet gelegenen Pfarren zwei eigene Stadtdekanate einrichtete.[30] Nach Abschluß der Visitation der Stadt- und Vorstadt-

[28] *Wiener Kirchenzeitung*, Jg. 1848, S. 211 f. Eine bessere Bezahlung für die Kooperatoren in der Stadt war schon 1843 von der Hofbuchhaltung gefordert worden, „weil überhaupt für jeden Priester der Haupt- und Residenzstadt Wien eine höhere Ausbildung gefordert werden muß, indem nur durch eine geistige und moralische Ueberlegenheit jener Einfluß auf die Stadt- und Vorstadtbewohner ausgeübt werden kann, welcher sowohl in der Kirche, als in der Schule von wohlthätigen Folgen ist" (wie Anm. 15).

[29] *Konkordat 1855*, Art. IV, c, abgedruckt in: *Conventio inter Sanctitatem Suam Pium IX. Summum Pontificem et Majestatem Suam Caesareo-Regiam Apostolicam Franciscum Josephum I. Imperatorem Austriae. Vereinbarung zwischen Seiner Heiligkeit Papst Pius IX. und Seiner kaiserlich-königlichen Apostolischen Majestät Franz Joseph I., Kaiser von Oesterreich,* Wien 1855, S. 5.

[30] AVA, Kultus 1848—1895, 37 Gen. A, 1854/Zl. 3135. Das Stadtdekanat I umfaßte die Innere Stadt, den 2., 3. und 9. Bezirk, das Stadtdekanat II die Bezirke 4—8. Für die vor Wien gelegenen Pfarren wurde ebenfalls ein neues Dekanat in Hütteldorf, das vom Dekanat Klosterneuburg getrennt wurde, errichtet: AVA, *a. a. O.*, 1854/Zl. 3136. Erzbischof Rauscher ordnete für diese Dekanate die jährliche Visitation durch den Dechant an.

pfarren durch die Stadtdechanten, bei der sich neuerlich der eklatante Mangel an Pfarren und Kirchen und dessen Folgen gezeigt hatten, wies Kardinal Rauscher in seinem Hirtenbrief vom 12. März 1857 an die Pfarrer von Wien eindringlich auf die großen Probleme und Aufgaben hin: „Um so tiefer muß es Mich schmerzen, daß in den Vorstädten Wiens und mehreren angrenzenden Ortschaften die Seelsorge mit so großen und zum Theile mit unüberwindlichen Schwierigkeiten zu kämpfen hat. Als im vorigen Jahrhunderte die Staatsgewalt es auf sich nahm, die Pfarreintheilung zu bestimmen, wurde, um die Klagen über die Klosteraufhebungen zu beschwichtigen, am 28. April 1783 verordnet, daß in der innern Stadt für je 1000 Katholiken zwei Priester, in den Vorstädten aber für je 700 ein Priester als Seelsorger angestellt werden sollten. Dennoch ist es dahin gekommen, daß es Pfarren gibt, in welchen für dreißig, ja für weit über dreißig tausend Katholiken fünf oder gar nur vier Seelsorger angestellt sind, und nach Gestalt der Dinge muß man es schon als ein sehr günstiges Verhältniß sehen, wenn in einer Vorstadtpfarre auf drei bis viertausend Seelen ein Seelsorger kömmt. Ueberdieß ist der Pfarrer selbst gewöhnlich mit Armensachen und Schreibgeschäften so überladen, daß seine Thätigkeit für die Seelsorge fast gänzlich verloren geht. Für eine vermehrte Zahl von Hilfspriestern ist in den meisten Pfarrhöfen kein Raum vorhanden, und, was das größte Hindernis einer schnellen Abhilfe ist, in den Vorstädten Wiens steht die Zahl und Größe der Gotteshäuser ausser allem Verhältnisse zu der Menschenmenge ... Ich halte es deswegen für eine Meiner heiligsten Pflichten, die Errichtung neuer Vorstadtpfarren und zu diesem Zwecke die Erbauung von Kirchen nach Vermögen zu fördern ...“[31] Wenige Tage später, am 17. März 1857, wandte sich Kardinal Rauscher direkt an den Kaiser, um ihm die „unübersteiglichen Schwierigkeiten darzulegen, welche der Erfüllung meiner Pflicht, für die geistlichen Bedürfnisse der Bevölkerung zu sorgen, sich in den Vorstädten Wiens und den großen an der Linie liegenden Ortschaften entgegenstellen, solange die Pfarren von so unverhältnismässigem Umfange und die Kirchen so eng an Raum und so gering an Zahl sind. Ich habe auch nicht unterlassen, auf den traurigen Umstand hinzuweisen, daß dadurch hunderttausende dem Gottesdienst und dem Empfang der

[31] *Hirtenbrief* vom 12. März 1857, abgedruckt in: Joseph Othmar Rauscher, *Hirtenbriefe, Predigten, Anreden,* Wien 1858, S. 512ff.

Sacramente entfremdet werden."[32] In der Folge genehmigte der Kaiser tatsächlich den Bau von zwei neuen Kirchen.[33]

1858 wiederholte das Wiener Provinzialkonzil den schon von Erzbischof Milde aufgestellten Grundsatz, keine Stadtpfarre solle mehr als 10 000 Einwohner umfassen.[34] Obwohl sich Kardinal Rauscher die Durchführung der neuen Kirchenbauten unter Abkürzung des sonst langwierigen Behördenweges erbeten hatte und auch im Sinne seines Ausspruches: „dem Unentbehrlichen muß das Wünschenswerthe nachgesetzt werden",[35] die Innenausschmückung der neuen Kirchen erst zu einem späteren Zeitpunkt erfolgen sollte, ging die Verwirklichung des Projektes, die Pfarrstruktur in den Vorstädten zu verbessern, äußerst schleppend vor sich. So mußte Kardinal Rauscher, der immer wieder auf die Notwendigkeit, in den nunmehr in das Wiener Stadtgebiet einbezogenen ehemaligen Vorstädten neue Pfarren zu errichten, hinwies und stets auf die Reservierung von Kirchenbauplätzen drängte, 1865 klagen: „Vor fünfzehn Jahren war noch Paris die Stadt, wo das Mißverhältnis zwischen der Zahl der Kirchen und der katholischen Bevölkerung am grellsten hervortritt; jetzt ist es Wien."[36] Erst 1866 wurde in Wien IV mit St. Elisabeth eine neue Pfarre errichtet. In die Amtszeit Kardinal Rauschers fallen auch noch die Errichtung der Pfarren St. Othmar (Wien III) und St. Brigitta (Wien XX) im Jahr 1874. Um dem Religionsfonds, bei dem die Finanzierung der neuen Pfarrkirchen in der Hauptsache lag, zusätzliche Mittel zu verschaffen, war Kardinal Rauscher auch bereit, Vermögen des Erzbistums Wien zur Verfügung zu stellen: So bildete der Erzbischof aus dem Erlös verkaufter Güter und mit 80 000 Gulden aus eigenen Mitteln einen Diözesanfonds mit einem Kapital von 300 000 Gulden. Mit diesen Mitteln sollte die Dotation der katholischen Geistlichen in der Erzdiözese Wien verbessert werden. Die Einsparungen, die sich dadurch für den Religionsfonds ergaben, sollten den Bau weiterer neuer Kirchen ermögli-

[32] DAW, Präsidialia, N 13/70.

[33] DAW, *a. a. O.*, N 13/74; AVA, Kultus 1848—1895, 37, Wien XIV, 1867/Zl. 2063.

[34] *Acta et Decreta Concilii Provinciae Viennensis Anno MDCCCLVIII celebrati*, Vindobonae 1859, Titulus II, caput VII: de parochiarum circumscriptione: ... Nequaquam expedit, ut parochia quaedam etiam in majoribus civitatibus constituta ultra decem parochianorum millia contineat.

[35] Coelestin Wolfsgruber, *Joseph Othmar Cardinal Rauscher, Fürsterzbischof von Wien*, Freiburg i. Br. 1888, S. 391.

[36] DAW, Präsidialia, N 13/91; vgl. C. Wolfsgruber, *a. a. O.*, S. 389ff.

chen.[37] Neben der Schaffung der materiellen Voraussetzungen der Seelsorge in Wien war Kardinal Rauscher auch auf die Einführung spezifisch seelsorglicher Maßnahmen bedacht. Diesem Zwecke diente vor allem die Abhaltung von Volksmissionen auch in den Stadtpfarren.[38]

III

Das Reichsgesetz über die äußeren Rechtsverhältnisse der katholischen Kirche von 1874 und seine Folgen für die Pfarrorganisation

Nach der einseitigen Aufkündigung des Konkordates von 1855 durch die österreichische Regierung (1870)[39] brachte das Reichsgesetz vom 7. Mai 1874 über „die äußeren Rechtsverhältnisse der katholischen Kirche"[40] auch neue Bestimmungen hinsichtlich der Errichtung neuer Pfarren. Laut Paragraph 20 war allgemein „zur Errichtung neuer Diözesen und Pfarrbezirke, zu einer Änderung in der Abgrenzung der bestehenden, dann zur Errichtung, Teilung oder Vereinigung von Pfründen" die staatliche Genehmigung erforderlich. Besonders folgenschwer erwiesen sich die Bestimmungen bezüglich der Patronate und der Pfarrgemeinden. Im 32. Paragraphen wurde bezüglich der Regelung der Patronatsverhältnisse auf ein später zu beschließendes Gesetz verwiesen; ein solches kam aber nie zustande. Grundsätzlich wurde 1874 bestimmt: „Es hat bei der Beurteilung einzelner Fälle stets der Grundsatz zur Anwendung zu kommen, daß die Patronatslasten sich nur auf die unter dem Patronate stehende bestimmte Kirche oder Pfründe beziehen, und daß sie durch ein vermehrtes Kultusbedürfnis der dieser Kirche oder Pfründe zugewiesenen Gemeinde nicht vergrößert werden kann." Dies bedeutete gleichsam ein Einfrieren der Patronatsleistungen auf dem Status quo ohne jede Vorsorge für die vor allem im Bereich der immer rascher wachsenden Stadt Wien gegebene Notwendigkeit, neue Pfarren und Kirchen zu errichten. Eine Untersuchung der Patronatsverhältnisse, wie sie in der Erzdiözese Wien bis 1939 — in diesem Jahr brachte das Kirchenbeitragsgesetz die Aufhebung aller

[37] AVA; Kultus 1848—1895, 28, 1872/Zl. 8377.

[38] DAW, Missionen, 1857 ff.

[39] Vgl. P. Leisching, *Die römisch-katholische Kirche*... (wie Anm. 25), S. 47 ff.

[40] Abgedruckt in: *Reichsgesetzblatt 1874*, Nr. 50.

öffentlichen Patronate — bestanden, gibt einen Einblick in die Tragweite dieser Bestimmungen: Bis 1939 gab es in der Erzdiözese Wien nur 28 freie bischöfliche Kollationspfarren; 22 Pfarren unterstanden dem Patronat des Erzbischofs, über acht Pfarren übte er das Präsentationsrecht aus. Neben 201 öffentlichen Patronaten (96 staatliche Patronate und 105 Religionsfondspfarren) gab es 165 Privatpatronate. 137 Pfarren waren zu diesem Zeitpunkt Klöstern inkorporiert. Das noch aus der Feudalzeit stammende Patronatswesen mußte sich den grundlegend anderen Verhältnissen einer modernen Großstadt gegenüber als völlig unzureichend erweisen.

Für die von den Patronatsleistungen und dem Pfründenvermögen nicht gedeckten Erfordernisse sah das schon zitierte Reichsgesetz vom 7. Mai 1874 Leistungen der Pfarrgemeinden vor: „Die Gesammtheit der in einem Pfarrbezirke wohnhaften Katholiken desselben Ritus bilden eine Pfarrgemeinde. Alle einen kirchlichen Gegenstand betreffenden Rechte und Verbindlichkeiten, welche von den Gesetzen den Gemeinden zugesprochen oder auferlegt werden, gebühren und obliegen den Pfarrgemeinden. Nur Patronatsrechte können auch einer Ortsgemeinde als solcher zukommen.“ (§ 35.) Und: „Insoweit für die Bedürfnisse einer Pfarrgemeinde nicht durch ein eigenes Vermögen oder durch andere zu Gebote stehende kirchliche Mittel vorgesorgt erscheint, ist zur Bedeckung derselben eine Umlage auf die Mitglieder der Pfarrgemeinde auszuschreiben.“ (§ 36.) Laut § 37 desselben Gesetzes sollten „die näheren Vorschriften über die Konstituirung und die Vertretung der Pfarrgemeinden, dann über die Besorgung der Angelegenheiten derselben“ durch ein eigenes Gesetz geregelt werden. Noch im Jahr 1874 forderte daraufhin das Ministerium für Kultus und Unterricht die Bischöfe der österreichischen Diözesen und die Landtage der westlichen Reichshälfte der Monarchie auf, Entwürfe und Gutachten zu einem solchen Gesetz abzugeben.[41] Die verschiedenen Vorschläge der einzelnen Bischöfe illustrieren sehr deutlich die Rolle, die den Laien damals von der kirchlichen Hierarchie zugeteilt wurde.[42] Stellvertretend für viele ähnliche Äußerungen sei die Erklärung der böhmischen Bischöfe angeführt: „Die katholische Kirche baut sich nicht von unten, sondern von oben auf, die kirchliche Gewalt geht in ihr nicht von der

[41] AVA, Kultus 1848—1895, 37 Gen. A, 1874/Zl. 643.

[42] Eine Auswertung aller Vorschläge und Stellungnahmen der Bischöfe soll zu einem späteren Zeitpunkt erfolgen.

Gemeinde aus, kirchliche Aemter werden in ihr nicht von dieser verliehen und die Laien haben in ihr außer der ihnen durch die Taufe und die Natur der Dinge zukommenden Rechte kirchliche Rechte nur insofern, als sie ihnen von der Kirche verliehen werden, was auch in der Organisirung katholischer Pfarrgemeinden überall durchleuchten und zum Ausdruck kommen muß. Collegien oder Körperschaften, zu deren Mitgliedern Laien, namentlich in größerer Anzahl gehören, können auf dogmatische, liturgische, kirchenregimentliche und disziplinäre Angelegenheiten keinen bestimmenden Einfluß üben, sondern müssen auf jene Gebiete beschränkt bleiben, auf welchen ihre Einflußnahme nicht bloß zulässig, sondern Laien-Rath und Laien-That ebenso erwünscht als möglich ist."[43] Nach dem Gutachten des Bischofs von Seckau wäre die Errichtung von katholischen Pfarrgemeinden „ein Aufdrängen eines" der katholischen Kirche „ganz fremden Elementes, des demokratischen, wodurch nicht nur ein Riß in ihre Einheit gemacht, sondern schließlich selbst ihr Bestand in Frage gestellt würde".[44] Selbst wo die Errichtung von katholischen Pfarrgemeinden für denkbar gehalten wurde, schloß eine restriktive Wahlordnung gerade die von der Kirchennot am meisten betroffenen sozialen Unterschichten aus: „Stimmberechtigte Wähler in der Pfarrgemeinde sind alle großjährigen, selbständigen, von einem Amte, Besitze, Gewerbe oder Einkommen lebenden Mitglieder."[45]

Der einmütige Widerstand der österreichischen Bischöfe, die die Einrichtung katholischer Pfarrgemeinden vor allem auch wegen deren ideologischer Nähe zur Gemeindekirche der Protestanten ablehnten,[46] führte schließlich dazu, daß das vorgesehene Gesetz nicht zustande kam. Freilich war dieses Gesetz vom Liberalismus nicht so sehr aus Sorge um die Schaffung von Mitteln zur Behebung der Kirchennot, sondern vielmehr als Mittel, die Stellung der Bischöfe weiter zu beschneiden, gefordert worden. Dies kommt im Motivenbericht[47] und in der Forderung des oberösterreichischen Landesausschusses nach Kontrolle der finanziellen Gebarung des Diözesanbischofs durch den

[43] AVA, Kultus 1848—1895, 37 Gen. A, 1875/Zll. 3386, 9901.

[44] AVA, *a. a. O.*, 1875/Zl. 4057.

[45] AVA, *a. a. O.*, 1875/Zl. 3488.

[46] AVA, *a. a. O.*, 1882/Zl. 166.

[47] Vgl. Paul Gautsch von Frankenthurn (Hrsg.), *Die Confessionellen Gesetze vom 7. und 20. Mai 1874 (RGBl. Nr. 50, 51 und 68) mit Materialien und Anmerkungen*, Wien 1874, bes. S. 90f.

Landesausschuß deutlich zum Ausdruck.[48] Eine gesetzliche Regelung der Frage der Pfarrgemeinden, die später vor allem von den Sozialdemokraten gefordert wurde,[49] kam in Österreich bis zum Ende der Ersten Republik nicht zustande. Gerade eine Untersuchung der Pfarrentwicklung in der Stadt Wien zeigt die schwerwiegenden Folgen, die sich aus dieser Gesetzeslücke ergaben, die aber von den Bischöfen im Jahr 1875 wohl kaum vorausgesehen wurden, eindringlich auf. Ein Vergleich mit der Entwicklung in Budapest zeigt, welche Möglichkeiten die Errichtung katholischer Pfarrgemeinden geboten hätte.[50] Auch hier war die 1869 begonnene große Aktion zur Einführung katholischer Kirchenräte[51] am Widerstand der ungarischen Bischöfe gescheitert. Erst unter dem Druck der kirchenfeindlichen Räterepublik konstituierten sich an verschiedenen Kirchen katholische Kultusgemeinden, um so die Gotteshäuser vor der Beschlagnahme zu bewahren. Nach Änderung der politischen Verhältnisse konnten diese Vorstufen pfarrlicher Organisation in reguläre Pfarren übergeführt werden.

IV

Versuche zur Behebung der Wiener Kirchennot nach der zweiten großen Stadterweiterung (1890)

Eine Verordnung des k. k. Ministeriums für Kultus und Unterricht vom 31. Dezember 1877 bestimmte, daß bis zur Erlassung des Gesetzes über die Pfarrgemeinden die (politischen) Ortsgemeinden deren Aufgaben versehen sollten.[52] Entsprechend verpflichtete sich 1880 auch die Gemeinde Wien, die Leistungen der Pfarrgemeinden vorschußweise zu übernehmen.[53] Durch diese Regelung war die Erhaltung der bereits

[48] AVA, Kultus 1848—1895, 37 Gen. A, 1875/Zl. 2546.

[49] Vgl. Paul Michael Zulehner, *Kirche und Austromarxismus. Eine Studie zur Problematik Kirche — Staat — Gesellschaft* (= Veröffentlichungen des Instituts für Kirchliche Zeitgeschichte am Internationalen Forschungszentrum für Grundfragen der Wissenschaften Salzburg, 2. Serie, Bd. 1), Wien-Freiburg-Basel 1967, S. 114—122. Vgl. auch AVA, Kultus nach 1896, 37 Gen. A, 1927/Zl 34043; 1928/Zl. 24527.

[50] Josef Török, *Errichtung neuer Pfarren in der Großstadt Budapest*, in: *Der Seelsorger*, 4. Jg. (1927/1928), S. 141—146.

[51] AVA, Kultus 1848—1895, 37 Gen. A, 1869/Zl. 9358.

[52] AVA, *a. a. O.*, 1877/Zl. 21540.

[53] AVA, Kultus nach 1896, 37, Wien V—VII, 1906/Zl. 13870.

bestehenden Pfarren und Kirchen gesichert, nicht aber für die Errichtung neuer Pfarren gesorgt. So konnten von 1875 bis 1890 in Wien nur drei neue Pfarren errichtet werden.[54] Der Bau dieser Kirchen war jeweils noch in der Zeit vor dem Katholikengesetz des Jahres 1874 begonnen worden. Damit wird die völlige Stagnation, die im Kirchenbau für die Stadt Wien in diesem Zeitraum herrschte, deutlich. Das enorme Bevölkerungswachstum — so verdoppelte sich in nur 15 Jahren die Einwohnerzahl der 1876 gegründeten Pfarre St. Johann Evangelist in Wien-Favoriten, während die Zahl der Seelsorger gleichblieb — ließ die Zahl der pfarrlich überhaupt nicht mehr erfaßten Katholiken immer höher emporschnellen.[55] Um dennoch für eine gewisse Abhilfe zu sorgen, initiierte der Wiener Erzbischof Kardinal Ganglbauer (1881—1890) die Gründung des Allgemeinen Wiener Kirchenbauvereines, der die vielfältigen privaten Bemühungen zum Bau neuer Kirchen zusammenfassen sollte;[56] das Protektorat dieses Vereins übernahm der Kaiser selbst.

1890 wurde die zweite große Wiener Stadterweiterung mit der Eingliederung der ehemaligen Vororte (Bezirke XI—XIX) durchgeführt; damit vergrößerte sich das Stadtgebiet von 55,4 auf 178,12 km^2; Wien zählte zu diesem Zeitpunkt bereits 1 115 030 Einwohner und hatte damit die Millionengrenze überschritten.[57] Nunmehr fielen auch die Wohnbezirke der ärmeren und ärmsten Schichten mit den kirchenärmsten Gebieten zusammen. Man muß den staatlichen und kirchlichen Stellen durchaus zugestehen, die mit diesen Umwälzungen verbundenen Auswirkungen auf die Seelsorge und die Notwendigkeit, in den neuen Siedlungsgebieten neue Kirchen und Pfarren zu errichten, erkannt zu haben. In einer von der niederösterreichischen Statthalterei 1893 eingerichteten Kommission der Vertreter des Wiener erzbischöflichen Ordinariats, des Wiener Kirchenbauvereins und der Stadt Wien angehörten, wurde die Durchführung einer großen Kirchenbau-

[54] Nämlich Wien IX, Votivkirche (1880); Wien X, St. Johannes Evangelist (1876); Wien XV, Maria vom Siege (1876).

[55] Vgl. Erich Bodzenta, *Die Entwicklung der Pfarrstruktur in Wien,* in: *Der Seelsorger,* 26. Jg. (1955/1956), S. 462ff.

[56] DAW, Präsidialia 1888/Zll. 799—806, 810—813; 1889/Zll. 828—830, 845, 855, 862, 871 f. Vgl. Elmar Mayer, *Das Damenkomitee des St. Bonifatiusvereines und die Idee des „Notgottesdienstes" in Wien* [Maschinenschrift], Theol. Diplomarb., Wien 1978, S. 6f.; N. Rodt, *Kirchenbauten . . .* (wie Anm. 5), S. 64.

[57] Vgl. W. Mayer, *Die städtische Entwicklung . . .* (wie Anm. 1), in: *Wiener Geschichtsblätter,* 29. Jg. (1974), S. 279ff.

aktion in Wien beschlossen.[58] Im Grundsatz wurde gleichsam als Minimalprogramm festgelegt, keine Pfarre solle mehr als 25 000 Einwohner umfassen. Diese — vor allem im Vergleich zu der vom Wiener Provinzialkonzil 1858 festgelegten Obergrenze von 10 000 Einwohnern — zunächst hoch anmutenden Zahlen müssen stets unter der Berücksichtigung der Tatsachen gesehen werden, daß es zu diesem Zeitpunkt noch Pfarren mit fast 70 000 Einwohnern gab. Die zunächst vertretene Absicht, den Kirchen- und Pfarrenbedarf für die nächsten dreißig Jahre zu decken, mußte angesichts einer prognostizierten Bevölkerungszunahme von 800 000 Einwohnern in diesem Zeitraum zugunsten einer Deckung des dringendsten Kirchenbedarfes für die nächsten zehn Jahre revidiert werden. Nach dem von Kardinal Gruscha (1890—1911) erstellten Programm sollten sieben neue Kirchen gebaut, drei Kirchen erweitert und zwei bereits bestehende Klosterkirchen zu Pfarrkirchen erhoben werden; außerdem sollte eine Pfarrkirche durch einen größeren Neubau ersetzt werden.[59] Zur Besetzung der geplanten neuen Pfarren wollte der Kardinal angesichts des Mangels an Weltpriestern auch verschiedene Klöster heranziehen. Dahinter stand auch die von den Vertretern des Finanzministeriums propagierte Absicht, dem Religionsfonds Personalkosten zu ersparen. Es war nämlich daran gedacht, Klöstern die neuen Pfarren mit der Bedingung zu inkorporieren, selbst für die Besoldung der hier anzustellenden Geistlichen aufzukommen. Die Antworten der 18 befragten Klöster entsprachen jedoch keineswegs den Erwartungen: Nur vier Klostervorsteher erklärten ihre Bereitschaft, Pfarren zu übernehmen, wobei sich aber nur in drei Fällen eine Einsparung von Personalkosten für den Religionsfonds ergeben hätte. Die Lazaristen und Redemptoristen wiesen dabei vor allem auf ihre Konstitutionen hin, die die Übernahme von Pfarren ausdrücklich untersagten, und wollten nur aufgrund einer päpstlichen Dispens den Wünschen des Wiener Erzbischofs nachkommen.[60]

1897 wurde das Wiener Kirchenbauprogramm erweitert; nunmehr war vorgesehen, acht bereits begonnene Bauten zu vollenden, sechs

58 DAW, Pfarren, 1893; AVA, Kultus nach 1896, 37, Wien XII, 1902/Zl. 3068.

59 Im einzelnen waren folgende Bauten vorgesehen: Neubau der Pfarrkirchen Kaisermühlen, Breitensee, Rudolfsheim, Neuottakring, Marienkirche Hernals, Lazaristenkirche Währing sowie von zwei Pfarrkirchen für Favoriten; Erweiterung der Pfarrkirchen Matzleinsdorf, Altsimmering und Hernals.

60 DAW, Pfarren, 1897; AVA, Kultus nach 1896, 37, Wien VIII, 1897/Zl. 27908.

unaufschiebbare Kirchenbauten durchzuführen und sieben dringende Kirchenbauten in der nächsten Zeit in Angriff zu nehmen.[61] Die dafür vorgesehenen Kosten beliefen sich auf rund fünf Millionen Kronen und sollten durch ein langfristiges Darlehen aufgebracht werden. Nach heftigen Debatten faßte der Wiener Gemeinderat am 7. Februar 1899 den Beschluß, sich an dieser Summe mit 40 Prozent „vorschußweise auf Rechnung der seinerzeit zu constituierenden katholischen Pfarrgemeinden" zu beteiligen.[62] Die übrige Summe sollte vom Religionsfonds aufgebracht werden. Kurze Zeit später bedeutete ein Erkenntnis des k.k. Verwaltungsgerichtshofes das plötzliche und völlige Scheitern dieser großangelegten Kirchenbauaktion: Auf Beschwerde des Wiener Gemeinderates Lucian Brunner wurde der zitierte Beschluß des Wiener Gemeinderates über die finanzielle Beteiligung am Bau der neuen Wiener Kirchen „als gesetzlich nicht begründet aufgehoben". In der Begründung dieser schwerwiegenden Entscheidung heißt es: „Wenn nun auch der Verwaltungsgerichtshof die mannigfachen, schwerwiegenden Gründe, welche für die Errichtung neuer katholischer Pfarrsprengel im Wiener Stadtgebiete und die zu diesem Behufe nothwendige Herstellung neuer Kirchen und Pfarrhöfe geltend gemacht wurden, voll zu würdigen vermag, so sind doch nach den bestehenden Gesetzen, welche gewissenhaft zu beobachten und in seiner Judicatur zur Geltung zu bringen Pflicht dieses Gerichtshofes ist, lediglich die katholischen Religionsgenossen berufen und verpflichtet, zur Herbeiführung geordneter Cultusverhältnisse in dieser Richtung pecuniäre Opfer zu bringen, und kann die durch die Stadtgemeinde Wien versuchte Heranziehung sämmtlicher steuerpflichtiger Mitglieder der Ortsgemeinde, also auch der nicht katholischen Religionsgenossen, zur, wenn auch nur vorschußweisen Tragung der Kirchenbaukosten im Wege eines von der Commune Wien aufzunehmenden Anlehens per 2000000 fl. als ge-

[61] Folgende Bauten sollten vollendet werden: Kaisermühlen, Antoniuskirche, Breitensee, Rudolfsheim, Neuottakring, Hernals (Erweiterungsbau), Weinhaus und Neu-Gersthof. Als unaufschiebbare Projekte wurden bezeichnet: Jubiläumskirche in der Donaustadt; Errichtung einer Kirche zwischen der Schönbrunner Straße und der Wienzeile; Umbau der Pfarrkirche St. Joseph ob der Laimgrube; Neusimmering; Meidling; Neulerchenfeld; Währing (Umbau der Pfarrkirche). Als dringende Bauten wurden eingestuft: Zwischenbrücken (Neubau); Matzleinsdorf (Neubau); Hetzendorf (Neubau) und Döbling (Neubau) sowie die Erweiterungsbauten für St. Leopold, Erdberg, St. Josef (Wien V).

[62] *Amtsblatt der k. k. Reichshaupt- und Residenzstadt Wien*, 8. Jg. (1899), S. 355ff.

setzmäßig ... nicht anerkannt werden ..."[63] Damit war die Frage der Konstituierung der katholischen Pfarrgemeinden, die bekanntlich seit 1874 vorgesehen war, neuerlich aktuell geworden. Schon im darauffolgenden Jahr (1900) lag ein vermutlich vom Sekretär des Wiener erzbischöflichen Ordinariates Karl Seidl ausgearbeiteter Entwurf zu einem Landesgesetz für das Erzherzogtum Niederösterreich zur „Beschaffung der Geldmittel zur Bestreitung der katholischen Cultusbedürfnisse" vor.[64] Darin wurde zunächst auf die Tatsache verwiesen, daß durch das Fehlen eines solchen Gesetzes bisher die Gründung neuer Pfarren und die Errichtung neuer Kirchen, die ja noch keinem Patron, der zur Beitragsleistung hätte herangezogen werden können, unter standen, geradezu unmöglich war. Es war daher vorgesehen, die dazu nötigen Geldmittel auf folgende Weise aufzubringen: Zuschläge zu den Stolgebühren; Erträgnisse aus Patronatsablösungen; Beiträge der besser dotierten Pfarren; Subventionen durch den Religionsfonds und den niederösterreichischen Landtag; freiwillige jährliche Beiträge der Katholiken. Schließlich war auch an eine allgemeine Kultusumlage gedacht; diese sollte „als Zuschlag zu den (directen) Staatssteuern von sämmtlichen Steuerträgern Niederösterreichs ohne Unterschied des Religionsbekenntnisses" eingehoben und auf die staatlich anerkannten Konfessionen nach Maßgabe ihres prozentuellen Anteiles aufgeteilt werden. Die so erbrachten Geldmittel sollten von einer Diöcesanvertretung, die sich aus je einem Vertreter der öffentlichen Patronate, des Ordinariates, des niederösterreichischen Landesausschusses, der Gemeinde Wien, der übrigen Gemeinden und der weltlichen und der geistlichen Patronate zusammensetzen sollte, verwaltet werden. Die Rechte der Patronatsinhaber, die ja nunmehr zu geringeren Leistungen verpflichtet waren, sollten insofern eine Einschränkung erfahren, als sie bei der Ausübung ihres Präsentationsrechtes an den vom Ordinariat erstellten Dreier-Vorschlag gebunden sein sollten. Im Motivenbericht

[63] Adam von Budiwinski (Bearb.), *Erkenntnisse des k. k. Verwaltungsgerichtshofes*, Bd. 23 (1899), Wien 1899, Nr. 13509, S. 1289—1297. Schon am 8. März 1899 hatte der Verwaltungsgerichtshof die Subventionierung eines Kirchenbauvereines durch die Gemeinde Wien als „gesetzlich nicht begründet aufgehoben"; *a. a.* O., Nr. 12590, S. 315—318. Auch in diesem Fall hatte der Gemeinderat Lucian Brunner Einspruch gegen einen entsprechenden Beschluß des Wiener Gemeinderates erhoben. Ähnliche Erkenntnisse des Verwaltungsgerichtshofes ergingen auch unter den Nrn. 13216, *a. a.* O., S. 1051 f., und 13982, *a. a.* O., Bd. 24 (1900), S. 344 f.

[64] Vgl., auch zum folgenden: DAW, Pfarren, 1900.

wurde vor allem darauf hingewiesen, daß mit der Ausschreibung einer allgemeinen Kultusumlage — ohne Rücksicht auf die Konfession — „verhütet werden sollte, daß die Einhebung von Cultussteuern zum Anlasse genommen wird, sich der Steuerpflicht durch den Austritt aus einer Confession zu entziehen".

Die mit der Erstellung dieses Gesetzesentwurfes verbundene Hoffnung, die Wiener Diöcesan-Vertretung könne sich bald konstituieren und die unterbrochene Kirchenbauaktion fortsetzen, sollte sich nicht erfüllen. Das Gesetz kam nicht zustande. Auch ein um 1910 vorgelegter Entwurf zu einem „Landesgesetz betreffend die Bestreitung der Kosten der Herstellung und Erhaltung der Kirchen- und Pfründengebäude, dann der Beschaffung der Kirchenparamente und Einrichtungsstücke sowie der laufenden mit der Verrichtung des Gottesdienstes verbundenen Auslagen in der katholischen Kirche"[65] für das Erzherzogtum Niederösterreich wurde nicht verwirklicht. Dabei hätte dieses Gesetz gerade auch die Voraussetzungen für die Errichtung neuer Pfarren geschaffen: „Wird von der Kirchenbehörde die Errichtung einer neuen Seelsorgestation im Gebiete eines oder mehrerer schon bestehender Pfarrsprengel in Aussicht genommen, so kann, sobald der Sprengel der zukünftigen Seelsorgestation mit Zustimmung der Landesbehörde festgesetzt ist, vom Beginne des dieser Feststellung folgenden Kalenderjahres angefangen den in demselben wohnhaften Katholiken ... eine Umlage zur Bestreitung der Mittel für die Errichtung dieser Stelle auferlegt werden." (§ 44.) Noch 1923 wurde die Diskussion eines Gesetzes zur Regelung der Pfarrgemeinden als nicht opportun bezeichnet.[66]

Mit dem Erkenntnis des Verwaltungsgerichtshofes von 1899 hatten sich also alle Hoffnungen auf eine rasche Behebung der Wiener Kirchennot zerschlagen. Eine Äußerung des Finanzministeriums aus dieser Zeit zeigt die ganze Problematik deutlich auf: „Das Finanzministerium verkennt ... keineswegs, daß ... die derzeit herrschenden Übelstände vor allem in der Überlastung der gegenwärtig in unzureichender Zahl bestellten geistlichen Funktionäre ihre Begründung finden und einer wirksamen Remedur bedürfen, doch muß das Finanzministerium auch andererseits in pflichtgemäßer Obsorge der staatsfinanziellen Interessen sein Augenmerk darauf richten, daß nicht gegenüber der gewiß

[65] AVA, Kultus nach 1896, 37, Wien XI/XII, 1910/Zl. 33690.
[66] AVA, Kultus nach 1896, Wien, Gen. A, 1923.

anstrebenswerthen Beseitigung oberwähnter Übelstände die finanziellen Rücksichten zu sehr außer Acht gelassen werden. Hinzu kommt noch, daß speciell die vom löblichen Ministerium ins Auge gefaßten, weitgehenden und umfassenden Projekte der Erbauung neuer Kirchen und Pfarrhöfe in Wien, sowie überhaupt die stets zunehmende Steigerung im ordentlichen Erfordernisse des Religionsfonds die weitgehendste Oekonomie auf dem Gebiete der Cultusverwaltung erheischen."[67] Das Finanzministerium sprach sich daher scharf gegen die Übernahme von Patronaten durch den Religionsfonds aus. Tatsächlich hat der Religionsfonds nach 1905 kein Patronat mehr übernommen und auch keine Kongruaergänzung mehr für die Geistlichen neuerrichteter Pfarren gewährt.

Auf verschiedene Weise wurde trotzdem versucht, die Errichtung neuer Pfarren zu ermöglichen. So wurde von staatlicher Seite vorgeschlagen, nicht so dringend benötigte Pfarren aufzulassen und mit den so eingesparten Mitteln neue Pfarren zu gründen.[68] In einem Fall wurde diese Vorgehensweise tatsächlich gewählt.[69] Daneben wurde — nach Prager Vorbild — vom Wiener Kirchenbauverein die Idee der Notkirchen und des Notgottesdienstes propagiert;[70] auf diese Weise konnten zwei neue Pfarren errichtet werden.[71] Auch der Bonifatiusverein der Erzdiözese Prag und das Aktionskomitee der österreichischen Bonifatiusvereine förderten den Wiener Kirchenbau.[72] Im Sinne der innerkirchlichen Solidarität stellte 1910 die gut dotierte Pfarre Wien-Hütteldorf eine bedeutende Summe für den Bau von neuen Pfarrkir-

[67] AVA, Kultus nach 1896, 37, Wien XVI, 1898/Zl. 19053: Äußerung des Finanzministeriums vom 4. Juli 1898. Zur Frage der Patronate für die neuen Pfarren vgl. die Äußerung des Wiener Erzbischöflichen Ordinariates 1902/Zl. 10657, in der es heißt, „daß es bei der Entwicklung des Patronatsrechtes in Oesterreich niemandem mehr einfallen wird, das Patronat einer neuen Pfarrkirche zu übernehmen, eine Annahme, welche bei den gegenwärtig in der Kirchenbaufrage in Wien herrschenden Verhältnissen insbesondere für Wien zutrifft".

[68] DAW, Präsidialia, 1906/Nr. 1413.

[69] Mit 28. Dezember 1907 wurde von Kardinal Gruscha die Pfarre Am Hof (Wien I) aufgehoben.

[70] Vgl. E. Mayer, *Das Damenkomitee...* (wie Anm. 56), S. 28ff., und N. Rodt, *Kirchenbauten...* (wie Anm. 5), S. 66ff. Das Wiener Notkirchenprojekt wurde auch von Papst Pius X. besonders gefördert: DAW, Präsidialia, 1905/Nr. 1156.

[71] Nämlich Neumargarethen (Wien XII) und Zwischenbrücken (Wien XX).

[72] AVA, Kultus nach 1896, 37, Wien XVI, 1929/Zll. 22603, 37522; 1930/Zl. 22277.

chen zur Verfügung.[73] Trotzdem konnten von 1900 bis 1930 im Bereich der Stadt Wien nur zehn neue Pfarren gegründet werden.[74] Dabei wählte man meist den Ausweg, die neuen Pfarren verschiedenen Klöstern zu inkorporieren. Diese mußten sich dazu verpflichten, sowohl die Personal- als auch die Sachaufwendungen für die neuen Pfarren zu tragen.

V
Die Seelsorgenot in Wien um 1900

Dem Wiener Pastoraltheologen Heinrich Swoboda (1861—1923) kommt das Verdienst zu, als erster das große Problem der Großstadtseelsorge wissenschaftlich erkannt und bearbeitet zu haben. 1907 legte er in einem Aufsatz mit dem Titel *Großstadt und Seelsorge* erstmals seine „Gedanken über großstädtische Seelsorge" vor; 1909 erschien sein großes Werk *Großstadt-Seelsorge,* das bereits 1911 seine zweite Auflage erlebte.[75] Die Wirkungsgeschichte dieser epochemachenden Arbeit bleibt noch zu schreiben. Wie schon der Titel einer von Heinrich Swoboda am 25. März 1909 anläßlich der Generalversammlung des Vereines zur Erbauung einer Kirche bei der Schmelz in Ottakring-Wien gehaltenen Rede *Notgottesdienst und Wiener Kirchennot*[76] zeigt, war es kein Zufall, daß dieses grundlegende Werk über die Großstadtseelsorge gerade in Wien geschrieben wurde. In dieser Stadt, die im Jahr 1910 bereits die Zweimillionen-Grenze überschritt, wurden die Auswirkungen der Urbanisierung für die Seelsorge besonders spürbar. Einige Streiflichter sollen die seelsorgliche Situation in Wien um 1900 charakterisieren:

(Siehe die Liste auf der folgenden Seite)

[73] AVA, Kultus nach 1896, 37, Wien XIII—XIV, 1910/Zl. 42288.

[74] Und zwar folgende Pfarren: Breitensee (1899/1900); St. Anton (1901), Neumargareten (1905); Zwischenbrücken (1905); Kaisermühlen (1909); Siebenhirten (1912); Donaufeld (1914); Neusimmering (1915); Donaustadt (1923) und Schmelz (1930).

[75] Heinrich Swoboda, *Großstadt und Seelsorge,* in: *Die Kultur,* Jg. 1907, S. 298—315; ders., *Großstadt-Seelsorge. Eine pastoraltheologische Studie,* Regensburg-Rom-New York-Cincinnati 1909; 2. Aufl. 1911. Zitiert wurde nach der ersten Auflage.

[76] H. Swoboda, *Notgottesdienst und Wiener Kirchennot. Rede, gehalten am 25. März 1909 anläßlich der Generalversammlung des Vereines zur Erbauung einer Kirche bei der Schmelz in Ottakring-Wien,* Wien 1909.

Pfarre Hernals:
73 000 Einwohner; 20 Schulen; 10 000 Schüler; 1 Kirche; 5 Seelsorger.
Pfarre Währing:
75 000 Einwohner; 16 Schulen; 7000 Schüler; 1 Kirche; 4 Seelsorger.
Pfarre St. Johann Evangelist in Favoriten:
102 000 Einwohner; 24 Schulen; 13 000 Schüler; 1 Kirche; 6 Seelsorger.
Pfarre Meidling:
63 000 Einwohner; 15 Schulen; 8000 Schüler; 6 Seelsorger.
Pfarre Ottakring:
130 000 Einwohner; 27 Schulen; 16 000 Schüler; 2 Kirchen; 8 Seelsorger.
Pfarre St. Joseph in Margarethen:
88 000 Einwohner; 22 Schulen; 11 000 Schüler; 2 Kirchen; 9 Seelsorger.

Diese Zahlen bieten ein bisher kaum beachtetes, anderes Bild des „Wien um 1900".[77] Eine Auswertung der Matriken der Pfarre St. Johann Evangelist in Wien-Favoriten für das Jahr 1900 ergibt folgende Zahlen:[78] Die Pfarre zählte zu diesem Zeitpunkt rund 100 000 Katholiken. Diese wurden von einem Pfarrer und fünf Kooperatoren betreut; damit kommen auf einen Seelsorger ca. 16 666 Katholiken. Im Jahr 1900 wurden 4033 Taufen und 1154 Trauungen gespendet und 3156 Begräbnisse abgehalten. Untersucht man die Trauungen, so sieht man, daß an einzelnen Tagen folgende Zahlen an Trauungen erreicht wurden: 4. Februar: 44; 11. Februar: 32; 18. Februar: 40; 25. Februar: 78; 26. Februar: 32; 27. Februar: 25; 25. November: 67. Da die Trauungen meist nur vom Pfarrer vorgenommen wurden, war an eine Verbindung derselben mit einer Brautmesse ebensowenig zu denken wie an die Abhaltung von Requien mit Aufbahrung.[79]

Eine Analyse der nationalen Herkunft der Brautleute verdeutlicht ein weiteres für Wien typisches Problem der Großstadtseelsorge: die große nationale Vielfalt. Die Auswertung für das Jahr 1900 zeigt folgende Verhältnisse: Herkunft aus Wien: 30,48 Prozent; Böhmen: 22,38 Prozent; Mähren: 20,48 Prozent; Niederösterreich: 15,71 Prozent; Schlesien: 3,33 Prozent; Ungarn: 1,9 Prozent; Steiermark: 1,9 Prozent; Kärnten: 1,43 Prozent; Oberösterreich: 1,43 Prozent; Krain: 0,95 Pro-

[77] DAW, Pfarren, um 1897: Konzept eines nicht abgesandten Schreibens Kardinal Gruschas an Papst Leo XIII.

[78] Matrikenreferat der Erzdiözese Wien, Matrikenduplikate der Pfarre St. Johann Evangelist für das Jahr 1900.

[79] Vgl. H. Swoboda, *Großstadt-Seelsorge*... (wie Anm. 75), S. 145.

zent. Diese Zahlen geben die nationale Vielfalt der Großstadt Wien wohl besser wieder als die Ergebnisse der Volkszählung des Jahres 1900, nach denen sieben Prozent der Bevölkerung als Tschechen geführt wurden.[80] Eine Analyse der Wählerschaft der Reichsratswahlen 1907 zeigt die soziale Schichtung der Wiener Bevölkerung zu diesem Zeitpunkt und deren politisches Verhalten.[81] Demnach betrug der Anteil an Arbeitern in den Außenbezirken weit über fünfzig Prozent; im 10. Bezirk (Favoriten) wurde der Spitzenwert mit über 70 Prozent erreicht. 70 Prozent der gültigen Arbeiterstimmen Wiens entfielen auf die Sozialdemokraten. Vergleicht man damit die Verteilung der Kirchen in der Stadt Wien, so sieht man, daß gerade in den am dichtest bevölkerten Arbeiterbezirken am wenigsten Kirchen vorhanden waren.[82] Damit können soziale Not, nationale Spannungen und Kirchennot als die bestimmenden Faktoren der Wiener Großstadtseelsorge bezeichnet werden. Künftige Forschungen sollten diese Faktoren besonders berücksichtigen.

Wie hat die Kirche in Wien auf die eben skizzierten Probleme reagiert? Am 18. November 1891 betonte der Wiener Erzbischof Kardinal Gruscha (1890—1911), daß „die Seelsorge ... mit Beziehung auf die Arbeiterbevölkerung und die aus den nationalen Bestrebungen hervorgehenden Gegensätze eine sehr schwierige Aufgabe zu erfüllen hat. Dem Socialismus und dem Nationalismus ... muß der Clerus auf allen Gebieten der Seelsorge entgegenarbeiten."[83]

Die Frage einer besonderen Seelsorge an den aus Böhmen zugewanderten Arbeitern konnte nie großzügig gelöst werden;[84] Versuche, an der Kirche Maria am Gestade in Wien 1850 eine nach dem Personalitätsprinzip strukturierte böhmische Pfarre zu errichten, schlugen fehl; diese Lösung hätte wohl auch eine wenig glückliche Durchbrechung des

[80] Vgl. Jan Havránek, *Soziale Struktur und politisches Verhalten der großstädtischen Wählerschaft im Mai 1907 — Wien und Prag im Vergleich*, in: *Politik und Gesellschaft im alten und neuen Österreich. Festschrift für Rudolf Neck zum 60. Geburtstag*, Bd. 1, Wien 1981, S. 150—166, hier S. 161.

[81] Vgl. J. Havránek, *ebda.* Der Zusammenhang zwischen Kirchennot und Wahlergebnis war schon von Kooperator Franz Unterhofer in seiner Schrift *Streiflicht auf die Kirchennot im volksreichsten Bezirke Wiens*, Wien 1907, aufgezeigt worden: vgl. H. Swoboda, *Großstadt-Seelsorge* ... (wie Anm. 75), S. 127.

[82] Dies betonen F. Unterhofer, *a. a. O.*, und H. Swoboda, *a. a. O.*, S. 124.

[83] AVA, Kultus 1848—1895, 37, Wien XV/XVI, 1891/Zl. 24927.

[84] Vgl. P. Leisching, *Die römisch-katholische Kirche* ... (wie Anm. 25), S. 196 f.

pfarrlichen Territorialitätsprinzipes dargestellt.[85] So bemühte sich der 1861 gegründete St. Methodius-Verein, die Abhaltung tschechischer Gottesdienste und Predigten zu erreichen. Seine Versuche, für die Schulkinder einen Religionsunterricht in tschechischer Sprache zu bekommen, scheiterten am Widerstand der Gemeinde Wien. 1914 betreute der Verein mit zehn Zweigstellen rund 19 000 tschechische Katholiken in Wien. Diese Wirksamkeit muß angesichts einer Zahl von rund 350 000 Tschechen, die zu diesem Zeitpunkt in Wien lebten, als gering bezeichnet werden.

Das eklatante Mißverhältnis zwischen Seelenzahl, Zahl der Pfarren und der Seelsorger in Wien erlaubte nur mehr ein reduziertes Seelsorgeprogramm: die Matrikenführung, die in Österreich auch staatliche Geltung hatte, den Religionsunterricht in den Elementarschulen und die Spendung der Sakramente. Darüber hinausgehende pastorale Bemühungen erfolgten durch verschiedene jüngere Kongregationen; hier sind vor allem die von P. Anton Schwartz gegründeten Kalasantiner[86] und die Salvatorianer (P. Gasser in Wien)[87] zu nennen. Ihr Wirken sollte gerade bei der Erforschung der Geschichte der Großstadtseelsorge besonders berücksichtigt werden.

In zahlreichen Äußerungen verschiedenster Ämter und Behörden kommt die kurz beschriebene pastorale Situation in Wien um 1900 deutlich zum Ausdruck. So schrieb das Wiener erzbischöfliche Ordinariat im Jahr 1898: „Weiters muß constatiert werden, daß die Anforderungen, welche in den großen Wiener Pfarren an die Pfarrer als staatlich bestellte Matrikenführer gestellt werden, kaum mehr bewältigt und infolgedessen auch die Matriken nicht mit jener Genauigkeit und Verläßlichkeit geführt werden können, welche der Wichtigkeit derselben entsprechen."[88] Im Jahr 1900 schrieb dasselbe Ordinariat von Fällen, „. . . wo Cooperatoren plötzlich erkranken oder sonst dienstuntauglich werden, was bei der jetzigen Ueberanstrengung der Seelsorge in Wien leider nichts seltenes ist".[89] Schon 1898 hatte das Ordinariat ähnlich

[85] AVA, Kultus 1848—1895, 37, Wien, Kirchen und Kapellen M—Z, 1850/Zl. 2632.

[86] Vgl. Johann Bruckner, *Der Arbeiterapostel von Wien P. Anton Maria Schwartz. Ein Vorarbeiter in Gottes Werkstatt,* Wien 1935.

[87] Vgl. Anton Kiebele (Hrsg.), *Die Salvatorianer in Geschichte und Gegenwart. 1881—1981,* Rom 1981.

[88] DAW, Pfarren, 1898/Zl. 10622.

[89] *A. a.* O., 1900.

argumentiert: „Denn in den großen Wiener Pfarren liegt die Seelsorge hauptsächlich in den Händen der Cooperatoren, indem der Pfarrer als Seelsorger nicht in Betracht kommen kann, da seine ganze Zeit und Thätigkeit durch die Matrikenführung und die Geschäfte der Kanzlei absorbiert wird ... Infolge dieser Überanstrengung ist es endlich auch, daß so mancher Seelsorger, darunter gerade die eifrigsten, vorzeitig deficient werden."[90] 1891 stellte die niederösterreichische Statthalterei fest, daß „in den einzelnen Pfarren Wiens ein entsprechendes Verhältnis zwischen der Seelenzahl der Pfarrlinge und der Anzahl der bei der Seelsorge fungierenden Priester überhaupt nirgends eingehalten erscheint".[91]

Trotz dieser Verhältnisse wurde die Notwendigkeit, die großen Pfarren zu teilen, manchmal auch vom Klerus nicht eingesehen. Dies zeigen verschiedene Widerstände gegen die vom Wiener erzbischöflichen Ordinariat im Jahr 1898 vorgenommenen Pfarrgrenzänderungen, mit denen auch eine bessere Verteilung der Schulen auf die einzelnen Pfarren erreicht werden sollte. So klagte der Pfarrer von St. Rochus in Wien-Landstraße: „St. Rochus hatte bisher das Ansehen einer sogenannten Hauptpfarre im III. Bezirk, jetzt soll sie der Seelenzahl nach schlechter gestellt werden, weil St. Rochus laut Volkszählung 23 000, St. Othmar aber 28 000 Seelen ausweist; man will der St. Rochuspfarre als Mutterpfarre auch die Demütigung zufügen, die neue Grenze unmittelbar vor der Pfarrkirche festzusetzen." Der Pfarrer berief sich dabei auch auf das kanonische Recht: „Er wurde auf die Pfarre in ihrem derzeitigen Umfang und Zustand investiert, die canonischen und weltlichen Gesetze stehen auf seiner Seite!"[92] Der Minoriten-Guardian an der Pfarre Alservorstadt in Wien VIII protestierte ebenfalls: „Durch die erfolgte Regulierung anläßlich der Errichtung der Votivpfarre und der Pfarre Breitenfeld verliert die Pfarre Alservorstadt das schönste Gebiet ihres Pfarrsprengels und entschieden mehr, als die Pfarre Maria Treu jemals verloren hatte. Diese sieben Häuser sind aber derzeit nach allen anderen Verlusten der schönste Theil der Pfarre."[93] Der Pfarrer von Neulerchenfeld in Wien XVI bedauerte ebenfalls den Verlust verschiedener Einkünfte: „Endlich würde durch die geplante Abtretung

[90] *A. a. O.*, 1898/Zl. 5065.

[91] AVA, Kultus 1848—1895, 37, Wien III—IV, 1891/Zl. 17439.

[92] DAW, Pfarren, 1900/Zl. 1950.

[93] *A. a. O.*, 1898/Zl. 7726.

die Pfarre Neulerchenfeld abermals einen Theil der besser situirten Pfarrangehörigen verlieren und es bliebe dann größtentheils eine infolge Arbeitslosigkeit und der heutigen ungünstigen Arbeitsverhältnisse verarmte Bevölkerung zurück."[94] Das bis 1939 bestehende System zur Finanzierung der Kultusbedürfnisse erwies sich also in vielen Fällen als Hemmschuh für den großzügigen Ausbau einer den Anforderungen der Großstadt entsprechenden Pfarrorganisation.

VI

Die große Wende: Die pastoraltheologische „Wiederentdeckung" der Pfarrgemeinde und das Kirchenbeitragsgesetz von 1939

Die von Heinrich Swoboda schon 1909 erhobenen Forderungen nach Schaffung der organisatorischen Voraussetzungen für den persönlichen Kontakt „zwischen Seelenhirten und Gläubigen" als „Seele jeder, auch der großstädtischen Seelsorge" waren bis 1939 kaum erfüllt worden. Trotzdem sollte aber gerade diese Zeit die theologischen Voraussetzungen für einen Neubeginn, auch in der Großstadtseelsorge, schaffen. In Wien war es die Generation der Schüler Swobodas, allen voran Karl Rudolf, der Lieblingsschüler Swobodas, die hier die entscheidenden Akzente setzte.

Auf dem ersen Katholikentag der Erzdiözese Wien, der 1920 abgehalten wurde, mußte P. Wilhelm Schmidt rückblickend ein schonungsloses Bild der Versäumnisse in der Wiener Großstadtseelsorge im 19. Jahrhundert zeichnen: „Wir müßten blind sein wollen zu unserem eigenen Schaden, wenn wir nicht anerkennen würden, daß augenblicklich der bei weitem zahlreichere Teil unserer Arbeiter im sozialistischen Lager steht. Das ist auch eine Folge des weiten Zurückbleibens der Seelsorgeorganisation hinter dem riesenhaften Anwachsen der Städte, insbesondere der Industriestädte. Gerade in Österreich, wo durch eine Reihe ungünstiger Fügungen die Kirche so lange als Helferin und Dienerin des reaktionären Staates erschien, war es schon nicht gelungen, die Bürgerschaft der Städte vor dem Anwachsen des Liberalismus und des mit diesem Hand in Hand gehenden Materialismus zu schützen, so daß sich hier in religiöser Hinsicht ein so ungünstiger Gegensatz zwischen Stadt und Land entwickelte wie kaum in einem anderen Lande. Als dann aber die Industrialisierung der Städte einsetzte und

[94] *A. a. O.*, 1898/Zl. 7242.

immer größere Massen aus dem Lande in die Städte führte und diese zu Großstädten anwachsen ließ, da blieb die Errichtung neuer Pfarren und Pfarrkirchen als der eigentlichen Zentren der Seelsorge weit hinter dem Zustrom zurück, und der größte Teil dieser Massen, obwohl fast ganz aus katholischen Landgemeinden hervorgegangen, verfiel der religiösen Vernachlässigung und wurde damit eine leichte Beute der damals einsetzenden Sozialdemokratie."[95] Als Mittel zur Abhilfe wurde die Errichtung neuer Kirchen und Pfarren gefordert. So faßte der Wiener Diözesan-Katholikentag folgende Resolution: „Der Wiener Diözesan-Katholikentag fordert nachdrücklich dazu auf, die Bewegung zur Errichtung neuer Pfarren und Erbauung neuer Kirchen wieder in Gang zu bringen und vorerst mit allem Eifer an die Sammlung der dazu nötigen Mittel zu schreiten."[96] Man sah zwar die Notwendigkeit ein, das Ergebnis der Sammlung war jedoch äußerst enttäuschend. Auch das Unterrichtsministerium, dem die Bewilligung zur Errichtung neuer Pfarren noch immer oblag, anerkannte, daß „die Errichtung neuer Pfarren in Wien durch Unterteilung der bestehenden viel zu großen Pfarren ... ein ... amtsbekanntes Erfordernis dringendster seelsorglicher Notwendigkeit ist",[97] doch wurde die staatsbehördliche Genehmigung, eine neue Pfarre zu errichten, nur dann erteilt, wenn dafür keine Mittel aus dem Religionsfonds in Anspruch genommen wurden. Auch hier blieb nur die Möglichkeit, neue Pfarren Klöstern zu inkorporieren. Dabei mußte sich einerseits der jeweilige Orden verpflichten, die alte Pfarre für den Entgang an Stoleinkünften zu entschädigen, andererseits das Ordinariat die Verpflichtungserklärung abgeben, im Falle einer Aufhebung des Inkorporationsverhältnisses entweder aus innerkirchlichen Mitteln für den weiteren Bestand der betreffenden Pfarre aufzukommen oder den ursprünglichen Zustand wieder herzustellen (also die Pfarre aufzuheben) oder einen anderen systemisierten Posten aufzulassen.

Das Konkordat des Jahres 1933, das mit dem 1. Mai 1934 in Kraft trat und die Geltung des Gesetzes vom 7. Mai 1874 über die äußeren Rechtsverhältnisse der katholischen Kirche aufhob, bestimmte über die Errich-

[95] *Bericht über den ersten Katholikentag der Erzdiözese Wien am 24. und 25. März 1920,* hrsg. vom vorbereitenden Komitee, Wien 1920, S. 81.

[96] *A. a. O.,* S. 90. Vgl. auch Jakob Fried, *Die Wiener Seelsorgenot. Anregungen zur Wiedergewinnung der religionslosen Massen,* Wien 1929.

[97] AVA, Kultus nach 1896, 37, Wien XVI, 1930/Zl. 22277.

tung neuer Pfarren folgendes: „Die Errichtung kirchlicher Stellen, für welche eine Kongruaergänzung vom Bunde angestrebt wird, bedarf der Zustimmung der obersten staatlichen Kultusverwaltung, welche hierbei erforderlichenfalls auch die Rechtspersönlichkeit der neuerrichteten Stelle für den staatlichen Bereich bestätigen wird. Dagegen können kirchliche Stellen, für welche der Bund keine Kongruazahlungen leistet, von der zuständigen kirchlichen Behörde frei errichtet oder umgewandelt werden; sofern in diesen letzteren Fällen der neu errichteten Stelle auch für den staatlichen Bereich Rechtspersönlichkeit zukommen soll, wird vom zuständigen Diözesanbischof eine Anzeige über die erfolgte Errichtung bei der obersten staatlichen Kultusverwaltung zu hinterlegen sein, welche hierüber eine Bestätigung ausstellt."[98] Für die Errichtung neuer Pfarren in der Erzdiözese Wien — vor allem im Bereich der Stadt Wien — ergaben sich aus diesen Bestimmungen praktisch keine Änderungen. Obwohl die christlich-katholische Einstellung des in Österreich von 1934 bis 1938 herrschenden autoritären Regimes immer wieder betont wurde,[99] war für keine der in diesem Zeitraum gegründeten Pfarren eine Kongruaergänzung aus dem Religionsfonds vorgesehen. Die staatlichen Stellen betonten aber die Notwendigkeit, in Wien neue Pfarren zu errichten: „Andererseits ist die Errichtung neuer Pfarren in Wien schon längst als eine dringendste Notwendigkeit erkannt worden, der auch für den Staat unmittelbare und erhöhte Bedeutung zukommt, zumal in einer Zeit, in welcher vom Staate aus an den geistigen Neuaufbau des Landes geschritten wird, wobei unmöglich der entsprechenden seelsorglichen Erfassung der Bevölkerung entraten werden kann. Wenn die Kirche zu diesem auch im Interesse des Staates gelegenen Werke der Errichtung der neuen Pfarren dem Staate nichts weiter beizutragen zumutet, als den Ausgleich eines allfälligen Stola-Entganges in der Pfründenfassion, die ganzen übrigen großen Lasten aber selbst trägt, so ist dies ein Verlangen, dem man sich staatlicherseits nicht wohl entziehen kann."[100] Vor allem sollte die Errichtung neuer Pfarren in den Arbeiterbezirken Wiens betrieben werden; in diesem Zusammenhang untersuchte das Wiener Ordinariat auch die Möglichkeit, in den großen Gemeindebauten Seelsorgestationen zu errichten.

[98] *Acta Apostolicae Sedis,* Jg. 1934, S. 267 f.

[99] Vgl. Franz Baltzarek, *Wien 1934—1938. Die Geschichte der Bundeshauptstadt im autoritären Österreich,* in: *Wiener Geschichtsblätter,* 29. Jg. (1974), S. 49—97, bes. S. 55.

[100] AVA, Kultus nach 1896, 37, Wien XIX, 1933/Zl. 32729.

Von 1934 bis 1938 wurden in der Erzdiözese Wien fünfzehn neue Pfarren errichtet; von diesen lagen elf im Bereich der Stadt Wien. Nur zwei dieser neuen Pfarren waren Weltpriesterpfarren; die übrigen waren Orden und Kongregationen inkorporiert beziehungsweise zur seelsorglichen Betreuung übergeben worden. Damit trugen die Orden die Hauptlast der Kosten der Verbesserung der Pfarrstruktur.

Das nach dem Anschluß Österreichs an das Deutsche Reich am 28. April 1939 erlassene Kirchenbeitragsgesetz, die damit verbundene Einziehung des Religionsfonds und das Erlöschen aller öffentlichen Patronate und der damit verbundenen Leistungen, stellten die Finanzierung der Kultusbedürfnisse aller österreichischen Diözesen auf eine völlig neue Basis. Nach den ersten Umstellungsschwierigkeiten erkannten die Diözesen bald die von den nationalsozialistischen Machthabern anläßlich der Einführung des Kirchenbeitragsgesetzes nicht beabsichtigten neuen Möglichkeiten, die dieses Gesetz bot.[101] Die österreichische Kirche hatte nun erstmals die Möglichkeit, ihre Aufgaben völlig autonom durchzuführen. So war es auch möglich, die Errichtung neuer Pfarren nach rein kirchlichen Grundsätzen durchzuführen. Allein im Jahr 1939 wurden in der Erzdiözese Wien 26 neue Pfarren und Expedituren errichtet; von diesen lagen 20 im Stadtgebiet. An den meisten dieser neuen Pfarrkirchen befanden sich auch Niederlassungen verschiedener — auch weiblicher — Orden und Kongregationen. Auf diese Weise sollten diese Einrichtungen vor dem Zugriff der staatlichen Stellen geschützt werden. In einzelnen Fällen wurden diese Pfarren nach 1945 wieder aufgehoben.

Die Kirche Wiens wäre wohl kaum in der Lage gewesen, so rasch die Herausforderungen und Möglichkeiten der neuen rechtlichen Situation zu erkennen und wahrzunehmen, wäre nicht schon lange vorher ein Neuaufbruch in der Pastoral erfolgt. Dieser Prozeß, eng mit dem Namen Karl Rudolf verbunden,[102] soll hier kurz skizziert werden: Im Januar 1924 erschien zum ersten Mal die Zeitschrift *Der Seelsorger* als Beilage des Wiener Diözesanblattes. Zum Geleit schrieb der Wiener Erzbischof Kardinal Piffl: „Als ein Gebot der Stunde begrüße ich die

[101] Vgl. Karl Rudolf, *Aufbau im Widerstand. Ein Seelsorgebericht aus Österreich 1938—1945*, Salzburg 1947, bes. S. 386 ff.

[102] Zu Karl Rudolf vgl. Ladislaus Klener, *Das Wiener Seelsorgeinstitut und Seelsorgeamt. Ihr Wirken für die Fortbildung des Klerus unter Kardinal Innitzer 1932—1955* [Maschinenschrift], Theol. Diss., Wien 1957.

neue Beilage des Wiener Diözesanblattes, die unter dem Titel ‚Der Seelsorger' vor allem neue Wege für die moderne Großstadtseelsorge aufdecken und erschließen soll. Denn wenn auch der Glaubenskern der christlichen Wahrheiten im wesentlichen immer derselbe bleibt, wenn auch die Gnadenmittel der Kirche durch die Jahrhunderte sich nicht ändern, so ändern sich doch mit den Zeitverhältnissen auch die Methoden der Seelsorgspraxis, durch welche der Glaubensinhalt den einzelnen vermittelt und die Gläubigen zum Empfange der Gnadenmittel herangezogen werden sollen. Je mehr wir deshalb bei dem schreienden Mangel an Kirchen und Seelsorgern einsehen, daß wir mit den alten Formen der Pastoration nicht mehr unser Auslangen finden, umso eifriger müssen wir uns nach neuen Methoden umschauen, um vor allem an die Massen seelsorglich heranzukommen."[103] Tatsächlich entwickelte sich *Der Seelsorger*, der seit 1925 selbständig erschien, bald zum führenden Blatt für die Diskussion der aktuellen Seelsorgefragen in Österreich.[104]

Nach verschiedenen Vorstufen — 1927 lag bereits ein Entwurf zu einem sogenannten Missionsinstitut vor, das als „Institut für Heimatmission" die neuen Formen und Aufgaben der Seelsorge organisatorisch zusammenfassen, planen und lenken sollte — wurde am 10. April 1931 von Kardinal Piffl die Gründung des „Wiener Seelsorgeinstitutes" approbiert. Das Gründungsflugblatt umreißt dessen Ziele und Aufgaben: „Die Seelsorge greift auf keinem Gebiete, auch vielfach auf dem Lande nicht mehr, wirklich durch; sie ist kaum noch irgendwo, wie es sein sollte, auf Eroberung eingestellt ... Es sind Verhältnisse herangereift, denen wir mit unserer bisherigen Einstellung und unseren bisherigen Methoden einfach nicht mehr gewachsen sind ... Unsere Arbeit geht vielfach immer noch von Voraussetzungen aus, die nicht mehr vorhanden sind, und übersieht auch nicht wenige Möglichkeiten, die in der neuen Zeit für sie gegeben wären ... Die Erfahrungen aber sollen zusammenfließen, weiterverarbeitet und so weitergegeben werden ... Es sind folgende Aufgaben gestellt: die Verhältnisse gründlich und allseitig zu studieren; die Ergebnisse dieser Studien der praktischen Seelsorge zur Verfügung zu stellen; für die Bereitstellung der notwen-

[103] *Wiener Diözesanblatt*, Jg. 1924, S. 5.

[104] Eine Auswertung dieser Zeitschrift für eine Erforschung der Großstadtseelsorge in Wien steht noch aus.

digen praktischen Hilfsmittel und Einrichtungen Sorge zu tragen."[105] Die Leitung dieses Institutes, das sich später in das Seelsorgeamt der Erzdiözese Wien und in das Österreichische Seelsorgeinstitut teilte, hatte Karl Rudolf bis zu seinem Tod im Jahre 1964 inne. Für die Großstadtseelsorge waren folgende Referate des Institutes besonders bedeutsam: „Großstadt als Erscheinung", „Laienhilfe", „Pfarrgemeindefragen", „Liturgische Erneuerungs-Bewegung", „Arbeiterseelsorge" und „Seelsorgliche Statistik". Die dritte der vom Wiener Seelsorgeinstitut jährlich veranstalteten Weihnachtsseelsorgertagungen war 1933 dem Thema „Die lebendige Pfarrgemeinde" gewidmet. Die Referate dieser Tagung fassen die theologische Neubesinnung auf die Bedeutung der Pfarrgemeinde als „ecclesiola", als konkrete Erscheinung der Kirche, als „Corpus Christi mysticum in concreto"[106] prägnant zusammen: Pius Parsch referierte über „Die Pfarre als Mysterium", Josef Schmid besprach „Die äußere Gestaltung des Pfarrgemeindeaufbaues", Josef Gorbach, der große Initiator der Notkirchenbewegung in Wien,[107] konnte über „Werden und Wachsen der beiden Seelsorgegemeinden ‚Namen-Jesu-Kirche', Wien XII, Philadelphiabrücke und ‚Mariä Namen', Wien XVI, Hasnerstraße" berichten. Dazu passend sprach Leopold Engelhart, der schon 1928 ein grundlegendes Werk über die Großstadtseelsorge vorgelegt hatte,[108] über „Gottessiedlungen und Klosterkirchen im Organismus der Pfarre".[109]

Der Titel der 1933 erstmals in Wien erschienenen Zeitschrift *Der Laie in der Kirche* gibt ebenfalls Zeugnis vom neuen Kirchenbewußtsein, das die Kirche und speziell die Pfarre nicht mehr bloß als Rechtsinstitution, sondern als mystischen Leib Christi sah.[110]

[105] DAW, Nachlaß Rudolf, Karton 34.

[106] Pius Parsch, *Die Pfarre als Mysterium,* in: *Die lebendige Pfarrgemeinde. Bericht über die dritte Wiener Seelsorger-Tagung 26.—29. Dezember 1933,* Wien 1934, S. 13—33, hier S. 19.

[107] Vgl. N. Rodt, *Kirchenbauten...* (wie Anm. 5), S. 443—464.

[108] Leopold Engelhart, *Neue Wege der Seelsorge im Ringen um die Großstadt,* 2. Aufl., Innsbruck-Wien-München 1928.

[109] Vgl. Anm. 13.

[110] Vgl. Karl Lechner, *Der Laie in der Kirche,* in: *Katholischer Glaube und deutsches Volkstum in Österreich,* hrsg. vom Volksdeutschen Arbeitskreis österreichischer Katholiken, Salzburg 1933, S. 224—233.

Mit diesen neuen pastoraltheologischen Ansätzen wurde ein neuer Abschnitt in der Geschichte der Wiener Großstadtseelsorge eingeleitet. Für diese gilt auch heute noch das Wort von Michael Pfliegler: „Die Frage der Großstadtseelsorge wird heute zur Frage der Seelsorge überhaupt. Der Geist, der heute die Zentren des Lebens beherrscht, wird morgen das ganze Land beherrschen."[111]

[111] Michael Pfliegler, *Großstadtseelsorge vor zwanzig Jahren und heute*, in: *Der Seelsorger*, 8. Jg. (1931/1932), S. 242—248, hier S. 248.

Die katholische Kirche in Dortmund und die Industrialisierung im Ruhrgebiet

FRIEDRICH WILHELM SAAL
Dortmund

„Eine voraussetzungslose, ahistorische Großstadt des Reviers" nannte Friedhelm Baukloh 1958 Dortmund. „Eine Stadt der Gegensätze — in jeder Hinsicht." Was ihr fehle, sei die Verbindung zwischen ihren Teilen.[1] Gewiß eine griffige, aber auch verkürzte und überzeichnete Deutung! Immerhin trifft diese Feststellung ein Kernproblem, das den Stadthistoriker beschäftigt. Kennzeichnend für die bisherige Dortmunder Geschichtsschreibung war die Begrenzung auf das mittelalterliche Stadtgebiet; besonders interessierte die Freie Reichsstadt und ihre Stellung in der Hanse.[2] Eine moderne Stadtgeschichte muß die heutige Stadtregion und das 19. und 20. Jahrhundert, die vom Prozeß der Urbanisierung geprägt sind, stärker berücksichtigen. Bei der Frage nach der „kommunalen Antwort auf die Herausforderung durch Industrialisierung und Zusammenballung von Menschen auf engem Raum in kurzer Zeit"[3] kommt den Kirchen als mitgestaltenden Ordnungsfaktoren eine unverwechselbare Verantwortung zu. Während eine Würdigung der evangelischen Kirche,[4] die die Mehrheit der christlichen Bevölkerung repräsentiert, bereits vorliegt, fehlt noch eine Darstellung der katholischen Kirche Dortmunds, das heißt des Gebiets, das im

[1] *Echo der Zeit,* Nr. 30 vom 27. 7. 1958.

[2] Vgl. Luise von Winterfeld, *Geschichte der freien Reichs- und Hansestadt Dortmund,* 7. Aufl., Dortmund 1981.

[3] Gustav Luntowski, *Die kommunale Selbstverwaltung* (= Geschichte Dortmunds im 19. und 20. Jahrhundert, Bd. 1), Dortmund 1977, S. 7.

[4] Ernst Brinkmann, *Die evangelische Kirche im Dortmunder Raum in der Zeit von 1815—1945* (= Geschichte Dortmunds im 19. und 20. Jahrhunderts, Bd. 2), Dortmund 1979.

Norden und Süden ungefähr von Lippe und Ruhr begrenzt wird und im Westen und Osten an die Grenzen von Bochum und Unna/Kamen stößt.

Bisher gibt es nur wenige Vorarbeiten für eine katholische Kirchengeschichte Dortmunds. Abgesehen von einigen Pfarrgeschichten unterschiedlicher Qualität[5] und zwei Studien über das Dominikaner- und das Katharinenkloster[6] ist die Geschichte der katholischen Kirche in Dortmund nahezu unbearbeitet. Das gilt vornehmlich für die Zeit nach dem Ende der Dortmunder Reichsfreiheit. Augenfällig wurde dies 1982, als Dortmund sein 1100jähriges Stadtjubiläum beging. Die offizielle Festschrift[7] bietet zwar zwei ausgezeichnete kirchengeschichtliche Beiträge zum Mittelalter und zur frühen Neuzeit,[8] die neuere Geschichte der katholischen Kirche blieb ausgespart.[9] Diesem bisher

[5] Brauchbare Monographien sind bisher nur für Propstei, Hörde, Hombruch und Kirchlinde erschienen, während die materialreiche Arbeit über Kurl veraltet und wegen fehlender Register nur schwer erschließbar ist. Diese Pfarrgeschichten sind unter lokalhistorischem Aspekt verfaßt; ihnen fehlt deshalb meist ein breiteres Quellenfundament. Vgl. Friedrich Albert Groeteken, *Geschichte der katholischen Propstei-Gemeinde zu Dortmund von 1819—1919*, Dortmund 1919; Theodor Lotz/Bernhard Amedick, *Geschichte der katholischen Stiftsgemeinde in Hörde*, Hörde 1928; Wilhelm Lackmann, *100 Jahre St. Clemenspfarrei Dortmund-Hombruch-Barop 1864—1964 im Rahmen der Industrialisierung des Raumes*, Dortmund 1965; Heinz Vethacke, *Geschichte der Pfarrgemeinde Dortmund-Kirchlinde*, Ahaus 1981; Heinz Geltenpoth, *1100 Jahre Kirchlinde. Chronik eines Ortes 882—1982*, Dortmund 1982; Heinrich Beisenherz, *Das ehemalige Kirchspiel Kurl und seine Randgebiete*, Gelsenkirchen 1932.

[6] Theodor Rensing, *Das Dortmunder Dominikanerkloster (1309—1816)*, Münster 1936; Friedrich Wilhelm Saal, *Das Dortmunder Katharinenkloster*, in: *Beiträge zur Geschichte Dortmunds und der Grafschaft Mark* (im folgenden *DB* zitiert), Bd. 60 (1963), S. 1—90. Es fehlen Studien über die Minoriten in Dortmund, die Klarissen in Hörde, das Kloster Marienborn in Lütgendortmund und das moderne Dortmunder Franziskanerkloster.

[7] Gustav Luntowski/Norbert Reimann (Hrsg.), *Dortmund. 1100 Jahre Stadtgeschichte*, Dortmund 1982.

[8] Hans Jürgen Brandt, *St. Reinoldus in Dortmund*, in: *a. a. O.*, S. 79—104; Heinz Schilling, *Reichsstädtische Gesellschaft, Reformation und Konfessionalisierung*, in: *a. a. O.*, S. 151—201.

[9] Immerhin konnte in einer Ausstellung das städtische Bewußtsein der Dortmunder Katholiken dargestellt werden. Vgl. dazu Friedrich Wilhelm Saal, *Katholische Kirche in Dortmund*. Begleitheft zur Ausstellung „Katholisches Leben in Dortmund. Zeugnisse — Dokumente — Spuren", Dortmund 1982. Diese Ausstellung löste in mehreren Pfarreien kirchengeschichtliche Aktivitäten aus; eigene Ausstellungen und Festchroniken entstanden.

unbearbeiteten Entwicklungsabschnitt wendet sich die vorliegende Studie zu. Untersucht werden die Auswirkungen von Säkularisierung und Urbanisierung auf die katholische Kirche in Dortmund während des 19. Jahrhunderts.[10] Beide Prozesse, die die Kirche entscheidend umformten, entstanden unabhängig voneinander, ausgelöst einerseits durch die Säkularisation von 1803, andererseits durch die Industrialisierung seit der Mitte des 19. Jahrhunderts und die damit verbundene Bevölkerungszusammenballung. Sie gingen ineinander über und stellten die Kirche vor nicht minder schwierige Probleme wie die Reformationszeit.

I
Folgen der Reformation

Nach der Reformation des 16. Jahrhunderts waren nur noch inselhaft katholische Gemeinden im Umkreis von Dortmund erhalten geblieben. In der Freien Reichsstadt gab es drei Klöster: das 1215 eingeweihte Katharinenkloster, ein Frauenstift der Prämonstratenser, und die beiden Klöster der Minoriten und der Dominikaner, die seit 1252 beziehungsweise 1330 in Dortmund wirkten. Da die vier Dortmunder

[10] Für die erste Hälfte des 19. Jahrhunderts ist die Quellenlage günstig. Im Staatsarchiv in Münster ist die Säkularisation mit ihren Folgen für die kirchliche Entwicklung bis zur Jahrhundertmitte durch Quellen sehr gut belegt. Der dreimalige politische Wechsel hatte eine dichte Aktenführung zur Folge (Oranien-Nassau, bergisches Ruhrdepartement, preußisches Zivilgouvernement, Landesdirektion, Oberpräsidium etc.). Da die meisten Entscheidungsprozesse im Kirchen- und Schulbereich wegen der Kriegsereignisse und der kurzen Amtszeit der einzelnen Regierungen nicht zum Abschluß kamen, wurden sie von den Pfarrern oder Gemeindevertretern immer wieder mit dem entsprechenden Beweismaterial vorgebracht. Hinzu kommt der Nachlaß des Freiherrn Gisbert von Romberg, der als Präfekt des Ruhrdepartements und preußischer Landesdirektor mit Sitz in Dortmund mit den meisten Vorgängen selbst befaßt war. Er war mit einer katholischen Frau verheiratet und konvertierte 1854 zum katholischen Glauben. Weitere Ergänzungen bieten die Bestände der säkularisierten Klöster und die entsprechenden Akten im Dortmunder Stadtarchiv. Das Paderborner Bistumsarchiv hat zahlreiche Archivalien über die einzelnen Pfarreien, über Schulen und kirchliche Amtsträger. Besonders wichtig ist das Material über das Kommissariat Wattenscheid, das die letzte Verbindung mit der tausendjährigen kölnischen Kirchengeschichte darstellt. Dagegen sind Dekanatsakten nur im Pfarrarchiv Huckarde erhalten. Die Dortmunder Pfarrarchive von Propstei, Hörde, Kurl, Huckarde und Kirchlinde sind inventarisiert, während die umfangreichen Bestände in Mengede nicht einmal provisorisch verzeichnet sind. Dies gilt erst recht für die neuen Pfarrgemeinden des 19. und 20. Jahrhunderts.

Stadtkirchen von St. Reinoldi, St. Marien, St. Petri und St. Nicolai in den Besitz der evangelischen Kirche übergegangen waren, übten die Minoriten und Dominikaner in ihren Kirchen die Seelsorge für die verbliebenen Katholiken aus. Der Lage ihrer Klöster entsprechend hatte die Kölner Bistumsleitung 1719 den Minoriten den östlichen und den Dominikanern den westlichen Pfarrbezirk der Stadt zugeteilt. Beide Klosterkirchen übten jedoch schon seit dem frühen 17. Jahrhundert die ordentliche Pfarrseelsorge in Dortmund aus. Dies beweisen die erhaltenen Kirchenbücher.[11]

In der Grafschaft Mark, die im 17. Jahrhundert an Brandenburg-Preußen fiel, waren es einzelne Dörfer, die am katholischen Bekenntnis festhielten. Im Westen Dortmunds waren dies Kirchlinde und Huckarde, die unter dem Patronat des Dortmunder Katharinenklosters beziehungsweise der Abtei Essen standen. Über Mengede im Nordwesten und Kurl im Nordosten hatten die Prämonstratenser von Scheda und Cappenberg das Patronat und damit das Recht, die Pfarrstelle zu besetzen. 1686 erhob der Kölner Generalvikar Kirchlinde zur Pfarrei. Sie wurde dem jeweiligen Beichtvater des Katharinenklosters übertragen, einem Kanoniker der rheinischen Prämonstratenserabtei Knechtsteden unweit von Köln. Die Pfarrer von Huckarde bestimmte die Fürstäbtissin von Essen: Im 17. und 18. Jahrhundert waren es meist Knechtstedener Prämonstratenser oder Dortmunder Minoriten und Dominikaner. Dagegen blieben zwar die vor 1290 im Osten von Dortmund gegründete Kommende Brackel[12] und das um 1300 gestiftete Beginenhaus Marienborn in Lütgendortmund selbst katholisch, doch beide Ortschaften wurden reformiert. In der märkischen Stadt Hörde, in unmittelbarer Nachbarschaft Dortmunds im Süden, hatte sich eine kleine katholische Gemeinde von 200 bis 300 Mitgliedern gehalten. Ihr Seelsorger war ein Dortmunder Minoritenpater, der als Beichtvater im 1340 gegründeten Klarissenkloster Clarenberg wohnte, das 1591 in ein weltliches Damenstift für den lutherischen, kalvinischen und katholischen Adel umgewandelt worden war.

[11] Pfarrarchiv Propsteigemeinde, Pfarrbuch der Minoriten: Taufen 1631—1805, Sterberegister 1658—1805, Trauungen 1633—1805; drei Pfarrbücher der Dominikaner: Taufen und Trauungen 1633—1800.

[12] Paul Fiebig, *Die Deutsch-Ordens-Kommende zu Brackel,* in: *DB,* Bd. 50 (1953), S. 353—474. Eine Neubearbeitung zur 700-Jahr-Feier werde ich noch 1990 vorlegen.

II
Säkularisation und kirchliche Neuordnung

Die Säkularisation nahm der Dortmunder katholischen Kirche ihre im Mittelalter gewachsene materielle Grundlage. Nach dem Verlust der Pfarrkirchen durch die Reformation wurde sie nun auch der Klöster beraubt und damit zunächst ihrer letzten noch verbliebenen Einflußmöglichkeiten. In der Napoleonischen Zeit, zwischen 1803 und 1816, wurden alle Klöster im Dortmunder Raum aufgelöst: 1804 St. Katharinen, 1805 das Minoritenkloster, 1809 Marienborn und die Kommende Brackel, 1812 Clarenberg und 1816 das Dominikanerkloster.

Die Reichsstadt Dortmund und die sie umgebende preußische Grafschaft Mark gehörten kirchlich zum Erzbistum Köln. Auch nach der Säkularisation blieben für sie zunächst die Kölner Kirchenbehörden zuständig: das Generalvikariat in Deutz und das Kommissariat Wattenscheid.[13] Beide Territorien kamen 1802 bis 1806 an das Fürstentum Oranien-Nassau; schließlich vereinigte Napoleon sie 1808 mit dem Großherzogtum Berg. Sitz der Präfektur des Ruhrdepartements wurde Dortmund. Zum Präfekten ernannte die französische Regierung den westfälischen Baron Gisbert von Romberg,[14] dem die katholische Kirche Westfalens viel zu verdanken hat. Er war unter anderem maßgeblich an der Errichtung der neuen Pfarreien in Dortmund und Hörde beteiligt. Der Wiener Kongreß sprach 1815 Westfalen — erstmals in einer Provinz vereinigt — Preußen zu. Damit erlangten auch Dortmund und sein Umland zum ersten Mal eine politische Einheit, ein wesentlicher Faktor für die Entwicklung in den folgenden zwei Jahrhunderten. Der von Preußen geschaffene Landkreis Dortmund mit 438 Quadratkilometern zählte 1818 etwa 32 000 Einwohner.[15] Die einst stolze Hansestadt Dortmund mit 8000 bis 10 000 Bürgern im 14. Jahrhundert, die als einzige Stadt Westfalens die Reichsfreiheit erlangt hatte, war zu einer unbedeutenden Ackerbürgerstadt von knapp 4300 Bewohnern herabgesunken. Münster, der Sitz des preußischen Oberpräsidenten, hatte

[13] Hans Bahrenberg, *Das Kommissariat Wattenscheid und seine Entstehung*, Wattenscheid 1933.

[14] T. Lotz/B. Amedick, *Geschichte der katholischen Stiftsgemeinde Hörde* ... (wie Anm. 5), S. 30—47. Clemens v. Romberg schenkte 1860 zum Gedächtnis an seinen Vater der Stiftskirche eine kostbare Turmmonstranz. *A. a. O.*, S. 102. Vgl. auch F. A. Groeteken, *Geschichte der katholischen Propstei-Gemeinde* ... (wie Anm. 5), S. 7 f.

[15] *DB*, Bd. 55 (1958), S. 37.

1800 schon 15000 Einwohner. Selbst in der Mark stand Dortmund noch 1828 mit 5000 Bewohnern hinter Soest (7500), Iserlohn (6000) und Hamm (5200).[16]

Auf Drängen der katholischen Bevölkerung gingen die wechselnden staatlichen Behörden schon bald nach der Säkularisation der Klöster daran, die bisher von diesen betreuten Seelsorgsbezirke den neuen kommunalen Verhältnissen anzupassen. Dabei folgten sie durchweg den französischen Ordnungsvorstellungen, Pfarreien nur am zentralen Ort jeder Mairie zu errichten. Nach Möglichkeit versuchte man schon aus finanziellen Gründen, die nun pensionierten Ordenspriester in der Pfarrseelsorge einzusetzen. Der kirchlichen Neuorganisation, nämlich Grenzziehung sowie Dotierung und Besetzung der Pfarreien, diente unter anderem eine Reise des Präfekten Romberg durch das Ruhrdepartement. Ihm lagen dabei „die Bedürfnisse der Bevölkerung" stärker am Herzen als die Verwaltungsinteressen. Romberg, der sich damals noch als Kalvinist bekannte, lobte „das ausgezeichnete Einvernehmen" zwischen den Konfessionen und warb beim bergischen Innenminister um „das Wohlwollen der Regierung, weil sie (die Pfarrer) dem Volk Gefühle der Ergebenheit einflößten".[17]

Da die alten Pfarrbezirke Mengede, Huckarde und Kurl weitgehend unverändert bleiben konnten, waren für den Norden zwischen Lippe und Hellweg nur geringe Änderungen erforderlich. In den Ortschaften südlich des Hellwegs zur Ruhr hin, die später im Landkreis Hörde zusammengefaßt wurden, gab es dagegen erhebliche Probleme wegen ihrer fast geschlossenen protestantischen Bevölkerung und der großen Entfernungen zur nächsten Pfarrkirche, die nicht selten zwei Stunden ausmachten. Die Verhandlungen zwischen dem Hörder Kirchenvorstand, der Kommunalverwaltung, dem Präfekten Baron v. Romberg und der Düsseldorfer Regierung führten schließlich 1813 zur Errichtung der Pfarrei Hörde mit knapp 350 Katholiken. Von diesen lebten 160 am Pfarrort, während die restlichen Pfarrangehörigen sich auf zwölf Gemeinden im Südosten zwischen Hörde und Brackel beziehungsweise Sölde verteilten, also bis an die Grenzen des heutigen Landkreises Unna. Nach der endgültigen Zirkumskription gehörten 1850 zur Pfar-

[16] Karl Wörle, *Eine Statistik von Dortmund,* Dortmund-Leipzig 1869, S. 19; Luise von Winterfeld, *Eine Beschreibung der alten Grafschaft Mark um 1826/1828,* in: *DB,* Bd. 60 (1963), S. 284—289.

[17] Helmut Richtering, *Das Ruhrdepartement im Herbst 1809,* in: *DB,* Bd. 55 (1958), S. 65—107.

rei die gesamte Bürgermeisterei Hörde mit der Stadt und 19 Ortschaften sowie drei Gemeinden in der Bürgermeisterei Aplerbeck und zwei weitere im Süden der Bürgermeisterei Lütgendortmund. Inzwischen war die Pfarrei auf 3000 Seelen angewachsen. Kirche und Pfarrhaus standen im leerstehenden Stift Clarenberg zur Verfügung. Für den Pfarrer, den Küster und einen Lehrer, zu dessen Obliegenheiten auch der Organistendienst gehörte, wurden die Mittel dem Fonds des 1811 säkularisierten Stiftes entnommen.[18]

Die Pfarrseelsorge in der Stadt Dortmund hatte der Erzbischof von Köln 1616 den Minoriten übertragen. Ihre Pfarrei bestand bis zur Aufhebung des Klosters 1805. Dann wurde sie mit der ebenfalls im 17. Jahrhundert errichteten Pfarrei der Dominikaner vereinigt, bis auch die letzte Dortmunder Ordensniederlassung 1816 säkularisiert wurde. Zu dieser Zeit hatte die Pfarrei etwa 1200 Gläubige; innerhalb der Stadt lebten jedoch nur 500 Katholiken.[19] Nach zweijährigen Verhandlungen zwischen den preußischen Behörden und der römischen Kurie, die durch die Vakanz des Kölner Bischofsstuhles erschwert wurden, konnte der Kölner Generalvikar mit päpstlicher Vollmacht 1819 die Gründung der neuen Pfarrei in Dortmund vollziehen. Dies dürfte eine der letzten Amtshandlungen der Kölner Erzdiözese in Dortmund gewesen sein, bevor Dortmund und die Grafschaft Mark aufgrund der päpstlichen Bulle *De salute animarum* von 1821 dem erheblich vergrößerten Bistum Paderborn inkorporiert wurden. Die Pfarrgrenzen reichten über die Stadt Dortmund hinaus nach Süden bis Eichlinghofen und Barop, nach Norden bis Brechten und Derne und schließlich nach Osten bis Körne und Wambel. Bei der Grenzziehung von 1854 gehörten elf selbständige politische Gemeinden zur Pfarrei Dortmund. Ein kirchliches Leben konnte sich eigentlich nur um das ehemalige Dominikanerkloster mit seiner großen gotischen Hallenkirche, die 1859 zur Propstei erhoben wurde, entfalten. Als stadtgeschichtlich bedeutsames Gotteshaus bewahrt sie auch die älteste Darstellung der Stadt von 1480 auf dem Altargemälde des Derick Baegert. Es zählt zu den schönsten Beispielen westfälischer Tafelmalerei.[20]

[18] T. Lotz/B. Amedick, *Geschichte der katholischen Stiftsgemeinde Hörde ...* (wie Anm. 5), S. 29—53.

[19] F. A. Groeteken, *Geschichte der katholischen Propstei-Gemeinde ...* (wie Anm. 5), S. V und S. 9.

[20] Elisabeth-Maria Baxhenrich-Hartmann, *Der Hochaltar des Derick Baegert in der Propsteikirche zu Dortmund,* Dortmund 1984.

Wegen der geringen Zahl katholischer Einwohner in einzelnen Orten, einer für die Grafschaft Mark meist typischen Diasporasituation, und wegen der großen Entfernungen konnten die kommunalen Grenzen bei den Pfarrumschreibungen häufig nicht eingehalten werden. So lagen zum Beispiel in der Zeit des Großherzogtums Berg die zur Mairie Lünen gehörenden Gemeinden Eving, Lindenhorst und Deusen von der Pfarrkirche in Altlünen jeweils ein bis zwei Stunden entfernt. Sie wurden deshalb der Pfarrei Dortmund zugewiesen. Jede dieser Landgemeinden zählte 1809 nur einen katholischen Haushalt.[21] Nach knapp hundert Jahren war die Zahl der Katholiken in Lindenhorst auf 1100 und in Eving gar auf 4300 gestiegen,[22] in ihrer überwiegenden Mehrheit waren es zugewanderte Berg- und Hüttenarbeiter. Dies bedeutete für die Kirchengemeinde nicht nur ein rapides Bevölkerungswachstum, sondern vor allem eine erheblich veränderte Sozialstruktur. Denn in Dortmund und Hörde prägte das städtische Bürgertum mit Handwerkern und Kaufleuten, in Mengede, Kirchlinde, Huckarde und Kurl die alteingesessene Landbevölkerung das Leben der Kirchengemeinden bis zur Mitte des 19. Jahrhunderts.

Das zuvor verhältnismäßig kleine Bistum Paderborn war durch die Zirkumskriptionsbulle von 1821 flächenmäßig zur zweitgrößten Diözese in Deutschland geworden. Um eine übersichtlichere Verwaltung zu ermöglichen, teilte der Paderborner Bischof 1832 den westfälischen Teil seines Bistums in 27 Dekanate ein. Die Grafschaft Mark, die bisher als Kommissariat Wattenscheid zur Kölner Erzdiözese gehörte, wurde in vier Dekanate eingeteilt. Die neun Pfarreien Dortmund, Hörde, Mengede, Kirchlinde, Huckarde und Kurl innerhalb der heutigen Grenzen Dortmunds, ferner Castrop, Schwerte und Opherdicke bildeten das Dekanat Dortmund. Zum ersten Landdekan wurde der Dortmunder Pfarrer Laurentius Stratmann ernannt.

III

Die Industrialisierung[23]

Mit dem Dortmunder Raum übernahm das Bistum Paderborn 1821 ein Gebiet, das noch bis in die vierziger Jahre von der Landwirtschaft und vom kleinstädtischen Bürgertum geprägt war. Selbst für die Stadt

[21] Staatsarchiv Münster (im folgenden STAM zit.), Regierung Arnsberg, II A Nr. 41.

[22] *Schematismus des Bistums Paderborn 1902*, Paderborn 1902, S. 61.

[23] Vgl., auch zum folgenden Ottfried Dascher, *Grundzüge der wirtschaftlichen Ent-*

Dortmund sah ein preußischer Staatsrat 1817 im Ackerbau „das überwiegend wichtigste Gewerbe".[24] Es dürfte sich jedoch fast durchweg um landwirtschaftlichen Nebenerwerb für den eigenen Verbrauch gehandelt haben, denn bis zur Jahrhundertmitte war in Dortmund das Textilgewerbe führend. Noch 1849 beschäftigten allein zwei Betriebe 248 Arbeiter an 195 Webstühlen für Baumwolle. An weiteren 97 Leinen-Webstühlen wurde im Haupt- und an 18 im Nebenberuf gearbeitet.[25] Mit Ausnahme rein katholischer Dörfer wie Kirchlinde, Huckarde und Kurl bildete die katholische Bevölkerung fast überall eine Minorität mit nur geringem gesellschaftlichen Einfluß. Dieser schwächere Sozialstatus läßt sich schon vor der Industrialisierung nachweisen. In der Bürgermeisterei Lütgendortmund, die zur Pfarrei Kirchlinde zählte, waren 1833 von den 29 katholischen Familienvätern zehn Tagelöhner, acht Handwerker, drei Dienstboten, vier Kötter, zwei Landwirte und zwei Gutsbesitzer.[26]

Das gesamte Pfarrgebiet erstreckte sich über zwölf Ortschaften im Westen von Dortmund bis in die heutigen Stadtgebiete von Bochum und Witten. Allerdings wohnten in fünf Dörfern überhaupt keine Katholiken. Die Mehrzahl der etwa 400 Pfarrangehörigen konzentrierte sich auf Kirchlinde mit 32, Lütgendortmund und Marten/Westrich mit je 18 katholischen Haushalten. Zwischen 1810 und 1815 lebten von den insgesamt 71 Familien 24 als „Einlieger" auf fremdem Eigentum. Der Pfarrer von Kirchlinde vermerkte 1815 in einem Bericht an den westfälischen Oberpräsidenten in Münster, von seinen Gläubigen habe in Lütgendortmund niemand ein Pferd zum Ackern, in Marten und Westrich lebten viele Katholiken als Dienstleute auf den Höfen protestantischer Bauern.[27] Darin wird man eine typische soziale Beschreibung der Pfarreien im Dortmunder Raum noch kurz vor der sich schnell entwickelnden Industrialisierung der vierziger und fünfziger Jahre sehen dürfen.

wicklung Dortmunds im 19. Jahrhundert, in: G. Luntowski/N. Reimann (Hrsg.), *Dortmund ...* (wie Anm. 7), S. 203—230; Gustav Luntowski, *Kleine Wirtschaftsgeschichte von Dortmund,* Dortmund 1988.

[24] Stephanie Reekers, *Beiträge zur statistischen Darstellung der gewerblichen Wirtschaft in der Reichsstadt Dortmund um 1800,* in: *DB,* Bd. 67 (1971), S. 145.

[25] *A. a. O.,* S. 155; Dortmunder Adressbuch von 1793/94, in: *DB,* Bd. 42 (1936), S. 13.

[26] STAM, Regierung Arnsberg, IIc Nr. 674.

[27] *A. a. O.,* Nr. 677, und Zivilgouvernement, Nr. 149.

Der Prozeß der Urbanisierung zwischen Ruhr und Lippe, in dem sich aus zum Teil unbedeutenden Dörfern und Kleinstädten in nur zwei Generationen Großstädte entwickelten, wird häufig auf den massenhaften Zuzug von Arbeitskräften aus den Ostgebieten zurückgeführt. Vor allem die polnischen Einwanderer gelten als charakteristisch für die neue Industriebevölkerung. Unberücksichtigt bleibt dabei der regional und zeitlich unterschiedliche Verlauf der Industrialisierung. Das führte nicht selten zu Mißverständnissen und Vorurteilen über Landschaft, Kultur und Bevölkerung an der Ruhr. Erst mit den Gründerjahren nach dem deutsch-französischen Krieg von 1870/71 begann der Zustrom polnisch sprechender Arbeiter. Inzwischen hatte sich aber bereits das Schwergewicht des Bergbaus und der Eisen- und Stahlindustrie von der Ruhr nach Norden in die Hellweg- und Emscherzone verlagert. Der nordwärts wandernde Steinkohlenabbau hatte mit industriellen Standortverlagerungen natürlich auch eine Nordwanderung der Arbeiterschaft zur Folge. Das brachte eine Vergrößerung der Zechen- und Fabrikanlagen mit immer zahlreicheren Belegschaften und einen vermehrten Arbeiterzustrom aus dem Osten. Ausgegangen war die Industrialisierung in der Dortmunder Region von seiner südlichen Randzone her, den Höhenzügen an der Ruhr. Hier fand sich eine lange Tradition im Bergbau wie in der Eisenverarbeitung, die zur Grundlage der modernen Schwerindustrie werden konnte. 1755 wurde in der Umgebung von Hörde die Kohle auf 47 Zechen ohne Maschinenkraft allein mit Handwinden gefördert. Von den 872 Hörder Einwohnern betrieben 1789 diesen primitiven Kohleabbau 55 Bergarbeiter. Diese Zahl blieb für die folgenden fünfzig Jahre nahezu konstant, obwohl die Einwohnerschaft langsam anwuchs. 1835 waren von den 1500 Hördern 57 im Bergbau tätig. Die übrigen Bergleute wohnten in den umliegenden Dörfern und betrieben meist nebenher etwas Landwirtschaft. Auf den einzelnen Gruben arbeiteten selten mehr als drei bis fünf Arbeiter. Im eisenverarbeitenden Handwerk waren die Nagelschmiede führend. Seit dem 15. Jahrhundert brachte es die märkische Kleineisenindustrie auch in Hörde zu überregionalem Ansehen. 1719 gab es allein in Hörde 90 Nagelschmiede, 1835 immerhin noch 43 Meister ohne die Gesellen und Lehrlinge.[28] Der Westen und Norden von Dortmund waren zu Beginn der vierziger Jahre noch nicht vom Bergbau erfaßt. Nach einer

[28] Wilhelm Brockpähler, *Hörde. Ein Heimatbuch für die Stadt und ihre Umgebung*, Hörde 1928, S. 188—190; Walter Gronemann, *Kleine Geschichte der Stadt Hörde*, Dortmund 1974, S. 41—44.

Steuerliste[29] von 1844 gab es in Kirchlinde, einem ausschließlich von Katholiken bewohnten Dorf, zehn Landwirte, drei Kötter, acht Tagelöhner, sechzehn Handwerker, einen Wirt, eine Lebensmittelhändlerin, einen Lehrer und einen Pfarrer.

In dieser Zeit (1841) begann in Hörde das Industriezeitalter mit der Gründung des ersten Großunternehmens der Eisenindustrie, der Hermannshütte als dem ältesten Betrieb der Dortmunder Hüttenindustrie. Die Einführung des englischen Puddelverfahrens zur Stahlerzeugung und die Verwendung von Fettkohle statt Holzkohle ermöglichten die „Geburtsstunde der Dortmunder Großindustrie".[30] 1830 erhielt die erste Dortmunder Zeche eine Dampffördermaschine, die den Tiefbau, das heißt die Durchbohrung der festen Mergeldeckschicht, und damit die Gewinnung der tiefliegenden Fettkohle ermöglichte. In schneller Folge wurden von 1841 an Tiefbauzechen im Dortmunder Süden eröffnet.[31] Für die nun benötigte große Zahl von Arbeitskräften mußte Wohnraum geschaffen werden; 1851 entstanden in Hörde die ersten Zechenkolonien „Felicitas" und „Alter Clarenberg". Die nationale Bedeutung dieses Wirtschaftsunternehmens kam durch die Anwesenheit des preußischen Königs Friedrich Wilhelm IV. am 27. August 1842 in Hörde und Dortmund bei der Einweihung der Hörder Hütte zum Ausdruck. Die Zusammenfassung von Bergbau und Hüttenindustrie führte 1852 zur Gründung des Hörder Bergwerks- und Hüttenvereins als Aktiengesellschaft, der ersten ihrer Art. 1854/55 wurden die vier ersten Hochöfen zur Kokserzeugung angeblasen. Als bedeutendstes rheinisch-westfälisches Eisenwerk beschäftigte die Hörder Hütte schon 2100 und mit den Zechen zusammen fast 3800 Arbeiter. Im Deutschen Zollverein wurde das Unternehmen zum größten Schienenwalzwerk.

In Dortmund begann 1854 mit der Paulinenhütte und 1865 mit dem ersten Hochofen die Zeit der Schwereisenindustrie. Nach dem Dortmunder Wohnungsanzeiger von 1856 beschäftigte die Industrie erst 36 Maschinen- beziehungsweise Fabrikarbeiter bei einer Bevölkerung von 17 400.[32] Wie schnell die Sozialstruktur Dortmunds sich wandelte, zeigt die Berufsstatistik von 1862.[33] Während die 71 Betriebe im

[29] H. Geltenpoth, *1100 Jahre Kirchlinde* ... (wie Anm. 5), S. 27.

[30] Paul Hermann Mertes, *Zum Sozialprofil der Oberschicht im Ruhrgebiet,* in: *DB,* Bd. 67 (1971), S. 170.

[31] G. Luntowski, *Kleine Wirtschaftsgeschichte* ... (wie Anm. 23), S. 47 ff.

[32] *DB,* Bd. 55 (1958), S. 33.

[33] *A. a. O.,* S. 122.

Handwerk und in der Kleinindustrie zusammen 2000 Arbeiter beschäftigten, zum Beispiel 63 in 25 Brauereien und 23 in zehn Getreidemühlen, waren es in den sechs Großbetrieben allein über 1300: In den vier Hüttenwerken arbeiteten 566 Menschen, in der Maschinenfabrik 462 und im Eisenbahnwagenwerk 330. Die Hörder Hochöfen produzierten 1856 über 23 700 Tonnen Roheisen. Bis 1878 waren insgesamt acht Hochöfen in Betrieb genommen. Nach Verschmelzung des Hörder Bergwerks- und Hüttenvereins mit der Phoenix AG im Jahre 1906 hatte das Unternehmen, dessen Generaldirektion seit 1908 in Hörde seinen Sitz hatte, 1912 fast 40 000 Arbeitnehmer.

Das dritte industrielle Großgewerbe Dortmunds erlebte ebenfalls in diesen Jahren eine entscheidende Neuerung. Die Übernahme der bayerischen Braumethode schuf 1845 die Voraussetzung für den Ruf Dortmunds als Bier-Stadt. Das Brauereiwesen hatte zwar eine lange Tradition,[34] in Hörde waren 1719 schon zehn Brauereien, in Dortmund 1849 sogar 35 mit 51 Beschäftigten registriert,[35] doch erst mit der Thierbrauerei begann 1854 die Zeit der Dortmunder Großbrauereien. 1867 folgten die Hörder Stiftsbrauerei, 1872/73 die Dortmunder Actien- und Unionsbrauerei.

Die Eröffnung des Dortmunder Bahnhofs, in dem sich die beiden wichtigsten modernen Verkehrslinien, die Köln-Mindener und die Bergisch-Märkische Eisenbahn seit 1847/48 kreuzten, gab Dortmund vor allen anderen Industriestädten an der Ruhr einen entscheidenden Standortvorteil. Jetzt konnte auch der Dortmunder Westen um Lütgendortmund und Marten industriell erschlossen werden, zwischen 1850 und 1870 wurden dort acht Tiefbauzechen in Betrieb genommen. Vor 1860 wurden im Dortmunder Raum insgesamt 24 Tiefbauzechen abgeteuft.[36] 1855 bekam Hörde Anschluß an das Eisenbahnnetz. Weitere Strecken wurden 1874/76 eröffnet. Dies bedeutete besonders für den Dortmunder Süden einen starken Bevölkerungszustrom. In dieser ersten Phase der Industrialisierung, zwischen 1850 und 1870 kamen die katholischen Zuwanderer meist aus dem Sauerland, dem Paderborner Raum, dem Eichsfeld, aus dem Rheinland und aus Bayern, die Protestanten aus Hessen und Hannover. Aus dem Rheinland und aus Westfalen betrug der Anteil aller Zuwanderer 65 Prozent.[37]

[34] P. H. Mertes, *Zum Sozialprofil* ... (wie Anm. 30), S. 174 ff.

[35] St. Reekers, *Beiträge zur statistischen Darstellung* ... (wie Anm. 24), S. 163.

[36] Friedrich Eulenstein, *Die siedlungsgeographische Entwicklung Dortmunds*, in: *DB*, Bd. 55 (1958), S. 120.

[37] G. Luntowski, *Kleine Wirtschaftsgeschichte* ... (wie Anm. 23), S. 79.

Nach Überwindung der internationalen Wirtschaftskrise, die der Dortmunder Wirtschaft vorübergehend einen Rückschlag brachte, wuchs 1860 im Norden der Dortmunder Altstadt jenseits der Bahnlinie, die noch heute eine deutliche Grenze für die Sozialstruktur Dortmunds markiert, ein neuer Stadtteil für die Fabrikarbeiterschaft.[38] Mit 10 515 Einwohnern war Dortmund 1849 die größte Stadt im Ruhrgebiet. 1858 lag es als größte Revierstadt mit über 22 000 Einwohnern in Westfalen hinter der Provinzialhauptstadt Münster mit 23 000 Einwohnern an zweiter Stelle. Seit Beginn der Gründerjahre behauptete Dortmund 1871 mit über 44 000 Einwohnern eindeutig den ersten Platz unter den Städten Westfalens vor Münster (24 800).[39]

In einem Jahrhundert, zwischen 1814 und 1914, wuchs die Dortmunder Bevölkerung um das fünfzigfache. Dies geschah jedoch ungleichmäßig. Erst nach 1850 vermehrte sich die Bevölkerung in drei großen Schüben: in den fünfziger, in den siebziger Jahren und zwischen 1890 und 1914, als schließlich eine Zahl von über 250 000 erreicht wurde.[40] Die Bevölkerungszunahme[41] betrug:

	1849	*1858*	
im Landkreis Dortmund	54.200	82.500	= 52,2 %
in der Stadt Dortmund	10.500	22.100	= 110,0 %
in der Stadt Hörde	2.900	6.900	= 134,0 %

Zwischen 1867 und 1905 erreichte der Zuwachs in der Stadt Dortmund 425 Prozent und in der Stadt Hörde 192 Prozent. In der Bevölkerungsstatistik für den Landkreis Dortmund spiegelt sich die wirtschaftliche Entwicklung in den jährlichen Zuwachsraten wider:

1818—1839	1,9 %	1875—1880	1,4 %
1849—1858	5,8 %	1880—1890	3,5 %
1858—1864	2,8 %	1890—1895	5,2 %
1864—1875	5,4 %	1895—1900	10,2 %

Deutlich zeichnen sich die Rückschläge der Wirtschaftskrise von 1859/60 und die große Depression ab, die als „Gründerkrise" oder

38 *A. a. O.*, S. 121. — Vgl. Hans Rosenberg, *Die Weltwirtschaftskrisis 1857—1859*, 2. Aufl., Göttingen 1974.

39 St. Reekers, *Beiträge zur statistischen Darstellung* ... (wie Anm. 24), S. 155, 157.

40 Stadtarchiv Dortmund (Hrsg.), *Der Raum Dortmund. Entwicklung einer Industrielandschaft*, Dortmund 1971, S. 93—97.

41 Alois Meister (Hrsg.), *Die Grafschaft Mark* (Festschrift), Dortmund 1909, S. 558.

„sieben magere Jahre" von 1873 an auf die Hochkonjunktur der Gründerjahre des neuen Kaiserreiches folgte. Der seit der Mitte der neunziger Jahre einsetzende enorme wirtschaftliche Aufschwung gab dem Ruhrgebiet das typische Gepräge einer Industrielandschaft mit riesigen Fabrikanlagen inmitten der Wohngebiete einer zusammengeballten Arbeiterschaft.[42] Noch heute tragen der Westen und Norden Dortmunds Züge dieser Entwicklung.

Mit dem Durchbruch der Hochindustrialisierung wuchsen nördlich der Köln-Mindener Eisenbahnstrecke und in den Dörfern im Norden von Dortmund die Arbeiterviertel aus dem Boden. Neue Bergwerke wurden in Betrieb genommen, die mit ihren Namen dem siegreichen Preußen und seinem Kaisertum auch in Westfalen Prestige und Glanz verleihen sollten: Minister Stein/Eving 1871, Scharnhorst 1872, Gneisenau/Derne 1873, Fürst Hardenberg/Lindenhorst 1874, Kaiserstuhl 1876. Gleichzeitig entstanden die bald weltbekannten Unternehmen der Eisen- und Stahlindustrie wie Hoesch 1871, Maschinenfabrik Deutschland und Dortmunder Union Aktiengesellschaft 1872, Brückenbau Jucho 1877 und August Klönne 1879. Zwischen 1894 und dem Ersten Weltkrieg zeichnete sich eine Veränderung in der Unternehmensstruktur an der Ruhr ab: Kartelle, Syndikate und Konzerne schlossen sich zusammen. In diesen Großunternehmen wurden Werke zusammengefaßt, die einen Verbund von der Rohstofferzeugung bis zur Fertigproduktion bildeten. 1913 standen im Dortmunder Raum 23 Hochöfen, davon allein sieben bei Hoesch, sechs beim Hörder Verein und fünf bei der Dortmunder Union, die etwa 20 Prozent der Stahlproduktion des Ruhrreviers lieferten. Die 1856 gegründete Harpener Bergbau Aktiengesellschaft entwickelte sich bis 1913 durch Übernahme zahlreicher Gruben zum Bergbauunternehmen mit der höchsten Beschäftigtenzahl in Deutschland. Im Großraum Dortmund arbeitete 1913 mit über 92000 Bergleuten fast ein Viertel der gesamten Ruhrbelegschaft.[43] Die Bevölkerung Dortmunds hatte sich von 1858 bis 1871

[42] Vgl. O. Dascher, *Grundzüge der wirtschaftlichen Entwicklung* ... (wie Anm. 23), S. 221—224. Ähnliches gilt für das Stadtbild von Hörde. Der industrielle Umwandlungsprozeß erfaßte auch das dörflich geprägte Umland von Süden her zwischen Ardey-Höhen und Emscher. Vgl. dazu W. Lackmann, *100 Jahre St. Clemenspfarrei* ... (wie Anm. 5), S. 35 und S. 73; Siegfried Niehaus, *Kleine Geschichte des Amtes Aplerbeck*, Dortmund 1980, S. 72f. und S. 80; W. Brockpähler, *Hörde* ... (wie Anm. 28), S. 256.

[43] Vgl. O. Dascher, *Grundzüge der wirtschaftlichen Entwicklung* ... (wie Anm. 23), S. 224f.

verdoppelt, von 22 100 auf 44 400 Einwohner; in den folgenden drei Jahrzehnten stieg ihre Zahl von 78 400 (1885) über 111 200 (1895) auf 172 900 (1905).[44]

IV
Kommunalreform und Neuordnung der katholischen Pfarrorganisation

Die industrielle Entwicklung mit dem schnellen Anwachsen der Bevölkerung machte gegen Ende des 19. Jahrhunderts schrittweise eine Kommunalreform notwendig. 1875 wurde die Stadt Dortmund aus dem Landkreis ausgegliedert und mit fast 58 000 Einwohnern zu einem eigenen Stadtkreis erhoben. 1887 wurde der bisherige Landkreis Dortmund geteilt in den nördlich des heutigen Ruhrschnellwegs (B 1) gelegenen Landkreis Dortmund und den südlichen Landkreis Hörde. 1911 wurde die Stadt Hörde mit 30 000 Einwohnern kreisfrei. In fünfzig Jahren hatte der neue Stadtkreis einen Bevölkerungszuwachs von 450 Prozent zu verzeichnen.[45] Schon 1905 hatte Dortmund einen gegenläufigen Prozeß eingeleitet und mit der ersten Ortschaft im Osten eine Serie von Eingemeindungen eröffnet.[46] 1914 und 1918 wurden weitere zehn Gemeinden aus dem Landkreis Dortmund im Westen, Norden und Osten mit dem Stadtkreis Dortmund vereinigt. Schließlich folgte 1928 und 1929 die Auflösung der Landkreise Dortmund und Hörde. Aus ihnen gingen dreißig Landgemeinden und die Stadt Hörde in den Stadtkreis von Groß-Dortmund ein. Die Fläche Dortmunds vergrößerte sich von 1905 bis 1929 von 2800 auf 27 100 Hektar. Die Einwohnerzahl stieg von 173 000 auf 536 000.

Die Paderborner Bistumsleitung trug der kommunalen Neuordnung jeweils nach einiger Zeit durch eine neue Dekanatseinteilung Rechnung. 1901 errichtete sie die Dekanate Castrop mit acht und Hörde mit sieben Pfarreien. Dem Dekanat Dortmund verblieben fünf Gemeinden. So waren die neuen Pfarreien des 1832 gebildeten Dekanates Dortmund bis 1913 auf 28 eigene Seelsorgebezirke in drei Dekanaten angewach-

[44] Vgl. dazu Wolfgang Köllmann, *Die Bevölkerung Dortmunds im 19. Jahrhundert,* in: G. Luntowski/N. Reimann (Hrsg.), *Dortmund ...* (wie Anm. 7), S. 231—248.

[45] W. Gronemann, *Kleine Geschichte ...* (wie Anm. 28), S. 66.

[46] Karl Hahn, *Die kommunale Neuordnung des Ruhrgebiets, dargestellt am Beispiel Dortmunds,* Köln-Opladen 1958; G. Luntowski, *Die kommunale Selbstverwaltung ...* (wie Anm. 3), S. 25—33.

sen.[47] Nach den Eingemeindungen kam es 1929 zu einer vorläufigen Zusammenfassung aller vierzig Dortmunder Gemeinden zu einem einzigen Stadtdekanat.[48] Die endgültige Neuordnung von 1930, die bis heute gültig ist, schuf vier Dekanate: Dortmund-Altstadt, dessen Dechant gleichzeitig die Funktion eines „Stadtdechanten" erhielt, Dortmund-Nordost, -Süd und -West mit 15, 13, 12 und 12 Gemeinden und mit 128 900, 37 900, 40 700 und 41 700 Katholiken, die inzwischen 41 Prozent der Dortmunder Stadtbevölkerung stellten.[49]

V
Soziale Probleme

Wie zu allen Zeiten stand die Gesellschaft auch im 19. Jahrhundert vor der Bewältigung von Naturkatastrophen. 1845 und 1846 wurde die Landwirtschaft in Westfalen von großer Dürre und Mißernte heimgesucht, die zu einer großen Teuerung und 1847 zur Hungersnot führten. Im Herbst 1866 forderte eine Cholera-Epidemie in Dortmund und besonders in Hörde zahlreiche Todesopfer. Zur Betreuung der Kranken kamen sechs Vinzentinerinnen aus Paderborn; im folgenden Jahr übernahmen sie das Krankenhaus der Hörder Stiftsgemeinde. 1871 starben in Dortmund 62 Menschen an Pocken.[50] Die schlechten Wohnverhältnisse förderten besonders in den Arbeitervierteln die Ausbreitung ansteckender Krankheiten. Der Wohnraummangel, die unzureichende Hygiene, die erst beginnende medizinische Betreuung und die noch häufig verbreitete Unterernährung in den kinderreichen Familien stellten den Staat und die Kommunen vor vielfältige Aufgaben. Dabei haben kirchliche Einrichtungen und private Initiativen ihnen bei der Lösung der „Sozialen Frage" kaum zu unterschätzende Dienste geleistet.[51]

[47] *Realschematismus der Diözese Paderborn 1913*, Paderborn 1913, S. 124.

[48] *Jahrbuch für die Katholiken Dortmunds 1929*, Dortmund 1929, S. 92.

[49] *Real-Schematismus der Erzdiözese Paderborn 1931*, S. 9 und S. 136.

[50] W. Lackmann, *100 Jahre Clemenspfarrei* ... (wie Anm. 5), S. 30; T. Lotz/B. Amedick, *Geschichte* ... (wie Anm. 5), S. 97; Norbert Reimann/Hanneliese Palm/Hannelore Neufeld (Bearb.), *Dortmunder Chronik. 1000 Daten zur Stadtgeschichte*, Dortmund 1978, S. 71.

[51] Zur Gesamtproblematik besonders Albin Gladen, *Die „Soziale Frage" im Prozeß der Industrialisierung Dortmunds*, in: G. Luntowski/N. Reimann (Hrsg.), *Dortmund* ... (wie Anm. 7), S. 249—270.

Der Zustrom der Arbeitermassen seit den neunziger Jahren führte besonders im Bereich der großen Gruben und der Hüttenwerke zu einem erheblichen Wohnungsmangel. Die Wohnungsnot blieb von nun an ein Dauerproblem. Bewohnten 1850 noch fast alle Bergleute ein eigenes Haus, war 1873 nur noch jeder vierte und schließlich 1893 nur noch jeder zehnte Bergmann Hausbesitzer.[52] 1900 mußten sich in Hombruch/Barop vier Familien ein Wohnhaus teilen. In Dortmund lebten im Jahre 1825 durchschnittlich sechseinhalb Bewohner in einem Haus, 1849: 10, 1864: 14 und 1871: 17.[53] Hinzu kamen die vielen jungen Arbeiter, die in Ledigenheimen nahezu kaserniert oder als „Kostgänger" zur Untermiete wohnen mußten. Nicht selten teilten sich zwei eine Schlafstelle in Tag- und Nachtschicht. Der monatliche Durchschnittslohn der Bergleute lag 1889 mit 65 Mark unter dem der Fabrikarbeiter (75 Mark) und mit Abstand unter dem Lohn der Maurer (80 Mark), die von der Konjunktur in der Bauwirtschaft profitierten.[54]

Als die Arbeits- und Lebensbedingungen der Industriearbeiterschaft sich zunehmend verschlechterten, kam es immer öfter zu Arbeitskämpfen, die schließlich ganze Regionen oder Branchen lahmlegten. Ausgelöst wurden sie zu Anfang meist durch Zechenstillegungen und Betriebsschließungen und die damit verbundenen Massenentlassungen,[55] später ging es mehr um Arbeitszeit- und Lohnfragen. Der große Bergarbeiterstreik von 1889 setzte ein im ganzen Reich sichtbares Fanal, so daß der Kaiser drei Dortmunder Bergleute empfing, die „Kaiserdelegierten". Die Forderungen der Bergleute nach fünfzehnprozentiger Lohnerhöhung, Acht-Stunden-Schicht, einschließlich Ein- und Aus-

[52] W. Lackmann, *100 Jahre Clemenspfarrei* ... (wie Anm. 5), S. 58.

[53] Angaben nach Hermann J. Bausch, *An den Quellen der Heimatgeschichte. Dortmund 1826—1871*, in: *Heimat Dortmund*, Jg. 1988, S. 39.

[54] Walter Gronemann, *Kleine Geschichte der Ämter Barop und Kirchhörde*, Dortmund 1987, S. 63.

[55] So kam es 1856 auf der Hörder Hermannshütte zum ersten Streik im Dortmunder Raum. Die Aplerbecker Eisenhütte schloß 1859 ihr Puddel- und Walzwerk und entließ fast 200 Beschäftigte. 1860 ging sie in Konkurs. Auch die 1854 eröffnete Dortmunder Paulinenhütte erwies sich 1859 als Fehlschlag. In dieser ersten Wirtschaftskrise verließen 2000 Hüttenarbeiter Dortmund. Zum ersten Bergarbeiterstreik im Ruhrgebiet führten 1872 Feier- und Kurzschichten sowie Entlassungen und Spannungen zwischen den Arbeitern und den Zechenbeamten. Die Schichten betrugen wegen der langen Arbeitswege bis zu zehn Stunden. 1875 und 1877 kam es im Raum Hombruch/Barop aufgrund von Stillegungen und drohender Massenentlassungen zum Streik. Vgl. S. Niehaus, *Kleine Geschichte des Amtes Aplerbeck* ... (wie Anm. 42), S. 54 ff.; W. Lackmann, *100 Jahre Clemenspfarrei* ... (wie Anm. 5), S. 24.

fahrt, und Freiwilligkeit von Sonntags- und Überschichten stießen auf harte Ablehnung. Es kam zum Generalstreik im ganzen Ruhrbergbau, zu Krawallen und zum Einsatz von Polizei und Militär. Die ersten Toten und Verletzten führten zu großer Erbitterung; aber die Not der Bergarbeiterfamilien stieg so sehr, daß in der Presse zu Spenden wegen der zunehmenden Hungersnot aufgerufen wurde. Der Ausstand zwang auch die Eisenwerke und die Eisenbahn zu Einschränkungen und Entlassungen. Nach einem Monat ging der bisher größte Streik zu Ende. Sein Ausmaß und die Standfestigkeit der Arbeiter hatten die Zechenleitungen und die Behörden völlig überrascht; den Bergleuten brachte er neben der täglichen Acht-Stunden-Schicht ein starkes Solidaritätsbewußtsein und den Zusammenschluß in einer den Sozialdemokraten nahestehenden Gewerkschaft, die in Dorstfeld vor den Toren Dortmunds als „Alter Verband" an die Öffentlichkeit trat. Dem Bergarbeiterstreik von 1912 fehlte eine vergleichbare Durchschlagskraft, da der Christliche Gewerkverein, die Vertretung der katholischen Bergleute, eine Beteiligung ablehnte.

Wirtschaftliche Krisen führten auch in der Folgezeit zu einer starken Wanderungsbewegung innerhalb des Ruhrgebiets. Einer Zuwanderung in den Dortmunder Raum von 31 200 im Jahre 1927 entsprach eine Abwanderung von 30 600 Personen, das heißt, Zu- und Abwanderung hielten sich mit je ca. zehn Prozent der Bevölkerung in etwa die Waage. Kirchlicherseits empfand man diese Mobilität als Entwurzelung und sah darin meist die Ursache für den Verlust kirchlicher Bindung.[56]

Die Industrialisierung hatte Folgen auf allen Gebieten der gesellschaftlichen Entwicklung. Rückwirkungen auf die kirchliche Einbindung lassen sich bis auf die lokale Ebene verfolgen und mit etlichen Beispielen belegen. Hingewiesen sei nur auf die fortschreitende Säkularisierung im öffentlichen und privaten Leben, auf die Auseinandersetzungen mit dem Liberalismus und dem Sozialismus, die seit der verunglückten Revolution von 1848 zum Entstehen zahlreicher katholischer Vereine führte, oder auf die Spannungen zwischen Staat und Kirche, zum Beispiel im Mischehenstreit, im Kulturkampf oder im Ringen um die konfessionelle beziehungsweise weltliche Schule. Hinzu kamen innerkirchliche Konflikte — teils wegen nationalkirchlicher und liberalistischer Tendenzen, teils wegen des römischen Zentralismus —, zum

[56] *Jahrbuch für die Katholiken Dortmunds*, 1929, S. 50.

Beispiel die Auseinandersetzungen mit den Deutschkatholiken,[57] mit den Altkatholiken[58] über das Erste Vatikanum, der Gewerkschaftsstreit und Gegensätze zwischen Liberalen und Konservativen im Klerus und in den Gemeinden.

VI
Pastorale Probleme

Die Bevölkerungsexpansion veränderte die Kirchengemeinden an der Ruhr in wenigen Jahren in ihrer Größe wie in ihrer sozialen Zusammensetzung. Zu Beginn des 19. Jahrhunderts betrug der Katholikenanteil[59] in den Städten Dortmund und Hörde 20 Prozent beziehungsweise 14 Prozent. An diesem prozentualen Verhältnis änderte sich auch bis zur Jahrhundertmitte trotz einsetzender Industrialisierung und einem Zuwachs an Katholiken von über 50 Prozent in Hörde und über 150 Prozent in Dortmund erstaunlich wenig. Es lebten in Dortmund 1825 1100 Katholiken und 1849 2800, in Hörde lebten im Jahre 1811 160 Katholiken, 1843 waren es 250. Ihr Anteil machte in Dortmund 1849 26 Prozent und in Hörde 1843 13 Prozent aus. Diese nur geringfügige Vergrößerung des katholischen Bevölkerungsanteils ist darauf zurückzuführen, daß bei der ersten Zuwanderung vorwiegend Protestanten aus dem märkischen Hinterland kamen. Erst mit dem Durchbruch der Schwerindustrie in den sechziger Jahren kam es zur Ausweitung des Einzugsgebietes. Zwischen 1865 und 1870 verteilten sich die insgesamt 20 500 Einwanderer in die Stadt Dortmund auf 13 400 aus Rheinland/Westfalen, 2400 aus übrigen preußischen Provinzen, 3700 aus übrigen deutschen Staaten, davon 2000 aus Hessen-Nassau, und 1000 aus dem Ausland, davon 700 aus Holland.[60]

[57] 1846 hatten die Deutschkatholiken in Dortmund mit 21 Familien, das heißt etwa fünf Prozent der Pfarrangehörigen, nur wenige Anhänger. Vgl. Friedrich Wilhelm Graf, *Die Politisierung des religiösen Bewußtseins. Das Beispiel des Deutschkatholizismus,* Stuttgart-Bad Cannstatt 1978.

[58] Die Altkatholiken blieben ebenfalls zahlenmäßig unbedeutend, wenn sie auch die Dortmunder Propsteikirche beanspruchten. Vgl. F. A. Groeteken, *Geschichte der katholischen Propstei-Gemeinde* ... (wie Anm. 5), S. 61 und S. 78—85; T. Lotz/B. Amedick, *Geschichte* ... (wie Anm. 5), S. 102 f.

[59] Für Dortmund errechnet nach H. J. Bausch, *An den Quellen* ... (wie Anm. 53), S. 39; für Hörde nach W. Brockpähler, *Hörde* ... (wie Anm. 28), S. 256, und T. Lotz/B. Amedick, *Geschichte* ... (wie Anm. 5), S. 50 f., 111.

[60] Karl Obermann, *Arbeitermigration in Westfalen im Prozeß der Industrialisierung,* in: *DB,* Bd. 68 (1973), S. 245 f.

Durch die Hermannshütte erlebte Hörde zwischen 1843 und 1858 ein Anwachsen seiner Einwohnerschaft um fast 250 Prozent; gleichzeitig stieg die Zahl der Katholiken von 250 auf 2800, das waren 40 Prozent der Einwohner. In den folgenden fünfzig Jahren stieg der Katholikenanteil auf nahezu die Hälfte der Hörder Bevölkerung an, nämlich 48,5 Prozent im Jahre 1910. Diese Steigerung stellte die katholische Kirchengemeinde vor ein schwerwiegendes Problem: die Armut der weitaus meisten Gläubigen. Durch die Wahlliste von 1856 ist die Berufsstatistik der Hörder Pfarrgemeinde überliefert.[61] Danach gehörten die meisten Mitglieder der Kirchengemeinde zum „Proletariat, ja leben mitunter in drückender Armuth". Von den 297 katholischen Haushaltsvorständen waren:

Fabrikarbeiter	208	Handwerker	37
Bergleute	17	Kaufleute	2
Tagelöhner	9	Wirte	3
	234		42

Zu dieser Zeit hatte die Pfarrei bereits mehr als 3000 Mitglieder. Ihre Zahl wuchs ständig, bis auf 15 500 im Jahre 1913, obwohl seit den sechziger Jahren neue Gemeinden gegründet wurden. Insgesamt hatte sich seit der Pfarrerrichtung in Hörde 1813 die Zahl der Katholiken auf 35 200 erhöht.[62]

Als der Dortmunder Kirchenvorstand 1846 bei der Bistumsleitung eine zweite Kaplaneistelle beantragte, reichte er zur Begründung ein Verzeichnis der 553 katholischen Haushalte ein, das die Aufstellung einer Berufsstatistik kurz vor der beginnenden Industrialisierung ermöglicht.[63]

Tagelöhner	87	Landwirte	10
Gelegenheitsarbeiter[64]	8	Handwerker	245
Boten	8	Wirte	9
Arbeiter	17	Kaufleute	20
Bergleute	17	Unternehmer	4
	137		288
Musiker/Tanzlehrer	8	Witwen	27
Angestellte/Beamte	34	berufstätige Frauen	14
Tierarzt	1		
Ärzte	3		
	46		41

[61] T. Lotz/B. Amedick, *Geschichte* ... (wie Anm. 5), S. 76; irrtümlich auf die Stadt bezogen.

[62] *Realschematismus* ... (wie Anm. 47), S. 205—212.

[63] Bistumsarchiv Paderborn, Acta spec., Propstei Dortmund Nr. 2; Angaben nicht vollständig.

[64] Hausierer, Eseltreiber, Lumpensammler.

Damit hatte die Dortmunder Gemeinde im Verhältnis zu Hörde zwar eine differenziertere Sozialstruktur, aber auch hier war der städtische Mittelstand nur von geringem Einfluß, vor allem wenn man den Anteil von Mischehen mit über 45 Prozent berücksichtigt. Er war gerade im Bürgertum verhältnismäßig hoch. Dies machte sich auch bei den Kirchenabgaben bemerkbar, da bei „gemischten Familien" nur der halbe Satz zu zahlen war.

In Dortmund erreichte durch die Hochindustrialisierung der prozentuale Anteil der Katholiken 1913 seinen Höhepunkt[65] und damit zum erstenmal seit der Reformation den Gleichstand mit den Protestanten. Durch die Eingemeindungen, vor allem des mehrheitlich protestantischen Landkreises Hörde, erfolgte ein leichter Rückgang:[66]

1858	*1871*	*1910*	*1913*	*1925*	*1930*
7.500	19.000	102.500	112.000	141.000	215.000
34 %	42 %	47,8 %	49 %	43,8 %	41 %

Dortmund besaß bis 1871 nur eine Kirche, obwohl die Pfarrei 1866 schon 12 000 Mitglieder zählte. Mit 15 000 Pfarrangehörigen war sie die größte katholische Kirchengemeinde Deutschlands[67] mit nur einem Gotteshaus, da die 1871 konsekrierte Krimkapelle an die Altkatholiken abgetreten werden mußte. Bevor es zu den längst notwendigen Pfarrteilungen kam, zählte die Pfarrei 1889 sogar 38 000 Mitglieder. Für 1888 registrierten die Kirchenbücher 1764 Taufen, 347 Trauungen, 904 Beerdigungen.[68]

Seit der Reformation war die Dortmunder Region Diaspora, in der die evangelische Bevölkerung nicht nur die Mehrheit, sondern auch die gesellschaftliche Oberschicht stellte. Durch das industriell bedingte Bevölkerungswachstum änderte sich zwar das zahlenmäßige Mißverhältnis der beiden Konfessionen, am bestimmenden Einfluß evangelischer Honoratiorenfamilien jedoch nur wenig. Auch die neue soziale Elite, die Ruhr-Unternehmerschaft im Bergbau und in der Schwerindu-

[65] Nach Schätzungen: vgl. *Realschematismus ...* (wie Anm. 47), S. 125; *Jahrbuch 1913. Ein Wegweiser für die Katholiken von Dortmund und Umgebung*, Dortmund 1913, S. 60.

[66] Kurt Koszyk, *Dortmunder Kommunalpolitik während der Gründerjahre*, in: *DB*, Bd. 67 (1971), S. 76; Heinrich Trost, *50 Jahre im Spiegel der Statistik*, in: *Festschrift Propst Wilhelm Aufenanger*, Dortmund 1950; *Real-Schematismus ...* (wie Anm. 49), S. 136.

[67] F. A. Groeteken, *Geschichte der katholischen Propstei-Gemeinde ...* (wie Anm. 5), S. 85.

[68] Pfarrarchiv Propsteigemeinde.

strie und im Dortmunder Bierbraugewerbe, war protestantisch und politisch liberal.[69] Unter den 21 Dortmunder Kommerzienräten und Unternehmern gab es nur drei Katholiken (Fabrik-, Brauereibesitzer, Generaldirektor des Hörder Bergwerks- und Hüttenvereins), von denen keiner gebürtiger Dortmunder war. Ihre Familien gehörten zu den Neubürgern aus dem katholischen Westfalen (Recklinghausen beziehungsweise Münsterland) und dem rheinischen Trier.[70]

Die Mischehenproblematik ist ein typisches Kennzeichen einer Diasporaregion. Für Dortmund und das märkische Westfalen darf man allerdings davon ausgehen, daß die hohe Zahl konfessionell „gemischter Ehen" nicht erst eine Folge der industriell bedingten Bevölkerungswanderung war. Mischehen waren hier schon im 17. und 18. Jahrhundert keine Ausnahme. Vielen Katholiken erschien die mancherorts übliche Benutzung von Simultankirchen oder der gemeinsame Schulbesuch katholischer und evangelischer Kinder als kein allzu großes Übel. Bei der Pfarrstellenbewerbung galt es für den Priester als Empfehlung, wenn er „gegen andere Glaubensgenossen tolerant war".[71] Die Berufung seines ersten Pfarrers hatte der Hörder Kirchenvorstand 1813 offensichtlich in Anlehnung an das protestantische Verfahren nach Probepredigten dreier Bewerber mit einer „Predigerwahl" durch die Gemeindemitglieder eröffnet.[72] Es gibt zahlreiche Zeugnisse, daß in der ersten Hälfte des vorigen Jahrhunderts — also auch vor der Industrialisierung — fast die Hälfte aller verheirateten Katholiken in Mischehen lebte. Dabei ist auch kein Unterschied zwischen Stadt und Land erkennbar. In den protestantischen Dörfern der Pfarrei Kurl waren 1840 von 15 katholischen Familien acht, im Dorf Wickede 1862 von 16 Familien neun konfessionsverschieden.[73] In Hörde waren 1828 zwei Drittel aller Ehen Mischehen.[74]

In der Pfarrei Dortmund (Stadt und Land) betrug der Mischehenanteil 1846 über 45 Prozent. Die betroffenen 254 Familien verteilten sich auf alle sozialen Schichten vom Tagelöhner bis zum Dortmunder Bür-

[69] P. H. Mertes, *Zum Sozialprofil* ... (wie Anm. 30), S. 167—226.

[70] *A. a. O.*, S. 197 f., S. 212—215, und S. 226.

[71] STAM, Regierung Arnsberg, II c, Nr. 619: So äußerte sich 1825 der Paderborner Domkapitular Heinrich Zilleken, Pfarrer von Wattenscheid, über seinen Kaplan Harpe, den zweiten Hörder Pfarrer.

[72] STAM, Landesdirektion Dortmund, Nr. 69, Bl. 14—19.

[73] H. Beisenherz, *Das ehemalige Kirchspiel Kurl* ... (wie Anm. 5), S. 23.

[74] T. Lotz/B. Amedick, *Geschichte* ... (wie Anm. 5), S. 51 und S. 56.

germeister Wilhelm Brügmann, der mit einer katholischen Frau verheiratet war. Diese zählte zu den großen Wohltätern der katholischen Kirche in Dortmund. In der Literatur ist bisher zu wenig berücksichtigt, von welchem Nutzen mancher dieser kirchlicherseits bekämpften Mischehenpartner für die im öffentlichen Leben wenig einflußreichen Kirchengemeinden sein konnte. In Dortmund findet man 1846 darunter drei Stadtverordnete, einen Oberlandgerichtsassessor, einen Domänenrat, einen Steuerrat, einen Tierarzt und einen Major a. D.[75] 1855 lebten 52 Prozent der Hörder Pfarrangehörigen in Mischehen, unter anderen acht Mitglieder von Gemeindegremien (Kirchen-, Schulvorstand, Gemeindevertretung). In der Arbeiterschaft war die Zahl der Mischehen zu dieser Zeit noch relativ niedrig: 76 Fabrikarbeiterfamilien von insgesamt 202 Haushalten, zehn Bergarbeiterfamilien von insgesamt 14 Haushalten und 18 Handwerkerfamilien von insgesamt 37 Haushalten.[76] Die Dortmunder Statistik weist erst von 1920 bis 1948 einen kontinuierlichen Rückgang rein katholischer Eheschließungen von 52,8 Prozent auf 38,7 Prozent auf. Schon 1927 überwog auf den Dortmunder Standesämtern die Zahl konfessionsverschiedener Trauungen (896 : 836).

Vor diesem Hintergrund erscheinen die in der Zeit der Weimarer Republik veröffentlichten Verurteilungen des 19. Jahrhunderts recht merkwürdig: Mischehen seien der Hauptgrund für ein „religiöses Durcheinander" oder für die „Verwaschenheit des Katholizismus in Hörde" gewesen, wurde 1932 kritisiert.[77] Der Dortmunder Pfarrer und spätere Paderborner Weihbischof Baumann sah 1929 in der „steigenden Mischehen-Tendenz" ein Merkmal des „Großstadtkatholizismus". Die Tatsache, daß sich fast alle katholischen Paare kirchlich trauen ließen, wertete er als einen „Hoffnungsstern in der religiösen Großstadtnacht".[78] Der Säkularisierungsprozeß und eine zunehmende Distanzierung von Religion und Kirche, wie sie sich in Kirchenaustritten, zurückgehendem Kirchenbesuch und Sakramentenempfang niederschlugen, sind zwar statistisch zu erfassen; die persönliche Bindung an Glaube und Kirche ist auf diese Weise jedoch nicht erkennbar.

[75] Bistumsarchiv Paderborn (wie Anm. 63).

[76] STAM, Regierung Arnsberg, II c, Nr. 619.

[77] H. Beisenherz, *Das ehemalige Kirchspiel Kurl* ... (wie Anm. 5), S. 23. Vgl. auch T. Lotz/B. Amedick, *Geschichte* ... (wie Anm. 5), S. 77.

[78] Antonius Baumann, *Gedanken zur kirchlichen Statistik von Dortmund*, in: *Jahrbuch für die Katholiken Dortmunds 1929*, Dortmund 1929, S. 52—54.

VII
Pastorale Konsequenzen

Die Kirche mußte sich den Problemen stellen, die ihr die moderne Industriegesellschaft aufdrängte. Die Verstädterung ihrer Gemeinden im Ruhrgebiet erforderte vom Kirchenvolk ein Umdenken und eine neue Seelsorgepraxis, weil die bisher bewährten Traditionen in den Agrargemeinden des Münsterlandes, des Paderborner Hochstifts oder am Niederrhein nicht mehr ausreichten. Die ersten Reaktionen der Kirchenleitungen entsprachen noch ganz dem traditionellen Vorgehen: Aufgrund einer bestimmten Katholikenzahl wurde das kirchliche Personal durch neue Stellen vermehrt und schließlich das bestehende Pfarrsystem durch Neugründungen erweitert und den jeweiligen kommunalen Einheiten angepaßt. Eine pastorale Reflexion setzte erst zu Beginn des 20. Jahrhunderts ein. Ausgangspunkt war die Situation in Wien, wo die Größe einer Pfarrei mit 70 000 Gläubigen alle Vorstellungen pastoraler Möglichkeiten sprengte und neue Formen der Großstadtseelsorge dringend erforderlich machte.[79]

Die kirchliche Entwicklung Dortmunds verlief — vergleichbar der in Wien — gewiß unter anderen Bedingungen als in einer Weltstadt, aber exemplarisch für das Ruhrgebiet. Die steigende Zahl der Gläubigen führte zuerst zur Bewilligung neuer Planstellen für Hilfsgeistliche. So erhielten die Dortmunder Pfarrei zwischen 1838 und 1884 und die Hörder Stiftsgemeinde zwischen 1856 und 1896 je fünf zusätzliche Stellen. Nach der Säkularisierung betreuten zehn Priester die sechs Pfarreien innerhalb des heutigen Stadtgebietes; 1902 waren es fünfzig Priester, davon zwanzig Pfarrer. Ihre Zahl war 1913 auf 76, 1931 auf 92 und 1961 auf 118 Geistliche angewachsen.[80] Um die Besetzung neuer Pfarrstellen möglich zu machen, wurden im Rückgriff auf die Trienter Konzilsbeschlüsse, die die Territorialpfarrei zum Ort der ordentlichen Seelsorge bestimmten, zahlreiche Reformen durchgeführt. Die besondere Sorge der Bischöfe galt der Errichtung ausreichender Priesterseminare für jede Diözese. Hinzu kam das Bestreben, zur Hebung der

[79] Vgl. dazu Norbert Greinacher, *Die Kirche in der städtischen Gesellschaft,* Mainz 1966.

[80] Die Angaben wurden zusammengestellt aus: *Schematismus des Bistums Paderborn 1902,* Paderborn 1902; *Realschematismus* ... (wie Anm. 47); *Real-Schematismus* ... (wie Anm. 49); *Realschematismus der Erzdiözese Paderborn Westfälischer Teil,* Paderborn 1961.

theologischen Bildung der künftigen Priester an den staatlichen Universitäten theologische Fakultäten zu sichern. So behielt das Bistum Paderborn wie auch Münster seine eigene philosophisch-theologische Lehranstalt, später Fakultät, obwohl die Paderborner Universität von Preußen nicht wieder zugelassen wurde. Die den Staatsbeamten vergleichbare höhere Bildung machte den Klerus gleichsam zu einem Teil des öffentlichen Dienstes, zumal ihm in Preußen bis in die Mitte der siebziger Jahre des 19. Jahrhunderts die Schulaufsicht und die Standesregistratur übertragen war. Dieser soziale Status führte zusammen mit der inneren Festigung der Kirche zu einem Anwachsen des Priesterstandes, einer Voraussetzung für eine personelle Ausweitung der Pfarrseelsorge. So stieg auch im Dortmunder Raum die Zahl der Priesterberufungen seit der Mitte des 19. Jahrhunderts merklich an. Eine nur vorläufige Zusammenstellung ermittelter Primizen,[81] da entsprechende Untersuchungen fehlen, zeigt die steigende Tendenz: 1845—1899: 27, 1900—1918: 33, 1920—1929: 34 und 1930—1935: 33. 1935 bereiteten sich acht Diakone und weitere zehn Kleriker aus Dortmunder Pfarreien im Paderborner Seminar auf ihre Priesterweihe vor.[82]

Während die Pfarrseelsorge seit Beginn des 19. Jahrhunderts, anders als vor der Säkularisation, in der Hand des Weltklerus lag, kamen erst nach dem Ende des Kulturkampfes wieder Ordenspriester nach Dortmund. Ganz wesentlich für die personelle Präsenz der Kirche im Industriegebiet wurden jedoch die Ordensschwestern, deren Niederlassungen ein immer dichteres Netz einer indirekten Seelsorge aufbauten. Neben dem Franziskanerkloster mit neun Patres und neun Brüdern und dem Krankenhaus der Barmherzigen Brüder mit 61 Mitgliedern hatte die Dortmunder Region 1913 bereits 390 Ordensschwestern in 23 Häusern.[83] Die Tätigkeit der Schwesternorden hatte in Dortmund 1850 begonnen. 1863 arbeiteten 18 Schwestern, davon sieben noch als Novizinnen, in zwei Krankenhäusern, einem Waisenhaus und einer Mädchenschule in Dortmund und Hörde.[84] 1902 wirkten bereits 162 Schwestern in dreißig Einrichtungen in beiden Städten und in vier Gemeinden der Landkreise Dortmund und Hörde: Sie unterhielten sechs Kindergärten, ein Waisenhaus, ein Mädchenheim, ein Altenheim,

[81] Nach Pfarrchroniken und Festschriften.

[82] *Personal-Schematismus der Erzdiözese Paderborn 1935*, Bochum 1935, S. 197—200.

[83] *Realschematismus ...* (wie Anm. 47), S. 486—493.

[84] *Schematismus des Bisthums Paderborn 1863*, Paderborn 1863, S. 193—199.

fünf Nähschulen, drei Haushaltsschulen, eine Höhere Mädchenschule, fünf Ambulanzen und sieben Krankenhäuser.[85] Ohne die Gründung neuer Kongregationen im 19. Jahrhundert wäre der Aufbau des sozialkaritativen Dienstes der Kirche in so zahlreichen und vielfältigen Einrichtungen unmöglich gewesen.[86]

Pauline von Mallinckrodt hatte 1849 die Genossenschaft der Schwestern der christlichen Liebe gegründet, die sich besonders der katholischen Mädchenerziehung annahm. Schon wenige Wochen nach ihrer Profeß kam Schwester Mathilde Kothe, die später zweite Generaloberin wurde, als erste Lehrerin nach Dortmund, um hier 1851 eine Klasse für 123 Mädchen einzurichten. Vier Jahre später unterrichteten weitere zwei Schulschwestern als Novizinnen und legten das Fundament für die höhere Mädchenschulbildung in Dortmund.[87] Das allgemein anerkannte Wirken der Schwestern, die vor 1933 drei Lyzeen in Dortmund unterhielten, wurde während des Kulturkampfes und im Dritten Reich gewaltsam unterbrochen. Nach dem Zweiten Weltkrieg setzten sie ihre Arbeit im Mallinckrodt-Gymnasium fort. Vor wenigen Jahren übernahm das Erzbistum Paderborn die Trägerschaft und führte die Koedukation ein.

Die Paderborner Bischöfe gründeten für die karitativen Aufgaben in ihrer Diözese drei Genossenschaften: 1841 die Paderborner Vinzentinerinnen, 1860 die Franziskanerinnen von Olpe und 1863 die Franziskanerinnen von Salzkotten. Ihnen verdankt Dortmund seine zahlreichen karitativen Institutionen. 1850 eröffneten die Vinzentinerinnen mit dem St.-Johannes-Hospital das erste moderne Dortmunder Krankenhaus; 1861 übernahmen sie das St.-Elisabeth-Waisenhaus, eine Stiftung von Fanny Schiffer (1826—1903), die durch Spendensammlungen in ganz Deutschland und Österreich-Ungarn das Kapital dafür aufbrachte, ehe sie selbst bei den Vinzentinerinnen eintrat. 1858 wurde den Vinzentinerinnen die Krankenpflege im Hörder Hüttenhospital anver-

[85] *Schematismus* ... (wie Anm. 80), S. 197—204.

[86] Vgl. dazu Erwin Gatz, *Karitative Bemühungen im Bistum Paderborn während des 19. Jahrhunderts,* in: Paul-Werner Scheele (Hrsg.), *Paderbornensis Ecclesia. Festschrift Lorenz Jaeger,* München-Paderborn-Wien 1972, S. 469—493; ders., *Kirche und Krankenpflege im 19. Jahrhundert,* München-Paderborn-Wien 1971, S. 323—348 und S. 440—452.

[87] *Schematismus der Geistlichkeit des Bisthums Paderborn 1855,* Paderborn 1855, S. 121; F. A. Groeteken, *Geschichte der katholischen Propstei-Gemeinde* ... (wie Anm. 5), S. 133.

traut. Als 1866 eine Choleraepidemie Hörde heimsuchte und 300 Tote zu beklagen waren, übernahmen die Paderborner Schwestern die Versorgung der Kranken. Diese Tätigkeit führte zur Gründung des St.-Joseph-Hospitals. Weitere Krankenhäuser entstanden in Hombruch 1873, Kirchlinde 1885, Lütgendortmund 1897, Derne 1900, Kurl 1902; das Dortmunder Sanatorium wurde 1910 eröffnet.[88]

1905 gründeten die Barmherzigen Brüder aus Trier ein weiteres Krankenhaus. Das Brüderkrankenhaus[89] galt bald als das modernste Männerkrankenhaus Deutschlands, das sich wegen niedriger Pflegesätze und seiner Spezialisierung auf Arbeitsunfälle bei der Arbeiterschaft im „roten Dortmunder Norden" besonderer Beliebtheit erfreute. Das veranlaßte in der NS-Zeit die städtischen Behörden, durch finanziellen Druck und nach einem spektakulär inszenierten Sittlichkeitsprozeß die 70 bis 80 Brüder zu vertreiben und das Haus selbst durch „braune Schwestern" zu übernehmen. Das Dortmunder St.-Johannes-Hospital war mit 400 Betten und vier Ärzten schon 1905 das größte katholische Krankenhaus der Paderborner Diözese.[90] Bei der Eingemeindung des Landkreises Dortmund (1928) brachten die vier katholischen Krankenhäuser in den Industriegemeinden Derne, Kurl, Kirchlinde und Lütgendortmund der Stadt Dortmund über 700 Krankenbetten ein.[91] Die Vinzentinerinnen betreuten in der Stadt Dortmund zwei Altersheime, die 1929 über 350 Plätze verfügten. Zur Ausstattung nahezu jeder Kirchengemeinde gehörte ein von Schwestern geleiteter Kindergarten. In all diesen Einrichtungen gab es eine direkte Seelsorge durch haupt- oder nebenamtliche Anstaltsgeistliche; die Schwestern verstanden ihren karitativen oder pädagogischen Dienst ebenfalls als pastorale Aufgabe. Wie wichtig der Kirche diese karitative Tätigkeit war, zeigt sich schon daran, daß meist noch vor dem Kirchenbau und der Pfarrerrichtung eine Gemeindebildung vorbereitet wurde. Die enge Verbindung von Ordensschwestern mit fast allen Pfarreien brachte es mit sich, daß seit den siebziger Jahren des 19. Jahrhunderts aus den meisten Dortmunder Gemeinden zahlreiche junge Frauen in die Schwesternkongregationen eintraten.

[88] Karl-Heinz Sonnwald, *Die Entwicklung des Krankenhauswesens der Stadt Dortmund von 1849 bis zum Ausbruch des Ersten Weltkrieges 1914*, Münster 1981.

[89] Günter Bauer, *Das Brüderkrankenhaus Burgholzstraße 150*, Dortmund 1982.

[90] Wilhelm Liese, *Katholische Wohltätigkeits-Anstalten und soziale Vereine in der Diözese Paderborn*, Freiburg i. Br. 1906, S. 102 f.

[91] *Jahrbuch für die Katholiken Dortmunds 1929*, S. 98 f.

Eine zweite Säule der indirekten Seelsorge lag im katholischen Vereinswesen.[92] In Dortmund hatte es 1848 mit der Gründung des Pius-Vereins unter dem Vorsitz von Pfarrer Wiemann von der Propstei-Kirche seinen Anfang genommen.[93] Auf Initiative Wiemanns kam es 1867 zu einer großen rheinisch-westfälischen Katholikenversammlung[94] in Dortmund. Wiemann war schon zuvor führend an den Soester Konferenzen beteiligt, die zur politischen Sammlung im Katholizismus und schließlich zur Gründung der Zentrumspartei führten. 1852 entstand in Dortmund der Gesellenverein, der beim Stiftungsfest im Oktober 1853 Adolf Kolping zu Gast hatte. Er war als erster Verein überpfarrlich organisiert.

Neben zahlreichen Männervereinen in den einzelnen Pfarreien schlossen sich vor allem die Bergleute und Arbeiter zur Vertretung ihrer Standes- und Berufsinteressen zusammen. 1866 und 1868 entstanden in Dortmund und Hörde die ersten katholischen Knappenvereine. In den siebziger und achtziger Jahren folgten die Arbeitervereine, in denen sich die Fabrikarbeiterschaft zusammenschloß. Am 1. Oktober 1902 wurde das erste Arbeitersekretariat des Bistums in Dortmund eröffnet. Johannes Gronowski,[95] 1874 in Graudenz geboren, Eisenbahnschlosser in Dortmund, wurde der erste Arbeitersekretär. 1881 wurde auf Initiative von Lambert Lensing[96] das Verbandsfest der ka-

[92] Vgl. dazu den Beitrag Dirk Müllers in diesem Band.

[93] F. W. Saal, *Katholische Kirche in Dortmund ...* (wie Anm. 9), S. 12—15.

[94] Friedrich Gerhard Hohmann, *Die Versammlung der Katholiken Rheinlands und Westfalens in Dortmund 1867*, in: P. W. Scheele (Hrsg.), *Paderbornensis Ecclesia ...* (wie Anm. 86), S. 495—514.

[95] Johannes Gronowskis Lebensweg und politischer Werdegang ist beispielhaft für den Aufstieg eines aus dem Osten eingewanderten Arbeiterführers: Mitglied im Kirchenvorstand der Propsteigemeinde, 1902—1908 Arbeitersekretär, 1908—1922 Stadtverordneter in Dortmund, 1908—1933 Abgeordneter im preußischen Landtag, 1908—1922 Parteisekretär des Zentrums für Dortmund-Hörde, 1922—1933 Oberpräsident von Westfalen, Entlassung durch Hermann Göring, 1946—1950 Vorsitzender der westfälischen CDU, 1946—1954 Landtagsabgeordneter in Nordrhein-Westfalen. Vgl. Karl Teppe, *Johannes Gronowski (1874—1958)*, in: *Westfälische Zeitschrift*, Bd. 129 (1979), S. 117—144.

[96] Lambert Lensing; 1851 am Niederrhein in Emmerich geboren, war Mitglied des Pius-Vereins, stellvertretender Vorsitzender des Kirchenvorstandes der Propsteigemeinde, seit 1875 Herausgeber der *Tremonia*, der größten katholischen Tageszeitung nach der Berliner *Germania* und der *Kölner Volkszeitung*, 1912 Vorsitzender des Augustinus-Vereins, 1892—1928 Stadtverordneter in Dortmund, 1919—1928 Mitglied des westfälischen Provinziallandtages, 1924—1928 Mitglied des Reichsrates. Vgl. K. Koszyk, *Lambert Lensing*, in: *Rheinisch-Westfälische Wirtschaftsbiographien*, Bd. 10

tholischen Vereine Dortmunds zum ersten Mal gefeiert. Es hat bis 1933 über fünfzigmal jährlich stattgefunden und das Ansehen der Katholiken Dortmunds gegenüber der Stadt und den Andersgläubigen stark geprägt. Das Volksfest diente aber auch durch Sammlungen und Lotterien zur Finanzierung von sozialen und kulturellen Aufgaben. Bedeutende Festredner wie der Zentrumsführer Ludwig Windthorst (1886), der Sozialpolitiker und Münsteraner Theologe Franz Hitze (1889) oder Matthias Erzberger (1904) kamen nach Dortmund. Lensing und Gronowski verkörpern auch die Spannung im kirchlichen wie politischen Katholizismus Dortmunds. Lensing vertrat den eher bürgerlich-konservativen Teil, während Gronowski sich mehr dem sozialen Katholizismus, der sogenannten München-Gladbacher Richtung des Volksvereins, verpflichtet wußte, die in der Sozial- und Wirtschaftspolitik ihre Nähe zur Sozialdemokratie nicht verleugnete.

Katholisches Leben vollzog sich zuerst und hauptsächlich in den einzelnen Gemeinden, die nach ihrem Verständnis religiöse Heimat für alle Katholiken sein wollten. Kleine Gemeindezentren mit ihren Kirchen, Vereinshäusern, Kindergärten und Schulen waren feste Bezugspunkte in einer durch die moderne Arbeitswelt vielfach fremd gewordenen Umgebung. Aber schon um die Jahrhundertwende erwachte das Bedürfnis, auch auf Stadtebene zentrale Einrichtungen zu schaffen. So erschien seit 1899 ein Kalender mit den wichtigsten kirchlichen Nachrichten für die Dortmunder Katholiken, der bis 1929 mehrere Fortsetzungen fand. Am 1. September 1911 wurde in der Stadt eine Zentrale für katholische Gemeindeangelegenheiten errichtet, die „Pfarr-Zentrale". Der hauptamtliche Stadtvikar war gleichzeitig Geschäftsführer des Dortmunder Caritasverbandes und Herausgeber des *Kirchlichen Anzeigers,* einer in Dortmund bis 1937 regelmäßig erschienenen eigenen Kirchenzeitung. 1913 wurden auch die Fürsorgevereine für katholische Mädchen und für die männliche Jugend der Pfarr-Zentrale angeschlossen. Für Planungsaufgaben vor allem auf finanziellem Gebiet schlossen sich die Dortmunder Pfarreien 1927 im „Gemeindeverband der katholischen Kirchengemeinden der Stadt Dortmund" zusammen.[97]

(1974), S. 116—137; Wilhelm Kisky, *Der Augustinus-Verein zur Pflege der katholischen Presse (1878—1928),* Düsseldorf 1928.

[97] Vgl. F. W. Saal, *Katholkische Kirche in Dortmund* ... (wie Anm. 9), S. 18 ff.

III

Moderne Verstädterung und kirchliches Leben in Berlin

Forschungsergebnisse und Forschungsprobleme

HANS-JÜRGEN TEUTEBERG
Münster

Will man Ursachen, Verlauf und Auswirkungen der modernen Urbanisierung auf das kirchliche Leben im Rahmen einer knappen Übersicht darstellen, dann sind angesichts der kaum überschaubaren Problemfülle starke sachliche, zeitliche und räumliche Eingrenzungen notwendig. Da es sich bei der Verstädterung ähnlich dem Vorgang der Industrialisierung um einen integralen Bestandteil des höherrangigen Modernisierungsprozesses unserer Welt handelt, können die hier denkbaren Themen in keiner Weise vollständig und selbst unter ausgewählten Aspekten nicht abschließend untersucht werden. Es kann hier nur darum gehen, wichtige Erkenntnisfortschritte zusammenzufassen, noch nicht durchforschte Problemfelder abzustecken und einige Arbeitshypothesen aufzustellen, um weitere Fragen zu präzisieren. Die nachfolgenden Ausführungen betreffen zwar durchaus den Gesamtkomplex der Urbanisierung, doch werden sie vorwiegend am Beispiel Berlins verdeutlicht. Im Blickpunkt stehen vornehmlich die für die Großstadtwerdung entscheidenden Jahrzehnte des späten 19. und frühen 20. Jahrhunderts, wobei, den historischen Gegebenheiten wie dem Stand der Forschung folgend, vor allem der Wandel innerhalb der evangelischen Kirche betrachtet wird. Die Schlußthesen zielen aber wieder auf die beiden großen christlichen Konfessionen und die genuine Problematik.

I

Bei der Frage, wie die Kirche auf die Herausforderung des modernen Städtewachstums reagiert hat, muß zunächst eine Verständigung darüber herbeigeführt werden, was unter dem Begriff „Urbanisierung" beziehungsweise dem Synonym „Verstädterung" zu verstehen und wie das „kirchliche Leben" dazu in Beziehung zu setzen ist. In der historisch-vergleichenden Städteforschung herrscht heute Einverständnis darüber, daß der etwa seit der Mitte des vorigen Jahrhunderts auch in Deutschland beobachtete Trend zur wachsenden „Verstadtlichung der Kulturmenschheit"[1] nicht nur als Zusammenballung städtischer Bevölkerungsmassen und städtebaulich-physiognomisches Phänomen und damit als quantitativ-räumliches Problem verstanden werden darf, sondern daß hier zugleich politisch-rechtliche, ökonomische und soziokulturelle, aber auch verhaltenspsychologische und sogar biologische Wandlungsdimensionen qualitativer Art sichtbar werden. Die Urbanisierung wird als ein Vorgang erklärt, der eine Aufspaltung ursprünglich weitgehend einheitlicher Lebensformen bewirkte, die dann neu funktionalisiert wurden. Zwar gab es im Verlauf der Geschichte immer wieder deutlich erkennbare Phasen von Gründungen und weiterem Ausbau von Städten, doch brachte erst die moderne Urbanisierung seit dem 19. Jahrhundert den nicht mehr reversibel zu machenden Übergang zur industriellen Gütermassenproduktion und zu einem später ständig wachsenden Dienstleistungssektor, was untrennbar mit dem raschen Städtewachstum verbunden ist. Die modernen Städte haben seitdem grundlegend die sozialen Subsysteme verändert: In großen Gebieten Mittel- und Westeuropas ist beispielsweise der jahrhundertealte Gegensatz zwischen Stadt und Land so eingeebnet worden, daß man heute von einer im Grunde völlig veränderten Gesellschaft sprechen kann: Alle Probleme der Stadt sind auch zugleich gesamtgesellschaftliche Fragen und vice versa.[2] Betrachtet man die Verstädterung in diesem Sinne auch als eine innovative

[1] Anscheinend führte der Leipziger Nationalökonom und Historiker Karl Bücher erstmals den Begriff Urbanisierung in die Wissenschaft ein, den er mit dieser Formel zu definieren versuchte. Vgl. Karl Bücher, *Großstadttypen aus fünf Jahrtausenden,* in: ders., *Die Entstehung der Volkswirtschaft,* 14.—15. Aufl., Tübingen 1920, S. 386.

[2] Näheres über den erweiterten Begriff Urbanisierung und seine verschiedenen Klärungsversuche bei Hans-Jürgen Teuteberg (Hrsg.), *Urbanisierung im 19. und 20. Jahrhundert. Historische und geographische Aspekte* (= Städteforschung, Reihe A, Bd. 16), Köln-Wien 1983, S. 2ff.; Eric E. Lampard, *Historical Aspects of Urbanization,* in: Philipp E. Hauser/Leo F. Schnore (Hrsg.), *The Study of Urbanization,* New York-London-Sidney 1965, S. 519ff.; Henri Lefèbvre, *Die Revolution der Städte* (a. d. Franz.), München 1972; Jürgen Reulecke, *Geschichte der Urbanisierung in Deutschland,* Frankfurt a. M. 1985, S. 7—13.

Form psychosozialer und kultureller Umgestaltung, die das Wertsystem umgreift, dann muß auch der kirchlich-religiöse Bereich unbedingt einbezogen und zum Objekt stadtgeschichtlicher Analyse werden.

Faßt man die wichtigsten Erklärungsansätze für die Urbanisierung zusammen, dann schälen sich folgende Determinanten heraus:

— Umschichtung von primär ländlicher auf vorwiegend städtische Bevölkerung bei gleichzeitig wachsender Population,
— Verlagerung des wirtschaftlichen Schwergewichts vom agrarischen zum gewerblichen und dann zunehmend zum dienstleistenden Sektor,
— Herausbildung neuer Sozialstrukturen und verstärkte räumliche Mobilität,
— Diffusion städtischer Mentalität auf die Gesamtgesellschaft und damit auch auf das „platte Land".

Daß diese tiefgreifenden strukturellen Wandlungsprozesse auf das hergebrachte kirchliche Leben wie auf das religiöse Bewußtsein nachhaltige Auswirkungen gehabt haben müssen, versteht sich für historisch Denkende eigentlich von selbst. Leider haben die Wissenschaftler diesen Problembereich bis heute noch nicht umfassend aufgearbeitet, wie ein Blick in die Hand- und Lehrbücher beweist. Zwar wurde von Religions- und Kirchenhistorikern eine Reihe von Teilaspekten der Urbanisierung von ihrem speziellen Standpunkt aus untersucht, doch überwiegt das personen-, institutions- und theologiegeschichtliche Interesse und vielfach der konfessionelle Legitimationszwang. Kirchengeschichte wird hier — etwas überspitzt ausgedrückt — als eine strikt innerkirchliche Angelegenheit betrachtet, die von großen Kirchenmännern und deren Ideen ausgeht. Über den tatsächlichen Wandel in den Kirchengemeinden erfährt man dagegen wenig. Die verstreute Kirchenstatistik ist erst punktuell und methodisch höchst unbefriedigend zusammengefaßt und bisher nicht mit der Bevölkerungs-, Medizin-, Schul- oder Kriminalstatistik korreliert worden, obwohl sich dies methodisch gut bewerkstelligen ließe.[3] Das subjektive Bewußtsein der einfachen Gemeindemitglieder, die persönlichen Erlebnisdimensionen des Religiösen und das damit zusammenhängende tatsächliche Verhal-

[3] Dieses Problem wird ausführlicher behandelt in dem Beitrag von Lucian Hölscher, *Möglichkeiten und Grenzen der statistischen Erfassung kirchlicher Bindungen,* in diesem Band. Vgl. ferner die Literatur in der Anm. 57.

ten sind bisher ebenso dunkel geblieben wie die Sozialgeschichte des evangelischen Pfarrhauses in den letzten einhundert Jahren. Zwar hat die Religionssoziologie, ihr ursprünglich rein theoretisches Gesichtsfeld erheblich erweiternd, durch empirische Feldforschung das Beziehungsgeflecht zwischen Pastoren, Gemeindeangehörigen und religiösen Einstellungen sowie alltäglichen Verhaltensweisen im Rahmen von Fallstudien zu durchleuchten versucht, ihre Thesen sind jedoch historisch wie kulturräumlich noch wenig überprüft worden; es fehlt gleichsam noch eine Verlängerung in die geschichtlich wie regional differenzierenden Dimensionen.[4]

Sehr viel mehr zum Thema Volksreligion und Volksfrömmigkeit haben die Volkskundler unter der Rubrik „Volksglaube" zusammengetragen. Das Kulturverhalten außerhalb des kirchlichen Raumes interessierte aber in erster Linie unter dem Gesichtspunkt, was sich an religiösem Brauchtum aus der bäuerlichen Welt bis zur Gegenwart erhalten hat. Im Blickpunkt steht seit Wilhelm Heinrich Riehl, der im 19. Jahrhundert diese Forschungsrichtung begründete, die ländliche und nicht die städtische Religiosität. Die Volkskunde hat zudem überwiegend landes- und lokalgeschichtlich gearbeitet, so daß man meist ver-

[4] Aus der Fülle der religionssoziologischen Literatur seien hier folgende Titel herausgehoben: Niklas Luhmann, *Funktion der Religion,* Frankfurt a. M. 1977; Jakobus Wössner, *Religion im Umbruch. Soziologische Beiträge zur Situation von Religion und Kirche in der gegenwärtigen Gesellschaft,* Stuttgart 1972; Raban Tillmann, *Religiöser und sozialer Wandel,* Düsseldorf 1972; Peter L. Berger, *Soziologische Betrachtungen über die Zukunft der Religion,* in: Oskar Schatz (Hrsg.), *Hat die Religion eine Zukunft?* Graz-Wien-Köln 1971, S. 49—68; Friedrich Fürstenberg (Hrsg.), *Religionssoziologie,* 2. Aufl., Neuwied 1970; Hans Georg Geyer, *Theologie und Soziologie,* Stuttgart-Berlin-Köln-Mainz 1970; Lucien Goldmann, *Der christliche Bürger und die Aufklärung,* Darmstadt 1968; Jochen Matthes, *Einführung in die Religionssoziologie,* 2 Bde., Reinbek b. Hamburg 1967—1969; Demosthenes Savramis, *Religionssoziologie. Eine Einführung,* München 1968; Thomas Luckmann, *Das Problem der Religion in der modernen Gesellschaft,* Freiburg 1963; Dietrich Goldschmidt/Jochen Matthes (Hrsg.), *Probleme der Religionssoziologie,* Köln-Opladen 1962; Gerhard Wurzbacher, *Der Pfarrer in der modernen Gesellschaft. Soziologische Studien zur Berufssituation des evangelischen Pfarrers,* Hamburg 1960; Dietrich Goldschmidt u. a. (Hrsg.), *Soziologie der Kirchengemeinde,* Stuttgart 1959; Gerhard Lenski, *Religion und Realität. Eine Untersuchung über den Stellenwert der Religion in der Industriegroßstadt,* Köln 1967; Norbert Greinacher, *Die Kirche in der städtischen Gesellschaft. Soziologische und theologische Überlegungen zur Frage der Seelsorge in der Stadt,* Mainz 1966; Paul Honigsheim, *Religionssoziologie,* in: Georg Eisermann (Hrsg.), *Die Lehre von der Gesellschaft,* Stuttgart 1958, S. 119—181; Max Weber, *Gesammelte Aufsätze zur Religionssoziologie* (1920), Tübingen 1963.

geblich nach allgemeineren Erklärungen sucht. Gerade zum Thema Großstadt und Wandel der Kirchengemeinden darf man nicht viel von ihr erhoffen. Dennoch weist der Zweig der religiösen Volkskunde die meisten und am weitesten zurückreichenden Studien, die zum Teil an die ältere Kulturgeschichte anknüpfen, über das einfache Kirchenvolk auf.[5]

Die Geschichtswissenschaft im engeren Sinne hat besonders in der Mediävistik und Geschichte der frühen Neuzeit die Ergebnisse kirchengeschichtlicher und religionssoziologischer Forschungen aufmerksam registriert und eigene Forschungen auf diesem Gebiet unternommen. Sie ist aber noch nicht zu einer eigentlichen Sozialgeschichte von Religion und Kirche im 19. und 20. Jahrhundert fortgeschritten. Franz Schnabels bahnbrechender Versuch von 1936, die religiösen Kräfte des 19. Jahrhunderts mit der übrigen Geschichte und vor allem dem politi-

[5] Vgl. Wilhelm Heinrich Riehl, *Die bürgerliche Gesellschaft* (= Die Naturgeschichte des Volkes als Grundlage einer deutschen Social-Politik, Bd. 1), Stuttgart 1851; ders., *Land und Leute* (= Die Naturgeschichte des Volkes als Grundlage einer deutschen Social-Politik, Bd. 2), Stuttgart 1854; ders., *Die Familie* (= Die Naturgeschichte des Volkes als Grundlage einer deutschen Social-Politik, Bd. 3), 3. unveränderte Aufl., Stuttgart-Augsburg 1855; ders., *Culturstudien aus drei Jahrhunderten,* Stuttgart 1859; Wolfgang Brückner, *Volksfrömmigkeit. Aspekte religiöser Kultur,* in: *Kölner Zeitschrift für Soziologie und Sozialpsychologie,* Bd. 31 (1979), S. 459—569; ders. (Hrsg.), *Volkserzählung und Reformation,* Berlin 1974; ders., *Bildnis und Brauch,* Berlin 1966; Hermann Hörger, *Kirche, Dorfreligion und bäuerliche Gesellschaft,* Bd. 1, München 1978; Wilhelm F. Classen, *Großstadtheimat. Beobachtungen zur Naturgeschichte des Großstadtvolks,* Hamburg 1906; Martin Leinert, *Sozialgeschichte der Großstadt,* Hamburg 1925; Will-Erich Peuckert, *Deutscher Volksglaube des Spätmittelalters,* Stuttgart 1942; ders., *Die große Wende,* 2. Aufl., Darmstadt 1966; Leopold Schmidt, *Volksglaube und Volksbrauch,* Berlin 1966; Georg Schreiber, *Deutsche Bauernfrömmigkeit in volkstümlicher Sicht,* Düsseldorf 1937; Adolf Spamer/H. Hain, *Der Bilderbogen von der geistlichen Hausmagd,* Marburg 1970; Mathias Zender, *Räume und Schichten mittelalterlicher Heiligenverehrung in ihrer Bedeutung für die Volkskunde,* 2. Aufl., Düsseldorf 1973; Gottfried Korff, *Heiligenverehrung und soziale Frage. Zur Ideologisierung der populären Frömmigkeit im späten 19. Jahrhundert,* in: Günter Wiegelmann (Hrsg.), *Kultureller Wandel im 19. Jahrhundert,* Göttingen 1973; Lothar Brixius, *Erscheinungsformen des Volksglaubens,* Halle 1939; Gerhard Heilfurth, *Das Heilige und die Welt der Arbeit am Beispiel der Verehrung des Propheten Daniel im Montanwesen Mitteleuropas,* 2. Aufl., Marburg 1965; Hanns Bächthold-Stäubli (Hrsg.), *Handwörterbuch des deutschen Aberglaubens,* 10 Bde., Berlin-Leipzig 1927—1942; Matthias Zender, *Glaube und Brauch. Fest und Spiel,* in: Günther Wiegelmann u. a., *Volkskunde. Eine Einführung,* Berlin 1977, S. 148—157.

schen, wirtschaftlich-technischen und gesellschaftlichen Wandel zusammenzusehen, ist bis heute einmalig geblieben.[6] Auch der Freiburger Historiker Clemens Bauer mußte noch 1964 feststellen, daß man die fundamentale Forschungsaufgabe einer sozialgeschichtlichen Untersuchung des deutschen Katholizismus im Zeitalter der Industrialisierung und Urbanisierung noch nicht einmal ansatzweise gesehen habe.[7] Bezeichnenderweise war es ein Amerikaner, der sich zuerst an eine Sozialgeschichte des deutschen Protestantismus im 19. Jahrhundert heranwagte, die über die innerkirchliche Sicht hinausging.[8] Werner Conze hat als erster deutscher Sozialhistoriker in seinen Beiträgen zum *Handbuch der deutschen Wirtschafts- und Sozialgeschichte* (1976) wenigstens einige große Verlaufslinien zu skizzieren versucht.[9] Auch er kritisierte den völlig unbefriedigenden Forschungsstand zur Sozialgeschichte der Kirchlichkeit in den letzten hundert Jahren und machte nochmals auf die fehlenden statistischen Untersuchungen aufmerksam, ohne die man keine Einsichten in die reale Entwicklung der Kirchen und Gemeinden gewinnen kann.

Wenn das Verhältnis der beiden großen Kirchen zum Phänomen der entstehenden Großstadt bisher so ungeklärt erscheint, so hat dieses unter anderem mit dem diffusen Begriff der „Säkularisierung" zu tun, der bis heute keine klare Abgrenzung des Untersuchungsgegenstandes erlaubt, aber auch mit der mangelnden Kooperation der verschiedenen Wissenschaftsdisziplinen, die sich um die Problembereiche Verstädterung und religiös-kirchlicher Wandel bemühen. Die verstreuten Resultate bedürfen dringend einer Systematisierung unter einem theoretischen Konzept und einer Einbettung in den größeren Kanon des historischen Wissens, das sich hier bisher noch als so defizitär erweist.

[6] Vgl. Franz Schnabel, *Deutsche Geschichte im 19. Jahrhundert,* Bd. 4: *Die religiösen Kräfte,* 2. Aufl., Freiburg 1951.

[7] Vgl. Clemens Bauer, *Deutscher Katholizismus. Entwicklungslinien und Profile,* Frankfurt a. M. 1964, S. 32.

[8] Vgl. William O. Shanahan, *Der deutsche Protestantismus vor der sozialen Frage 1815—1871,* München 1962. Vgl. neuerdings als Fortsetzung E. I. Kowri, *Der deutsche Protestantismus und die soziale Frage 1870—1919. Zur Sozialpolitik im Bildungsbürgertum,* Berlin-New York 1984.

[9] Vgl. Werner Conze, Kapitel *Sozialgeschichte 1800—1850* und Kapitel *Sozialgeschichte 1850—1918,* in: Hermann Aubin/Wolfgang Zorn (Hrsg.), *Handbuch der deutschen Wirtschafts- und Sozialgeschichte,* Bd. 2, Stuttgart 1976, S. 478—484 und S. 664—669.

II

Wie sehen nun die bisherigen Erkenntnisse über die Einwirkungen der Verstädterung auf das kirchliche Gemeindeleben aus, wenn man sich auf die protestantische Kirche und Berlin im ausgehenden 19. Jahrhundert als Fallbeispiel beschränkt?

Die Beschäftigung mit dem Erscheinungsbild der Stadt und seiner Bewohner ist so alt wie die Geschichte der urbanen Zivilisation, und diese geschah jahrhundertelang nur im Rahmen einer religiös überhöhten Geschichtsbetrachtung, bei der Heils- und Weltgeschichte noch identisch waren. Mit den auftauchenden modernen Staatswissenschaften begannen im 18. Jahrhundert erste tastende Versuche, die Wesensmerkmale der Stadt an sich im Gegensatz zum umliegenden „platten Land" zu erfassen, wobei man sich aber in enzyklopädischer Manier zunächst nur auf das reine Aufzählen äußerlicher Charakteristika beschränkte.[10] Deutsche Theologen übernahmen dann aber die sich in Frankreich, England und den Niederlanden erstmals ausbildenden statistischen Untersuchungsmethoden. Johann Peter Süßmilch (1717—1767), Sohn eines kinderreichen Zehlendorfer Schankwirts, Regimentsprediger und später Berliner Oberkonsistorialrat, beschäftigte sich erstmals mit den „Absterbeordnungen" der preußischen Residenz und anderer großer Städte, wie zum Beispiel London, und legte 1741 sein epochemachendes Werk *Die göttliche Ordnung in den Veränderungen des menschlichen Geschlechts* vor, das ihn zum Begründer der Demographie und der kirchlich-religiösen „Moralstatistik" in Deutschland machte. Im zweiten Teil des Werkes ging er auf die Beförderungs- und Hinderungsmittel des Bevölkerungswachstums in den großen Städten

[10] Im 18. Jahrhundert wurde das Wesen einer Stadt noch wie folgt beschrieben: „Die Stadt ist ein Zusammenhang von Gesellschaften, Familien und einzeln Personen, die in einem verwahrten Orte und unter Aufsicht und Direction eines Policeycollegii, welches man einen Stadtrath nennet ... bey einander wohnen, um mit desto besserm Erfolge, Wirkung und Zusammenhange solche Gewerbe und Nahrungsarten zu treiben, die unmittelbar sowohl zu der Landes Nothdurft und Bequemlichkeit, als zu der Verbindung des gesammten Nahrungsstandes im Lande erfordert werden." Zitiert nach Johann Heinrich Gottlob von Justi, *Staatswirthschaft oder Systematische Abhandlung aller Oekonomischen und Cameral-Wissenschaften, die zur Regierung eines Landes erfordert werden,* 1. Thl., 2., verm. Aufl., Leipzig 1758, § 477, S. 491. Vgl. zum Problem der Stadtforschung im 18. Jahrhundert Franklin Kopitsch (Hrsg.), *Aufklärung, Absolutismus und Bürgertum in Deutschland,* München 1976, Einleitung.

ein. Armut, Krankheiten und sittlich-religiöse Verhältnisse analysierend, betrachtete er „die großen Städte als Ruin des menschlichen Geschlechts, der Gesundheit und des Lebens", weil die Sterblichkeit in denselben nach seinen Berechnungen größer als auf dem Lande sei, woran die Menschen größtenteils aber selbst die Schuld trügen.[11] Die tiefe Abneigung gegen die großen Städte, die er nochmals in einem Schreiben an den bekannten Kameralisten Johann Heinrich Gottlob von Justi 1752 bekräftigte, wurde nach Meinung der *Göttingischen Anzeigen von den gelehrten Sachen* überwiegend in Deutschland geteilt.[12] Süßmilch machte als Propst von St. Petri dem Berliner Armendirektorium zahlreiche Vorschläge, wie die Not von Armen, Waisen und Kranken gemildert werden könne.

Der absolutistische Staat, besonders in seiner späten aufgeklärten Form, sah eine seiner Aufgaben darin, die überkommenen zersplitterten Formen der städtischen, vielfach auf fromm-milden Stiftungen beruhenden Armenfürsorge einheitlich zu regulieren und mit dem aus dem Calvinismus entlehnten Prinzip der Erziehung zur Arbeitsamkeit zu verbinden, um die alte Bettlerplage einzudämmen. An der Gründung der neuen Armenanstalten, Werkhäuser, Handwerker- und Spinnschulen waren regelmäßig Geistliche beteiligt, da diese traditionell Einrichtungen der Kirche waren. Wie die Hallensischen Anstalten August Hermann Franckes (1663—1727) zeigen, gingen, durch die Aufklärung veranlaßt, viele Anstöße für eine neue praktisch-christliche Diakonie von den Städten aus, wo sie sich zunächst als Reformen der Waisenkinderversorgung, der Lehrerausbildung und Sozialhygiene auswirkten. Die Verdammung der großen Städte als Brutstätten des Pauperismus, der Infektionskrankheiten, der Unzucht, der Trunksucht, des Verbrechens und des Unglaubens findet sich aber weiterhin in vielen Äußerungen der Theologen. Objekt ihrer Kritik waren vornehmlich die weiter fortgeschrittenen großen Städte einiger westeuro-

[11] Über den Autor, sein Werk und seine weitreichenden Folgen in der Wissenschaft informiert jetzt Herwig Birg (Hrsg.), *Ursprünge der Demographie in Deutschland. Leben und Werk Johann Peter Süßmilchs*, Frankfurt a. M.-New York 1986. Vgl. Johann Peter Süßmilch, *Die göttliche Ordnung in den Veränderungen des menschlichen Geschlechtes, aus der Geburt, Tod und Fortpflanzung derselben erwiesen*, 4. Aufl., ergänzt von Baumann, Berlin 1775.

[12] Vgl. Johann Peter Süßmilch, *Gedancken von den epedemischen Krankheiten und dem größeren Sterben des 1757ten Jahres, in einem Sendschreiben an den Verfasser der Göttingischen Anzeigen von den gelehrten Sachen*, Berlin 1758.

päischer Nachbarstaaten. Unter den zahlreichen deutschen Reisenden, die Großbritannien als erster Industrienation zwischen 1750 und 1850 einen Besuch abstatteten, befanden sich viele protestantische Pfarrer, die das Leben und Treiben in den großen Handels- und Industriestädten abfällig beurteilten.[13] In den bewegten Jahrzehnten des Vormärz standen nicht wenige Geistliche unter dem Einfluß der religiösen Romantik, des Deutschen Idealismus, des Historismus sowie restaurativer Ideen. Ihre Kritik richtete sich gegen die Auswirkungen des heraufziehenden seelenlosen „Maschinenzeitalters" und Mammonismus, die sich nach ihrer Ansicht vor allem in den großen Städten beobachten ließen. Wilhelm Heinrich Riehl machte sich zum Sprecher einer breiten öffentlichen Meinung, als er in seiner mehrbändigen *Naturgeschichte des Volkes als Grundlage einer deutschen Social-Politik* die „Unnatur" der modernen Großstadt angriff und mit dem seiner Ansicht nach sittlich unverdorbenen Leben christlich-patriarchalischer Familien auf dem Lande und in den kleinen Städten verglich. Die neue wirtschaftliche Produktivität der großen Städte bedeutete ihm weniger als der sozialethische Verlust. Die mit der neuen Großstadt einhergehenden gesellschaftlichen Dekorporationen schufen seiner Meinung nach ein „aufgeregtes ungesundes Seelenleben".[14]

Die insbesondere aus dem Pietismus und der dann folgenden Erweckungsbewegung erwachsenden Bibelgesellschaften, Missions- und Sonntagsschulen, christlichen „Rettungshäuser", Asyle und Kinderbewahranstalten, aber auch Feuerversicherungen, Witwen- und Spar-

[13] Vgl. z. B. Karl Gottlob Küttner, *Beyträge zur Kenntniß vorzüglich des Innern von England und seiner Einwohner,* 4 Bde., Leipzig 1791—1796; August Hermann Niemeyer, *Beobachtungen auf einer Reise nach England,* 2 Bde., Halle 1821; Theobald Toze, *Der gegenwärtige Zustand von Europa ...,* 2 Theile, Bützow-Wismar 1767; Carl Friedrich Stäudlin, *Allgemeine Kirchengeschichte,* 2 Theile, Göttingen 1819. Ein sehr positives Bild der Großstadt London zeichnet dagegen der protestantische Pfarrer Gebhardt Friedrich August Wendeborn, *Der Zustand des Staats, der Religion, der Gelehrsamkeit und der Kunst in Großbrittannien gegen das Ende des achtzehnten Jahrhunderts,* 4 Thle., Berlin 1785—1788.

[14] Wilhelm Heinrich Riehl, *Die Sitte des Hauses,* in: *Deutsche Vierteljahrsschrift,* Bd. 62 (1853), S. 283—336; ders., *Die Familie und die bürgerliche Baukunst,* in: ders., *Die Familie ...* (wie Anm. 5), S. 163—196. Viele andere abfällige Urteile Riehls finden sich in seiner Buchreihe *Die Naturgeschichte des Volkes als Grundlage einer deutschen Social-Politik,* Stuttgart 1853—1856 (vgl. Anm. 5). Vgl. Hans-Jürgen Teuteberg (Hrsg.), *Homo habitans. Zur Sozialgeschichte des ländlichen und städtischen Wohnens in der Neuzeit,* Münster 1985, S. 13f.

kassen, Taubstummen- und Irrenanstalten waren einerseits dem in der Aufklärung ausgebildeten Humanitätsgedanken und Philanthropinismus, auf der anderen Seite einer neuen Form christlicher Liebestätigkeit verpflichtet, die in biblischem Sinne auf den Nächsten, nicht aber auf die Lösung einer größeren „Sozialen Frage" zielte.[15] Auf katholischer Seite war die Situation nicht viel anders: Frühe Sozialdenker wie Adam Müller, Franz Baader und Franz Joseph Ritter von Buß erörterten das sich abzeichnende „Mißverhältnis der Vermögenslosen oder Proletairs zu den Vermögen besitzenden Klassen der Societät", die Bildung neuer „Associationen" sowie die Gründung von Sparkassen unter Führung von Geistlichen; aber auch hier dachte man in erster Linie an die Masse des verarmten Landvolkes und der kleinen Handwerker, nicht an die zahlenmäßig noch kaum ins Gewicht fallenden Fabrikarbeiter.[16] Als Theodor Fliedner, beeindruckt von holländischen Mennoniten und englischen Quäkern, 1827 die Rheinisch-Westfälische Gefängnisgesellschaft, ein für beide Konfessionen bestimmtes Asyl für weibliche Strafgefangene und schließlich 1836 den Evangelischen Verein für christliche Krankenpflege mit dem ersten Mutterhaus für Diakonissen in dem niederrheinischen Städtchen Kaiserswerth ins Leben rief, ging es ihm wie Adolph Kolping, der mit seinen katholischen Gesellenvereinen jungen Menschen zeitweise die Familie ersetzen wollte, auch darum, den Klerus wieder mit den praktischen Aufgaben einer Volkskirche vertraut zu machen, kooperatives Gemeinschaftsle-

[15] Eckart Schleth, *Der profane Weltchrist. Neubau der Lebensform für den Industriemenschen,* München 1959, S. 18ff.

[16] Adam Müller, *Die Elemente der Staatskunst,* 3 Theile, Berlin 1808—1809, 2. Aufl., Jena 1926; Franz Baader, *Über das dermalige Mißverhältniß der Vermögenslosen oder Proletairs zu den Vermögen besitzenden Klassen der Societät in Betreff ihres Auskommens sowohl in materieller als intellektueller Hinsicht vom Standpunkte des Rechts betrachtet,* München 1835; Franz Joseph Ritter von Buß, *Über die mit dem fabrikmäßigen Gewerbebetrieb verbundenen Nachtheile und die Mittel ihrer Verhütung.* Eine Rede, gehalten am 25. April 1837 in der 16. öffentlichen Sitzung der II. Kammer der Großherzoglich Badischen Landstände, Karlsruhe 1837. Vgl. Albrecht Langner (Hrsg.), *Katholizismus, konservative Kapitalismuskritik und Frühsozialismus bis 1850,* Paderborn 1975; Franz Josef Stegmann, *Geschichte der sozialen Ideen im deutschen Katholizismus,* in: Helga Grebing (Hrsg.), *Deutsches Handbuch der Politik,* Bd. 3, München-Wien 1969, S. 225—560; Anton Rauscher (Hrsg.), *Der soziale und politische Katholizismus. Entwicklungslinien in Deutschland 1803—1963,* Bd. 1, München 1981; Leopold Lentner, *Das Erwachen der modernen katholischen Sozialidee. Die Entwicklung im 19. Jahrhundert bis Rerum novarum,* Wien 1951.

ben im christlich-altständischen Sinne zu erneuern und an einer Wiederverwurzelung in einer „organischen Gesellschaft" sowie an der Erneuerung des apostolischen Diakonissenamtes mitzuwirken.[17] Mit den Problemen der modernen Großstadt hatten alle diese Überlegungen und Gründungen zwar noch wenig zu tun, dennoch führen vielfach Wege von hier zu den neuen Feldern der Seelsorge im späten 19. Jahrhundert. Wenn Fliedner 1854 zum Beispiel in Berlin ein erstes Hospiz für stellungslose Dienstmädchen (Martha-Haus) eröffnete, der katholische Orden der Barmherzigen Schwestern — wie Fliedners Diakonissenhäuser — ausgebildete Krankenschwestern in die Spitäler entsandte und dort die oft unehrlichen, gemütsrohen und fahrlässigen, nur gegen Lohn arbeitenden Krankenpfleger ersetzte, wenn die nach französischem Muster an vielen Orten emporblühenden Vinzenzvereine öffentliche Suppenküchen einrichteten, für verwahrloste Kinder und alte einsame Menschen sorgten, Pfänder aus den Leihanstalten auslösten, „wilde Ehen" legitimierten und Familienstreit schlichteten, dann waren bereits wichtige Grundlagen geschaffen worden, auf denen die spätere Großstadtseelsorge aufbauen konnte. Ohne diesen breiten Strom von diakonischen Anstaltsgründungen in der ersten Hälfte des 19. Jahrhunderts hätte man später niemals eine Massenbasis für die soziale Kirchenarbeit finden können. Die Kirchen wurden damit schon vor Beginn des eigentlichen Ansturms auf die Städte „inwendig" erneuert, zu ganz neuen Formen des christlichen Gemeinschaftslebens geführt; ein praktisches „Christentum der Gesinnung und der Tat" wurde begründet.

Der Weg von der „Erweckung" zur neuen sozialen Hilfe im Sinne christlicher Nächstenliebe gipfelt zunächst in der Person und dem Werk Johann Hinrich Wicherns (1808—1881), der das Problem der Großstadt und die dadurch veranlaßte Entkirchlichung in den dreißiger und vierziger Jahren erstmals bewußt thematisierte.[18] Der frühzeitig in

[17] Vgl. Erich Beyreuther, *Geschichte der Diakonie und der Inneren Mission in der Neuzeit,* 3., erw. Aufl., Berlin 1983; Heinrich Festing, *Adolph Kolping und sein Werk,* Freiburg 1982.

[18] Vgl. *50 Jahre Innere Mission,* Berlin 1898; Herbert Krimm (Hrsg.), *Quellen zur Geschichte der Diakonie,* 2 Bde., Stuttgart o. J.; Johann Hinrich Wichern, *Gesammelte Schriften,* Bd. 3: *Prinzipielles zur Inneren Mission,* Hamburg 1902; Peter Meinhold, *Evangelische und katholische Prinzipien kirchlichen Sozialhandelns,* Wiesbaden 1978; Rolf Rüdiger Baron von Landwehr (Hrsg.), *Geschichte der Sozialarbeit. Hauptlinien ihrer Entwicklung im 19. und 20. Jahrhundert,* Weinheim-Basel 1983; Johann Hinrich Wichern, *Sämtliche Werke,* hrsg. von Peter Meinhold, 7 Bde., Berlin 1958—1975.

den Bannkreis der Erweckungsbewegung, der romantischen Theologie mit ihrer Betonung des christlichen Familienlebens und der organischen Gesamtschau des Christentums sowie der Vorstellungen vom allgemeinen Priestertum aller Gläubigen geratene Kandidat der Theologie hatte sich bei seinen Hausbesuchen in dem berüchtigten „Gängeviertel" Notizen über *Hamburgs wahres und geheimes Volksleben* gemacht; er forderte erstmals 1833 in einer Versammlung Hilfe für Trinker, Dirnen und verwahrloste Kinder. Das von ihm dann geschaffene „Rauhe Haus" war in erster Linie als Arbeits- und Waisenhaus für Großstadtkinder bestimmt, fügte sich aber ganz in den Charakter der damaligen christlichen Liebesanstalten: Familienprinzip, patriarchalische Hausordnung, Erziehung zur Arbeit und Katechismuslesen bildeten seine tragenden Säulen.

Für Wichern war die Entkirchlichung in den großen Städten ein tief beunruhigendes Problem. Der Abfall der Gebildeten war in den dreißiger Jahren nicht mehr zu übersehen: Insbesondere in den großen Städten machten sie aus ihrer Feindseligkeit gegenüber Kirche und Pfarrer keinen Hehl, während die Masse der Unterschichten mehr oder weniger religiös-indifferent dahinlebte. Das preußische Beamtentum war, trotz der religiösen Schwärmereien Friedrich Wilhelms IV., zwischen spätabsolutistischem Rationalismus oder frühem Liberalismus schwankend, angesichts der Revolutionen in erster Linie an der Aufrechterhaltung von Ruhe und Ordnung interessiert. Bezeichnenderweise wurde nach zeitgenössischen Quellen auch am Sonntag bei den Behörden gearbeitet, Läden blieben offen, und die Kirchplätze wurden weltlichem Gebrauch überlassen. Sicherlich gehörte für die bäuerlichen und handwerklichen Schichten ebenso wie für Amtsträger und örtliche Honoratioren der Gottesdienstbesuch noch zur von Jugend an gewohnten Ordnung; die kirchliche Entfremdung in den großen Städten, besonders bei den Protestanten, ist in den Quellen aber nicht zu übersehen. Der pietistische Pfarrer Friedrich Wilhelm Krummacher aus Elberfeld schätzte um 1840, daß von der halben Million Einwohner Berlins höchstens 30 000, meistens ältere Frauen, noch regelmäßig die Gottesdienste besuchten.[19] Die Schuld hierfür war auch bei den Pasto-

[19] Zitiert nach F. Schnabel, *Deutsche Geschichte* ... (wie Anm. 6), Bd. 4. Vgl. zum Problem der kirchlichen Entfremdung in den großen Städten des 19. Jahrhunderts Karl B. Hundeshagen, *Der deutsche Protestantismus, seine Vergangenheit und heutigen Lebensfragen,* o. O. 1847, 3. Aufl., 1853; Sixtus Carl Kapff, *Die Revolution und ihre Ursachen, Folgen und Heilmittel, dargestellt für Hohe und Niedere,* Stuttgart 1851; Wilhelm Bauer,

ren zu suchen: Oftmals karg entlohnt und auf Naturalabgaben und Zuverdienst aus eigener Landwirtschaft angewiesen, nahmen sie kränkende Geringschätzung hin. In den Städten wurde von den „Erweckten“ ihr würdeloses Auftreten gerügt, da sie sich in gewöhnlicher Bürgertracht zeigten. Offenbar war für manche Pfarrer der Ornatzwang mit einem liberalen Verständnis von Protestantismus nicht mehr vereinbar. Andere fühlten sich mehr als Literaten und Gelehrte, die sich lieber in der Studierstube als beim einfachen Kirchenvolk aufhielten. Diese statistisch bis jetzt allerdings noch wenig greifbare Tendenz zur Entkirchlichung ist offenbar auch in den katholischen Teilen Deutschlands zu beobachten gewesen. Eine Studie über Kurbayern im Vormärz zeigt, daß die Säkularisierung der Klöster und damit ihr Verschwinden als Arbeitgeber, der Wegfall der zahlreichen arbeitsfreien kirchlichen Feiertage, die Auflösung der patriarchalischen Beziehungen nach Einführung der Agrarreform und der Zug zur frühen, kirchlich nicht mehr legitimierten Heirat infolge der sich ausdehnenden agrarischen Nebengewerbe die alten Bindungen zwischen den „arbeitenden Klassen“ und kirchlichen Amtsträgern lockerten. Zeitbeobachter brachten den grassierenden ländlichen Pauperismus und diese Entkirchlichung immer wieder in engen Zusammenhang.[20]

Um der wachsenden Entfremdung von der Kirche entgegenzusteuern, faßte Wichern 1849 seine Gedanken in der später so berühmt gewordenen Denkschrift *Die Innere Mission der deutschen evangelischen Kirche* zusammen.[21] Den orthodoxen Lutheranern, die keinerlei Konkurrenz zum Amt des Verkündigers wünschten und befürchteten, man

Das deutsche evangelische Pfarrhaus, 5. Aufl., Berlin 1902; Hermann Werdemann, *Die deutsche evangelische Pfarrersfrau,* Leipzig 1935; Robert Michels, *Sittlichkeit in Ziffern,* Leipzig 1928.

[20] Fintan Michael Phayer, *Religion und das gewöhnliche Volk in Bayern in der Zeit von 1750 bis 1850,* München 1970. Vgl. zum Problem des ländlichen Pauperismus im Vormärz mit seinen sittlichen Folgen Carl Jantke/Dietrich Hilger (Hrsg.), *Die Eigentumslosen. Der deutsche Pauperismus und die Emanzipationskrise in Darstellungen und Deutungen der zeitgenössischen Literatur,* Freiburg-München 1965, S. 7—47, Einleitung von Carl Jantke.

[21] Johann Hinrich Wichern, *Die Innere Mission der deutschen evangelischen Kirche. Eine Denkschrift an die deutsche Nation im Auftrage des Zentralausschusses für Innere Mission verfaßt* (1849). Die Schrift ist ungekürzt abgedruckt in: ders., *Gesammelte Schriften,* Bd. 3, Hamburg 1902, Auszug in: Ernst Schraepler, *Quellen zur Geschichte der sozialen Frage,* Bd. 1, Göttingen 1955, S. 86—88.

wolle das hohe, staatlich verankerte Amt des deutschen Pastors nach dem Beispiel der englischen Dissenters zum niederen Posten eines beliebigen Vereinsvorsitzenden herunterstufen, hielt Wichern entgegen, daß sich die Kirche neuer Formen der Glaubensvermittlung bedienen müsse: Wenn die Menschen nicht mehr ins Gotteshaus kämen, müsse man zu ihnen gehen und sie durch christliche Assoziationen zu gewinnen trachten; neben die äußere „Heidenmission“ habe jetzt die „Innere Mission“ zu treten. Der redegewandte Wichern fand Gehör beim preußischen König, so daß sich seit den fünfziger Jahren die Provinzial-, Kreis- und Stadtmissionen in Preußen und dann auch in anderen deutschen Bundesstaaten auszubreiten begannen, freilich anfangs sehr ungleichmäßig. Die Stadtmission, zuerst in Berlin nach dem Muster der Londoner City Mission ins Leben gerufen, blieb Wichern zeitlebens ein Hauptanliegen: Kampf gegen Prostitution, wilde Ehen und Alkoholismus, Fürsorge für Dienstboten, Auswanderer und verwahrloste Kinder und schließlich Schaffung von Herbergen für wandernde Gesellen blieben seine wichtigsten Programmpunkte. Auch auf die sich nun abzeichnende großstädtische Wohnungsnot, die er vor allem unter dem Gesichtspunkt religiöser Verwahrlosung der Familien betrachtete, nahm er in seinen Reden und Schriften Bezug.[22]

Hier wie anderswo zeigten sich die Grenzen von Wicherns Innerer Mission: Letztlich verblieb sie bei der Sorge für den Nächsten im biblischen Sinne und bei den traditionellen Zielgruppen der Armenfürsorge. Die sich anbahnenden sozialen Strukturwandlungen wurden noch nicht vom Boden des Evangeliums aus neu durchdacht, wie es zur gleichen Zeit etwa der Prediger Thomas Carlyle in England tat. Die Grundlagen einer neuen christlichen Sozialpolitik wurden so noch nicht geschaffen. Die Rekonstitution einer Volkskirche mußte auf

[22] Johann Hinrich Wichern, *Die Wohnungsnoth der kleinen Leute,* in: *Fliegende Blätter,* Jg. 1857, S. 195—205, später in: ders., *Gesammelte Schriften,* Bd. 3, Hamburg 1902, S. 932—933; ders., *Die Aufgabe der evangelischen Kirche, die ihr entfremdeten Angehörigen wieder zu gewinnen,* in: *Verhandlungen des 15. deutschen evangelischen Kirchentages zu Stuttgart,* Stuttgart 1855, Neudruck in: ders., *Gesammelte Schriften,* Bd. 3, Stuttgart 1902, S. 1157 ff. — Vgl. Martin Henning (Hrsg.), *Quellenbuch zur Geschichte der Inneren Mission,* Hamburg 1912; Johann Hinrich Wichern, *Ausgewählte Schriften,* Bd. 1: *Schriften zur sozialen Frage,* Gütersloh 1956, S. 219 ff.; ders., *Mittheilungen aus den amtlichen Berichten preußischer Strafanstalten,* Berlin 1861, dort auch Berichte über die Berliner Prostitution. Vgl. Herbert Krimm (Hrsg.), *Quellen zur Geschichte der Diakonie,* 2 Bde., Stuttgart o. J.

diese Weise scheitern, weil die Rahmenvorstellungen systeminkongruent blieben. Viele gegen ihn erhobene Vorwürfe treffen allerdings ins Leere: Wicherns diakonisches Werk konnte sich schwerlich zunächst auf Fabrikarbeiter ausrichten, da diese in der längsten Zeit seines Lebens in Großstädten zahlenmäßig kaum eine Rolle spielten. Daß er eng mit konservativen Kräften zusammenarbeitete und seine Helfer aus Aristokratie, höherem Beamtentum und Damen der „feinen Gesellschaft" gewann, muß aus der rechtlichen Stellung des damaligen protestantischen Pfarrers in Preußen erklärt werden. Dieser war nicht nur geistlicher Hirte, sondern zugleich auch Mittler zwischen den Gläubigen und einem betont christlich-monarchischen Staat. Nach dem *Allgemeinen Landrecht für die preußischen Staaten* war der Pfarrer ein mittelbarer Beamter mit öffentlich-rechtlichen Aufgaben bei Schulaufsicht und Personenstandsführung. Er hatte dem König bei Dienstantritt einen Amtseid zu schwören, „Diener der christlichen Kirche und des Staates" zu sein, der das „Wohl des Landes" zu befördern habe.[23] Bei solcher Verzahnung von Thron und Altar und dem Fehlen anderer Institutionen waren Alternativen zunächst kaum realistisch. Wichern hatte zudem genug Feinde innerhalb des orthodoxen Luthertums; außerhalb der Amtskirche wäre ihm ein vergleichbarer Erfolg versagt geblieben. Bedauerlicherweise fand er keinen Zugang zum aufstrebenden liberalen Bürgertum, von dessen radikalem linken Flügel sich später eine eigenständige Arbeiterbewegung abzuspalten begann. Die Industriearbeiter blieben für Wichern, wie er in einem seiner letzten Vorträge 1871 in Berlin sagte, „wild verheidnischte Massen" und „arme Sünder", die er mit Hilfe eines „wahren Socialismus des göttlichen Reiches" zurückzugewinnen hoffte.[24]

[23] Vgl. zur Geschichte des Pfarrers u. a. Paul Drews, *Der evangelische Geistliche in der deutschen Vergangenheit*, 2. Aufl., Jena 1924; Hermann Werdermann, *Der evangelische Pfarrer in Geschichte und Gegenwart; im Rückblick auf 400 Jahre evangelisches Pfarrhaus*, Leipzig 1925. Vgl. Franz-Xaver Hartmann, *Die zeitliche, örtliche und soziale Herkunft der Geistlichen der Diözese Augsburg von der Säkularisation bis zur Gegenwart 1804—1917*, Augsburg 1918; W. Bauer, *Das deutsche evangelische Pfarrhaus* ... (wie Anm. 19).

[24] Diese Zitate stammen aus einem der letzten Vorträge Johann Hinrich Wicherns, die er auf der Kirchlichen Oktoberversammlung 1871 in Berlin hielt. Der Inhalt seiner Ansprache läßt erkennen, daß er die Bedeutung des Industriearbeiters in den großen Städten für eine neue christlich mitbestimmte Sozialpolitik zwar erkannt hatte, doch in diesem letztlich einen verlorenen Sünder sah, der unter dem „Patronat" der gebildeten Stände um Christi willen für die Kirche zurückgewonnen werden müsse. Interessanterweise griff er im gleichen Atemzug aber auch die Verschwendung von Mitgliedern des

Anders als Wichern hat Victor Aimé Huber (1800—1869) die Chancen einer christlich orientierten Sozialpolitik eher und deutlicher erfaßt. Der christlich-konservative Publizist hatte seinen Blick für Fragen der Urbanisierung auf Reisen nach Frankreich, Belgien und England geschärft und sich unter anderem 1844 von Friedrich Engels in Manchester die Schattenseiten einer neuen Industriegroßstadt erklären lassen. Als erster in Deutschland setzte er sich danach mit der *Wohnungsnoth der kleinen Leute in großen Städten* auseinander.[25] Sich an Robert Owens frühsozialistischen Siedlungsexperimenten orientierend, forderte er seit den vierziger Jahren den Bau billiger Arbeiterwohnungen. Im Umkreis der Städte wollte er Einfamilienhäuser mit Schulen, Büchereien, Konsumläden und Kirchen sowie Nahverkehrsverbindungen errichten, Anlagen, die bereits an die späteren Gartenstädte erinnern. Das Wohnen im Grünen sollte zugleich die Basis für eine religiös-sittliche Erneuerung sein, was er „Innere Colonisation" nannte. Trotz anfänglicher Förderung durch Friedrich Wilhelm IV., der ihn sogar zum Professor an der Berliner Universität ernannte, konnte er sich auf die Dauer weder bei den konservativen Junkern noch beim liberalen Beamtentum, ja nicht einmal bei Wicherns Innerer Mission durchsetzen, da es ihm an persönlicher Ausstrahlungskraft und Organisationsgeschick mangelte. Die 1847 von ihm bei Berlin gegründete erste gemeinnützige Baugenossenschaft erwies sich als Fehlschlag.[26] Huber, der

Geburts- und Geldadels an, die große Vermögen verschleuderten und so die unteren Volksklassen mißachteten. Die Kirchen sollten sich an dem Aufbau eines „wahren Socialismus des göttlichen Reiches der eigenen Mitte" beteiligen. Vgl. Johann Hinrich Wichern, *Die Mitarbeit der Kirche an den socialen Aufgaben der Gegenwart,* in: *Fliegende Blätter,* Jg. 1871, S. 329ff., abgedruckt in: ders., *Gesammelte Schriften,* Bd. 3, Hamburg 1902, S. 1202ff.

[25] Victor Aimé Huber, *Die Wohnungsnoth der kleinen Leute in großen Städten,* Leipzig 1857; ders., *Die Wohnungsfrage in England und Frankreich,* in: *Zeitschrift des Centralvereins für das Wohl der arbeitenden Klassen in Preußen,* Bd. 2 (1860), S. 3—37, und Bd. 3 (1861), S. 125—196; ders., *Über die geeigneten Maßregeln zur Abhülfe der Wohnungsnoth,* in: *Der Arbeiterfreund,* Bd. 3 (1865), S. 143—172; ders., *Die Wohnungsfrage,* in: *Concordia. Beiträge zur Lösung der socialen Fragen in zwanglosen Heften,* H. 2—3, Leipzig 1861. Vgl. Sabine Hindelang, *Konservativismus und soziale Frage. Victor Aimé Hubers Beitrag zum sozialkonservativen Denken im 19. Jahrhundert,* Phil.-Diss., Münster 1983, gedruckt: Frankfurt-Bern-New York 1983.

[26] Vgl. Hans-Jürgen Teuteberg, *Eigenheim oder Mietskaserne. Ein Zielkonflikt deutscher Wohnungsreformer 1850—1914,* in: Heinz Heineberg (Hrsg.), *Innerstädtische Differenzierung und Prozesse im 19. und 20. Jahrhundert. Geographische und historische Aspekte,* Köln-Wien 1987, S. 24—48, dort weitere zeitgenössische Literatur.

wie Wichern primär auf den christlichen Appell vertraute, keine politischen Vereinigungen der Arbeiter wünschte und alle Hoffnungen auf wirtschaftliche Genossenschaften setzte, stand mit seinem sozialen Konservatismus zuletzt gleichsam zwischen den Fronten. Dennoch wäre es verkehrt, Hubers vielfältigen Ideen und Aktivitäten zwischen der Revolution von 1848 und der Reichsgründung von 1871 jede Folgewirkung abzusprechen. So machten der 1844 in Berlin im Anschluß an die erste Industrieausstellung des Deutschen Zollvereins gegründete Centralverein für das Wohl der arbeitenden Klassen unter dem Vorsitz des 48er-Demokraten Adolph Wilhelm Lette und der ihm personell eng verbundene Kongreß deutscher Volkswirte die „Anlegung von Wohngebäuden für Hand- und Fabrikarbeiter" zu Kernpunkten ihrer Programme und befaßten sich immer wieder mit den Folgen der raschen Verstädterung.[27] Der Einfluß Hubers, der an allen Sitzungen des Centralvereins zwischen 1858 und 1864 teilnahm, spiegelt sich deutlich in fast allen Resolutionen wider. Hubers Gedanken folgend wollten beide Organisationen nichts von einer Staatshilfe in dieser Frage wissen und vertrauten ganz auf das Selbsthilfeprinzip, dem freilich alle Hindernisse aus dem Weg zu räumen waren.

Wichern war zwar von Hubers Schriften angetan und teilte seine Auffassung, daß die Wohnungsnot in den Großstädten den Kern der Arbeiterfrage ausmache, doch wies er dessen Kritik an der zurückhaltenden Politik der Inneren Mission zurück. Seine Organisation sollte vor allem die sittlichen Notstände bekämpfen; eine Lösung der gesamten sozialen Frage und eine bestimmte Sozialpolitik kamen für ihn daher nicht in Frage.[28] Der Stuttgarter Kirchentag 1857 bezeichnete die Wohnungsfrage in der Großstadt Berlin als ein Kernübel, vertraute aber im Gegensatz zu Huber hier auf die „Staatsfürsorge". Im November des gleichen Jahres wurde das Problem von Wichern aber doch im Centralausschuß für Innere Mission zur Sprache gebracht, um es in das Programm der Vereinigung aufzunehmen. Er stieß dort aber auf Wi-

[27] Vgl. Jürgen Reulecke, *Sozialer Frieden durch soziale Reform. Der Centralverein für das Wohl der Arbeitenden Klassen in der Frühindustrialisierung,* Wuppertal 1983.

[28] Vgl. Johann Hinrich Wichern, *Die Wohnungsnoth der kleinen Leute.* (Auf Veranlassung der Schrift von V. A. Huber, *Die Wohnungsnoth der kleinen Leute,* Leipzig 1857), in: *Fliegende Blätter,* Jg. 1857, S. 195—205, besonders S. 195 f. Vgl. ferner Victor Aimé Huber, *Nachträgliches zur Wohnungsnoth der kleinen Leute,* in: *Fliegende Blätter,* Jg. 1857, S. 205—208, besonders S. 205.

derspruch: Man fürchtete, die sowieso schon ausgedehnte Arbeit der Inneren Mission hier zu überlasten, zumal weitreichende Rechts- und Finanzierungsfragen auftauchten. Eine geplante Sonderkonferenz darüber kam nicht zustande, doch ließ man Hubers Schrift überall zirkulieren. Auch weitere Vorstöße Wicherns und Hubers zur Initiierung sozialpolitischer Aktivitäten der Evangelischen Kirche verliefen im Sande. Eine Kommission zur Untersuchung der weiblichen Fabrikarbeit, nach einem entsprechenden Vortrag Wicherns auf dem Barmer Kirchentag 1860 von Wuppertaler Fabrikanten und Bürgermeistern gebildet, blieb ebenso ergebnislos wie ein Vortrag Hubers über *Die genossenschaftliche Selbsthülfe der arbeitenden Klassen* auf dem Brandenburger Kirchentag 1882 sowie Wicherns Vorstoß für eine umfassende Gefängnisreform, zu deren Durchführung man ihn als Ministerialrat in den preußischen Staatsdienst geholt hatte. Enttäuscht tadelte Wichern 1869 auf dem Stuttgarter Kirchentag „die Nichtbeteiligung an den großen socialen Fragen der Gegenwart, namentlich an der sogenannten Arbeiterfrage". Festzuhalten bleibt, daß die Behandlung der großstädtischen Wohnungsfrage als Kern der Urbanisierungsproblematik bis zu Beginn der siebziger Jahre von der Evangelischen Kirchenleitung kaum nachhaltig aufgenommen wurde. Es blieb bei unverbindlichen Appellen an den Staat, weshalb der zeitweilige Kontakt zwischen Wichern und Huber wieder abbrach.

Das Erbe Wicherns und Hubers wurde von anderen Seiten fortgeführt. Der kurz nach der Reichsgründung ins Leben getretene Verein für Socialpolitik unter Leitung des Berliner Nationalökonomen Gustav Schmoller wandte sich zusammen mit anderen Wissenschaftlern und Verwaltungspraktikern den sozialen und ökonomischen Fragen der Verstädterung zu, wobei ein Referat von Ernst Engel, dem Leiter des Preußischen Statistischen Bureaus und des Berliner Staatswissenschaftlichen Seminars, über *Die Ursachen der modernen Wohnungsnoth* vor allem die Zustände Berlins schilderte.[29] Auf zwei großen Konferenzen wurden die Ergebnisse von Enquêten in deutschen Großstädten leidenschaftlich diskutiert und zahlreiche Reformvorschläge für die staatliche und kommunale Sozialpolitik gemacht.[30] Kirchlicherseits lenkte Fried-

[29] Ernst Engel, *Die moderne Wohnungsnoth. Signatur, Ursachen und Abhülfe*, Leipzig 1873.

[30] Vgl. Hans-Jürgen Teuteberg, *Die Debatte der deutschen Nationalökonomie im Verein für Socialpolitik über die Ursachen der „Wohnungsfrage" und die Steuerungsmittel*

rich von Bodelschwingh (1831—1910) bald die Aufmerksamkeit auf sich. Der Sohn eines westfälischen Landedelmannes und späteren preußischen Ministers, der in Paris seine ersten Großstadtstudien unternommen hatte, übernahm 1872 die Leitung der fünf Jahre zuvor von Bielefelder Bürgern begründeten kleinen Anstalt „Bethel“ für Epileptiker, verband sie mit dem dortigen Diakonissenhaus und erweiterte in den folgenden Jahren die diakonischen Einrichtungen. Er nahm sich auch immer mehr der wirtschaftlich und gesellschaftlich „Fallsüchtigen“ an. Für die sich herumtreibenden Obdachlosen legte er nördlich von Berlin eine „Arbeitskolonie“ an, die durch entsprechende katholische Einrichtungen ergänzt und seit 1884 vom Centralverein deutscher Arbeiterkolonien betreut wurde. Ein immer dichter werdendes Netz solcher Naturalverpflegungsstationen begann sich nun in den deutschen Großstädten auszubreiten. Wanderarme konnten hier eine Unterkunft und ein warmes Essen gegen eine gewisse Arbeitsleistung erhalten, wodurch ihnen die Demütigung des Bettelns erspart wurde.[31] Die uralte Plage der „Vagabondage“ wurde dadurch zurückgedrängt. Nachdem der Gymnasiallehrer Otto Perthes, auf Bodelschwinghs Plan hin als Handwerksbursche verkleidet, die Übernachtungsmöglichkeiten junger Handwerker ein Jahr lang erkundet hatte, wurde auf Bodelschwinghs Drängen 1886 der Deutsche Herbergsverein gegründet, der bis 1894 in den Städten 428 „Herbergen zur Heimat“ errichtete. Einige Landes- und Provinzialkirchen veranstalteten dafür Kollekten, andere versagten sich aber dem Reformwerk. Als Abgeordneter der Christlich-konservativen Partei im Preußischen Landtag konnte Bodelschwingh 1907 ein Gesetz zur Regelung der Fürsorge für Wanderarme durchsetzen, das für die städtische Armutspolitik eine wichtige Zäsur bedeutete. Auch die engere Arbeiterwohnungsfrage wurde von „Vater Bodelschwingh“, wie er von den Berlinern respektvoll genannt wurde, weiter verfolgt. Nach einem Vortrag über die *Wohnungsverhältnisse der ärme-*

einer Wohnungsreform im späten 19. Jahrhundert, in: ders. (Hrsg.), *Stadtwachstum, Industrialisierung, Sozialer Wandel. Beiträge zur Erforschung der Urbanisierung im 19. und 20. Jahrhundert* (= Schriften des Vereins für Socialpolitik, N. F., Bd. 147), Berlin 1986, S. 13—59.

[31] *Festschrift zur Feier des 25jährigen Jubiläums des Brandenburgischen Provinzialvereins zur Bekämpfung des Vagabundenthums 1883—1908*, o. O. o. J. (Berlin 1908), Neudruck in: Christoph Sachße/Florian Tennstedt, *Geschichte der Armenfürsorge in Deutschland*, Bd. 1, Stuttgart usw. 1980, S. 309—312.

ren Klassen in deutschen Großstädten vor dem Verein für Socialpolitik 1884 gründete er ein Jahr später den Verein Arbeiterheim, der als Bausparkasse auf Aktienbasis gedacht war.[32] In einer Reihe von Schriften vertrat er nachdrücklich den Standpunkt, daß moralische Appelle nicht mehr ausreichten, die Kirche vielmehr verpflichtet sei, „dienend und arbeitend Hand ans Werk zu legen".[33] Auf dem Kasseler Kongreß für Innere Mission 1888 brachte er erneut die großstädtische Wohnungsnot zur Sprache und wies darauf hin, daß in den von seinem Verein erbauten Doppelhäusern bereits 83 Arbeiter- und Handwerkerfamilien wohnten. Der Centralverein faßte daraufhin einstimmig den Beschluß, den Centralausschuß aufzufordern, „in Gemeinschaft mit den ihm verbundenen Vereinen dahin zu wirken, daß in möglichst zahlreichen Städten des Vaterlandes kleine Vereine begründet werden, welche die Angelegenheit auf ihr Gewissen nehmen und die Beseitigung solcher Nothzustände zu ihrer Aufgabe machen".[34] Aber der Centralausschuß beließ es bei einer kurzen Denkschrift *Zur Abhülfe der Wohnungsnoth* und lehnte es in einem Rundschreiben ab, selbst Arbeiterwohnungen zu errichten, wie Bodelschwingh es gefordert hatte. Die angeschlossenen Vereine sollten lediglich bei der Prüfung der städtischen Wohnverhältnisse mitwirken, Rücksprache mit Hausbesitzern halten und bei der Kontaktaufnahme zu Bauvereinen helfen.[35]

Immerhin gelang es Bodelschwingh, die Firma Krupp in Essen zum Bau von 600 Werkswohnungen zu veranlassen, die in das Eigentum der

[32] Friedrich von Bodelschwingh, *Wohnungsverhältnisse der ärmeren Klassen in deutschen Großstädten* (= Schriften des Vereins für Socialpolitik, Bd. 33), Leipzig 1887, S. 61—76; Martin Gerhardt, *Friedrich von Bodelschwingh*, 2 Bde., Bethel b. Bielefeld 1950—1958.

[33] Friedrich von Bodelschwingh, *Was kann die freie christliche Liebesthätigkeit zur Abhülfe des Wohnungselends in den großen Städten thun?* Bethel b. Bielefeld-Cassel 1888; ders., *Mehr Luft, mehr Licht und eine ausreichend große eigene Scholle für den Arbeiterstand. Ein Beitrag zur Lösung der Sozialen Frage.* Vortrag, gehalten auf dem ersten Evangelisch-socialen Kongreß zu Berlin am 28. 5. 1890, Bielefeld 1890, S. 20. Zu den Statuten und Aktivitäten des Vereins Arbeiterheim vgl. Victor Böhmert, *Der Verein „Arbeiterheim" zur Beschaffung eigener Wohnungen mit Grundbesitz für die deutschen Fabrikarbeiter*, in: *Der Arbeiterfreund*, Bd. 23 (1885), S. 129—142; Martin Henning, *Quellenbuch zur Geschichte der Inneren Mission*, Hamburg 1912, S. 487—493.

[34] *Fliegende Blätter*, Jg. 1889, S. 274, Vgl. *50 Jahre Innere Mission*, Berlin 1898, S. 106f.

[35] Centralausschuss für Innere Mission (Hrsg.), *Zur Abhülfe der Wohnungsnoth*, in: *Fliegende Blätter*, Jg. 1889, S. 273—278, besonders S. 274.

Arbeiter übergehen sollten. Nach einem Vortrag des befreundeten Bonner Nationalökonomen Erwin Nasse mit dem Titel *Der Anteil der Inneren Mission an der Lösung der Arbeiterfrage* kam es 1870 zu ersten Unternehmerkonferenzen der Inneren Mission, auf denen die Anwesenden ein Förderprogramm für den Arbeiterwohnungsbau entwarfen und an alle Unternehmer appellierten, den „Arbeitern möglichst zu denjenigen Gütern zu verhelfen, die ihr äußeres und inneres Wohl verbürgen".[36] Von nun an nahm der betriebliche Werkswohnungsbau einen raschen Aufschwung. Schon 1875 hatten mehr als ein Drittel der befragten Unternehmen eine solche Wohnungsfürsorge in Angriff genommen. Die Zahl der Zechenwohnungen im Ruhrgebiet wuchs bis 1914 auf 94 000, so daß fast jeder fünfte Bergmann in einer preiswerten und relativ gut ausgestatteten Wohnung untergebracht war.[37] Die von Staat, Kommunen und den Kirchen geförderten Baugenossenschaften blieben dagegen zahlenmäßig weit zurück. Wenn der Anteil des gemeinnützigen Wohnungsbaus vor dem Ersten Weltkrieg nur etwa drei Prozent der gesamten Wohnungsproduktion im Deutschen Reich betrug, so hatte dies in erster Linie mit den ungeklärten rechtlichen und finanziellen Problemen zu tun, die wegen der fehlenden einheitlichen Wohnungsgesetzgebung vorerst nicht zu überwinden waren.[38]

1884 wurde vom Centralausschuß für Innere Mission erstmals eine Stellungnahme zur Arbeiterfrage veröffentlicht, die von dem engsten Mitarbeiter Bismarcks bei der Ausarbeitung der staatlichen Sozialversicherungsvorlage, Theodor Lohmann, und dem Berliner Hof- und Domprediger Adolf Stoecker ausgearbeitet worden war.[39] Unter ande-

[36] *50 Jahre Innere Mission*, Berlin 1898, S. 60. — *Fliegende Blätter*, Jg. 1870, S. 181 ff.

[37] Vgl. Günther Schulz, *Der Wohnungsbau der industriellen Arbeitgeber in Deutschland bis 1945*, in: H.-J. Teuteberg (Hrsg.), *Homo habitans* ... (wie Anm. 14), S. 373—390, bes. S. 375. Insbesondere beteiligten sich auch zahlreiche katholische Unternehmer aus christlich-philantropischen Motiven an dem Werkswohnungsbau. Vgl. Ludwig Puppke, *Sozialpolitik und soziale Anschauungen frühindustrieller Unternehmer in Rheinland-Westfalen*, Köln 1966, S. 182—212.

[38] Das Deutsche Reich konnte sich vor dem 1. Weltkrieg noch nicht zu einer einheitlichen Wohnungsgesetzgebung durchringen, so daß erst in der nachfolgenden Weimarer Republik der staatlich geförderte Wohnungsbau und gemeinnützige Wohnungsbaugesellschaften prägend wurden, wogegen der freiwillige betriebliche Werkswohnungsbau nun zurückging. Vgl. Hans-Jürgen Teuteberg/Clemens Wischermann, *Wohnalltag in Deutschland 1850—1914*, Münster 1986, S. 370.

[39] Die Stellungnahme trug den Titel *Die Aufgabe der Kirche und ihrer inneren Mission gegenüber den wirtschaftlichen und gesellschaftlichen Kämpfen der Gegenwart*, abgedruckt

rem wurde auch hier auf die Schaffung billiger Arbeiterwohnungen eingegangen und die Unternehmer zu entsprechenden Initiativen aufgefordert, denn „die Sorge für eine ausreichende Wohnung ist die erste Voraussetzung für eine geordnete Hauswirtschaft und eines veredelten Familienlebens".[40]

Inzwischen hatte die sich entwickelnde sozialdemokratische Arbeiterbewegung gezeigt, daß die Wichern-Huberschen Bestrebungen in der Arbeiterschaft wenig erreichten. Der protestantische Theologe Rudolf Todt vertiefte sich nun erstmals in das Studium der Schriften von Karl Marx und Friedrich Engels sowie sozialdemokratischer Autoren und kam zu dem Ergebnis, daß Kommunismus und Republikanismus dem Neuen Testament keinesfalls widersprächen,[41] den Atheismus und revolutionären Umsturz habe der Christ freilich zu bekämpfen. Die Geistlichen sollten nicht politisch Partei ergreifen, sondern zur Umbildung der Gesinnungen beitragen. Angesichts der schlimmen Wohnungszustände in Berlin, auf die er mit Statistiken hinwies, forderte er eine „sanitätliche Controle".[42] Todts Thesen von der partiellen Identität von Christentum und Sozialismus wurden von der Mehrheit der Kirchenführer scharf abgelehnt, bereiteten aber den Boden für eine langanhaltende Debatte über „religiösen Sozialismus" vor.[43] Unter

in: *Fliegende Blätter,* Jg. 1884, S. 233—249. Vgl. E. Beyreuther, *Geschichte der Diakonie ...* (wie Anm. 17), S. 152ff.

[40] *Fliegende Blätter,* Jg. 1884, S. 242f.

[41] Vgl. Paul Göhre, *Die evangelisch-soziale Bewegung, ihre Geschichte und Ziele,* Leipzig 1896 (vgl. Anm. 51); Rudolf Todt, *Der radikale deutsche Socialismus und die christliche Gesellschaft. Versuch einer Darstellung des socialen Gehaltes des Christentums und der socialen Aufgaben der christlichen Gesellschaft auf Grund einer Untersuchung des Neuen Testamentes,* Wittenberg 1877.

[42] *A. a. O.,* S. 356. Todt stützte sich auf die Berliner Wohnungsstatistik der Jahre 1864—1867 sowie einen 1874 von einem Dr. Straßmann in Danzig vor dem Deutschen Verein für öffentliche Gesundheitspflege gehaltenen Vortrag, wonach 16,2 v. H. der Berliner Bevölkerung in gesundheitlich bedenklichen Wohnungen untergebracht seien.

[43] Vgl. unter anderem Gottfried Traub, *Ethik und Kapitalismus,* Heilbronn 1904; Friedrich Wilhelm Foerster, *Christentum und Klassenkampf. Sozialethische und sozialpädagogische Betrachtungen,* 7.—10. Tsd., Zürich 1909; Eduard Dietz, *3 Reden über Sozialdemokratie und Religion, Sozialdemokratie und Bürgertum, Frauenwahlrecht und Sozialdemokratie,* Konstanz 1919; Friedrich Niebergall, *Evangelischer Sozialismus,* Tübingen 1920; Günther Dehn, *Die religiöse Gedankenwelt der Proletarierjugend, in Selbstzeugnissen dargestellt,* Berlin o. J. (1923), 3. Aufl., 1926; August Pieper, *Kapitalismus und Sozialismus als seelisches Problem,* M.-Gladbach 1924; Ludwig Heitmann, *Großstadt und Religion,* 3 Teile, Hamburg 1913—1920; Karl Vorländer, *Katholizismus und Sozialis-*

anderem erfolgte 1877 die Gründung eines „Central-Vereins für Sociale Reform auf religiöser und constitutioneller Grundlage“, an der die beiden bekannten Sozialkonservativen Adolph Wagner und Rudolf Meyer teilnahmen, die sich selbst als „Staatssozialisten“ bezeichneten.[44] Die dort zustandegekommene Christlich-soziale Partei löste sich aber nach der Verkündung der Kaiserlichen Botschaft (1881) und dem Beginn der Bismarckschen Sozialpolitik wieder auf, da man glaubte, die erstrebten Ziele könnten auf diesem Wege erreicht werden.

Das sinkende Banner einer christlichen Sozialreform wurde nun von Adolf Stoecker ergriffen, der sich beim Kampf um das entkirchlichte Berlin schnell einen Namen machte.[45] Im Gegensatz zu Wichern, Huber und Bodelschwingh aus kleinsten Verhältnissen stammend, machte

mus, in: *Archiv für Sozialwissenschaft und Sozialpolitik,* Bd. 51 (1923/24), S. 765—790; Paul Piechowski, *Proletarischer Glaube,* Berlin 1927; Friedrich Karrenberg, *Christentum, Kapitalismus und Sozialismus,* Berlin 1932; Wilhelm Schweer/Franz Müller, *Der deutsche Katholizismus im Zeitalter des Kapitalismus,* Augsburg 1932; Paul Jostock, *Der deutsche Katholizismus und die Überwindung des Kapitalismus,* Regensburg 1932; Günter Kehrer, *Das religiöse Bewußtsein des Industriearbeiters. Eine empirische Studie,* München 1967; Heiner Groote, *Sozialdemokratie und Religion. Eine Dokumentation für die Jahre 1863—1875,* Tübingen 1968; Richard Sorg, *Marxismus und Protestantismus in Deutschland. Eine religionssoziologisch-sozialgeschichtliche Studie zur Marxismus-Rezeption in der Evangelischen Kirche 1848—1948,* Köln 1974; Günter Brakelmann, *Kirche, soziale Frage und Sozialismus,* Bd. 1: *Kirchenleitungen und Synoden über soziale Frage und Sozialismus 1871—1914,* Gütersloh 1977; Walter Friedberger, *Die Geschichte der Sozialismuskritik im katholischen Deutschland zwischen 1830 und 1914,* Frankfurt-Bern-Wien 1978.

[44] Über Adolph Wagner (1835—1917) fehlt noch eine Biographie; vgl. statt dessen Heinrich B. Oppenheim, *Der Kathedersozialismus,* Berlin 1872; Walther Schneider, *Adolf Wagner's Beziehungen zum Sozialismus,* Neubrandenburg 1921; Friedrich Berckenhagen, *Die Lehre Adolf Wagners vom sozialpolitischen Zweck der Steuer und die Reichsfinanzreform von 1919—1920* (Maschinenschrift), Jur. Diss., Königsberg 1923; Hermann Schumacher, *Adolf Wagner,* in: *Deutsches Biographisches Jahrbuch,* Überleitungsbd. 2, Berlin 1928, S. 173—193; Franz Oppenheimer, Adolph Wagner, in: ders., *Gesammelte Reden und Aufsätze,* Bd. 2: *Soziologische Streifzüge,* München 1927, S. 302—314; Erich Thier, *Rodbertus, Lassalle, Adoph Wagner. Ein Beitrag zur Theorie und Geschichte des deutschen Staatssozialismus,* Jena 1930.

[45] Walter Frank, *Hofprediger Adolf Stoecker und die christlich-soziale Bewegung,* Berlin 1928, 2., durchges. Aufl., Berlin 1935; Friedrich Brunstäd, *Adolf Stoecker. Wille und Schicksal,* Berlin 1935; Thomas Buske, *Thron und Altar. Die Rolle der Berliner Hofprediger im Zeitalter des Wilhelminismus,* Neustadt a. d. Aisch 1970; Günter Brakelmann/Martin Greschat/Werner Jochmann, *Protestantismus und Politik. Werk und Wirkung Adolf Stoeckers,* Hamburg 1982. Vgl. auch die zeitgenössische Beurteilung bei P. Göhre, *Die evangelisch-soziale Bewegung …* (wie Anm. 41), S. 41.

er sich frühzeitig mit der wichtigsten volkswirtschaftlichen Literatur bekannt.[46] Besonders war er von Hubers Grundgedanken angetan, durch Gründung neuer „Associationen“ dem städtischen Lohnarbeiter zu einer neuen „Standwerdung“ zu verhelfen. Die bloß patriarchalische Armenfürsorge und den Rückgriff auf vergangene Ordnungsvorstellungen hielt er für eine „Zunftreaktion“. Die „negative Freiheit“ des Liberalismus sollte durch einen neuen Sozialismus christlich-nationaler Art überwunden werden, der sich aber von allen „Verfälschungen der Sozialdemokratie“ freihalten müsse. Anders als Wichern stand Stoecker auch der modernen Großstadt positiv gegenüber, sah er doch hier neue Formen der Kulturgestaltung. Den altkonservativen Patriarchalismus und die Verengung der sozialen Aufgaben auf christliche „Rettungsarbeit“ wollte er konsequent überwinden. Stoecker machte wie Todt den bürgerlichen Parteien den Vorwurf, sie hätten die Verteidigung der christlichen Positionen aufgegeben. Die soziale Frage sei keine böse, sondern eine gute Frage, da sie zum Nachdenken über die besten Formen der Gesellschaft zwinge. Den Kardinalfehler des Marxismus sah Stoecker darin, daß er allein durch Nivellierung von Reichtum und Armut das Glück aller erreichen wolle. Daß eine Arbeiterklasse als selbständige Macht ins politische Leben getreten sei, müsse als das größte Ereignis des Jahrhunderts bewertet werden, ihre Auflösung sei weder denkbar noch wünschenswert.[47] Mit solchen provozierenden Ansichten wurde Stoecker zum bekanntesten kirchlichen Volkstribun Deutschlands. Die rhetorisch geschliffenen Predigten lösten sowohl leidenschaftliche Bewunderung als auch Protest aus — „Muckerei“ oder „Stoeckerei“ waren fortan die Schlagworte.

[46] Wahrscheinlich hatte er folgende Autoren gelesen: Albert Schäffle, *Kapitalismus und Socialismus mit besonderer Rücksicht auf die Geschäfts- und Vermögensformen. Vorträge zur Versöhnung der Gegensätze von Lohnarbeit und Kapital,* Tübingen 1870; ders., *Die Quintessenz des Socialismus,* Gotha 1875; ders., *Bau und Leben des socialen Körpers,* 4 Bde., Tübingen 1875—1878; Lujo Brentano, *Die Arbeitergilden der Gegenwart,* 2 Bde., Leipzig 1871—1872; Hermann Wagener (Hrsg.), *Staats- und Gesellschaftslexikon,* 23 Bde., Berlin 1858—1868; Adolph Wagner, *Lehr- und Handbuch der politischen Oekonomie,* Bd. 1, Heidelberg 1876.

[47] Adolph Stoecker, *Christlich-sozial, evangelisch-sozial, kirchlich-sozial,* in: ders., *Reden und Aufsätze,* hrsg. von Reinhold Seeberg, Leipzig 1913, S. 158—168; ders., *Sozialdemokratisch-sozialistisch und christlich-sozial,* in: *a. a. O.,* S. 169—193; ders., *Sozialdemokratie und Sozialmonarchie,* in: *a. a. O.,* S. 194—216. Vgl. F. Brunstäd, *Adolf Stoecker ...* (wie Anm. 45), S. 120.

Als der streitbare politische Pastor am 1. Oktober 1874 sein Amt in Berlin antrat, war in Preußen gerade das neue Zivilstandsrecht in Kraft getreten. Es bedeutete das Ende des jahrhundertealten kirchlichen Tauf- und Trauzwanges und damit auch einen Bruch mit dem Gedanken des Staatskirchentums. Der junge ehemalige Militärpfarrer erlebte in der Reichshauptstadt einen neuen „Zivilrausch", bei dem es führende Gesellschaftskreise als Fortschritt ansahen, die Eheschließung ohne kirchliche Einsegnung zu vollziehen. Das kirchliche Leben war in Berlin wie in anderen großen Ballungsräumen im Rückgang begriffen. Obwohl es bis jetzt nur wenige regional gegliederte Zahlen über längere Zeiträume gibt, kann vermutet werden, daß der Gottesdienstbesuch in den meisten deutschen Bundesstaaten und preußischen Provinzen in den 1880er Jahren nicht höher als bei 20 Prozent lag und sich die Zahl der Abendmahlsbesucher innerhalb weniger Jahrzehnte halbierte, während sich die Zahl der Taufen, Hochzeiten und Beerdigungen weiterhin gleichmäßig zwischen 90 bis 100 Prozent hielt: Nur eine Minderheit praktizierte ständig ihre Kirchenzugehörigkeit, der weit überwiegende Teil des Kirchenvolkes nahm jedoch die Kirche gemäß der Sitte an entscheidenden Stationen des Lebensweges in Anspruch.[48]

Stoecker machte im Rahmen der Berliner Stadtmission jeden Tag fünf bis sechs Stunden Hausbesuche und erhob den Ruf nach einer erneuerten staatsfreien Volkskirche. Von dem 1858 von Wichern errichteten Johannesstift aus organisierte er fast generalstabsmäßig geplante „Angriffe" auf das entkirchlichte Berlin: Kindergottesdienste, Gefangenenfürsorge und Kleinkinderschulen entstanden, Nähstuben, Wärmehallen und „Feierabend-Häuser", aber auch Männer-, Frauen-, Jünglings- und Jungfrauenvereine wurden gegründet und erstmals einfache Arbeiter, Handwerker und Angestellte als Laienhelfer gewonnen. Eine „Nachtmission" nahm sich der großen Schar der Prostituierten und eine „Droschkenkutschermission" der sonntags arbeitenden Kutscher an, eine Kurrende sang in den Hinterhöfen der Mietskasernen, die überall emporwuchsen. Der Lösung der großstädtischen Wohnungs-

[48] Alle Zahlenangaben nach W. Conze, Kapitel *Sozialgeschichte 1850—1918* ... (wie Anm. 9), S. 667—668. Vgl. Alexander von Oettingen, *Die Moralstatistik und die christliche Sittenlehre*, 2 Bde., Erlangen 1868—1874, 3., vollständig umgearb. Aufl. unter dem Titel *Die Moralstatistik in ihrer Bedeutung für eine Socialethik*, Erlangen 1882, Tabellarischer Anhang, S. X (X—XVI).

frage maß Stoecker höchste Priorität zu.[49] Da dem volksverbundenen Kirchenmann akademische Vorträge nicht mehr genügten, schritt er zur Gründung einer christlich-sozialen Arbeiterpartei. Auf den Gründungsversammlungen ging es tumultuarisch zu, da radikale Sozialdemokraten sie sprengen wollten. Während sie die Marseillaise sangen, versuchten Stoeckers Getreue, sie mit „Ein feste Burg ist unser Gott" zu überstimmen. Aber dieser neue kirchliche Populismus blieb politisch erfolglos: Stoecker konnte mit seiner Partei keinen Sitz im Reichstag erringen. Der Evangelische Oberkirchenrat erteilte ihm einen Verweis und stellte sich auf die Seite derer, die Bismarcks Sozialistengesetz guthießen. Nun begann Stoecker zusätzlich mit antisemitischer Agitation, was ihm eine neue kleinbürgerliche Gefolgschaft sicherte.[50] Seine Judenfeindschaft war nicht religiös oder gar rassistisch begründet, sondern galt allein den Berliner jüdischen Besitzbürgern, „die sich anstatt mit dem Mantel des Propheten mit dem Flittergold des Mammons bekleideten". Stoecker hatte damit nicht nur kirchliche Konservative und Sozialdemokraten, sondern auch die mit dem Judentum eng verbundene freisinnige Berliner Presse gegen sich. Stoecker konnte, anfangs vom Kronprinzen unterstützt, 1888 einen Evangelisch-kirchlichen Hülfsverein zur Unterstützung der Stadtmission in preußischen Städten sowie 1890 den Evangelisch-socialen Kongreß gründen, wurde dann aber unter Mithilfe Wilhelms II. praktisch entmachtet. Er hatte sich bei seiner leidenschaftlichen politischen Agitation, welche die kirchenverfassungsrechtlichen Folgen nicht recht bedachte, oftmals selbst im Weg gestanden, aber wie kaum einer zuvor die Schwäche des erstarrten konservativ-monarchischen Staatskirchentums erkannt und die Notwendigkeit deutlich gemacht, auf sich wandelnde Strukturen

[49] Vgl. Martin Greschat, *Die Entstehung der Berliner Stadtmission*, in: *Jahrbuch für Berlin-Brandenburgische Kirchengeschichte*, Bd. 50 (1977), S. 45 ff.; *50 Arbeitsjahre im Dienste des Glaubens und der Liebe. Jubiläumsschrift der Berliner Stadtmission*, Berlin 1927; Walter Wendland, *Die Entwicklung der christlichen Liebestätigkeit in Groß-Berlin vom Mittelalter bis zur Gegenwart*, Berlin-Spandau 1939, S. 55 ff.

[50] Vgl. Reinhard Rürup, *Emanzipation und Antisemitismus. Studien zur „Judenfrage" der bürgerlichen Gesellschaft*, Göttingen 1975; Eberhard Bethge, *Adolf Stoecker und der kirchliche Antisemitismus*, in: ders., *Am gegebenen Ort. Gesammelte Aufsätze und Reden 1970—1979*, München 1979, S. 202 ff. Die wichtigsten Dokumente des Stoecker-Falls sind abgedruckt bei Ernst Rudolf Huber/Wolfgang Huber, *Staat und Kirche im 19. und 20. Jahrhundert. Dokumente zur Geschichte des deutschen Staatskirchenrechts*, Bd. 1, Berlin 1973, S. 592—644.

Antworten zu finden. Seine gedruckten Volkspredigten, zu einem Pfennig pro Stück verkauft, erreichten wöchentlich 120 000 Menschen (davon 20 000 allein in Berlin), so daß er als erster großer moderner Massenprediger der evangelischen Kirche Deutschlands angesehen werden kann. 1909 wurde er von seinen Berlinern wie ein Fürst zu Grabe geleitet.

Einige seiner Gründungen haben Stoecker überlebt und seine Gedanken und Initiativen weitergetragen. Der Evangelisch-sociale Kongreß faßte erstmals alle sozialen Strömungen innerhalb der Kirche organisatorisch zusammen. Die zweimal im Jahr tagende Vereinigung wurde mit ihren zahlreichen Resolutionen, Schriften und Enquêten zur wichtigsten gesellschaftspolitischen Initiativgruppe des deutschen Protestantismus.[51] Die moderne Großstadt blieb von Anfang an eines ihrer wichtigsten Betätigungsfelder. Die bekanntesten zeitgenössischen Persönlichkeiten sprachen auf ihren Kongressen über die Wohnungsnot der arbeitenden Klasse, die gewerbliche Berufserziehung, über die Ausdehnung des Arbeitsschutzes in den Betrieben, die Beziehung der Kirche zur Sozialdemokratie und zu den Naturwissenschaften und ähnliches. An der Universität Berlin wurden, was einer kleinen Bildungsrevolution glich, Fortbildungskurse für Theologen über Nationalökonomie und Sozialwissenschaft abgehalten und verschiedene Enquêten durchgeführt, so zum Beispiel über Arbeiterinnen in der Berliner Papierwaren- und Hausindustrie.[52] Die bekannte Frauenrechtlerin Elisabeth Gnauck-Kühne (1850—1917) warb in einem aufsehenerregenden Vor-

[51] Vgl. *Verhandlungen des Evangelisch-sozialen Kongresses,* 36 Bde., Berlin-Göttingen 1890—1929; P. Göhre, *Die evangelisch-soziale Bewegung* ... (wie Anm. 41), hier der Bericht eines Miterlebenden und späteren Generalsekretärs; Adolf von Harnack/Hans Delbrück, *Evangelisch-sozial,* Berlin 1896; Hans Eger, *Der Evangelisch-soziale Kongreß,* Phil. Diss., Heidelberg 1931, gedruckt: Leipzig 1931; Gottfried Kretschmar, *Der Evangelisch-soziale Kongreß. Der deutsche Protestantismus und die soziale Frage,* Stuttgart 1972; Johannes Herz (Hrsg.), *Evangelisches Ringen um soziale Gemeinschaft 1890—1940. Fünfzig Jahre evangelisch-sozialer Kongreß 1890—1940,* Berlin 1940; E. R. Huber/W. Huber, *Staat und Kirche* ... (wie Anm. 50), S. 706—717.

[52] Elisabeth Gnauck-Kühne, *Die Lage der Arbeiterinnen in der Berliner Papierwarenindustrie,* in: *Jahrbuch für Gesetzgebung, Verwaltung und Volkswirtschaft im Deutschen Reich,* Bd. 20 (1896), S. 407 ff.; Artikel *Soziale Streiflichter,* in: *Evangelisch-Sozial. Mitteilungen des Evangelisch-sozialen Kongresses,* Bd. 9 (1912), S. 62—64 und S. 82—85; Gertrud Dyrenfurth, *Die hausindustriellen Arbeiterinnen in der Berliner Blusen-, Unterrock-, Schürzen- und Trikotfabrikation,* Leipzig 1898.

trag 1893 um Verständnis für die Lage der berufstätigen Frau, worauf sich eine erste evangelisch-soziale Frauengruppe in Berlin bildete.[53] Gleichzeitig trat man in engste Beziehungen zu den 1882 im Ruhrgebiet entstandenen Evangelischen Arbeitervereinen, die von dem Stoecker-Freund Pfarrer Ludwig Weber geleitet wurden.[54] Wenngleich zahlen-

[53] Nachdrücklich machte Elisabeth Gnauck-Kühne darauf aufmerksam, daß durch die veränderten wirtschaftlichen und räumlichen Verhältnisse immer mehr Frauen der sozialen Unterschichten zur außerhäuslichen Erwerbsarbeit gedrängt würden und gleichzeitig bei früher Eheschließung ihre natürlichen Aufgaben in Haus und Familie erfüllen müßten, was zu einem Übermaß an Pflichten führe. Die städtische Arbeiterin sei daher in viel höherem Grad als die Frau aus den höheren Gesellschaftskreisen in Anspruch genommen. Die Maschine zerstöre einerseits das Familienleben, auf der anderen Seite fehle es der ledigen bemittelten Frau aus den Bürgerkreisen an sinnvoller Beschäftigung. Um dieses Ungleichgewicht zu beseitigen, müßten die gebildeten und besser situierten Frauen ihren bedrängten Mitschwestern zu Hilfe kommen — Mitarbeit an der geistig-seelischen Hebung der Arbeiterfrau sei daher das Gebot der Stunde. Führende evangelische Sozialreformer wie Stoecker und Adolf von Harnack stimmten Gnauck-Kühne zu, daß die Frauenfrage vorzugsweise als Bildungsfrage aufgefaßt werden müsse. Eine Erschließung neuer Berufe für Frauen, die Gründung von Frauenorganisationen, rechtliche Absicherung der Frauenarbeit, Schutz vor Mißbrauch der ehelichen Gewalt und anderes schienen ihnen ebenso selbstverständlich wie die Ablehnung einer vollständigen politischen wie gesellschaftlichen Gleichstellung der Frau, da dies nur zu einer hemmungslosen Konkurrenz der Geschlechter führe, wodurch die dem weiblichen Geschlecht durch Natur und Geschichte aufgegebene eigentümliche Stellung verloren gehe. Vgl. Elisabeth Gnauck-Kühne, *Die soziale Lage der Frau* (1893), Neudruck in: Jochen Christoph Kaiser, *Frauen in der Kirche. Evangelische Frauenverbände im Spannungsfeld von Kirche und Gesellschaft 1890—1945. Quellen und Materialien,* Düsseldorf 1985, S. 36—39; dies., *Die deutsche Frau um die Jahrhundertwende,* Berlin 1904; dies., *Erinnerungen einer freiwilligen Arbeiterin,* in: *Die Hilfe,* Bd. 1 (1895), Nr. 7, S. 3 ff.; Karl Hoeber, *Elisabeth Gnauck-Kühne,* M.-Gladbach 1928; Artikel *Welche Ziele und Schranken sind der Frauenbewegung durch das Evangelium gesetzt?,* in: *Fliegende Blätter,* Bd. 56 (1896), S. 82—84; Frohmeyer, *Thesen zum Referat „Welche Ziele und Schranken sind der Frauenbewegung durch das Evangelium gesetzt?",* in: *Verhandlungen des 29. Kongresses für Innere Mission in Bremen vom 4.—7. Oktober 1887,* Bremen 1897, S. 81 ff.; Julius Werner, *Geschichte und gegenwärtiger Stand der Frauenbewegung* (= Hefte der freien kirchlich-sozialen Konferenz, H. 4), Berlin 1898.

[54] Vgl. Günter Brakelmann, *Die Anfänge der Evangelischen Arbeiterbewegung in Gelsenkirchen 1882—1890,* in: Kurt Düwell/Wolfgang Köllmann (Hrsg.), *Rheinland und Westfalen im Industriezeitalter,* Bd. 2, Wuppertal 1984, S. 40—55; Dieter Fricke, *Der Gesamtverband der evangelischen Arbeitervereine Deutschlands (GEA) 1890—1933,* in: ders. (Hrsg.), *Die bürgerlichen Parteien in Deutschland,* Berlin (Ost) 1970, S. 150—161; Gert Lewek, *Kirche und soziale Frage um die Jahrhundertwende. Dargestellt am Wirken Ludwig Webers,* Neunkirchen 1963; Bruno Feyerabend, *Die evangelischen Arbeitervereine. Eine Untersuchung über ihre religiösen, geistigen, gesellschaftlichen und politi-*

mäßig mit 80 000 Mitgliedern (1896) im Vergleich mit anderen Gewerkschaften nicht sehr bedeutend, entfalteten auch diese eine Fülle von sozialen Initiativen, besonders zur Lösung der brennenden Wohnungsfrage.

Aber alle diese Vereinigungen verfingen sich wie andere Institutionen der evangelisch-sozialen Bewegung um 1900 zuletzt in inneren Widersprüchen: Pfarrer Friedrich Naumann, aus Wicherns „Rauhem Hause" kommend und einer der aktivsten „Jungen", durchbrach mit seinen Artikeln in der *Deutschen Evangelischen Kirchenzeitung* 1889/90, die er kurz darauf als Buch mit dem Titel *Das soziale Programm der Evangelischen Kirche* herausgab, die bisherige Konzeption von „evangelisch-sozial", indem er christlich und sozialistisch in einer Weise zusammensah, wie es bisher niemand gewagt hatte.[55] Ungeachtet seiner Treue zu Kaiser und Reich hielt Naumann den christlichen Staat für erledigt: Innere Mission und Sozialdemokratie müßten zueinanderfinden und einen neuen Staat errichten. Naumanns Schriften und Aktivitäten führten bekanntlich zur Distanz zu und dann zum Bruch mit Stoecker, der den Evangelisch-socialen Kongreß zusammen mit Lud-

schen Grundlagen und über ihre Entwicklung bis zum ersten Weltkriege (Maschinenschrift), Wirtschafts- und Sozialwiss. Diss., Frankfurt a. M. 1955; Fritz Einicke, *Die Stellung der Evangelischen Arbeitervereine zur sozialen Frage* (Maschinenschrift), Wirtschafts- und Sozialwiss. Diss., Köln 1950; Ernst Faber, *Die evangelischen Arbeitervereine und ihre Stellungnahme zu sozialpolitischen Problemen* (Maschinenschrift), Jur. Diss., Würzburg 1927, gedruckt: Leipzig-Erlangen 1928; Max Reichmann, *Die evangelischen und vaterländischen Arbeitervereine,* Stuttgart 1909; August Erdmann, *Die christliche Arbeiterbewegung in Deutschland,* 2. Aufl., Stuttgart 1909; Ludwig Weber, *Die sozialen Aufgaben und der Anteil der Kirche an ihrer Lösung. Hundert Leit- und Streitsätze,* Gütersloh 1906; Alfred Just, *Der Gesamtverband der evangelischen Arbeitervereine Deutschlands, seine Geschichte und seine Arbeiten,* o. O. 1904; Ludwig Weber, *Geschichte der sittlich-religiösen und sozialen Entwicklung Deutschlands in den letzten 35 Jahren,* Gütersloh 1895; ders., *Die Evangelischen Arbeitervereine, ihre Bedeutung und weitere Ausgestaltung,* Berlin 1890; ders., *Die Behandlung der sozialen Frage auf evangelischer Seite. Ein Bitt- und Mahnwort,* Halle 1888.

55 Werner Conze, *Friedrich Naumann. Grundlagen und Ansatz seiner Politik in der nationalsozialen Zeit (1895—1903),* in: Walther Hubatsch (Hrsg.), *Schicksalswege deutscher Vergangenheit. Beiträge zur geschichtlichen Deutung der letzten 150 Jahre. Festschrift für Siegfried Kaehler,* Düsseldorf 1950, S. 382ff.; Alfred Neumann, *Friedrich Naumanns christlicher Sozialismus,* Leipzig 1927; Martin Wenck, *Friedrich Naumann. Ein Lebensbild,* Berlin 1920; Friedrich Naumann, *Demokratie und Kaisertum,* 3. Aufl., Berlin-Schöneberg 1904; ders., *Christlich-sozial? Gesammelte Aufsätze,* 2 Hefte, Leipzig 1896; ders., *Soziale Briefe an reiche Leute,* Göttingen 1895; ders., *Das soziale Programm der evangelischen Kirche,* Leipzig 1891.

wig Weber verließ, was zugleich einen schmerzlichen Abfall der gesamten Evangelischen Arbeitervereine bedeutete. Das christlich-soziale Programm bekam durch Naumann eine Wendung zum National-Sozialen und zum politischen Liberalismus, in dem er schließlich seine neue Heimat fand. Bei der Beurteilung des Vorgangs der Verstädterung und seinen Auswirkungen stimmte Naumann ganz mit Stoecker überein: In seinem Artikel *Die Berliner Stadtmission* von 1888 nannte er Berlin die „kirchlich verwahrloseste Stadt der Erde", was mit genauen Fakten belegt wurde. Er lobte den unermüdlichen Einsatz, mit dem Stoecker die Massen für die Kirche zurückzugewinnen versuchte.[56] Naumanns Wendung war freilich ein gefährlicher Weg. Die zahlenmäßig nicht sehr umfangreiche evangelisch-soziale Bewegung stand fortan in der Gefahr, in rein profane Sozialarbeit oder in politische Theologie abzugleiten. Kaiser Wilhelm II., in vielen seiner markigen Äußerungen orthodoxen Lutheranern seiner Zeit nicht wesensfremd, hatte über Stoecker verächtlich öffentlich geurteilt: „Politische Pastoren sind ein Unding, wer Christ ist, der ist auch sozial; christlich-sozial ist Unsinn." Naumann hatte mit diesem Vorwurf auch in der Öffentlichkeit zu kämpfen und teilte mit Stoecker und Huber die Erfolgsarmut. Als er 1919 als Vorsitzender der neugegründeten Deutschen Demokratischen Partei an die Verwirklichung seiner vielen Pläne einer Partnerschaft von Arbeitern und Bürgern gehen wollte, starb er vorzeitig mit 59 Jahren.

III

Die hier knapp vorgeführten Forschungen über die Einflüsse der modernen Verstädterung auf das Leben der evangelischen Kirchengemeinden Berlins im späten 19. und frühen 20. Jahrhundert lassen folgende vorläufige Ergebnisse zu:

1. Die bisher vorgelegten Erkenntnisse sind noch auf großen Strecken mit dem größeren Problemfeld Kirche und Arbeiterschaft auf das engste vermengt und gehen kaum spezifisch auf Ursachen, Verläufe und Folgen der Urbanisierung als historisches Gesamtphänomen ein. Zwar werden Stellungnahmen herausragender kirchlicher Sozialreformer mit ihren in neue Richtungen zielenden Ideen und Aktivitäten

[56] Friedrich Naumann, *Die Berliner Stadtmission,* in: *Christliche Welt,* 2. Jg. (1888), Nr. 4, Neudruck in: ders., *Werke,* Bd. 1: *Religiöse Schriften,* Köln-Opladen 1964, S. 35—44.

sowie die mehr auf Beharrung tendierenden Äußerungen der Kirchenleitung zu Problemen der großstädtischen Wohnungsversorgung, der sittlichen Gefährdung der Familie sowie die vielen Merkmale einer Entkirchlichung durch die modernen „Riesenstädte" im breiten Umfang vorgeführt, doch verbleibt dies alles im zu engen Rahmen einer innerkirchlichen Personal- und Institutionengeschichte. Zudem wird alles von konfessionell gebundenen Kirchenhistorikern aus rein innerkirchlicher Sicht geschildert, was in erster Linie der Klärung des Selbstverständnisses des Protestantismus dient. Es fehlt noch an einer Einbettung in eine größere, vor allem auch quantitativ abgesicherte Sozialgeschichte der Kirchlichkeit in Verbindung mit den Resultaten der neueren komparativen Urbanisierungsforschung.

2. Das erste Problem der Verstädterung stellt, wie eingangs erwähnt, der große Strom der Binnenwanderung in die Städte dar. Durch systematische Auswertung der in Preußen, Bayern und Sachsen relativ weit zurückreichenden Bevölkerungszählungen, der Kirchenbücher und insbesondere der ersten Kommunalstatistik ließen sich wahrscheinlich genauere Vorstellungen gewinnen, inwieweit das Wachstum ausgewählter repräsentativer Großstädte und wenigstens großer Stadtviertel zu konfessionellen Verschiebungen geführt hat. Leider kann man aus den bisherigen Untersuchungen darüber nichts Zusammenhängendes entnehmen. Zwar gibt es, läßt man die unvollkommenen Versuche zur zahlenmäßigen Erfassung des kirchlichen Lebens im 18. und beginnenden 19. Jahrhundert einmal beiseite,[57] nach den Anstößen zur Begründung einer besonderen „Statistique morale" durch den Franzosen Guer-

[57] Erste Versuche zur kirchlichen Statistik bringen u. a. Carl Friedrich Stäudlin, *Kirchliche Geographie und Statistik*, 2 Theile, Tübingen 1804; Karl von Hase, *Kirchengeschichte*, Leipzig 1834, 5. Aufl. 1844, 12. Aufl. 1900; Julius Wiggers, *Kirchliche Statistik oder Darstellung der gesammten christlichen Kirche nach ihrem gegenwärtigen innern und äußern Zustande*, 2 Bde., Gotha 1842; Friedrich Schubert, *Allgemeine Staatskunde des preußischen Staates*, Königsberg 1846; Adolph Wagner, Artikel *Statistik*, in: Johann Kaspar Bluntschli/Karl Brater (Hrsg.), *Deutsches Staatswörterbuch*, Bd. 10, Stuttgart-Leipzig 1869, S. 401 ff.; Johann Heinrich Kurtz, *Lehrbuch für Kirchengeschichte für Studierende* (1849), 3. Aufl., Mietau 1856; Karl vom hl. Aloys, *Statistisches Jahrbuch der Kirche*, Regensburg 1860; Branchelli, *Deutsche Staatenkunde*, 2 Bde., Wien 1856/57; Georg Friedrich Kolb, *Handbuch der vergleichenden Statistik*, Leipzig 1857, 2. Aufl. 1860; Wilhelm Kiesselbach, *Sozialpolitische Studien*, Stuttgart 1862; Georg von Viebahn, *Statistik des zollvereinten und nördlichen Deutschlands*, Theil 2, Berlin 1862; St. J. Neher, *Kirchliche Geographie und Statistik*, 2 Bde., Regensburg 1864—1865.

ry und den Belgier Quetelet, die von den deutschen Staatswissenschaftlern Karl Knies, Gustav Rümelin, Ernst Engel und Adolph Wagner zuerst aufgegriffen wurden, nach einem entsprechenden Beschluß der Eisenacher Kirchenkonferenz von 1865 an erste fragmentarische Religionsstatistiken durch G. Zeller, Georg von Hirschfeld, Adolph Frantz sowie Carl Hilse. Das Problem der Verstädterung wurde aber hier noch nicht angesprochen.[58] Einen bedeutenden Fortschritt stellte das große zweibändige Werk *Die Moralstatistik in ihrer Bedeutung für eine Socialethik* durch den Dorpater Theologieprofessor Alexander von Oettingen 1868 bis 1874 dar, der dieses erste verstreute Zahlenwerk erstmals zusammenfassend kommentierte, durch eine Fülle anderer staatlicher Statistiken und eigene Umfragen erweiterte sowie zeitgenössische Literatur des In- und Auslandes dazu heranzog.[59] So behandelte sein Werk die Probleme der Eheschließung (unter anderem Heiratsfrequenzen, Wiederverheiratungen, Scheidungshäufigkeiten und -motive, das Heiratsalter, Scheinehen sowie saisonale, regionale und konjunkturelle Einflüsse auf die Zahl der Trauungen), die großen Gebiete Prostitution und eheliche Fruchtbarkeit (unter anderem auch uneheliche Geburten, Kindesaussetzungen), Krankheiten und Mortalität (zum Beispiel Epidemien, körperliche und geistige Behinderungen, Alkoholismus, Geschlechtskrankheiten und Selbstmord), ferner die Fragen der Wohnungs- und Armenversorgung sowie der Kriminalität und des Bildungswesens. Vor allem wurden natürlich die eigentlichen Erscheinungsformen des kirchlich-religiösen Lebens quantitativ erfaßt, also die Tauf- und Traufrequenzen, die Zu- und Abnahme der Konfirmationen, die Zahl der Gottesdienstbesucher, der Gotteshäuser und

[58] Vgl. G. Zeller, *Zur kirchlichen Statistik des evangelischen Deutschlands im Jahre 1862. Von der deutschen evangelischen Kirchenkonferenz veranstaltete Ermittlungen*, Stuttgart 1865; Georg von Hirschfeld, *Religionsstatistik der Preußischen Monarchie, enthaltend die kurze Darstellung der geschichtlichen und rechtlichen Entwicklung der Preußischen Religionsverfassung sowie des Zustandes der confessionellen Verhältnisse Preußens im Abschluß des Jahres 1861*, Arnsberg 1866; Adolph Frantz, *Die Bedeutung der Religionsunterschiede für das physische Leben der Bevölkerung*, in: *Jahrbücher für Nationalökonomie und Statistik*, 2. F., Bd. 12 (1868), S. 24—51, und Nachtrags-Bd. 14 (1870), S. 311—314; Carl Hilse, *Beiträge zur Kenntniß der Bewegungen der Bevölkerung der evangelischen und römisch-katholischen Landeskirchen des preußischen Staates in den Jahren 1859 bis 1857*, in: *Zeitschrift des Königlich Preußischen Statistischen Bureaus*, 9. Jg. (1869), S. 305—318.

[59] Vgl. A. v. Oettingen, *Die Moralstatistik* … (wie Anm. 48).

Geistlichen, aber auch die Beteiligung der Gemeindemitglieder an der Kommunion beziehungsweise dem Abendmahl, der Religionsunterricht, die Zahl der Theologiestudenten und der kirchlichen Publikationen. Aus der umfangreichen Darstellung, welche die eingestreuten Zahlenangaben bei weitem überwiegt, geht deutlich hervor, daß man kirchlicherseits das Anwachsen der Großstädte zu dieser Zeit wie hundertfünfzig Jahre zuvor bei Süßmilch als etwas Pathologisches betrachtete, was dem Familienleben wie der gesamten sozialen Entwicklung auf Dauer Schaden zufügen würde.[60] Gleichzeitig wurden in der *Preußischen Statistik* seit den sechziger Jahren in die Erhebungen der Volkszählungen auch die Religionsbekenntnisse aufgenommen und von 1876 an die Registrierung der kirchlichen Handlungen nach einem einheitlichen Schema von den Pfarrämtern vorgenommen.[61] Nach längerer Pause, die mit dem Erlaß des Zivilstandsgesetzes zusammenhing, erschienen dann von 1880 an regelmäßig die *Statistischen Mitteilungen aus den deutschen evangelischen Landeskirchen.* Sie enthielten aber nur die Zahl der Lebendgeborenen, Konfirmierten und Kommunikanten sowie die Zahl der Übertritte aus den anderen Konfessionen mit entsprechenden Prozentzahlen. Diese jährlichen Angaben blieben ohne textliche Kommentierung und weitere Verarbeitung. Die zusammenfassenden Bearbeitungen von privater Seite, zum Teil aus der Feder emeritierter Pfarrer stammend, haben zwar weiteres kirchliches und staatliches Quellenmaterial zusammengetragen, blieben aber zum Teil fehlerhaft. Der Schwerpunkt dieser aus der kirchlichen Statistik hervorgehenden

[60] Oettingen nennt das Kap. 34 seines Buches bezeichnenderweise *Der krankhafte Zug zum Stadtleben* und verweist auf die schon zitierten Schriften Wilhelm Heinrich Riehls (vgl. Anm. 5) sowie auf folgende ähnliche zeitgenössische Großstadtkritik: Ernst Engel, *Die physische Beschaffenheit der militärpflichtigen Bevölkerung im Königreich Sachsen,* in: *Zeitschrift des Statistischen Bureaus des königlich Sächsischen Ministeriums des Innern,* Bd. 2 (1856), S. 4—7; Ernst Helwing, *Über die Abnahme der Kriegstüchtigkeit der ausgehobenen Mannschaften, namentlich in der Mark Brandenburg,* in: *Mittheilungen des statistischen Bureau's in Berlin,* 23. Jg. (1860), Nr. 8, S. 113—144; Gustav Schwabe, *Berliner Volksseele,* in: *Berliner Jahrbuch,* Bd. 4 (1868), S. 37 und S. 127ff.; Etienne Lasperes, *Statistische Studien zur Wohnungsfrage,* in: *Baltische Studien,* Jg. 1868, Juni-Heft, S. 1ff.; Joseph Körösi, *Statistique internationale des grandes villes,* 2 Bde., Budapest 1878; J. Platter, *Das Lebensdeficit unserer Städte,* in: *Wiener statistische Monatsschrift,* Jg. 1881, S. 33ff.

[61] Vgl. Königlich Statistisches Bureau (Hrsg.), *Preußische Statistik. Ergebnisse der Volkszählungen,* Bd. 5, Berlin 1861, Kapitel *Religionsverhältnisse; Statistische Mitteilungen aus den deutschen evangelischen Landeskirchen,* Stuttgart 1888ff.

Monographien lag eindeutig bei den Kirchenaustritten.[62] Das *Kirchliche Jahrbuch für die evangelischen Landeskirchen Deutschlands*, von Pfarrer R. Schneider 1872 begründet und später von seinem Sohn Johannes fortgeführt, wurde dann zum Sammelbecken der Kirchenstatistik.[63] Eine umfassende Auswertung des gesamten Datenmaterials unter Beiziehung der übrigen Statistik, wie sie bereits in England für die Zeit der Industrialisierung und Urbanisierung erfolgt ist, blieb bis heute ein Desiderat.[64]

3. Die beiden großen Kirchen haben sich, überblickt man die bisher erforschten Entwicklungsstränge richtig, in den Jahrzehnten der hektischen Verstädterung wenig mit den Notwendigkeiten einer industriellen Güterproduktion und den sich daraus ergebenden Fragen des Standortes und der Agglomeration von Technik und Arbeitskräften beschäftigt, wohl aber mit den daraus erwachsenden sozialen Kosten und der ethischen Verträglichkeit solcher Umwandlungsprozesse. Dagegen ist vom Aufgabenbereich einer Kirche her gesehen wenig einzuwenden. Im breiten Strom einer gerade beim wilhelminischen Bildungsbürgertum populären Großstadtfeindschaft und idyllisierenden Agrartümelei schwimmend, wurden aber zu oft und zu einseitig die Schattenseiten der Urbanisierung betont und dabei übersehen, daß die

[62] Vgl. J. G. Stark, *Historische Statistik der evangelischen Kirche in Bayern*, Nördlingen 1887; Arthur Benno Schmidt, *Austritt aus der Kirche*, o. O. 1893; Martin Offenbach, *Konfession und soziale Schichtung*, Tübingen-Leipzig 1900; D. P. Pieper, *Kirchliche Statistik Deutschlands* (= Grundriß der theologischen Wissenschaften, Bd. 5), 2. Aufl., Tübingen-Leipzig 1900 (enthält zahlreiche Irrtümer!); Paul Martin Baumgarten, *Kirchenstatistik*, o. O. 1905; Bruno Violet, *Die Kirchenaustrittsbewegung*, Berlin 1914.

[63] Johannes Schneider (Hrsg.), *Kirchliches Jahrbuch für die evangelischen Landeskirchen Deutschlands*, Gütersloh 1872 ff.; vgl. Herbert Reich, *Die Aus- und Übertrittsbewegung 1884—1949*, in: *Kirchliches Handbuch für die Evangelische Kirche Deutschlands*, Gütersloh 1952, S. 363—383, und *Amtsblatt der Evangelischen Kirche Deutschlands*, 6. Jg. (1952), Nr. 8, *Statistische Beilage*, Nr. 4, S. 1—15; Peter Ziegler, Artikel *Kirchenaustrittsbewegung in Deutschland*, in: *Religion in Geschichte und Gegenwart*, 3., völlig neu bearb. Aufl., hrsg. von Kurt Galling, Bd. 3, Tübingen 1959, Sp. 1344—1348; Yorick Spiegel, *Der statistische Christ und theologische Mutmaßungen*, in: *Evangelische Theologie*, Bd. 29 (1969), S. 442—452. Auf katholischer Seite kam die Kirchenstatistik erst später in Gang. Vgl. Hermann Anton Krose, *Konfessionsstatistik Deutschlands*, Freiburg 1904; ders. (Hrsg.), *Kirchliches Handbuch für das katholische Deutschland*, 14 Bde., Freiburg 1908 ff.

[64] Vgl. Alan D. Gilbert, *Religion and Society in Industrial England. Church, Chapel and Social Change, 1740—1914*, London-New York 1976. Für die weitere Erörterung dieses Problems vgl. den Beitrag von Lucian Hölscher in diesem Band.

großen Städte zu den unersetzlichen Schrittmachern der Industrialisierung gehörten.[65] Diese anti-urbanistische Haltung hat sich weithin fortgesetzt. Noch am Ende der Weimarer Republik sprach man in maßgebenden theologischen Kreisen undifferenziert von der „typischen Wurzellosigkeit großstädtischer Massen", ihrem „ruhelosen Hetzen und Jagen" und ihrer angeblichen „seelischen Nervosität", auch von dem in den großen Städten „ungescheut hervortretenden Laster", der „übertriebenen Vergnügungssucht", den kirchenfeindlichen Einflüssen von Presse, Theater und Kino, ferner von großstadtcharakteristischer Jugendverwahrlosung, planloser Zeitvergeudung und religiös-sozialer Isolierung; alledem wurde die herbe und nüchterne Schönheit des Glaubens in der „organischen Gemeinschaft der Pfarrfamilien" gegenübergestellt.[66] Neue Einsichten in die seelisch-geistige Physiognomie des Großstädters, wie sie etwa von dem Berliner Soziologen Georg Simmel oder dem Leipziger Nationalökonomen Karl Bücher schon um die Jahrhundertwende vorgetragen wurden, sind offensichtlich in die öffentliche Kirchenmeinung kaum eingedrungen.[67] Die Anklagen über die „seelenlose Großstadt", die im Dritten Reich ihren Gipfelpunkt erreichten und sogar zur unsinnigen Forderung nach einer planmäßigen „Entstädterung" durch den Rassentheoretiker Hans F. K. Günther führten, sind auch nach 1945 keineswegs verstummt. Nach Alexander Mitscherlichs Verdikt über *Die Unwirtlichkeit unserer*

[65] Den Anfang der betont anti-urbanistischen Strömung stellt, wie schon erwähnt, Wilhelm Heinrich Riehl dar, der die modernen Großstädte als „Wasserköpfe der Zivilisation" bezeichnete. Vgl. Wilhelm Heinrich Riehl, *Land und Leute,* 3. Aufl., Stuttgart 1883, S. 102. Weitere führende Stadtkritiker waren Ferdinand Tönnies, *Gemeinschaft und Gesellschaft,* Berlin 1887, 8. Aufl. 1935, Nachdruck; Darmstadt 1963; Otto Ammon, *Die Gesellschaftsordnung und ihre natürliche Grundlage,* Jena 1895; Georg Hanssen, *Die drei Bevölkerungsstufen,* München 1889. Vgl. weitere Literatur bei Jürgen Bergmann, *Agrarromantik und Großstadtfeindschaft,* Meisenheim 1970; Rolf Peter Sieferle, *Fortschrittsfeinde? Opposition gegen Technik und Industrie von der Romantik bis zur Gegenwart,* München 1984.

[66] Ludwig Heitmann, *Großstadt und Religion,* 3. Aufl., Hamburg 1925. Ebenso auf katholischer Seite Konrad Algermissen, *Die Gottlosenbewegung der Gegenwart,* Hannover 1932. Die negative Bewertung der Großstadt auf theologischer Seite erinnert an das damals populäre Buch von Oswald Spengler, *Der Untergang des Abendlandes,* München 1918, das ähnliche Ansichten vertrat.

[67] Vgl. Georg Simmel, *Die Großstadt und das Geistesleben,* in: *Die Großstadt. Vorträge und Aufsätze zur Städteausstellung* (= Jahrbuch der Gehe-Stiftung, Bd. 9), Dresden 1903, S. 185 ff.; K. Bücher, *Großstadttypen* ... (wie Anm. 1).

Städte (1965) und dem Aufkommen der „Grünen" hat die Großstadtkritik wieder neuen Auftrieb erfahren.[68] Eine sorgfältig vergleichende Analyse des kirchlichen Schrifttums zu diesem Problem steht freilich noch aus.

4. Im Mittelpunkt des Spannungsverhältnisses Kirche und Urbanisierung hat ohne Zweifel die Frage der Säkularisierung gestanden, die vielfach nicht ganz richtig mit dem Problem der Entkirchlichung gleichgesetzt wurde. Theologen beider Konfessionen sprechen seit hundert Jahren in diesem Zusammenhang von einem schleichenden Kulturverlust, weil in der Großstadt Kultur und Religion nicht mehr wie früher als selbstverständliche Einheit und das Christentum als nicht länger allein lebensbestimmend angesehen werden. Der Präses der Evangelischen Kirche von Westfalen, Pfarrer Hans Martin Linnemann, führte erst kürzlich auf einer Tagung zur Großstadtseelsorge bekümmert aus, daß viele Menschen in den Metropolen die Kirche nur noch als anonyme bürokratische Institution wie andere kommunale Dienstleistungsunternehmen ansähen und ein parochiales Gemeindeleben, an dem sie sich beteiligen könnten, kaum noch entdeckten. Der Redner führte dies darauf zurück, daß der alte Rhythmus des kirchlichen Lebens offenbar nicht mehr mit der total verplanten „Freizeit" harmoniere; zudem passe die Pfarrgemeinde nicht mehr recht zu einem großstädtischen Dasein, wo sich die Funktionen Einkaufen, Arbeiten und Vergnügen räumlich immer weiter entfernt hätten. So sei es gekommen, daß städtische Kirchengemeinden bei den normalen sonntäglichen Gottesdiensten oft zu kläglichen Resten zusammenschrumpften. Wie die letzte Umfrage der EKD ausweist, haben in der Tat zwischen 1972 und 1982 etwa 1,5 Millionen evangelische Christen ihrer Kirche den Rücken gekehrt; auch 1984 wurden bei 128 000 Austritten nur 38 000 Wiedereintritte registriert, und dieser Trend hält nach Meldungen der Landeskirchen weiter an.[69] Eine zu Beginn der siebziger Jahre

[68] Vgl. zur Kritik der langanhaltenden ideologischen Großstadtkritik u. a. Elisabeth Pfeil, *Großstadtforschung,* 2., neubearb. Aufl., Hannover 1972, S. 38 ff.; Hans Paul Bahrdt, *Die moderne Großstadt. Soziologische Überlegungen zum Städtebau,* Reinbek 1961, S. 12 ff.; Rainer Mackensen u. a., *Daseinsformen der Großstadt,* Tübingen 1959; René König, *Soziologie der Gemeinde,* in: *Kölner Zeitschrift für Soziologie und Sozialpsychologie,* Bd. 1 (1963); Hermann Korte, *Soziologie der Stadt,* 2. Aufl., München 1974, S. 7 ff. Eine betont positive Einstellung zur Großstadt bringt der katholische Theologe Norbert Greinacher, *Die Kirche ...* (wie Anm. 4).

[69] Zahlen nach der 1984 von der EKD vorgelegten und in der Presse veröffentlichten Umfrage: *Was wird aus der Kirche?*

durchgeführte repräsentative Meinungsbefragung zum Thema *Wie stabil ist unsere Kirche?* gibt interessante Aufschlüsse über weitere Einzelfragen und Motive der gegenwärtigen Kirchenmitgliederschaft sowie entsprechende Zahlen für frühere Jahrzehnte.[70]

Alle diese Daten und Bewertungen geben zu denken, reichen aber zur Beschreibung der dahinterstehenden Ursachen nicht aus. Die Säkularisierung, die Max Weber in einer erhellenden Metapher mit der „Entzauberung der Welt" verglich und die von den Begriffen Säkularisation und Säkularismus zu scheiden ist, umfaßt immer noch höchst widersprüchliche Befunde.[71] Konsens besteht wohl nur darin, daß es sich um Verschleißerscheinungen tradierter religiöser Symbole und Institutionen und zugleich um neue gesellschaftliche Differenzierungen und Funktionalisierungen handelt, die tief verändernd in den religiöskirchlichen Bereich hineinwirken und dort neue Erwartungshaltungen hervorrufen. Der seit dem Spätmittelalter und besonders seit der Aufklärung im 18. Jahrhundert zu beobachtende Trend zur Entsakralisierung und Rationalisierung oder, genereller gesagt, zur Versachlichung

[70] Vgl. Helmut Hild, *Wie stabil ist unsere Kirche? Bestand und Erneuerung. Ergebnisse einer Meinungsbefragung*, Gelnhausen-Berlin 1974.

[71] Auf die umfangreiche kontroverse Säkularisierungsdebatte, die seit Jahrzehnten innerhalb der Theologie, Philosophie und Soziologie ausgefochten wird, kann an dieser Stelle nicht näher eingegangen werden. Es werden ihr lediglich einige Hypothesen entnommen, die für das Thema dieser Abhandlung relevant erscheinen. Es wurden hier folgende Schriften herangezogen: Hermann Lübbe, *Säkularisierung. Geschichte eines ideenpolitischen Begriffs*, 2. Aufl., Freiburg-München 1975; Hans Blumenberg, *Säkularisation. Kritik einer Kategorie historischer Illegitimität*, in: Hans Kuhn/Franz Wiedmann (Hrsg.), *Die Philosophie und die Frage nach dem Fortschritt*, München 1962, S. 214ff.; Thomas Luckmann, *The Invisible Religion. The Transformations of Symbols in Industrial Society*, London-New York 1967; Joachim Matthes, *Die Emigration der Kirche aus der Gesellschaft*, Hamburg 1964; Bryan R. Wilson, *Religion in Secular Society*, London 1966; Alfred Müller-Armack, *Das Jahrhundert ohne Gott. Zur Kultursoziologie unserer Zeit*, Münster 1948; Wilhelm Scholz, *Säkularisation, Säkularismus und Entchristlichung*, in: *Zeitschrift für Theologie und Kirche*, N. F., Bd. 11 (1930), S. 291—298; Eugen Wiesner, *Säkularisierung. Pro und Contra*, Innsbruck 1973; Martin Stallmann, *Was ist Säkularisierung?* Tübingen 1960; Trutz Rendtorff, *Säkularisierung als theologisches Problem*, in: *Zeitschrift für systematische Theologie*, Bd. 4 (1964), S. 318—339; Arnold Gehlen, *Die Seele im technischen Zeitalter*, Hamburg 1957; Ursula Boos-Nünning, *Dimensionen der Religiosität. Zur Operationalisierung und Messung religiöser Einstellungen*, München-Mainz 1972; Jacques Ellul, *Les religions séculière*, in: *Foi et Vie*, Bd. 69 (1970), S. 62—79. Harvey Cox, *Stadt ohne Gott?*, Stuttgart-Berlin 1966. Vgl. auch die in Anm. 4 angegebene Literatur zur allgemeinen Religionssoziologie.

der sozialen und natürlichen Umwelt war von Beginn an mit der Entwicklung der Städte verbunden, die immer an der Spitze des sozialen Wandels marschierten. Die moderne Urbanisierung brachte in dieser langfristigen Perspektive gesehen nur einen weiteren, wenngleich besonders markanten Profanierungsschub. Entscheidend scheint dabei gewesen zu sein, daß in der agrarisch-vorindustriellen Welt die Religion stets untrennbar mit dem gesamten Verhalten des Menschen verbunden war. In den Städten bildeten sich dann die sich fortschreitend verstärkenden Tendenzen aus, das religiöse Tun von den übrigen alltäglichen Handlungen zu trennen, was mit anderen gesellschaftlichen Differenzierungsprozessen zusammenzusehen ist.

Ob man die sich wandelnde Stellung der Kirche im sozialen Gefüge und die Spezialisierung ihrer Funktionen sowie das veränderte Mitgliederverhalten generell mit Entkirchlichung gleichsetzen darf, ist neuerdings stark umstritten. Hier wird ein Maßstab von Kirchlichkeit unterstellt, der historisch noch wenig untersucht ist. Schon erste Blicke in die Quellen zeigen, daß es im 18. und 19. Jahrhundert mehrfach große Zeitabschnitte der „Entkirchlichung" und eines geringen Kirchenbesuchs gegeben hat. Man muß auch die Frage stellen, ob vielleicht nur bestimmte Sozialstrukturen säkularisiert oder entkirchlicht wurden, das Individuum jedoch nicht. Einige religionssoziologische Untersuchungen weisen darauf hin, daß das geringer gewordene öffentliche Bekenntnis zur Kirche nicht als Wendung gegen die Religion oder den Nutzen einer Kirche an sich, schon gar nicht als ideologisch motivierter Atheismus verstanden werden darf. Die Animositäten richten sich vielmehr primär gegen althergebrachte Amtsautoritäten. Anscheinend werden hier gewisse gesellschaftliche Strukturwandlungen auf das kirchliche System übertragen: Der seit der Aufklärung auf immer größere Emanzipation programmierte Mensch stößt sich einerseits an althergebrachten kirchlichen Lehransprüchen, fordert aber auf der anderen Seite ebenso ungeduldig wieder neue Sinninhalte für das veränderte Dasein. Niklas Luhmann hat wie einige andere Soziologen die Säkularisierung darum nicht als pejorativ einzuschätzende Kulturminderung und schon gar nicht als Bedeutungsverlust des Religiösen, sondern als einen Prozeß zunehmender Privatisierung und Intimisierung religiösen Entscheidens definiert. War der religiöse Glaube früher eine opinio communis und ein Abfall davon ein mit Sanktionen belegtes abweichendes Verhalten, so ist nach Meinung des Bielefelder Sozialwissenschaftlers der Glaube in der industriellen Gesellschaft nun gleichsam zur Privatsache und religiöse Indifferenz zum öffentlichen Maßstab geworden, zumal es keinen christlichen Staat mehr gibt. Thomas Luckmann hat in diesem Zusammenhang darauf aufmerksam gemacht, daß man nicht sagen kann, Verstädterung und Industrialisierung hätten die von den Kirchen getragene Wertstruktur untergraben. Vielmehr haben diese beiden globalen Wandlungsprozesse die Vorherrschaft der institutionell spezialisierten Religion zu Ende gebracht. Das Schrumpfen der Kirchlichkeit bedeutet daher nicht einen Rückzug vor einer feindlichen Ideologie, sondern hängt damit zusammen, daß ursprünglich total vermittelte Sinnzusammenhänge, die die ganze Biographie des Menschen umspannten, auf die Dauer nicht nur als partielle Sonntagsbotschaften weitergegeben werden können. Als Historiker kann man noch hinzufügen, daß die Städte nicht für einen Wertewandel haftbar gemacht werden können, der ein gesamtgesellschaftlicher Vorgang ist. Insgesamt läßt sich konstatieren, daß die empirische Basis für alle Säkularisierungs- und Entkirchlichungshypothesen bis heute schmal geblieben ist. Aufgabe des Historikers muß es sein, nicht nur der Profanierung, sondern auch neuen Formen produktiver Religiosität im Industriezeitalter nachzuspüren. Es gilt, die verengte Blickrichtung auf die Personen-, Institutionen- und Theologiegeschichte aufzugeben sowie dem Wandel des subjektiven religiösen Bewußtseins und alltäglichen Kirchenlebens nachzugehen.

5. Eine umgreifende quellenorientierte und auch quantitativ abgestützte Sozialgeschichte des kirchlichen Gemeindelebens in den letzten einhundert Jahren hätte vor allem die Aufgabe, die bisher vorliegenden theoretischen Konzeptionen zu überprüfen. Die so schillernd-unklar gebliebenen Begriffe Säkularisierung und Entkirchlichung könnten zum Beispiel unter folgenden Problemstellungen näher analysiert werden:

— Verlief der vielzitierte Prozeß der „Verweltlichung", wie so oft behauptet, schneller in den Großstädten und dort intensiver in protestantischen als in katholischen Gemeinden, und welche zeiträumlichen Differenzierungen (zum Beispiel Nord-Süd-Gefälle) lassen sich dabei entdecken?

— Haben sich Diasporagemeinden im ganzen stabiler gegen solche Entsakralisierungstendenzen erwiesen?

— Lassen sich bei der Entkirchlichung auch langzeitlich geschlechtsspezifische, altersmäßige oder berufs- und sozialschichtentypische Unterschiede registrieren?

— Welche Korrelationen bestanden zwischen zunehmender Lesefähigkeit, Bildung und Verwissenschaftlichung und der Abnahme der alten Formen der Volksfrömmigkeit?

— Welche Diskrepanz gab es früher zwischen der äußeren formalen und der inneren nichtformalen Kirchlichkeit, und wie ist diese in der Massenkultur einer verstädterten Gesellschaft im einzelnen zu erklären?

Solche und weitere Fragen könnten dazu beitragen, die Auswirkungen der Urbanisierung auf das kirchliche Leben, aber auch umgekehrt den Beitrag der Kirche zur Ausbildung der verstädterten Kultur weiter zu klären.

Wachstum und Mobilität der Berliner Bevölkerung im 19. und frühen 20. Jahrhundert

HORST MATZERATH
Köln

Berlin — Residenzstadt, Hauptstadt Preußens, seit 1871 Hauptstadt des Deutschen Reiches, Knotenpunkt im System der Binnenwasserstraßen und des Eisenbahnverkehrs, Industriezentrum, zunehmend auch Sitz des deutschen Bankwesens — spiegelt in besonderer Weise die Probleme des Urbanisierungsprozesses wider. Zugleich aber bildet Berlin als Hauptstadt, als politisches und kulturelles Zentrum einer wachsenden und sich zunehmend ihrer Bedeutung bewußt werdenden Nation eine Sondererscheinung.[1] Im Gegensatz zu der anderen Region, die sich im 19. Jahrhundert durch ein einzigartiges Wachstum auszeichnete, nämlich dem Ruhrgebiet, war im Raum Brandenburg die Entwicklung eindeutig auf Berlin ausgerichtet.

Im Rahmen dieses Überblicks stehen vier Aspekte im Vordergrund: einmal das Wachstum und seine Auswirkungen auf die administrative Struktur, zum anderen die Bedeutung der Mobilität für das Wachstum Berlins und seines Umlandes, weiterhin die Veränderungen in der Struktur der Bevölkerung durch Wachstum und Mobilität und schließlich die Auswirkungen dieser Veränderungen auf Lebensweise und Verhalten der Bevölkerung. Die Entwicklung bezüglich der drei ersten Aspekte wird vor allem vermittels quantitativer Materialien nachge-

[1] Zur Geschichte Berlins für den hier behandelten Zeitraum im Überblick: *Heimatchronik Berlin,* Köln 1962; Richard Dietrich (Hrsg.), *Berlin. Neun Kapitel seiner Geschichte,* Berlin 1960; Hans Herzfeld/Gerd Heinrich (Hrsg.), *Berlin und die Provinz Brandenburg im 19. und 20. Jahrhundert,* Berlin 1968; Wolfgang Ribbe (Hrsg.), *Geschichte Berlins,* 2 Bde., München 1987. Insbesondere zu den Strukturwandlungen im 19. Jahrhundert: Ingrid Thienel, *Städtewachstum im Industrialisierungsprozeß des 19. Jahrhunderts. Das Berliner Beispiel,* Berlin-New York 1973.

zeichnet: zum einen, um auf dieser Basis einige der Grundlinien der Entwicklung herauszuarbeiten, zum anderen, um einigen der in diesem Bereich noch häufig nachwirkenden älteren Vorurteilen entgegenzutreten. Das macht es erforderlich, in gewissem Umfang Zahlen zu präsentieren. Zum letzten Aspekt können auf Grund der Forschungslage weniger konkrete Ergebnisse vorgelegt, als Probleme und Fragestellungen diskutiert werden. Die Blickrichtung dieses Überblicks ist stadt-, sozial- und bevölkerungsgeschichtlich, was auch für die Behandlung der Konfessionsstrukturen gilt. Sie können und sollen für kirchen-, religions- und konfessionsgeschichtliche Diskussionen nur den allgemeinen Hintergrund liefern. Die hier gemachten Einschränkungen bedeuten zugleich, daß wichtige Dimensionen der Entwicklung Berlins — die bauliche und städtebauliche, die kommunalpolitische, die wirtschaftliche und kulturelle — weitgehend ausgeklammert bleiben.

I
Wachstum und administrative Veränderungen

Schon zu Beginn des 19. Jahrhunderts hatte Berlin unter den preußischen Städten eine Sonderstellung, die sich vor allem aus seinem Charakter als Hauptstadt und als größte Stadt des Staates ergab. Dies hatte unter anderem zur Folge, daß die Stellung Berlins innerhalb des Verwaltungsaufbaus im 19. Jahrhundert erheblichen Veränderungen unterlag.[2] Der Königliche Polizeipräsident hatte in Berlin — besonders auf dem Gebiet des Bauwesens und der städtischen Einrichtungen — zahlreiche Sonderrechte, die erst seit den siebziger Jahren des 19. Jahrhunderts abgebaut wurden. Zeitweise gab es einen besonderen Regierungsbezirk Berlin, der 1821 aufgehoben wurde, wobei die Stadt unmittelbar dem Innenministerium unterstellt wurde. 1828 wurde Berlin wieder in den allgemeinen Verwaltungsaufbau eingefügt und der Regierung in Potsdam unterstellt. Die Gesetze der siebziger und achtziger Jahre lösten Berlin aus dem Provinzialverband und gaben ihm einen besonderen Status, ohne daß es — wie zeitweise beabsichtigt — zu einer besonderen Provinz erhoben worden wäre. Statt dessen erhielt Berlin 1881 die Stellung eines Stadtkreises. Andererseits aber hatte Berlin über den gesamten Zeitraum hin die Stellung einer Kommune

[2] Vgl. vor allem Richard Dietrich, *Verfassung und Verwaltung*, in: H. Herzfeld/G. Heinrich (Hrsg.), *Berlin...* (wie Anm. 1), S. 181—308.

mit den durch die preußische Gesetzgebung zuerkannten Selbstverwaltungsrechten, wie sie in der Städteordnung von 1808 und in der von 1853, die in den Grundzügen bis 1933 in Kraft blieb, verankert waren. Die auch an den vielfältigen Veränderungen des Status ablesbare Sonderrolle gegenüber dem Staat teilte Berlin mit anderen Hauptstädten innerhalb und außerhalb Europas. Insgesamt wird man sogar festhalten müssen, daß die Selbstverwaltungsrechte der preußischen und der späteren Reichshauptstadt relativ stark ausgebaut waren.

Probleme gab es zu Beginn des 19. Jahrhunderts auch mit der räumlichen Abgrenzung Berlins.[3] Konkret erlebbar war vor allem das durch die Stadtmauer (Akzisemauer) abgegrenzte Berlin; über dieses Gebiet hinaus reichte der Gemeindeverband, die Stadt mit ihren Vorstädten; das Weichbild, der frühere Gerichtsbezirk, war wiederum weiter geschnitten; der weitere Polizeibezirk umfaßte im wesentlichen Teile des späteren Groß-Berlin; der engere Polizeibezirk war nicht fest umrissen. Selbst innerhalb der Stadtmauer enthielt Berlin 1815 noch größere Teile, die nicht bebaut waren. Nach dem Rezeß von 1841 schloß das Stadtgebiet Berlins auch die Vorstadtbereiche im Norden (Oranienburger und Rosenthaler Vorstadt), im Osten und im Süden (Friedrichsvorstadt) ein. Die Eingemeindung von Wedding und Gesundbrunnen, Moabit, Schöneberger und Tempelhofer Vorstadt im Jahre 1861 bedeutete flächenmäßig wie auch bezüglich der Bevölkerung einen beträchtlichen Zuwachs, während die Eingemeindungen der Jahre 1878, 1881 und 1905 nur unbedeutende Veränderungen brachten.

Bereits zu Beginn des 19. Jahrhunderts zählte Berlin zu den großen Städten Europas. Mit 173 000 Einwohnern im Jahre 1801 nahm es hinter London, Paris, Wien, Amsterdam und Petersburg den sechsten Rang ein und war damit die größte Stadt im Gebiet des heutigen Deutschland. Über das gesamte 19. Jahrhundert hin verzeichnete Berlin ein außerordentlich starkes Wachstum: Zwischen 1858 und 1861 überschritt Berlin die Schwelle von 500 000 Einwohnern, um 1875 die einer Million, und 1905 zählte die Reichshauptstadt zwei Millionen Einwohner (Tabelle 1). Unübersehbar ist indessen nach der Jahrhundertwende eine Verlangsamung des Wachstumstempos der Stadt Berlin: Zwischen 1905 und 1910 vermehrte sich die Bevölkerung nur noch

[3] Die Unterschiede klar herausarbeitend: Ilja Mieck, *Von der Reformzeit zur Revolution (1806—1847),* in: W. Ribbe (Hrsg.), *Geschichte Berlins...* (wie Anm. 1), Bd. 1, S. 500 ff. Vgl. bereits Paul Clauswitz, *Die Pläne von Berlin und die Entwicklung des Weichbildes,* Berlin 1906.

um 49 000 Einwohner. Die Gründe für dieses außerordentliche Wachstum können hier nicht im einzelnen diskutiert werden. Zu den wesentlichen Ursachen zählen die zentrale geographische und verkehrsgeographische Lage der Stadt mit einer Schlüsselrolle im Netz der Wasserstraßen und dann im Eisenbahnsystem, die frühe und intensive Industrialisierung vor allem mit den wirtschaftlich führenden Industriezweigen Maschinenbau und später Elektrotechnik, die Bedeutung als preußische Residenz- und Hauptstadt sowie als Zentrum Brandenburgs mit einem weiten Um- und Hinterland, schließlich seit 1871 die Bedeutung als Reichshauptstadt einer politisch und ökonomisch immer mächtiger werdenden Nation, eine Stadt, in der sich in wachsendem Maße politische, wirtschaftliche, gesellschaftliche und kulturelle Einrichtungen von nationaler Bedeutung konzentrierten.

Das Wachstum griff indessen über das Stadtgebiet hinaus auf das Umland über, in den ersten Jahrzehnten des neunzehnten Jahrhunderts zunächst auf die unmittelbar angrenzenden Vororte wie Moabit oder Rixdorf. Es erfaßte in den letzten Jahrzehnten des 19. Jahrhunderts und in der Zeit unmittelbar vor dem Ersten Weltkrieg einen weiten Kranz von Vororten und bewirkte innerhalb eines Menschenalters eine schwindelerregende Bevölkerungsvermehrung. Um nur drei Beispiele herauszugreifen: Charlottenburg wuchs zwischen 1875 und 1910 von

TABELLE 1

Bevölkerung Berlins 1800 bis 1910

(Bevölkerung am Jahresschluß)

Jahr	männlich	weiblich	zusammen
1800	88.967	83.165	172.132
1810	80.661	83.310	162.971
1820	103.060	94.450	199.510
1830	125.100	122.400	247.500
1840	168.936	153.690	322.626
1850	216.857	201.876	418.733
1860[1]	270.334	258.542	528.876
1870	379.897	394.601	774.498
1880	542.794	580.955	1.123.749
1890	757.963	820.553	1.578.516
1900	901.847	986.466	1.888.313
1910	994.297	1.077.610	2.071.907

[1] 1860 Änderung des Weichbildes; altes Weichbild 493 429 Einwohner.

Quelle: *Statistisches Jahrbuch der Stadt Berlin*, 32. Jg. (1913), S. 3.

26 000 auf 306 000 Einwohner, Friedenau von 1100 auf knapp 35 000, Dahlem von 131 auf 3431 Einwohner.[4]

Die Gründe für dieses außerordentliche Wachstum der Vororte ergeben sich ausschließlich aus der Entwicklung Berlins: Es war — um nur die wichtigsten Gründe zu nennen — Ergebnis der extremen Verdichtung innerhalb Berlins, die einen weiteren Ausbau nicht mehr zuließ; es war Folge des Industrialisierungsprozesses, bei dem die Großbetriebe im Stadtinnern keine Entwicklungsmöglichkeiten mehr besaßen und sich daher — manchmal sogar in mehreren Anläufen — nach außen verlagerten und damit einen erheblichen Teil der Arbeiterschaft nach sich zogen; es war Ergebnis der Citybildung, die bewirkte, daß sich im Stadtkern zunehmend Behörden, Organisationen, Banken, Verlage oder Geschäfte niederließen und die Wohnbevölkerung verdrängten.[5] Alle diese Entwicklungen schlugen sich zugleich im Bodenpreis nieder, der im Stadtkern eine beträchtliche Höhe erreichte.[6]

Das Vorortwachstum vor dem Ersten Weltkrieg bewirkte auch, daß sich um Berlin ein Kranz von Städten legte, von denen Spandau und Cöpenick (13. Jh.) und Charlottenburg (1705) auf ältere Stadtrechte zurückblicken konnten, andere diese erst um die Jahrhundertwende erhielten, so Schöneberg (1898), Rixdorf/Neukölln (1899), Wilmersdorf (1906), Lichtenberg (1907).[7] Eine Reihe von ihnen stieg in den Rang von Großstädten auf, diese wurden unmittelbar nach ihrer Stadterhebung Stadtkreise.[8] Das hatte rechtlich ihre Ausgliederung aus den Berlin umgebenden Kreisen zur Folge und bewirkte damit zugleich Veränderungen in der Verwaltungsstruktur und eine Schwächung der umliegenden Landkreise. Voraussetzung für dieses Vorortwachstum war die Entwicklung des Verkehrssystems. Nimmt man das Wachstum

[4] *Statistisches Jahrbuch der Stadt Berlin,* 32. Jg. (1913), S. 56*.

[5] Eine frühe Analyse des Prozesses, die zugleich den Zusammenhang zwischen Cityentwicklung und räumlichem Wachstum nach außen herstellte: Siegmund Schott, *Die großstädtischen Agglomerationen des Deutschen Reichs 1871 bis 1910,* Breslau 1912; vgl. bereits ders., *Die Citybildung in den Großstädten,* Breslau 1907. Vgl. auch *Berliner Wirtschaftsbericht,* 9. Jg. (1932), Nr. 17/18, S. 150—153 und S. 159—162.

[6] Dazu vor allem Emmy Reich, *Der Wohnungsmarkt in Berlin von 1840—1910,* München-Leipzig 1912; Paul Voigt, *Grundrente und Wohnungsfrage in Berlin und seinen Vororten,* Teil 1, Jena 1901.

[7] Vgl. bes. R. Dietrich, *Verfassung...* (wie Anm. 2), S. 258 ff.

[8] Nach der Kreisordnung von 1872 konnten in den östlichen Provinzen Städte über 25 000 Einwohner aus dem Kreisverband ausscheiden und einen eigenen Stadtkreis bilden.

der Agglomeration Berlin, dann wird das Wachstum Berlins noch klarer sichtbar: 1871 0,9 Mio., 1890 knapp 2 Mio., 1910 3,7 Mio. Einwohner und bis 1919 dann nur ein geringfügiger weiterer Anstieg auf 3,8 Mio. Einwohner.

TABELLE 2

Bevölkerung der Berliner Agglomeration[1]
1871—1919

1871	931 984
1890	1 960 147
1900	2 712 190
1910	3 734 258
1919	3 804 048

[1] Agglomeration: hier Stadtgebiet von 1920.

Quelle: *Statistisches Jahrbuch der Stadt Berlin*, 6. Jg. (1930), S. 5.

Angesichts des Problems, für diesen Gesamtraum gemeinsame Lösungen zu finden, wurde 1912 der Zweckverband Groß-Berlin vom Staat geschaffen, der insbesondere Aufgaben der Stadt- und Verkehrsplanung für den Raum Berlin wahrnehmen sollte, wenngleich insgesamt die Kompetenzen relativ begrenzt waren. Zudem verhinderte der ausbrechende Krieg, daß diese Organisationsform ihre Wirksamkeit erweisen konnte. Statt dessen wurde 1920 das Groß-Berlin-Gesetz erlassen, das die Reichshauptstadt mit sieben Städten, 59 Landgemeinden und 27 Gutsbezirken zu der neuen Einheitsgemeinde Groß-Berlin zusammenschloß.[9] Neuartig an dieser Konstruktion war die Einrichtung einer dezentralisierten Verwaltungsebene innerhalb der Gesamtstadt: Neben der Stadtverwaltung wurden 20 Verwaltungsbezirke mit eigener Verwaltung und eigener Bezirksvertretung eingerichtet.[10] Freilich auch mit dieser Lösung war das Verhältnis zum Umland nicht endgültig gelöst, da sich die Agglomerationstentendenzen insbesondere am Rand Berlins fortsetzten.[11]

[9] Zu den Städten zählten neben Berlin: Charlottenburg, Cöpenick, Berlin-Lichtenberg, Neukölln, Berlin-Schöneberg, Spandau, Berlin-Wilmersdorf.

[10] Dazu neuerdings Otto Büsch/Wolfgang Haus, *Berlin als Hauptstadt der Weimarer Republik 1919—1933*, Berlin-New York 1987, bes. S. 170 ff.

[11] Zur weiteren Entwicklung vgl. vor allem Christian Engeli, *Landesplanung in Berlin-Brandenburg. Eine Untersuchung zur Geschichte des Landesplanungsverbandes Brandenburg-Mitte 1929—1936*, Stuttgart-Berlin-Köln-Mainz 1986.

II
Bedeutung der Mobilität für die Entwicklung Berlins

Mobilität — räumlich, sozial oder beruflich — gilt als zentraler Entwicklungszug der modernen Gesellschaft. Räumliche Mobilität ist zudem einem weitverbreiteten Verständnis zufolge der entscheidende oder gar ausschließliche Faktor der modernen Großstadtentwicklung gewesen.[12] Sie interessiert im Hinblick auf Berlin in doppelter Weise: Zu fragen ist zum einen nach der Intensität der Bevölkerungsbewegung, zum anderen nach ihrem Anteil am Wachstum der Berliner Bevölkerung.

Bezüglich der Wanderungen gilt es zunächst einmal, unterschiedliche Ausdrucksformen in ihrer Aussagefähigkeit voneinander abzusetzen: Die Stärke der Fluktuation wird durch den Wanderungsumschlag gekennzeichnet, der seinerseits in der sogenannten Mobilitätskennziffer ausgedrückt wird, die die Zahl der Wandernden je 1000 ansässige Personen angibt und damit die Dynamik des Wanderungsprozesses widerspiegelt. Die Gebürtigkeitsziffer bezeichnet den Anteil der am Ort und den der anderwärts geborenen Einwohner, ausgedrückt in Prozent; sie läßt die Auswirkungen der Wanderungsbewegung auf die Zusammensetzung der Bevölkerung erkennen. Der Wanderungsüberschuß oder -gewinn beziffert schließlich den Anteil der Wanderungen am Wachstum der Bevölkerung.

In den ersten Jahrzehnten des 19. Jahrhunderts (1817—1837) war für die meisten größeren Städte augenscheinlich der Wanderungsüber-

[12] Zur Erforschung der räumlichen Mobilität in Deutschland: Rudolf Heberle/Fritz Meyer, *Die Großstädte im Strom der Binnenwanderung*, Leipzig 1937; Wolfgang Köllmann, *Bevölkerung in der industriellen Revolution*, Göttingen 1974; Dieter Langewiesche, *Mobilität in deutschen Mittel- und Großstädten. Aspekte der Binnenwanderung im 19. und 20. Jahrhundert*, in: Werner Conze/Ulrich Engelhardt (Hrsg.), *Arbeiter im Industrialisierungsprozeß*, Stuttgart 1979, S. 70—93; ders., *Wanderungsbewegungen in der Hochindustrialisierungsperiode. Regionale, interstädtische und innerstädtische Mobilität in Deutschland 1880—1914*, in: *Vierteljahrschrift für Sozial- und Wirtschaftsgeschichte*, Bd. 64 (1977), S. 1—40; Horst Matzerath, *Urbanisierung in Preußen 1815—1914*, Stuttgart-Berlin-Köln-Mainz 1985; Walter Dean Kamphoefner, *Soziale und demographische Strukturen der Zuwanderung in deutsche Großstädte des späten 19. Jahrhunderts*, in: Hans-Jürgen Teuteberg (Hrsg.), *Urbanisierung im 19. und 20. Jahrhundert. Historische und geographische Aspekte*, Köln-Wien 1983, S. 95—116. Zu Berlin vgl. auch: Reinhard Hauf, *Migrationsbewegungen nach Berlin im 19. und 20. Jahrhundert*, in: Hans Hecker/Silke Spieler (Hrsg.), *Berlin — die Hauptstadt und der Osten*, Bonn 1986, S. 134—163.

schuß der entscheidende Faktor des Bevölkerungswachstums.[13] Das gilt besonders für die Städte im mittleren und östlichen Preußen. In Berlin ging die starke Bevölkerungsvermehrung zu etwa drei Vierteln auf Wanderungsgewinne zurück. In den neuerworbenen Westprovinzen wies die Bevölkerungszunahme im gleichen Zeitraum demgegenüber andere Gründe auf: In einigen Städten (Köln, Krefeld und Lüdenscheid) beispielsweise reichte der Anteil des Geburtenüberschusses nahe an den des Wanderungsgewinns heran, in anderen (Aachen und Barmen) überstieg er ihn nicht unbeträchtlich. Auch das städtische Bevölkerungswachstum während der eigentlichen Industrialisierung zeigt im Kern ein ähnliches Muster. Beispielsweise verzeichneten zwischen 1865 und 1867 die Städte insgesamt ein starkes Wachstum, vor allem die größeren; dieses ging in den östlichen Städten ausschließlich auf Wanderung zurück, in den mittleren Provinzen weit überwiegend, während in den Westprovinzen mit einem besonders starken Wachstum der Städte der Geburtenüberschuß mit etwa einem Drittel beteiligt war.[14] In Berlin gingen etwa vier Fünftel auf Wanderungsgewinne zurück.[15]

In der Phase der Hochindustrialisierung bis zum Ersten Weltkrieg zeigten sich demgegenüber Veränderungen. Zwischen 1875 und 1905 waren Geburtenüberschüsse wenigstens zur Hälfte am Bevölkerungswachstum beteiligt, während die westlichen Industriegroßstädte vornehmlich auf Grund ihres natürlichen Bevölkerungssaldos wuchsen.[16] Selbst an dem extremen Wachstum Charlottenburgs in diesem Zeitraum hatte der Geburtenüberschuß einen nicht unerheblichen Anteil. Alle diese Fakten lassen erkennen, daß Wanderungen zwar der überwiegende Wachstumsfaktor waren, daß aber der Anteil des natürlichen Bevölkerungswachstums — der Überschuß der Geburten über die Todesfälle — nicht zu gering zu veranschlagen ist, daß zumindest für die Zeit vor dem Ersten Weltkrieg die Vorstellung von den Großstädten

[13] H. Matzerath, *Urbanisierung...* (wie Anm. 12), S. 78 ff.: In diesem Zeitraum nahm die Berliner Bevölkerung um 46 % zu, von denen 12 % auf Geburtenüberschuß und 34 % auf Wanderungsgewinn entfielen.

[14] Vgl. *a. a.* O., S. 182f.

[15] Vgl. *Statistisches Jahrbuch der Stadt Berlin*, 32. Jg. (1913), S. 207: 82 % des gesamten Bevölkerungswachstums in diesen Jahren resultierte aus Wanderungsgewinnen.

[16] H. Matzerath, *Urbanisierung...* (wie Anm. 12), S. 305 ff.: Charlottenburg wuchs in diesem Zeitraum dreimal so schnell wie Berlin und erreichte mit einer durchschnittlichen jährlichen Wachstumsrate von 7,70 % einen Spitzenwert.

und insbesondere von Berlin als dem Grab der biologischen Kräfte des deutschen Volkes unsinnig ist. Der natürliche Bevölkerungsüberschuß ergab sich aus der Tatsache, daß trotz des drastischen Abfalls der Geburtenrate von 45,4 v. T. im Jahre 1876 auf 20,4 v. T. im Jahre 1913 in allen Jahren dazwischen die Bilanz von Geburten und Sterbefällen positiv lautete, da die Ziffer der Todesfälle gleichfalls sank und unter der der Geburten blieb.[17] Erst im Kriege und dann in den zwanziger Jahren wurde die Bilanz negativ und die Sterbefälle überwogen.[18]

Die Jahrzehnte des stärksten Wachstums der Stadt Berlin, zugleich die der intensivsten Industrialisierung, waren auch die einer Mobilität, wie sie vorher unbekannt war und wie sie nach dem Ersten Weltkrieg auch nicht mehr erlebt wurde. Sie war erst in den sechziger Jahren des 19. Jahrhunderts in Berlin beträchtlich angestiegen und hatte einen Wert von über 200 v. T. erreicht, was bedeutet, daß, statistisch gesehen, in einem Jahr ein Fünftel der Bevölkerung zu- oder fortzog.[19] In der Größenordnung von 200 bis 300 v. T. verblieb Berlin auch bis zum Ersten Weltkrieg, während Charlottenburg für 1906 einen Spitzenwert von 695 v. T. erzielte.[20]

Was auf diese Weise gemessen wurde, waren die Umzüge über die Gemeindegrenzen hinweg. Hinzu kamen um die Jahrhundertwende noch einmal ca. 645 000 Personen, die innerhalb des Stadtgebietes umzogen, was bedeutete, daß — wiederum statistisch betrachtet — gut ein Drittel der Bevölkerung innerhalb des Stadtgebietes Berlins verzog, zusammengenommen also weit mehr als die Hälfte der Bevölkerung Berlins mobil war, und zwar innerhalb eines Jahres.[21]

[17] *Statistisches Jahrbuch der Stadt Berlin*, 6. Jg. (1930), S. 25. — Vgl. dazu auch Arthur Imhof, *Mortalität in Berlin vom 18.—20. Jahrhundert*, in: *Berliner Statistik*, 39. Jg. (1977), S. 128—145.

[18] Diese Veränderungen sind Ausdruck eines umfassenderen Entwicklungsprozesses, in der demographischen Forschung als „demographischer Übergang" („demographische Transition") bezeichnet.

[19] *Statistisches Jahrbuch der Stadt Berlin*, 32. Jg. (1913), S. 208: Im Jahre 1863 erreichte die Mobilität mit einer Mobilitätskennziffer von 252 einen ersten Höhepunkt, 1873 mit 279 einen weiteren.

[20] Vgl. *Charlottenburger Statistik*, H. 24 (1912), S. 24*. Im gesamten ersten Jahrzehnt dieses Jahrhunderts fiel nur im Jahr 1901 die Mobilität geringfügig unter die Marke von 600 v. T., d. h., daß in diesem Zeitraum — zumindest statistisch gesehen — zwei Drittel der Bevölkerung Charlottenburgs mobil waren.

[21] Vgl. *Statistisches Jahrbuch der Stadt Berlin*, 27. Jg. (1903), S. 169 und S. 158; 25 % betrugen der Wanderungsumschlag (Zu- und Abziehende von und nach auswärts), 34 %

Die Tatsache, daß am Vorabend des Ersten Weltkriegs — nicht zuletzt durch die Entwicklung des Verkehrssystems — die Agglomeration Berlin, das heißt die Hauptstadt mit ihren Vororten, trotz der kommunalen Grenzen in vieler Hinsicht bereits zusammengewachsen war, bedeutete, daß viele der Wanderungsvorgänge über die Stadtgrenze hinaus im Grunde eher innerstädtische Umzüge waren. Das gilt besonders für die Vororte. Charlottenburg hatte im Jahre 1910 gegenüber Berlin eine positive Wanderungsbilanz in Höhe von fast 17 000 neuen Einwohnern, das heißt, es zogen weitaus mehr Berliner nach Charlottenburg als umgekehrt.[22] Generell gab Berlin in den Jahren nach der Jahrhundertwende Einwohner an die Vororte ab.[23] In einem weiteren Verständnis sind bei der Behandlung der Mobilität auch die Übernachtungen im Rahmen des Fremdenverkehrs zu berücksichtigen: Sie beliefen sich im Jahr 1910 auf 1,3 Mio. Besucher, darunter 272 000 Ausländer.[24]

Angesichts der Bedeutung der Wanderung für die Entwicklung Berlins stellt sich die Frage, wer denn die Wandernden waren und woher sie kamen. Auch diese Sachverhalte sind von der zeitgenössischen Statistik sorgfältig registriert worden. Beschränkt man sich auf den Zeitraum unmittelbar nach 1900 in Berlin, dann lassen sich folgende Feststellungen treffen: Es wanderten mehr Männer als Frauen nach Berlin, wobei in einzelnen Jahren durchaus auch mehr Männer zurückwanderten; bei den Wandernden waren die jugendlichen Jahrgänge im Alter von 15 bis 35 Jahren stark überproportional vertreten, das heißt die jugendliche Arbeitsbevölkerung. Dabei waren die Frauen im Schnitt jünger als die Männer; bei den 15- bis 20jährigen Wandernden von und nach Berlin zwischen 1906 und 1910 überwogen sogar die Frauen.[25] In der Mehrzahl waren die Zuwanderer ledig; nur grob ein Fünftel bis ein Sechstel der Frauen und Männer war verheiratet. Die Familienwanderung machte nur einen geringen Anteil aus; augenscheinlich wurden in vielen Fällen Ehefrauen und Kinder später nachgezogen. Es soll nur angemerkt

die Umzüge innerhalb der Stadt, somit waren insgesamt 59 % der Gesamtbevölkerung mobil.

[22] Vgl. *Charlottenburger Statistik,* H. 24 (1912), S. 26*.

[23] *Statistisches Jahrbuch der Stadt Berlin,* 32. Jg. (1913), S. 212 ff. und S. 216*: Zwischen 1907 und 1910 verlor Berlin 51 000 Einwohner an die Vororte.

[24] *A. a. O.,* S. 221*: Mit weitem Abstand stellten die Russen die größte Gruppe, gefolgt von Österreichern und Amerikanern.

[25] *A. a. O.,* S. 217* ff.: Lediglich 1906 gab es bei den Zuwanderern ein leichtes Übergewicht der Männer.

werden, daß sich konjunkturelle Schwankungen in unterschiedlicher Wanderungsstärke auswirkten und daß auch über den Jahresablauf hin Zu- und Abwanderung sehr unterschiedlich verliefen: Frühjahr und Herbst waren jeweils Zeiten besonders intensiver Mobilität.

Eine zentrale Frage betrifft die Herkunft der Zugewanderten. Auch hier gilt die Feststellung, daß sich im Verlauf der Entwicklung Veränderungen vollzogen. Grundsätzlich aber ist festzuhalten, daß sich die Zugewanderten weitestgehend aus dem mittleren und östlichen Preußen rekrutierten und die preußischen Westprovinzen und die neuerworbenen Gebiete sowie die übrigen Teile Deutschlands daran nur einen sehr geringen Anteil hatten. 1905 waren 92 Prozent der Bewohner Berlins in Preußen (einschließlich Berlin) geboren, lediglich fünf Prozent in anderen deutschen Staaten.[26] Der größte Teil der außerhalb Berlins Geborenen stammte erwartungsgemäß aus der Provinz Brandenburg; indessen sank der Anteil zwischen 1875 und 1910.[27] Die Schlesier stellten 1875 mit acht Prozent zwar einen verhältnismäßig hohen Anteil an der Berliner Bevölkerung, der aber keineswegs so dominierend war, wie es landläufiger Meinung entspricht; zudem sank er bis zur Jahrhundertwende laufend ab. Die Herkunftsgebiete der Berliner Zuwanderer waren also überwiegend protestantisch mit Ausnahme von Posen, Teilen Westpreußens und dem Ermland sowie Oberschlesien. Der Anteil der Berliner aus den überwiegend katholischen Westprovinzen fiel nicht ins Gewicht.

Die Berufsstruktur der Wandernden gibt zugleich Aufschluß über die Gründe für die Wanderungen, die sich als durchaus vielfältig erweisen.[28] Unter ihnen waren Beamte des Reichs, Preußens, der Bahn und Post, Lehrer oder Militärs, die nach Berlin versetzt wurden; Fabrikanten, Ingenieure und spezialisiertes Personal in der Industrie; auch Rentiers und Pensionäre, die sich in Berlin niederließen. Nimmt man deren Gesamtzahl, dann machen diese bürgerlichen Gruppen freilich nur einen begrenzten Teil der gesamten Wanderung aus. Eine erhebliche Ausstrahlungskraft entwickelte Berlin um die Jahrhundertwende auf dem Gebiet der Künste, der Literatur und der Presse, wenngleich

[26] Vgl. Heinrich Silbergleit, *Preußens Städte,* Berlin 1908, S. 54.

[27] Vgl. R. Hauf, *Migrationsbewegungen*... (wie Anm. 12), S. 146f.

[28] Vgl. *Statistisches Jahrbuch der Stadt Berlin,* 32. Jg. (1913), S. 215*; dazu auch die Ergebnisse von W. D. Kamphoefner, *Soziale und demographische Strukturen*... (wie Anm. 12), S. 106ff. Dort sind die absoluten Werte zum Bestand der jeweiligen Berufsgruppen in Beziehung gesetzt.

selbstverständlich die in diesem Bereich tätigen Personen für den gesamten Wanderungsprozeß nur von untergeordneter Bedeutung gewesen sind. Auch Berufsvorbereitung (Studium, Schule, Lehre) führte junge Leute nach Berlin, freilich unter den Männern mehr wieder aus der Stadt weg. Die Berufssparten, die bemerkenswerten Anteil an der Wanderung hatten, waren bei Frauen und Männern sehr unterschiedlich: Über die Hälfte aller Frauen kamen als Dienstboten; Handel, Bekleidung und „Arbeit ohne nähere Angaben" bildeten weitere Schwerpunkte. Eine Sondergruppe, die der Lehrer, kommt dadurch ins Blickfeld, daß die Zahl der zuwandernden Lehrerinnen dreimal so hoch war wie die der männlichen Kollegen. Bei den Männern tritt insgesamt keine Branche als Magnet deutlich hervor: Mit knapp 15 Prozent lag der Handel an der Spitze. Läßt man die Kategorien „Arbeit ohne nähere Angaben" und Berufsvorbereitung außer Betracht, dann konzentrieren sich die männlichen Zuwandernden auf Berufe in den Branchen Nahrungs- und Genußmittel, Metallverarbeitung, Baugewerbe, persönliche Dienstleistungen.

Alle diese Tatsachen verweisen darauf, daß die Wanderungen in erster Linie beruflich bedingt waren, daß sie überdies weitgehend proletarischen Charakter hatten. Die Untersuchungen Kamphoefners zu Berlin bestätigen die These von Langewiesche, daß die Arbeiter absolut und relativ unter den Wandernden überwogen, ohne daß sich ein stringenter Zusammenhang zwischen Qualifikation und Wanderungsintensität herstellen ließe.[29] Demgegenüber zeigt die Zuwanderung nach Charlottenburg ein anderes Bild: Nicht nur überwog hier die Zahl der weiblichen Wandernden die der Männer beträchtlich, auch der Anteil der Dienstboten war hier mit knapp 60 Prozent noch höher als in Berlin. Das Bürgertum hatte unter den männlichen Zuwanderern das Übergewicht: Selbständige und Angestellte in Handel und Industrie bildeten die stärkste Gruppe vor Gesellen, Gehilfen und Lehrlingen sowie Arbeitern.[30]

[29] Vgl. W. D. Kamphoefner, *a. a. O.*, S. 103; D. Langewiesche, *Wanderungsbewegungen...* (wie Anm. 12), S. 34.

[30] Vgl. *Charlottenburger Statistik*, H. 24 (1912), S. 27*. Diese Feststellungen gelten für die Jahre 1906—1910, in deren Verlauf die Zahl der Selbständigen und Angestellten zunahm, die der Gesellen, Gehilfen und Lehrlinge sowie der Arbeiter abnahm.

III
Strukturveränderungen der städtischen Bevölkerung

Bevölkerungswachstum und Mobilität hatten tiefreichende Auswirkungen auf die Entwicklung der städtischen Bevölkerung und Gesellschaft. Das Grundproblem bestand darin, daß einer verhältnismäßig geringen bodenständigen, ortsansässigen Bevölkerung ein hochmobiler Bevölkerungsteil gegenüberstand, der nur teilweise an einer dauernden Niederlassung in Berlin interessiert war. Der Anteil der ortsfesten Bevölkerung sank im Verlauf des 19. Jahrhunderts noch. So fiel in Berlin der Anteil der Ortsgebürtigen von 44 Prozent 1880 auf 40 Prozent 1905, in Charlottenburg sogar im gleichen Zeitraum von 33 Prozent auf 19 Prozent.[31]

Die Besonderheiten der Wanderungen schlagen auch auf die Struktur der Gesamtbevölkerung Berlins durch: Grundsätzlich war sie jünger als es dem Durchschnitt der deutschen Bevölkerung entsprach, vor allem in den Altersgruppen vom 15. Lebensjahr an, während die jüngeren Jahrgänge schwächer vertreten waren. Zudem verstärkte sich seit Mitte der siebziger Jahre zunehmend der Frauenanteil in der Stadt, während bis 1869 ein Männerüberschuß bestanden hatte.[32] Bezüglich des Anteils der Verheirateten bewegten sich Berlin und die Vororte 1905 eher im oberen Drittel der deutschen Städte, wiesen aber zugleich eine relativ hohe Quote von Geschiedenen auf.[33] Der Anteil der unehelichen Kinder war in Berlin und den umliegenden Vororten nicht besonders auffällig: Er lag in Berlin selbst zwar spürbar über dem Durchschnitt, aber andererseits war ihr Anteil in Großstädten im östlichen und mittleren Preußen wie Breslau, Königsberg, Halle, Hannover und Kiel höher, während gerade die westlichen Industriestädte wie Duisburg, Gelsenkirchen, Oberhausen extrem niedrige Werte aufwiesen.[34]

[31] Vgl. H. Silbergleit, *Preußens Städte*... (wie Anm. 26), S. 52ff. Die Werte für andere Städte der Agglomerationen: Cöpenick 1880 42 % — 1905 39 %, Rixdorf (Neukölln) 35 % — 21 %, Schöneberg 24 % — 13 %, Spandau 39 % — 37 %, Wilmersdorf 1880 44 % — 1905 10 %. Die Tatsache, daß diese zum Teil extremen Werte nicht nur Ausdruck starker Mobilität sondern auch eines außerordentlichen Bevölkerungswachstums sind, ändert nichts an der Tatsache, daß unter diesen Bedingungen als Träger der lokalen Traditionen und der Integration und Assimilation nur eine kleine Kerngruppe zur Verfügung stand.

[32] *Statistisches Jahrbuch der Stadt Berlin*, 32. Jg. (1913), S. 4: Der Frauenüberschuß war von 1876 an durchgängig, zuvor nach 1816 nur im Jahre 1870, wohl wegen des Krieges.

[33] Vgl. H. Silbergleit, *Preußens Städte*... (wie Anm. 26), S. 36f.

[34] Vgl. *a. a. O.*, S. 78ff. (1865—1906).

Bevölkerungswachstum und Mobilität hatten auch Auswirkungen auf die Konfessionsstruktur Berlins und seiner Vororte. Insgesamt verschoben sich die Relationen in Berlin nur in begrenztem Umfang, was vor allem dadurch bedingt ist, daß die Zuwanderung in weit überwiegendem Maße aus dem ostelbischen Bereich erfolgte. Immerhin zeigten sich im Verlauf der Entwicklung auch in Berlin spürbare Veränderungen (TABELLE 3). Noch Mitte des 19. Jahrhunderts war Berlin eindeutig evangelisch. In der Folgezeit sank der evangelische Bevölkerungsanteil kontinuierlich, von 93 Prozent im Jahr 1849 auf 82 Prozent im Jahr 1910. Damit blieb der protestantische Charakter der Stadt erhalten; die Zahl der evangelischen Christen vervierfachte sich allein zwischen der Mitte des 19. Jahrhunderts und der Zeit vor Ausbruch des Zweiten Weltkrieges. Gerade in der letzten Phase zwischen 1905 und 1910 vollzog sich eine bemerkenswerte Veränderung: Im Rahmen einer nur noch langsam wachsenden Bevölkerung ging die Zahl der

TABELLE 3

Konfessionen in Berlin 1849 bis 1910

	1849[1]	1861	1871	1880	1890	1900	1910
Evangelisch	393.523 92,3 %	495.715 90,5 %	735.783 86,6 %	982.346 87,6 %	1.352.559 85,7 %	1.590.115 84,2 %	1.689.118 81,6 %
Katholisch	15.322 3,7 %	30.260 5,5 %	51.729 6,2 %	80.603 7,2 %	135.407 8,6 %	188.444 10,0 %	242.518 11,7 %
Andere christl. Bekenntnisse	5.242 1,2 %	2.643 0,5 %	2.753 0,3 %	4.124 0,3 %	10.669 0,7 %	14.209 0,8 %	27.750 1,3 %
Juden	9.604 2,3 %	18.953 3,5 %	36.020 4,4 %	53.949 4,8 %	79.286 5,0 %	92.206 4,9 %	90.013 4,3 %
Sonstige	1 0,0 %	· ·	236 0,0 %	1.308 0,1 %	873 0,1 %	3.878 0,2 %	21.858[2] 1,1 %

[1] Gesamtbevölkerung: Zivil- und Militärbevölkerung.

[2] Andere Religionen; Religion unbekannt.

Quellen:

1849: *Tabellen und amtliche Nachrichten über den Preußischen Staat für das Jahr 1849*, Bd. 1, Berlin 1851, S. 701.

1861: *Preußische Statistik*, H. 5, S. 146ff.

1871—1900: *Statistisches Handbuch für das Deutsche Reich*, T. 1, Berlin 1907, S. 33ff.

1910: *Statistisches Jahrbuch der Stadt Berlin*, 32. Jg. (1913), S. 34*.

protestantischen Christen zurück. Noch auffälliger verlief die Entwicklung des katholischen Bevölkerungsteils. Auch wenn er 1910 nur knapp zwölf Prozent erreichte, hatte sich sein Anteil zwischen 1849 und 1910 verdreifacht. Die Zahl der Katholiken war auf das sechzehnfache angestiegen, was die Seelsorge bereits rein organisatorisch vor völlig neue Probleme stellte. Einen nicht unerheblichen Anteil der Katholiken in Berlin stellten die Polen.[35] Demgegenüber zeigte die jüdische Bevölkerung eine gleichmäßigere Entwicklung; nach dem Anstieg in der ersten Hälfte des 19. Jahrhunderts und unmittelbar nach der Mitte des Jahrhunderts spielte sich ihr Anteil in den siebziger Jahren zwischen vier Prozent und fünf Prozent ein, zwischen 1905 und 1910 war er — ähnlich wie bei der evangelischen Bevölkerung — sogar rückläufig.

In den rasch wachsenden Orten des Berliner Umlandes vollzogen sich noch weitaus einschneidendere Veränderungen der Konfessionsstruktur. Noch um die Jahrhundertmitte waren die ländlichen Teile der Kreise Osthavelland und Zauch-Belzig zu über 99 Prozent protestantisch, die Berlin benachbarten kleineren Städte Charlottenburg, Cöpenick und Oranienburg deutlich zu über 95 Prozent.[36] Hingegen waren nach der Jahrhundertwende die Konfessionsverhältnisse in den Vororten spürbar verändert; die bürgerlichen Vororte Charlottenburg und Wilmersdorf waren konfessionell stärker durchmischt als Berlin.[37]

[35] Vgl. Hermann Anton Krose (Hrsg.), *Kirchliches Handbuch für das katholische Deutschland*, Bd. 5: *1914—1916*, Freiburg i. Br. 1916, S. 390. 1910 waren von den 30 858 Bewohnern Berlins mit Polnisch als Muttersprache 29 394 Katholiken; *Statistisches Jahrbuch der Stadt Berlin*, 32. Jg. (1913), S. 38* f.

[36] *Tabellen und amtliche Nachrichten über den Preußischen Staat für das Jahr 1849*, Bd. 1, Berlin 1851, S. 70 ff.: Plattes Land Ost-Havelland 99,5 %, Zauch-Belzig 99,9 %, Charlottenburg (9213 Einwohner) 96,8 %, Cöpenick (2812 E.) 98,0 %, Oranienburg (3574 E.) 97,1 %. Lediglich in der Festungsstadt Spandau (9397 E.) lag auf Grund der Militärbevölkerung (1917 E.) der Anteil der evangelischen Bevölkerung bei 91,4 %.

[37] Bevölkerungsanteile einzelner Konfessionen 1905 (in %):

Stadt	evangelisch	katholisch	jüdisch
Berlin	83,1	11,0	4,9
Charlottenburg	80,1	11,7	6,5
Cöpenick	91,8	7,0	0,5
Potsdam	89,9	8,8	0,7
Rixdorf	87,8	9,7	0,8
Schöneberg	83,4	10,7	4,9
Spandau	85,8	12,7	0,5
Wilmersdorf	81,8	10,4	6,8

Angaben nach H. Silbergleit, *Preußens Städte...* (wie Anm. 26), S. 66 f.

Die Verteilung der Konfessionen innerhalb des Berliner Stadtgebiets zeigt gleichfalls Besonderheiten, freilich nicht in einem Ausmaß, daß man von Segregation sprechen könnte: 1910 wies der Wedding mit 87 Prozent den höchsten Anteil evangelischer Bevölkerung auf, das Spandauer Viertel mit 66 Prozent den geringsten; bei den Katholiken reichte die Spannbreite von 14,5 Prozent im westlichen Teil von Moabit bis 8,9 Prozent in der nordwestlichen Rosenthaler Vorstadt; lediglich die jüdische Bevölkerung konzentrierte sich deutlich in bestimmten Stadtteilen: 19,5 Prozent aller Bewohner des Spandauer Viertels waren Juden, in der östlichen Luisenstadt hingegen nur 0,5 Prozent.[38] Worauf diese Unterschiede im einzelnen zurückzuführen sind, ob auf differenzierte Zuwanderung aus den einzelnen preußischen Landesteilen, ob durch den unterschiedlichen sozialen Charakter der einzelnen Stadtteile, ob durch die Wirtschaftsstruktur oder ob durch die Entwicklung der kirchlichen Organisation oder etwa die Lage der Gotteshäuser, bedürfte einer besonderen Untersuchung.

Ein spezieller Befund scheint in diesem Zusammenhang bemerkenswert: Unter den evangelischen Christen gab es 1910 einen beträchtlichen Frauenüberschuß, während die Katholiken einen — freilich nicht so eindeutigen — Männerüberschuß aufwiesen;[39] zumindest der erste Aspekt ist wohl vorwiegend durch die Herkunft der Dienstboten aus ländlich-protestantischen Gebieten zu erklären. Diese Ungleichheit in der Verteilung der Geschlechter war — neben Tendenzen der Säkularisierung — einer der Gründe für die wachsende Zahl der Mischehen, was dazu führte, daß 19 Prozent aller 1910 in Berlin geschlossenen Ehen Mischehen waren.[40] Dabei ergaben sich bemerkenswerte Unterschiede zwischen den Konfessionen: Nur 20 Prozent der Ehen, an denen evangelische Partner beteiligt waren, galten als Mischehen, 73 Prozent aller Ehen mit katholischer Beteiligung, während bei den Juden dieser Anteil

[38] *Statistisches Jahrbuch der Stadt Berlin*, 32. Jg. (1913), S. 33 ff. — Zum Fehlen einer eigentlichen Segregation nicht nur in konfessioneller, sondern auch in landsmannschaftlicher Hinsicht: W. D. Kamphoefner, *Soziale und demographische Strukturen...* (wie Anm. 12), S. 111 ff. — Besonders die Ostjuden konzentrierten sich im Scheunenviertel und gaben ihm ein spezifisches Gepräge, so daß dieses Gebiet im Berliner Volksmund auch als „Jüdische Schweiz" galt.

[39] Vgl. *Statistisches Jahrbuch der Stadt Berlin*, 32. Jg. (1913), S. 33* ff.:
Evangelische: Männer 793 000 — Frauen 896 000;
Katholiken: Männer 125 000 — Frauen 117 000.

[40] Vgl. *a. a. O.*, S. 91*.

ein Drittel (32 Prozent) betrug. Eine weitere Besonderheit bildete die Tatsache, daß deutlich mehr katholische Männer evangelische Frauen heirateten als umgekehrt, was mit der Verteilung der Geschlechtsproportionen innerhalb der Konfessionen zusammenhängen dürfte. Ähnlich — aber noch ausgeprägter — war das Heiratsverhalten der jüdischen Bevölkerung: Dort heirateten doppelt soviel jüdische Männer eine Partnerin einer anderen Konfession als Jüdinnen nichtjüdische Männer. In diesen Ziffern schlagen sich zugleich die Assimilierungstendenzen innerhalb des Judentums nieder.

Die hier skizzierten demographischen und sozialen Veränderungen bewirkten in ihrer Gesamtheit einen tiefreichenden gesellschaftlichen Umbruch, der sowohl von den Politikern und der Öffentlichkeit als auch von den Betroffenen selbst intensiv erfahren wurde.

IV
Der Mensch in der Großstadt: Großstädtische Lebensform

Die Auswirkungen des städtischen Wachstums und der Mobilität auf die Reichshauptstadt und ihre Bevölkerung sind in der zeitgenössischen Wissenschaft und Essayistik bis in die dreißiger Jahre dieses Jahrhunderts hinein intensiv diskutiert worden. Berlin erscheint dabei zumeist als Paradigma für die Entwicklung der modernen Großstadt oder der modernen Gesellschaft insgesamt, im Kaiserreich im allgemeinen mit eindeutig negativem Vorzeichen.[41] Der amerikanische Historiker Andrew Lees hat in einer jüngst erschienenen Studie das Bild von der Großstadt und die Großstadtdiskussion in den USA, Frankreich, Großbritannien und Deutschland verglichen. Er kommt dabei zu dem Ergebnis, daß Deutschland das einzige Land war, in dem die Großstadtkritik eine derart extreme Zuspitzung fand, und führt dies darauf zurück, daß hier die vormodernen Verhaltensweisen und Werte mächtiger sozialer Gruppen sich durch den extrem raschen Prozeß der Industrialisierung in besonderer Weise bedroht fühlten.[42]

Die zeitgenössische Literatur setzte sich mit dem Thema auf sehr unterschiedliche Weise auseinander. Vielfach zielten die Publikationen

[41] Die einschlägige Literatur im Überblick: Elisabeth Pfeil, *Großstadtforschung. Entwicklung und gegenwärtiger Stand,* 2. Aufl., Hannover 1972.

[42] Andrew Lees, *Cities Perceived. Urban Society in European and American Thought, 1820—1940,* Manchester 1985. Vgl. auch bereits Klaus Bergmann, *Agrarromantik und Großstadtfeindschaft,* Meisenheim am Glan 1970.

nicht nur auf die Verurteilung der Großstadt und ihrer Folgeerscheinungen ab, sondern boten auch Therapien an, die aber von Grundhaltungen und Überzeugungen getragen waren, die sich nicht an der Funktionsweise und den Möglichkeiten einer Großstadt orientierten, sondern häufig am Leitbild einer harmonisch geordneten, in sich ruhenden Gesellschaft von ländlich-agrarischem Zuschnitt. Eine der einflußreichsten dieser Strömungen, die auch mit quantitativen Daten argumentierte, war die sozialbiologische Richtung (Hansen, Ammon und andere),[43] die in der Großstadt und hier wiederum vor allem in Berlin den Moloch erblickte, der die biologische Kraft des deutschen Volkes vernichtete, indem er vom Bevölkerungszustrom des flachen Landes lebte. Solche Auffassungen dokumentieren sich auch in Titeln wie Theilhabers *Das sterile Berlin.*[44]

In der beginnenden soziologischen Diskussion arbeitete Tönnies mit dem Begriffspaar Gemeinschaft und Gesellschaft grundlegende Unterschiede zwischen Großstadt und Land heraus,[45] während zugleich die älteren Untersuchungen von Riehl seit den neunziger Jahren eine Renaissance erlebten.[46] Zugespitzt wurden Auffassungen einer Polarität von Stadt und Land von Langbehn, der mit seinen Ansichten, die die Großstadt und speziell Berlin zum Ort geistiger Leere und zum Vernichter der Kreativität machten, außerordentlich populär wurde.[47] Für Scheffler war Berlin eine „Kolonialstadt", die niemals wirklich „Heimat" zu werden vermochte.[48] Für Lienhard war das literarische Berlin des aufsteigenden Naturalismus gekennzeichnet durch Mangel an Seele und Wärme und durch Negativismus.[49] Andere sahen in Berlin vor

[43] Georg Hansen, *Die drei Bevölkerungsstufen. Ein Versuch, das Blühen und Altern der Völker nachzuweisen,* München 1889; Otto Ammon, *Die Gesellschaftsordnung und ihre natürlichen Grundlagen,* Jena 1895.

[44] Felix Theilhaber, *Das sterile Berlin. Eine volkswirtschaftliche Studie,* Berlin 1913. Als Zwischentitel auch noch bei Richard Korherr, *Berlin;* in: *Süddeutsche Monatshefte,* 27. Jg. (1929/30), S. 393 ff.

[45] Ferdinand Tönnies, *Gemeinschaft und Gesellschaft. Grundbegriffe der reinen Soziologie* (1887), Darmstadt 1969.

[46] Beispielsweise Wilhelm Heinrich Riehl, *Land und Leute,* 2. Aufl., Stuttgart-Augsburg 1885.

[47] Vgl. Julius Langbehn, *Rembrandt als Erzieher,* Leipzig 1891. Dazu vor allem: Fritz Stern, *Kulturpessimismus als politische Gefahr. Eine Analyse nationaler Ideologie in Deutschland,* Bern-Stuttgart 1963.

[48] Karl Scheffler, *Berlin — Ein Stadtschicksal,* Berlin 1910, S. 265.

[49] Vgl. Fritz Lienhard, *Die Vorherrschaft Berlins. Literarische Anregungen,* Leipzig 1900.

allem den Ort der Demokratie und der Nivellierung, des moralisch-sittlichen Niedergangs und der Entfremdung, charakterisiert durch Alkoholismus, Prostitution und Syphilis. Auch religiös-seelsorgerliche Perspektiven konnten zur Verurteilung der Großstadt führen, ebenso aber auch die Auseinandersetzung mit den sozialen Problemen der Großstadt, mit Wohnungsnot, Krankheit und Elend in Berlin. Es darf nicht übersehen werden, daß es daneben auch zahlreiche Stimmen gab, die ein positives Bild der Großstadt zeichneten oder die sie als Ort sozialer Probleme begriffen, die aber prinzipiell lösbar waren.[50] In der öffentlichen Meinung blieb aber die kulturpessimistische Tendenz bestimmend.

Eine ideologiekritische Auseinandersetzung mit diesen Vorstellungen, die vielfach heute noch in der wissenschaftlichen und gesellschaftspolitischen Diskussion durchscheinen, reicht nicht aus, um einen unverstellten Blick auf die Realität der Groß- und Weltstadt Berlin zu gewinnen. Erforderlich ist eine präzise Analyse, wie sich die Lebensweise der Berliner infolge von Wachstum und Mobilität veränderte, selbstverständlich auch, welche Probleme dabei entstanden oder sich verschärften, inwiefern dazu Lösungen entwickelt und auch umgesetzt wurden, wie sich dies in den unterschiedlichen Schichten der Berliner Gesellschaft vollzog und welche Anpassungsprobleme vor allem die Zuwanderer hatten. Dabei stellt sich auch die Frage, ob die kulturkritische und großstadtfeindliche Perspektive von Riehl bis Spengler auch die der Berliner Bevölkerung und der Öffentlichkeit war.

Die in den letzten Jahren intensiv betriebene Forschung zur Wanderung hat herausgearbeitet, daß die Zuziehenden nicht so sehr von einem anonymen Sog in die Großstadt erfaßt wurden, der sie schutzlos der Vereinzelung überantwortete und entwurzelte, sondern daß Wanderung auf einem überlegten Entschluß beruhte und einen festen Platz in der Lebensplanung hatte. So etwa gingen junge Leute in die Großstadt, um Möglichkeiten des Aufstiegs wahrzunehmen, um überhaupt Arbeit und Verdienst zu finden oder um dort eine begrenzte Phase zu verbringen und dann wieder in den Heimatort zurückzukehren. Nicht selten verlief die Wanderung über mehrere Etappen nach Berlin, ergaben sich also in der Zwischenzeit Anpassungsprozesse aus dem Übergang vom

[50] Beispielsweise: *Die Großstadt. Vorträge und Aufsätze zur Städteausstellung*, hrsg. von Theodor Petermann (= Jahrbuch der Gehe-Stiftung zu Dresden, Bd. 9), Dresden 1903; *Die deutschen Städte*, geschildert nach den Ergebnissen der ersten deutschen Städteausstellung zu Dresden 1903, hrsg. von Robert Wuttke, 2 Bde., Leipzig 1904.

Land in die Stadt.[51] Untersuchungen zum süddeutschen Raum haben überdies erkennen lassen, daß die Wanderungsentscheidung Ergebnis eingehender Information und zum Teil auch eigener Kenntnis städtischer Lebensbedingungen war und nicht selten durch Bekannte und Verwandte am Zielort vorbereitet wurde.[52] Gerade die Frage, wie die Integration der Zuwanderer erfolgte, welche Rolle dabei städtische Einrichtungen, etwa der Arbeitsnachweis, kirchliche und soziale Organisationen, Vereine, Parteien, Gewerkschaften, Familie, Nachbarschaft und Kollegen, spielten, bedürfen noch eingehender Untersuchung. Zu behandeln wäre auch die Frage nach dem weiteren Schicksal der Zuwanderer, das heißt zugleich nach dem Grad der erreichten Integration: durch dauerhafte Arbeit, Familiengründung, beruflichen Aufstieg oder feste Wohnung, umgekehrt aber auch die Probleme durch sozialen Abstieg, Wohnungsprobleme, Alkoholismus und Armut.

Auch die Stadt-Land-Verteilung der Bevölkerung, lange Zeit unter dem Begriff der „Landflucht" als Entvölkerung und Funktionsentleerung des flachen Landes kritisch gesehen, wird für die Zeit bis zum Ersten Weltkrieg zunehmend anders bewertet. Es läßt sich nämlich durchaus argumentieren, daß von dieser Abwanderung vom Land im wesentlichen die ländliche Überschußbevölkerung betroffen gewesen ist, und zwar in der Form, daß ein Teil des Geburtenüberschusses, der im östlichen ländlich-agrarischen Bereich kein Auskommen hatte, in die Städte abwanderte, was längerfristig zu einer Entlastung des flachen Landes führte. Auch das Sinken der Geburtenraten entsprechend dem der Sterberaten — in der demographischen Forschung als „moderne Bevölkerungsweise" charakterisiert — läßt sich als gesellschaftlicher Anpassungsprozeß begreifen.[53] Die Tatsache, daß sämtliche Untergangs- und Katastrophenprognosen sich als unzutreffend erwiesen haben, nötigt dazu, seinerzeit als spezifisch großstädtische Verfallserscheinungen verurteilte Entwicklungen neutraler als Teile eines umfassenden ge-

[51] So etwa W. D. Kamphoefner, *Soziale und demographische Strukturen...* (wie Anm. 12), S. 101 f.: Verweis auf den überproportionalen Anteil der zum Teil auf dem Land geborenen Stadt-Stadt-Wanderer an der Zuwanderung nach Berlin.

[52] Wolfgang Kromer, *Propagandisten der Großstadt. Die Bedeutung von Informationsströmen zwischen Stadt und Land bei der Auslösung neuzeitlicher Land-Stadt-Wanderungen, illustriert an Beispielen aus dem Hohenloher Land (Baden-Württemberg) und den benachbarten Zentren Frankfurt am Main, Mannheim, Nürnberg und Stuttgart,* Frankfurt a. M.-Bern-New York-Nancy 1985.

[53] Vgl. Wolfgang Köllmann, *Zur Bevölkerungsentwicklung der Neuzeit,* in: Reinhart Koselleck (Hrsg.), *Studien zum Beginn der modernen Welt,* Stuttgart 1977, S. 70 f.

sellschaftlichen Wandels zu sehen, auch wenn es sich um Erscheinungen wie die Zunahme der Ehescheidungen oder die Tendenz zur Kleinfamilie handelt. Daß dieser Wandel sich vor allem in Großstädten vollzogen hat und von dort seinen Ausgang nahm und daß sich diese Erscheinungen in besonderer Weise in Berlin ausprägten, ist unbestreitbar. Die Entwicklungsbedingungen dafür waren augenscheinlich im bürgerlich-protestantischen Milieu der Großstädte gegeben.[54] Verschiedene Sachverhalte sprechen dafür, daß diese Prozesse in einer rein industriellen Umgebung, etwa in den Großstädten des Ruhrgebiets, in entscheidenden Punkten anders verliefen. Inwieweit es sich dabei um Erscheinungen eines säkularen Wandels in Richtung auf neuartige gesellschaftliche Strukturen oder um Übergangserscheinungen einer Umbruchphase handelte, ist bisher noch nicht hinreichend geklärt. Die Zeitgenossen erlebten sie zumeist als Bedrohung der überkommenen Lebensformen.

Es liegt auf der Hand, daß diese Veränderungen mittelbar und unmittelbar Stellung und Wertvorstellungen der Kirchen betreffen mußten. Unter Schlagworten wie denen der „Säkularisierung", „Kirchenentfremdung" oder „Entkirchlichung" oder der „Gleichgültigkeit" wurden sie vielfach beklagt. In nachlassender Teilnahme am kirchlichen und religiösen Leben, Zunahme der rein zivilrechtlichen Trauungen und der Mischehen, im Rückgang der Taufen und der kirchlichen Beerdigungen und in den Kirchenaustritten wurden diese Erscheinungen auch nach außen hin sichtbar.[55] Sie wurden — wie Prostitution, Unehelichkeit, Alkoholismus und Selbstmorde — als Symptome des Niedergangs erlebt, eines Zeitgeistes, dem es sich entgegenzustemmen galt. Selten wurden die Ursachen dieses Prozesses eingehender analysiert, noch seltener wurden in diesen Entwicklungen auch Ansätze zu einer neuen Religiosität und einer neuen Großstadtethik positiv gewürdigt.[56]

Nicht zuletzt aber ist zu untersuchen, was emotional Integration bewirkte, wie eine Stadt von der Größe Berlins „Heimat" werden konnte. Das Bewußtsein, im politischen Zentrum des Deutschen Reiches zu wohnen, in einer Stadt an der Spitze des technischen Fortschritts, an den politischen Schaustellungen des Hofes und des Militärs

[54] Vgl. H. Matzerath, *Urbanisierung...* (wie Anm. 12), S. 326ff.

[55] Vgl. beispielsweise Otto Dibelius, *Unsere Großstadtgemeinden, ihre Not und deren Überwindung,* Gießen 1910.

[56] So etwa Ludwig Heitmann, *Großstadt und Religion,* 1. Teil: *Die religiöse Situation in der Großstadt,* Hamburg 1913, bes. S. 141ff.

teilnehmen zu können, den Luxus einer Weltstadt bewundern zu dürfen, reicht dafür nicht aus. Die Frage ist, welche Gemütswerte eine Stadt in Schlagern und Gassenhauern, Volksstücken, Erzählungen und Anekdoten, Geschichten und Geschichtsbewußtsein entwickeln mußte, um als Lebensraum akzeptabel zu werden. Die jüngere Großstadtforschung hat darauf verwiesen, daß gerade die Großstädte die Möglichkeit geboten haben, Partner gleicher Gesinnungen und Überzeugungen, ähnlicher Interessen und Neigungen zu finden, wodurch sie in hohem Maße Integration bewirkten.[57] Gerade dies begünstigte auch in besonderem Maße die Entstehung von Subkulturen in der Großstadt. Kirchen und religiöse Gemeinschaft freilich bildeten in diesem Zusammenhang nicht mehr — wie auf dem Dorf — den einzigen oder zentralen Orientierungsrahmen, in den hinein man geboren wurde. Zugehörigkeit zur Kirche wurde unter diesen Bedingungen mehr und mehr Ausdruck individueller Entscheidung. Daraus ergab sich zugleich eine Reihe von weitreichenden Fragen nach der Rolle der Kirchen in diesem Prozeß. Sozialgeschichtlich interessiert vor allem die Fürsorge der Kirchen und ihrer Organisationen für die Zuwandernden, die Hilfestellung für den Prozeß der Eingewöhnung in die neue Umwelt und der Beitrag zur Integration und Assimilation etwa durch konfessionelle Vereine. Dazu gehört beispielsweise auch die Frage, inwieweit kirchliche Feste und Feiern „ländliche“ Elemente in das Großstadtleben hineintrugen oder die Fortführung bestehender Bräuche Gegensätze zwischen Stadt und Land überbrückte oder abschwächte. Religions- und kirchengeschichtlich ist vor allem von Interesse, inwieweit die verschiedenen Konfessionen eine spezifische Großstadtseelsorge entwickelten, die an der sozialen Situation und an den seelischen und religiösen Bedürfnissen und Haltungen einer hochmobilen Bevölkerung orientiert war.[58] Dazu zählt auch die Frage, inwiefern die Konfessionen die Realität des Großstadtlebens und den raschen Wandel von Werten und Verhaltensweisen in Theorie und Praxis der Seelsorge akzeptierten oder sich wenigstens bewußt darauf einstellten; das heißt zugleich, inwiefern sie diese neue Situation als Herausforderung begriffen und nicht nur als Ansporn zur Bewahrung des religiösen Erbes vor Entkirchlichung, Entsittlichung und den Gefahren von Sozialismus und Kommunismus.

[57] Vgl. Paul M. Hohenberg/Lynn Hollen Lees, *The Making of Urban Europe 1000—1950*, Cambridge/Mass.-London 1985, S. 250f.

[58] Ausdruck eines solchen wachsenden kirchengeschichtlichen Interesses: Fritz Mybes, *Der Evangelisch-Kirchliche Hilfsverein und seine Frauenhilfe*, Köln 1988.

Berlin als katholische Diaspora

HANS-GEORG ASCHOFF
Hannover

Im gegenwärtigen Sprachgebrauch wird der Begriff „Diaspora" zunehmend als Beschreibung der Situation der Kirche in der modernen Welt schlechthin verwandt. Der traditionelle Begriff berücksichtigte stärker kirchlich-konfessionelle Momente und bezeichnete eine konfessionelle Minderheit in einer sie umgebenden konfessionellen Mehrheit. Im katholischen Verständnis bezeichnete „Diaspora" katholische Minderheitengruppen hauptsächlich in protestantischen Gebieten.[1] Die Übertragung der Religionshoheit auf die Landesherren im Zeitalter der Reformation und der Gegenreformation hatte im Deutschen Reich zu konfessionell weitgehend einheitlichen Territorien geführt. Katholische Enklaven, die sich in Verbindung mit nichtsäkularisierten Klöstern erhalten hatten oder die im 17. Jahrhundert durch den Zuzug von Künstlern, Soldaten und Handwerkern in verschiedenen norddeutschen Städten entstanden und die kirchlich im Apostolischen Vikariat der Nordischen Missionen zusammengefaßt wurden, verursachten noch keine wesentliche Veränderung in der konfessionellen Einheitlichkeit der protestantischen Staaten Norddeutschlands.[2] Wichtige

[1] Vgl. Anton Kötter, *Diaspora — was ist das eigentlich?*, in: *Priesterjahrheft*, hrsg. vom Generalvorstand des Bonifatiusvereins, Jg. 1972, S. 5—19; Walter Menges, *Nach der großen Wanderung. Die Kirche in den Diasporagebieten*, in: Norbert Greinacher/ H. T. Risse (Hrsg.), *Bilanz des deutschen Katholizismus*, Mainz 1966, S. 118—136; Norbert Greinacher, Artikel *Diaspora*, in: Karl Rahner/Adolf Darlap (Hrsg.), *Sacramentum Mundi. Theologisches Lexikon für die Praxis*, Bd. 1, Basel-Wien 1967, Sp. 879 ff.

[2] Vgl. Johannes Metzler, *Die Apostolischen Vikariate des Nordens*, Paderborn 1919; Hermann Tüchle, *Im Spannungsfeld des lutherischen Christentums. Böhmen, Deutschland und Skandinavien*, in: Josef Metzler (Hrsg.), *Sacrae Congregationis de Propaganda Fide memoriam rerum*, Bd. 1, 2, Rom 1972, S. 26—63; ders., *Mitarbeiter und Probleme in Deutschland und Skandinavien*, in: *a. a. O.*, Bd. 2, Rom 1973, S. 647—680; ders., *Hilfe auf dem Weg zur Selbständigkeit*, in: *a. a. O.*, Bd. 3,2, Rom 1976, S. 126—153.

Stationen auf dem Weg zur Aufhebung der konfessionellen Geschlossenheit waren dagegen die große Säkularisation von 1803, die katholische und nichtkatholische Gebiete in einem Staat zusammenführte, sowie die Gewährung des Rechtes auf Freizügigkeit, der religiösen Freiheit und der bürgerlichen Gleichheit im Zuge der Französischen Revolution.

Wesentlich für die Entstehung der modernen Diaspora waren jedoch das rasante Bevölkerungswachstum im Laufe des 19. Jahrhunderts und die soziale und regionale Mobilität, die sich mit der Entwicklung der Industriegesellschaft herausbildete und die in Deutschland nach der Reichsgründung zur vollen Wirkung kam. Die Binnenwanderung und die damit entstehenden katholischen Diasporagruppen konzentrierten sich auf städtische Siedlungen und Industriezentren. Damit verbanden sich für die Seelsorge zwei Problemkreise, das Wachstum der Großstädte und die konfessionelle Minderheitensituation. Das Heraustreten aus alten kulturellen Bindungen und sozialen Verflechtungen und der Einfluß einer ungläubigen, antikirchlichen oder indifferenten Umwelt förderten ebenso wie die schweren Belastungen im Berufsleben die religiöse Gleichgültigkeit und die Entfremdung vieler zugewanderter Katholiken von der Kirche. Einen Teil der Arbeiterschaft verlor die katholische Kirche an die sozialistische Bewegung, die teilweise einen militanten Atheismus vertrat, durch den Ausbau ihrer Organisationen das Gefühl der Gemeinsamkeit vermittelte und mit ihrer innerweltlichen Heilslehre so etwas wie einen „Religionsersatz" bot. Erschwert wurde die Seelsorge in den Diasporagebieten durch die unzulängliche Erfassung der Gläubigen, durch Priesternot, beschränkte materielle Voraussetzungen für den Ausbau des Kirchen- und Gemeindenetzes, durch die regionale und soziale Heterogenität der Gemeindemitglieder, Fluktuation unter den Gläubigen, die Entstehung eines Minderwertigkeitsgefühls, das unter anderem aus der geringen beruflichen Qualifikation der meisten zugewanderten Katholiken resultierte. Besonders schwere Verluste erlitt die katholische Kirche durch die außerordentlich hohe Zahl von Mischehen. Die spezifischen Gefahren der Diasporasituation bestanden entweder in der Preisgabe der konfessionellen Identität oder in der Konzentration auf den eigenen konfessionellen Bereich, was zur Abkapselung von der konfessionellen Mehrheit und von modernen Entwicklungen führen konnte. Positiv war an der Diasporasituation, daß — im Unterschied zu einheitlichen konfessionellen Gebieten — bei vielen Gläubigen konkretes kirchliches Verhalten und innere Identifikation weitgehend zur Deckung kamen.

I

Eine Potenzierung dieser Probleme, die sich der Diaspora- und Großstadtseelsorge stellten, vollzog sich in Berlin.[3] Als Folge der Industrialisierung und der Erhebung zur Reichshauptstadt erlebte Berlin ein rasantes Wachstum seiner Einwohnerschaft. Lebten 1852 noch 511 000 Personen in Berlin, so wurde in den 1880er Jahren die Millionengrenze überschritten; 1910 zählte das Gebiet des späteren Groß-Berlin 3,7 Millionen Einwohner, davon die damalige Stadt Berlin 2,1 Millionen; 1925 belief sich die Einwohnerschaft auf 4 Millionen.[4] Dieser Anstieg der Bevölkerung schloß ein überproportionales Wachstum der katholischen Bevölkerung ein; die Zahl der Katholiken stieg von 40 000 im Jahre 1860 über 248 000 im Jahr 1900 auf 400 000 im Jahr 1920 und 440 000 im Jahr 1930.[5] Berlin galt als „größte Diasporastadt des europäischen Kontinents",[6] wies 1913 aber auch „nach Köln von allen Städten Preußens die größte Katholikenzahl"[7] auf. Dieses Wachstum war vornehmlich ein Ergebnis der Zuwanderung; die katholischen Zuwanderer stammten hauptsächlich aus Schlesien; aber auch aus den polnischsprachigen Ostgebieten Preußens kam ein hoher Prozentanteil, ein Tatbestand, der besondere Anforderungen an die Seelsorge stellte. Wie kaum eine andere deutsche Großstadt setzte sich die katholische Gemeinschaft in Berlin aus Mitgliedern unterschiedlicher regionaler Herkunft zusammen.

Besonders deutliche Indizien der Diasporasituation in Berlin waren die Priester-Gläubige-Relation und die Zahl der Mischehen. Zwar ist

[3] Zur Entwicklung der katholischen Kirche in Berlin vgl. vor allem: Leo Jablonski, *Geschichte des fürstbischöflichen Delegaturbezirkes Brandenburg und Pommern*, 2 Bde., Breslau 1929; *Das Bistum Berlin*, Berlin 1932; Walter Wendland, *Die Entwicklung der katholischen Kirche in Groß-Berlin bis 1932 (unter Berücksichtigung der Gesamtentwicklung im Bistum Berlin)*, in: *Jahrbuch für brandenburgische Kirchengeschichte*, Bd. 30 (1935), S. 3—87; Bernhard Stasiewski, *Die katholische Kirche im Bereich des Bistums Berlin. Ein geschichtlicher Überblick*, Berlin 1938; Georg Banasch, *Vom Delegaturbezirk zum Bistum Berlin. Historischer Rückblick und persönliche Erinnerungen*, in: *Wichmann-Jahrbuch* 1953, S. 81—108; *Der Glaube lebt. 50 Jahre Bistum Berlin 1930—1980*, hrsg. vom Bischöflichen Ordinariat Berlin, Leipzig 1980.

[4] Vgl. Artikel *Berlin*, in: *Brockhaus Enzyklopädie*, Bd. 2, Wiesbaden 1967, S. 570.

[5] Vgl. J. Grisar, Artikel *Berlin*, in: Alfred Baudrillart u. a. (Hrsg.), *Dictionnaire d'histoire et de géographie ecclesiastique*, Bd. 8, Paris 1935, Sp. 518.

[6] Artikel *Die kirchliche Entwicklung des Westens von Berlin*, in: *Schlesisches Bonifatiusblatt*, Jg. 1936, S. 191.

[7] *Bonifatiusblatt*, Bd. 14 (1913), S. 309.

im 19. und 20. Jahrhundert parallel zum Wachstum der katholischen Bevölkerung und zum Ausbau des Gemeindenetzes auch ein bemerkenswerter Anstieg der Zahl der Priester festzustellen; jedoch noch 1929 kamen auf einen Pfarrgeistlichen im Berliner Osten etwas mehr als 4000 Seelen, im Berliner Westen fast 3000, im Bezirk Berlin-Charlottenburg 2500, während im Reichsdurchschnitt ein Geistlicher ca. 1200 Seelen zu betreuen hatte.[8] Der Berliner Klerus rekrutierte sich bis in die Weimarer Zeit hinein aus auswärtigen, nicht dem Delegaturbezirk entstammenden Geistlichen, wobei Schlesien, aber auch den katholischen Gebieten im Westen des Deutschen Reiches herausragende Bedeutung zukam.[9] Wie in allen Diasporagebieten erlitt die katholische Kirche in Berlin durch die hohe Zahl von Mischehen und die damit häufig verbundene akatholische Kindererziehung erhebliche Verluste. Der Anteil der rein katholischen Eheschließungen belief sich in den Jahren vor 1914 auf etwa ein Drittel; 1912 schlossen von 100 Katholiken in Berlin 57 eine Mischehe, 1914 waren es 61 und 1915 sogar 65.[10] Drei Viertel der Kinder aus gemischten Ehen wurden in der Zeit vor dem Ersten Weltkrieg evangelisch und ein Viertel katholisch erzogen; 1914 war das Verhältnis 73,5 Prozent zu 26,5 Prozent.[11]

Entscheidenden Anteil an der Sensibilisierung des deutschen Katholizismus für die Probleme der Diaspora hatten die verschiedenen im Laufe des 19. Jahrhunderts gegründeten Diasporawerke, unter denen der Bonifatiusverein die erste Stelle einnahm.[12] In seinen Zeitschriften wurde immer wieder auf die Situation der Berliner Katholiken hingewiesen, und es wurden, ebenso wie in den katholischen Zeitungen, vor allem in der *Kölnischen Volkszeitung*, Sammlungen für Berlin angeregt. Auf den Katholikentagen wurde ebenfalls regelmäßig auf die Berliner Diaspora aufmerksam gemacht: Die Berliner Pröpste, vor allem Josef Jahnel und Karl Neuber, benutzten dieses Forum, um das katholische Deutschland zur Hilfe für den Kirchenbau in Groß-Berlin und im Delegaturbezirk aufzurufen.[13] Berlin wurde im katholischen Bewußt-

[8] Vgl. W. Wendland, *Die Entwicklung*... (wie Anm. 3), S. 48.

[9] Vgl. L. Jablonski, *Geschichte*... (wie Anm. 3), Bd. 2, S. 162.

[10] Vgl. *a. a.* O., S. 180.

[11] Vgl. *a. a.* O., S. 193.

[12] Zum Bonifatiusverein vgl.: *In heiliger Sendung. 100 Jahre Diaspora-Arbeit,* hrsg. vom Generalvorstand des Bonifatiusvereins, Paderborn 1949; *Bonifatiusblatt* (1851 ff.); *Priesterjahrheft* (1926 ff.).

[13] Vgl. W. Wendland, *Die Entwicklung*... (wie Anm. 3), S. 34.

sein zu einem Paradigma für die Diaspora. Dies wirkte sich unter anderem auch in Fundationen für den Berliner Kirchenbau aus, zu denen die Stiftungen des Leiters der katholischen Abteilung im preußischen Kultusministerium, Mathias Aulike, für St. Matthias und des Wiesbadener Architekten Heinrich Sontag für die Liebfrauen-Kirche gehörten.

Ein besonderes Charakteristikum des katholischen Kirchenwesens in Berlin stellte die Größe der Gemeinden dar. Infolge der jährlichen Zuwanderung von 6000 bis 7000 Katholiken wäre alle zwei Jahre eine neue Pfarrgründung notwendig gewesen. Die Ausweitung des Kirchen- und Gemeindenetzes konnte mit dieser Zuwachsrate nur bedingt Schritt halten, was dazu führte, daß trotz Gemeindeneugründungen und -abtrennungen etliche Berliner Pfarreien vor dem Ersten Weltkrieg mehrere zehntausend Gläubige umfaßten. Schon die Größe der Kirchengemeinden erschwerte die Entstehung eines einheitlichen Gemeindebewußtseins; hinzu kam die unterschiedliche regionale Herkunft der Gläubigen. In einigen Gemeinden entstanden Spannungen zwischen polnischen und deutschen Gemeindemitgliedern, weil die polnischen Katholiken ihre Forderung nach Predigt, Gottesdienst sowie Beicht- und Kommunionunterricht in der Muttersprache nicht genügend berücksichtigt sahen. Erst nach dem Ersten Weltkrieg verloren diese Probleme an Brisanz, nicht zuletzt aufgrund der Rückwanderung eines Teils der Polen nach der Neugründung ihres Nationalstaates.[14]

II

Die Initiative zum Ausbau des Pfarreiensystems ging in der Regel von tatkräftigen und weitsichtigen Geistlichen aus, vor allem die fürstbischöflichen Delegaten und Pröpste von St. Hedwig hatten erheblichen Anteil an diesen Planungen. Ein Hauptproblem, mit dem sie sich konfrontiert sahen, war die Beschaffung der finanziellen Mittel. Verantwortlich für die Finanzierung und Unterhaltung neuer Kirchenbauten und anderer kirchlicher Einrichtungen war die Pfarrgemeinde, vertreten durch den Kirchenvorstand, auf deren Gebiet das Bauprojekt entstand. Dabei beschafften sich die Pfarreien die finanziellen Mittel durch Spendenaktionen, Kollekten im Bistum und in anderen deut-

[14] Vgl. L. Jablonski, *Geschichte* ... (wie Anm. 3), Bd. 2, S. 156ff.

schen Diözesen, durch die Aufnahme von Darlehen und durch Unterstützungen seitens des zuständigen Breslauer Fürstbischofs. Vor allem aber wurde die Opferbereitschaft der Gemeindemitglieder gefordert. Wesentliche Beiträge leisteten die Zentrale des Bonifatiusvereins und seine Komitees auf der lokalen und der Bistumsebene. Trotz dieser Unterstützungen führte der Ausbau des Kirchenwesens zu einer starken Verschuldung der bereits eingerichteten Pfarreien, was den Übergang zu einer regulären Kirchensteuer notwendig machte. Möglichkeiten zentraler Planung und finanzieller Förderung leistungsschwacher Gemeinden bot das „Gesetz betr. die Bildung von Gesamtverbänden in der katholischen Kirche in Preußen" vom 29. Mai 1903,[15] dessen Bedeutung für den Ausbau des Kirchenwesens in Diasporagebieten nicht unterschätzt werden darf. Es ermöglichte in den Ballungsräumen den Zusammenschluß einzelner Kirchengemeinden zur Erhebung einheitlicher Kirchensteuern, die sich an der staatlichen Einkommensteuer orientierten; durch die Zentralisierung und bessere Verwaltung des Steueraufkommens im Rahmen eines Gesamtverbandes, der unter Umständen auch gegen den Willen einzelner Pfarrgemeinden auf Antrag der Diözesanleitungen gebildet werden konnte, sollte ein Ausgleich zwischen der Leistungsfähigkeit und den Bedürfnissen der einzelnen Kirchengemeinden geschaffen und sollten Mittel zur Unterstützung der schwächeren unter ihnen sowie zum Ausbau des Kirchensystems gewonnen werden. Aufgrund der intensiven Bemühungen Kardinal Kopps wurden 1904 die Gemeinden Berlins und einiger Vororte zu einem Gesamtverband zusammengefaßt.[16] Bis zum Beginn des Ersten Weltkrieges entstand in Berlin eine Reihe repräsentativer katholischer Kirchen, für deren Monumentalität nicht nur die Größe der Gemeinden ausschlaggebend war. Diese Kirchenbauten waren auch ein Ausdruck des nach dem Kulturkampf gestärkten katholischen Selbstbewußtseins; sie dienten der Repräsentation des Katholizismus in der Stadt und sollten dazu beitragen, das Minderwertigkeitsgefühl des katholischen Bevölkerungsteils abzubauen.

Auch in der Zwischenkriegszeit vollzog sich in Berlin ein kontinuierlicher Ausbau des Kirchennetzes und des Kirchengemeindesystems.

[15] Das Gesetz ist abgedruckt in: Ernst Rudolf Huber/Wolfgang Huber (Hrsg.), *Staat und Kirche im 19. und 20. Jahrhundert. Dokumente zur Geschichte des deutschen Staatskirchenrechts*, Bd. 3, Berlin 1983, Nr. 22, S. 39f.

[16] Vgl. G. Banasch, *Vom Delegaturbezirk...* (wie Anm. 3), S. 87ff.

Dieser Prozeß wurde zeitweise durch die Auswirkungen der Inflation und der Weltwirtschaftskrise beeinträchtigt, die bereits angesammelte Fonds für Kirchenbauten vernichteten oder das Steueraufkommen verminderten. Geldknappheit, die neue Stadtplanung und neue Erkenntnisse der Seelsorge, vor allem die Aufteilung des Pfarrgebietes in möglichst überschaubare Seelsorgebezirke, führten dazu, daß anstelle weniger repräsentativer, großer Kirchenbauten kleinere Seelsorgestationen mit einem eigenen Geistlichen traten. Die beim Kirchenbau eingesparten Ausgaben wurden für die Errichtung weiterer Seelsorgebezirke bereitgestellt.[17]

Neben dem Ausbau des Pfarreiensystems waren die Intensivierung der Vereinsseelsorge, die Ausbreitung der karitativen Einrichtungen und das Festhalten am konfessionellen Schulwesen[18] für die katholische Kirche Berlins wichtige Mittel zur Lösung der Probleme in der Seelsorge. Die Caritas gehört wie die Verkündigung des Evangeliums und die Feier der Sakramente zu den Grundfunktionen der Kirche; in der Diaspora erhielt die karitative Hilfe eine besondere Bedeutung als Mittel der Seelsorge und der Repräsentation in einer nichtkatholischen Umwelt. Die erste katholische karitative Einrichtung in Berlin seit der Reformation war das katholische Krankenhaus, dessen Gründung auf einer Vereinbarung zwischen einem zu diesem Zweck ins Leben gerufenen Krankenhauskomitee und dem Frauenverein von St. Hedwig im Jahr 1845 beruhte und dessen Leitung den Borromäerinnen aus Nancy übertragen wurde. Auch in der Folgezeit verbanden sich auf karitativem Gebiet häufig private Initiativen mit dem Einsatz von Ordensleuten. Neben der Krankenpflege bildeten die Fürsorge für Männer und Frauen und die Alten- und Waisenpflege Schwerpunkte der karitativen Arbeit. 1930 gehörten zum Katholischen Caritas-Verband Groß-Berlin unter anderem zwölf Krankenhäuser, zwölf Altenheime und -stationen sowie zwanzig Hospize, Mädchen- und Männerheime.[19]

Die sich nach dem Prinzip des Standes, des Berufes oder zur Erreichung bestimmter Zwecke organisierenden katholischen Vereine wa-

[17] Artikel *Sparbauten des Berliner Gesamtverbandes,* in: *Priesterjahrheft,* Jg. 1931, S. 12—15.

[18] Zur Entwicklung des katholischen Schulwesens in Berlin vgl. den Beitrag von Werner Simon in diesem Band.

[19] Vgl. W. Wendland, *Die Entwicklung...* (wie Anm. 3), S. 51 f.; L. Jablonski, *Geschichte...* (wie Anm. 3), Bd. 2, S. 221 ff.

ren wegen der religiösen Belehrung durch die vornehmlich geistlichen Präsides und wegen des gemeinsamen Sakramentenempfanges, der mehrmals im Jahr erfolgte, ebenfalls wichtige Mittel der Seelsorge. Sie gewährten den Mitgliedern eigene Möglichkeiten seelsorgerischer und karitativer Betätigung und vermittelten ihnen Schutz und Geborgenheit in einer weltanschaulich andersdenkenden, teilweise feindlich gesinnten Umwelt. Häufig vertraten sie die Interessen ihrer Mitglieder im gesellschaftlichen, politischen und wirtschaftlichen Leben; durch Bildungsangebote, die den Rahmen religiöser Themen überschritten, übernahmen sie Aufgaben, die heute der Erwachsenenbildung zugewiesen werden. Für die Entwicklung des Berliner Vereinswesens kam dem Wirken Eduard Müllers herausragende Bedeutung zu, der im Sommer 1852 mit Adolph Kolping den Gesellenverein begründete und mit der Einrichtung des katholischen Vereinshauses in der Niederwallstraße 11 einen Mittelpunkt des frühen katholischen Vereinswesens in Berlin schuf.[20] Der unter Müllers Leitung forcierte Ausbau des Vereinswesens verschaffte dem Berliner Katholizismus einen wichtigen Rückhalt in den Auseinandersetzungen während des Kulturkampfes. Nach dem Kulturkampf nahm das katholische Vereinswesen in seinen unterschiedlichen Formen einen derart mächtigen Aufschwung, daß der Propst vielfach hemmend eingriff, weil er befürchtete, die „Vereinswut" stifte Schaden.[21]

III

Der Berliner Katholizismus bewies am Vorabend des Ersten Weltkrieges eine beachtliche Dynamik, Organisationskraft und seelsorgliche Aufopferungsbereitschaft; zum Teil bedingt durch die Diaspora- und Aufbausituation zeigte er jedoch auch eine Tendenz zur Ghettobildung, die durch das protestantische Selbstverständnis von Staat und Kommune verstärkt wurde. Das geistige Profil des Berliner Katholizismus war von der Konzentration auf die eigenen Kräfte geprägt. Dies kam besonders deutlich im „Gewerkschaftsstreit" zum Ausdruck, in dem es über die Frage der interkonfessionellen Gewerkschaften hinaus um das Problem des Interkonfessionalismus schlechthin, um die Emanzipation vom kirchlichen Führungsanspruch in rein innerweltlichen

[20] Vgl. Ernst Thrasolt, *Eduard Müller*, Berlin 1953.
[21] Vgl. L. Jablonski, *Geschichte*... (wie Anm. 3), Bd. 2, S. 242.

Angelegenheiten und um die Haltung gegenüber modernen Entwicklungen und Ideen ging. Bei den Auseinandersetzungen über diese Fragen, die zu Beginn des 20. Jahrhunderts im deutschen Katholizismus geführt wurden, war Berlin das Zentrum der integralistischen katholischen Arbeitervereine, die sich gegen die interkonfessionellen Christlichen Gewerkschaften wandten und eine sozialpolitische und wirtschaftliche Interessenvertretung der katholischen Arbeiterschaft durch die Errichtung gewerkschaftsähnlicher Fachabteilungen unter kirchlicher Führung forderten.[22]

Nach dem Ersten Weltkrieg entwickelte sich Berlin zum eigentlichen geistigen, wirtschaftlichen und politischen Zentrum des Deutschen Reiches. Die Präsenz der katholischen Kirche in dieser Stadt trat in der Zeit der Weimarer Republik aufgrund der im Vergleich zum Kaiserreich günstigeren politischen Voraussetzungen, der Beteiligung des Zentrums an den Regierungen des Reiches und Preußens, aber auch durch die Einrichtung der Nuntiatur deutlicher hervor. Mehr Katholiken aus der Mittelschicht wanderten zu und veränderten die soziale Zusammensetzung des Berliner Katholizismus — eine wesentliche Voraussetzung für ein selbstbewußteres Auftreten. Dem Abbau des Inferioritätsgefühls der Katholiken dienten auch die Unternehmungen des Großstadtseelsorgers Carl Sonnenschein,[23] der sich 1918 in Berlin niederließ und dessen Seelsorgekonzept auf der Synthese von intensivierter Religiosität und Weltoffenheit beruhte. Die Eröffnung des Sekretariats sozialer Studentenarbeit als geistig-geistliches Zentrum, die Gründung einer katholischen Volkshochschule Berlin, der Akademischen Lesehalle, die Übernahme des *Katholischen Kirchenblattes für Berlin*, dem er zu einem beachtlichen Niveau verhalf, sowie die Einberufung einer Reihe von Großveranstaltungen waren für Sonnenschein Mittel, ein Gemeinschaftsgefühl im Berliner Katholizismus zu erzeugen, die Weltgeltung der katholischen Kirche herauszustellen und das Selbstbewußtsein der Katholiken zu stärken. Nicht zuletzt aufgrund seines persönlichen sozial-karitativen Einsatzes und seiner Popularität gelang es Sonnenschein, auch bei Nichtkatholiken das Ansehen des

[22] Vgl. Rudolf Brack, *Deutscher Episkopat und Gewerkschaftsstreit 1900—1914*, Köln-Wien 1976; Hans-Georg Aschoff, *Kirchenfürst im Kaiserreich. Georg Kardinal Kopp*, Hildesheim 1987, S. 114ff.

[23] Vgl. Ernst Thrasolt, *Dr. Carl Sonnenschein. Der Mensch und sein Werk*, München 1930.

Berliner Katholizismus zu vergrößern. Die Durchführung imponierender Großveranstaltungen, von denen man eine Verstärkung der Repräsentation nach außen und eine starke Integrationswirkung nach innen erwartete und die nach Sonnenscheins Tod 1928 in Erich Klausener ihren wichtigen Initiator und Organisator fanden, stellte eine Neuerung gegenüber der Zeit des Kaiserreiches dar und war nicht ohne seelsorglichen Bezug.[24] Die Erhebung der Apostolischen Delegatur für Brandenburg und Pommern zum Bistum Berlin im Jahre 1930 aufgrund des Preußenkonkordates von 1929 bewirkte nicht nur eine Straffung und Konzentration der Seelsorgearbeit in der Stadt Berlin, sie war auch ein Zeichen für die Selbständigkeit und Lebensfähigkeit des Berliner Katholizismus, von dem nun wesentliche Impulse in das weite Diasporagebiet des neuen Bistums ausgehen sollten.

[24] Vgl. Walther Adolph, *Erich Klausener*, Berlin 1955.

Zur Entwicklung und Funktion der Pfarrgemeinden in der evangelischen Kirche Berlins bis zum Ende der Monarchie

WOLFGANG RIBBE
Berlin

Mit der beginnenden Industrialisierung Berlins stellten sich der schnell wachsenden Großstadt Probleme, die bis dahin gänzlich unbekannt waren. Bei ihrer Lösung haben lange Zeit nicht nur die zuständigen städtischen und staatlichen Dienststellen sowie die unmittelbar betroffene Wirtschaft versagt, sondern auch die Kirche. Dies gilt insbesondere für die Folgen des Bevölkerungswachstums, als durch die Migrationsbewegung im Zuge der Frühindustrialisierung Zehntausende von Neubürgern nach Berlin kamen. Die ländlichen Reformen in Preußen, die in der Aufhebung der Gutsuntertänigkeit gipfelten, bewirkten die Freisetzung eines großen Teils der bäuerlichen Bevölkerung, die über Jahre verteilt zu Hunderttausenden in die Städte strömte, um in den neu entstehenden Industrien ihren Lebensunterhalt zu verdienen. Da es noch kein Nahverkehrssystem gab, das ein Pendeln zwischen Wohnen und Arbeiten erlaubt hätte, siedelten sich diese Menschen in unmittelbarer Nähe der Industriestandorte an. Kirchlich versorgt wurden sie von einer der traditionellen Gemeinden in der Stadt, die nun 20 000 bis 30 000 Seelen zählten, in manchen Fällen sogar 60 000 bis 100 000. Der Bau neuer Kirchen und die Gründung neuer Gemeinden war unumgänglich. Diesen Vorgang hatte Berlin in früheren Wachstumsphasen mehrfach erlebt. Allerdings stand zu jener Zeit der Kirchenbau noch am Anfang der Stadterweiterung und nicht am Schluß, wie es im 19. Jahrhundert zur Regel wurde.

I
Pfarrkirchen, Pfarrbezirke und Kirchenkreise in vorindustrieller Zeit

Während der mittelalterlichen Gründungsphase gab es in Berlin zwei Pfarrkirchen, zunächst die Nikolaikirche und dann, nach einem ersten Stadtausbau, die Marienkirche.[1] In der kleineren Schwesterstadt Cölln blieb es bei der Petrikirche. Durch ständige Erweiterungen und Verbesserungen hat man diese Gotteshäuser den Bedürfnissen der im Mittelalter nur allmählich steigenden Bevölkerungszahl angepaßt. In der Seelsorge wurden auch religiöse Orden tätig, insbesondere die Mendikanten, von denen die Dominikaner auf dem Cöllner Schloßplatz eine Niederlassung errichteten, die Franziskaner in der Berliner Klosterstraße. Das Dominikanerkloster ist 1536 in ein Domstift mit einer Domkirche umgewandelt worden. Die mittelalterliche Parochialgliederung blieb für mehrere Jahrhunderte erhalten.

Berlin gehörte im Mittelalter zum Bistum Brandenburg.[2] Dieses war aufgeteilt in Archidiakonate, an deren Spitze ein Archidiakon oder Propst stand. Das Bistum Brandenburg hatte fünf Archidiakonate in der Mark: die Dompropstei in Brandenburg, in Liebenwalde (später in Templin), in Berlin, in Stolpe (später in Angermünde) und in Bernau. Zur Erhebung der bischöflichen Abgaben war die Diözese in 18 Bezirke, „sedes", aufgeteilt, die noch in der evangelischen Zeit als Steuerbezirke fungierten.

Berlins Propst verwaltete zunächst alle Pfarrstellen der Stadt, also St. Nikolai und St. Marien in Berlin sowie St. Petri in Cölln. Der Berliner Propst war 1469 bis 1536 zugleich Dompropst, „Propst des Kollegiums und des Stifts zu Cölln". An die Stelle der Dompröpste traten in nachreformatorischer Zeit „Hofprediger". Der bischöfliche „Sedes

Der Entwurf der beigefügten Stemmata, graphischen Tabellen und Karten ist Harald Engler zu danken, die Reinzeichnungen fertigte Petra Zimmerling an.

[1] Zu den Anfängen der Berliner Stadtkirchen vgl. Dietrich Kurze, *Die Kirche,* in: *Bürger, Bauer, Edelmann — Berlin im Mittelalter,* Berlin 1987, S. 130—162, bes. S. 138 ff.; Winfried Schich, *Das mittelalterliche Berlin (1237—1411),* in: *Geschichte Berlins,* hrsg. von Wolfgang Ribbe, Bd. 1: *Von der Frühgeschichte bis zur Industrialisierung,* 2. Aufl., München 1988, S. 139—248, bes. S. 153 und die Karte S. 165.

[2] Noch immer grundlegend: Fritz Curschmann, *Die Diözese Brandenburg,* Leipzig 1906; *Germania sacra,* 1. Abt.: *Die Bistümer der Kirchenprovinz Magdeburg,* Bd. 1, T. 1: *Das Bistum Brandenburg,* bearb. von Gustav Abb und Georg Wentz, Berlin 1929, Nachdruck 1963.

Berlin", der Vorläufer des späteren Kirchenkreises, umfaßte insgesamt 24 Ortschaften östlich der Stadt.[3] Berlin und Cölln waren also im Mittelalter zu einer Parochie zusammengefaßt und unterstanden kirchlich dem Propst von Berlin, der wahrscheinlich zugleich Pfarrer in Berlin und Cölln war und dem die drei Stadtkirchen St. Nikolai, St. Marien und St. Peter unterstellt waren.

Mit dem reformatorischen Visitationsabschied vom 15. August 1540 wurde dieser Zustand geändert:[4] Die Teilstadt Kölln erhielt eine eigene Propstei; den Propst an St. Petri ernannte der Kurfürst. Nach dem Visitationsprotokoll fungierte der Propst von St. Nikolai als erster Pfarrer von St. Marien. Auch die Klosterkirche ordnete die Visitationskommission als Predigtkirche St. Nikolai unter, doch die im Protokoll niedergelegte Absicht ist nie verwirklicht worden. Im übrigen blieb auch das St. Georg-Hospital zur Predigt St. Nikolai unterstellt, eine Aufgabe, die von den Kaplänen der Berliner Urkirche wahrgenommen wurde. Die Heilig-Geist-Kapelle dagegen lag zwar im Pfarrbezirk von St. Marien und unterstand dem Berliner Propst, doch amtierte der Pfarrer von Reinickendorf (später der von Stralau) als Hospitalprediger. Zur selbständigen Pfarrkirche ist auch die Heilig-Geist-Kapelle nie erhoben worden. Das St. Gertraud-Hospital war kirchlich mit der Köllner Petrikirche verbunden. Ein eigenes Kirchspiel hat die sogenannte „Spittelkirche" niemals gebildet. In Berlin waren an St. Nikolai neben dem Propst ein Archidiakon und zwei bis drei Diakone, an St. Marien ebenfalls ein Archidiakon und ein bis zwei Diakone tätig.[5] Außerdem gab es insgesamt vier bis fünf Prediger. In der Köllner Petrikirche gab es in nachreformatorischer Zeit neben dem Propst je einen Archidiakon sowie einen Diakon und einen Frühprediger, später Pfarrer. Beide Pröpste wirkten auch als Inspektoren. Ihnen waren die Landgemeinden der Umgebung unterstellt; der Distrikt reichte im Osten bis Strausberg, im Süden bis Teltow. Seit 1718 gab es eine

[3] F. Curschmann, *Die Diözese Brandenburg* ... (wie Anm. 2), S. 226—274 sowie den Tabellenteil des Werkes.

[4] Vgl. die im Manuskript vorliegende Edition der *Kirchenvisitationsabschiede der Mittelmark* von Viktor Herold im Geheimen Staatsarchiv Preußischer Kulturbesitz, Pr. Br. Rep. 16 no 163 a, b, c; zu den Hospitälern: Paul Wille, *Die Geschichte der Berliner Hospitäler und Krankenhäuser von der Gründung Berlins bis zum Jahre 1800*, [Berlin-] Charlottenburg [1930], passim; Friedrich Weichert, *Stiftung Hospitäler zum Heiligen Geist und St. Georg in Berlin-Wedding. Werden und Wirken einer Stiftung*, Berlin 1978.

[5] V. Herold, *Kirchenvisitationsabschiede* ... (wie Anm. 4).

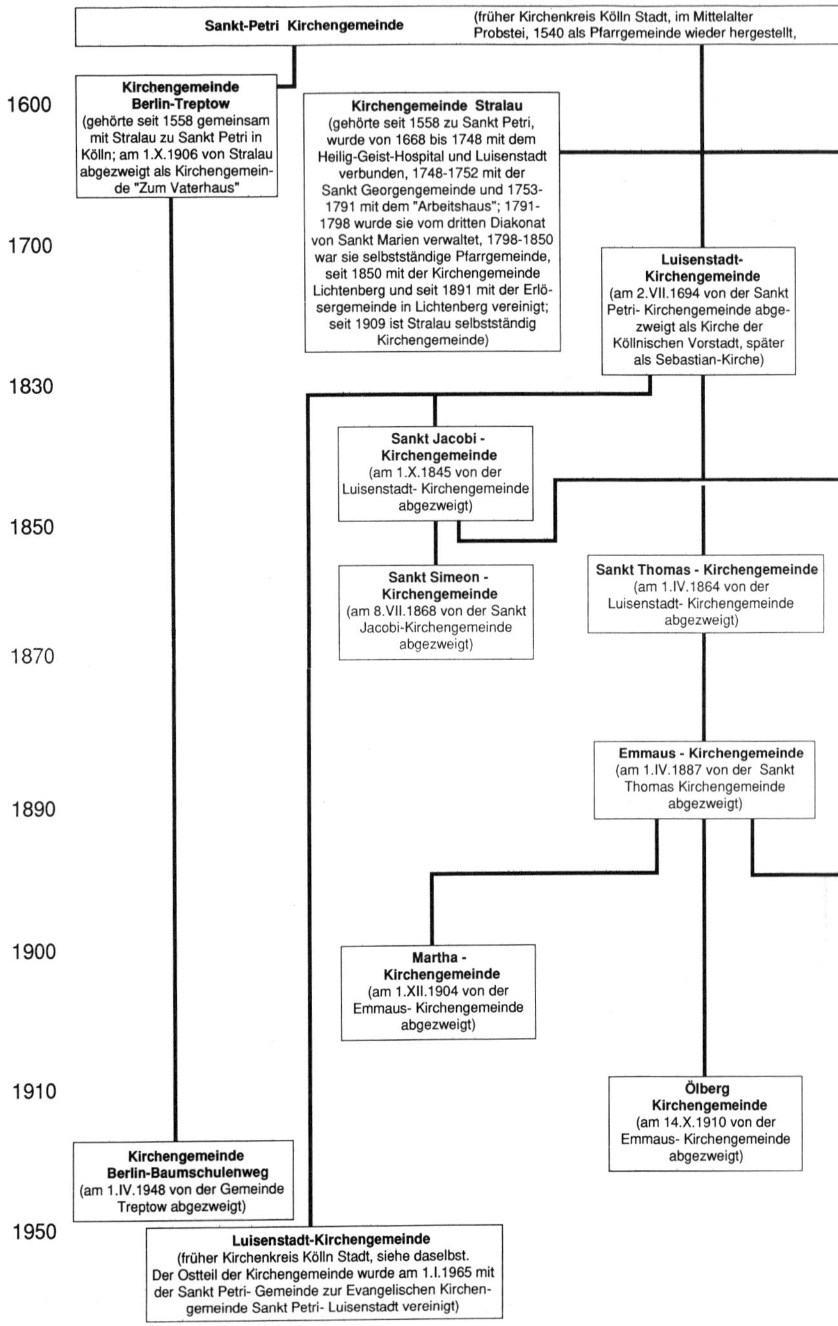
Sankt-Petri Kirchengemeinde
(früher Kirchenkreis Kölln Stadt, im Mittelalter Probstei, 1540 als Pfarrgemeinde wieder hergestellt,
1600
1700
1830
1850
1870
1890
1900
1910
1950
Kirchengemeinde Berlin-Treptow (gehörte seit 1558 gemeinsam mit Stralau zu Sankt Petri in Kölln; am 1.X.1906 von Stralau abgezweigt als Kirchengemeinde "Zum Vaterhaus"
Kirchengemeinde Stralau (gehörte seit 1558 zu Sankt Petri, wurde von 1668 bis 1748 mit dem Heilig-Geist-Hospital und Luisenstadt verbunden, 1748-1752 mit der Sankt Georgengemeinde und 1753-1791 mit dem "Arbeitshaus"; 1791-1798 wurde sie vom dritten Diakonat von Sankt Marien verwaltet, 1798-1850 war sie selbstständige Pfarrgemeinde, seit 1850 mit der Kirchengemeinde Lichtenberg und seit 1891 mit der Erlösergemeinde in Lichtenberg vereinigt; seit 1909 ist Stralau selbstständig Kirchengemeinde)
Luisenstadt-Kirchengemeinde (am 2.VII.1694 von der Sankt Petri- Kirchengemeinde abgezweigt als Kirche der Köllnischen Vorstadt, später als Sebastian-Kirche)
Sankt Jacobi - Kirchengemeinde (am 1.X.1845 von der Luisenstadt- Kirchengemeinde abgezweigt)
Sankt Simeon - Kirchengemeinde (am 8.VII.1868 von der Sankt Jacobi-Kirchengemeinde abgezweigt)
Sankt Thomas - Kirchengemeinde (am 1.IV.1864 von der Luisenstadt- Kirchengemeinde abgezweigt)
Emmaus - Kirchengemeinde (am 1.IV.1887 von der Sankt Thomas Kirchengemeinde abgezweigt)
Martha - Kirchengemeinde (am 1.XII.1904 von der Emmaus- Kirchengemeinde abgezweigt)
Ölberg Kirchengemeinde (am 14.X.1910 von der Emmaus- Kirchengemeinde abgezweigt)
Kirchengemeinde Berlin-Baumschulenweg (am 1.IV.1948 von der Gemeinde Treptow abgezweigt)
Luisenstadt-Kirchengemeinde (früher Kirchenkreis Kölln Stadt, siehe daselbst. Der Ostteil der Kirchengemeinde wurde am 1.I.1965 mit der Sankt Petri- Gemeinde zur Evangelischen Kirchengemeinde Sankt Petri- Luisenstadt vereinigt)

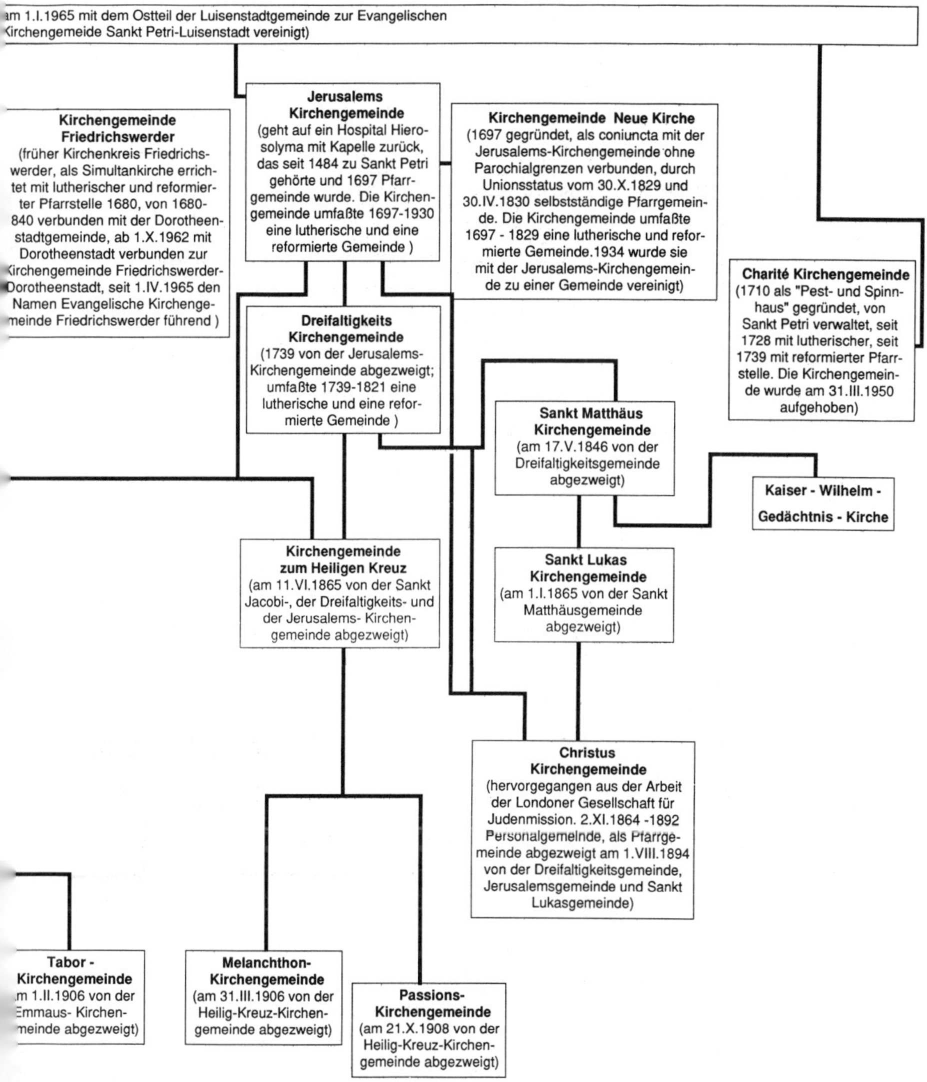

Filiationsstemma von St. Petri

weitere Inspektion für die Neustädte. Diese Berliner Kirchenorganisation blieb bis zum Ausgang des 17. Jahrhunderts weitgehend bestehen.

Nach dem Dreißigjährigen Krieg war der Große Kurfürst bestrebt, seine Residenz Berlin wieder auf- und auszubauen. Eine Bastionärsbefestigung umschloß bald das Stadtareal, so daß Bauplätze innerhalb der Befestigung nicht mehr beliebig verfügbar waren.[6] Man ging daran, die Landwirtschaft (Meiereien, Scheunen usw.) vor die Mauern zu verlegen, so daß hier bald neue Siedlungen entstanden, die sich unter dem Einfluß der Peuplierungspolitik des Großen Kurfürsten und seiner Nachfolger zu Vorstädten ausbildeten. Insbesondere die Aufnahme von Glaubensflüchtlingen, vor allem aus Frankreich, der Schweiz und Böhmen, führte in der zweiten Hälfte des 17. und in der ersten Hälfte des 18. Jahrhunderts zu einem bis dahin beispiellosen Bevölkerungszuwachs in Berlin. Die kurfürstliche Familie gründete vor den Toren der Stadt Neustädte, um allen Neubürgern die Ansiedlung zu ermöglichen: Das Vorwerk Jägerhof ist von der Kurfürstin 1674 zur Stadt erhoben worden und erhielt ihren Namen. Diese „Dorotheenstadt" blieb kurfürstliches Eigentum. Die „Friedrichstadt" verdankt ihr Entstehen dem ersten König in Preußen, der bereits als Kurfürst 1686 die entsprechenden Ländereien aufkaufen ließ. Hier und in weiteren vorstädtischen Bereichen siedelten und lebten immer mehr Menschen, die eine eigene Kirche benötigten, da die vorhandenen seelsorgerischen Einrichtungen nicht ausreichten.

Wie ging zu jener Zeit die Neugründung von Kirchen vor sich? Werfen wir einen Blick auf die Chronologie der neuen Gemeinden und halten wir die Umstände ihres Entstehens fest. Der an das Köllner Schloßgebiet angrenzende „Friedrichswerder" war kurfürstliches Eigengut, das von Friedrich Wilhelm in die Festungswerke einbezogen wurde. Dadurch wuchs der Friedrichswerder schneller mit Berlin-Kölln zusammen als die anderen Vor- und Neustädte, die außerhalb der Mauer lagen. Kirchlich versorgt wurde diese Neustadt zunächst von der Köllner Petrikirche aus, deren Pfarrer anfangs in einem Anbau zum Rathaus predigten, in „einem großen Stall", der bis zu 400 Menschen aufnehmen konnte.[7] Seit 1680 bildete der Friedrichswerder eine eigene

[6] Einen die politischen, wirtschaftlichen und sozialen Verhältnisse herausarbeitenden Überblick bietet Felix Escher, *Die brandenburgisch-preußische Residenz und Hauptstadt Berlin im 17. und 18. Jahrhundert,* in: *Geschichte Berlins* ... (wie Anm. 1), S. 343—404, bes. S. 343 ff., S. 348 ff. und S. 350 ff.

[7] Hierzu und zu den folgenden Ausführungen vgl. Walter Wendland, *Siebenhundert Jahre Kirchengeschichte Berlins,* Berlin-Leipzig 1930, S. 55 f.

Gemeinde mit einem reformierten und einem lutherischen Pfarrer. 1699 erhielt die Gemeinde einen Reitstall für den Gottesdienst geschenkt. Man trennte den saalartigen Raum durch eine Mauer in zwei Teile; der nach dem Zeughaus gelegene Teil bildete nun die Französische Kirche, der andere die Deutsche Kirche. Die Prediger der Werderschen Kirche waren zugleich Prediger in der Dorotheenstadt; die Jerusalemsgemeinde wurde anfangs ebenfalls vom Friedrichswerder aus versorgt.

Als erste neue, nachmittelalterliche Kirche wurde 1684 die Dorotheenstädtische Kirche geweiht.[8] In der Dorotheenstadt ist der Gottesdienst zuvor im Sommer unter freiem Himmel gehalten worden, im Winter fand er in einem Privathaus statt. Die Kurfürstin schenkte der Gemeinde den Bauplatz, die Baukosten hatten die Gläubigen aufzubringen. Noch vor der Fertigstellung des Neubaus ließ sie den lutherischen Geistlichen gegen einen reformierten auswechseln, was lauten Protest in der Gemeinde auslöste, die zu jener Zeit aus 600 Lutheranern und nur 34 Reformierten bestanden haben soll. Nachdem der Kurfürst Friedrich III. 1689 hier 400 Franzosen angesiedelt hatte, zu denen sich bis 1700 noch weitere 1600 gesellten, erhielt die französische Gemeinde ein Mitbenutzungsrecht und das halbe Eigentum an der Kirche.[9]

Die mittelalterliche Kapelle des St. Georgen-Hospitals war die Keimzelle der späteren Georgenkirche.[10] Sie lag vor den Toren der Stadt, wo sich viele Ackerbürger angesiedelt hatten. Als die Kapelle nicht mehr ausreichte und der Gottesdienst auf den sie umgebenden Friedhof verlegt werden mußte, wandten sich die Gläubigen an den Kurfürsten mit dem Wunsch nach einer eigenen Gemeinde. Sie konnten darauf verweisen, daß die Stadttore im Winter bereits um 16 Uhr schlossen und erst wieder um 8 Uhr früh geöffnet wurden, so daß es nicht immer gelang, einen Pfarrer zu Nottaufen oder zum Krankenabendmahl herbeizuholen. Propst und Diakone von St. Nikolai, die für die Seelsorge zuständig waren, wehrten sich heftig gegen die Bildung einer selbständigen Gemeinde, da sie um ihre Pfründen bangten. Doch

[8] Friedrich Reinhard Stechow, *Geschichte der Dorotheenstädtischen Kirche und Gemeinde. Zur Feier des 200jährigen Kirchenjubiläums kurz dargestellt*, Berlin 1888; Wilhelm Heckel, *Geschichte der evangelischen Dorotheenstadt-Gemeinde und ihrer Kirche im ersten Vierteljahrtausend 1687—1937*, [Berlin] 1937.

[9] F. R. Stechow, *Geschichte der Dorotheenstädtischen Kirche* ... (wie Anm. 8).

[10] Emil Christian Gottlieb Langbecker, *Geschichte der St. Georgen-Kirche in Berlin*, Berlin 1827.

Friedrich III. verfügte mit Reskript vom 18. März 1689 die Bildung einer neuen Gemeinde, wobei der Magistrat das „ius patronatus" erhielt.

Angehörige der Reformierten Kirche, denen der Weg zum Dom zu weit war, gründeten 1694 mit großzügiger finanzieller Unterstützung des Kurfürsten die Parochialkirche.[11] Die Gemeinde erhielt — was sonst nie der Fall war — vom Landesherrn das Patronatsrecht. Als viel schwieriger erwies es sich dagegen, in der Köpenicker Vorstadt, die damals Köllnische Vorstadt genannt wurde und zur Petri-Gemeinde gehörte, eine neu Kirche zu errichten. Ähnlich wie bei St. Georgen nahm die Gemeindegründung ihren Ausgang vom Friedhof, der hier 1683 vor dem Köpenicker Tor für die Petrigemeinde angelegt worden war. Unter freiem Himmel sollte nun ein Prediger, den das Ministerium der Petrikirche im Einvernehmen mit der vorstädtischen Bevölkerung beim Magistrat 1694 beauftragt hatte, die Sakramente austeilen. Die Kirche — ein schlichter Holzbau — wurde 1695 feierlich geweiht, und zwar mit den alten lutherischen Zeremonien, was dem Landesherrn mißfiel: Nur die traditionellen Berlin-Köllner Kirchen durften ihre liturgischen Gebräuche beibehalten, in den neuen Vorstadtkirchen sollte es eher kalvinistisch zugehen. So hat die neue Sebastianskirche, für die sich später der Name „Luisenstadtkirche" durchsetzte, auch keine landesherrliche Unterstützung erfahren. Die arme Vorstadtbevölkerung mußte lange Zeit mit einem Provisorium leben.[12]

Die Jerusalemskirche in der neu entstandenen Friedrichstadt knüpfte wiederum an eine mittelalterliche Institution an.[13] Ein Köllner Bürger, der zum Heiligen Grab gewallfahrtet war, löste ein Gelübde ein, indem er nach seiner glücklichen Rückkehr vor den Toren der Stadt um 1484 ein kleines Gotteshaus erbauen ließ, die Jerusalemskapelle, die Maria, dem Heiligen Kreuz sowie den Märtyrern Fabian und Sebastian geweiht war. Diese Kapelle war seit dem 16. Jahrhundert mit einem Hospital verbunden. Erst als man hier bereits 500 Gläubige zählte,

[11] Friedrich Wilhelm Ziethe, *Die evangelische Parochial-Gemeinde zu Berlin. Actenmäßige Darstellung ihrer Vergangenheit und Gegenwart,* Berlin 1874.

[12] Johann Friedrich Walther, *Kurtzgefasste Historische Nachricht von Fundirung und Zweymaliger Erbauung der so genannten Sebastians-Kirche in der Cöllnschen Vorstadt bey der Königlichen Residentz Berlin.* Aus sichern Urkunden zusammengetragen, auch mit einer Vorrede von Ursprung, Form und Gebrauch der Christlichen Kirchen begleitet, Berlin 1757.

[13] Vgl. *Die Festfeiern. 450 Jahre Jerusalemskirche. 18. Okt. 1484—1934,* Berlin 1934.

wurde sie 1697 selbständig. Der Kurfürst bestellte zugleich einen lutherischen und einen reformierten Prediger.

Als Friedrich III. 1694 weitere 3000 Hugenotten in Berlin-Brandenburg aufnahm, erhielten diese neben dem Hôtel de Refuge eine Scheune für den Gottesdienst, die in den folgenden Jahrzehnten einer Kirche wich.[14] Die zugehörige französische Gemeinde in der Luisenstadt bildete eine eigene Parochie, die 1715 dem Französischen Konsistorium unterstellt wurde.

Auf dem Platz, der das Standquartier des Regiments „Gens d'armes" aufnehmen sollte, entstanden zwei Kirchen. Die Französisch-Reformierten, die in der Friedrichstadt ansässig waren, beschlossen 1701, ihre heimatliche Hauptkirche in Charenton bei Paris nachzubauen. Die deutsch-reformierte Gemeinde der Friedrichstadt konnte 1708 eine kleine Kirche weihen lassen, für die sich der Name „Neue Kirche" einbürgerte (heute: Deutscher Dom).[15] Sie fungierte bald als Simultankirche. Durch das Regiment „Gens d'armes" beeinträchtigt, das seine Pferdeställe rund um die Kirche errichtet hatte, entwickelte sich die Gemeinde nicht in der erhofften Weise. Die Begüterten des Wohnquartiers hielten sich zu anderen Gemeinden, die Reformierten zur Parochialkirche, die Lutheraner zur Jerusalemskirche. Erst durch die Umgestaltung des Platzes im 19. Jahrhundert mit dem Schinkelschen Schauspielhaus und den Neubauten für den Deutschen und Französischen Dom fanden die Gemeinden wieder zu ihren Gotteshäusern. Die Französische Gemeinde erhielt schließlich 1726 auch in Alt-Berlin eine eigene Kirche.[16]

In der Spandauer Vorstadt ließ die dritte Gemahlin König Friedrichs I., Sophie Luise, auf Bitten der Einwohner hin 1712 eine Kirche errichten, die ursprünglich als Simultangemeinde gedacht war, dann aber ausschließlich lutherisch wurde: Diesem Umstand ist es wohl zuzuschreiben, daß der nachfolgende König Friedrich Wilhelm I. die nach ihrer Stifterin benannte Sophienkirche nicht weiter unterstützte.[17]

[14] Wilhelm Noël, *Die ersten zweihundert Jahre der Gemeinde der Luisenstadtkirche zu Berlin 1694—1894*, Berlin 1894.

[15] Paul Friedrich Kirmss, *Die Geschichte der Neuen Kirche zu Berlin von 1708 bis 1908*, Berlin 1908.

[16] Karl Manoury, *Die Geschichte der Französischen Kirche zu Berlin (Hugenottenkirche) 1672—1955*, Berlin 1955.

[17] Paul Wilhelm Heinrich Witte, *Die Geschichte der Sophienkirche zu Berlin von 1712 bis 1912*, Berlin 1912.

Der Soldatenkönig förderte aber den Bau der böhmischen Bethlehemskirche, die 1737 geweiht werden konnte.[18] Sie gehörte den 1732 eingewanderten Böhmen, und ihr Name hielt die Erinnerung wach an die Prager Bethlehemskirche, in der Hus gepredigt hatte und die 1786 auf Wunsch Kaiser Josephs II. abgerissen werden sollte. Der sonst so sparsame Friedrich Wilhelm I. gründete schließlich noch in der südwestlichen Friedrichstadt, die mit der Akzisemauer in den damaligen Stadtbereich einbezogen worden war, die Dreifaltigkeitsgemeinde und ließ für den Kirchenbau am Reformationstag 1737 den Grundstein legen. Als Simultaneum entsprach diese Kirche dem Unionsgedanken des Königs, der zusammen mit dem Kronprinzen an der Kirchweihe teilnahm. Für diese Feier wurden erstmals Eintrittskarten ausgegeben, die von militärischen Wachen an jeder Eingangstür kontrolliert wurden: Berlin war auf dem Weg zur Großstadt.

Insgesamt waren damit in einem Zeitraum von etwas mehr als fünfzig Jahren vierzehn neue Gemeinden entstanden, die mit eigenen Kirchen ausgestattet wurden. Aber nur ein Teil von ihnen hatte einen eigenen Gemeindebezirk, so die St. Georgen-, Sophien-, Luisenstadt-, Friedrichswerder-, Dorotheenstadt-, Jerusalems-, Neue und die Dreifaltigkeitskirche. Andere Kirchen waren Mittelpunkte sogenannter Personalgemeinden ohne Territorium, wie ursprünglich nur der Dom, nämlich die Parochialkirche, die Französische Kirche, die Böhmisch-Lutherische Gemeinde, die Böhmisch-Reformierte Gemeinde und die Militärgemeinde. Auf den ersten Blick erkennbar handelt es sich überwiegend um Kirchen für die Reformierten, aber auch für andere Glaubensflüchtlinge sowie für das Militär.[19] Schließlich sind auch mehrere „Anstaltskirchen“ für die Insassen der Waisen- und Arbeitshäuser sowie der Gefängnisse und Hospitäler gegründet worden. Sie können für unsere Fragestellung unberücksichtigt bleiben.

Betrachten wir die Entstehung der neuen Kirchengemeinden. Ob eine neue Kirche auf kurfürstlichem Grund und Boden entstand oder auf dem Hufenland der Berliner oder Köllner Bürger, ob ein gottesdienstlicher Mittelpunkt, wie bei Georgen oder Jerusalem, in einem Hospital schon vorhanden war oder ob der Bauplatz erst noch erworben werden mußte, hing von den jeweiligen lokalen Verhältnissen ab.

[18] Adolph Petranek, *Festschrift zur 150jährigen Gedenkfeier der Einweihung der Bethlehems-Kirche zu Berlin*, Berlin 1887.

[19] Franz Weinitz, *Die alte Garnisonkirche in Berlin. Ein geschichtlicher Abriss nebst Schilderung ihrer Zerstörung durch den Brand am 13. April 1908*, Berlin 1908.

Daß die Kalvinisten die stärkere kurfürstliche Unterstützung erfuhren, war bei einem reformierten Fürsten selbstverständlich. Eins tritt überall klar hervor, und dadurch unterscheidet sich diese Zeit vom 19. Jahrhundert: Immer waren es die Bürger in dem neu entstehenden Stadtteil, von denen die Anregung zur Gründung der Kirchen ausging. Gerade die Entstehung der Kirchen aus dem Bürgersinn heraus ist das Zeichen der starken kirchlichen Gesinnung, die das ganze öffentliche Leben beherrschte. Es war nicht nötig, daß Pfarrer auf kirchliche Notstände hinweisen mußten. Das religiöse Bedürfnis der Bürger erforderte neue Kirchenbauten. Und da die Magistrate von Berlin und Kölln bei dem trostlosen Zustand ihrer Finanzen keine Beihilfen geben konnten, ruhte die ganze Last der neuen Kirchenbauten auf den Bürgern der Vorstädte. Wenn das Geld fehlte, wandte man sich an den Kurfürsten mit der Bitte um Hilfe, veranstaltete eine Kollekte oder nahm eine Anleihe auf. Nicht Rechtsverpflichtungen wurden geltend gemacht, sondern religiöse Notwendigkeiten ermöglichten die Kirchenbauten. Zum Leben der Menschen gehörte die Kirche. Die kleine, bescheidene Sebastianskirche in der Köllnischen Vorstadt zeigt, daß man Kirchen auch ohne königliche Beihilfe schaffen konnte. Unter Friedrich Wilhelm I. flossen die Zuschüsse zu den Kirchenbauten reichlicher als unter seinem Vorgänger. Es dauerte jetzt nicht mehr zehn Jahre, bis eine Kirche fertig dastand. Er baute auch ganz aus eigenen Mitteln; der sparsame Fürst hielt Kirchenbauten nicht für Verschwendung. Merkwürdig ist, daß man auf ein Patrozinium der Kirchen wenig Wert legte. Biblische Namen sind nicht gegeben worden, diese Sitte kam erst zur Zeit der Erweckung auf. Die Örtlichkeit gab meist den Namen. Bisweilen war man so gleichgültig im Hinblick auf die Kennzeichnung der Kirche, daß mehrere Namen gleichzeitig gebraucht wurden, zum Beispiel bei der Sebastianskirche oder der Neuen Kirche.

Gleichzeitig mit den Kirchenbauten für die neuen Gemeinden sind die alten Kirchen erweitert worden, um mehr Gläubigen Platz zu bieten: In jener Zeit erhielten sie die häufig gescholtenen (weil wenig schönen) Emporen. Der schlichte Baustil der neuen Kirchen läßt den kalvinistischen Einfluß deutlich sichtbar werden. Walter Wendland weist darauf hin, daß es von der Einweihung der Dreifaltigkeitskirche 1793 bis zur Grundsteinlegung für die Elisabethkirche 75 Jahre lang keinen Kirchenneubau in Berlin gegeben habe.[20] Friedrich II. habe

[20] W. Wendland, *Siebenhundert Jahre ...* (wie Anm. 7), S. 66.

lediglich den alten Dom durch einen neuen ersetzt und auch die Luisenstädtische Kirche sei erneuert worden. Bei den Kirchen im Arbeitshaus, im Invalidenhaus und im Hofgericht handele es sich lediglich um Anstaltskirchen und nicht um Gemeindekirchen, so daß sie in die Geschichte der Wohlfahrtspflege gehörten. 1809 habe Berlin sogar eine Gemeindekirche weniger als 1739, also vor dem Regierungsantritt Friedrichs des Großen, gehabt, denn die 1809 abgebrannte Petrikirche sei zunächst nicht wieder aufgebaut worden. Wendland meint dazu: „Das Zeitalter der Unkirchlichkeit beginnt in Berlin deutlich 1740.“[21] Aber was hat der Alte Fritz mit dem Brand von 1809 zu tun, und: Hat er nicht wenigstens — mit Rücksicht auf das katholische neupreußische Schlesien — die Errichtung der Hedwigskirche ermöglicht und auch die Katholiken wieder zugelassen?

II
Kirchenpolitik der preußischen Reformer

Ein wesentlicher Einschnitt in die innerstädtische Entwicklung Berlins resultiert aus der preußischen Städteordnung, die 1809 auch in der Hauptstadt eingeführt wurde.[22] Diese Städteordnung war nicht etwa — wie man es aus der Zeit heraus vermuten könnte — vom Volk eingefordert worden, sondern von oben dekretiert. Die preußischen Reformer hatten allerdings darauf gedrungen, die Bürger an der städtischen Selbstverwaltung zu beteiligen, und zwar auf Kosten des Adels. Die Kirche war an diesem Reformwerk durchaus beteiligt, und die Geistlichen hatten es von der Kanzel herab den Gläubigen zu erläutern. In Berlin fungierten die Kirchen sogar als Wahllokale, in denen nach vorausgegangenem Gottesdienst 102 Stadtverordnete gewählt wurden. Am 6. Juli 1809 leisteten der Oberbürgermeister Otto von Gerlach und die Mitglieder seines Magistrats in der Berliner Nikolaikirche ihren Eid, nachdem der Propst Konrad Gottlieb Ribbeck eine Festpredigt gehalten hatte. Diese Vorgänge verweisen deutlich auf die Rolle der Kirche als nützliche, aber auch als benutzte Institution im Staate. Historisch

[21] *A. a. O.*, S. 67.

[22] Hierzu und zu den folgenden Ausführungen vgl. Ilja Mieck, *Von der Reformzeit zur Revolution (1806—1847)*, in: *Geschichte Berlins ...* (wie Anm. 1), S. 407—602, bes. S. 442ff.; Klaus Wappler, *Auf dem Weg zur Erneuerung im Zeitalter der Befreiungskriege. Die Steinschen Reformen und die Kirchenunion von 1817*, in: *Beiträge zur Berliner Kirchengeschichte*, hrsg. von Günter Wirth, Berlin [Ost] 1987, S. 129—153.

beruht diese Abhängigkeit auf dem landesherrlichen Kirchenregiment, wie es sich nach der Reformation besonders in vielen norddeutschen Territorien ausgebildet hatte. Die innerkirchliche Entwicklung war aber auch durch eine Theologie determiniert, deren enge Verflechtung mit der philosophischen Aufklärung nicht zu verkennen ist.[23] Im Anschluß an Kant, der die Möglichkeit von Gottesbeweisen aus der Vernunft in Abrede gestellt hatte, entwickelte sich eine rationalistische Theologie, die Vernunft und Offenbarung widerspruchslos vermitteln wollte, wobei die Religion auf Sittlichkeit und Moral beschränkt blieb. Diese rationalistische Theologie ist bereits vor dem Zusammenbruch des preußischen Staates zu Beginn des 19. Jahrhunderts vom Pietismus überlagert worden, den vor allem das reformierte Königshaus pflegte und förderte. In Anlehnung an den Pietismus entfaltete sich in Berlin auch die antiaufklärerische Erweckungsbewegung mit dem Ziel, das ursprüngliche, paulinische Christentum zur Geltung zu bringen. In Berlin verband Hans Ernst von Kottwitz[24] diese neue Frömmigkeit mit dem Einsatz für ein soziales Christentum, das auch die „Christlich-deutsche Tischgesellschaft" propagierte, die vor allem Angehörige des preußischen Adels in sich vereinte. Pietisten und Erwecker stellten fortan die „Orthodoxen" in der protestantischen Kirche Berlins, während die „Liberalen" eher der Schleiermacherschen Theologie anhingen und sie auch weiterentwickelten. Schleiermacher[25] lehnte nach den erfolgreichen Befreiungskriegen alle Bestrebungen zur Wiedereinführung des absolutistischen Obrigkeitsstaates ab. Kirchenpolitisch strebte er, der aus einem reformierten Pfarrhaus stammte, die Union von Lutheranern und Reformierten in Preußen an, was 1817 erreicht wurde. Vor allem aber bestritt er dem König das Recht, sich in innerkirchliche Angelegenheiten einzumischen. Daraus resultierende Konflikte kulminierten im Streit um eine einheitliche Agende. Schleiermachers Wunsch, die Synodalverfassung einzuführen, ist erst sehr spät, wohl zu spät, in Erfüllung gegangen. Die theologischen Divergenzen blieben bis zum Ende der Monarchie auch immer politisch wirksam; sie sind für die

[23] W. Wendland, *Siebenhundert Jahre* ... (wie Anm. 7), S. 135 ff. und S. 147 ff.; Ilse Bertinetti, *Der „preußische" Religionsphilosoph Immanuel Kant und die Berliner Theologen der ersten Hälfte des 19. Jahrhunderts,* in: *Beiträge* ... (wie Anm. 22), S. 106—128.

[24] Zu Kottwitz vgl. jetzt die Kurzbiographie von Ilja Mieck, in: *Berlinische Lebensbilder,* Bd. 5: *Theologen,* hrsg. von Gerd Heinrich, Berlin 1990.

[25] W. Wendland, *Siebenhundert Jahre* ... (wie Anm. 7), S. 239—268.

weitere Entwicklung des Niederkirchenwesens in Berlin von entscheidender Bedeutung gewesen.

Mit dem Wirksamwerden der preußischen Reformen, insbesondere mit der Freisetzung der ländlichen Bevölkerung nach der Aufhebung der Gutsuntertänigkeit, begann eine starke Migration vom Lande in die Stadt, insbesondere nach Berlin.[26] Die Bevölkerung der preußischen Hauptstadt wuchs in den knapp vierzig Jahren von 1816 bis 1855 prozentual doppelt so schnell wie die des gesamten preußischen Staates. Die Menschen gerieten in den Sog der gleichzeitig einsetzenden Industrialisierung. Mit den frühkapitalistischen Produktionsbedingungen entstand zugleich ein Proletariat. Die Kirche, die bisher ein soziales Auffangnetz für ihre Mitglieder gespannt hatte, war angesichts des nun einsetzenden Massenelends überfordert. Der Gedanke an eine staatliche Sozialpolitik mußte erst noch entwickelt werden. Auch eine Arbeiterbewegung, die sich für Arbeitszeitverkürzungen einsetzen oder gegen die Kinderarbeit hätte wenden können, gab es noch nicht. Die Löhne waren niedrig, Krankheit bedeutete Arbeitslosigkeit und Verschuldung; eine unvorstellbare Wohnungsnot beeinträchtigte die soziale Lage der Arbeiter weiter. Das schlimmste Beispiel boten die in den Jahren 1820 bis 1824 vor dem Hamburger Tor im sogenannten Voigtland errichteten Familienhäuser des Freiherrn von Wülcknitz. In den fünf Häusern wohnten 1824 bis zu 3800 Personen auf engstem Raum. Zumeist handelte es sich um Tagelöhner, um Gelegenheitsarbeiter und Weber. Nach dem Bericht eines Armenarztes waren unter ihnen alle Laster und Krankheiten verbreitet. Im Voigtland gab es weitere solcher Häuser.

In dieser Situation trat die Kirche durch Aufrufe für die Einhaltung der Sonntagsruhe hervor, um so den Besuch der Gottesdienste nicht beeinträchtigen zu lassen. Überhaupt glaubten der König und seine hohe Geistlichkeit, die Mißstände dadurch kurieren zu können, daß sie in den Elendsquartieren vor den Toren der Stadt neue Kirchen errichteten, die den Insassen der Massenquartiere als Erziehungsanstalten dienen sollten. Daher stand die Verbesserung der kirchlichen Versorgung der Arbeiterbevölkerung im Norden Berlins, in Gesundbrunnen,

[26] Vgl. hierzu sowie zu den Lebens-, Arbeits- und Wohnbedingungen der Arbeiterschaft Johann Friedrich Geist/Klaus Kürvers, *Das Berliner Mietshaus 1740 bis 1862. Eine dokumentarische Geschichte der „von Wülcknitzschen Familienhäuser" vor dem Hamburger Tor, der Proletarisierung des Berliner Nordens und der Stadt im Übergang von der Residenz zur Metropole,* München 1980.

Wedding und Moabit, für die seit 1832 in kurzer Folge die Elisabeth-, Nazareth-, Pauls- und Johanniskirche errichtet worden sind, am Anfang eines nun einsetzenden Kirchenbauprogrammes. Bauherr war der König, Baumeister kein Geringerer als Karl Friedrich Schinkel.[27]

III
Neue Kirchenbauten

Die betroffenen Stadtviertel hatten bis dahin zur Sophiengemeinde gehört, in der bereits 1820 nur zwei Pfarrer 20 000 Gemeindemitglieder zu betreuen hatten. Der Magistrat drängte darauf, sowohl auf dem Wedding als auch in der Rosenthaler Vorstadt jeweils eine neue Kirche zu errichten. Doch es geschah nichts, und auch der Versuch, die besonders mitgliederstarken Gemeinden „Sophien", „Georgen" und „Luisenstadt" mit zusätzlichen Hilfspredigern zu versehen, schlug fehl. Nun waren vor allem die Pfarrer dagegen, die fürchteten, ihre Einkünfte teilen zu müssen. Sie verhinderten auch die Anstellung von Armenpflegern. Der Neubau von Kirchen scheiterte lange Zeit daran, daß die Baukosten nicht aufgebracht werden konnten, von denen der Patronatsherr ein Drittel, die Gemeinde aber zwei Drittel zu zahlen hatte, wozu die durchweg arme Bevölkerung im Berliner Norden nicht imstande war. Daher wandte sich Bischof Neander an den König, der schließlich den Bau der vier neuen Kirchen veranlaßte. Der König setzte als Patronatsherr auch den neuen Pfarrer ein. Es handelte sich unter anderen um Otto von Gerlach, dem es nicht gelingen sollte, menschlichen Kontakt zu seinen Gemeindemitgliedern herzustellen.[28]

Im Westen der Stadt, vor dem Potsdamer Tor, fanden sich im Oktober 1843 fünfzehn Männer zusammen, um einen Kirchenbauverein zu gründen.[29] Bereits im Mai 1846 konnte die neue Matthäikirche geweiht werden, die nach dem Dom den besten Kirchenbesuch verzeichnete und deren Kollekte an Sonntagen bis zu 1000 Mark einbrachte. Reger Kirchenbesuch und ertragreiche Kollekte bedeuteten

[27] Vgl. dazu demnächst Helga-Nora Franz-Duhme/Ursula Röper-Vogt, *Schinkels Vorstadtkirchen. Kirchenbau und Gemeindegründungen unter Friedrich Wilhelm III. in Berlin,* Berlin 1990.

[28] Vgl. dazu demnächst: Ursula Röper-Vogt, *Otto von Gerlachs Gemeinde-Modell. Ein Versuch, die Lücken in der seelsorgerischen Betreuung der Gemeinde zu schließen,* in: H.-N. Franz-Duhme/U. Röper-Vogt, *Schinkels Vorstadtkirchen ...* (wie Anm. 27).

[29] Karl Büchsel, *Erinnerungen aus dem Berliner Amtsleben,* Berlin 1885.

aber nicht, daß sich St. Matthäus zu einer Massengemeinde auswuchs. Dies verbürgte schon der wendige Pfarrer Carl Büchsel, der vor allem adlige Kreise bei „seiner" Kirche hielt und der im übrigen dafür sorgte, daß jenseits der Potsdamer Bahn, in der Bernburger Straße, die 1861 geweihte St. Lukaskirche gebaut wurde. Ihm ist auch die von Schöneberg abgezweigte Zwölf-Apostel-Kirche zu danken, die 1874 der neuen Gemeinde übergeben werden konnte. Den Filiationsvorgang verband die Matthäikirche mit einem Prozeß gegen die „mater": Die Klage gegen die Dreifaltigkeitsgemeinde auf Teilung des Kirchenvermögens wurde auch vom Appellationsgericht abschlägig beschieden, das daran festhielt, daß die Pfarrgemeinde Eigentümerin des Vermögens ist.

Schneller und ohne Hindernis konnte die Luisenstadtkirche geteilt werden, zu der 1845 bereits 3200 Gemeindemitglieder zählten. Die Bebauung des Köpenicker Feldes stand bevor, mit einem weiteren Massenzuwachs für das Kirchspiel war zu rechnen. Am 25. September 1843 beschloß eine Gemeindeversammlung, die mit Zustimmung des Magistrats und des Konsistoriums einberufen worden war, einen Kirchenneubau, für den erste Sammlungen 5000 Taler erbrachten. Anfang Januar 1844 wurde bereits der Grundstein für die neue Jacobikirche gelegt; errichtet wurde sie nach den Plänen von Stüler auch mit königlicher Unterstützung, nachdem es die Berliner Stadtverordnetenversammlung dem Magistrat verwehrt hatte, das Patronat über St. Jacobi zu übernehmen.[30]

Viel langwieriger und schwieriger gestaltete sich die Teilung der Georgenparochie, deren Geistliche der kirchlichen Notstände nicht mehr Herr wurden. Allein im Jahre 1851 hatten sie 2359 Taufen und 810 Trauungen zu bewältigen und 2249 Kinder besuchten bei den drei Predigern den Konfirmandenunterricht. Konfirmiert wurden 1021 Jugendliche. Um diesen Notständen Abhilfe zu schaffen, entstanden zunächst die Markuskirche (1855) und die Andreaskirche (1856), für die der Magistrat das Patronat übernahm. Patronatsherr einer weiteren, der Bartholomäuskirche, die 1858 geweiht werden konnte, war der König.[31]

[30] Carl Friedrich August Hachmeister, *Die St. Jacobi-Gemeinde zu Berlin. Ihre Geschichte und ihr Leben*, Berlin 1920.

[31] Karl Eduard Wilhelm Wegener, *Geschichte der St. Georgen-Kirche und Gemeinde zu Berlin*, Berlin 1889; Moritz Julius Hentschel, *Geschichte der St. Markus-Gemeinde zur 25jährigen Jubelfeier der Kirche*, Berlin 1880; Otto Bitthorn, *Die ersten 50 Jahre der Gemeinde der St. Andreas-Kirche zu Berlin 1856—1906*, Berlin 1906. *Festschrift zum*

Aus mehreren Alt-Berliner Gemeinden ging 1858 am südöstlichen Stadtrand die Kirchengemeinde „Zum Heiligen Kreuz" hervor, schließlich folgten am Rande der Luisenstadt noch St. Thomas (1864) und St. Simeon (1868).[32] Damit kam eine zweite Welle von Neugründungen zum Abschluß, die dem Bedarf an seelsorgerischen Zentren sicher noch nicht gerecht wurde. Andererseits gestaltete sich die Kirchenorganisation einfacher, da in der nunmehr unierten preußischen Landeskirche Doppelbesetzungen von Pfarrstellen und Teilung von Kirchenräumen für Lutheraner und Reformierte nicht mehr notwendig waren. (Vgl. die nachfolgenden Diagramme, in der die Anzahl der evangelischen Kirchengemeinden im Verhältnis zur Bevölkerungsentwicklung insgesamt sowie in bezug auf die evangelischen Christen dargestellt ist.)

Bevölkerungsentwicklung Berlins 1800 - 1920 im Verhältnis zu der Anzahl der evangelischen Kirchengemeinden

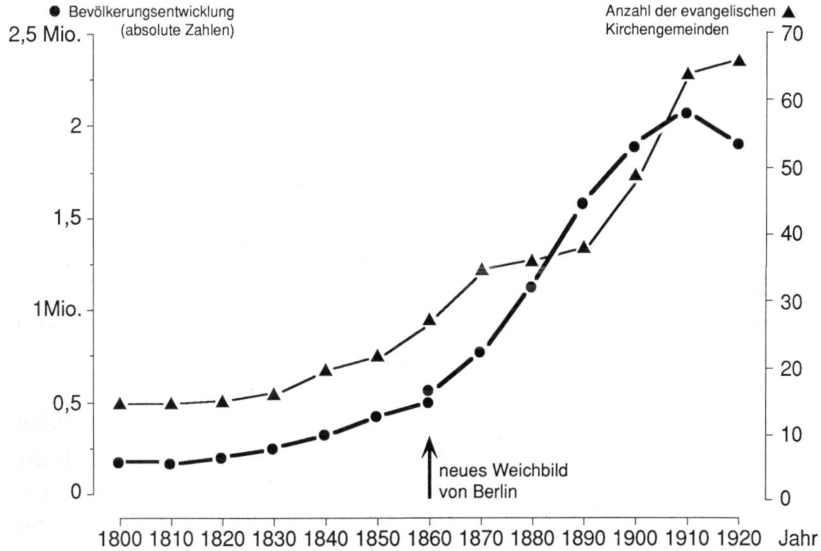

25jährigen Gedächtniß der Einweihung der St. Bartholomäus-Kirche am 13. November 1883, Berlin 1883.

[32] Paul Rüffer, *Unsere Gemeinde — unsere Kirche. Eine Festgabe für die Gemeinde „Zum Heiligen Kreuz" zu ihrem Jubelfeste*, Berlin 1938; *Kirchlicher Bericht zur Jubiläums-Feier des 25jährigen Bestehens der St. Thomas-Gemeinde*, Berlin 1889; Koch, *Festschrift zum 50jährigen Jubiläum der St. Simeon-Kirchengemeinde*, Berlin 1918.

Entwicklung der evangelischen Bevölkerung Berlins 1810 - 1910 im Vergleich zur Anzahl der evangelischen Kirchengemeinden

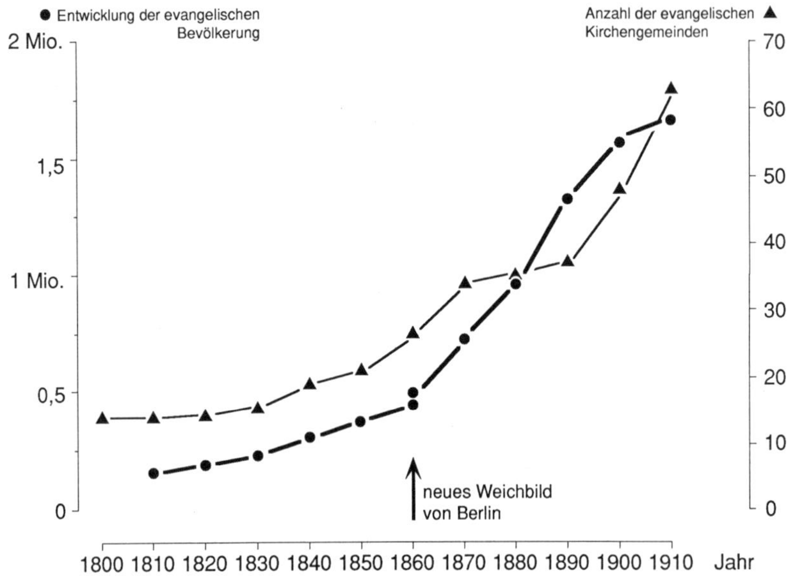

IV

Nachlassende Kirchlichkeit und die soziale Frage

In der Jacobigemeinde, deren Mitgliederzahl sich von 1860 bis 1862, also innerhalb von drei Jahren, von 26 000 auf 45 000 erhöhte, waren am Sonntag Lätare 1865 nicht weniger als 128 Paare aufgeboten und allein am zweiten Ostertag gab es 45 Trauungen. Im Jahre 1866 hatten 1033 Kinder, verteilt auf 20 Wochenstunden, beim Pfarrer Konfirmandenunterricht, und in der Sophiengemeinde haben 1841 zwei Pfarrer insgesamt 652 Kinder konfirmiert.[33] Doch diese Zahlen täuschen eine Kirchlichkeit der Gemeinden vor, die es nicht gab: 1875, nach Einführung des Zivilstandes, wurden von 100 Ehen nur noch knapp 20 kirchlich eingesegnet und von 100 Kindern nur noch 52 getauft. Selbst Männer der Kirche kamen nun zu dem Ergebnis, daß die kirchlichen Verhältnisse in

[33] Alle Zahlenangaben nach W. Wendland, *Siebenhundert Jahre ...* (wie Anm. 7), S. 314 ff.

Berlin ein „kirchenpolitisches Ärgernis" seien und daß Berlin auch nach dem Urteil des Auslands „die unkirchlichste Stadt der Welt" sei.[34] Zwar zählten manche Gemeinden 30 000, 40 000 und 60 000 Mitglieder, eine soll sogar aus 100 000 bestanden haben. Doch dies sagt noch nichts über deren Einstellung zur Kirche. Im Gegenteil: Am 9. und 16. Februar 1869, an ganz gewöhnlichen Sonntagen also, besuchten nur 1,96 Prozent der Gemeindemitglieder einen Gottesdienst.[35] Nur an hohen Festtagen waren — wie heute — die Kirchen voll. Wenn über die Ursachen für die wenig kirchliche Einstellung der Großstadtbevölkerung im 19. Jahrhundert nachgedacht wird, dann sollte die unüberschaubare Größe vieler Kirchengemeinden, die sich durch Teilung nur selten wesentlich verringerte, mit ins Kalkül gezogen werden.

Nach einer mangelhaften, auf Schätzungen beruhenden Statistik kam — nach Abzug der Anstaltsgemeinden — ein Geistlicher auf 9385 Seelen. Allerdings herrschten in den einzelnen Berliner Diözesen ganz ungleiche Verhältnisse und noch mehr in den einzelnen Gemeinden. Im Kirchenkreis Berlin I war für 9780 Gemeindemitglieder ein Geistlicher zuständig, in Andreas aber für 12 000, in Bartholomäus für 13 000 und in Markus gar für 34 000. Im Kirchenkreis Berlin II kamen durchschnittlich 13 902 Seelen auf einen Geistlichen, in Elisabeth aber 14 000, in Philipp Apostel 16 000, in St. Paul 20 000 und in Zion 23 000. In Kölln-Stadt kamen 13 729 Seelen auf einen Geistlichen, doch in Simeon 17 000, in Thomas 18 000 und in Heiligkreuz 19 000. In Friedrichswerder betreute ein Geistlichern 7990, in Dorotheenstadt 8000, in Lukas 11 000 und in Zwölf Apostel 19 000.[36] In liberalen Kirchenkreisen wandte man sich dagegen, die Notstände in den Gemeinden der Bevölkerung anzulasten, der vielerorts Verwahrlosung ihrer kirchlichen Gesinnung vorgeworfen wurde. Vielmehr seien die staatlichen und städtischen Patronatsbehörden und das Kirchenregiment schuld, da sie die kirchliche Entwicklung Berlins sich selbst überlassen hätten. Man habe wohl die Patronatsrechte aufrechterhalten, die Erfüllung der Pflichten aber nicht mit demselben Eifer betrieben. Ein Kampf um das Kirchenpatronat begann. Das preußische Königshaus und seine konservative Klientel bemühten sich zu jener Zeit, die „soziale Frage" im Bündnis mit der Kirche zu lösen. Mit Hilfe einer Missionierung, das heißt, der

[34] Georg von Loebell, *Zur Geschichte der evangelischen Kirchengemeinden Berlins während der Jahre 1875—1908,* Berlin 1909, S. 11.

[35] Vgl. TABELLE 1.

[36] G. v. Loebell, *Zur Geschichte ...* (wie Anm. 34), S. 47.

TABELLE 1

Besuch der Gottesdienste in Berliner Kirchengemeinden (1869)

Gemeinde	Zahl der Mitglieder (Ende 1868)	Kirchen-besucher (9. 2. 1869)	Kirchen-besucher (16. 2. 1869)	Kirchen-besucher (durchschnittlich)	Kirchen-besucher (prozentual)
Dom	12.000	2.700	1.750	2.285	19,04
Mathäus	10.598	?	1.542	1.542	14,55
Georgen	20.950	?	601	601	2,87
Jakobi	29.376	512	640	576	1,96
Lucas	10.893	?	557	557	5,11
Sophien	27.828	450	510	480	1,72
Parochial	7.000	520	285	403	5,76
Luisenstadt	30.100	350	355	353	1,17
Dreifaltigkeit	24.195	240	410	325	1,34
Elisabeth	43.601	320	?	320	0,73
Friedrichs-Werder	7.829	175	465	320	4,09
Andreas	26.965	?	305	305	1,13
Invalidenhaus	16.263	?	270	270	1,66
Bartholomäus	24.003	266	?	266	1,11
St. Thomas	45.788	170	350	260	0,57
Waisenhaus	300	?	240	240	80,00
Zion	22.795	?	240	240	1,05
Jerusalem	23.526	?	230	230	1,00
Böhmisch	750	60	380	220	29,30
Philippus-Apostel	13.654	190	?	190	1,4
Johannes	8.246	?	175	175	2,1
Marcus	48.590	173	?	173	0,4
Dorotheen	14.356	120	226	173	1,2
Johannes II	8.315	170	?	170	2,0
Zwölf Apostel	14.708	140	?	140	1,0
Nikolai	12.121	168	104	136	1,1
Petri	17.890	130	?	130	0,7
Neue Kirche	13.680	114	?	114	0,8
Marien	9.582	61	120	90	0,9
Insgesamt	545.902	7.090[a]	8.774[b]	10.719[c]	1,96

[a] Für einige Gemeinden keine Angaben.

[b] Für einige Gemeinden keine Angaben.

[c] Der höhere Durchschnittswert gegenüber den Ziffern zum 9. 2. 1869 bzw. 16. 2. 1869 ergibt sich aus den fehlenden Angaben zu einzelnen Gemeinden. In solchen Fällen sind die singulären Zahlen als Durchschnittswert genommen worden.

Erziehung der Arbeiterschaft im christlichen Sinne, hoffte man den nachdrücklichen Wunsch der sozial benachteiligten Massen in den Ballungszentren nach Besserung ihrer Lage begegnen zu können. Dazu aber benötigte man in den Gemeinden Pfarrer, die dieses Gedankengut unter den Gläubigen verbreiteten. Eingesetzt wurden Pfarrer aber vom Inhaber des Patronats.

V
Konflikte um Patronatsherrschaft und Parochialbindung

Der Patron hatte das Recht, die Pfarrstelle zu besetzen, er führte die Aufsicht über das Kirchenvermögen, ihm gebührten ein Kirchensitz und die Fürbitte von Pfarrer und Gemeinde. Zu seinen Pflichten gehörte der Kirchenbau, insbesondere die Gestellung eines Bauplatzes und des Baumaterials für Kirche und Pfarrhaus, in manchen Fällen auch für die Schule sowie die Dotation der Pfarrstelle. Bei Einführung der Städteordnung zu Beginn des 19. Jahrhunderts hatte der König für 18 Kirchen das Patronatsrecht, die Stadt verfügte darüber in zwölf Gemeinden.[37] In der folgenden Zeit entwickelte sich das Patronatsrecht zu einem Instrument der Kirchenpolitik in Berlin, und zwar von konservativer wie von liberaler Seite. Diese Problematik hat auch bei der Gründung der Zionsgemeinde in Berlin eine entscheidende Rolle gespielt.[38] Die Bitte um das königliche Patronat wurde von der Repräsentantenversammlung der Zionsgemeinde an das Konsistorium herangetragen. Dieser Gemeindevertretung, der kein Vertreter ihrer sozialen Mehrheit, also der Unterschicht, angehörte, präsidierte ein Fabrikbesitzer, der für die Gemeinde fortan auch in der Kreissynode sprach. Während der gesamten, drei Jahrzehnte dauernden Amtszeit des mit königlicher Zustimmung eingesetzten Pfarrers sollte zwischen der Gemeinde und ihrem Hirten ein Dissens sichtbar werden, der schließlich nach dreißigjähriger Tätigkeit den bereits alternden Pastor doch noch resignieren ließ, denn die Wahlen zum Gemeindekirchenrat ergaben stets eine liberale Mehrheit, die er nicht tolerieren mochte. Abwegig ist in diesem Zusammenhang die noch heute vertretene Auffassung, die Arbeiterschaft sei durch ihre Hinwendung zur Sozialdemokratie der Kirche entfremdet worden. Hier wird die Geschichte auf den Kopf gestellt: Der christliche Staat und seine Kirche erwiesen sich als unfähig, die sozialen Probleme der Zeit zu meistern, was große Teile der betroffenen Bevölkerung veranlaßte, sowohl dem Staat als auch der Kirche, insbesondere der Amtskirche, den Rücken zuzuwenden.

[37] Vgl. dazu künftig: Klaus Duntze, *Kirche zwischen König und Magistrat,* insbesondere das zweite Kapitel: *Der Magistrat als Patron und protestantische Obrigkeit* [Manuskript].

[38] Zu den folgenden Ausführungen vgl. Ulrich Mayer, *Die Anfänge der Zionsgemeinde in Berlin. Ein Beispiel für die Entstehung von Kirchengemeinden in Großstädten des 19. Jahrhunderts,* Bielefeld 1988, bes. S. 35 ff.

Zu Beginn des 19. Jahrhunderts und noch lange Zeit danach waren die wenigsten protestantischen Gemeinden Parochien. Anders als im dörflichen Leben, wo die Kirche schon äußerlich den Siedlungskern bildete und sich das geistige, wirtschaftliche, rechtliche und soziale Leben auf sie ausrichtete, ging diese Parochialstruktur in Berlin während des 18. und 19. Jahrhunderts weitgehend verloren. Eine flächendeckende Gemeindeeinteilung mit Bindung der Bevölkerung an die in ihrem Einzugsbereich stehenden Kirchen gab es nicht. Nebeneinander existierten reine Personalgemeinden mit Angehörigen von Ständen oder Gemeinschaften, so zum Beispiel die Dom- und Parochialkirchengemeinde, aber auch Ortsgemeinden, die allerdings auch Mitglieder aufnahmen, die außerhalb ihres Einzugsbereiches lebten. Vorrangig die reformierten Kirchen bildeten solche Personalgemeinden, da die Gläubigen versprengt in allen Berliner Stadtteilen wohnten. Eine Änderung dieser Situation erhoffte man sich von einer Verbindung beider protestantischer Konfessionen in einer „unierten" Kirche, wie sie vom preußischen Herrscherhaus schließlich durchgesetzt werden konnte. Eine Voraussetzung dafür war eine kirchliche Verwaltungsreform, insbesondere auch im Hinblick auf die Pfarrerbesoldung.[39] Während die lutherischen Geistlichen vom kirchlichen Patronatsherren nur ein geringes Jahresgehalt erhielten, welches sie durch Stolgebühren für kirchliche Amtshandlungen aufbessern konnten, wurden die reformierten Geistlichen vom Staat bezahlt und erhielten zusätzlich Stiftungen ihrer Gemeindeglieder, die für kirchliche Amtshandlungen keine Stolgebühren zu bezahlen hatten. Sie hatten ihr Einkommen unabhängig von der Zahl der Gemeindemitglieder, während die lutherischen Geistlichen darauf bedacht sein mußten, möglichst viele Amtshandlungen zu verrichten. Solange dieser Mißstand nicht abgestellt wurde, erwies es sich als unmöglich, die Parochien innerhalb des Weichbildes der Stadt Berlin neu einzuteilen, wobei sich die Zahl der Mitglieder in den einzelnen Gemeinden zum Teil erheblich verändert hätte, was auf den Widerstand der betroffenen Geistlichen stieß. Solche Konflikte ergaben sich auch bei der Eingemeindung und Einpfarrung von Siedlungen, die vor den Toren der Stadt entstanden waren und ohne eigenes Gotteshaus blieben, aber doch kirchlich versorgt werden mußten.

Unter Friedrich Wilhelm III. und seinem Nachfolger Friedrich Wilhelm IV. beschäftigten sich mehrere Kommissionen mit dem Problem einer Neueinteilung der Parochien, denn auch nach Bildung der Union

[39] G. v. Loebell, *Zur Geschichte* ... (wie Anm. 34), 42 f., 49, 51—53, 61.

von Lutheranern und Reformierten blieb die Dotationsfrage zunächst ungelöst, und am Umfang der bestehenden Kirchensprengel änderte sich wenig oder nichts. Ein vom Magistrat entwickeltes Parochialkonzept verwarf der König; nur auf einen Grundsatz konnte man sich einigen: kleine Gemeinden zu schaffen mit der Kirche als Mittelpunkt. 1835 beauftragte der König die Parochialeinteilungskommission, ihre Arbeit mit dem Ziel fortzusetzen, den Parochialzwang in Berlin aufzuheben.[40] Bereits als Kronprinz hatte Friedrich Wilhelm IV. versucht, die neuen vorstädtischen Parochien nach englischem Vorbild zu formen, doch hielt der Magistrat im weiteren Verlauf der Reformbemühungen die englischen Verhältnisse nicht für übertragbar auf die Situation in Berlin. Der Englandbericht aus dem Jahre 1845 bewirkte keine seelsorgerischen Verbesserungen für die Berliner Bevölkerung. Um den kirchlichen Notständen in der wachsenden Großstadt abzuhelfen, um den häufigen Wohnungswechsel, den unkontrollierbaren Zuzug von Fremden in den Griff zu bekommen, aber auch um der Veränderung der sittlichen Wertmaßstäbe und der fehlenden Verbindung der Gemeindemitglieder mit ihrer Parochie entgegenwirken zu können, hätte es schneller und wirksamer Entscheidungen bedurft. Doch weder der König noch der evangelische Oberkirchenrat erwiesen sich dazu in der Lage. Auch eine weitere, vom König im Januar 1848 eingesetzte Kommission, die in den Jahren 1851 und 1855 Denkschriften zur Gesamtproblematik vorlegte, gelangte zu keinem greifbaren Ergebnis. Weder wurden die Eximierten einer Parochialpflicht unterworfen noch gelang es, die großen Parochien in kleine Seelsorgebezirke einzuteilen. Dem gegenüber stand das Konzept, den Parochialzwang ganz abzuschaffen. Den Gläubigen sollte freigestellt werden, eine Kirche und damit einen Prediger ihrer Wahl aufzusuchen, ohne Bindung an die Ortsparochie. Schleiermacher hatte diese Forderung mit dem Wunsch verknüpft, die Kirche ganz vom Staat zu lösen: „Jedem mündigen christlichen Staatsbürger soll es für seine Person freistehen, ob er sich zu einer christlichen Gemeinde halten will, oder nicht. Diesem Grundsatz entspricht auch, daß aller Parochialzwang abgeschafft wird."[41] Doch solche Überlegungen widersprachen der absolutistischen Vorstellung von staatlicher Kontrolle auch gegenüber der Kirche, wie sie von den preußischen

[40] Hierzu und zu den folgenden Ausführungen vgl. *a. a. O.*, S. 5 und S. 43.

[41] Vgl. E. Foerster, *Die Entstehung der Preußischen Landeskirche*, Bd. 1, Berlin 1905, S. 160.

Königen gehegt wurde, und so konnte auch dieses Konzept, das der Magistrat der Stadt weitgehend mittrug, nicht realisiert werden.

Der königliche Patronatsherr verfolgte andere Ziele, die auch der Konsistorialpräsident Hegel einer Denkschrift zugrunde legte.[42] Er ging davon aus, daß die Stadt Berlin in ihrem Weichbild 28 Parochien unterhielt, und wies darauf hin, daß diese evangelischen Parochialgemeinden nur dem Rechtsbegriff nach vorhanden waren, nicht aber in Wirklichkeit. Wegen der ungeheuren Fluktuation der Bevölkerung wechsele die Zugehörigkeit der einzelnen zu einer Kirchengemeinde ständig. Vielen Berlinern seien die Parochialgrenzen gar nicht bekannt, und selbst das evangelische Konsistorium habe Schwierigkeiten gehabt, die Parochialgrenzen zu ziehen, als es 1858 eine Karte mit der kirchlichen Verwaltungsgliederung herausgeben wollte. In den Gemeinden fehle weitgehend das Zusammengehörigkeitsgefühl der Gemeindemitglieder untereinander, zwischen ihnen und dem Pfarrer sowie den kirchlichen Einrichtungen der Parochie: Wer am kirchlichen Leben teilnehme, suche seine Befriedigung nach individuellem und freiem Ermessen in der Kirche, deren Geistliche ihm persönlich zusagten. Die Macht der Verhältnisse habe dazu geführt, daß entgegen den gesetzlichen Vorschriften über den Pfarrzwang keine Parochialpflicht der Taufe, des Konfirmandenunterrichts nebst der Einsegnung und der Teilnahme am Heiligen Abendmahl observanzmäßig bestehe; es sei nur noch der Pfarrzwang bei Trauungen (wegen des im Gesetz vorgeschriebenen kirchlichen Aufgebots) und bei Beerdigungen (weil die Begräbnisplätze sich im Besitz der Kirchengemeinden befinden) aufrechterhalten worden, und jeder Versuch, den Pfarrzwang hier wieder zu verschärfen, sei an den realen Verhältnissen gescheitert. Hegel gelangte zu der Auffassung, auch die Parochialkirchen hätten den Charakter von Personalgemeinden angenommen, denn die Person des Geistlichen sei das Band, das die Kirchenbesucher zu einer Gemeinde geistig und äußerlich vereinige, und an dieser frei geschlossenen Gemeinschaft halte der einzelne auch bei Wohnungswechsel fest. Er kommt zu dem Schluß, Parochien seien nicht fähig, lebendige Ortsgemeinden zu bilden, und daher dürfe man ihnen auch keine Selbstverwaltungsaufgaben übertragen. Dies könne allein die Personalgemeinde, die mit ihrem Pfarrer vom Patron erhalten und beaufsichtigt werden müsse.

Die kirchliche Gemeinde- und Synodalordnung von 1873 schuf wenig Abhilfe. An den bereits bestehenden Patronatsverhältnissen än-

[42] EZA 14/2456, A 13589.

derte sich fast nichts, aber für neu zu gründende Parochien und Pfarrstellen lag das Wahlrecht nun weitgehend bei den Gemeinden, die davon auch Gebrauch machten. Doch kam diese Regelung wohl zu spät. In Jahrzehnten erbitterter Richtungskämpfe, die kaum Verbesserungen im Gemeindeleben gebracht hatten, war eine massive kirchliche Entfremdung vor allem in den Arbeitervierteln eingetreten, in denen fast jede Motivation für ein Engagement in der eigenen Gemeinde fehlte, zumal die konservativ besetzten kirchlichen „Schaltstellen" keine Gelegenheit ausließen, ihren Standpunkt durchzusetzen. So wandten sich nach 1889 die Vereinigten Kreissynoden dagegen, daß in Kirchen königlichen Patronats neue geistliche Stellen, die mit Hilfe der Synoden geschaffen worden waren, von der Gemeinde besetzt werden sollten. Der Konsistorialpräsident Hegel verstieg sich zu der Behauptung, der Grundsatz, wer Pflichten habe, müsse auch Rechte haben, sei ein Prinzip der Revolution. Die Liberalen wollten sich mit Geld ein kirchliches Recht erwirken, das aber sei Simonie.[43] Und der Synodale und Hofprediger Stoecker meinte, wenn die Gemeinde selbst wirklich das Geld aufbrächte, so sehe er noch einen Sinn darin, zu sagen: Wer die Kosten trägt, muß auch das Pfarrwahlrecht haben. In Berlin gebe es aber kaum Gemeinden, sondern nur hin- und herflutende Massen. So entschied man sich, das Mitspracherecht der Gemeinden zu beschneiden.[44]

VI
Zivilstandsrecht und Kirchensteuer

Die Einführung des Zivilstandes, die 1875 in Preußen und ein Jahr später im Deutschen Reich erfolgte, ermöglichte jedem Bürger die vollständige Abkehr von der Kirche. Bis dahin führten die Kirchen Tauf-, Heirats- und Beerdigungsregister, und jeder Bürger war gezwungen, sich gegebenenfalls an eine kirchliche Institution zu wenden, die für den Staat die entsprechende Amtshandlung vornahm. Dies änderte sich mit dem Personenstandsgesetz, das die Beurkundung von Geburten, Heiraten und Sterbefällen ausschließlich den staatlichen Standesämtern übertrug und damit die Kirche von Aufgaben entlastete, die in Gegenden, die unter napoleonischer Herrschaft den Code

[43] G. v. Loebell, *Zur Geschichte* ... (wie Anm. 34), S. 14f., 17, 19, bes. aber S. 23.
[44] *A. a. O.*, S. 23.

civile eingeführt hatten, bereits zu Beginn des 19. Jahrhunderts in staatliche Hände übergegangen waren.[45] Nachdem sich die Menschen nicht mehr gezwungen sahen, bei der Heirat die Kirche aufzusuchen, ließ sich in Berlin schlagartig nur noch ein Viertel aller Eheschließenden kirchlich trauen. Und was die verlorengegangenen Bindungen der Berliner an die evangelische Kirche noch klarer dokumentiert: Fast die Hälfte aller neugeborenen Kinder blieb ungetauft.[46] Mit den genannten wichtigen Funktionen hatte die Kirche aber auch einen Hauptteil ihrer Einnahmen verloren. Es fehlten die Mittel, um notwendige Reparaturen an den Kirchengebäuden ausführen zu lassen; sogar die Beleuchtung konnte zuweilen nicht bezahlt werden, so daß Gottesdienste nicht stattfanden. Die Gehälter der Geistlichen wurden gekürzt und konnten auch nicht immer rechtzeitig gezahlt werden.

Der finanziellen Not der Kirchen, die durch das Zivilstandsgesetz ausgelöst worden war, sollte durch die Einführung einer Kirchensteuer abgeholfen werden. Mit der Kirchensteuer entfielen aber die Stolgebühren bei Taufen und Trauungen. 1881 war beschlossen worden, die Kirchensteuer auf drei Prozent der Einkommensteuer festzusetzen. Die ärmere Bevölkerung blieb von der Zahlung befreit. Für Berlin schätzte man die Einnahmen auf 180 000 Mark, tatsächlich erhielt man aber nur 146 200 Mark. Davon mußten allein für die Einziehung der Kirchensteuer 15 000 Mark abgebucht werden. Bereits 1882 stieg die Kirchensteuer auf 5,5 Prozent des Einkommensteuersatzes und 1890 auf zehn Prozent. Im Jahre 1908 waren bereits 20 Prozent zu zahlen. Bemühungen, sie wieder herabzusetzen, fanden keine mehrheitliche Zustimmung der Vereinten Synoden. Man verwies auf die Stadt Berlin, die, um Rücklagen zu schaffen, ebenfalls an einem hundertprozentigen Zuschlag zur staatlichen Einkommensteuer als Kommunalsteuer festhielt, obwohl sie auch mit 90 Prozent auskommen konnte. Bei einem jährlichen Wachsen Berlins um 50 000 bis 60 000 Einwohner benötige man im übrigen jährlich eine neue Kirche für 200 000 bis 300 000 Mark.[47]

[45] Wolfgang Ribbe, *Kirchliche und weltliche Register als Quellen zur Sozialgeschichtsforschung*, in: *Herold-Jahrbuch*, 2 (1973), S. 114—124.

[46] W. Wendland, *Siebenhundert Jahre* ... (wie Anm. 7), S. 315.

[47] G. v. Loebell, *Zur Geschichte* ... (wie Anm. 34), S. 6, 8, 10—13; vgl. auch Erwin Gatz, *Auf dem Weg zur Kirchensteuer. Kirchliche Finanzierungsprobleme in Preußen an der Wende zum 20. Jahrhundert*, in: ders. (Hrsg.), *Römische Kurie, kirchliche Finanzen, Vatikanisches Archiv. Studien zu Ehren von Hermann Hoberg*, Rom 1979, S. 259—262.

Um die Kirchenbaupflicht hat es sogar einen Prozeß gegeben. Am 25. März 1892 verurteilte das Kammergericht die Stadt Berlin, die Kosten für die Kirchenbauten der Johannis-Evangelist-Gemeinde zu tragen. Doch die Stadt legte Berufung ein, womit sie Erfolg hatte, weil sie nachweisen konnte, auch in der Vergangenheit nie die volle Last der Kirchenbauten getragen zu haben.[48] In dieser Situation kam es letztmalig zu einem Engagement des Herrscherhauses für den Kirchenbau. Es entstanden die Kirchen der Kaiserin, nicht nur in Berlin, sondern auch in der Mark Brandenburg und sogar in den überwiegend katholischen Rheinlanden. Träger dieses Vorhabens war der Evangelisch-kirchliche Hülfsverein, den der Oberhofmeister Freiherr von Mirbach begründet hatte und der wegen seiner konfessionellen Einseitigkeit bald zum Politikum in Preußen geriet.[49] Hier trug man — wieder mit ungebührlicher Verzögerung — der Entwicklung Rechnung, die sich aus der Hochindustrialisierungsphase, verbunden mit der neuen Funktion Berlins als Reichshauptstadt, seit 1871 ergab. Noch 1886, anläßlich der Tagung der Vereinigten Kreissynoden, erklärte der Generalsuperintendent Brückner, für die Beseitigung des eigentlichen kirchlichen Notstandes in Berlin sei in den vergangenen Jahren wenig geschehen. Nur um die Dankeskirche sei eine neue Parochie gebildet worden, Tochtergemeinden von St. Thomas und St. Markus existierten dagegen noch immer nicht. Der Bau der Dankes- und der Heiligkreuzkirche sei ohne Steuermittel erfolgt und an neuen geistlichen Stellen gäbe es nur drei. 1890 konnte auf der Synodalsitzung bekanntgegeben werden, daß im Frühjahr fünf Grundsteinlegungen zu neuen Kirchen stattgefunden hätten und noch einige ausstünden. Insgesamt seien zwölf Kirchen entweder bereits im Bau oder es werde damit in Kürze begonnen werden. Sogar sieben neue geistliche Stellen waren geschaffen worden, vier neue sollten noch hinzukommen.[50]

[48] W. Wendland, *Siebenhundert Jahre . . .* (wie Anm. 7), S. 360, Anm. 39, und S. 349.

[49] Vera Frowein-Ziroff, *Der Berliner Kirchenbau des 19. Jahrhunderts vor seinem historischen und kulturpolitischen Hintergrund*, in: *Berlin. Von der Residenzstadt zur Industriemetropole*, hrsg. von Karl Schwarz, Bd. 1, Berlin 1981, S. 128—148, bes. S. 140 ff.

[50] Vgl. die beigefügte TABELLE 2. Quelle: G. v. Loebell, *Zur Geschichte . . .* (wie Anm. 34), S. 67 f.

TABELLE 2

Von 1882 bis 1904 in Berlin neu erbaute protestantische Kirchen

Name der Kirche	Bauplatz erworben (Jahr und Preis in Mark)	Kirche gebaut	Preis in Mark	Zum Bau aus Steuermitteln in Mark	Bemerkungen
Dankes	1882 geschenkt von der Stadt Berlin	1882—1884	400.000		Aus Sammlungen gebaut
Heilig Kreuz	1885 von der Stadt geschenkt	1885—1888	603.000		Vom Kgl. Patronat erbaut
Frieden	1888. 23.000 Mark	1888—1891	231.000		Vom Kapellenverein erbaut
Christus			225.000	112.500	1894 fertig gekauft
Lazaruskapelle	Von Stadt Berlin gemietet	1892	44.000	40.000	
Himmelfahrt	Von Stadt Berlin geschenkt 1890	1890—1893	450.000		Vom Kirchenbauverein gebaut
Immanuel	Geschenk von Bötzow 1892	1892—1893	350.000		Vom Kirchenbauverein gebaut
Gethsemane	Geschenk von Griebenow 1888	1891—1893	460.000	287.400	
Nazareth	Von Stadt Berlin geschenkt 1889	1889—1893	454.000	235.000	
Emmaus	Von Stadt Berlin geschenkt 1887	1890—1893	656.500	305.000	
Luther	Von Stadt Berlin geschenkt 1891	1891—1894	587.580	75.000	Von Zwölf-Apostel gebaut
Apostel Paulus	Von Stadt Schöneberg geschenkt 1892	1892—1894	700.000		Aus Pfarrfonds und Umlage
Heiland	Aus Allerhöchst. Dispos.-Fonds vom Fiskus gekauft 1890	1892—1894	420.000	160.000	Allerhöchst. Gnadengeschenk 200.000 Mark
Versöhnung	Geschenk von St. Elisabeth 1892	1892—1894	296.755	25.000	
Samariter	Geschenk von Aktien-Gesellschaft Berliner Neustadt 1892	1892—1894	314.000	153.000	Vom Kirchenbauverein gebaut
Gnaden	Geschenk vom Deutschen Reich 1890	1890—1895	1.033.000	50.000	Vom Kirchenbauverein gebaut
Auferstehung	Geschenk von Stadt Berlin 1889	1892—1895	455.000	233.500	Beitrag der Stadt Berlin 200.000 Mark
Kaiser Wilhelm Gedächtnis	Geschenk von Stadt Charlottenburg 1890	1891—1895	3.400.000	180.000	Vom Kirchenbauverein gebaut
Kaiser Friedrich Gedächtnis	Geschenk vom Fiskus 1892	1892—1895	540.000		Von Dorotheenstadt gebaut
St. Johannis	Erneuerungsbau	1896	169.200	63.000	
Simeon	war vorhanden	1893—1897	425.000	274.300	Patronatsbeitrag 117.000 Mark
Trinitatis	Von Stadt Charlottenburg für Übereignung d. Lützowerplatzes u. 50.000 Mark erworben	1896—1898	400.000		Von Luisengemeinde gebaut

TABELLE 2 (*Fortsetzung*)

Von 1882 bis 1904 in Berlin neu erbaute protestantische Kirchen

Name der Kirche	Bauplatz erworben (Jahr und Preis in Mark)	Kirche gebaut	Preis in Mark	Zum Bau aus Steuermitteln in Mark	Bemerkungen
Golgatha	Erneuerungsbau	1898—1900	309.630	175.600	
St. Johannis-Evang	war vorhanden	1898—1900	220.000	39.200	Baukosten auf Grund Resoluts von Stadt Berlin gezahlt
Kapernaum	Geschenk von Graf Oppersdorf 1897	1897—1902	335.700	180.000	Vom Kirchenbauverein gebaut
Nathanael	früheres Pfarrgrundstück	1902—1903	285.000	250.000	
Martha	1899: 222.000 Mark	1903—1904	308.000	273.100	
Stephanus	1899: 122.358 Mark	1902—1905	557.000	482.200	
Thabor	1899: 168.000 Mark	1903—1905	573.000	543.900	
Epiphanien	1903: 54.000 Mark	1904—1906	350 000		Von der Luisengemeinde erbaut
Melanchthon	Von Stadt Berlin geschenkt 1903	1904—1906		500.000	
Heilig Geist	1900: 273.000 Mark	1905—1906		362.400	
Reformation	1900: 244.000 Mark	1905—1907		357.900	
Lazarus	1901: 228.000 Mark	1905—1907		368.900	
Zwingli	1900: 180.550 Mark	1906—1908		375.000	
Passion	1900: 240.000 Mark	1905—1908		582.000	
Pfingst	1899: 188.000 Mark	1906—1908		440.000	
Segen	1900: 255.000 Mark	1905—1908		510.000	
Heiland III	1904: 144.636 Mark			100.000	Erste Rate
Advent	1904: 166.000 Mark			100.000	Erste Rate
Gethsemane II Nord	1906: 145.000 Mark	1908		100.000	Erste Rate
Gethsemane III Ost	1906: 74.000 Mark			100.000	Erste Rate
Nazareth II	1907: 106.310 Mark				
Samariter II	1906: 89.200 Mark			100.000	Erste Rate
Johannis (Moabit) III	1904: 177.500 Mark				

VII
Ausblick

In den folgenden Jahrzehnten, während der Weltkriege und in der Zwischenkriegszeit, ist eine Stagnation zu beobachten. Erst nach dem Ende des Zweiten Weltkrieges setzte in den Westsektoren der Stadt eine bis dahin beispiellose Neugründungswelle ein, die von einem ebenso umfangreichen Kirchenbauprogramm begleitet war.[51] In Ost-Berlin kam es angesichts der restriktiven staatlichen Kirchenpolitik zu einer gegenläufigen Entwicklung, die zur Zusammenlegung von Gemeinden führte, ein Prozeß, dessen Ende noch nicht abzusehen ist. Bei Kriegsende 1945 waren von den 191 Berliner protestantischen Kirchen und Kapellen 16 total zerstört, 173 mehr oder weniger stark beschädigt, nur zwei blieben unversehrt. 28 Kirchen mußten abgerissen werden, wofür in West-Berlin 13 Neubauten entstanden, in Ost-Berlin dagegen nur einer. Insgesamt sind in West-Berlin 99 beschädigte Kirchen wiederhergestellt und ihrer Bestimmung übergeben worden. Darüber hinaus konnten in West-Berlin 35 Kirchen beziehungsweise Kapellen sowie 55 Gemeindezentren neu errichtet werden. Begleitet war diese Phase des Kirchenbaus von einem enormen Mitgliederschwund der evangelischen Kirche Berlins, der im wesentlichen auf Austritten sowie einem Rückgang an Taufen beruhte. Noch stärker machte sich der Mitgliederschwund in Ost-Berlin bemerkbar, wo der Staat die Kirchensteuer nicht mehr einzog.

Die Gründung neuer Kirchengemeinden in West-Berlin sowie der Mauerbau führten zwangsläufig zur Anpassung der kirchlichen an die staatliche Verwaltungsgliederung. Daher sei abschließend ein Hinweis auf die Entwicklung der Kirchenkreise gestattet.[52] Wie bereits erwähnt, bildeten Berlin und Cölln im Mittelalter zunächst eine gemeinsame Propstei mit dem Sitz in der Berliner Nikolaikirche. Am Ausgang des Mittelalters wurde dann Cölln zu einer selbständigen Propstei erhoben. Die Kirchenvisitationsabschiede der Reformationszeit wiesen den nunmehrigen „Inspektionen" Berlin und Kölln über die städtischen Gemeinden hinaus noch Landpfarreien zu, 21 für Berlin und 14 für Kölln. Die frühneuzeitliche Gründungswelle Ende des 17. und Anfang

[51] Die folgenden Zahlenangaben nach Walter Dreß, *Berlin*, in: *Theologische Realenzyklopädie*, Bd. 5, Berlin-New York 1980, S. 631—638, bes. S. 633 f.

[52] Vgl. dazu Alfred Werbeck, *Die Superintendenturen in Berlin und die Berliner Ephoren von der Reformation bis heute*, Berlin 1956.

des 18. Jahrhunderts führte zur Bildung der neuen „Superintendentur" Friedrichswerder. Zugleich entstanden mit der Dom-Kirche und der Parochialkirche von den Kirchenkreisen exemte Personalgemeinden. In der nachfolgenden Gründungswelle der Industrialisierungszeit mußte 1864 die Superintendentur Berlin geteilt werden. Auch die Französische Gemeinde bildet einen eigenen Kirchenkreis mit königlichem Patronat. Bei der weiteren Entwicklung setzt sich diese „Zellteilung" fort, allerdings in einem gegenüber der städtischen Verwaltungsentwicklung stark verlangsamten Tempo. Bei der Bildung von Groß-Berlin 1920 wurden die Kirchenkreise keineswegs an die neuen Verwaltungsbezirke angepaßt. Dies ist erst eine Entwicklung der Zeit nach dem Zweiten Weltkrieg, als mit der Trennung der Berlin-Brandenburgischen Kirche in zwei selbständige Synodalbereiche mit jeweils eigenem Bischof den politischen Gegebenheiten Rechnung getragen wurde, in West-Berlin stärker als in Ost-Berlin, wo die Kirchenkreise noch immer über die Stadtgrenzen nach Brandenburg hineinreichen.[53] Dies mag nicht nur als Ausdruck eines beharrenden Elements in der Kirche gelten, sondern wird auch ein Zeichen dafür sein, daß die Kirchengemeinden ihre spezifischen Bedürfnisse und Notwendigkeiten haben, die sich in kein vorgegebenes staatliches System pressen lassen, gerade auch in einer Zeit, die der Kirche keine Zuwachsraten beschert, wie sie zur Zeit der Peuplierungspolitik und später während der Industrialisierung zu verzeichnen waren.

[53] Die beigefügte Karte verzeichnet nur die innerhalb der Stadtgrenzen von 1920 gelegenen evangelischen Kirchen(gemeinden).

Pfarrgemeinden und Gemeindeorganisation der katholischen Kirche in Berlin bis zur Gründung des Bistums Berlin

FELIX ESCHER
Berlin

Der Ausgangspunkt der katholischen Kirchenorganisation in der preußischen Hauptstadt war dem der protestantischen Staatskirche grundsätzlich entgegengesetzt. Als Kirche zuwandernder Gruppen konnte man nicht auf einem bereits vorhandenen organisatorischen Fundament aufbauen. Dieser offenkundige Nachteil war freilich mit dem Vorteil verbunden, nicht auf gegebene Strukturen Rücksicht nehmen zu müssen. Die große organisatorische Leistung — innerhalb von nur zwei Generationen sollten aus drei Pfarreien[1] auf dem Gebiet der Einheitsgemeinde Berlin von 1920 ein halbes Hundert Seelsorgestationen werden — konnte nicht ohne äußere Hilfe vollbracht werden, zumal große Widerstände — vor allem während und nach dem Kulturkampf — zu überwinden waren.

I

Seit 1773, dem Jahr der Fertigstellung der St.-Hedwigskirche, bildete die Stadt Berlin einen einzigen katholischen Pfarrbezirk. Die Pfarrgerechtsame waren zugleich durch den König erteilt worden, was die wenigen Tausend Katholiken in der Stadt als großen Fortschritt ansehen mußten, konnte doch bis dahin der katholische Gottesdienst nur in der Enge der Gesandtschaftskapellen katholischer Mächte, des

[1] Zum Begriff siehe Stichwort *Pfarrei,* in: Josef Höfer/Karl Rahner (Hrsg.), *Lexikon für Theologie und Kirche,* Bd. 8, Freiburg i. Br. 1963, Sp. 398 ff.

kgl. Invalidenhauses und in anderen Provisorien abgehalten werden.[2] Die mit der Pfarrei verbundenen Akte — von der Taufe bis zum Begräbnis — hatten zuvor in der zuständigen evangelischen Ortspfarrei stattfinden müssen. Dieser Zustand blieb außerhalb des Berliner Weichbildes weiterhin bestehen. Als „Missionsgebiet" der Vikarie Niedersachsen waren die Kurmark und Pommern nicht in ein Pfarrsystem eingebunden. Gleichsam wie Inseln lagen hier die neben Berlin bereits im 18. Jahrhundert begründeten Pfarreien Spandau, Potsdam, Prenzlau, Frankfurt/Oder, Stralsund und Stettin, die jeweils ebenfalls auf das jeweilige städtische Weichbild beschränkt blieben, in Spandau aber mit Einschluß der Siedlung katholischer Lütticher Gewehrarbeiter auf dem „Gewehrplan"[3] in einer konfessionell anders geprägten Umgebung.

1812, als durch staatliche Verfügung eine Gemeindeverfassung nach evangelischem Muster eingeführt wurde,[4] besaß die Hedwigsgemeinde vier Geistliche, einen Propst[5] und drei Kapläne. Der Propst war in Personalunion Pfarrer und bischöflicher Delegat in Pommern sowie Ehrendomherr in Breslau gemäß der Rechte, die der Fürstbischof von Hildesheim dem Fürstbischof von Breslau übertragen hatte. Die Besoldung der Geistlichen geschah durch den preußischen König und erfolgte im wesentlichen aus der Säkularisationskasse in Breslau. Die staatliche Aufsicht über die katholische Kirche wurde vom Oberpräsidenten der Kurmark wahrgenommen.[6] Die Statuten der Hedwigsgemeinde blieben bis 1870 gültig, ungeachtet der Veränderungen, die die Ausgliederung des Berliner Delegaturbezirks aus dem apostolischen Vikariat Niedersachsen und die Übertragung der Jurisdiktionsgewalt

[2] Einen Überblick über die Geschichte liefert Bernhard Stasiewski, *Die katholische Kirche im Bereich des Bistums Berlin. Ein geschichtlicher Überblick,* Berlin 1938; Leo Jablonski, *Geschichte des fürstbischöflichen Delegaturbezirkes Brandenburg und Pommern,* 2 Bde., Breslau 1929; zu den Pfarrechten vgl. L. Jablonski, *a. a.* O., Bd. 1, S. 144 ff., u. Bd. 2, S. 52 ff.

[3] Vgl. Franz Kohstall, *Geschichte der katholischen Pfarrgemeinde Sankt Marien zu Spandau,* Spandau (1924).

[4] Gemeindeverfassung der St. Hedwigsgemeinde, abgedruckt in: L. Jablonski, *Geschichte ...* (wie Anm. 2), Bd. 1, S. 183 ff.

[5] Der Titel „Propst" war dem Pfarrer als ranghöchstem preußischen katholischen Militärgeistlichen verliehen worden.

[6] Vgl. § 36 (Besoldung) in der in Anm. 4 genannten Gemeindeverfassung. Die Zuordnung zum Oberpräsidium ergab sich analog zur Zuordnung in der evangelischen Kirche.

an den Fürsterzbischof in Breslau im Jahre 1821 mit sich brachten.[7] Die Zahl der Katholiken erhöhte sich rasch. Hatte Berlin 1816 7284 Katholiken (davon 2076 Militärpersonen) gezählt, waren es 1840 16 302 Katholiken (davon 5978 Militärpersonen) und 1858 20 813 Katholiken (davon 5860 Militärpersonen).[8] Diese Zunahme, die mit einer deutlichen prozentualen Verminderung des bis 1840 noch sehr starken Anteils der Militärpersonen, das heißt der Soldaten und ihrer Angehörigen, einherging, war nahezu ausschließlich auf den Zuzug, namentlich aus den Ostprovinzen Schlesien, Westpreußen, Posen und dem ostpreußischen Ermland zurückzuführen. Der Geburtenüberschuß innerhalb des katholischen Bevölkerungsanteils betrug zwischen 1840 und 1858 2300 Personen und blieb somit unbedeutend. Es waren zumeist Arbeiter, Dienstboten, kleine Handwerker und Gewerbetreibende, die nach Berlin kamen. In weit geringerer Zahl zogen auch Angehörige führender Familien als Hof- und Staatsbeamte, etwa die Fürsten Radziwill aus Posen oder die Grafen Schaffgotsch, in die Hauptstadt. Zu den Ministerialbeamten zählte etwa auch Joseph von Eichendorff. Geringer war der Zuzug aus dem Westen: Aus der Rheinprovinz und Westfalen wurden vor allem Fachleute für die junge Universität, die Ministerien, für Industrie, Handel und Gewerbe gewonnen.[9]

Einen wesentlichen Schritt zur institutionellen Verankerung der katholischen Kirche in Berlin bedeutete die als Kompromiß zwischen dem Heiligen Stuhl und Preußen erfolgte Festlegung des Delegaturbezirks Berlin in der Bulle „De salute animarum“ von 1821.[10] Das katholische Leben war von 1840 an durch eine enge Verbindung der Delegatur mit dem Breslauer Erzstuhl gekennzeichnet. So konnte Delegat Brinkmann (1838—1849) im Streit um die Mischehen in völliger Übereinstimmung mit dem Fürstbischof Melchior von Diepenbrock (1840—1853) handeln, nachdem dessen Vorgänger wegen seiner nachgebenden Haltung, die auch zum Konflikt mit dem Delegaten geführt hatte,

[7] Bulle *De salute animarum,* abgedruckt in: *Gesetz-Sammlung für die Königlichen Preußischen Staaten,* Berlin 1821, Nr. 12, S. 114—152.

[8] Richard Boeckh, *Ortschafts-Statistik des Regierungs-Bezirks Potsdam mit der Stadt Berlin. Bearbeitet im Auftrage der Königlichen Regierung zu Potsdam unter Beifuegung einer Historisch-Geographisch-Statistischen Uebersicht desselben Landestheils,* Berlin 1861, S. 71.

[9] Biographien in: Hans Warren, *Laien bauen am Bistum Berlin. Ein geschichtlicher Rückblick,* Berlin 1955.

[10] Wie Anm. 7.

abgelöst worden war.[11] Stärkung des katholischen „Milieus" und damit des inneren Zusammenhalts stand dabei im Mittelpunkt. Fürstbischof Robert Herzog (1882—1886) war von 1870 an bis zu seiner Ernennung zum Breslauer Oberhirten Delegat in Berlin. Für besondere Aufgaben in der Delegatur wurde Eduard Müller aus Glogau als Missionsvikar für Nauen und Fürstenwalde (von 1852 an) eingesetzt, das heißt gerade für jene Gebiete, die bis dahin nicht durch die bestehende katholische Pfarrorganisation erfaßt waren. Müller sah seine Aufgabe ebenfalls in der Stärkung des Milieus. Er organisierte unter anderem das katholische, zunächst über die Pfarrgremien hinausgehende Vereinswesen.[12]

Als 1862 der Delegaturbezirk nach dem Vorbild der Mutterdiözese in (vier) Archipresbyterate (Berlin, Potsdam-Spandau, Frankfurt/Oder und Stettin) aufgeteilt wurde, waren mithin bereits 43 Geistliche im Delegaturbezirk tätig.[13]

II

Mit 20 000 Seelen war die St. Hedwig-Gemeinde gegen Mitte des 19. Jahrhunderts viel zu groß geworden. Schon 1839 hatte der Seelsorger des kgl. Invalidenhauses versucht, in der aufstrebenden Oranienburger Vorstadt eine selbständige Gemeinde abzutrennen, zu einer Zeit, als im gleichen Einzugsbereich die vier protestantischen Schinkelschen Vorstadtkirchen entstanden. Doch erst 1860 war man erfolgreich: „Die katholische St. Sebastian-Gemeinde zu Berlin N wurde als kanonisch selbständige Gemeinde durch den Hochwürdigsten Herrn Fürstbischof Heinrich Förster mittels Urkunde vom 8. Dezember 1860 aus der St. Hedwig-Gemeinde ausgeschieden und begründet." Prinzregent Wilhelm von Preußen hatte mittels Kabinettsorder vom 8. Dezember 1860 genehmigt, „daß die katholischen Einwohner eines Teiles der nördlichen Vorstädte Berlins zu einer besonderen selbständigen katholischen Pfarrei bei St. Hedwig abgezweigt und der katholischen Kirche des kgl. Invalidenhauses *sub titulo Sancti Sebastiani* überwiesen wer-

[11] Zu den Berliner Vorgängen während des Mischehenstreits siehe L. Jablonski, *Geschichte* ... (wie Anm. 2), Bd. 2, S. 14.

[12] Vgl. Ernst Thrasolt, *Eduard Müller (1818—95). Der Berliner Missionsvikar. Ein Beitrag zur Geschichte des Katholizismus in Berlin, der Mark Brandenburg und Pommern*, hrsg. von Alfons Erb, Berlin 1953.

[13] Vgl. B. Stasiewski, *Die katholische Kirche* ... (wie Anm. 2), S. 37.

den", wie es in der Pfarrchronik heißt.[14] Die Kapelle des Invalidenhauses von 1748 wurde nun zur Pfarrkirche erhoben und der aus Leobschütz/Oberschlesien stammende, seit 1844 im Invalidenhaus tätige Geistliche Aloys Herrmann zum ersten Pfarrer für die ca. 5000 Katholiken des neuen Pfarrsprengels ernannt. Ein eigenes Kirchengebäude sollte die Gemeinde erst 1893 erhalten. Ein Ort, den die Gemeinde gegen Ende des Jahrhunderts für den ersten repräsentativen katholischen Kirchenbau im Berliner Norden zugewiesen erhielt, der Gartenplatz,[15] war bis 1837 die Hinrichtungsstätte der Stadt Berlin, der „Galgenplatz", gewesen.

Wie St. Sebastian im Norden verdankt auch St. Michael im Süden der Stadt ihren Ursprung der Militärseelsorge: 1851 bis 1856 war sie nach einem Entwurf von August Soller als katholische Garnisonkirche für 2500 Gläubige errichtet worden.[16] Nicht zuletzt aus städtebaulichem Interesse hatte sich König Friedrich Wilhelm IV. für einen repräsentativen Kirchenbau an dem an dieser Stelle zu einem Hafen, dem späteren Engelbecken, erweiterten Luisenstädtischen Kanal eingesetzt und ein Gnadengeschenk von 70 000 Talern für den Bau in Aussicht gestellt. Durch Sammlungen waren für den Bau weitere 20 000 Taler erbracht worden, doch konnte nur eine neuerliche königliche Unterstützung die Fertigstellung der Kirche ermöglichen. Am 16. Oktober 1861 wurde sie im Beisein des Königs konsekriert. Finanzielle Selbständigkeit erhielt die Gemeinde wegen der „großen Armut der Pfarrangehörigen" jedoch erst 1888.[17] Bis dahin waren Zuschüsse der Muttergemeinde St. Hedwig notwendig. Die Zahl der Pfarrkinder betrug zu diesem Zeitpunkt mehr als 20 000. Hier konnte die bereits im folgenden Jahr (1889) erfolgte Abtrennung der Arbeitervorstadt Rixdorf mit 2000 Seelen Abhilfe schaffen.[18]

[14] Zitiert nach: *125 Jahre St. Sebastian Berlin-Wedding 1860—1985*, (Berlin 1985), S. 6.

[15] Vgl. *a. a.* O., S. 8. Der Gartenplatz hieß bis 1861 „Gerichtsplatz"; vgl. Klaus Dettmer, *Wedding* (= Geschichte der Berliner Verwaltungsbezirke, Bd. 10), Berlin 1988, S. 61.

[16] Vgl. Bernhard Stasiewski, *Hundert Jahre St. Michael*, in: *Wichmann-Jahrbuch*, 17./18. Jg. (1963/64), S. 100—112; Maximilian Kaller, *Unser Laienapostolat. Was es ist und wie es sein soll*, 2. Aufl., Leutesdorf 1927.

[17] L. Jablonski, *Geschichte* ... (wie Anm. 2), Bd. 2, S. 273.

[18] *Ebda.*

In unmittelbarer Nachbarschaft von St. Michael und in gleicher hervorgehobener städtebaulicher Lage entstand von 1862 an als protestantisches Pendant die St. Thomaskirche.[19]

Die Aufgaben der Militärseelsorge waren, wie gezeigt wurde, bei der Entstehung der drei ältesten katholischen Pfarreien im Stadtgebiet — St. Hedwig, St. Sebastian und St. Michael — der Grund für finanzielle Unterstützung oder auch zur Duldung durch den preußischen Staat. Kirchlicherseits machte man gegen den Staat, der hieraus den Kirchenpatronat über St. Hedwig ableiten wollte, geltend, daß die Unterstützungen für die Kirchenbauten beziehungsweise deren Unterhaltung als Gnadenakte zu verstehen seien und die Zahlungen an die Pfarrer im Zusammenhang mit deren Berufung zum Militärpfarrer erfolge.[20] Im Falle von St. Sebastian, dessen Pfarrkirche im militärfiskalischen Invalidenhaus gelegen war und dessen Pfarrer ebenfalls als Militärseelsorger besoldet wurde, waren die Bindungen an den Staat zunächst noch enger, doch auch hier erkannte die Kirche das einseitig 1861 vom Staat postulierte Patronatsverhältnis nicht an. Erst durch ein Gerichtsurteil im Jahre 1903 wurde die Kirche gezwungen, entsprechende Rechte sowohl für St. Hedwig als auch für St. Sebastian anzuerkennen.[21]

Die Infragestellung von staatlichen Patronatsrechten hatte der katholischen Kirche in Berlin bis zu jenem Urteil innere Freiheit bewahrt, sie hatte jedoch zur Folge, daß der finanziell außerordentlich schwach ausgestattete Delegaturbezirk auch die Baulasten zu tragen und die Zivilgeistlichen zu besolden hatte. Nach der Trennung der Zivilgemeinde von der Kirche im Invalidenhaus wurde die Besoldung von 1876 an nicht mehr nur aus Mitteln des bei der Hedwigskirche verwalteten Invalidenhausfonds, sondern auch aus dem Legat eines verstorbenen Invalidenhauspfarrers, nämlich P. Augustin, zuvor Mönch in Neuzelle, bestritten.[22] Der Baugrund der 1890 bis 1893 errichteten Kirche auf dem Gartenplatz wurde von der Stadt Berlin aus städtebaulichen Gründen zur Verfügung gestellt. Der Bau selbst wurde zum Teil über Spenden finanziert.[23]

[19] Günther Kühne/Elisabeth Stephanie, *Evangelische Kirchen in Berlin,* Berlin 1978, S. 62 ff.

[20] Vgl. L. Jablonski, *Geschichte* ... (wie Anm. 2), Bd. 2, S. 56 ff., hier S. 60 ff.

[21] Vgl. *a. a. O.*, S. 69 ff.

[22] Vgl. *a. a. O.*, S. 69.

[23] Zum Bau der Kirche gab es auch ein königliches Gnadengeschenk in Höhe von 60 000 Reichsmark, vgl. L. Jablonski, *Geschichte* ... (wie Anm. 2), Bd. 1, S. 270; zu den

Aus eigener Kraft konnte die Pfarrorganisation nicht erweitert werden. Es bedurfte verschiedener Anstöße von außen. So hatte der 1865 verstorbene Wirkl. Geh. Oberregierungsrat und Direktor im preußischen Ministerium der Geistlichen Angelegenheiten, Dr. Mathias Aulike, in seinem Testament 20 000 Taler zur Errichtung einer Seelsorgestelle „in der Gegend des Potsdamer Tores zwischen Berlin und der auf Schöneberg zuführenden Richtung" hinterlassen. Zugleich wünschte er, daß diese Kirche durch Geistliche seiner Heimatdiözese Münster besetzt werden sollte. Die Wünsche Aulikes sollten erfüllt werden. Das erste Gotteshaus konnte bereits 1868 an der Potsdamer Straße geweiht werden. 1895 bezog man den Neubau St. Matthias auf dem Winterfeldplatz.[24] Dort sollten Persönlichkeiten wie Clemens August Graf von Galen (1919—1929) und Albert Coppenrath aus Oelde (1929—1945) tätig werden. Galen war zuvor (1906—1911) Kaplan in St. Matthias gewesen, wie auch der aus Cloppenburg gebürtige Heinrich Wienken (1912—1921), der 1961 als Bischof von Meißen in Berlin starb. Der Münsteraner Joseph Deitmer, der 1893 Kuratus, später Pfarrer und von 1920 an fürstbischöflicher Delegat war und als erster nach der Reformation in Berlin konsekrierter Weihbischof tätig wurde, hatte 1892 ebenfalls als Kaplan in St. Matthias gewirkt.

Aulike gehörte zu den hohen Ministerialbeamten, denen der Berliner Katholizismus wesentliche Impulse verdankt. Grundbesitz und Vermögen der Kirche konnten durch den Einsatz einiger dieser Beamten über die Zeit des Kulturkampfes hinaus gerettet werden,[25] wenn an den weiteren Ausbau der Pfarrorganisation während des Streites auch nicht zu denken war. Es war zugleich die Zeit der verstärkten staatlichen Bemühungen um das Patronatsrecht über die katholischen Pfarreien.

Der innere Ring der Pfarreien um St. Hedwig, der im Norden mit St. Sebastian, im Süden mit St. Michael, im Westen mit St. Matthias begonnen worden war, konnte erst Neujahr 1889 mit der Erhebung der

Spenden siehe Eduard Cortain, *Das katholische Berlin. Der Besitzstand unserer hl. Kirche in der Reichshauptstadt,* (Berlin 1906), S. 12.

[24] Gebhard Streicher/Erika Drave, *Berlin, Stadt und Kirche. Eine Veröffentlichung des Bischöflichen Ordinariats Berlin (West),* Berlin 1980, S. 194; Albert Coppenrath, *Unsere St. Matthias Pfarrei im Wandel der Zeiten. Ernstes und Heiteres in Wort und Bild,* Berlin 1938.

[25] Allgemein: Johannes B. Kißling, *Geschichte des Kulturkampfes im Deutschen Reiche,* 3 Bde., Freiburg 1911—1916. Eine Darstellung des Kulturkampfes für das Bistum Breslau fehlt noch immer; zur Berliner Gruppe vgl. H. Warren, *Laien bauen ...* (wie Anm. 9), S. 24 ff.

seit 1870 als Filiale von St. Hedwig eingerichteten Seelsorgestelle Herz Jesu zur selbständigen Kuratie[26] geschlossen werden. Im Falle dieser Gemeinde lag kein staatliches Interesse, geschweige denn die Möglichkeit einer Finanzierung durch den Staat vor. Hier mußte vielmehr aus kleinsten Anfängen der Weg von der unselbständigen Filiale über die Kuratie zur selbständigen Pfarrei gegangen werden. Der Arbeiterbevölkerung des Berliner Nordostens konnte keine große Belastung aufgebürdet werden. So blieb das Gotteshaus sehr bescheiden: „Die neue Gemeinde zählt circa 22000 Seelen. Sie hat eine Kapelle, welche höchstens 600 Andächtige fassen kann, so daß an Sonntagen sehr viele vor der Kapelle bei offenen Thüren und unter den Augen Andersgläubiger, bei schlechtem Wetter ohne Schutz ihre Andacht verrichten müssen. Die Kapelle ist aus Fachwerk gebaut, baufällig und — die heiligen Gegenstände weggedacht — einem Schafstall weit ähnlicher als einem Gotteshaus."[27]

Durch den anhaltenden Zuzug katholischer Bevölkerungsgruppen hatte sich die kirchliche Situation nicht verbessert, sondern im Gegenteil eher verschlechtert.[28] Die jungen Tochterpfarreien verfügten bald über höhere Zahlen von Pfarrangehörigen als die alte Mutterkirche St. Hedwig vor der Angliederung. Das Problem der „Kirchennot" in Berlin zeigte sich daher für die katholische Kirche in seiner ganzen Schärfe. Es fehlten sowohl Geistliche als auch Kirchenbauten. Man stellte gegen Ende der achtziger Jahre fest, daß in Berlin ein Geistlicher fünfzehnmal mehr Seelen zu versorgen hatte als im Bistum Eichstätt, zehn- bis vierzehnmal mehr als in den Bistümern Augsburg, Hildesheim, Metz, Posen, Rottenburg und Straßburg, fünf- bis neunmal mehr als in den Bistümern Würzburg, Münster, Osnabrück, Regensburg, Fulda, Paderborn, Freiburg, Mainz, Limburg, Köln und Ermland, drei- bis viermal mehr als in den übrigen Diözesen.[29] Der empfindliche Priestermangel in der Diözese Breslau[30] hatte dazu geführt, daß man zeitweilig an eine stärkere Beteiligung der Ordensgeistlichkeit an der Seelsorge

[26] *Vicaria perpetua*, vgl. *Lexikon für Theologie und Kirche* ... (wie Anm. 1).

[27] Winfridus [Pseudonym], *Die Kirchennot der Katholiken in Berlin. Ein Beitrag zur Lösung dieser Frage*, Paderborn 1889, S. 19f.

[28] In Berlin lebten 1887: 113617 Katholiken, davon waren ca. 55000 in St. Hedwig eingepfarrt; siehe L. Jablonski, *Geschichte* ... (wie Anm. 2), Bd. 1, S. 224.

[29] Nach L. Jablonski, *a. a. O.*, Bd. 1, S. 226; absolute Zahlen bietet Winfridus, *Die Kirchennot* ... (wie Anm. 27), S. 37.

[30] Vgl. L. Jablonski, *Geschichte* ... (wie Anm. 2), Bd. 1, S. 225 u. 228.

dachte. Der Kulturkampf, der die beiden damals in Berlin tätigen Männerorden, Dominikaner und Franziskaner, zur zeitweiligen Aufgabe ihrer Niederlassungen zwang und jede weitere Ansiedlung von Ordensleuten unmöglich machte, ließ diese Pläne unausführbar werden. Der zukünftige Ausbau, so wurde entschieden, sollte mit Hilfe von Weltgeistlichen vonstatten gehen. Lediglich für die 1867 gegründete und nach dem Kulturkampf 1887 wieder besetzte Dominikanerniederlassung in Moabit, in der während der zwangsweisen Aufhebung des Klosters wegen des großen Priestermangels nur zeitweise Weltpriester wirken konnten, nahm man 1889 das Angebot des Ordens an, die Seelsorge in der Gemeinde durchzuführen. Die Pfarrgerechtsame lag bei St. Sebastian.[31]

Zur Behebung der Kirchen- und Priesternot in Berlin, das zu diesem Zeitpunkt bereits mehr Katholiken als die Bistümer Fulda und Hildesheim zählte,[32] wurden zahlreiche Vorschläge gemacht. Auch die Idee der Schaffung eines eigenständigen Bistums kam auf,[33] wurde aber angesichts des massiven Widerstandes der protestantischen Mehrheit sowie des preußischen Staates nicht weiter verfolgt. Unter dem Pseudonym „Winfridus" schlug ein gut informierter Geistlicher des Delegaturbezirks vor, daß alle Katholiken des Reiches aufgerufen seien, durch finanzielle Beiträge und durch Hinwirken auf die Behebung des Priestermangels die Not zu lindern. Die moralische Verpflichtung des Staates zur Hilfe wurde dabei ebenfalls betont.[34] Man möchte an den Delegaten Joseph Jahnel (1888—1897), der in vielfältiger Weise zur Behebung der mißlichen Zustände beitrug, als Verfasser denken.[35]

Noch in der 36. Generalversammlung der Katholiken Deutschlands 1889 war freilich unter Hinweis auf das Beispiel Bochum darauf hingewiesen worden, daß Berlin sich selbst helfen müsse.[36]

[31] Vgl. *a. a.* O., S. 285; Else Budnowski, *Die ersten Jahrzehnte des Dominikanerklosters St. Paulus in Berlin Moabit*, in: *Wichmann-Jahrbuch*, 7. Jg. (1953), S. 68—80.

[32] Vgl. L. Jablonski, *Geschichte* ... (wie Anm. 2), Bd. 1, S. 227.

[33] Vgl. *a. a.* O., S. 226, nach „Akten der fürstbischöflichen Delegatur betr. Priesternot in Berlin".

[34] Vgl. Winfridus, *Die Kirchennot* ... (wie Anm. 27), S. 48 ff.

[35] Zur Person vgl. P. Rothe SJ, *Prälat Joseph Jahnel (1834—1897)*, in: Bernhard Stasiewski (Hrsg.), *Beiträge zur schlesischen Kirchengeschichte. Gedenkschrift für Kurt Engelbert*, Köln-Graz 1969, S. 506—510; Georg Banasch, *Vom Delegaturbezirk zum Bistum Berlin. Historischer Rückblick und persönliche Erinnerungen*, in: *Wichmann-Jahrbuch*, 7. Jg. (1953), S. 81—107, bes. S. 86.

[36] Nach Winfridus, *Die Kirchennot* ... (wie Anm. 27), S. 59 ff.; nicht enthalten in:

Die Berliner Kirchennot in das Bewußtsein aller Katholiken des Reiches zu bringen, war erfolgreich, da viele Katholiken, man sprach von 40 Prozent zum Beispiel, zumindest zeitweise Angehörige in Berlin hatten. Im Bistum Ermland, das zahlreiche Diözesanen im Zuge der großen Binnenwanderung des 19. Jahrhunderts an Berlin und das Ruhrgebiet abgab, konstituierte sich ein Komitee mit dem Zweck der Sammlung milder Gaben zur Linderung der Berliner Kirchennot.[37]

„Blutet euch, teuerste Glaubensgenossen, die ihr alle Sonn- und Festtage einen geordneten feierlichen Gottesdienst habt, blutet euch nicht das Herz, wenn ihr denkt, daß diese eure Landsleute, eure Glaubensgenossen, fremd und verlassen in dieser riesengroßen Stadt auch nicht einmal religiösen Trost finden können?“, heißt es in einem von Jahnel verfaßten Spendenaufruf in der *Germania* von 1888.[38] Bis 1894 konnten so 376 146,43 Goldmark gesammelt werden. Mit diesen Mitteln wurden neben dem Neubau von St. Pius die Kirchenbauten im Nordosten Berlins (Herz-Jesu) und im Südwesten (St. Bonifatius) sowie von Rixdorf, Steglitz, Reinickendorf, Weißensee und Köpenick unterstützt. Schon zuvor war in den östlich an Berlin angrenzenden Arbeitervierteln mit dem Bau von St. Mauritius begonnen worden. Vor allem die Pfarrer der jungen Gemeinden, etwa Deitmer in Steglitz, zeichneten sich bei der Beschaffung von Mitteln zum Kirchenbau in besonderer Weise aus. Deitmer stellte aufgrund der dabei gemachten Erfahrungen die Behauptung auf, daß die Berliner Kirchen „mit den Groschen der Armen, der Dienstmädchen“ gebaut worden seien.[39] Das Engagement der Laien in den neuen Gemeinden, etwa des Maurers Haendly, der 1880 auf eigene Kosten eine erste Kapelle in Rixdorf errichtete, darf freilich nicht vergessen werden.[40]

Die Berliner Herz-Jesu-Pfarrei (1887) wie auch St. Bonifatius waren Töchter von St. Hedwig. Die alte Mutterpfarrei zählte vor diesen Abtretungen bereits wieder 55 000 Seelen.[41] Mit 32 000 Pfarrangehöri-

Erwin Gatz, *Akten der Fuldaer Bischofskonferenz*, Bd. 2: *1888—1899* (= Veröffentlichungen der Kommission für Zeitgeschichte, Reihe A: Quellen, Bd. 27), Mainz 1979.

[37] Vgl. Winfridus, *Die Kirchennot* ... (wie Anm. 27), S. 62.

[38] Text in: *a. a. O.*, S. 63 f., und in: G. Banasch, *Vom Delegaturbezirk* ... (wie Anm. 35), S. 86.

[39] Vgl. G. Banasch, *a. a. O.*, S. 87.

[40] Vgl. L. Jablonski, *Geschichte* ... (wie Anm. 2), Bd. 1, S. 308, der Eigenbeitrag der Gemeinden bestand in der Regel in einer — mitunter hohen — Verschuldung.

[41] Zu den Tochterpfarreien von St. Hedwig vgl. *a. a. O.*, S. 269 ff.

gen bedurfte auch St. Sebastian[42] 1895 dringend weiterer Entlastungen: Bis 1914 sollten noch neben der Dominikanerpfarrei St. Paulus weitere fünf Pfarreien (St. Joseph, St. Aloysius, St. Robert, St. Petrus und St. Laurentius) von der Mutterpfarrei gelöst werden, und bis zur Gründung des Bistums Berlin im Jahre 1930 traten noch weitere zwei Pfarreien (St. Adalbert und St. Ansgar) hinzu. In der Pfarrei St. Pius[43] kam es mit der Gründung von Corpus Christi und St. Antonius und in Herz-Jesu[44] mit St. Augustinus und Heilige Familie bis 1930 zu mehrfachen Teilungen, während St. Hedwig lediglich noch die durch eine ansehnliche Stiftung mit einem prächtigen Kirchenbau versehene Liebfrauengemeinde im Südosten des späteren Bezirks Kreuzberg abtrat. Der Stadtkern um St. Hedwig wurde nun mehr und mehr zur City, die durch einen Rückgang der Wohnbevölkerung gekennzeichnet war. Freilich blieb die Pfarrei noch immer räumlich sehr ausgedehnt. Es bedurfte weiterer Pfarrstützpunkte, etwa St. Clemens[45] am Anhalter Bahnhof und St. Maria Viktoria[46] in der Karlstraße, um den seelsorgerischen Aufgaben gerecht werden zu können. St. Clemens hatte einen Ursprung in dem am Anhalter Bahnhof gelegenen Gesellenheim, die Kirche wurde 1911 geweiht; St. Maria Viktoria entwickelte sich aus der 1910 errichteten Kapelle des 1887 gegründeten Dominikanerinnenkrankenhauses. Beide Stützpunkte erhielten den Rang von Kuratien.

Eduard Cortain, Pfarrer von St. Sebastian, konnte 1906 feststellen, daß seit 1889 viel zur Linderung der Kirchennot geschehen sei: Acht Pfarreien bestanden bereits, und mit St. Bonifatius im Süden und St. Joseph im Wedding waren weitere Pfarrgründungen in den rasch wachsenden Arbeitervierteln des „Wilhelminischen Wohnringes" in die Wege geleitet worden.[47] Die Hilfe des Bonifatiusvereins hatte in der zweiten Hälfte der neunziger Jahre die Entwicklung entscheidend beeinflußt. 1898 wurde in einem Rechenschaftsbericht festgestellt, daß mit der unter anderen in der *Kölnischen Volkszeitung* eröffneten Subskription drei neue Kuratien (Neu-St. Sebastian, Alt-St. Matthias und Liebfrauen) sowie zehn selbständige Kuratien entstanden seien.[48]

[42] Vgl. *a. a. O.*, S. 282 ff.
[43] Vgl. *a. a. O.*, S. 290 ff.
[44] Vgl. *a. a. O.*, S. 292 ff.
[45] Vgl. G. Streicher/E. Drave, *Berlin* ... (wie Anm. 24), S. 278.
[46] Vgl. L. Jablonski, *Geschichte* ... (wie Anm. 2), Bd. 1, S. 281.
[47] E. Cortain, *Das katholische Berlin* ... (wie Anm. 23), S. 3.
[48] Nach L. Jablonski, *Geschichte* ... (wie Anm. 2), Bd. 1, S. 229.

Durch das Legat eines Wiesbadener Architekten in Höhe von 500 000 Goldmark konnte die letztgenannte Kirche besonders aufwendig gebaut werden.[49] Ein erster Kreis der Pfarreien um St. Hedwig war bereits geschlossen und der zweite Kreis, etwa in Höhe der Ringbahn, in Angriff genommen worden. Der Preis war allerdings hoch: Zugunsten Berlins und seiner Vororte mußte die Besetzung von Pfarrstellen in weiten Bereichen der Delegatur zurückstehen, etwa in Schivelbein, Bergen, Wittstock, Fehrbellin und Bernau.[50]

1899 zog man die organisatorischen Konsequenzen aus der raschen Entwicklung, indem man das Archipresbyterat Berlin auf die Stadtpfarreien beschränkte und für den sich rings um die Stadt herumziehenden Vorortbereich eine neues Archipresbyterat Charlottenburg mit den Pfarreien Charlottenburg, Köpenick, Friedrichsberg-Lichtenberg, Weißensee, Reinickendorf, Rixdorf, Tempelhof, Velten und Wilmersdorf schuf.[51]

Trotz aller dieser Anstrengungen gab es auch 1900 noch Riesenpfarreien, so besaßen:[52]

St. Hedwig	30 534 Seelen	3 Geistliche
St. Bonifatius	10 495 Seelen	2 Geistliche
Herz Jesu	26 857 Seelen	3 Geistliche
St. Marien (Liebfrauen)	12 177 Seelen	3 Geistliche
St. Michael	21 255 Seelen	3 Geistliche
St. Pius	31 338 Seelen	4 Geistliche
St. Sebastian	27 060 Seelen	4 Geistliche
St. Paulus	18 770 Seelen	2 Geistliche

Als 1920 die Einheitsgemeinde Berlin entstand, wurden aus der bisherigen Stadtgemeinde die sechs Innenstadtbezirke (Mitte, Wedding, Prenzlauer Berg, Friedrichshain, Kreuzberg und Tiergarten) gebildet. In diesem Bereich war die Pfarrentwicklung weitgehend abgeschlossen. Lediglich im Gebiet von St. Hedwig wurde noch die Kuratie St. Agnes (1924) gegründet, und der südliche Teil der Pfarrei St. Michael wurde zu einer Kuratie um die nach dem Ersten Weltkrieg weitgehend funktionslos gewordene, 1894 erbaute Garnisonkirche St. Johannes Baptist

[49] Vgl. G. Streicher/E. Drave, *Berlin* ... (wie Anm. 24), S. 268.

[50] Vgl. L. Jablonski, *Geschichte* ... (wie Anm. 2), Bd. 1, S. 226.

[51] Vgl. *a. a. O.*, S. 232. Jablonski hielt die Gestalt des sich ringförmig um die Kernstadt hinziehenden Archipresbyteriats Charlottenburg für unglücklich.

[52] Zahlen nach: *Das Bistum Berlin*, hrsg. von der Archivgesellschaft für kirchliche und caritative Monographien der Bistümer, Berlin 1932, S. 32.

zusammengefaßt. Wie das Wachstum der Stadt allgemein, hatte der Ausbau des Pfarrnetzes sich in die ehemaligen Vororte verlagert.

III

Im 18. und frühen 19. Jahrhundert bestanden im weiteren Bereich um das spätere Groß-Berlin neben der Pfarrei St. Hedwig allein die Pfarren Potsdam und Spandau. In der selbständigen Stadt Charlottenburg wurden von 1845 an katholische Gottesdienste gehalten und 1863 eine Pfarrei eingerichtet, die 1877 als Herz-Jesu-Kirche benediziert werden konnte. Delegat Herzog weihte die Kirche während des Kulturkampfes gegen vier Uhr morgens bei verschlossener Tür. Zuvor hatte die Kapelle des Klosters der Schwestern vom Guten Hirten, die dort von 1853 an ein Heim für gefährdete und gefallene Mädchen unterhielten, als gemeindlicher Mittelpunkt gedient.[53] Charlottenburg wurde 1899 auch Sitz des neuen Archipresbyterates für die Berliner Umlandgemeinden.

Die Errichtung eines zweiten Ringes um St. Hedwig hatte mit den Gründungen von Gemeinden in Rixdorf und Weißensee 1889 begonnen, er wurde ergänzt durch die Kirchenbauten in Tempelhof 1890, Friedrichsberg (Boxhagen-Rummelsburg) 1891, Schöneberg, Steglitz und Reinickendorf-Oranienburg 1892 und mit der neuen Kirche in Wilmersdorf 1897 geschlossen.[54]

Deutsch-Wilmersdorf, das in wenigen Jahrzehnten von einer Landgemeinde von circa 1000 Einwohnern (1860) zu einer Großstadt (1907: 100 000 Einwohner) anwuchs, kann stellvertretend für die Bevölkerungsentwicklung des weiteren Berliner Raumes und für die Entwicklung der katholischen Pfarrorganisation stehen. Am 29. Juni 1897, dem Fest der Hll. Apostel Petrus und Paulus, weihte der fürstbischöfliche Delegat Kleineidam in der mit circa 17 000 Einwohnern recht stattlichen Landgemeinde (Deutsch-)Wilmersdorf die erste katholische Kirche auf einem der repräsentativsten Plätze der aufstrebenden Vorortgemeinde, dem Straßburger und heutigen Ludwigkirchplatz.

Der Ausbau der katholischen Diasporakirche wurde von evangelischer Seite nicht ohne Sorge betrachtet. Das Gespenst einer katholischen Überfremdung wurde mehr als einmal an die Wand gemalt. Auch

[53] Dazu grundlegend: Eleonore Liedtke, *Die Überwindung der Diaspora. Die Entwicklung der katholischen Kirche in Charlottenburg (I)*, in: *Mitteilungen des Vereins für die Geschichte Berlins*, 76. Jg. (1980), S. 190—201.

[54] Vgl. L. Jablonski, *Geschichte* ... (wie Anm. 2), Bd. 1, S. 230.

die neue Kirchengründung in Wilmersdorf war hiervon betroffen. Es war vor allem der Name der Kirche, St. Ludwig, der Anstoß erregte. „Am Straßburger Platz wird gegenwärtig an einer weiteren katholischen Kirche gebaut, und zwar soll diese bestimmt werden dem Gedächtnis Ludwig Windthorsts. Man hat diese Kirche, wenn von ihr in protestantischen Kreisen die Rede war, scherzhafterweise Ludwig-Windthorst-Kirche genannt, aber es ist doch bitterer Ernst...", hieß es in der Lokalpresse. „Wir werden es in einiger Zeit erleben, daß wir neben Pius IX. auch noch Ludwig Windthorst ... unter den katholischen Heiligen finden werden und ihm zu Ehren wird bereits die zu weihende Kirche gebaut... Sie (die Katholiken) treiben die Menschenvergötterung so weit, daß jeder gewärtigen kann, sich noch unter die Heiligen versetzt zu sehen." Der Artikel aus dem Jahre 1895 schließt mit den Worten: „... daß man uns gerade solches in Berlin zu bieten wagt, darf nicht vergessen werden."[55]

Ludwig Windthorst, der 1891 im St. Hedwigs-Krankenhaus in Berlin verstorbene Gegenspieler Bismarcks, war in der Tat an der Gründung dieser Kirche beteiligt. Als Abgeordneter des Reichstages wohnte er während der Berliner Aufenthalte in Wilmersdorf. Im Zusammenwirken mit der Wilmersdorfer Terraingesellschaft, die das Gelände um den zukünftigen Kirchplatz als Bauland erschloß, sorgte er für die Einbeziehung des Kirchenbaus in die Planung.

Wie rasch man die Pfarrorganisation in den westlichen Vororten ausbaute, zeigt der Vergleich mit der Entwicklung der Pfarreien der evangelischen Kirche. In der Ortsgemeinde Wilmersdorf gab es 1897, im Jahr der Weihe der katholischen Kirche, für die ungleich größere Anzahl von evangelischen Gemeindemitgliedern (15 000 Protestanten gegen circa 1000 Katholiken) nur eine Kirche. Diese Kirche, die heutige Auenkirche an der Wilhelmsaue, ersetzte von 1898 an die an der gleichen Stelle seit Jahrhunderten bestehende kleine Dorfkirche. Als 1910 am Hochmeisterplatz eine zweite evangelische Gemeinde in der inzwischen über 100 000 Einwohner zählenden Großstadt Wilmersdorf entstanden war, hatte man bereits mit der Planung zu einem weiteren katholischen Gotteshaus, der 1912 geweihten Heilig-Kreuz-Kirche an der Hildegardstraße, begonnen.[56]

[55] *A. a. O.*, S. 231. Als Beispiel antikatholischer Ressentiments vgl. Georg Arndt, *Das Vordringen Roms in Berlin und der Mark Brandenburg*, 4. Aufl., Berlin 1930.

[56] Zur Kirchenentwicklung in Wilmersdorf jetzt Karl-Heinz Metzger, *Kirchen, Moschee und Synagogen in Wilmersdorf*, Berlin 1986, S. 30f. (Auenkirche), S. 47ff. (Hochmeisterkirche), S. 54ff. (Heilig-Kreuz).

Wie in der Berliner Kirche war auch in den Vororten die Aufteilung der Riesengemeinden ein zweiter Schritt, der — wie die Kirchengründungen der Vororte allgemein — gegenüber der Kernstadt zeitlich um ein bis zwei Jahrzehnte versetzt erfolgte.

„Als der neue Pfarrer von Charlottenburg zum ersten Male seine Riesenpfarrei von etwa 36 000 Seelen durchwandert hatte und nach stundenlangem Marsch zu seiner Kirche zurückkehrte, sagte er sich: Dieses Kirchlein soll also der religiöse Mittelpunkt für ein ganzes Armeekorps von Katholiken sein? Dabei liegt in dieser Pfarrei noch eine zweite eigene Pfarrei, die Gemeinde der Kranken, dort oben am Spandauer Berg, das städtische Krankenhaus Westend mit 100 Betten, auf der Kirchstraße das ehemalige Krankenhaus der Stadt Charlottenburg, auf der Sophie-Charlotten-Straße und Pulsstraße das Bürgerhaus, das Auguste-Viktoria-Haus zur Bekämpfung der Säuglingssterblichkeit, das Entbindungshaus, das Kinderheim, auf der Berliner Straße die Edelsche Anstalt mit 400 Insassen, gegenüber der Augenklinik der Grauen Schwestern ein Sanatorium und dann eine Menge Privatkliniken, verborgen auf den großen Höfen der Berliner und Bismarckstraße. Diese große Gemeinde der Kranken und Alten verlangt nach einem eigenen Pfarrer. Wo nehmen wir den her?“[57]

Der Pfarrer und Verfasser dieser Zeilen war der 1913 nach Charlottenburg berufene Bernhard Lichtenberg. Er beschloß, die geistlichen Orden stärker zur Seelsorgarbeit heranzuziehen. Weihnachten 1914 feierte ein Angehöriger des Kamillianerordens in einer Schulaula die Messe und leitete damit die Gründung der Pfarrei St. Kamillus ein. Im gleichen Jahr war es auch dem Jesuitenorden möglich, in Charlottenburg eine feste Niederlassung und damit verbunden die erste katholische höhere Knabenschule nach der Reformation zu gründen. Von 1921 an versahen die Jesuiten die Kuratie St. Canisius. Für die höhere Mädchenschule zog Lichtenberg die „Schwestern Unserer Lieben Frau“ heran. Für die projektierte Pfarrkirche im Westen gewann er die Steyler Missionare, die 1923 die Heilig-Geist-Kuratie übernahmen. In deren unmittelbarer Nachbarschaft entstand 1937 die Niederlassung der ebenfalls auf Arnold Janssen zurückgehenden Kongregation der Steyler Anbetungsschwestern, der „Dienerinnen des Heiligen Geistes von der Ewigen Anbetung“. Im St. Hildegard-Krankenhaus wirkten die Steyler Missionsschwestern.[58]

[57] Zitiert aus: E. Liedtke, *Die Überwindung* ... (wie Anm. 53), S. 195.

[58] Vgl. *a. a.* O., S. 196 ff.

Weitere Kirchengründungen, die auf Lichtenbergs Pläne zurückgehen, sind St. Thomas (die Pfarrkirche des Charlottenburger Hochschulviertels, 1922) und die Kapelle Mariae Himmelfahrt von 1926. Nachdem auch er erleben mußte, daß der Ausbau der katholischen Pfarrorganisation mitunter behindert wurde, ließ er sich, wie er betonte, aus seelsorgerischen Gründen als Vertreter des Zentrums in die Stadtverordneten- und Bezirksversammlung wählen.[59] Im Gegensatz zu dem zu gleicher Zeit in Berlin wirkenden Carl Sonnenschein blieb Lichtenberg jedoch der gemeindlichen Seelsorge verbunden.

In der Zeit nach 1918, als ein Rückfall in Kulturkampfzeiten nicht mehr zu befürchten war, wurden auch außerhalb Charlottenburgs Männerorden in der Seelsorge tätig,[60] so von 1927 an die Herz-Jesu-Missionare in St. Fidelis in Berlin-Tempelhof, die Augustiner-Eremiten in der Kuratie St. Rita in Berlin-Reinickendorf und seit 1930 die Salvatorianer in der Kuratie St. Salvator in Berlin-Schmargendorf. Die in der Zeit des Kulturkampfes aus Berlin vertriebenen Franziskaner widmeten sich von ihrer Niederlassung in Berlin-Pankow aus der Aushilfe in der Seelsorge, während die Jesuiten, die bis zum Ausbruch des Ersten Weltkrieges unter besonderer polizeilicher Observation standen und 1913 im Zusammenhang mit einer Volksmission einen Zusammenstoß mit dem Berliner Polizeipräsidenten v. Jagow hatten,[61] 1919 zusätzlich die Kuratie St. Clemens am Anhalter Bahnhof übernahmen.

Weibliche Orden waren nach der Rücknahme der Kulturkampfgesetze in vielfältiger Weise in die Pfarrarbeit integriert. Die Zahl der weiblichen Ordensangehörigen im Gebiet der Delegatur wurde für 1928 mit 1044 Schwestern in 109 Ordensgesellschaften beziffert.[62] Wie bei den männlichen Ordensgesellschaften war auch hier die weit überwiegende Zahl der Ordensfrauen in Berlin und seinen Vororten tätig.

[59] Vgl. *a. a. O.*, S. 192f.

[60] Zusammenfassend zum Problemkreis: Joachim Lachmann, *Die männlichen Orden und Kongregationen der katholischen Kirche. Ihre Entwicklung in den Provinzen Preußens von 1815 bis zum Ausgang des 3. Jahrzehnts des 20. Jahrhunderts*, Berlin 1935; Aufstellung für Berlin nach Walter Wendland, *Die Entwicklung der katholischen Kirche in Berlin bis 1932*, in: *Jahrbuch für brandenburgische Kirchengeschichte*, 30. Jg. (1935), S. 3—87, hier S. 80.

[61] Näheres dazu: L. Jablonski, *Geschichte* ... (wie Anm. 2), Bd. 2, S. 308.

[62] Wie Anm. 60.

IV

Ein großes Problem für die Arbeit der Diasporaseelsorge bildete die genannte „Mischehenfrage".[63] Von 1901 bis 1905 kamen auf 100 rein katholische Eheschließungen 306 gemischte Ehen. Auf dem Land war das Verhältnis noch ungünstiger. Der katholische Ehepartner war — nicht zuletzt unter dem Eindruck des Kulturkampfes, wo die Kirche als rückständig und untragbar denunziert wurde — in der Regel der schwächere Teil. Hinzu kam, daß die meisten Mischehen zwischen protestantischen Männern und katholischen Frauen geschlossen wurden; nach der bestehenden Rechtslage bestimmte der Mann die konfessionelle Erziehung der Kinder. Nur wenige Mischehenpaare wurden überhaupt katholisch getraut. In der Pfarrei St. Matthias wurden im Zeitraum zwischen 1886 und 1890 von 227 Kindern aus Mischehen nur 50 katholisch getauft. Um 1900 wird festgestellt, daß die Kirche in Berlin durch Mischehen mehr Gläubige verliert, als sie in ganz Preußen gewinnt. Die Überwindung der Diaspora, der Ausbau der Pfarrorganisation und der katholischen Vereinigungen sind auch unter diesen Gesichtspunkten stark vorangetrieben worden: Die geselligen Vereinigungen nahmen innerhalb des Berliner katholischen Vereinswesens eine besondere Rolle ein. In den zwanziger Jahren ist eine Veränderung festzustellen. In den 3000 Mischehen der Pfarrei St. Michael wurde die religiöse Kindererziehung wesentlich stärker von der Mutter getragen: Über 50 Prozent der Kinder aus Mischehen mit einer katholischen Mutter wurden katholisch getauft, hingegen nur circa 25 Prozent der Kinder mit katholischem Vater.[64]

Die Erfolge der Arbeiterbewegung, die nicht zuletzt wegen der Befürwortung der Feuerbestattung katholischerseits bekämpft wurde, brachten schwere Einbrüche in das katholische Leben Berlins. So fanden 1915 in der Arbeiterpfarrei St. Michael bei 279 bekannt geworde-

[63] Vgl. zum folgenden: L. Jablonski, *Geschichte*... (wie Anm. 2), S. 165 ff. Die Kirche bestand auch weiterhin auf der katholischen Eheschließung, eine Haltung, die W. Wendland, *Die Entwicklung*... (wie Anm. 60), vom protestantischen Standpunkt aus „charaktervoll" nannte. 1878 hatte Delegat Herzog für die Verkündigung des Tridentinums im Delegaturbezirk Sorge getragen, später wurde die clandestine Mischehe (gemäß *Declaratio Clementina*) anerkannt.

[64] Zum Mischehenproblem in der Pfarrei St. Matthias vgl. L. Jablonski, *Geschichte*... (wie Anm. 2), Bd. 2, S. 191; in der Pfarrei St. Michael: M. Kaller, *Unser Laienapostolat* ... (wie Anm. 16), S. 31 ff.

nen Todesfällen nur 102 kirchliche Beerdigungen statt, in der „bürgerlichen“ Pfarrei St. Matthias im gleichen Jahr hingegen bei 248 Todesfällen 230 Bestattungen.[65] Es war der 1917 zum Pfarrer von St. Michael berufene Maximilian Kaller, der sich in besonderer Weise für die Lösung der vielfältigen Probleme, die seine Gemeinde bedrängten, einsetzte. Er verstärkte die Jugend- und Altenarbeit, führte Schul- und Armenspeisungen ein und förderte den Zugang zu geistlichen Berufen. In Fronleichnamsprozessionen zeigte sich die Kirche auf der sonst politischen Gruppierungen überlassenen Straße. In der Kirche wurden Alten- und Krankentage und Volksmissionen eingeführt. Die Leitung des Pfarr-, Küster- und Caritasbüros wurde den Marienschwestern übergeben. Zentrales Anliegen des Oberschlesiers Kaller, der 1926 zum Apostolischen Administrator der Prälatur Schneidemühl und 1930 zum Bischof von Ermland ernannt wurde, war das Laienapostolat. In Wort und Schrift trat er für die Verstärkung der Mitwirkung von Laien, etwa in der Caritasarbeit ein. Durch organisierte und geschickt vorbereitete Hausbesuche[66] versuchten er und seine Mitarbeiter die religiöse Erziehung der Kinder zu erreichen und die Eltern der Kirche zurückzugewinnen. Die zu Beginn der Amtszeit Kallers über 22 000 Seelen zählende Gemeinde war durch den Übergang von 6000 Pfarrangehörigen in die 1924 gegründete Kuratie an der ehemaligen Garnisonkirche St. Johannis Baptist entlastet worden.

Die soziale Zusammensetzung der Berliner Katholiken war ungünstig. Den Spitzen des politischen und gesellschaftlichen Lebens standen die zuziehenden Massen katholischen Bekenntnisses, die als Dienstmädchen, Arbeiter oder Handwerker in Berlin Beschäftigung zu finden hofften, scheinbar ohne Beziehung gegenüber. Die breite Mittelschicht der katholischen Kerngebiete fehlte nahezu völlig. In Erkenntnis dieser Tatsache hatte der schlesische Bauernsohn und Missionsvikar Eduard Müller seit der Mitte des 19. Jahrhunderts ein Schwergewicht seiner Tätigkeit auf die Einrichtung von Handwerkervereinigungen, hier insbesondere den Katholischen Gesellen- und Meisterverein, gelegt. Das „Katholische Vereinshaus“ in der Niederwallstraße, die „Heilige Elf“, wurde zu ihrem Mittelpunkt. Die Lockerung der Vereinsgesetze nach

[65] L. Jablonski, *Geschichte* ... (wie Anm. 2), S. 214; zum Kampf gegen die Feuerbestattung und zur Gründung von Bestattungsvereinen auf Gemeindebasis: M. Kaller, *Unser Laienapostolat* ... (wie Anm. 16), S. 151 ff.

[66] Übersicht bei B. Stasiewski, *Hundert Jahre* ... (wie Anm. 16), S. 106 f.; siehe auch M. Kaller, *Unser Laienapostolat* ... (wie Anm. 16).

1848 erleichterte die Bildung solcher Zusammenschlüsse. Wohl stärker als in den alten katholischen Gebieten mit ihren langen Traditionen kamen in Berlin unterschiedliche gesellschaftliche Gruppierungen zusammen; Prinz Bogislav Radziwill, Sohn einer Hohenzollernprinzessin, und Tischlermeister Karl Arnold aus Jarischau, der Begründer des katholischen Lehrlingsvereins, waren in das Vereinswesen gleichermaßen eingebunden. Die Aufgeschlossenheit für soziale Fragen wuchs.[67] Das blühende katholische Vereinswesen wurde durch die Verbote des Kulturkampfes zeitweise stark zurückgeworfen. Der Neuaufbau geschah nicht durch die Vereine selbst, sondern durch die Gemeinden, die auch im katholischen Vereinswesen nach dem Kulturkampf eine stärkere Stellung einnahmen. Als Müller 1892 wegen Defizits in der von ihm eingerichteten „unverzinslichen Vorschußkasse" für die Handwerkervereinigungen Berlin verlassen mußte, hatte sich der Wechsel der Schwerpunkte bereits vollzogen. Noch im gleichen Jahr starb er in seiner schlesischen Heimat.

Der Gang der Entwicklung des katholischen Vereinswesens wird im Blick auf die Gemeinde Spandau deutlicher. 1891, als die Gemeinde St. Marien-Spandau circa 10 000 Seelen zählte, gab es folgende Vereinigungen:

1. Männerkonferenz des St. Vincenz-Vereins (seit 1851),
2. Vincenz-Frauenverein (1857),
3. Gesellenverein (von 1869 an bis zum Kulturkampfverbot),
4. Geselliger Verein,
5. Katholisch-polnischer Handwerkerverein,
6. Bonifatius-Sammelverein (1885),
7. Katholischer Arbeiterverein St. Joseph (1891).[68]

Anfang der zwanziger Jahre gab es dagegen 33 Vereinigungen, darunter Schüler- und Jugendvereinigungen, Kirchenbauvereine für Tochtergemeinden, aber auch eine deutsche und eine polnische Herz-Jesu-Bruderschaft, Borromäus-, Rosenkranz-, Aloysius- und Agnes-Verein, Männerapostolat, marianische Jungfrauen-Kongregation, Kreuzbündnis, Sportvereinigungen, Jugend- und Kindergruppen. Spandau besaß damit ein besonders reges Vereinsleben. Große Berliner Innenstadtge-

[67] Vgl. dazu etwa H. Warren, *Laien bauen* ... (wie Anm. 9), S. 30.

[68] Vgl. F. Kohstall, *Geschichte der katholischen Pfarrgemeinde* ... (wie Anm. 3), S. 226f.

meinden beherbergten in der Regel 20 bis 30 Vereine.[69] Neben den bereits genannten Vereinigungen erfüllten der katholisch-kaufmännische Verein, der Verein erwerbstätiger Frauen und Mädchen, der Verein für weibliche kaufmännische Angestellte, die Bahnhofsmission, der Caritasverein und der Mädchen-Schutzverein verstärkt berufsbezogene und soziale Aufgaben. In Spandau, wo in den militärfiskalischen Waffen- und Ausrüstungsfabriken besonders viele aus den Ostprovinzen Preußens zugewanderte Arbeiter mit polnischer Muttersprache beschäftigt waren, gab es verstärkt besondere Vereinigungen, die ihre Anpassung an die deutsche Umwelt erleichterten.[70]

Wie in Spandau waren in den großen Berliner Innenstadtgemeinden, namentlich der Arbeiterviertel, polnische Männer- und Frauenvereine, Rosenkranzbruderschaften als Möglichkeit der Wahrung polnischer Identität im Berliner Katholizismus entstanden. Die polnische Minderheit hatte inzwischen eine erhebliche Bedeutung erlangt. In manchen Pfarreien, etwa in St. Antonius, die im Osten des Pfarrbereichs von St. Pius im Jahre 1915 entstanden war, machten bis zum Ende des Ersten Weltkrieges Polen mehr als die Hälfte der Pfarrangehörigen aus.[71] Auch St. Pius war eine Pfarrei mit ausgeprägtem deutschen und polnischen Vereinsleben. Der Pfarrer Franke, der durch eifrige Sammeltätigkeit den Neubau der Kirche (1894) und später auch den von Corpus Christi maßgeblich vorantrieb, traf folgende Feststellung: „Daß ich im Laufe der Jahre die beiden Friedrichsberger Vincenz-Konferenzen (deutsch und polnisch), die St. Agnes-Konferenz, den Kirchenchor, den Marien- und Annabund, den Windthorst-, den Aloy-

[69] Aufstellungen in: *Amtlicher Führer durch die Fürstbischöfliche Delegatur. Wegweiser durch die kirchlichen, sozialen und caritativen Einrichtungen Berlins und der Delegatur*, Berlin 1927, S. 151 ff.

[70] Wie Anm. 68.

[71] Die polnische Minderheit vor 1914 wird von polnischer Seite auf ca. 100 000 Personen geschätzt. Vgl. zum Problemkreis jetzt: Anna Poniatowska, *Polacy w Berlinie 1918—1945* [Polen in Berlin 1918—1945], Poznań 1986, dort weitere Literatur. Im Gegensatz zur Darstellung von A. Poniatowska ist ein Rückgang der polnischen Minderheit nach 1918 anzunehmen. Nach Angaben des Konsulats verließen ca. 10 000—12 000 Polen Berlin; vgl. Tatjana Chahoud, *Zur Bildungs- und Schulsituation der polnischen Minderheit in Berlin/Preußen*, in: *Ich bin kein Berliner. Minderheiten in der Schule*, hrsg. vom Präsidenten der Hochschule der Künste und der Arbeitsgruppe Pädagogisches Museum (= Mitteilungen und Materialien 25 der Arbeitsgruppe Pädagogisches Museum), Berlin 1987, S. 141—190, hier S. 159. Dieser Zahl entspricht auch der absolute Rückgang der katholischen Bevölkerung der Stadt nach 1918.

sius-, den Kindheit Jesu-, den Arbeiter-, den Arbeiterinnen-, den Frauen-, den Karl-Borromäus-, den Kirchenbausammel-, den Paramenten-, den Dachdecker- und den Mädchenschutzverein (sämtlich bei St. Pius) gegründet und die ganzen Jahre geleitet habe, tut mir heute ... recht wohl ... Der Arbeiterverein hatte, als ich ihn ... abgab, über 400, der Arbeiterinnen-Verein zeitweise 450, der Kirchenbau-Sammelverein 660, die Ewige Anbetung über 1700 Mitglieder, die Agnes-Konferenz hat in 15 Jahren 1014 Familien unterstützt."[72]

Sprecher der polnischen Minderheit verlangten, daß in vielen Pfarrkirchen des Berliner Raumes polnisch gepredigt werden sollte. Diesem Wunsch kam man in einigen Gemeinden, namentlich in Innenstadtgemeinden wie St. Pius und St. Paulus,[73] nach, hütete sich aber davor, spezielle polnische Gemeinden zu schaffen, wie es manche Führer der Polen wollten. Die Voraussetzungen für polnische Predigten waren erfüllt, weil einige Diasporageistliche, die in dem ländlichen Raum Pommerns und des nördlichen und östlichen Brandenburg tätig gewesen waren, der polnischen Sprache mächtig waren, da sich in der Erntezeit die Zahl der Gläubigen in ihren oft recht kleinen und verstreuten Gemeinden durch die polnischen Erntearbeiter saisonal vervielfachte.[74]

1906 begannen, zur selben Zeit wie die Entpolonisierungsmaßnahmen in der Provinz Posen, größere Auseinandersetzungen mit den Berliner Polen, die sich immer wieder diskriminiert fühlten. Durch rigorose Zurückstellung der Interessen der polnischen Minderheit kam die Kirche staatlichen Eingriffen, wie sie etwa im Ruhrgebiet vorkamen, zuvor. Man kann darin auch Folgen des seit dem Kulturkampf staatsfreundlichen Kurses des Breslauer Stuhls sehen.[75] Streit um die

[72] Zitiert nach: *Das Bistum Berlin ...* (wie Anm. 52), S. 33.

[73] In anderen Innenstadtgemeinden, z. B. St. Sebastian und Herz-Jesu, wurden 1899 keine polnischen Andachten abgehalten, auch in Charlottenburg verweigerte sich der Pfarrer zu diesem Zeitpunkt, vgl. T. Chahoud, *Zur Bildungs- und Schulsituation ...* (wie Anm. 71), S. 158.

[74] Später, d. h. nach der Jahrhundertwende, war man im Einvernehmen mit den Heimatdiözesen der polnischen Landarbeiter den Weg gegangen, daß mit den Erntearbeitern auch Priester nach Westen zogen und so eine kirchliche Betreuung sicherstellten. In Berlin jedoch wurden polnische Priester nicht tätig. Vgl. L. Jablonski, *Geschichte ...* (wie Anm. 2), Bd. 2, S. 155 ff.

[75] Zum staatsfreundlichen Kurs des Breslauer Erzfürstbischofs vgl. Rudolf Morsey, *Georg Kardinal Kopp. Fürstbischof von Breslau (1887—1914). Kirchenfürst oder Staatsbischof? Ein Beitrag zur Geschichte des Fürstbistums Breslau,* in: *Wichmann-Jahrbuch,* 21.—23. Jg. (1967—1969), S. 42—86.

Erstkommunion, für die polnischer Beichtunterricht gefordert wurde, führte 1914 in der Dominikanerpfarrei St. Paulus auf Veranlassung der Patres zum Eingreifen der Kriminalpolizei, als nach der Messe die polnischen Kinder aus Protest gegen die Nichtbeachtung der polnischen Sprache geschlossen zur Kommunionbank geführt wurden.[76] Nach dem Ersten Weltkrieg, als eine größere Anzahl der Polen in die ehemalige, nun polnische Provinz Posen zurückwanderte, entspannte sich das Verhältnis zwischen deutschen und polnischen Katholiken. Zeitweise hatte auch die italienische Minderheit einige Bedeutung. Das Territorialitätsprinzip im Pfarrwesen blieb in Berlin ungebrochen.

Wie in Berlin selbst so bestanden für die Kirchengründungen der Vororte erhebliche finanzielle Probleme, obwohl gerade in den westlichen Berliner Vororten eine wohlhabende und auch opferwillige katholische Bevölkerung ansässig wurde. Charakteristisch ist die Finanzierung des Neubaus der St. Marienkirche in Spandau, die 1900 das längst zu klein gewordene Gotteshaus am Behnitz von 1846 ersetzen sollte: 68 000 Mark steuerte die Gemeinde bei, 30 000 kamen als Gnadengeschenk des Fürsterzbischofs, 65 000 als Patronatsbeitrag — der Patronat war hier unbestritten — des preußischen Staates hinzu und 110 000 Mark erbrachten Sammlungen bei den Katholiken Deutschlands.[77]

Die Kirchensteuerpflicht wurde 1899 eingeführt. Ein Jahr zuvor war die Pfarrbesoldung vorzüglich für die Gründung neuer Gemeinden gesetzlich geklärt worden. Fürstbischof Kopp von Breslau, der sich sowohl für die Unterstützung neuer Gemeinden als auch — gegen den Widerstand von Teilen des Episkopats — für die Kirchensteuergesetzgebung eingesetzt hatte,[78] dürfte nicht zuletzt die Verhältnisse in der Delegatur als Grund für seinen Einsatz im Auge gehabt haben. Man setzte die Kirchensteuer, zum Beispiel in Spandau, auf 14 Prozent der staatlichen Einkommensteuer fest. Damit betrug sie ungefähr ein Zehntel der Gemeindesteuer. Wie der Gemeindezuschlag zur steuerli-

[76] Bereits 1906 kam es in St. Marien (Liebfrauen) zu einem polnischen Boykott des Gottesdienstes; vgl. T. Chahoud, *Zur Bildungs- und Schulsituation* ... (wie Anm. 71), S. 158. Zu den Vorgängen in Moabit 1914 vgl. L. Jablonski, *Geschichte*... (wie Anm. 2), Bd. 2, S. 158 f.

[77] Vgl. F. Kohstall, *Geschichte der katholischen Pfarrgemeinde* ... (wie Anm. 3), S. 164.

[78] Dazu Erwin Gatz, *Auf dem Weg zur Kirchensteuer. Kirchliche Finanzierungsprobleme in Preußen an der Wende zum 20. Jahrhundert,* in: ders. (Hrsg.), *Römische Kurie, Kirchliche Finanzen, Vatikanisches Archiv. Studien zu Ehren von Hermann Hoberg* (= Miscellanea Historiae Pontificae, Bd. 45), Roma 1979, S. 259—262.

chen Einkommensteuer, der von circa 20 Prozent im wohlhabenden Grunewald bis zu über 200 Prozent in den östlichen Berliner Vorstädten reichen konnte, wurde die Kirchensteuer zunächst von jeder Gemeinde nach eigenen Vorstellungen erhoben. Doch schon 1904 wurden (anders als in den politischen Gemeinden) die Berliner Pfarreien mit den Umlandgemeinden zwischen Weißensee im Norden und Lichterfelde im Süden, im Westen Charlottenburg und im Osten Lichtenberg zu einem Gesamtverband (dem Steuerverband) zusammengefaßt.[79] Die reichen Vorortgemeinden im Westen sollten die ärmeren im Osten unterstützen. Für den staatlichen Bereich ist dies erst nach dem Ersten Weltkrieg durch die Bildung von Groß-Berlin im Jahre 1920 erreicht worden.

Mit der Entstehung der Pfarrgemeinden hing der Ausbau eines Netzes von karitativen katholischen Einrichtungen eng zusammen, ging ihnen in der Regel sogar voraus. Würde man die katholischen karitativen Einrichtungen in einer Karte erfassen, so würden deutliche Schwerpunkte in der Nähe der Berliner Fernbahnhöfe erkennbar werden. Zielgruppen waren die durch die Großstadt gefährdeten jungen Mädchen aus ländlichen Gebieten des deutschen Ostens, die in Berlin eine Anstellung, zumeist als Dienstboten, suchten, aber auch die zahlreichen Männer unterschiedlichen Alters, die ebenfalls ohne Kenntnis der Berliner Situation ihr „Glück machen" wollten — ihnen mußten vorübergehend Wohnplätze zur Verfügung gestellt werden. Nicht wenige dieser Einrichtungen, die es in der Umgebung eines jeden Bahnhofs gab, etwa das Johanneshaus und -hospiz in der Stresemannstraße bei St. Clemens am Anhalter Bahnhof,[80] dem heutigen Zentrum der kroatischen Mission, das Afrastift am Stettiner Bahnhof, dessen Kapelle auch als Gemeindekirche dienen konnte, Liebfrauen am Görlitzer Bahnhof[81] oder das St. Leohospiz am Schlesischen Bahnhof (St. Antonius-Stift 1895—1896 als Arbeiterheim gebaut),[82] wurden zu Keimzellen späterer Pfarrgemeinden. Schon vor der Jahrhundertwende sind etwa in dem durch die Gräfin Fugger-Kirchberg 1899 gegründeten Marianischen Schutzverein die Ansätze für die katholische Bahnhofsmission zu er-

[79] Vgl. G. Banasch, *Vom Delegaturbezirk*... (wie Anm. 35), S. 88. Das entsprechende Gesetz war für Preußen 1903 erlassen worden: E. Gatz, *Auf dem Weg*... (wie Anm. 78), S. 262.

[80] Wie Anm. 45.

[81] Vgl. G. Streicher/E. Drave, *Berlin* ... (wie Anm. 24), S. 278 (Liebfrauen) und S. 256 (St. Afra).

[82] Vgl. L. Jablonski, *Geschichte*... (wie Anm. 2), Bd. 1, S. 291 f.

kennen.[83] Maximilian Kaller, seit 1912 Pfarrer in St. Michael, organisierte im Rahmen des Laienapostolats einen gemeindeeigenen Dienst, der rund um die Uhr auf dem nahegelegenen Schlesischen Bahnhof den zureisenden Frauen und Mädchen Rat und Hilfe anbot.[84] Die karitativen Aufgaben hatten sich vom Bereich der Krankenpflege mehr und mehr in den Sektor der sozialen Dienste hinein entwickelt.

Mit der Schaffung des Bistums Berlin 1930 erlebt der nahezu aus dem Nichts erfolgte Aufbau einer katholischen Organisation in der preußisch-deutschen Hauptstadt einen krönenden Abschluß. Aus einer Pfarrei waren in der Hauptstadt 1924 sieben Archipresbyterate geworden: Berlin West, Berlin Ost, Berlin-Charlottenburg, Berlin-Steglitz, Berlin-Neukölln, Berlin-Oberschöneweide und Berlin-Reinickendorf. Allein der Bezirk Berlin West umfaßte mit St. Hedwig zehn Kirchen (St. Clemens, St. Bonifatius, St. Sebastian, St. Paulus, St. Josef, Aloysius, Petrus, Laurentius, Maria-Viktoria);[85] 51 Seelsorgestellen lagen 1927 im Gebiet von Groß-Berlin.[86]

Innerhalb eines Jahrhunderts hatte sich die Rolle der preußischen und Reichshauptstadt für das katholische Deutschland grundlegend geändert: Bereits vor der Gründung des Bistums Berlin, im Jahre 1927,[87] lebten in der Stadt 444 978 Katholiken, eine Zahl, die allein von München (583 807 katholische Einwohner) und Köln (556 239 katholische Einwohner) übertroffen wurde. Unter den großen Städten besaßen zu diesem Zeitpunkt allein die sechs Kölner Dekanate mit 70 Pfarreien und acht Filialen mit eigenem Geistlichen eine größere Anzahl von Seelsorgebezirken als der Berliner Raum (46 Pfarreien und 30 Filialen, dagegen München: 47 Pfarreien, sechs Filialen). Die alte kirchliche Metropole Breslau hatte bereits um die Jahrhundertwende den ersten Rang im Zuständigkeitsbezirk des Fürstbischofs an die Spreemetropole verloren (1927: 19 Pfarreien, 2 Filialen, insgesamt 196 882 katholische Einwohner). Durch den Ausbau des Pfarrnetzes war nicht nur eine wichtige Grundlage für die Umwandlung des Delegaturbezirks in ein eigenes Bistum geschaffen worden, sondern auch — für den Stadtbereich — die Diasporasituation überwunden.

[83] Vgl. H. Warren, *Laien bauen* ... (wie Anm. 9), S. 41.

[84] Vgl. M. Kaller, *Unser Laienapostolat* ... (wie Anm. 16), S. 166 ff. u. 191 ff.

[85] Vgl. L. Jablonski, *Geschichte* ... (wie Anm. 2), Bd. 1, S. 242 ff.

[86] Angaben nach: *Amtlicher Führer* ... (wie Anm. 69).

[87] Zahlen nach: *Kirchliches Handbuch für das katholische Deutschland*, hrsg. von der amtlichen Zentralstelle für kirchliche Statistik des katholischen Deutschlands Köln, Bd. 16 (1928—1929), Freiburg i. Br. 1929.

PFARREIEN UND KURATIEN IN DER BERLINER INNENSTADT

(P = Pfarrei, K = selbständige Kuratie, B = Kirchenbau, Zeitpunkt der Fertigstellung)

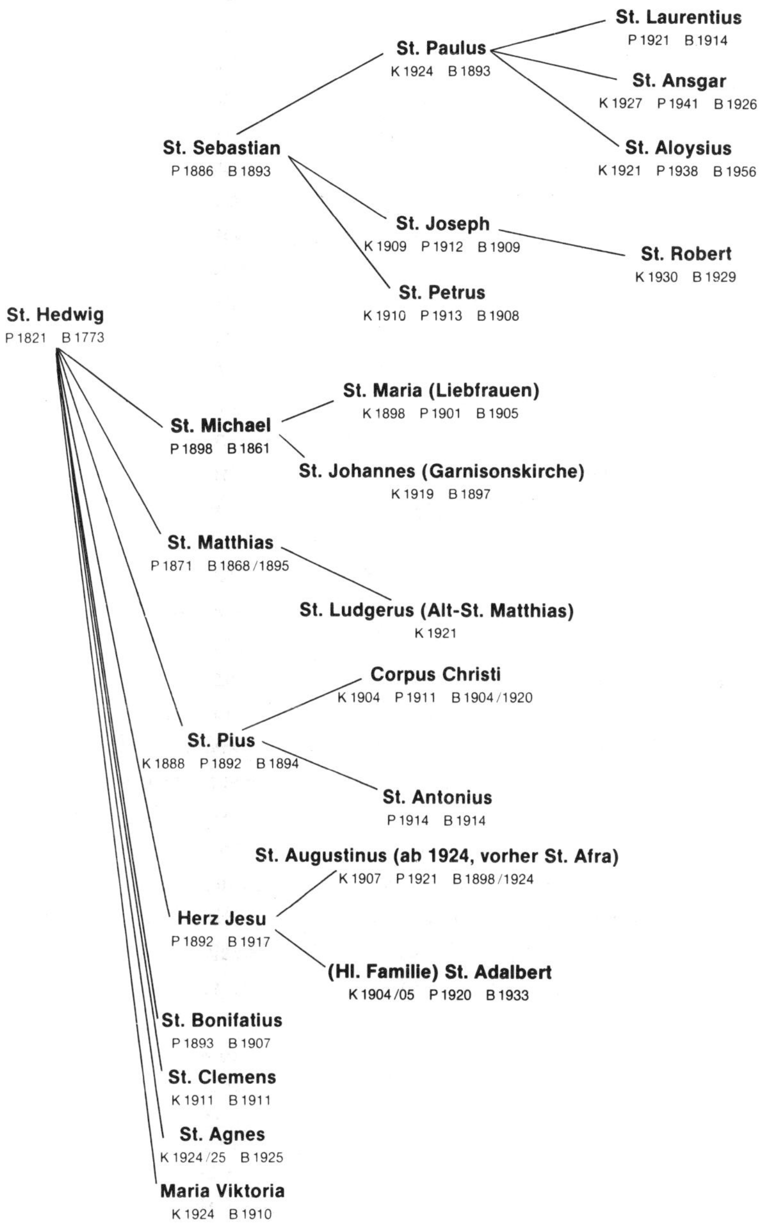

PFARREIEN UND KURATIEN IN DEN BERLINER VORORTEN I

(P = Pfarrei, K = selbständige Kuratie, B = Kirchenbau, Zeitpunkt der Fertigstellung)

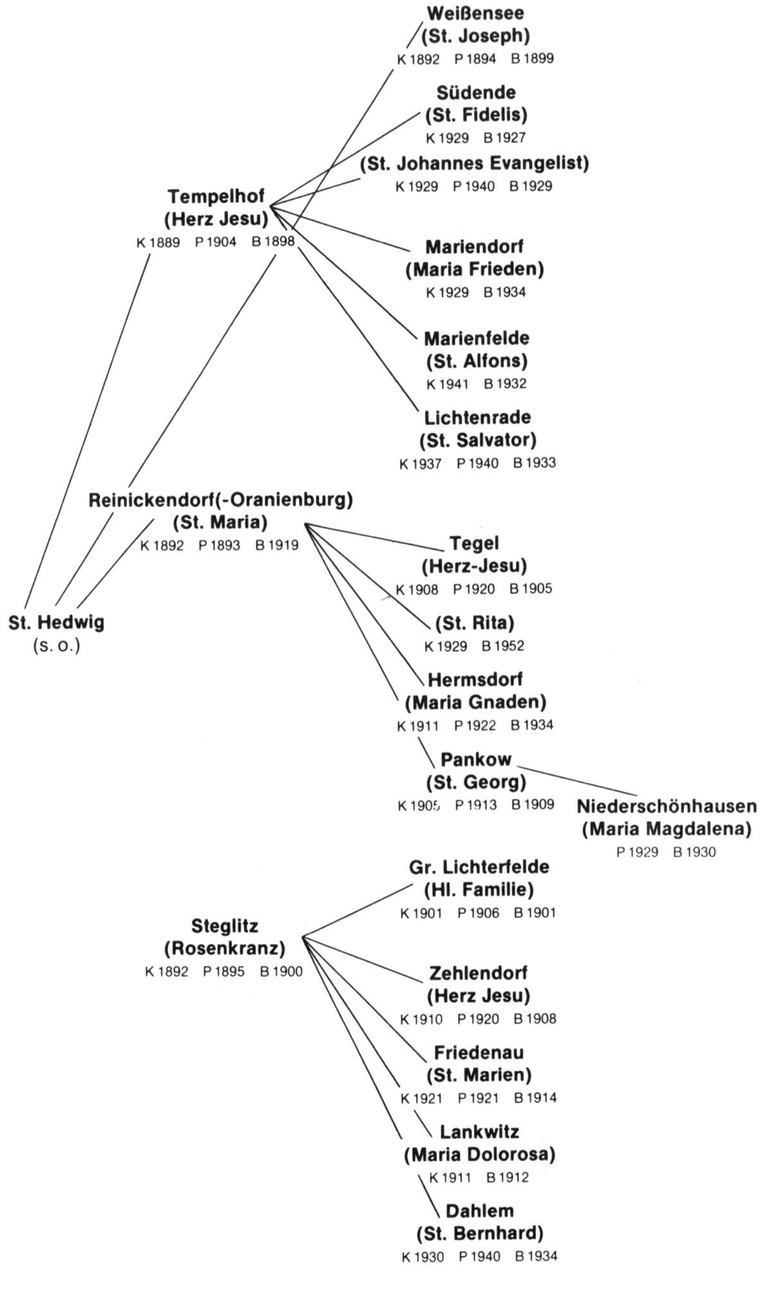

PFARREIEN UND KURATIEN IN DEN BERLINER VORORTEN I (*Fortsetzung*)

(P = Pfarrei, K = selbständige Kuratie, B = Kirchenbau, Zeitpunkt der Fertigstellung)

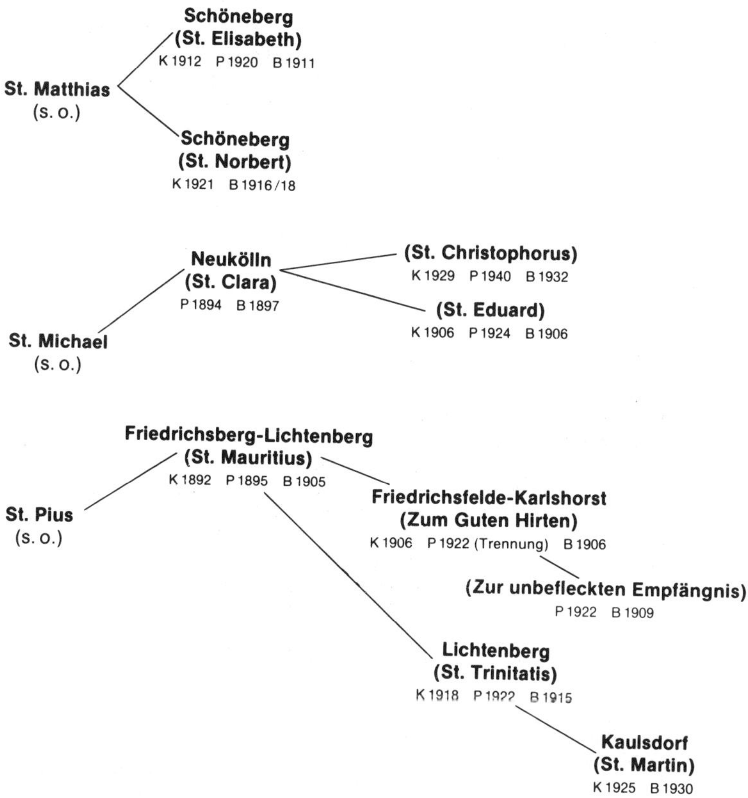

PFARREIEN UND KURATIEN IN DEN VORORTEN II

(P = Pfarrei, K = selbständige Kuratie, B = Kirchenbau, Zeitpunkt der Fertigstellung)

- **Charlottenburg (Herz Jesu)** P 1836 B 1877
  - **Wilmersdorf (St. Ludwig)** P 1897 B 1897
    - **Hl. Kreuz** K 1916 P 1921 B 1912
  - **St. Canisius** K 1921 B 1924
  - **Mariä Himmelfahrt** K 1926 P 1950 B 1927
  - **St. Thomas** K 1922 B 1932

- **Köpenick (St. Joseph)** P 1895 B 1899
  - **Oberschöneweide (St. Antonius)** K 1904 P 1912 B 1908
  - **Friedrichshagen (St. Franziskus)** K 1912 P 1919
    - **Erkner (St. Bonifatius)** K 1923 B 1932
  - **Eichwalde (St. Antonius)** K 1907 B 1913
  - **Adlershof (Christkönig)** K 1929 B 1929

- **Spandau (St. Marien)** P 1821 B 1848/1910
  - **Siemensstadt (St. Joseph)** K 1923 P 1939 B 1935

- **Potsdam (St. Peter und Paul)** P 1821 B 1870
  - **Nowawes/Babelsberg (St. Antonius)** P 1921 B 1934
    - **Wannsee (St. Michael)** K 1942 B 1927

Evangelische Predigt seit dem ersten Drittel des 19. Jahrhunderts

FRIEDRICH WINTZER
Bonn

I
Tendenzen in der Predigt bis zum Beginn des 20. Jahrhunderts

Hermann Hering hat 1905 das 19. Jahrhundert eine Blütezeit der evangelischen Predigt in Deutschland genannt.[1] Für diese These gibt es Argumente. Nach der moralisierenden und belehrenden Kanzelberedsamkeit des Rationalismus hatte Schleiermacher als Theologe und Prediger wieder einen Weg zur bibelorientierten Predigt gewiesen und durch seine Berliner Predigertätigkeit auch gebildeten Kreisen Zugangswege zum Christentum eröffnet. Die Predigt als Verständigung über die persönlich erfahrene Lebensgemeinschaft mit Christus wurde durch ihn zum homiletischen Programmbegriff. Die Darstellung, aber auch die Läuterung und Vertiefung des Glaubensbewußtseins der christlichen Gemeinde bildeten die Grundelemente seiner Predigt. Schleiermacher ging von der Erfahrung aus, daß der Glaube immer vom Unglauben bedroht ist und Christen der ständigen Vergewisserung im Glauben bedürfen. Gerade deshalb wollte er die Gottesdienstbesucher auf ihr Christsein und ihren Willen, als Christen zu leben, ansprechen. „Sollen unsere religiösen Zusammenkünfte eine Missionsanstalt sein, um die Menschen erst zu Christen zu machen: so müßten wir ohnedies ganz anders zu Werke gehen. Soll aber von ihrem Verhältnis zum Christentum gar nicht die Rede sein: so sehe ich nicht ein, warum vom

[1] Vgl. Hermann Hering, *Die Lehre von der Predigt,* Berlin 1905, S. 228; zum Ganzen vgl. Friedrich Wintzer, *Die Homiletik seit Schleiermacher bis in die Anfänge der „dialektischen Theologie" in Grundzügen,* Göttingen 1969.

Christentum die Rede ist ... Wenigstens gibt es nichts Verderblicheres für unsere religiösen Vorträge, als das Schwanken zwischen jenen beiden Ansichten, ob wir als zu Christen reden sollen oder als zu Nichtchristen."[2] Auch als Theoretiker der Predigt hat Schleiermacher die Predigt seiner Zeit entscheidend mitbestimmt. Für das homiletische Verfahren, also für die Predigtvorbereitung, hat Schleiermacher drei Faktoren benannt. Es sind dies der biblische Text, der Dialog mit der Gemeinde und der jeweilige Prediger. Die Gewichtung dieser drei Faktoren ist in der homiletischen Literatur unterschiedlich erfolgt. Grundsätzlich zählen seit Schleiermacher jedoch die Bindung an den biblischen Text, die Kommunikation mit der Gemeinde und die personspezifische Predigtarbeit des einzelnen Predigers zum Problembestand der Homiletik. Durch die beiden letztgenannten Faktoren wurde die Vorstellung von der allgemeingültigen Normalpredigt relativiert beziehungsweise aufgegeben.

Die Wiederaufwertung der evangelischen Predigt im 19. Jahrhundert hat einen Niederschlag in der rasch steigenden Zahl der Predigtveröffentlichungen gefunden, wobei die Hofprediger in der Regel eilenden Schritts vorausgingen. Der Dresdener Oberhofprediger Franz Volkmar Reinhard veröffentlichte zum Beispiel 43 Predigtbände; andere Autoren erreichten mehrere Auflagen ihrer Predigtsammlungen. Der Vielzahl der Autoren von Predigtliteratur entspricht die Vielfalt der Predigt des 19. Jahrhunderts.

Predigtbände zählten auch im 19. Jahrhundert zur Erbauungsliteratur. Darüber hinaus hatten sie, anders als heute, eine nicht zu unterschätzende Beispielfunktion. Sie wurden weithin als Predigthilfen verwandt. Die Predigten von Dryander und von Kögel, von Dörries und von Frommel, um nur einige Beispiele zu nennen, prägten auch andere zeitgenössische Predigten. Insgesamt vermittelten die gedruckten Predigten Anregungen für die sonntägliche Predigt und repräsentierten bestimmte Frömmigkeitsstile. Gelegentlich wurde den Predigtbänden ein ausführliches Vorwort beigegeben, das die Funktion einer homiletischen Anweisung hatte. Als Beispiel dafür seien die Erwägungen zur Predigt von August Tholuck aus dem Jahre 1835 vorgestellt. Tholuck, der in Berlin und anschließend in Halle wirkte, war ein Theologe der Erweckungsbewegung; sein kirchliches Wirken zeigt, daß von Schleiermacher, dem „Herrnhuter höherer Ordnung", Impulse auf die Pre-

[2] Friedrich Daniel Ernst Schleiermacher, *Predigten,* Bd. 1, Neue Ausgabe, Berlin 1843, S. 7.

digt unterschiedlicher theologischer Richtungen ausgingen. Denn wie Schleiermacher versuchte auch Tholuck, mit seiner Glaubenspredigt die Gebildeten unter den Verächtern der christlichen Religion anzusprechen. Im Vorwort zur zweiten Sammlung seiner Predigten *Einige Worte über die Predigt für die Gebildeten in unseren Tagen* beklagte er zunächst die Nachwirkungen des Rationalismus und die Reduzierung der Kirchenbesucher auf bestimmte Kreise: „Der Mittelklasse und den niedren Ständen wird in vielen Städten und Dörfern fast ausschließlich der Kirchenbesuch überlassen."[3] Um dieser Einschränkung entgegenzuwirken, wollte sich Tholuck in der Predigt von der antiquierten Kirchensprache lösen und dem Zeitgeschehen nicht verschließen. Er plädierte dafür, den Gottesdienst als Versammlung der Gemeinde nicht nur von der Predigt her zu sehen und zu gestalten, sondern auch den Reichtum der Liturgie wahrzunehmen und zu entfalten. Das erweckliche Element der Predigt gründet für Tholuck in dem Wirken des göttlichen Geistes und der Kommunikation mit der Gemeinde. „Daß unsere Predigten gemacht werden, daß sie nicht erwachsen aus der Fülle der Brust in der Gegenwart Gottes, ist der Hauptgrund, warum sie nicht umreißen ... warum sie nicht ein Neues schaffen ... Die Predigt sei aus der Gemeinde entstanden! Es gibt Predigten, die außer der Gemeinde und Predigten, die aus der Gemeinde entstanden sind. Je mehr die Predigt das Ergebnis (der Wanderungen durch die Gemeinde die Woche hindurch) ist, desto individueller, örtlicher, treffender wird sie sein."[4]

Deutlich zugenommen hat im 19. Jahrhundert der Formenreichtum der Predigt, sowohl in den sonntäglichen Gottesdiensten als auch in den Kasualgottesdiensten. Diese Differenzierung ist zum einen durch die Gleichzeitigkeit des Ungleichzeitigen geprägt. Die theologischen Ansätze von Aufklärung, Neuorthodoxie, Pietismus, Erweckung, Vermittlungstheologie und liberaler Theologie haben im 19. Jahrhundert ihre Fortsetzung beziehungsweise ihre Ausgestaltung gefunden. In den Großstädten war es zunehmend möglich, Predigten mit unterschiedlichen theologischen Akzentuierungen zu hören. Viele gingen bewußt zu einem bestimmten Prediger; das war auf dem Dorf nicht möglich. „Gottesdienst nach Wahl" wurde als eine positive Möglich-

[3] August Tholuck, *Einige Worte über die Predigt für die Gebildeten in unseren Tagen. Vorrede zur 2. Sammlung der Predigten (1835)*, in: ders., *Werke*, Bd. 2: *Predigten*, 1. Teil, 5. Aufl., Gotha 1863, S. VIII ff.

[4] *Ebda.*

keit erfahren. Dies führte teilweise zu Ausprägungen von gruppengemeinschaftlicher kirchlicher Praxis neben der großkirchlichen Praxis. Die Vielgestaltigkeit der Predigt gründete zum andern auf der Ausbreitung der „speziellen Predigt". Paul Drews hat 1903 in seiner Darstellung der Predigt im 19. Jahrhundert diesen Aspekt sogar zum Leitgedanken erhoben.[5] Die konkrete, an bestimmten Aspekten des Glaubens und des christlichen Lebens orientierte Predigt breitete sich aus. Das seelsorgerliche und katechetische Element der Predigt sollte auf diese Weise verstärkt werden. Die Zahl der Predigten, in denen der christliche Glaube allgemein dargestellt wurde, nahm ab. Diese Tendenz entsprach der Differenzierung der Lebenswelt.

Gegen Ende des 19. Jahrhunderts führte die Differenzierung in den Predigten zur Unterscheidung von Typen der Predigt. Unterschieden wurde zum Beispiel zwischen Dorf- und Stadtpredigt. Die Dörfer hatten in der Regel noch eine homogene soziale Struktur, und zwischen Bürgergemeinde und Christengemeinde gab es viele Berührungspunkte. Über die Frömmigkeitsprofile und die religiösen Einstellungen in ländlichen Pfarrgemeinden liegen aus jener Zeit zahlreiche Untersuchungen vor, die sich speziell mit der Aufgabe der Predigt befassen. Zugleich wurde auf diese Weise das Amt des Dorfpfarrers aufgewertet. Die besondere Aufgabe der Großstadtpredigt wurde um die Jahrhundertwende vor allem von der „modernen Homiletik" aufgegriffen. Bekannte Großstadtprediger waren Wilhelm Bornemann, Erich Förster, Christian Geyer und Friedrich Rittelmeyer. Eine Analyse der höchst unterschiedlichen sozialen und religiösen Situation in den Städten, für die eine Vielzahl von Einzeluntersuchungen erforderlich gewesen wäre, erfolgte freilich nur ansatzweise, obwohl Paul Drews' Programme der Kirchenkunde und der religiösen Volkskunde dazu methodische Hilfen boten. Grundsätzlich erschien die Stadt als der Ort, an dem die Auswirkungen der Säkularisierung sichtbar wurden. Dazu zählte die fortschreitende Auflösung des Gewohnheitschristentums. Die kirchlichen Bindungen, die besonders in ländlichen und kleinstädtischen Wohngebieten in soziale Vernetzungen eingebunden waren, wurden in der Anonymität von großstädtischen Ballungsgebieten von den neu Zugezogenen oft nicht reaktiviert. Diese Tendenz betraf vorzugsweise den Alltagszyklus. Anders verhielt es sich mit dem Lebens- und Festtagszyklus.

[5] Vgl. Paul Drews, *Die Predigt im 19. Jahrhundert*, Gießen 1903.

Zur Signatur der Zeit, wie sie sich in den Predigten widerspiegelt, gehört, daß die Kultur sich von der Kirche zunehmend emanzipierte und die Predigt ihre Monopolstellung als öffentliche Rede verlor. Beispielsweise gewannen parteipolitische Reden an Gewicht, und die Macht der öffentlichen Meinung, wie sie unter anderem durch die Zeitungen repräsentiert wurde, wuchs. In den Predigten wurde auf diese Veränderungen unterschiedlich reagiert. Es herrschten zwei Tendenzen vor. Zum einen wurde mit dem Ruf zum Glauben und zur Buße geantwortet; in zahlreichen Predigten des 19. Jahrhunderts finden sich apologetisch-moralisierende Elemente. Zum anderen gab es Predigten, in denen die evangelische Freiheit, sich auf die veränderte Situation einlassen zu können, dargelegt wurde und in denen die überindividuellen Bedingungsfaktoren für die Veränderungen gesehen wurden. So betonte zum Beispiel Bernhard Dörries, daß Gott diese Welt liebe und diese Liebe nicht abhängig sei von der Aufrechterhaltung bestimmter überlieferter kirchlicher Verhaltensweisen. Ein Grundthema solcher Predigten war die Frage, wie der christliche Glaube angesichts der Wandlungen in Kirche und Gesellschaft zu bewahren und zu bewähren sei. Diese und andere Fragen waren, vor allem in den Großstädten, von dem Zweifel an der Dienlichkeit des herkömmlichen Parochialsystems in den Städten begleitet. Friedrich Naumann, der den Weg in die Politik ging und mit den Andachten in der *Gotteshilfe* einen modernen Stil geistlicher Literatur geschaffen hat, stellte die Frage nach der Reform der kirchlichen Strukturen und der kirchlichen Arbeit mit Nachdruck. Allein die Tatsache, daß um 1900 nur noch ein Drittel der Bevölkerung auf dem Lande wohnte, aber 13 000 Dorfpfarrern nur 5600 Stadtpfarrer gegenüberstanden, beleuchtet die Dringlichkeit dieser Anfrage. Das kirchliche Beharrungsvermögen hatte dazu geführt, daß in den Großstädten die seelsorgerlich nachgehende Arbeit und die volksmissionarische Tätigkeit in erschreckendem Maße vernachlässigt wurden.

Der Gottesdienst schien in großstädtischen Gemeinden auf Grund der großen Zahl der Kirchenmitglieder relativ gut besucht zu sein. Aber das war oft eine Täuschung. Martin Schian hat über das kirchliche Leben in der Breslauer Bernhardingemeinde in den Jahren 1906 bis 1908 berichtet: „Die Gottesdienste waren, sofern man das Verhältnis der Teilnehmerzahl zu den verfügbaren Plätzen ins Auge faßt, gut, manchmal sehr gut besucht. Aber zur Bernhardingemeinde gehörten mehr als 30 000 Seelen; die beiden sonntäglichen Gottesdienste werden selten mehr als 2000 Besucher insgesamt gesehen haben, oft weniger.

Das wären also im Durchschnitt 6 bis 8 % der Seelenzahl gewesen, eher weniger als mehr."[6] Ein Berliner Pfarrer beschrieb die Situation seiner Gemeinde aus der Zeit nach dem Ersten Weltkrieg: „Unsere Kirche nimmt unter den Predigtstätten Berlins eine besondere Stellung ein. Ursprünglich war sie für den ‚vornehmen Westen' erbaut und sonntäglich überfüllt von einer höfischen, militärischen, meist der obersten Schicht des Wilhelminischen Zeitalters angehörigen Gemeinde. Inzwischen ist sie durch die Entwicklung der Weltstadt, insbesondere der Nachkriegszeit, der räumliche Mittelpunkt eines Geschäfts- und Vergnügungsviertels geworden, dessen Verkehrsströme sie rings umbranden, so daß es geradezu ein Wagnis ist, sie zu besuchen. Auch die Zuhörerschaft hat sich im letzten Menschenalter gewandelt, ist durch die Konkurrenz neuer Kirchen geringer und durch die Zeitläufe bürgerlicher geworden. Was meine Personalgemeinde betrifft, so setzt sie sich zusammen aus großstädtischem ‚Laufpublikum', provinzialen und ausländischen Gästen, die die Kirche als Sehenswürdigkeit besuchen oder den Namen des Predigers kennen; ferner aus kirchlich erzogenen Gliedern des höheren und schlichten Mittelstandes — letztere, weil sie soziales Empfinden in der Predigt suchen . . . An gewöhnlichen Sonntagen (kommen) vormittags gegen 800, abends etwa 500. (Die Gemeinde zählt 28 000 Seelen, was aber in Anbetracht der absoluten kirchlichen Freizügigkeit [in Berlin] wenig ins Gewicht fällt.) Obwohl ich mich grundsätzlich der auch in unserer Kirche nicht ganz vermiedenen Neigung enthalten habe, die Predigt politisch zu färben, hat man durch Rückschluß aus dem, was ich nicht gesagt, und aus meinem Eintreten für Völkerversöhnung mich politisch abgestempelt. Als ich 1925 am Tage nach Eberts Tode dessen rein menschlich ehrend gedachte, war die Folge ein Auflauf und Protest vor der Kirchentür, sodann eine Anzeige beim Konsistorium, das mich verwarnte, ‚Politik auf die Kanzel zu bringen'."[7]

Eine weitere, vieldiskutierte Gattung der Predigt war die soziale Predigt. Der Evangelisch-soziale Kongreß hat sich 1894 in Berlin ausführlich mit ihr beschäftigt. Die Schärfung der Gewissen, Hinweise auf die Not von Menschen, die in der Industrie arbeiten, sowie die Beschreibung von akuten Mißständen, zum Beispiel die Situation von kinderreichen Familien, bildeten die Elemente sozialer Predigt. Fried-

[6] Martin Schian, *Kirchliche Erinnerungen eines Schlesiers,* Görlitz 1940, S. 98 f.

[7] Friedrich Niebergall, *Die moderne Predigt. Kulturgeschichtliche und theologische Grundlage. Geschichte und Ertrag,* Tübingen 1929, S. 123 f.

rich Naumann forderte auf diesem Kongreß, daß das soziale Element nicht nur in einigen herausgehobenen Predigten vorkommen, sondern zu den Grundperspektiven der Predigt in der industrialisierten Gesellschaft zählen solle; denn das Elend vieler Menschen fordere das kirchliche Engagement. Wo ein Prediger christlich-sozial denke, werde dies in der Predigt insgesamt zur Geltung kommen. Zwei theologische Ansätze prägten die soziale Predigt. Zum einen war sie eine Variante der individuellen Glaubens- und Bußpredigt. Dieser Ansatz wurde freilich von der Kritik getroffen, die Stoecker und andere an einer zu individuellen Sicht der sozialen Mißstände übten. Die zweite Richtung der sozialen Predigt ergab sich aus dem ethisch verstandenen Begriff des Reiches Gottes. Er findet sich um die Jahrhundertwende häufig in Predigten der jüngeren Theologengeneration, die ihn von der Ritschl-Schule übernommen hatte. Ein Erlaß des Evangelischen Oberkirchenrats aus dem Jahr 1890, der eine aktive Teilnahme der Pfarrer an der sozialpolitischen Reformbewegung gefordert hatte, hatte zu einer stärkeren Verbreitung der sozialen Predigt beigetragen. Bei den sozial engagierten Pfarrern war deshalb die Enttäuschung über den Zirkularerlaß des Evangelischen Oberkirchenrats vom 16. Dezember 1895 groß. In ihm wurde Zurückhaltung nahegelegt und der allgemeine Einsatz für die Förderung der „christlichen Tugenden: Gottesfurcht, Königstreue und Nächstenliebe" gefordert.[8]

Um das Jahr 1890 setzte eine allgemeine Debatte über die sogenannte moderne Predigt ein. Es war die Zeit, in der sich der Ruf nach Verständlichkeit, Menschennähe und psychologisch differenzierter Predigtweise verstärkte und die bisherige Kanzelrhetorik mit ihrem starren Dispositionsschema als überholt angesehen wurde. Zu den Protagonisten der modernen Predigt zählten unter anderen Paul Drews und Otto Baumgarten. Martin Peters hat als Zeitzeuge drei Aspekte der modernen Predigt besonders hervorgehoben: „Der neue Stil ist 1. subjektiver, persönlicher als der alte. Er hat sich mehr von der kirchlichen Objektivität entfernt, er ist mehr auf den Ichton gestimmt, er operiert stärker mit persönlichen Erlebnissen und subjektiven Urteilen ... er individualisiert die Hörer viel stärker und nimmt mehr Rücksicht auf die Eigenart und das Eigentum des einzelnen. Das ist ganz unverkennbar, man mag nun Geyer-Rittelmeyer oder Dörries oder die Autoren der ‚mo-

[8] Die Erlasse von 1890 und 1895 sind abgedruckt in: Karl Kupisch (Hrsg.), *Quellen zur Geschichte des deutschen Protestantismus 1871—1945* (= Siebenstern-Taschenbuch, Bd. 41/42), München-Hamburg 1965, S. 78 und S. 88.

dernen Predigerbibliothek' aufschlagen. 2. Die ganze homiletische Weise ist, dem modernen Wirklichkeitssinn entsprechend, mehr dem Wirklichen und Praktischen zugewandt. Man hält sich nicht so lange mehr bei den geschichtlichen Verhältnissen des Textes, bei den alten Juden, bei Zöllnern und Pharisäern auf, man greift direkter, unbefangener, energischer in das volle Menschenleben von heute hinein. Dieser Wirklichkeitssinn tritt auch in der homiletischen Sprache zutage. Sie ist natürlicher geworden. Man scheut sich nicht, die Dinge bei ihrem natürlichen Namen zu nennen. Die Zeit, wo es nicht für kanzelgemäß galt, beim Erntefest die Kartoffel mit Namen zu nennen, sondern man sie homiletisch als ‚knollige Frucht des Erdreichs' oder ‚Brot des Armen' umschreiben mußte, ist vorüber. Die Kanzelsprache hat sich vielmehr der gewöhnlichen Umgangssprache der gebildeten Menschen angenähert ... Damit ist sie auch empfindlicher geworden gegen Floskel und Pathos, gegen eitlen Schmuck und hohle Rhetorik ... Auch der Gleichnis- und Bilderapparat, der verwandt wird, verrät die neue Zeit. Der alte, nie veraltende Vorrat ist durch zahlreiche neu geschaute und geprägte Gleichnisse und Bilder aus der Technik, der Industrie, dem Verkehrsleben von heute bereichert worden. Die illustrierenden Geschichten haben den Altväterumkeis von Casparis ‚Geistlichem und Weltlichem' verlassen und werden mit Vorliebe der Gegenwart, manchmal direkt der Zeitung entnommen. Die homiletische Sprache ist durchgängig auch dem Rührenden, Sentimentalen, ‚Erbaulichen' (mit dem bekannten Beigeschmack) abgewandt und appelliert lieber an das Gewissen oder ruft das Denken auf. Endlich könnte man 3. hervorheben, daß der neue homiletische Stil, dem Weltanschauungsstreben entsprechend, in weit stärkerem Maße als früher Elemente der modernen Weltanschauung in sich aufgenommen hat. Während man in der biblisch-kirchlichen Periode fast umsonst nach Beziehungen zu den geistigen Strömungen der Zeit sucht ... so wird heute diese Beziehung mit Vorliebe gepflegt, nicht nur andeutend oder abschwächend, sondern recht oft recht eingehend und mit dem aufrichtigen Interesse, sich auseinanderzusetzen ..."[9] Diese Auseinandersetzung mit dem Geist der Zeit konnte dann freilich auch zur Schwachstelle der Predigt werden.

[9] Martin Peters, *Ist die Forderung einer zeitgemäßen Predigt berechtigt und wie kann sie in der Gegenwart erfüllt werden?*, in: *Neue kirchliche Zeitschrift*, 20. Jg. (1909), S. 665—729, hier S. 722f.

II
Homiletische Leitlinien

Die Predigttheorie kann die Predigt nicht normieren, sie kann aber Grundorientierungen für die Predigtpraxis und die Predigtarbeit liefern. Spätestens seit der Mitte des 19. Jahrhunderts stand die Predigtlehre vor einem Problem, das für die Predigtpraxis, besonders in den Städten, eine große Bedeutung besaß. Schleiermacher hatte die Predigt betont als Gemeindepredigt verstanden. Von seinem Kirchenverständnis her sollte im Gottesdienst der Glaube der Christenheit dargestellt und gefeiert werden. Schleiermacher nahm die Predigt als Gemeindepredigt ernst und wollte, wie es Alexander Schweizer formulierte, als „Bruder zu Brüdern" sprechen. Deshalb ergab sich die Frage, wie weit die gottesdienstliche Predigt ein missionarisches Element enthalten solle. Aufgrund eines falschen Prinzipiendenkens wurde im Verlauf des 19. Jahrhunderts diese Fragestellung immer wieder als Suggestivalternative behandelt, die vor allem der veränderten Situation in den Großstädten nicht gerecht wurde. Die Predigt wurde nämlich entweder als Gemeindepredigt oder als Missionspredigt definiert. Dieser vermeintliche Gegensatz wurde freilich schon 1848 im zweiten Band der *Praktischen Theologie* des Bonner Praktischen Theologen und späteren Berliner Propstes und Professors Carl Immanuel Nitzsch kritisiert. Nitzsch verwies auf die innere Einheit von Gemeindepredigt und missionarischer Predigt und lehnte die doktrinale Entgegensetzung von Gemeindepredigt und Missionspredigt ab. Er hob hervor, daß der Glaube der ständigen Vergewisserung und Stärkung bedarf. „Der Glaube der Kirche soll nicht aufhören, was er inne geworden ist zu äußern, und wiederum, der Glaube kann nicht aufhören, an dem selben Worte sich zu nähren welches ihn erwecket hat. Wo und wann also immer die Gemeinde der Gläubigen besteht, versammelt sie sich nicht nur feiernd vor dem Herrn, der das Haupt ist, um den Glauben und die Bruderliebe nach den ihr eingeborenen Weisen zu begehen, sondern bildet auch Kreise und bestimmte Zeiten des Predigens und Hörens. Jene Kreise tun sich aber wieder auf, um die Botschaft zu denen zu senden, welche noch nicht gehört haben und nicht glauben."[10] In diesem Zusammenhang ist dann auch daran zu erinnern, daß die neutestamentlichen Grundbegriffe für die Predigt keryssein (verkündigen), parakalein (mahnen und trösten) und didaskein (lehren) lauten.

[10] Carl Immanuel Nitzsch, *Praktische Theologie*, Bd. 2, Bonn 1848, S. 47.

Auch in Alexander Schweizers Homiletik, die ebenfalls 1848 erschienen ist, wird Schleiermachers Ansatz aufgenommen und zugleich erweitert.[11] Schweizer erörtert die Predigt als gottesdienstliche Rede unter den Gesichtspunkten des Gottesdienstes, der Seelsorge und der missionarischen Verkündigung. Sie ist Rede im Gottesdienst der versammelten Gemeinde. Ihre Grundaufgabe besteht in der Förderung der Glaubens- und Lebensgewißheit der Gemeindeglieder, und unter diesem Aspekt steht in ihr die lebensgeschichtliche Spannung zwischen Glauben und Unglauben, Gewißheit und Anfechtung zur Debatte.

Otto Baumgarten, der sich 1890 in Berlin für Praktische Theologie habilitierte und die kirchliche Situation in Berlin und anderen Großstädten gut kannte, wollte 1899, ein halbes Jahrhundert nach dem Erscheinen von Schweizers Standardwerk der Predigtlehre, in seinem *Leitfaden der Homiletik* ebenfalls zu einem differenzierten Verständnis der Predigt und der Predigtpraxis anleiten. Das Erbe Schleiermachers und des Pietismus kommt in der Homiletik des liberalen Theologen ebenso zur Geltung wie die nüchterne und ressentimentfreie Wahrnehmung der geistigen Situation der Zeit. Baumgarten beschreibt den Grundtenor vieler zeitgenössischer Predigten, wenn er den Ausgangspunkt der Predigt in der „öffentlichen Bezeugung des Heils in Christo (und der) Darstellung des der Welt in Christi Person und Werk dargebotenen, durch Buße und Glauben anzueignenden Heils“[12] sieht. Der Unterschied zwischen der Gemeinde- und der genuinen Missionspredigt besteht für Baumgarten darin, daß die Gemeindepredigt tiefer einführen will in die Glaubens- und Lebensgemeinschaft mit Christus, während die missionarische Verkündigung und Unterweisung den Weg zum Glauben grundlegend eröffnen will. Gegenüber einseitigen Fehlinterpretationen von Schleiermachers Theorie der sogenannten Kultuspredigt insistiert Baumgarten darauf, daß die gottesdienstliche Predigt nicht nur den Glauben und die Glaubenspraxis darstellen, sondern auch wirken und verändern soll. Der handlungstheoretische Aspekt wird akzentuiert. Von den Berliner Hofpredigern hat Paul Conrad, anders als Kögel, dieses Element besonders betont. In seiner Abschiedspredigt in der Gedächtniskirche wies er darauf hin, daß seine Predigten „eine Schlacht sein (wollten) mit den Menschenherzen“. Der Bußruf habe in

[11] Vgl. Alexander Schweizer, *Homiletik der evangelisch-protestantischen Kirche systematisch dargestellt,* Leipzig 1848.

[12] Otto Baumgarten, *Leitfaden der Homiletik,* Kiel 1899, S. 7.

ihnen nie gefehlt. Nicht ein Christentum der Stimmungen und Gefühle, sondern ein Christentum der Tat habe er predigen wollen.[13] Wie Schweizer hat Baumgarten die seelsorgerliche Funktion der Predigt hervorgehoben und in seinen Predigten ausdrücklich wahrgenommen. Baumgarten ergänzt allerdings, daß der Prediger auch katechetische Aufgaben habe. Er knüpft damit an das volkskatechetische Predigtverständnis Luthers an. Grundsätzlich wurde um die Jahrhundertwende eine enge Verbindung zwischen der Predigt einerseits und dem individuellen Seelsorgegespräch andererseits gefordert. Prägnant ist dieses Programm in den Erinnerungen des Generalsuperintendenten Büchsel formuliert worden: „Die spezielle Seelsorge ist es, die den Prediger tüchtig macht, das Wort Gottes so zu verkündigen, daß es den Leuten nahe kommt. Wer in der Studierstube sich allerlei Vorstellungen macht von ... dem Zustand der Gemeinde, täuscht sich gar sehr und wird gewöhnlich tauben Ohren predigen."[14]

III

Die Grenzen der gottesdienstlichen Predigt

Im letzten Drittel des 19. Jahrhunderts erkannte man, daß sich der Gemeindeaufbau nicht allein auf Gottesdienst und Predigt stützen kann. Die Verkündigung des Evangeliums darf nicht auf die gottesdienstliche Predigt begrenzt sein, und das „Priestertum aller Gläubigen" sollte nicht nur am Gedenktag der Reformation zitiert werden. Deshalb hat sich Ende des 19. Jahrhunderts die Kritik am „Alleinpredigen", die schon in der lutherischen Reformorthodoxie aufgekommen war, verschärft. Gefordert wurden, auch angesichts der Erosion der Kirchlichkeit, veränderte volkskirchliche Handlungsstrategien, vor allem von Emil Sulze. Seine Gemeindekonzeption war getragen von der Überzeugung, daß die Kirche Predigt- und Seelsorgekirche sein müsse, da Seelsorge als der wechselseitige Dienst der Christen untereinander unverzichtbar zum Wesen der Kirche gehöre. Sulze begann deshalb, in seiner Dresdener Gemeinde die individuelle Seelsorge im Rahmen des Priestertums aller Gläubigen auszubauen. Er sah darin zugleich eine Antwort auf das immense Anwachsen der Zahl der Gemeindemitglie-

[13] Vgl. Alfred Uckeley, *Zeitgenössische Prediger. Paul Conrads homiletische Bedeutung,* in: *Pastoralblätter,* 70. Jg. (1927/1928), S. 214ff.

[14] Carl Albert Ludwig Büchsel, *Erinnerungen aus dem Leben eines Landgeistlichen,* Bd. 2, 4. Aufl., Berlin 1886, S. 167.

der in den Großstädten, auf das die kirchenleitenden Organe so schwerfällig reagierten.[15]

Sulzes Einsatz für überschaubare Seelsorgegemeinden hat, nicht zuletzt durch die von August Stock geleitete „Konferenz für evangelische Gemeindearbeit",[16] die seit 1916 „Deutscher evangelischer Gemeindetag" hieß, auf Dauer Früchte getragen. Der Gedanke, daß die seelsorgerliche und diakonische Arbeit in den Gemeinden zu intensivieren sei, hat zum Umdenken in der Kirche beigetragen. Der von Sulze entworfene Organisationsplan für Seelsorgegemeinden wurde allerdings nicht in der projektierten Form verwirklicht. Sulze hatte als Obergrenze für die Seelsorgebezirke die Zahl von 5000 Gemeindegliedern genannt. Der Pfarrer sollte von 20 Bezirkshelfern mit der Bezeichnung „Presbyter" unterstützt werden. Diese wären jeweils für ungefähr 250 Gemeindemitglieder in Kleinbezirken verantwortlich gewesen. Die Presbyter und die Mitglieder eines zu gründenden Hausväterverbandes sollten die gemeindliche Arbeit regelmäßig in der Gemeindeversammlung besprechen. In seinem Buch über *Die Reform der evangelischen Landeskirchen nach den Grundsätzen des neueren Protestantismus* hat Sulze dieses Programm als Konsequenz des Gedankens vom Priestertum aller Gläubigen vorgestellt: „Die Priester mögen Sakramentswunder schaffen, die Theologen mögen ihre Dogmen bilden, wir tun, was wir vermögen, um die Arbeit der gegenseitigen Erziehung in den Gemeinden zu begründen. Die Forderung, die wir damit an unsere tätigen, zuletzt an alle Gemeindeglieder stellen, ist eine große."[17]

Dieses Seelsorgeprogramm wurde unterschiedlich aufgenommen. Es stieß auch auf energische Kritik. So forderte Stoecker in Berlin eine Intensivierung der Volksmission anstelle breiter gemeindlicher Seelsorgearbeit. Bernhard Dörries, der bekannte hannoversche Prediger, kritisierte den ekklesiologischen Hintergrund des Programms. Die wahre Kirche des Glaubens sei letztlich unsichtbar und könne nicht eindeutig dargestellt werden. Er knüpfte an das 7. Kapitel des Augsburger Bekenntnisses an, in dem die Kirche als Gemeinschaft an Wort und Sakrament definiert wird: „Die Kirchenglocken rufen (die Ge-

[15] Vgl. Emil Sulze, *Die Reform der evangelischen Landeskirchen nach den Grundsätzen des neueren Protestantismus*, Berlin 1906.

[16] Vgl. W. Jannasch, Artikel *Gemeindetag*, in: Kurt Galling (Hrsg.), *Die Religion in Geschichte und Gegenwart*, 3., völlig neu bearb. Aufl., Tübingen 1959—1962, Bd. 2, S. 1346.

[17] E. Sulze, *Die Reform...* (wie Anm. 15), S. 121.

meinde) aus ihrer Unsichtbarkeit hervor, aber mit dem Segenswunsch kehrt sie wieder in ihr Dunkel zurück. Sie lebt und wirkt auch dann, aber sie wirkt wie das Salz, wie der Sauerteig und muß sich daran genügen lassen, daß Gott ihr Wirken sieht und segnet und es an den Tag bringt zu seiner Zeit, was sie zu seiner Ehre schafft und vollbringt."[18] Der Einspruch von Dörries löste zu Beginn des 20. Jahrhunderts eine intensive Debatte aus. In den dreißiger Jahren wurde die Frage, in welchem Verhältnis die Kirche, die wir glauben, und die Kirche, die wir sehen, stehen, von der Praktischen Theologie noch einmal aufgenommen. Sulze hat die drängenden Probleme der Gemeindearbeit richtig erkannt, aber seine Lösungsvorschläge enthielten zu viele Vereinfachungen und waren zu sehr auf das Praktikable bezogen. Die Fragen, die er an die Praxis der kirchlichen Gemeindearbeit stellte, sind auch heute noch aktuell.

IV
Zur Forschungssituation

Die Erforschung der neueren Predigt- und Frömmigkeitsgeschichte ist von der evangelischen Theologie in den vergangenen Jahrzehnten sehr vernachlässigt worden. Hier wirkt sich unter anderem noch die Kritik Barths an den anthropologischen Fragestellungen der Theologie des 19. Jahrhunderts aus. Denn die Frömmigkeit wie die Praxis gelebten Glaubens sind im neuzeitlichen Christentum durch die Spannung zwischen der Individualität des Glaubens und der Frömmigkeit auf der einen Seite und der Objektivität ihres Ausdrucks auf der anderen Seite gekennzeichnet. Seit ungefähr zehn Jahren nimmt das wissenschaftliche Interesse an der Predigtgeschichte allerdings wieder zu. Es wird wieder erkannt, daß längst nicht alle Probleme und Fragestellungen von gestern überholt sind, auch wenn die Lösungen und Antworten heute oft anders aussehen müssen. Eine Untersuchung über die missionarische Predigt im 19. Jahrhundert ist gerade erschienen, ebenfalls liegt eine neuere Arbeit über die Passionspredigt vor.[19] Arbeiten über ein-

[18] Bernhard Dörries, *Die Erziehungspflicht der Kirchgemeinden gegenüber sozialen Mißständen.* Referat auf dem 12. Evangelisch-sozialen Kongreß 1901 in Braunschweig.

[19] Andreas Husar, *Missionarische Predigt im Gottesdienst. Zur Beurteilung der missionarischen Intention der gottesdienstlichen Predigt in der Homiletik seit Schleiermacher,* Berlin 1987; Walter Zwanzger, *Christus für uns gestorben. Die evangelische Passionspredigt,* Stuttgart 1985.

zelne Prediger, zum Beispiel über Bernhard Dörries und Otto Baumgarten, stehen vor dem Abschluß.[20] Es fehlt eine Monographie über die Predigt der Hofprediger im Berlin des 19. und beginnenden 20. Jahrhunderts, speziell über die Predigten Ernst von Dryanders. Von Interesse wäre auch eine Untersuchung über die Predigtausbildung des Berliner Domkandidatenstifts; dort war jeder Kandidat zu regelmäßigen Seelsorgebesuchen verpflichtet, so daß die Predigt- und Seelsorgeausbildung aufeinander bezogen waren. Notwendig sind sodann Untersuchungen über einzelne Gattungen der Predigt, wie die soziale Predigt, die Großstadtpredigt, die seelsorgliche Predigt und die ethische Predigt. Solche Predigtuntersuchungen sollten neben Inhaltsanalysen auch Ausführungen über die Frömmigkeit von Predigern und Gemeinden enthalten. Nach wie vor fehlt auch eine Geschichte der Festtagspredigt innerhalb der Volkskirche. Zu wünschen bleibt schließlich, daß es in einem Menschenalter auch wieder einmal eine auf den Quellen gründende Geschichte der Predigt seit 1800 geben wird, in der die Komplexität der Predigt jener Zeit zur Geltung kommt.

[20] Inzwischen ist erschienen Hasko von Bassi, *Otto Baumgarten. Ein „moderner Theologe" im Kaiserreich und in der Weimarer Republik*, Frankfurt a. M. 1988.

Predigt in Berlin

Das Beispiel der Evangelischen Parochialkirche von 1830 bis 1900

JÜRGEN BOECKH
Berlin

In seiner *Vierten Rede über die Religion an die Gebildeten unter ihren Verächtern* mit dem Untertitel *Über das Gesellige in der Religion oder über Kirche und Priestertum* kurz vor Beginn des 19. Jahrhunderts sagt Friedrich Schleiermacher: „Jetzt seufzen Millionen von Menschen beider Geschlechter und aller Stände unter dem Druck mechanischer und unwürdiger Arbeiten... Es gibt kein größeres Hindernis der Religion als dieses, daß wir unsere eigenen Sklaven sein müssen, denn ein Sklave ist jeder, der etwas verrichten muß, was durch tote Kräfte sollte bewirkt werden können. Das hoffen wir von der Vollendung der Wissenschaften und Künste, daß sie uns diese toten Kräfte werden dienstbar machen, daß sie die körperliche Welt, und alles von der geistigen, was sich regieren läßt, in einen Feenpalast verwandeln werde... Dann erst wird jeder Mensch ein Freigeborener sein, dann ist jedes Leben praktisch und beschaulich zugleich, über keinen hebt sich der Stecken des Treibers, und jeder hat Ruhe und Muße, in sich die Welt zu betrachten. Nur für die Unglücklichen, denen es daran fehlte, deren Organen die Kräfte entzogen waren, welche ihre Muskeln in seinem Dienst unaufhörlich verwenden mußten, war es nötig, daß einzelne Glückliche auftraten und sie um sich her versammelten, um ihr Auge zu sein und ihnen in wenigen flüchtigen Minuten die Anschauungen eines Lebens mitzuteilen."[1]

[1] Friedrich Schleiermacher, *Über die Religion. Reden an die Gebildeten unter ihren Verächtern*, Berlin 1799, S. 142ff.; hier zit. nach der für die „Deutsche Bibliothek" von Martin Rade hrsg. Ausgabe, Berlin o. J., S. 169ff.

Schleiermacher sieht die Probleme der in der zweiten Hälfte des 18. Jahrhunderts begonnenen industriellen Revolution und spricht sie in der Predigt an. Er erhofft von der Weiterentwicklung unserer „künstlichen Bildung", wie er sagt, äußere und innere Freiheit des einzelnen, der sich in einem „Chor von Freunden" als „Teil und Werk des Universums" versteht, und „daß auch in ihm sein göttliches Wirken und Leben sich offenbart". Er prophezeit das Absterben der Kirche, nicht der Religion. Diese wird jedem zueigen sein, sie bedarf zu ihrer Vorbereitung — einst — nur der „frommen Häuslichkeit". Schleiermacher ließ offen, wann einmal die von ihm angekündigte bessere Zeit kommen würde. Er wird kaum damit gerechnet haben, daß die Entwicklung von Technik und Wissenschaft in wenigen Jahrzehnten eine weitere Verschärfung der Probleme bringen würde, daß andere als Folge humanerer Arbeitsbedingungen nicht die Vollendung, sondern das Absterben der Religion prophezeien und erhoffen sollten.

Während Schleiermacher damals die uns heute beschäftigenden Probleme der Urbanisierung bereits im Blick hatte, spielen sie in dem Rückblick, den der Berliner Kirchenhistoriker Walter Wendland vor fünfzig Jahren in seiner Schrift über *Die Berliner Kirche in der Zeit der werdenden Großstadt* gab, keine Rolle. Wendland beginnt mit dem Bau neuer Kirchen ab Ende des 17. Jahrhunderts, berichtet über bedeutende Prediger wie Philipp Jakob Spener, Johann Porst und schließlich Schleiermacher, den er als „patriotischen Prediger" würdigt. Dazu gehört dann auch ein Bericht über die „Feier des 300jährigen Reformationsfestes in Berlin" 1817.[2] Wer eine gewisse Kenntnis von Predigten hat, die im 19. Jahrhundert in Berlin gehalten wurden, wird der Meinung sein, daß Bezüge zum sozialen Hintergrund gar nicht oder nur sehr selten zu finden sind.[3] Das ist auch weitgehend so. Vielleicht wären die nicht überlieferten Predigten mancher Gemeindepfarrer ergiebiger als die uns gedruckt vorliegenden, etwa die des beliebten Gustav Knak von der böhmisch-lutherischen Gemeinde, von dem gesagt wurde, er hielte immer die gleiche Predigt und sie wäre jedesmal gut, oder die des Hofpredigers Friedrich Wilhelm Krummacher, der, von der Erweckungsbewegung geprägt, aus dem Wuppertal nach Berlin gekommen war. — Hier sollen die gedruckt vorhandenen Predigten einer

[2] Vgl. Walter Wendland, *Die Berliner Kirche in der Zeit der werdenden Großstadt* (= Berliner Kirchengeschichte, Heft 3), o. O. (Berlin) o. J. (1937).

[3] Auf Adolf Stoecker wird hier nicht Bezug genommen, vgl. aber den Beitrag von Martin Greschat, *Die Berliner Stadtmission,* in diesem Sammelband.

Berliner Stadtgemeinde untersucht werden, die der — ursprünglich reformierten — Parochialgemeinde. An der Parochialkirche befindet sich heute das umfangreichste Gemeindearchiv von ganz Berlin. Den meist als Neujahrsgabe gedruckten Predigten sind in der Regel Gemeindenachrichten, hauptsächlich statistische Angaben, über das vergangene Jahr und Predigtordnungen für das beginnende Jahr hinzugefügt. Die Gemeindenachrichten geben Anhaltspunkte für das zahlenmäßige Wachstum der Gemeinde und den sozialen Status ihrer Mitglieder.[4]

Die reformierte Parochialgemeinde, deren „Tempel" im Jahre 1703 eingeweiht wurde, ist von der Hof- und Domkirche abgezweigt worden. Sie umfaßte zunächst alle deutschen reformierten Bürger der Stadt mit Ausnahme der kurfürstlichen Familie und der Hofbediensteten. Seit Anfang des 19. Jahrhunderts verschwand jedoch das reformierte Bewußtsein. Die Union von 1817 wurde akzeptiert, und die Gemeinde nannte sich fortan nicht mehr „Reformierte" sondern „Evangelische Parochialkirche". Es war keine Ortspfarrei, sondern eine Personalgemeinde, das heißt, die Mitglieder der Gemeinde kamen aus ganz Berlin zusammen. Die Gemeindemitglieder gehörten einem eher gehobenen Bürgertum an: Eine Totenliste des Jahres 1844 weist bei den verstorbenen Hausvätern 15 Handwerker, zum großen Teil Meister, aus, einen Akademiker, einen Kaufmann und einen Rentier. Der Zusammenhalt der Gemeinde wurde wesentlich durch die Qualität der Predigt bestimmt. Die aktuellen Bezüge in den Predigten zeigen sowohl die Rezeption der Probleme durch die Prediger als auch Versuche zu ihrer Bewältigung. Da die Parochialkirche eine der größten Kirchen Berlins war, dürften diese Predigten eine weit über die Gemeinde hinausgehende Bedeutung innerhalb der evangelischen Kirche gehabt haben.

[4] Das Archiv der Evangelischen Georgen-Parochialgemeinde (im folgenden AEGP zitiert) befindet sich im Haus Waisenstraße 28, DDR-1020 Berlin. Dort sind die — einzeln vorliegenden — Predigten, nach Verfassern und chronologisch geordnet, einzusehen, für die in den Anmerkungen kein Nachweis geführt wird. Diese Predigten sind in öffentlichen Bibliotheken vermutlich nicht zu finden. Lediglich in der Bibliothek der Evangelischen Kirche der Union, Jebenstraße 3, D-1000 Berlin 12, liegen einige Predigten aus anderen Kirchen vor. — Für die in Buchform herausgegebenen Predigten ist jeweils in den Anmerkungen der Fundort angegeben.

I

Seit den dreißiger Jahren des 19. Jahrhunderts wirkte Johann Friedrich Arndt an der Parochialkirche. August Nebe nennt ihn einen der hervorragendsten, tiefeingreifendsten, wirksamsten Prediger der vorangehenden Jahrzehnte.[5] Friedrich Arndt wurde 1802 als Sohn eines Handwerkers in Berlin geboren. Während seines Studiums übte der Oberhofprediger Georg Friedrich Abraham Strauß entscheidenden Einfluß auf ihn aus, besonders nach seiner Aufnahme in das von Strauß geleitete Berliner Domkandidatenstift. Arndt erregte bereits durch seine erste Kandidatenpredigt Aufsehen. Nach einer Bildungsreise, die ihn durch West- und Süddeutschland, Holland, Frankreich und Italien führte, wurde er zunächst Hilfsprediger am Dom zu Magdeburg und kam dann an die Berliner Parochialkirche. Dort hatte er von 1833 bis 1839 die zweite, von 1839 bis 1875 die erste Pfarrstelle inne. Der vierte Teil aller seiner Predigten ist gedruckt und durch den Druck in weitere Kreise hineingetragen worden.

Seine Antrittspredigt hielt Arndt am 2. Juni 1833. In dieser Zeit wuchs die Zahl der Gemeindeglieder: Im Jahre 1754 wurden 68, im Jahre 1800: 108, 1826: 212 und 1838: 250 Kinder getauft, die Trauungen, Konfirmationen und Beerdigungen nahmen ebenfalls zu. Die Zahl der Kommunikanten dagegen nahm ab: Von 1991 im Jahre 1754 sank sie auf 1062 zur Jahrhundertwende, auf 934 im Jahre 1826 und auf 817 im Jahre 1838,[6] ein deutliches Zeichen, daß mit wachsender Bevölkerungszahl die Teilnahme am Gemeindeleben zurückging. Drei Predigten aus dem Herbst 1833 handeln von der Gottheit Jesu Christi ohne zeitgeschichtliche Bezüge. Die in Buchform veröffentlichten 13 Predigten, die Arndt in der Trinitatiszeit 1834 gehalten hat, weisen demgegenüber deutliche Bezüge zum Zeitgeschehen auf.[7] „Wartet einige Jahrzehnte", heißt es in der ersten über *Geburt und Taufe,* „und der unscheinbare Säugling ist ein Mann geworden, der die Erde durchdringt bis in ihre innersten Schächte und mit ihren Erzeugnissen Tausende von Zwecken erreicht."[8] In der Predigt über *Weltliche Erziehung* pran-

[5] Vgl. August Nebe, *Zur Geschichte der Predigt. Charakterbilder der bedeutendsten Kanzelredner,* 3 Bde., Lüneburg 1879; hier: Bd. 3, S. 417.

[6] Vgl. Friedrich Arndt, *Geschichte der evangelischen Parochial-Kirche in Berlin vom Jahre 1694 bis 1839,* Berlin 1839 (AEGP).

[7] Vgl. Friedrich Arndt, *Dreizehn Predigten,* Berlin 1835 (AEGP).

[8] *A. a. O.,* S. 4.

gert Arndt die Kinderarbeit an. Er kritisiert die Eltern, „die ihre Kinder bloß als Mittel zum Broterwerb betrachten", ohne jedoch den sozialen Verhältnissen, die dazu führen, auf den Grund zu gehen. Allerdings spricht er auch von den „armen, unglücklichen Kindern" der Begüterten und klagt deren Eltern an, daß sie sich zwar um das äußere Wohlergehen, aber nicht um das Seelenheil ihrer Kinder Sorgen machen. Er kritisiert die Geheimreligion des Gebildeten und stellt — wie auch in einer Predigt über das häusliche Leben — fest, daß die geistliche Begleitung des Tageslaufs durch Andacht und Gebet nicht mehr Mode ist. Den Prediger mag man wohl leiden, „wenn er reine Moral predigt und den Namen Christus nicht zu oft in seinen Kanzelreden anbringt". Auch die Zwietracht unter den Eltern, die eine sittliche Verwahrlosung der Kinder nach sich zieht, wird angeprangert. Den Eltern wird Schuld daran gegeben, daß Knaben und Mädchen, Jünglinge und Jungfrauen verhältnismäßig wenig in der Kirche zu sehen sind. Im Blick auf andere Staaten und Länder fragt Arndt: „Wie kommt es, daß wir in allen öffentlichen Blättern mit Schrecken lesen, daß nicht nur Jünglinge, nein, daß sogar Schulknaben und Lehrjungen sich zu Werkzeugen der Empörung mißbrauchen ließen und bei den schändlichsten Aufständen und Aufläufen unserer Zeit in den vordersten Reihen ... standen?"[9] In der Predigt über *Christliche Erziehung* wird die „neue Lehre" abgewiesen, „die nicht durch Zucht, sondern durch Einsicht erziehen und den Erfolg von Gründen will abhängig machen, die den Kindern nicht befehlen und untersagen will".[10] In einer Predigt über *Das bürgerliche Leben* sieht Arndt das Leben des Christen bewährt sowohl „in der treuen Abwartung unseres Berufes", als auch „in dem gewissenhaften Gehorsam gegen die Obrigkeit".

Die neuen Verhältnisse scheinen durch, wo er sagt: „Arbeitet ... jeder an seiner Stelle, und es wird dann aus sein mit jedem Miethlingssinn in der Welt, ein freudiges Leben und Weben wird herrschen in den Häusern, den Arbeitsstuben, den Schulen, den Fabriken, den Werkstätten." Der „Lügenrede" vom Gesellschaftsvertrag stellt Arndt die gottgewollte Obrigkeit gegenüber. Der schlimmste aller zeitlichen Unglücksfälle ist der, „wenn in einem Lande die Obrigkeit aufgehört hat zu regieren". Mit flammenden Worten werden die Schrecken der Anarchie dargestellt. Demgegenüber: Treue zur Regierung, Begeisterung

[9] *A. a. O.*, S. 18ff.
[10] *A. a. O.*, S. 37f.

für König und Vaterland. Auch wenn „die Obrigkeit mangelhafte Anordnungen träfe, Ungerechtigkeiten, Druck, Gewaltthaten aller Art sich zu Schulden kommen liesse und das Land zu Grunde richtete", soll der Christ untertan sein und „nur um so eifriger um deren Abstellung zu dem beten, der die Herzen der Könige lenkt wie Wasserbäche". Alle Hörer werden aufgefordert, an dem Gottesdienst der Kirche teilzunehmen, „um mit der ganzen Gemeinde in ihre allgemeinen Fürbitten auch das Wohl unseres theuren und geliebten Königs und des ganzen Vaterlandes an dem Thron der ewigen Erbarmung niederzulegen".[11] Offenbar war es damals üblich, nach der Predigt das Gotteshaus zu verlassen.

In der zehnten Predigt über *Das kirchliche Leben* geht es besonders um die Heiligung des Sonntags: „Auf allen Straßen stürmt und lärmt es, still ist es auf den Straßen, die zum Gotteshause führen ... Wir müssen es mit tiefer Betrübniß sehen und hören, daß die Klagen über Unkirchlichkeit immer allgemeiner und lauter werden, daß namentlich in unserer Stadt zwischen der Einwohnerzahl und den Kirchgängern gar kein Verhältnis stattfindet, daß unter 260 000 Menschen sonntäglich keine 20 000 die Schwelle des Gotteshauses betreten." Das sind also 8,7 Prozent. „Gottesdienst gehe euch vor Herrendienst", sagt Arndt, „jede Sonntagsarbeit sei euch ein Kirchenraub."[12] Offenbar hatte er nur Arbeitnehmer, aber keine Arbeitgeber, die zur Sonntagsarbeit anhielten, unter der Kanzel.

Eine Predigt vom 11. Juni 1837 wurde der Gemeinde zum Antritt des Jahres 1838 überreicht. Arndt wendet sich darin gegen die Vergnügungssucht, und im Blick auf verderbliche Bücher sagt er: „Werfet sie weg, werfet sie ins Feuer, vernichtet sie!" In einer statistischen Übersicht über das Kirchenjahr 1836/37, dem Cholerajahr, werden 186 Todesfälle angeführt. Unter den Toten befanden sich 28 Hausmütter und 28 Hausväter, von ihnen sind vier Fabrikanten, zwei Fabrikarbeiter und 16 Handwerksmeister, nur ein Rentier und ein pensionierter Inspektor sind dabei. Aus dem Jahre 1837 liegt ein Band mit 17 Betrachtungen zur *Bergpredigt Jesu Christi* vor.[13] Wir werden nicht enttäuscht: Die Probleme der Stadt sind in diesen Betrachtungen nicht ausgeklammert. Zur ersten Seligpreisung sagt Arndt: Viele Ausleger haben „an äußer-

[11] *A. a. O.*, S. 124 ff.

[12] *A. a. O.*, S. 142 ff.

[13] Vgl. Friedrich Arndt, *Die Bergpredigt Jesu Christi, 17 Betrachtungen in der Trinitatiszeit 1837*, Magdeburg 1838 (AEGP).

lich und leiblich Arme gedacht, und allerdings hatte Jesus solche Arme vornämlich lieb, ließ ihnen insbesondere das Wort Gottes verkünden, besuchte gern die Hütten der Niedrigkeit, wählte seine Apostel aus Fischern und Zöllnern und fand zunächst Eingang unter dem Volke, das gesundere Blicke und empfänglichere Herzen hatte, als seine Führer und Obersten. Auch haben die Armen manche Vorzüge vor den Reichen, tausend Versuchungen, Zersplitterungen des Gemüths, Verleumdungen und Gefahren bleiben ihnen fern; Genügsamkeit schließt ihnen die Thore des Glückes auf, und zuletzt müssen auch die Reichen selbst dahin kommen, weltliche Würden und zeitliche Güter zu verachten."[14] Dennoch stellt Arndt fest, daß mit den „geistlich Armen" andere gemeint sind. Das Thema „Arm und Reich" spricht er oft in seinen Predigten an.

Eine „Stadt auf dem Berge", von der Jesus in der Bergpredigt spricht, ist Berlin nicht! Eine harte Philippika schließt Arndt an die Perikope *Vom Ehebruch* an: Da wendet er sich gegen Sittenlosigkeit und schlechte Schauspiele, gegen „Verbindungen, die an den öffentlichen Vergnügungsorten in Ballsälen und auf Tanzböden in Stunden unverantwortlicher Übereilung ihren ersten Ursprung finden, wir meinen in schamlosen Zeitungsanzeigen, in denen Männer, in denen sogar Frauen und Jungfrauen um ein bequemes Leben und Geld sich selbst ... feilbieten. O Berlin, das kannst du Tag für Tag in deinen öffentlichen Blättern lesen, ohne zu erröthen? Kannst in den Blättern anderer Länder dich verspotten lassen, ohne den Spott zu Herzen zu nehmen? Das fromme Berlin willst du sein, deine Kirchlichkeit und Gottesfurcht willst du preisen hören, und erhebst dich nicht in Massen gegen diesen Unfug, gegen diese schamlose Verletzung aller zarten Gefühle, gegen diese gemeine Herabwürdigung des weiblichen Geschlechtes? O Schmach über Berlin! Christus würde heutzutage noch über dich weinen, wie einst über Jerusalem."[15] Es sei hier eingefügt, was Johann Hinrich Wichern, der um 1830 als Student zwischen Spittelmarkt und Jungfernbrücke gewohnt hat, in seiner Denkschrift *Die innere Mission der deutschen evangelischen Kirche* geschrieben hat: „Die großen Städte ... sind die Hauptschule aller Laster und Sünden des Volkes geworden. Alle Verhältnisse, in denen sie zu ihrer Größe, ihrem Glanze und ihrer Bedeutung geführt worden sind, sind als eben so viele Triebkräfte zum Wachsthume des nun in ihr grassierenden Verderbens in den obern und

[14] *A. a. O.*, S. 4.
[15] *A. a. O.*, S. 176.

untern Ständen zu achten." An anderer Stelle spricht Wichern von den „sogenannten wilden und leichtfertig und gottlos geschlossenen und geführten Ehen mit allen dahingehörigen Verhältnissen der Geburten", zum Beispiel den sogenannten vor- und unehelichen Kindern. In einer Aufstellung des Verhältnisses der ehelichen zu den unehelichen Geburten in zwölf deutschen und außerdeutschen Städten steht Berlin an der fünften Stelle: Auf 5,8 Kinder kommt ein uneheliches Kind, in Paris ist das Verhältnis 1,8 : 1.[16]

Auch Arndt spricht, zwölf Jahre vor Wichern aber sieben Jahre nach Wicherns erstem Aufenthalt in Berlin, von den traurigen Ehen, die die „Hölle auf Erden" sind, von wilden Ehen und „elender Kinderzucht", von einem Geist, der alles Heilige wegspottet und wegscherzt. In der Betrachtung über den Abschnitt aus der Bergpredigt über die Ehescheidung wendet er sich gegen eine laxe Ehegesetzgebung: „Der Ehebruch muß wieder gelten als das, was er ist, als Verbrechen, und aufs Nachdrücklichste und Empfindlichste bestraft werden." Andererseits, an Richter und Gesetzgeber gewendet, sagt er: „Neue schärfere Gesetze allein heben das Übel nicht auf, solange die Quelle des Übels die alte bleibt und nicht verstopft wird. Verstopft denn die Quelle: Beschränkt, verhindert vor allem den Gebrauch der geistigen Getränke, die jetzt Millionen an Leib und Seele vergiften; denn Trunksucht ist unzählige Male die erste Quelle unglücklicher Ehen. Beschränkt die vielfachen Vergnügungen, insbesondere die schnöden Entweihungen des Sonntags und Sonnabends, welche trotz aller verschärften Gesetze immer noch ihren Gang fortsetzen; denn Vergnügungssucht erstickt die Lust zur Arbeit und bringt um den Segen der Arbeit. Vergnügungssucht stiftet unglückliche Ehen und trennt die glücklichsten."[17]

Hier findet sich eine Anmerkung, die offenbar erst der gedruckten Ausgabe der Predigt hinzugefügt worden ist. Mit Hinweis auf einen zeitgenössischen Autor macht Arndt — auch — die unbeschränkte Gewerbefreiheit für die Ausartung der Sitten, für Verarmung und Unglück in den Ehen verantwortlich. Und in einer weiteren Anmerkung stellt er fest, daß Wiederverheiratung unter Umständen kein Ehebruch ist, wenn trotz Trauung keine wahre Ehe zustande gekommen war. Hier kommen einige grundsätzliche Erwägungen zur Berg-

[16] Vgl. Johann Hinrich Wichern, *Die innere Mission der deutschen evangelischen Kirche. Eine Denkschrift an die deutsche Nation,* Hamburg 1849, S. 85, S. 109f. und S. 118f.

[17] F. Arndt, *Die Bergpredigt...* (wie Anm. 13), S. 197.

predigt, die, wenn auch von einem anderen Ausgangspunkt aus, für heutige Diskussionen von Bedeutung sein könnten: „Wer jede Scheidung und Wiederverheiratung, außer im Falle des Ehebruchs, nach dem Buchstaben der Bergpredigt für Ehebruch erklärt, muß konsequent auch jeden Eid, jeden Prozeß, jeden Kriegsdienst mit den Mennoniten und Quäkern als Sünde verwerfen. Aber einen Punkt schroff herausheben und die anderen so milde wie möglich deuten, ist eine Inkonsequenz und Willkür, vor der einem schaudern kann."[18] Der Prediger vergleicht das Verhältnis der Kirche zum Staat, des Christen zum bürgerlichen Gesetz und überhaupt den bürgerlichen Obliegenheiten mit dem Verhältnis des Neuen zum Alten Testament. Gegenüber einer „gesetzlichen" Anwendung der Bergpredigt sagt Arndt: „Besser Frieden, als Krieg! Und jeder Staat, der ein christlicher sein will, hat darum die große Aufgabe, Kriege zu vermeiden, soviel wie möglich, sie immer seltener, immer entbehrlicher zu machen, und dahin zu streben, daß der Engelsgruß ‚Friede auf Erden' je länger je mehr Wahrheit und Wirklichkeit werde, und die goldene Zeit herblühe, in welcher die Schwerter in Pflugscharen, die Spieße in Sicheln verwandelt werden und ein jeglicher sicher wohnt unter seinem Weinstock und Feigenbaum. Die Ausnahmen sind allerdings in einer sündhaften Welt nothwendig; aber die Heilsregel lautet immer: ‚Liebet eure Feinde...'"[19]

Die Passionspredigt vom Sonntag Invocavit 1843 ist ohne Zweifel diejenige, die am deutlichsten auf die Probleme des Landes und der Stadt eingeht. Nebe nennt sie „die famöseste von allen seinen Predigten".[20] Auf das mir vorliegende Exemplar hat jemand geschrieben: „Arge Ausfälle auf die Obrigkeit und die schlechte Aufklärung". Das Thema lautet: *Judas und der hohe Rath.*[21] „Die Zeit, in der wir leben", so beginnt der Prediger, „ist eine Zeit großer Überraschungen. Von allen Seiten werden wir überrascht, bald auf erfreuliche, bald auf schmerzliche Weise, ja, von Überraschungen fast betäubt. Der König überrascht die Welt durch geistreiche Reden und bedeutungsvolle Thaten; die Behörden überraschen durch plötzliche, gewaltige Eingriffe in das Räderwerk der Begebenheiten; die Industrie überrascht durch Entdeckungen und Erfindungen, welche alle früheren Jahrhun-

[18] *A. a.* O., S. 199.

[19] *A. a.* O., S. 238f.

[20] A. Nebe, *Zur Geschichte...* (wie Anm. 5), S. 418.

[21] Die folgenden Zitate ohne Einzelnachweis stammen aus Predigten in den Beständen des AEGP; vgl. dazu die Erläuterungen in Anm. 4.

derte weit hinter sich lassen; das niedere Volk überrascht uns durch Diebstähle, Einbrüche und Mordthaten ... Es ist eine unruhige Zeit. Ein Eindruck jagt den anderen, und immer unheimlicher gestaltet sich die Zukunft. Solche Zeiten sind immer zugleich Leidenszeiten, in denen vieles Alte sterben und untergehen muß, damit das Neue könne geboren werden, und am fortlaufenden Räderwerk manche Zuschauer ergriffen und zerschmettert werden." Der Prediger bezeichnet Judas als den Repräsentanten aller Diebe, Verräter, Verbrecher und Selbstmörder und sagt: „Wer könnte namentlich jetzt in unserer Stadt leben, ohne dies Befremden zu empfinden, wenn er Tag für Tag von neuen Diebstählen, von gewaltsamen Einbrüchen, von Raubanfällen am hellen Tage, und von grauenvollen Todtschlägen und Mordthaten hört oder in den Tagesblättern liest." Nachdem sogar die „wilden Heiden" in moralischer Hinsicht den christlichen Zeitgenossen als Vorbild hingestellt worden sind, heißt es: „O, wie tief ist Berlin gesunken in Lasterhaftigkeit und Sittenlosigkeit, diese Stadt, die sich ihrer feinen Bildung und tiefen Wissenschaftlichkeit rühmt; diese Stadt, die seit Jahren gewohnt ist zu prahlen mit ihren Schulen, ihren Vereinen, ihren Anstalten, ihren Stiftungen, ihren glänzenden Mitteln; diese Stadt, die geraume Zeit sogar verrufen war wegen ihres Pietismus und ihrer übergroßen Frömmigkeit! Gewiß, Staunen und Entsetzen muß uns ergreifen, wenn wir bedenken, wohin wir schon gerathen sind und noch gerathen werden. Dieses Befremden wurzelt nicht nur in der Häufigkeit und täglichen Wiederholung des Lasters und Verbrechens; es wurzelt auch in der Unnatürlichkeit desselben. Wir sehen einen Abgrund vor uns, der sich immer weiter öffnet und Alles zu verschlingen droht. Wir gewahren eine Macht des Verderbens, gegen welche keine Gegenmacht der Polizei, der Gefängnisse, der Zuchthäuser, der Strafanstalten und Hinrichtungen bisher hat etwas ausrichten können. Wir erkennen einen Zeitgeist, der, lange befürchtet, lange vorhergesagt, nun endlich mit seinen verheerenden Folgen zermalmend hervorbricht. Wir erblicken eine Herabwürdigung der Menschennatur, daß es nichts Entsetzliches mehr gibt, das der Mensch zu vollbringen nicht fähig wäre."

Arndt stellt den „Hohen Rath" in Berlin mit dem in Jerusalem auf eine Stufe: Er fördert und verbreitet das Übel, zumindest mittelbar und unwillkürlich, durch einseitige (Verstandes-)Bildung sowie durch „übertriebene Humanität und Milde" gegen tatsächliche Verbrecher. Aber er kritisiert auch den Strafvollzug: „O, fahret nur fort, durch euer Zusammensperren der jüngeren Verbrecher, die zum ersten Male ertappt werden, mit den älteren, die zum wiederholten Male die wohlbekannten Räume betreten, die Gefängnisse zu eigentlichen Pflanzstätten des Lasters zu machen." Der Prediger wendet sich gegen die scham- und zügellose Presse, gegen den Genuß des Branntweins — während die norwegischen Stände Herstellung und Verkauf von Branntwein verboten haben. Die Entheiligung des Sonntages sieht er befördert durch Maskenbälle und sonstige Vergnügungen am Sonnabend bis tief in die Nacht hinein: eine Anspielung auf den König, der am Tag zuvor zu einem glänzenden Maskenball eingeladen hatte. Die Predigt gipfelt in den Worten: „Wahrlich, Berlin ist nicht eine Stadt, die auf dem Berge liegt, weithin leuchtend den Städten des Vaterlandes; Berlin ist jetzt ein zweites Sodom und Gomorrha, eine Warnung für die Mit- und Nachwelt geworden."

Werden hier Untertanen und Obrigkeit zur Buße gerufen, so wendet sich der Prediger am Sonntag Cantate, dem 21. Mai 1848, deutlich gegen die Gewalt von unten: „Wir haben es jetzt zu thun mit den allerheftigsten Stürmen aufgeregter Leidenschaften, unwürdiger Parteiungen, aufwieglerischer Grundsätze und frevelhafter Gotteslästerungen, die alles Bestehende in seiner Entwicklung auf's Gewaltsamste erschüttern; wir haben es mit den heranwogenden Fluthen unermeßlichen Elends zu thun, die alle Grundpfeiler unsers Glücks unterwühlen und Abgründe öffnen, welche vielleicht niemals wieder geebnet werden können." Und weiter: „Wehe ... den Vermessenen ... Tollkühn führen sie Erschütterungen herauf, deren Folgen sie gar nicht mehr in ihrer Gewalt haben; lassen keiner Regierung Zeit in ihrer Entwickelung, unaufhörlich sich selbst überstürzend; heucheln Volkswohl und Volksbeglückung in pomphaften Reden, und verfolgen nur eignen Gewinn und Ehrgeiz und Herrschsucht in allen ihren Unternehmungen; säen Wind und ernten Ungewitter; bereiten Millionen Noth ohne Noth, und gießen tagtäglich durch leidenschaftliche Reden und Thaten Oel ins verzehrende und zerstörende Feuer. Sie sind die eigentlichen Landesverräther und Volksmörder."

Zweieinhalb Jahre später, in einer Adventspredigt, die der Gemeinde zum Jahresbeginn 1851 überreicht wurde, greift Arndt das Thema *Arm und Reich* auf: „Besser arm und fromm als reich und gottlos." Christus, Paulus, Martin Luther und August Hermann Francke wären niemals Wohltäter der Brüder geworden, wenn sie reicher Leute Erben gewesen wären. Aber es gibt auch für die Reichen Gelegenheit, Gutes zu tun, „Engel des Trostes für die Kranken und Verwahrlosesten zu werden in demütiger Erbarmung und freundlicher Teilnahme". „Jetzt ist", sagt Arndt, „eine trostlose Zeit ... wo in der Masse der Völker in Städten sowohl wie auf dem Lande die Geringschätzung und Verachtung Christi, seiner Kirche und seines Wortes unmäßig überhand genommen hat, wo die laue, halbherzige Vernunftreligion der letzten Jahrzehnte zur offenbaren Irreligiosität und Gottlosigkeit geführt hat und mit Untergrabung der ewigen, göttlichen Ordnung auch die geheiligten menschlichen Ordnungen erschüttert und zertrümmert worden sind." Aber er prangert auch die höheren Stände an: Wohlleben, Wucher, Gewinnsucht, Luxus ohne Grenzen. Gute Werke werden nur um den Preis des Genusses getan: wohltätige Zweckessen, Zweckbälle. Nicht die Wohlhabenden, sondern in erster Linie Minderbemittelte tragen zum Gedeihen der Krankenvereine und Kinderbewahranstalten bei. „Kein Wunder", sagt er, „daß nach 1000jährigem Christentum in unserem Lande wir jetzt von vorn anfangen und eine Innere Mission erfinden müssen, als lebten wir unter lauter gottlosen Heiden."

Das Eintreten des Predigers Arndt für die Innere Mission war nicht opportun, denn die Auffassungen und Vorhaben Johann Hinrich Wicherns waren damals innerhalb der evangelischen Kirche keineswegs unumstritten. Zum Beispiel: Als Wichern am 30. November 1849 in der Sophien-Kirche in der Spandauer Vorstadt einen Vortrag hielt, eingerahmt von Gebet und Segen, beschwerte sich der dortige Kirchenvorstand beim Königlichen Konsistorium über die Pfarrer der Gemeinde, die diese Veranstaltung erlaubt hatten. Arndt stellt sich nicht nur an die Seite Wicherns, der in den dreißiger und vierziger Jahren weiteren Einblick in Not und Elend der ständig anwachsenden Bevölkerung von Berlin erhalten hatte, er scheut sich auch nicht, ein atheistisches Gedicht zu zitieren, in dem die sozialen Mißstände anklingen. Er erstrebt Versöhnung zwischen den getrennten Klassen und Parteien, wendet sich gegen Faulheit, Liederlichkeit, Rohheit, Sünde: „Anbahnen wollen wir die neue Zeit durch Thaten der christlichen Bruderliebe, durch Selbstbeherrschung und Weltüberwindung, durch Förderung der Untersuchungen der inneren Mission, durch Mitleid und Hilfe an den Verkommenen und Verwahrlosesten in unserem Volke..." Kurz darauf wird in den Gemeindenachrichten vermerkt, daß die gemeindeeigene Schule 112 Freischüler und 182 zahlende Schüler hat, und hinzugefügt: „Die Noth der Zeit hat uns gezwungen, auch vielen zahlenden Kindern eine Ermäßigung des Schulgeldes zu gewähren."

Einzelne der bisher angeschnittenen Themen tauchen in den Predigten, die mir vorliegen, immer wieder auf, so zum Beispiel die Entheiligung des Sonntags. Am Silvester-Abend 1868 bemerkt Arndt kritisch, daß neben dem dritten Adventssonntag nun auch der vierte ein Tag des Kaufs und Verkaufs geworden sei.

Oft sind die Predigten vom Reformationsfest zum Beginn des neuen Jahres gedruckt worden. 1844 wurde das Fest, das lange Zeit — trotz der großen Feier im Jahre 1817 — zumindest in der Parochialkirche nicht gefeiert wurde, erneuert. Es sollte fortan am 31. Oktober oder am Sonntag darauf gefeiert werden. Arndt heißt diese Erneuerung „um so willkommener, als dies Fest gerade in den Abend des Jahres fällt, wie die Reformation in den Abend der Weltgeschichte gefallen ist". Zu dem Predigttext aus der Offenbarung des Johannes: „Siehe ich komme bald. Halte, was du hast, daß niemand deine Krone nehme" (3,11), sagt er: „Haltet, was ihr habt ... heißt endlich: haltet es fest in unaufhaltsamem Fortschritt. Es ist keine Frage: evangelischer Geist ist Geist des Fortschritts, und die Losung der evangelischen Kirche ist nicht minder: ‚Vorwärts', als das die Losung der geistigen Bildung überhaupt ist. Aber es kommt darauf an, wie dieser Fortschritt geschieht." Bemerkenswert ist, daß „Fortschritt", von Mylius und Wieland nach 1750 als Übersetzung von progrès eingeführt, damals noch ein verhältnismäßig neuer Begriff war. Erst um 1830 wurde er als politisches Schlagwort verwendet. Arndt hat hier also die Hand am Puls der Zeit, wenn er fragt, was eigentlich „Fortschritt" bedeute. „Fortschritt" darf nicht mit „Anfang" verwechselt werden. „Wer noch gar nicht angefangen hat, noch gar nicht auf evangelischem Grund und Boden steht, sondern außerhalb desselben, wie könnte da von Fortschritt die Rede sein? Es giebt Andere, die wollen fortschreiten, indem sie das bereits Gewonnene aufgeben, bekämpfen, in die Luft sprengen, die ganze Vergangenheit streichen aus der Weltgeschichte. Was sie Fortschritt nennen, ist offenbar Rückschritt, sintemal sie erst suchen gehen, was schon lange gefunden, ja von Gott gegeben und geoffenbart ist. Es giebt noch andere, die meinen, das Christenthum habe sich überlebt, man müsse ihm einen neuen Leib und eine neue Seele geben, an ein neues Christenthum für die Gebildeten denken, um es ihnen bequemer und schmackhafter zu machen. Als ob das nicht leider schon sattsam genug geschehen wäre am Ende des vorigen Jahrhunderts, und die Folge davon ist der Verfall alles kirchlichen und sittlichen Lebens gewesen! Was sie Fortschritt nennen, ist Stillstand und Fäulniß."

Am Reformationsfest 1872 polemisiert Arndt zunächst gegen die römisch-katholische Kirche, dann aber gegen den Feind in der eigenen Kirche, die „ungläubige Richtung", die sich im Protestantenverein offenbart, den herrschenden (praktischen) Materialismus, gegen Gleichgültigkeit und wuchernde Unkirchlichkeit der großen Menge, gegen die freche Feindschaft der Halbgebildeten. „Hört ihr denn nicht die Sturmglocken läuten? Ist je in den Zeitungen soviel von Kirche und kirchlichen Streitigkeiten die Rede gewesen, als jetzt? Haben sie je einen solchen confessionellen Charakter getragen, als in diesen Tagen? Ist je die Bewegung auf kirchlichem Gebiet so laut und aufregend gewesen, wie in der gegenwärtigen Zeit? Um Gotteswillen scherzet, spielet, tändelt nicht: ihr könntet eure Seele verspielen, sondern thut dem Himmelreich Gewalt an, um es an euch zu reißen."

In seiner Abschiedspredigt — nach 42 Amtsjahren in der Gemeinde — am Sonntag Rogate 1875, in der er das Gebet als das „Hauptgeschäft" des Christen hinstellt, kommt Arndt auf die sozialen Einrichtungen verschiedenster Art zu sprechen — als Folge von Gebetserhörungen: „Ein recht schlagendes Beispiel solcher Erhörungen sind heut zu Tage die fünf großen casernenartigen Häuser, welche dort in England in der Nähe von Bristol unsere Aufmerksamkeit fesseln und welche das Wunder Englands genannt werden. Dort werden über 2000 Waisenkinder Jahr aus Jahr ein in christlichem Geiste unterrichtet und erzogen, in den vierzig Jahren ihres Bestehens bereits 42 000; von da aus sind schon 81 000 Bibeln und drei Millionen Erbauungsschriften verbreitet, 170 Missionsstationen mit 850 000 Thalern unterstützt worden. Die Bau- und Einrichtungskosten dieser Anstalten haben allein 780 000 Thaler beansprucht, und sind seit ihrer Gründung nicht weniger als vier Millionen Thaler für gedachte Zwecke vereinnahmt worden. Woher hat der Stifter und Leiter derselben, Georg Müller, ein Preuße aus der Gegend von Halberstadt, diese colossalen Summen herbeigeschafft? ... Er hat dem Worte getraut: ‚So ihr den Vater etwas bitten werdet in meinem Namen, so wird Er's euch geben.'" — „Der ganze Verlauf jener Abschiedsfeier", heißt es in den Gemeindenachrichten, „war ein Beweis dafür, daß auch in unserer großen Stadt ein treuer Zeuge des Evangeliums noch immer fruchtbaren Boden für seine Arbeit findet und dankbare Herzen sich erwirbt." Es wäre sicher billig, von unserem heutigen Standpunkt aus zu kritisieren, daß Arndt, wo er auf politische und soziale Verhältnisse direkt oder indirekt zu sprechen kommt, nicht weiter fragt, zum Beispiel nach den Ursachen der Entheiligung des Sonntags, den Ursachen der krassen Armut, des Dranges zum Alkohol. Vermutlich ist die Kanzel für ihn nicht der Ort gewesen, wo dies alles zu bedenken gewesen wäre. Ein Satz aus Arndts Abschiedspredigt erinnert an Gedanken, die siebzig Jahre später Dietrich Bonhoeffer ausgesprochen hat: „Die meisten Menschen haben einmal gerade genug Religion, um unglücklich zu sein, aber nicht genug, um sich glücklich zu fühlen."

II

Wie Friedrich Arndt nehmen auch andere an der Parochialkirche tätige Prediger Bezug auf die Probleme der Zeit. Leopold Kirsch, Kollege Arndts von 1839 bis 1870, stellt in einer Predigt am Sonntag Exaudi 1849 — es ist die erste der mir vorliegenden, die auch auf die Zeitverhältnisse eingeht, — fest: „Wir werden geprüft in den Tagen des Glückes." Und: „Auch die trüben Tage bringen ihre Prüfungen mit sich", wenn der Wohlstand abnimmt, Armut und Dürftigkeit sich melden, „wenn unsere Erwerbsquellen verstopft sind und wir nicht wissen, wo aus noch ein". Am 23. Sonntag nach Trinitatis 1853 kommt er wie Arndt auf die innere Mission zu sprechen. „Man redet viel über sie", sagt er, aber „was ist sie?" Die Frage nach dem Seelenheil der vielen in der wachsenden Großstadt bedrängt ihn: „Stellet nur einmal zusammen die geringe, noch lange nicht hundert betragende Zahl der Geistlichen in dieser Stadt und die halbe Million unsterblicher Seelen, was kann wohl bei diesen Mißverhältnissen für den einzelnen geschehen?" Mehr als 5000 Seelen kamen demnach im Durchschnitt auf einen Pfarrer. Kirsch spricht von Besuchen bei Leuten „in Pracht und Herrlichkeit": Kommt die Rede auf Bibel, Kirche, so stockt das Gespräch. Und er fährt fort: „Wir verlassen das vornehme Haus, wir suchen uns eine Kellerwohnung auf. Hier tritt uns die bitterste Noth entgegen, das Elend in seiner ganzen kläglichen Gestalt. Hier werden wir doch offene Ohren finden? Ach, offene Hände wohl, die bereit sind, irdische Gaben in Empfang zu nehmen, aber für die himmlischen Güter ... ist so wenig Sinn vorhanden, daß wir auf unsere Frage nicht einmal einer Antwort gewürdigt werden." Er stellt fest: „Die Heilige Schrift ist unbekannt, das Frommtun der Leute Heuchelei."

Zur Einführung eines neuen Predigers, Wilhelm Kaiser, der nur bis 1859 an der Parochialkirche blieb, um dann als Superintendent nach Potsdam zu gehen, sagte Kirsch am 5. Sonntag nach Trinitatis 1851: „Wollen wir unsere Augen nicht umherschweifen lassen in dieser weiten Stadt, die im Verhältnis zu ihrer großen Seelenzahl nur eine geringe Anzahl von Seelsorgern hat." Kaiser, der die dritte Pfarrstelle bekam, wählte ein Wort aus dem Buch des Predigers Salomo (4,12) für seine Antrittspredigt: „Eine dreifache Schnur reißt nicht leicht entzwei." Drei Jahre später predigte er einmal über die Mahnung „Schicket euch in die Zeit!" Er klagt über schlechten Kirchenbesuch, auch bei den Konfirmanden. „Die Tage sind böse", sagt er, „weil die Zeitverhältnisse böse sind, weil der Zeitgeist ein böser ist. Oder sind das nicht böse

Zeitverhältnisse, wo Tausenden nicht die Zeit bleibt, an ihre unsterbliche Seele zu denken und für sie zu sorgen? Wo bei aller fortschreitenden Kunst und Industrie die Armuth immer größer wird? ... Das wäre kein böser Zeitgeist, der Tausenden die Ewigkeit zu einem Mährchen gemacht, daß sie die Unsterblichkeit leugnen ungescheut?" Die Auseinandersetzung mit dem Freidenkertum — 1855 erschien Büchners *Kraft und Stoff* —, die hier anklingt, hat sicher auch die Gemeinde dazu veranlaßt, eine Bibliothek einzurichten. Vom 1. Juli 1853 bis 1. Juli 1854 wurden 1200 Bände unentgeltlich ausgeliehen, eine Lehrerbibliothek wurde daraufhin neu eingerichtet.

Der Nachfolger Kaisers auf der dritten Pfarrstelle von 1861 an, Wilhelm Ziethe, der erst 1895 als Inhaber der ersten Pfarrstelle abging, hat offenbar eine ähnlich bedeutende Rolle gespielt wie Friedrich Arndt, dem er in der Gedächtnispredigt bescheinigte, daß bei seinen Passions- und Sylvesterpredigten die Kirche die Scharen oft nicht fassen konnte. In seiner Antrittspredigt spricht Ziethe von „dieser großen und schönen Stadt", die gar leicht die Ohren betäuben kann. In einer Predigt am 25. Oktober 1868 wird aber auch einmal ein anderer Ton angeschlagen: „Wer unser Volk im Großen und Ganzen kennt, der wird mit Freuden bemerken, wieviel Christentum sich noch in demselben findet. Es gibt in den Häusern geistliche Bücher und Bilder, christliche Sitten und Gebräuche, Werke der Barmherzigkeit. Allerdings: Es mangelt an Erkenntnis der Heilswahrheit!" Am 15. August 1869 predigt er über das Wort: „Fürchte dich nicht, du kleine Herde!" Eine Gottesdienstbesucherstatistik von diesem Jahr besagt, daß die Parochialgemeinde immerhin einen durchschnittlichen Besuch von 403 Menschen hatte. Sie stand damit an siebenter Stelle von 32 Kirchen, unter denen der Dom die erste Stelle mit 2285 Predigthörern hatte. Ziethe spricht in diesem Jahr davon, daß es eine Zeit des Kampfes und der Drangsal für die „theure evangelische Kirche" sei. „Ich rede nicht davon, daß die römisch-katholische Kirche sich immer weiter und weiter ausbreitet, daß sie sogar in unserer Stadt jetzt ein Kloster errichtet hat." — Vielmehr bewegt ihn die „Partei von Halbchristen", erregen ihn Haß und Feindschaft gegen die Kirche, stören ihn die Ehen ohne Gottesdienst, die Schulen ohne Bibel, die Zeitungen und Tageblätter. „Man will die ganze christliche Kirche abschaffen und weiß recht gut, wo man den Kampf beginnen und wie man ihn führen muß. Schon zucken einzelne Blitze", sagt er, „und auch der Schuß, der am vergangenen Sonntage vor dem Altare der Domkirche in unserer Stadt erdröhnte, ist ein solcher Blitzstrahl." In einer Predigt am Reformationsfest 1873 nennt er es einen „entsetzlichen Frevel, wenn in den wilden Kämpfen der Revolution das Lied ‚Ein feste Burg' erklingt: Es ist ein Wahnsinn, wenn solche Männer, die dem Worte und den Ordnungen Gottes widerstreben, getrost und trotzig singen: Das Wort sie sollen lassen stahn..."

Zu Beginn des Krieges gegen Dänemark, am 3. Januar 1864, spricht Ziethe von einer „ernsten und schweren Zeit", die auch Kreuz und Trübsal in die Häuser bringt. Aber, so 1870: Die Gottseligkeit ist zu allen Dingen nütze, auch zum Kriegführen. Leuthen wird in Erinnerung gebracht: „Gib, daß ich tu mit Fleiß, was mir zu tun gebühret." Das Thema dieser Predigt am 13. Sonntag nach Trinitatis lautet: *Der Segen des Evangeliums während der Kriegszeit!* Am Reformationsfest 1884 wird die Fürsorge der städtischen Behörden gerühmt, die im Luther-Jahr 1883 Jubelfeiern und festliche Umzüge auf den Straßen ermöglichte. Am 1. Advent 1887 hören wir eine Mahnung zum fleißigen Kirchenbesuch: „Die weiten Entfernungen in dieser unserer großen Stadt bereiten ja manches Hinderniß... Aber die größten Schwierigkeiten und Hindernisse bewirkt doch die Gleichgültigkeit und die Trägheit des Herzens." In einer Predigt am 14. September 1890 über den Spruch „Weisheit ist edler denn Perlen" (Sprüche 3, 15—18) heißt es: „Das ist keine marktschreierische Anzeige wie man sie häufig hier und da in den Zeitungen oder an den Schaufenstern ließt." In einer *Standespredigt* werden hier neben den Predigern und Lehrern, den Jünglingen und Greisen auch die Reichen und Glücklichen sowie die Armen und Unglücklichen angesprochen. Auch sie bedürfen der Weisheit, damit sie unter der Last, welche sie bedrückt, nicht verzagen, wider den heiligen und heilsamen Rat Gottes nicht murren, sondern trotz aller Anfechtungen und Trübsale fest und freudig in dem schönen Bekenntnisse bleiben: „Dennoch bleibe ich stets an Dir... Was Gott tut, das ist wohlgetan."

Mancher wird heute geneigt sein, eine solche Abspeisung der Armen und Unglücklichen als zynisch anzusehen. Im Jahre 1887 hatten zwei Drittel der Berliner Volksschulkinder kein eigenes Bett, 22,6 Prozent aller fünfstöckigen Mietskasernen wurden von 100 bis 300 Menschen bewohnt. Daß aber auch ein Prediger wie Ziethe die Probleme sieht, zu sozialkritischen Gedanken fähig ist, der Not und ihren Ursachen zu steuern gewillt ist, das geht zum Beispiel aus einem Referat hervor, das er am 10. Juni 1885 auf der Kreissynode Berlin I zur Problematik der „wandernden Bevölkerung" gehalten hat.[22] Die Zahl der sogenannten

[22] Vgl. Wilhelm Ziethe, *Die Fürsorge für die wandernde Bevölkerung*, Berlin 1885 (AEGP).

„armen Reisenden" wurde im deutschen Vaterland, wie Ziethe ausführt, damals auf 200 000 bis 300 000 veranschlagt. Ziethe gibt zu, „daß bei vielen unter ihnen der wirkliche Mangel an Arbeit, der seit einer Reihe von Jahren in den Kreisen des Handwerker- und Arbeiterstandes eingetreten ist", dieses Wanderleben hervorgerufen und gefördert hat. „Es ist aber andererseits nicht zu leugnen", fährt er fort, „daß bei sehr vielen dieser Landstreicher ihr Elend nur die natürliche Frucht ihrer Gottlosigkeit, Faulheit, Trunksucht und Liederlichkeit ist." Die Zahl der Bettler unter den „armen Reisenden" gibt er mit 100 000 an. Das Referat des Predigers Ziethe vor der Synode ist in seinem ersten Teil eine nüchterne Bestandsaufnahme. Er berichtet von den christlichen Herbergen „Zur Heimath", auf Anregung von Clemens Perthes in Bonn gegründet, von Vereinen gegen die Bettelei und den damals zehn Arbeiter-Kolonien des Pastors von Bodelschwingh. Eine von diesen befand sich in Berlin in der Reinickendorfer Straße. Am Ende der Bestandsaufnahme sagt Ziethe: „Die Kirche würde am allerwenigsten im Sinne und Geiste ihres Herrn und Meisters handeln, wenn sie die Gesamtarbeit an den heimatlosen und arbeitslosen Wanderern auf der Landstraße den weltlichen Behörden überlassen und wie jener Priester und Levit kaltblütig und gleichgültig an dem unter die Mörder gefallenen Bruder vorübergehen wollte."[23] Es folgen dann konkrete Vorschläge, was zu tun ist, um dem Elend zu steuern — nicht durch Almosen, sondern durch „Hilfe zur Selbsthilfe", wie wir heute sagen würden. Im ersten Punkt bezieht sich Ziethe auf Philipp Jakob Spener, der „am 13. Sonntag nach Trinitatis des Jahres 1895 hier in Berlin eine ernste Predigt wider das Gassenbetteln gehalten hat".[24] In der Beschlußvorlage schließlich heißt es: „Synode ... ist der Überzeugung, daß die christlichen Gemeinden verpflichtet sind, die Arbeiter-Kolonien kräftig zu unterstützen und andrerseits dafür zu sorgen, daß in den Natural-Verpflegungs-Stationen den Wanderern nicht nur leibliche Pflege gewährt, sondern auch sittlich-religiöse Hebung derselben angestrebt werde."[25] Dieses Beispiel zeigt, daß Kirche und Gemeinde damals sehr wohl über die Probleme der Zeit nachdachten und handelten — auch wenn dies auf der Kanzel so deutlich nicht ausgesprochen wurde. In seiner Abschiedspredigt am Sonntag Lätare 1895 spricht Ziethe den Wunsch aus, das „teuerste Gotteswort" möge nicht „durch

[23] *A. a. O.*, S. 3—9.
[24] *A. a. O.*, S. 9—16.
[25] *Ebda.*

Menschenweisheit und Menschenwahn geschwächt, getrübt oder gefälscht werden". „Dann, aber nur dann", fährt er fort, „wird der Gott alles Segens und aller Gnade bei euch sein und bleiben. Es ist wichtig, euch zu erbauen und diese unsere liebe Parochialgemeinde trotz aller Schwierigkeiten, welche der Geist dieser Zeit und die wachsende Ausdehnung der Stadt bereiten, immer mehr zu einer Gemeinde zu machen."

In den zehn mir vorliegenden Predigten von Dr. Hans Keßler, der von 1883 bis 1909 an der Gemeinde tätig war, sind einige Passagen gegen die Presse und die Freidenker zu finden. Seine Worte an Witwen und Waisen deuten auf Not und Armut hin. Am Landes-Buß- und Bettag 1905 spricht er das deutsche evangelische Volk an: In Nebukadnezars Verhalten soll es sich selbst in seinen schlimmsten Verirrungen erkennen, seine Gegenwart mit all ihren Schatten und die Zukunft mit all ihrem Dunkel. „Wo ist noch ein Hindernis", fragt er, „für die Hammer schwingende Hand, wo noch eine Schranke für unser forschendes schweifendes Auge? Unsere Schlote ragen gen Himmel, unsere Brücken überspannen die Ströme, unsere Tunnel durchbohren das Herz uralter Berge — und jedesmal, wenn ein neues Kulturwerk geschaffen, ein Bau errichtet wird, ein Bildwerk gelungen, ein Schiffskoloß geschmiedet ist, da klingen die Gläser, da ertönen die Fanfaren, da jubilieren die Festredner, wie wir es doch so herrlich weit gebracht haben. Vom Segen Gottes weiß man kaum noch etwas zu sagen; um so lauter aber erhebt der Geist unserer Tage seine Stimme und ruft es von Land zu Land: Das ist die große Babel, die ich erbaut habe zum Königlichen Hause durch meine große Macht, zu Ehren meiner Herrlichkeit."

Ein Prediger, von dem mehr Predigten vorliegen, ist Hermann Naatz. Am 1. Oktober 1871 hielt er, zunächst als Inhaber der dritten Pfarrstelle, seine Antrittspredigt. Bezüge auf die Situation der Stadt sind da nicht zu finden, auch nicht in der nächsten vorhandenen Predigt, nämlich der vom Sonntag Invocavit 1874, die von Christi Leidensgehorsam und unserem Glaubensgehorsam handelt. Dieser Predigt ist jedoch ein ausführlicher Bericht über *Die Armenpflege in der Parochialgemeinde* beigegeben, aus dem hervorgeht, daß der Gemeindekirchenrat sich sehr wohl um die sozialen Notstände kümmerte. Ein Frauen- und Jungfrauennähverein wurde gegründet, zunächst mit 38 Personen, kirchliche Almosen und Legate wurden regelmäßig verteilt, und auch ein Verein zum Besuch und zur Pflege der Armen wurde gegründet, für den sich 24 Männer und fünf Frauen als ehrenamtliche Kräfte zur Verfügung stellten. In einer Predigt am 9. Sonntag nach

Trinitatis 1877 über das *Schätze-Sammeln* nach der Bergpredigt spricht Naatz von den Licht- und Schattenseiten der Zeit, von dem kleinen Häuflein derer, die sich zu Wort und Sakrament halten: „Wenn wir sehen, wie die Kluft zwischen Armuth und Reichtum nicht nur äußerlich, sondern auch in den Gemüthern in ungeheurer Weise auseinandergähnt, wenn wir sehen, wie der Socialismus mit umstürzenden Forderungen immer kühner und offener hervortritt ... wenn wir sehen, wie die Jugend von der Wahl solcher irdischer Berufsarten, die nicht viel Lohn und weltliche Ehre versprechen, sich abwendet — wie die Zahl der Verbrechen gegen das Eigenthum in wahrhaft erschreckendem Maße wächst, — das und noch vieles andere zeigt es, wie sehr es heute bei Alt und Jung, Arm und Reich, Hoch und Niederich abgesehen ist aufs Haben, Gewinnen, Geniessen. Seit den Tagen des altrömischen Reiches, wo der Kaiser Kaligula sich in thierischem Behagen auf aufgehäuften Geldstücken wälzte, ist vielleicht kein Geschlecht dem Trachten nach irdischem Besitz so verfallen gewesen." Auch geistige Interessen, Vergnügen und Prunk fallen unter das Verdikt des „Schätze-Sammelns".

Elf Jahre später, am 24. Sonntag nach Trinitatis 1888, heißt es in einer Predigt zum Frieden in der Gemeinde aufgrund eines Textes der Apostelgeschichte: „In den unteren Kreisen und Klassen unseres Volkes gährt der Haß gegen alles, was Kirche und Christentum heißt. Machen wir uns darauf gefaßt, daß der Kampf wieder heißer und erbitterter geführt werden wird ... Nur durch immer erneutes Zusammenkommen der Gemeinde an Heiliger Stätte ... kann die Kirche dem Geiste der Welt und der Zeit widerstehen." — Eine Sammlung von zehn aufeinanderfolgenden Predigten aus dem Jahre 1893 läßt erkennen, wie selten auf die Zeitumstände eingegangen wird. Nur einmal ist das in diesen Predigten der Fall: „Aus den Häusern (gemeint sind die Familien) erhebt sich ... das Volk. Sie sind ... die Grundpfeiler seiner Wohlfahrt ... Wie könnte ein Volk gedeihen ohne seine Pflanzstätte für Gehorsam und Liebe für Volk und Vaterland und die Heimatlosen sind allezeit die gefährlichsten Feinde für den Staat und seine Ordnungen."[26] In einer Predigt am Reformationsfest 1898 wagt sich Naatz einmal in die hohe Politik. Er spricht von der „Freiheit nach oben", zu Gott hin, die ein evangelischer Christ hat, von der „Freiheit nach innen" gegenüber dem Feind in der eigenen Brust und von der „Freiheit nach außen", also der politischen Freiheit. Er verwahrt sich dabei gegen Papsttum und Priesterbevormundung, gegen alle Schlagworte der Par-

[26] Hermann Naatz, *Zehn Predigten,* Berlin 1893, S. 17 (AEGP).

teien und sagt weiter: „Geliebte in dem Herrn! Vor wenigen Monaten erging ein Abrüstungsvorschlag an die Völker Europas. Wir sind gewiß, er wird keine Annahme finden. Die politische Freiheit kann man nur wahren, wenn man gerüstet und bewaffnet dasteht."

Bei dem Prediger Ziethe haben wir festgestellt, daß die Predigt nach Form und Inhalt sich deutlich unterscheidet von dem, was er angesichts der Gemeindesituation in der großstädtischen Entwicklung vom Rednerpult aus und nicht von der Kanzel her sagt. Nicht anders ist es bei seinem Nachfolger. Am 12. Mai 1902 erstattet Hermann Naatz vor der Kreissynode einen Bericht über die kirchlichen und sittlichen Zustände in den immer größer werdenden Gemeinden. In einem Rückblick wird „die rasche großstädtische Entwicklung mit der in ihr begründeten Kirchennot (1886) beleuchtet ... die fast fieberhafte Vielgeschäftigkeit des christlichen Vereinswesens nach ihren Licht- und Schattenseiten gewürdigt". Weitere Themen sind die Sozialdemokratie, das Sektenwesen, die katholische Propaganda, die Einführung der neuen Agende. Von 240 000 Seelen im Jahre 1887 sind die Gemeinden auf 396 000 im Jahre 1902 angewachsen. Aus sieben sind zwölf Parochien geworden, aber die Zahl der Geistlichen, 37 (und 4 Hilfsprediger) anstelle von 22 (und 2), ist im Verhältnis zur Seelenzahl nicht besser geworden. Die Bartholomäus-Gemeinde am Friedrichshain hat in einem Jahr 600 Konfirmanden. Den kleinen Zentrumsgemeinden stehen große Außengemeinden gegenüber. Angesichts dieser Entwicklung stellt Naatz fest: „Was für Mißverhältnisse und Schwierigkeiten sich aus diesen Thatsachen für die kirchliche Versorgung ergeben, das bedarf keiner näheren Auseinandersetzung. Dennoch würde es zu weit gehen, wenn man dieselben als unerträglich und unüberwindlich bezeichnen wollte ... Die Kirche muß sich eben einrichten, den thatsächlichen Verhältnissen einfügen und dem Lauf der großstädtischen Entwicklung folgen, wo thunlich ihm vorauszueilen suchen. Allerdings erhält dadurch auch das kirchliche Leben eine andere Physiognomie. Mit den parochialen Schranken fällt auch die geschlossene Eigenart der Gemeinden mehr und mehr dahin. Die Kirche Berlins ist unaufhaltsam in dem Entwicklungsgang zu einer großen Massengemeinde begriffen, in welcher viele, auch verschiedenartige Brennpunkte des religiösen und kirchlichen Lebens bestehen. Ist es bei dem erleichterten Verkehr doch schon so, daß jeder seine religiösen Bedürfnisse da zu befriedigen sucht, wo es ihm am meisten zusagt. Man mag das vielleicht beklagen, aber man wird es schwerlich ändern oder in seinem Fortgang hindern können." Und im Blick auf die eigene Gemeinde sagt er: „Die Parochialgemeinde macht alle Anstrengungen, die Schwierigkeiten, mit welchen sie als Personalgemeinde, deren Glieder über den ganzen Stadtsynodalbezirk verstreut wohnen, in heutiger Zeit kämpfen muß, zu überwinden. In Anbetracht ihrer verhältnismäßig geringen Seelenzahl bethätigt sie ein reges gottesdienstliches und Vereinsleben. Sie erfreut sich des Zuwachses durch Aufnahme neuer Gemeindeglieder, welche in Folge bereits vorhandener Beziehungen den Eintritt wünschen."[27]

III

Schleiermachers utopische Hoffnung, die industrielle Entwicklung werde dazu führen, jedem Menschen mehr materielle Freiheit zu geben, so daß die ganze Gesellschaft, frei für den Geist, von Religion erfüllt und so die Kirche überflüssig sein werde, hat sich in 100 Jahren nicht erfüllt. Im Gegenteil: Religion als tragende Sitte, in der die einzelnen und die Familien geborgen waren, und als persönliche Glaubensüberzeugung, als „Gefühl schlechthinniger Abhängigkeit", um mit Schleiermacher zu sprechen, ist in diesem Zeitraum einem größeren Teil der Menschen, nicht nur in den unteren Ständen, abhanden gekommen.

Zusammenfassend kann gesagt werden: Nicht in der Mehrzahl, aber doch in einer ganzen Reihe von Predigten, tritt der soziale Hintergrund der Gemeinde in der werdenden Großstadt ins Blickfeld, meist indirekt, indem die sittlichen Zustände der einzelnen und der Familien ins Auge gefaßt werden. In Kriegszeiten wird — wie auch sonst gelegentlich — in den Predigten vaterländische Gesinnung deutlich, aber auch Not und Elend des Krieges werden nicht verschwiegen. Gegenüber revolutionären Bewegungen verhalten sich alle Prediger ablehnend, dennoch gibt es auch Kritik an der Obrigkeit, besonders bei Friedrich Arndt. Wenn über das in den Predigten Gesagte hinaus nicht weiter nach den Ursachen sittlicher Mißstände wie der Sonntagsentheiligung, der Kinderarbeit, des Diebstahls und der Zerrüttung der Ehen gefragt wird, so liegt das sicher auch daran, daß die Kanzel in der Regel dafür nicht als der geeignete Ort angesehen wurde. Die mit den Predigten veröffentlichten Gemeindenachrichten und besonders die Synodalberichte gegen Ende des Jahrhunderts und darüber hinaus lassen erkennen, daß Prediger und Gemeinde die Augen vor den Problemen der Zeit nicht verschlossen haben. Auf verschiedene Weise haben sie versucht, den Menschen in der anwachsenden Großstadt, besonders den Zugewanderten und den Heimatlosen, im Blick auf Leib und Seele zu helfen.

[27] Hermann Naatz, *Bericht über die kirchlichen und sittlichen Zustände der Diözese Berlin I erstattet vor der Kreissynode am 12. 5. 1902*, Berlin 1902, S. 1 ff., S. 6 f. (AEGP).

Zum Verhältnis von Religionsunterricht und Konfirmandenunterricht unter seelsorglich-diakonischem Aspekt

PETER C. BLOTH
Berlin

Religionsunterricht der Schule und Konfirmandenunterricht der Gemeinde als „Formen der Großstadtseelsorge" zu untersuchen, ist in der praktisch-theologischen Forschung noch ungewöhnlich. Es unter dem Blickwinkel der speziellen Verhältnisse und Bedingungen der Großstadt Berlin um die Jahrhundertwende und durch einen kurzen Konferenzbeitrag zu beginnen, muß angesichts der nahezu völlig fehlenden, aber hierfür unerläßlichen Vorstudien als abenteuerlich bezeichnet werden. Ich sehe demgemäß meine Aufgabe und meine Möglichkeiten darauf beschränkt, in zwei Darstellungsgängen nach denjenigen Zusammenhängen zu fragen, die in der betreffenden Zeit das im religionsdidaktischen Problemfeld, also im gesamten Lehren und Lernen von Religion, die Menschen so geprägt haben, daß seelsorglicher Umgang davon nicht absehen kann. Dabei stehen natürlich Prägungen aus und durch Schule und Kirche oder Gemeinde, eben aus und durch Religionsunterricht und Konfirmandenunterricht im Vordergrund. Einflüsse der Sozialisation durch Familie und Presse oder etwa durch weltanschauliche, politische oder soziale Gruppierungen wie Parteien, Gewerkschaften, Freidenkerverbände — sie alle beeinflußten gerade in Berlin die Menschen im Jugendalter um die Jahrhundertwende und weit darüber hinaus stark — muß ich hier aus Gründen der Forschungslage und der Zeitknappheit außer acht lassen. Im ersten Teil skizziere ich in allerdings groben Strichen jenen Verbund von Schule und Kirche, der für das halbe Jahrhundert von 1875 bis 1925 die Frage nach dem — mit heutigen Kategorien ausgedrückt — seelsorglich-diakonischen Charakter des Religions- und des Konfirmandenunterrichts hervorgebracht hat. Im zweiten Teil möchte ich, und zwar vor allem im Umgang mit den maßgeblichen Direktiven des Religionsunterrichts der Schule, einige Elemente dessen erheben, was im didaktischen Feld damals zur Frage nach der Seelsorge und ihres Inhaltes zu gewinnen war.

I

„Christliche Volkserziehung“ im Verbund von Schule und Kirche

Zweifellos ist Berlin im ausgehenden 19. und beginnenden 20. Jahrhundert die Metropole auch für Probleme und Konzepte des Religionsunterrichts der Schule gewesen. Aus anderen deutschen Fürstentümern und Hauptstädten, vor wie nach der Gründung des Kaiserreiches 1871, liegen nicht nur keine der preußischen Entwicklung vergleichbaren zentralen Dokumente vor; von Preußen und Berlin gingen sogar die auch andernorts sich durchsetzenden Anstöße für dieses Schulfach aus. Schon durch die „Preußischen Regulative vom 1., 2. und 3. Oktober 1854 über die Einrichtung des evangelischen Seminar-, Präparanden- und Elementarschul-Unterrichts“ wurde von Berlin, also vom Sitz des Preußischen Unterrichtsministeriums aus, der Religionsunterricht erstmalig durchgreifend in seinen didaktischen Zielen und methodischen Verfahren normiert. In jener Zeit trug der ehemalige Direktor des rheinischen Lehrerseminars in Neuwied, der Theologe Ferdinand Stiehl, im Ministerium die Verantwortung für das „niedere Schulwesen“; ihm gelang es, wichtige pädagogische Impulse Friedrich Schleiermachers, zentrale Gedanken einer Kirche der Union im Sinne seines Bonner Lehrers Carl Immanuel Nitzsch und die Grundanliegen von Theologie und Frömmigkeit der Erweckungsbewegung, wie sie durch den Hallenser Theologie-Professor Friedrich August Tholuck, aber auch durch den Pädagogen Franz Ludwig Zahn und durch Baron Kottwitz in weiten Kreisen gerade Berlins Einfluß gewonnen hatten, erstmals zu einem religionsdidaktischen Konzept zu verknüpfen.[1] Freilich: Berlin sah seit der Mitte des Jahrhunderts — also zwischen Revolution, Reaktion, Neuer Ära und Kulturkampf — auch das rapideste

[1] Zu Ferdinand Stiehl und zur Religionsdidaktik der Preußischen Regulative vgl. Peter C. Bloth, *Religion in den Schulen Preußens. Der Gegenstand des evangelischen Religionsunterrichts von der Reaktionszeit bis zum Nationalsozialismus* (= Pädagogische Forschungen, Bd. 37), Heidelberg 1968, insbes. S. 25—77; ferner Bernhard Krueger, *Stiehl und seine Regulative. Ein Beitrag zur preußischen Schulgeschichte,* Weinheim 1970.

Wachstum einer immer stärker entkirchlichten Bevölkerung sowie in Aufnahme von Ideen des liberalen Pädagogen und Lehrerführers Adolph Diesterweg[2] die deutlichste, ja dramatischste Abkehr zumal des Volksschullehrerstandes von eben den Grundüberzeugungen in Sachen Kirche, Christentum und Frömmigkeit, die noch 1854 für den normierten Religionsunterricht in Geltung gesetzt wurden. Dennoch läßt sich in jenem weiten Sinne, in welchem das Generalthema dieser Konferenz von Berlin als einem „Feld der Seelsorge und der Diakonie" spricht, auch und gerade für den Religionsunterricht seit 1854 bis zum Kulturkampf behaupten, seine Zielsetzungen, wenn auch nicht seine methodisch-formalen Verfahren, seien mit ihrer Zentrierung auf das persönlich erlebte Heil des Menschen im Medium der biblisch verfaßten Heilsgeschichte und im protestantisch-reformatorischen Lehrbegriff der Katechismen seelsorglich und diakonisch der in der Schule lebenden Gemeinschaft von Menschen zugewendet gewesen; auf diese Weise sollte es dem Religionsunterricht um „christliche Volkserziehung" gehen. Seit 1854, als das Fach noch sechs oder manchmal sogar acht wöchentliche Schulstunden beanspruchte, über 1872, als es auf vier Wochenstunden beschränkt wurde, bis schließlich 1921/22, als es mit drei beziehungsweise vier Wochenstunden auf evangelischer Seite das ihm zugestandene Lehrdeputat erreichte, hat das Schulfach Religion nicht nur diese quantitativen Einbußen erlitten. Gravierender waren gewiß die Wandlungen seiner Intentionen, die auf eine nicht leicht zu durchschauende Weise den im Wortsinne „evangelischen" Charakter dieses Faches nach den jeweiligen Zwecken der öffentlichen Schule veränderten.

Man möchte nun annehmen, der Konfirmanden- oder Konfirmationsunterricht der nämlichen Zeitspanne, also zwischen 1870 und 1920, habe die hernach näher zu kennzeichnenden Wandlungen des Religionsunterrichts eben durch stärkeres, und zwar kirchlich- oder gemeindlich-originäres Festhalten am seelsorgerischen oder diakonischen Auftrag gerade in der Großstadt korrigieren oder kompensieren können. Doch dem ist nicht so, und zwei der Gründe dafür möchte ich in aller Kürze benennen.

[2] Zu Diesterwegs Auffassungen vgl. Horst F. Rupp, *Religion und ihre Didaktik bei Fr. A. W. Diesterweg. Ein Kapitel einer Geschichte der Religionsdidaktik im 19. Jahrhundert*, Weinheim 1987.

Der erste Grund wird hinter einer „Instruktion“ des Evangelischen Oberkirchenrates in Berlin vom 23. August 1880 sichtbar, die jene oberste preußische Kirchenbehörde zu dem Kirchengesetz vom 30. Juli 1880, betreffend die „Verletzung kirchlicher Pflichten in Bezug auf Taufe, Konfirmation und Trauung“ hat ergehen lassen. Darin heißt es: „Die nach Einführung der Zivilstandsgesetzgebung (1875) zahlreich hervorgetretenen Unterlassungen der Taufe und Trauung, welche an einigen Orten (hier ist vor allem an Berlin zu denken) bereits den christlichen Charakter unseres Volkes in dem Fundament des Familienlebens ernstlich bedrohen, haben es notwendig gemacht, die den Gemeinde-Kirchenräten erteilten Vollmachten zur Übung kirchlicher Zucht durch die Zuweisung geeigneter Zuchtmittel zu ergänzen und ihre Aufgabe, christliche Gesinnung und Sitte in der Gemeinde sowohl durch eigenes Vorbild, als auch durch besonnene Anwendung aller dazu geeigneten und statthaften Mittel aufrecht zu erhalten und zu fördern, bei Verletzung kirchlicher Pflichten in Bezug auf Taufe, Konfirmation und Trauung durch ein besonderes Kirchengesetz in feste und verbindliche Regeln zu fassen“.[3] Im sogenannten Kirchenzucht-Gesetz von 1880, das erst 1930 durch eine „Ordnung des kirchlichen Lebens“ abgelöst wurde,[4] ist die wichtigste gesetzgeberische Antwort der Evangelischen Kirche in Preußen auf die Zivilstandsgesetzgebung Bismarcks zu sehen. Taufe und Trauung waren nicht mehr länger Registernotwendigkeiten des staatsbürgerlichen Lebens; sie wurden seit 1873 mit der erstmaligen Ermöglichung eines ersatzlosen Kirchenaustrittes zu Wahlmöglichkeiten christlichen Lebens. Und auf die damit eintretende, wohl vor allem in Großstädten wie Berlin zu befürchtende „ernstliche Bedrohung des christlichen Charakters von Volk und Familienleben“ antwortete die Kirche mit „Vollmachten für die Gemeinde-Kirchenräte zur Übung kirchlicher Zucht“. Es galt nun, „christliche Gesinnung und Sitte in der Gemeinde aufrecht zu erhalten und zu fördern“ — eine Zielsetzung, die im Blick auf die junge Generation vor allem dem Konfirmandenunterricht mitsamt seinem Ab-

[3] Zit. nach Hugo Lilge, *Die Gesetze und Verordnungen über die Verfassung und Verwaltung der evangelischen Landeskirche in den älteren Provinzen der Monarchie*, 8. Aufl., Berlin 1909, S. 229.

[4] Abgedruckt in: Gerhard Thümmel (Hrsg.), *Gesetze und Verordnungen* (= Handbuch des evangelischen Kirchenrechts für die evangelische Kirche der altpreußischen Union, Bd. 1), Berlin-Frankfurt a. d. O. 1931, S. 387—411.

schluß, der Konfirmation, zufiel; die Teilnahme daran zu verweigern, ließ den Verdacht zu, der Jugend werde „christliche Gesinnung und Sitte" vorenthalten. Beide Handlungen von Kirche und Gemeinde erhielten damit einen wesentlich der Bestandssicherung oder gar der Defensive verpflichteten Charakter — für Seelsorge und Diakonie gerade in den Massengemeinden Berlins nicht eben der beste Ausgangspunkt.

Der zweite Grund dafür, daß der Konfirmandenunterricht nicht imstande war, das durch Zurücktreten „christlicher Volkserziehung" in den Schulen sich öffnende seelsorgerische Vakuum zu füllen, wird aus einer weiteren Passage der bereits zitierten Instruktion sichtbar: „Da der Konfirmation notwendig ein längerer Unterricht vorausgeht und dieser nach Entlassung aus der Schulpflicht nicht mehr sicher erreicht werden kann, so muß darauf gehalten werden, daß die Anmeldung zum Konfirmations-Unterricht dementsprechend rechtzeitig erfolgt. Bei Schülern höherer Lehranstalten, für welche die Zeit der Konfirmation vielfach nicht mit dem Abgang aus der Schule zusammenfällt, wird das 16. Lebensjahr als die Zeit anzusehen sein, in der ohne besondere Gründe das Kind dem vorbereitenden Unterricht nicht länger entzogen werden darf."[5] Zwischen Bismarcks nur wenige Wochen umfassender Konfirmanden-Unterweisung bei Schleiermacher (1829/30) und dem 1912 in den meisten Berliner Gemeinden üblichen Konfirmandenunterricht von einem Jahr gab es in Deutschland, ja sogar in Stadt und Land Preußens die unterschiedlichsten zeitlichen und inhaltlichen Ausformungen.[6] Überall jedoch stand dies eine fest, daß die Konfirmation „Ergänzung der Taufe" und „Aufnahme in die mündige Gemeinde" sei, wie es das seit 1912 in drei Auflagen weit verbreitete *Kirchliche Handbuch* des Berliner Pfarrers Hermann Priebe ausdrückte.[7] Darüber hinaus aber stand sie nach wie vor in engem sachlichen wie zeitlichen Verbund mit der Schule; die im Religionsunterricht lehrplanverbindlich vermittelten und memorierten Kenntnisse aus Bibel, Katechismus und Gesangbuch und die gleichzeitig mit der Konfirmation erfolgende Schulentlassung wurden didaktisch vorausgesetzt. Wenn nun die intentionalen Wandlungen des Religionsunterrichts zwar damals noch nicht unbedingt die mitgebrachten Kenntnisse

[5] Zit. nach H. Lilge, *Die Gesetze...* (wie Anm. 3), S. 231.

[6] Vgl. z. B. Hermann Priebe, *Kirchliches Handbuch,* Berlin 1912, 3. Aufl., 1929.

[7] *A. a. O.*, S. 142f., 3. Aufl., S. 202.

der Konfirmanden verkürzten, so doch eindeutig den menschlichen und den geistlichen Lernertrag dieses Unterrichts im Sinne von Seelsorge und Diakonie schmälerten: Hätte dann nicht ein zum Beispiel gemeinde- und jugendbezogenes Konzept des Konfirmandenunterrichts gerade der evangelischen Kirche in Berlin besser zu Gesicht gestanden als just Kirchenzucht-Instruktionen? Erst seit den Büchern von Dietrich Vorwerk und Philipp Vogel,[8] das heißt seit dem zweiten Jahrzehnt unseres Jahrhunderts, kann man jedoch von einer stärkeren und bewußteren Aufnahme seelsorge- und gemeindebezogener Programme, nicht zuletzt im Sinne von Emil Sulze, dem Dresdener Protagonisten der Gemeinde-Bewegung, auch bei einigen Berliner Pfarrern sprechen. Man darf darüber indes nicht vergessen, daß zum Beispiel die Heilig-Kreuz-Gemeinde in Berlin-Kreuzberg noch 1910 nicht weniger als 140 000 Gemeindeglieder umfaßte; hier von Seelsorge und Diakonie zu sprechen und gar noch bezogen auf den Konfirmandenunterricht, wäre wohl wenig realistisch.[9]

Versuchen wir ein Fazit zu ziehen, so läßt sich für die „christliche Volkserziehung", wie sie zumal seit der Jahrhundertmitte im institutionellen und bis 1922 im sich allerdings wandelnden ideellen Verbund von evangelischer öffentlicher Schule und evangelischer Kirche angestrebt wurde, eine den großstädtischen Verhältnissen zugewandte und wenigstens in diesem Sinne seelsorglich-diakonische Ausrichtung nicht feststellen. Zu stark stand für die Kirche das Interesse an der Aufrechterhaltung „christlicher Gesinnung und Sitte" im Vordergrund — ein Interesse, das zudem in den sozialen und politischen Umbrüchen der Jahrhundertwende mittels Kirchenzucht verfolgt wurde. Erst die späte und in Berlin schwer zu realisierende Wendung zur Gemeinde deutete hier Neues an. Beachtet man darüber hinaus, daß wesentliche jugendpsychologische Einsichten erst seit 1905 allmählich in die Überlegun-

[8] Dietrich Vorwerk, *Kinderseelenkunde als Grundlage des Konfirmandenunterrichts*, Schwerin 1911, 2. Aufl., 1912; Philipp Vogel, *Der seelsorgerliche Charakter des Konfirmandenunterrichts*, in: *Allgemeine Evangelisch-Lutherische Kirchenzeitung*, 42. Jg. (1909), Sp. 38ff., Sp. 122ff.; ders., *Seelsorgerlicher Konfirmandenunterricht*, Leipzig 1911, 2. Aufl., 1913; ferner: Paul Blau, *Seelsorge an Konfirmanden*, in: ders. (Hrsg.), *Praktische Seelsorge in Einzelbildern aus ihrer Arbeit*, Hamburg 1913, S. 17—32.

[9] Vgl. Wilhelm Dittmann (Hrsg.), *Otto Dibelius: So habe ich's erlebt. Selbstzeugnisse*, Berlin 1980, S. 109.

gen zur Seelsorge einflossen[10] und daß sich die diakonische Arbeit noch immer in Vereinen und Anstalten der Inneren Mission, formell also außerhalb von Kirche und Gemeinde vollzog, dann wird die Schwierigkeit verständlich, gerade in einer Stadt wie Berlin zu förderlichen Resultaten zu gelangen. Aber als schwerer wiegend müssen doch diejenigen Wandlungen eingeschätzt werden, die auf seiten der Schule das noch Mitte des 19. Jahrhunderts nahezu allseits bejahte Ziel einer „christlichen Volkserziehung" immer mehr verblassen ließen.

II
Wandlungen des Erziehungsziels der Schule

Es soll nun darum gehen, Elemente sehen zu lernen, die sich im religionsdidaktischen Feld aus der normierten Arbeit der Schule für das seelsorgerische Handeln in der Großstadt ergaben.

Während die Preußischen Regulative von 1854 auf das Konzept eines rheinischen Unions- und Erweckungstheologen zurückgingen, entstammten die seit 1872 für genau fünfzig Jahre gültigen „Allgemeinen Bestimmungen, betreffend das Volksschul-, Präparanden- und Seminarwesen" der Feder des Bromberger Lehrerseminar-Direktors, des Theologen Karl Schneider. Er hatte sich theologisch der Tübinger exegetischen Schule F. Chr. Baurs verbunden und war in der konfessionsgemischten Situation Schlesiens sowie später der Provinz Posen/Westpreußen zu einem wesentlich apologetischen Christentumsverständnis gelangt. Politisch stand er dem Demokratiebegriff der Nationalliberalen nahe und konnte so seinem Studienfreund Adalbert Falk, dem Kultusminister des Kulturkampfes in Preußen, gerade schulpolitisch seit 1872 die besten Dienste leisten. Ich habe an anderer Stelle die Entstehungsgeschichte und die Didaktik der „Allgemeinen Bestimmungen" von 1872 dargestellt; hier muß es genügen, sich den entscheidenden Leitsatz des Kapitels über den Religionsunterricht vor Augen zu führen: „Die Aufgabe des evangelischen Religionsunterrichts ist die Einführung der Kinder in das Verständnis der heiligen Schrift und in

[10] Vgl. z. B. die folgenden Titel: Dietrich Vorwerk, *Gebet und Gebetserziehung,* 2 Bde., Schwerin 1913; Ludwig Heitmann, *Großstadt und Religion,* Hamburg 1913, 2. Aufl., 1921, 3. Aufl., 1925; Günther Dehn, *Großstadtjugend,* Berlin 1922; ders., *Die religiöse Gedankenwelt der Proletarierjugend,* 3. Aufl., Berlin 1926.

das Bekenntnis der Gemeinde, damit die Kinder befähigt werden, die heilige Schrift selbständig lesen und an dem Leben sowie an dem Gottesdienste der Gemeinde lebendigen Anteil nehmen zu können."[11]

Dieser, mit heutigen Augen gelesen, völlig konservativ anmutende Text ist in Wahrheit jenes Minimum, mit dem sich der Kulturkampfminister Falk vor seinem Ministerpräsidenten Bismarck und den antiultramontanen Nationalliberalen eben noch behaupten konnte. Es ist ja nicht nur bemerkenswert, daß das Ministerium für den katholischen Religionsunterricht außer der auf vier begrenzten Stundenzahl keinerlei Bestimmungen vorgab; man muß auch beachten, daß der gesamte Text das Wort „Kirche" nicht ein einziges Mal gebrauchte. Statt dessen war zum Beispiel vom „Bekenntnis der Gemeinde" die Rede, das es in einer unierten Kirche wie der Preußens kaum noch als solches gab, geschweige denn, daß hier auf eine erzieherische oder gar seelsorgerische Realität abgezielt worden wäre. Die Worte „Verständnis" und „selbständiges Lesen" der „heiligen Schrift" müssen im Sinne ihres Verfassers und der historisch-realistischen Grundtendenz des Schul-Zeitgeistes durchaus als technische Fertigkeiten aufgefaßt werden, denn das Ziel der Beschäftigung mit der Bibel setzten die „Allgemeinen Bestimmungen" mit den damals allgemeine Konjunktur bekommenden Worten fest: „Der Lehrer hat die biblischen Geschichten in einer dem Bibelwort sich anschließenden Ausdrucksweise frei zu erzählen, sie nach ihrem religiösen und sittlichen Inhalt in einer Geist und Gemüt bildenden Weise zu entwickeln und fruchtbar zu machen".[12]

In der Formel vom zu entwickelnden und fruchtbar zu machenden „religiösen und sittlichen Inhalt" der biblischen Geschichten haben wir diejenige religionsdidaktische Wandlung vor Augen, die in den nächsten siebzig Jahren deutscher Religionsunterrichtsgeschichte der Mediatisierung christlicher Erziehung Tür und Tor geöffnet hat. Denn was der von ihr selbst gewollte Inhalt der Bibel in Sachen Religion und Ethos war, eben dies geriet für die normierte Schule solcher „allgemeiner Bestimmungen" außer Reichweite. Zwar wehrte der Kulturkampf damit das Dogma als den Lehrbegriff der Kirche ab; er tat dies jedoch zugunsten politisch-gesellschaftlich approbierter Religion und Sittlichkeit, die — wie wir inzwischen wissen — nach dem didaktischen Richtungssinn gerade biblischer Gegenstände wenn überhaupt noch,

[11] Zit. nach P. C. Bloth, *Religion*... (wie Anm. 1), S. 128.

[12] Zit. nach *a. a. O.*, S. 129.

dann allenfalls zuletzt und meist historisch fragen. Als Gegenbild zu dieser staatlich verordneten „Religion und Sittlichkeit" der Volksschule wird denn auch die Bestrebung der evangelischen Kirche von 1880 begreiflich, „christliche Gesinnung und Sitte" durch die „statthaften Mittel" der Kirchenzucht „aufrecht zu erhalten und zu fördern". Daß aber im Feld der Schule mit den Begriffen „religiös und sittlich" eine neue, nämlich die öffentlich-religiöse und die approbiert-ethische Dimension des Bildungsgeschehens gerade zum kritisch zu bearbeitenden Thema der Seelsorge in der Großstadt geworden war, davon lassen die positiven wie die negativen Urteile der Kirche über die „Allgemeinen Bestimmungen" nichts erkennen.[13]

Schon 1890 zeigte sich eine erste Gefahr, die der scheinbar liberalen Freigabe, in Wahrheit dem zweckhaften Aufgeben des seelsorgerischen Elementes im religionsdidaktischen Handeln der Schule drohen konnte. Der junge Kaiser Wilhelm II. erließ wenige Wochen vor der Entlassung Bismarcks als Reichskanzler eine Verfügung, welche „die Schule in ihren einzelnen Abstufungen nutzbar" machen sollte, „um der Ausbreitung sozialistischer und kommunistischer Ideen entgegenzuwirken". „Die Schule", so hieß es darin, „muß bestrebt sein, schon der Jugend die Überzeugung zu verschaffen, daß die Lehren der Sozialdemokratie nicht nur den göttlichen Geboten und der christlichen Sittenlehre widersprechen, sondern in der Wirklichkeit unausführbar und in ihren Konsequenzen dem Einzelnen und dem Ganzen verderblich sind ... Um den Religionsunterricht in dem angedeuteten Sinne fruchtbarer zu machen, wird es erforderlich sein, die ethische Seite desselben mehr in den Vordergrund treten zu lassen, dagegen den Memorierstoff auf das Notwendige zu beschränken."[14] Dieser Allerhöchste Erlaß löste damals zumal in Berlin Stürme der Empörung aus, zeigte er doch, besonders in den beigegebenen, ihn materialisierenden Verfügungen, was hier und jetzt, und zwar in Aufnahme der „Allgemeinen Bestimmungen" von 1872, der Schule und ihrem religionsdidaktischen Bildungsauftrag zugemutet wurde. „Begründung religiös-sittlicher Gesinnung" durch Ethisierung des Unterrichts im Interesse der Abwehr der „Lehren der Sozialdemokratie", und dies noch unter Aufnahme der seit Jahrzehnten in der Schule unbekannten „Haustafel" aus Luthers Kleinem Katechismus: ein in jeder dieser Einzelheiten

[13] Vgl. *a. a.* O., S. 138f.

[14] Zit. nach *a. a.* O., S. 142f.

zweckhaftes „religiös-sittliches" Programm, das schon damals die Kinder hunderttausender Berliner Arbeiter innerlich aus dem Religionsunterricht ausgrenzte! Ein Recht auf Nichtteilnahme an solchem Unterricht gab es damals noch nicht; von hier aus muß denn auch der Fortschritt der Weimarer Verfassung des Deutschen Reiches von 1919 im zweiten Absatz ihres Artikels 149 eingeschätzt werden. Und wieder zeigte sich im Bildungsgeschehen eine Dimension notwendiger Seelsorge in der Großstadt, diesmal als Herausforderung durch die politisch Ausgegrenzten: Was hätten Schule und Kirche in einem noch immer für alle pflichtmäßigen Religionsunterricht nach einem solchen Erlaß zu tun? In Berlin erhoben damals nur einige wenige Rufer ihre Stimme — die Kirche schwieg und die Schule gehorchte.

Noch ein letztes Beispiel möchte ich benennen; es entstammt jenen Bestimmungen, die nach dem Ersten Weltkrieg, nämlich 1921/22, und wiederum von Berlin aus für das Volksschulwesen erlassen wurden. Der Unterschied zu den dadurch abgelösten Verordnungen von 1872 ist beträchtlich: „Ziel des evangelischen Religionsunterrichts ist, durch Weckung und Pflege der religiösen Anlagen des Kindes zum Aufbau seiner gesamten religiös-sittlichen Persönlichkeit beizutragen und ihm die Grundlagen zur Führung eines evangelisch-christlichen Lebens innerhalb der Gemeinde zu vermitteln. Er hat im besonderen die Aufgabe, Wesen und Wahrheit des Christentums nach reformatorischer Auffassung, der Entwicklungsstufe der Schüler entsprechend, zur Darstellung und zum Verständnis zu bringen. Sein Inhalt ist das Evangelium, das nach seiner Vorbereitung auf dem Boden alttestamentlicher Frömmigkeit im Neuen Testament seine grundlegende Darstellung und in der Entwicklung der christlichen Kirche bis zur Gegenwart seine lebendige Auswirkung gefunden hat. Im Mittelpunkt des gesamten Religionsunterrichts steht die Persönlichkeit Jesu."[15] Autor dieser Bestimmungen war zum ersten Male in Preußen ein nichttheologischer Schulmann, nämlich Carl L. A. Pretzel, der zugleich als ein bedeutender Repräsentant der organisierten Berliner Lehrerschaft gilt.[16] Nicht gerade ein Mitautor, aber doch auf der hier neuartig und förmlich beteiligten kirchlichen Seite der Hauptverantwortliche war der damalige Berliner Pfarrer und Oberkonsistorialrat im Nebenamt Otto Dibelius, dessen Handschrift schon die im zitierten Text überall hindurch-

[15] Zit. nach *a. a.* O., S. 206f.

[16] Vgl. z. B. Berliner Verband der Lehrer und Erzieher (Hrsg.), *Sie wirkten in Berlin. 27 Lebensbilder von Lehrern, Erziehern, Wissenschaftlern,* Berlin o. J. (1952), S. 39—45.

schimmernden Schulbeschlüsse des Dresdener Kirchentages vom September 1919,[17] also vier Wochen nach Erlaß der Weimarer Reichsverfassung, erkennen ließen. In diesen Bestimmungen scheint es mir zum ersten Male gelungen zu sein, durch Konzentration auf das didaktische Prinzip „Vom Kinde aus" ein die Schule wie die Kirche nicht nur befriedigendes, sondern gemeinsam verpflichtendes seelsorgerisches und diakonisches Element des Religionsunterrichts zur Geltung zu bringen. Man hat es sich in der späteren und dann vor allem in der „dialektisch"-theologischen Negativ-Beurteilung der didaktischen Leitbegriffe dieser Zeit, nämlich „Entwicklung" und „Persönlichkeit", oft und lange zu leicht gemacht. Daß hier gerade von zwei Männern der Berliner Großstadtschule und der Berliner Großstadtkirche das „Evangelium", „die Wahrheit des Christentums nach reformatorischer Auffassung" und die „Führung eines evangelisch-christlichen Lebens innerhalb der Gemeinde" zu Inhalt und Ziel des Religionsunterrichts erklärt wurden, konnte mit seiner individual- und gemeindeseelsorgerischen Spitze zwar nur in Ansätzen verwirklicht werden; es stellte aber schon vor sechzig Jahren diejenige Blickrichtung heraus, auf die noch und gerade heute im nunmehr ausschließlich von der Kirche verantworteten und getragenen Religionsunterricht der Berliner Schule mancher wartet.

Gewiß ist Berlin heute nicht mehr die Metropole auf dem Gebiet des Religions- und Konfirmandenunterrichts. Aber die im fruchtbareren Teil der letzten 130 Jahre hier gewonnenen Einsichten für die Großstadtseelsorge lassen gerade deren religionsdidaktische Notwendigkeiten klarer und warnender als anderswo erkennen. Dafür einen ersten Beitrag zu leisten, ist der Sinn dieses Beitrages; weiteres und näheres muß die Forschung erbringen.

[17] Deutscher Evangelischer Kirchenausschuß (Hrsg.), *Verhandlungen des Deutschen Evangelischen Kirchentages,* Dresden 1.—5. September 1919, Berlin-Steglitz o. J., S. 239—243.

Katholische Schulen, Religionsunterricht und Katechese in Berlin im ausgehenden 19. und beginnenden 20. Jahrhundert

WERNER SIMON
Berlin

Eine umfassende Darstellung der Situation und der Entwicklung des religiösen Unterrichts der katholischen Kinder und Jugendlichen im Berlin des ausgehenden 19. und beginnenden 20. Jahrhunderts liegt bisher nicht vor. Es kann zwar seit kurzem auf die Studie von Rita Weber[1] zurückgegriffen werden, welche die wenigen diesbezüglichen Vorgängerstudien sowie die einschlägigen Abschnitte in Leo Jablonskis *Geschichte des fürstbischöflichen Delegaturbezirkes*[2] weiterführt und zuverlässig den Ausbau und die Organisation des Berliner katholischen Schulwesens rekonstruiert. Informationen zu Gestalt und Empirie des schulischen Religionsunterrichts und des außerschulischen Sakramentenunterrichts sind jedoch insgesamt mehr als spärlich. Um hier zu verläßlichen Aussagen zu kommen, müssen zunächst die angesichts der

[1] Rita Weber, *Katholiken in der Berliner Diaspora. Öffentliche und private katholische Schulen in Berlin,* in: *Mitteilungen und Materialien der Arbeitsgruppe Pädagogisches Museum,* Nr. 26 (1988), S. 70—144.

[2] Vgl. Leo Jablonski, *Geschichte des fürstbischöflichen Delegaturbezirks Brandenburg und Pommern,* 2 Bde., Breslau 1929; im Hinblick auf das Schulwesen vor allem: Bd. 2, S. 247—298. Ferner: Artikel *Die Entwicklung des katholischen Schulwesens in Berlin,* in: *Märkisches Kirchenblatt,* 55. Jg. (1912), S. 310—312 und S. 319—320; Franz Czempiel (Hrsg.), *Handbuch für das katholische Schulwesen Berlins und die Verbandsprovinzen Brandenburg-Pommern,* Berlin 1925, S. 101—120; Paul Weber, *Zwanzig Jahre Schule und Erziehung im Bistum Berlin,* in: *Wichmann-Jahrbuch,* 7. Jg. (1953), S. 109—124; Gustav Schink, *Von den Anfängen des Berliner katholischen Schulwesens in der Neuzeit,* in: *Wichmann-Jahrbuch,* 9./10. Jg. (1955/1956), S. 71—79; *Katholische Schulen seit 1764 in Berlin,* in: *Petrusblatt,* 25. Jg. (1969), Nr. 39, S. 5—6.

erhaltenen Quellen[3] oft nur punktuellen und verstreuten Einzelangaben gesammelt werden, um so ein erstes vorläufiges und eher umrißhaftes Bild der Situation zu gewinnen, das es dann in weiteren problemorientierten Einzeluntersuchungen, die der zukünftigen Forschung vorbehalten bleiben müssen, zu überprüfen, zu differenzieren und auch zu korrigieren gilt. Die folgenden Ausführungen können deshalb nicht mehr als ein Versuch sein, einige Grundzüge und Probleme der katechetischen Bemühungen der katholischen Kirche Berlins im Übergang vom 19. zum 20. Jahrhundert als eines Teilbereichs der Seelsorge dieser Zeit zu benennen und zu beschreiben, um so Ansatzpunkte und Impulse für weiterführende Fragestellungen und Untersuchungen zu erhalten. Dabei sollen zunächst die Entwicklung des katholischen Schulwesens, dann die Situation des schulischen Religionsunterrichts, schließlich der kirchliche Sakramentenunterricht im genannten Zeitraum behandelt werden.

[3] Vgl. zur allgemeinen Situation der katholischen Kirche in Berlin die zeitgenössischen Publikationen: *Die Kirchennot der Katholiken in Berlin. Ein Beitrag zur Lösung dieser Frage* von Winfridus, Paderborn 1889; *Führer durch das Kirchliche Berlin* (mit Einschluß der Vororte), Berlin 1895; *Handbüchlein für die Berliner Katholiken,* hrsg. von der *Märkischen Volkszeitung,* Berlin 1900; Ernest Müller, *Eine katechetische Studienreise,* Wien 1900, S. 6—11; Wilhelm Frank, *Werdegang einer katholischen Pfarrgemeinde in Berlin. Gedenk-Blätter an die Vollendung der ersten 15 Jahre der St. Pius-Pfarrgemeinde. 1. 1. 1889 bis 31. 12. 1903,* Breslau 1904; Robert Schlenke, *Die katholische Kirche in Berlin. Ihre Entwicklung in den letzten fünfzehn Jahren,* Berlin 1904; Eduard Cortain, *Das katholische Berlin. Der Besitzstand unserer hl. Kirche in der Reichshauptstdt,* Berlin 1905; Pastor Kotterba, *Die evangelisch-katholischen Verhältnisse Berlins,* Berlin 1906; Wilhelm Frank, *Rosen und Dornen in der Berliner Seelsorgearbeit, in zwanzigjähriger Tätigkeit (1887—1907) gesammelt und dargestellt,* Breslau 1909; Heinrich Swoboda, *Großstadtseelsorge. Eine pastoraltheologische Studie,* Regensburg-Rom-New York-Cincinnati 1909, S. 108—120. — Listen der katholischen Elementarschulen und höheren Schulen mit Angaben zu den Religionsunterricht erteilenden Geistlichen und den Abteilungen für den Religionsunterricht der Schüler der höheren Schulen finden sich u. a. in: *Berliner St.-Bonifacius-Kalender,* 36. Jg. (1898), S. 141—148; *Illustrierter Kalender der Märkischen Volkszeitung in Berlin,* Berlin 1898, S. 58—62; *Handbüchlein...* (s. o.), S. 27—31; *Berliner St.-Bonifacius-Kalender,* 40. Jg. (1902), S. 98—105. — Herzlich danken möchte ich an dieser Stelle Frau Else Budnowski und Frau Angela Kandora, die als Zeitzeuginnen, erzählend und reflektierend, mit dazu beitrugen, daß die nachfolgenden Ausführungen und Konkretisierungen nicht ohne einen kontrollierten Empiriebezug erfolgen mußten.

I

In den Bemühungen um die heranwachsenden jungen Christen erlangte der schulische Religionsunterricht in der Neuzeit einen hohen Stellenwert. Er galt als eine Institution, in der methodisch geordnet und effektiv Glaubenswissen erworben und ein Glaubensverständnis erschlossen und aufgebaut werden sollte. Im Medium des Unterrichts sollte er zugleich vorbereiten und motivieren zu einer bewußten Teilnahme am Leben der kirchlichen Glaubensgemeinschaft. Andererseits wurde der Religionsunterricht katholischerseits als Teilmoment eines umfassenderen Ganzen gesehen. Er war einzubetten in den Gesamtzusammenhang einer konfessionell bestimmten Schulkultur und Erziehung, die alle Fächer des schulischen Curriculums durchdringen und prägen sollte. Man war bestrebt, ein konfessionelles Schulwesen zu etablieren, in dem eine solche Erziehung gesichert werden und ihren organisatorischen Rahmen finden sollte.

So waren die katholischen Kirchengemeinden in Berlin von Anfang an darum bemüht, ein katholisches Schulwesen aufzubauen und so auszubauen, daß potentiell jedes katholische Kind beziehungsweise jeder katholische Jugendliche von ihm erreicht werden konnte. Diesen Anspruch galt es durchzusetzen im öffentlichen Schulwesen der Kommunen, für das der Staat im Zuge der neuzeitlichen Entwicklung Verantwortung übernommen hatte und ein originäres Aufsichtsrecht beanspruchte.[4] Es galt ihn durchzusetzen als politischen Anspruch eines Teils der Bürgerschaft dieses Gemeinwesens und als einen Freiheitsraum für diesen Teil der Bürgerschaft. Der Hauptakzent lag dabei zunächst auf dem Ausbau des Elementarschulwesens, das von der weit überwiegenden Mehrheit der Schüler besucht wurde. Der Ursprung des

[4] Vgl. für Preußen V. Rintelen, *Die Volksschule Preußens in ihrem Verhältnis zu Staat und Kirche nach Erlaß des Volksschulunterhaltungsgesetzes vom 28. 7. 1906*, Berlin 1908. Rintelen verfolgt die Entwicklung über die Bestimmungen des Allgemeinen Landrechts für die preußischen Staaten vom 5. 2. 1794, die Preußische Verfassungsurkunde vom 31. 1. 1850, das Schulaufsichtsgesetz vom 11. 3. 1872 bis zum Volksschulunterhaltungsgesetz vom 28. 7. 1906. Der Text des Schulaufsichtsgesetzes vom 11. 3. 1872 findet sich u. a. in: Karl Schneider/Egon von Bremen (Hrsg.), *Das Volksschulwesen im Preußischen Staate in systematischer Zusammenstellung der auf seine innere Einrichtung und seine Rechtsverhältnisse, sowie auf seine Leitung und Beaufsichtigung bezüglichen Gesetze und Verordnungen*, 3 Bde., Berlin 1886 f., hier Bd. 1, S. 1; vgl. auch die diesbezüglichen Erläuterungen und den Erlaß vom 8. 9. 1879: *a. a. O.*, S. 1—3.

katholischen Elementarschulwesens[5] in Berlin liegt in der 1764 gegründeten katholischen Armenschule. Als Pfarrschule der 1773 eingerichteten St. Hedwigs-Pfarrei stand sie zunächst unter der Aufsicht eines vom König eingesetzten Kurators, seit 1812 unter der Aufsicht des Vorsteherkollegiums, das diese durch den Propst ausübte.[6] Als die städtische Schuldeputation 1829 die Aufsicht und 1837 die Verwaltung des städtischen Kommunal-Armenschulwesens übernahm, blieb die katholische Pfarrschule als Schule königlichen Patronats von der städtischen Schulaufsicht ausgenommen.[7] Die wachsende Zahl der Katholiken führte dazu, daß die Zahl der Klassen vermehrt und in Mieträumen untergebrachte Nebenschulen in den verschiedenen Stadtteilen eingerichtet wurden, so bereits 1854 im damals noch nicht eingemeindeten Moabit und 1862 am Wedding. Diese katholischen Elementarschulen erfaßten 1866 2175 Schüler, das heißt je nach Ansatz der

[5] Vgl. G. Schink, *Von den Anfängen*... (wie Anm. 2); R. Weber, *Katholiken*... (wie Anm. 1), S. 97—101.

[6] Vgl. die diesbezüglichen Bestimmungen des Statuts der Berliner St. Hedwigs-Pfarrei vom 2. 11. 1812. Die bis 1870 in Kraft bleibenden „Grundgesetze der römisch-katholischen Gemeinde zu Berlin" sind abgedruckt bei: Caspar Heinrich Daumert, *Das Statut der Parochie zur hl. Hedwig in Berlin,* in: *Archiv für katholisches Kirchenrecht,* 27. Jg. (1872), S. 73—103, hier S. 88—95. — Auszüge aus dem Lehrplan des Fürsten Hatzfeld vom 1. 4. 1807 referiert G. Schink, *Von den Anfängen*... (wie Anm. 2), S. 73—76.

[7] Vgl. zur Entwicklung des Berliner Kommunalschulwesens im 19. Jahrhundert Wilhelm Richter, *Berliner Schulgeschichte. Von den mittelalterlichen Anfängen bis zur Weimarer Republik.* Unter Mitwirkung von Maina Richter herausgegeben und bearbeitet von Marion Klewitz und Hans Christoph Berg (= Historische und Pädagogische Studien, Bd. 13), Berlin 1981, S. 50—64; ferner: Detlef K. Müller, *Sozialstruktur und Schulsystem. Aspekte zum Strukturwandel des Schulwesens im 19. Jahrhundert* (= Studien zum Wandel von Gesellschaft und Bildung im Neunzehnten Jahrhundert, Bd. 7), Göttingen 1977, S. 190—198 und S. 245—268; ders., *Sozialstruktur und Schulsystem. Forschungsbericht über eine mehrdimensionale Analyse des Schulwesens im 19. Jahrhundert. Modellfall Berlin,* in: Ulrich Herrmann (Hrsg.), *Schule und Gesellschaft im 19. Jahrhundert. Sozialgeschichte und Schule im Übergang zur Industriegesellschaft,* Weinheim-Basel 1977, S. 213—237; Arbeitsgruppe Pädagogisches Museum (Hrsg.), *Hilfe Schule. Ein Bilder-Lese-Buch über Schule und Alltag Berliner Arbeiterkinder. Von der Armenschule zur Gesamtschule 1827 bis heute,* Berlin 1981. Als Überblicke von Zeitgenossen: Hermann Zwick, *Die Entwickelung des Berliner Gemeindeschulwesens vom Jahre 1878 bis zur Gegenwart. Denkschrift aus Anlaß der Eröffnung der 200. Gemeindeschule,* Berlin 1894; Leopold Hermann Fischer, *Die ersten 75 Jahre der Berliner Gemeindeschule,* in: *Mitteilungen der Gesellschaft für deutsche Erziehungs- und Schulgeschichte,* 13. Jg. (1903), S. 42—69.

statistischen Durchschnittsberechnung zwischen 35 und 55 Prozent der schulpflichtigen katholischen Kinder,[8] die in 27 Klassen in sieben Schulgebäuden unterrichtet wurden.

Angesichts der steigenden finanziellen Belastungen der aus Stiftungsmitteln, Schulgeldern und Spenden zu unterhaltenden Schulen[9] hatte sich das Kirchenkollegium wiederholt um eine Unterstützung aus den städtischen Kommunalarmenschulmitteln bemüht.[10] Im Unterschied zum konfessionellen Ansatz verstanden die Vertreter der Stadtgemeinde jedoch die kommunalen Elementarschulen als Gemeindeschulen, die den Schülern aller Konfessionen offenstehen und in denen das Zusammenleben und die Achtung der Konfessionen voreinander praktisch eingeübt werden sollten.[11] Demgegenüber nahm sich die

[8] Vgl. Statistik der katholischen Gemeinde zu Berlin, in: *Berliner St.-Bonifacius-Kalender*, 6. Jg. (1868), S. 69 f. — Dabei ist mitzubedenken, daß nach einer Berechnung des Vorstehers einer Berliner Armenkommission, Goldschmidt, für das Jahr 1864 21,5 % der schulpflichtigen Berliner Kinder nicht in Schulen nachgewiesen werden konnten. Im Hintergrund steht dabei das Problem der noch immer weitverbreiteten Kinderarbeit. Noch im Jahre 1898 waren 12,8 % der Berliner Volksschulpflichtigen außerhalb der Schule gewerblich tätig. Vgl. dazu: Marion Klewitz, *Gesetzliche Schulpflicht und Berliner Schulwirklichkeit im 19. Jahrhundert*, in: Arbeitsgruppe Pädagogisches Museum (Hrsg.), *Hilfe Schule*... (wie Anm. 7), S. 109—113; ferner: Gerhard Krienke, *Der schulische Aspekt der Kinderarbeit in Berlin 1825—1848. Zur Sozial- und Schulgeschichte der preußischen Hauptstadt*, in: *Der Bär von Berlin*, 18. Jg. (1969), S. 94—121; Klaus L. Hartmann, *Schule und „Fabrikgeschäft". Zum historischen Zusammenhang von Kinderarbeit, Kinderschutzgesetz und allgemeiner Elementarbildung*, in: ders./Wilhelm Nyssen/Hans Waldeyer (Hrsg.), *Schule und Staat im 18. und 19. Jahrhundert. Zur Sozialgeschichte der Schule in Deutschland*, Frankfurt 1974, S. 171—253. Umfangreichere Kontrollen und gesetzliche Regelungen führen dazu, „daß im Laufe der fünfziger und sechziger Jahre der regelmäßige Schulbesuch allgemein zunahm und ungefähr zwei weitere Jahrzehnte später in Berlin fast alle Kinder erfaßte". (W. Richter, *Berliner Schulgeschichte*... [wie Anm. 7], S. 55). Vgl. dazu auch: D. K. Müller, *Sozialstruktur* ... (wie Anm. 7), S. 179—182.

[9] 1841 war auf Betreiben von Propst Anton Brinkmann ein Schulverein gegründet worden, um zusätzliche Gelder für die Unterhaltung der katholischen Schulen aufzubringen. Vgl. G. Schink, *Von den Anfängen*... (wie Anm. 2), S. 78.

[10] Vgl. R. Weber, *Katholiken* ... (wie Anm. 1), S. 139—141 (Anlage 2: *Die Kommunalisierung der Berliner katholischen Pfarrschulen: Verhandlungen zwischen Staat und Kirche zwischen 1838 und 1866*).

[11] Vgl. *Bericht über die Gemeinde-Verwaltung der Stadt Berlin in den Jahren 1861 bis 1876*, Heft 2, Berlin 1880, S. 275 f.; *Bericht über die Gemeinde-Verwaltung der Stadt Berlin in den Verwaltungs-Jahren 1906 bis 1910*, Bd. 2, Berlin 1912, S. 11 f.; L. H. Fischer, *Die ersten 75 Jahre*... (wie Anm. 7), S. 63. Erst das Volksschulunterhaltungsgesetz von 1906 widersprach diesem Verständnis: „Der Magistrat der Stadt vertrat bisher

Forderung nach Unterstützung eines konfessionellen Schulwesens als ein partikuläres Interesse aus, dem zunächst widersprochen wurde. Aus Gründen der Billigkeit wurden jedoch seit 1854 Zuschüsse und Beihilfen gewährt, bis es 1866 zu einer vertraglichen Vereinbarung kam,[12] in der das Kirchenkollegium auf der einen und der Magistrat und das Provinzial-Schulkollegium auf der anderen Seite übereinkamen, das katholische Elementarschulwesen zu kommunalisieren. Alle katholischen Schulen außer der ursprünglichen St. Hedwigs-Pfarrschule wurden auf den städtischen Etat übernommen. Sie waren fortan städtische Gemeindeschulen und unterstanden als solche der Aufsicht der städtischen Schuldeputation. Die St. Hedwigs-Pfarrschule war weiterhin mit bis zu 400 Schülern aus Stiftungsmitteln zu unterhalten.[13] Der Propst von St. Hedwig wurde stimmberechtigtes Mitglied der städtischen Schuldeputation mit dem Recht des Sondervotums beim Bericht an die vorgesetzte Behörde. Auch unter den Bürgervertretern der Schuldeputation sollte sich stets ein Mitglied der katholischen Pfarrgemeinde befinden. Dieser politische Kompromiß beinhaltete, daß das katholische Elementarschulwesen unter Wahrung seiner konfessionellen Grundausrichtung in das städtische Gemeindeschulwesen integriert wurde.

Die Kommunalisierung hatte zur Folge, daß die katholischen Gemeindeschulen gleichberechtigt die gleiche Förderung erfuhren und qualitativ den übrigen Gemeindeschulen gleichgestellt wurden im Hinblick auf die Lehrpläne, die Einstellung und Bezahlung qualifiziert vorgebildeter Lehrkräfte sowie den Unterhalt und Ausbau der Schul-

den Standpunkt, daß die Gemeindeschulen, abgesehen von einigen Stiftungsschulen und den 32 katholischen Schulen, Simultanschulen seien. Die staatliche Unterrichtsverwaltung hat aber verfügt, daß sie als evangelische Schulen bezeichnet werden sollten." (A. Günther, *Die Volksschulen in den Gemeinden Groß-Berlins*, in: Wilhelm Münch (Hrsg.), *Das Unterrichts- und Erziehungswesen Groß-Berlins. Eine Übersicht über seinen gegenwärtigen Stand zur Orientierung für Fremde und Einheimische*, Berlin 1912, S. 15—60, hier S. 35.)

[12] Vgl. *Bericht über die Gemeinde-Verwaltung 1861/1876...* (wie Anm. 11), S. 275—281; ferner: R. Weber, *Katholiken...* (wie Anm. 1), S. 101—104.

[13] Auch die St.-Hedwig-Pfarrschule wurde später in Folge des Volksschulunterhaltungsgesetzes von 1906 kommunalisiert. Vgl. G. Schink, *Von den Anfängen ...* (wie Anm. 2), S. 79. Mit dem Statut der St.-Hedwigs-Pfarrei vom 1. 10. 1870 wurden das Kirchenkollegium unter Vorsitz des Propstes Schulvorstand und der Propst als Pfarrer unmittelbarste Aufsichtsbehörde der Schule in den den Unterricht betreffenden Fragen. Das Statut ist abgedruckt bei: C. H. Daumert, *Das Statut...* (wie Anm. 6), S. 95—103.

gebäude. Die Befugnis, die übernommenen katholischen Gemeindeschulen nach Bedürfnis zu vermindern oder zu vermehren, wurde zunächst in der Form ausgeübt, daß die Klassen der bestehenden Schulen ausgebaut und letztere in größere Schulgebäude verlegt wurden. So stieg die Zahl der Klassen von 1866 bis 1876 von 27 auf 53, die Zahl der Schüler im gleichen Zeitraum von 2175 auf 3798.[14] Von 1881 an erfolgte der Ausbau durch Neugründungen und Umwandlungen. Die Anzahl und die Lage der neu hinzutretenden Schulen entsprechen in etwa dem Bevölkerungswachstum.[15] Bis 1910 wurden 22 Schulen gegründet und sechs Schulen in katholische Gemeindeschulen umgewandelt. Dieser Ausbau sicherte, daß noch vor der Jahrhundertwende der weit überwiegende Teil der katholischen Kinder Berlins in katholischen Gemeindeschulen unterrichtet werden konnte. 1891 besuchten 11 856 katholische Schüler katholische Elementarschulen, während nur 549 nicht-katholische Gemeindeschulen besuchten.[16] Das bedeutet: Über 95 Prozent der schulpflichtigen katholischen Elementarschüler wurden in katholischen Elementarschulen unterrichtet.

Die Schulaufsicht über die Gemeindeschulen lag bei der städtischen Schulverwaltung, deren Schulinspektoren seit 1877 im Nebenamt den staatlichen Auftrag der Kreisschulinspektion wahrnahmen, während die verantwortliche Schulleitung an die Hauptlehrer, seit 1878 die Rektoren der Gemeindeschulen überging.[17] Die Ablösung der meist durch Geistliche ausgeübten Aufsicht durch die Aufsicht pädagogisch vorgebildeter Fachleute[18] entzog die Schulen dem Bereich kirchlicher

[14] Vgl. *Bericht über die Gemeinde-Verwaltung 1861/1876...* (wie Anm. 11), S. 280; ferner: R. Weber, *Katholiken...* (wie Anm. 1), S. 107 f.

[15] Vgl. Zur Entwicklung des katholischen Gemeindeschulwesens ab 1881: R. Weber, *Katholiken...* (wie Anm. 1), S. 110—112. — Zur Bevölkerungsentwicklung Berlins und zum Städtewachstum Ingrid Thienel, *Städtewachstum im Industrialisierungsprozeß des 19. Jahrhunderts. Das Berliner Beispiel* (= Veröffentlichungen der Historischen Kommission zu Berlin, Bd. 39), Berlin-New York 1973; dies., *Verstädterung, städtische Infrastrukturen und Stadtplanung. Berlin zwischen 1850 und 1914,* in: *Zeitschrift für Stadtgeschichte, Stadtsoziologie und Denkmalspflege,* 4. Jg. (1977), S. 55—84; Michael Erbe, *Berlin im Kaiserreich,* in: Wolfgang Ribbe (Hrsg.), *Geschichte Berlins,* Bd. 2, München 1987, S. 689—793, hier S. 693—720.

[16] Vgl. L. Jablonski, *Geschichte...* (wie Anm. 2), Bd. 2, S. 219.

[17] Vgl. W. Richter, *Berliner Schulgeschichte...* (wie Anm. 7), S. 60 f.; L. H. Fischer, *Die ersten 75 Jahre...* (wie Anm. 7), S. 62 f.; H. Zwick, *Die Entwickelung...* (wie Anm. 7), S. 48—54.

[18] Die Vorbereitung der schlesischen Geistlichen auf die Aufgaben der Schulaufsicht geschah in sechswöchigen pädagogischen Kursen an einem der staatlichen katholischen

Verantwortung, ohne daß sie jedoch ihren konfessionellen Charakter in Frage stellte.[19] Das Fehlen der „geistlichen Schulaufsicht"[20] hatte auch die positive Folge, daß mit ihr zugleich eine Quelle möglicher Spannungen wegfiel, die andernorts vielfach zu einer Entfremdung zwischen Lehrerschaft und Geistlichkeit und nicht selten zur Kirchendistanz der Lehrer führte.

Mit einer aufgrund der Bevölkerungsentwicklung verständlichen Zeitverschiebung entwickelte sich das katholische Schulwesen in den Vororten.[21] Die Einrichtung katholischer Elementarschulen ging dort in der Regel auf die private Initiative katholischer Eltern und Geistlicher zurück, die dabei zunächst auf die Form der Privatschule[22] zu-

Lehrerseminare der Provinz Schlesien (Breslau, Liebenthal u. a.). Vgl. etwa die diesbezüglichen *Verordnungen des Fürstbischöflichen General-Vicariat-Amtes zu Breslau* 437/II vom 15. 12. 1905 und 449/II vom 15. 12. 1906. — Die pastoraltheologische Ausbildung erfolgte im Rahmen des theologischen Studiums an der Katholisch-Theologischen Fakultät der Universität Breslau. Vgl. Friedrich Kleineidam, *Die katholisch-theologische Fakultät der Universität Breslau 1811—1945*, Köln 1961; Felix Haase, *Leben und Schriften der kath. theol. Dozenten an der Universität Breslau*, Breslau 1913. — Die katechetische Ausbildung umschloß auch praktische Katechesen an der Breslauer Domschule. Vgl. E. Müller, *Eine katechetische Studienreise...* (wie Anm. 3), S. 8. — Vgl. auch R. Adamski, *Oberschlesiens Anteil an der religionspädagogischen Bewegung des 19. und 20. Jahrhunderts*, in: *Katechetische Blätter*, 59. Jg. (1933), S. 395—407. — In dem uns interessierenden Zeitraum von 1871 bis 1914 waren alle Pröpste von St. Hedwig schlesischer Herkunft. Vgl. Hubert Bengsch, *Bistum Berlin. Kirche zwischen Elbe und Oder mit tausendjähriger Vergangenheit*, Berlin 1985, S. 189 f.

[19] Christa Berg, *Die Okkupation der Schule. Eine Studie zur Aufhellung gegenwärtiger Schulprobleme an der Volksschule Preußens (1872—1900)*, Heidelberg 1973, S. 91, betont die grundlegende Übereinstimmung von Staat und Kirche in der Bestimmung des Bildungszieles der Schule als eine christlich-religiös fundierte sittliche Erziehung. Selbst in der Simultanschulbewegung ging es „im Grund lediglich um die Restriktion des konfessionellen Lehrgehalts auf den jeweiligen Religionsunterricht, nicht um eine generelle Entkonfessionalisierung oder gar Aufhebung des christlichen Fundaments der Schule". (*A. a. O.*, S. 115.)

[20] Vgl. dazu auch Johannes Meyer, *Das Berufsbild des Religionslehrers. Eine Untersuchung der religionspädagogischen Literatur von der Neuscholastik bis heute* (= Studien zur Praktischen Theologie, Bd. 29), Zürich-Einsiedeln-Köln 1984, S. 39—49; ferner: Karl Erlinghagen, *Die Säkularisierung der deutschen Schule*, Hannover 1972.

[21] Vgl. L. Jablonski, *Geschichte...* (wie Anm. 2), Bd. 2, S. 273—278 und S. 285—287; F. Czempiel (Hrsg.), *Handbuch...* (wie Anm. 2), S. 102—120; ferner R. Weber, *Katholiken...* (wie Anm. 1), S. 104—106 und S. 141—142 (Anlage 3: Kommunalisierung der katholischen Privatschulen in den Berliner Vororten Charlottenburg, Rixdorf-Neukölln und Lichtenberg).

[22] In Lichtenberg wählte man die Organisationsform der Sozietätsschule. Vgl. L. Jablonski, *Geschichte...* (wie Anm. 2), Bd. 2, S. 277 f.

rückgreifen mußten. Die Gründung erfolgte zumeist noch vor der Errichtung eines Pfarrsystems. So entstand bereits 1858 eine katholische Elementarschule in Charlottenburg,[23] 1868 in Deutsch-Rixdorf. Bemühungen um die Kommunalisierung dieser Schulen stießen vielfach auf starken Widerstand der Kommunen, die den Bedarf für eine eigene katholische Gemeindeschule als nicht gegeben sahen, und führten nicht selten erst im Zusammenwirken mit der königlichen Regierung zum Erfolg. Endgültig abgesichert wurden sie durch die Bestimmung des Volksschulunterhaltungsgesetzes von 1906, das die grundsätzlich konfessionelle Struktur der Volksschulen und deren Finanzierung durch die Kommunen bestätigte.[24] Wegen der geringeren Zahl der Schulen und der dadurch bedingten längeren Schulwege war der Erfassungsgrad geringer als in der Stadt Berlin. 1912 besuchten 57 Prozent der katholischen Schüler des Archipresbyterats Charlottenburg und 76 Prozent der katholischen Schüler des Archipresbyterats Neukölln katholische Elementarschulen.[25] Die staatliche Kreisschulinspektion für diese Schulen wurde in der Regel durch den jeweiligen Erzpriester wahrgenommen.[26]

Anders als im Bereich des Elementarschulwesens gelangten die Bemühungen um den Ausbau eines katholischen höheren Schulwesens

[23] Es muß der zukünftigen Forschung überlassen bleiben, die reichen, bis in die Mitte des 19. Jh. zurückreichenden Archivalien des Pfarrarchivs Herz-Jesu, Charlottenburg, und die im Geheimen Staatsarchiv Preußischer Kulturbesitz lagernden Akten der Abteilung II (Kirchen und Schulwesen) aus dem Brandenburgischen Provinzialarchiv für die Orte um Berlin bis 1925, insbesondere für Charlottenburg aufzuarbeiten. Vgl. W. Richter, *Berliner Schulgeschichte...* (wie Anm. 7), S. 177. Vgl. auch Eleonore Liedtke, *Die Überwindung der Diaspora. Die Entwicklung der katholischen Kirche in Charlottenburg*, in: *Mitteilungen des Vereins für die Geschichte Berlins*, 76. Jg. (1980), S. 190—201 und S. 229—239; Wolfgang Neugebauer, *Schule und Stadtentwicklung. Zweieinhalb Jahrhunderte Schulwirklichkeit in der Residenz- und Großstadt Charlottenburg*, in: Wolfgang Ribbe (Hrsg.), *Von der Residenz zur City. 275 Jahre Charlottenburg*, Berlin 1980, S. 103—143.

[24] Vgl. V. Rintelen, *Die Volksschule...* (wie Anm. 4).

[25] Vgl. L. Jablonski, *Geschichte...* (wie Anm. 2), Bd. 2, S. 250.

[26] Vgl. *a. a.* O., S. 144 und S. 261. — Die 1862 für den Delegaturbezirk eingeführte Archipresbyteratsordnung kannte vier Archipresbyterate: Berlin, Potsdam-Spandau, Frankfurt, Stettin. 1899 wurden die Berliner Vorortpfarreien durch Ausgliederung aus dem Archipresbyterat Berlin in einem eigenen Archipresbyterat Charlottenburg zusammengefaßt, das 1908 in die zwei Archipresbyterate Charlottenburg und Neukölln geteilt wurde. Vgl. L. Jablonski, *Geschichte...* (wie Anm. 2), Bd. 1, S. 216 und S. 232—237.

nicht über erste Ansätze hinaus.[27] Der Versuch der Etablierung einer privaten höheren Bürgerschule für katholische Knaben in den Jahren 1861 bis 1876 scheiterte aufgrund der ungenügenden Finanzierungsmöglichkeiten.[28] Mehr Erfolg war vier privaten höheren Töchterschulen beschieden, die zum Teil mit kirchenamtlicher Protektion entstanden, zum Teil privaten Schulzirkeln entwuchsen.[29] Zwei dieser höheren

[27] Vgl. R. Weber, *Katholiken*... (wie Anm. 1), S. 117—121; L. Jablonski, *Geschichte*... (wie Anm. 2), Bd. 2, S. 292—298.

[28] Vgl. Ernst Thrasolt, *Eduard Müller. Der Berliner Missionsvikar. Ein Beitrag zur Geschichte des Katholizismus in Berlin, der Mark Brandenburg und Pommern,* hrsg. von Alfons Erb, Berlin 1953, S. 164—175: *Adolph Müller und das katholische Progymnasium.* Die Schule zählte im Jahre 1865 175 Schüler; vgl. Artikel *Die Entwicklung*... (wie Anm. 2), in: *Märkisches Kirchenblatt,* 55. Jg. (1912), S. 320. — Zu dem gescheiterten Versuch der Witwe des Obersten von Zegelin, im Jahre 1802/03 eine von Angehörigen des aufgelösten Jesuitenordens geleitete Privatanstalt zur Erziehung von katholischen Knaben zu begründen, vgl. Alfred Rothe, *Das erste katholische Gymnasium in Berlin,* in: *Wichmann-Jahrbuch,* 9./10. Jg. (1955/1956), S. 5—9; Hermann Granier, *Eine Denkschrift Friedrich Nicolai's über die katholische Kirche in Preußen,* in: *Jahrbuch für Brandenburgische Kirchengeschichte,* 31. Jg. (1936), S. 125—138.

[29] Es handelt sich dabei um folgende Schulen:
1) Die katholische höhere Töchterschule der Ursulinen in der Lindenstraße 48 (später 39): 1851 aufgrund einer Initiative von Propst Pelldram eröffnet, wurde sie 1854 an Ursulinen aus Breslau übergeben, die sie 1877 aufgrund des Klostergesetzes vom 31. 5. 1875 aufgeben mußten. Nach dem Abänderungsgesetz vom 29. 4. 1887 konnten die zurückgekehrten Ursulinen die Schule 1889 wieder neu eröffnen. Vgl. August Meer, *Geschichte des Ursulinerinnenklosters zu Berlin;* Breslau 1880; Ursulinenkloster Berlin (Hrsg.), *100 Jahre Ursulinen in Berlin. Festschrift zum 29. 4. 1954,* Berlin 1954; Artikel *Geschichte einer Schule. 100 Jahre wirken die Ursulinen in Berlin,* in: *Petrusblatt,* 10. Jg. (1954), Nr. 18, S. 5.
2) Die höhere Töchterschule der Elisabeth Schwering in der Hohenstaufenstraße 2 (Schöneberg): Die höhere Töchterschule in der Lindenstraße wurde nach dem Wegzug der Ursulinen zunächst von Wanda Andersen, dann durch Propst Assmann, schließlich durch Elisabeth Schwering geleitet, die 1889 bei der Rückkehr der Ursulinen mit einem großen Teil der Schülerinnen in das Gebäude der Pfarrei St. Matthias übergesiedelt war (zunächst Potsdamer Straße 94). Bei ihrem Ausscheiden übergab Elisabeth Schwering 1918 die Anstalt den Franziskanerinnen vom Mutterhaus Nonnenwerth. Vgl. Albert Coppenrath, *Unsere St. Matthias-Pfarrei im Wandel der Zeiten,* Berlin 1938, S. 128 f.; Artikel *Fünfzig Jahre Franziskusschule,* in: *Petrusblatt,* 24. Jg. (1968), Nr. 40, S. 11; Katholische Schule Sankt Franziskus (Hrsg.), *Festschrift Katholische Schule Sankt Franziskus 1889—1989,* Berlin 1989; Artikel *Erinnerungen an ein Lyzeum,* in: *Petrusblatt,* 45. Jg. (1989), Nr. 29, S. 13.
3) Die St.-Theresienschule in der Schönhauser Allee 182: Die aufgrund einer Initiative von Pfarrer Alesch (Herz Jesu) zunächst 1894 als privater Schulzirkel entstandene, seit 1895 als private höhere Töchterschule staatlich anerkannte Schule stand unter der

Töchterschulen waren mit Lehrerinnenbildungsanstalten verbunden.[30] Insgesamt war nicht zuletzt aufgrund der Sozialstruktur der Anteil der Katholiken an der Gesamtzahl der Schüler höherer Schulen wesentlich geringer, als dies von ihrem Anteil an der Gesamtbevölkerung her zu

Leitung von Maria Kühn. 1918 wurde sie der Leitung der Schwestern Unserer Lieben Frau vom Mutterhaus Mülhausen unterstellt. Vgl. Georg Schubert (Hrsg.), *Das Bistum Berlin,* Berlin 1932, S. 135.
4) Die höhere Töchterschule der Frau Muche in der Schlüterstraße 72 (Charlottenburg): Die 1895 als privater Schulzirkel von Frau von Borell gegründete Anstalt wechselte, seit 1908 unter der Leitung von Frau Muche („Lyzeum Muche"), 1909 von der Spreestraße 15 in die Schlüterstraße. 1926 wurde die Leitung ebenfalls den Schwestern Unserer Lieben Frau übertragen. Vgl. G. Schubert (Hrsg.), *Das Bistum Berlin...* (s. o.), S. 135; E. Liedtke, *Die Überwindung...* (wie Anm. 23), S. 198; Sr. M. Borgia, *50 Jahre katholische Schule Liebfrauen,* in: *Petrusblatt,* 32. Jg. (1976), Nr. 17, S. 6, und Nr. 21, S. 5.

[30] Die Lehrerinnenbildungsanstalt bei der höheren Töchterschule der Ursulinen bestand von 1854 bis 1877. Sie wurde nach der Rückkehr der Ursulinen 1896 wiedereröffnet und 1897 als „Goethesches Lehrerinnenseminar" anerkannt, das 1913 durch die in diesem Jahr eröffnete realgymnasiale Studienanstalt abgelöst wurde. Eine zweite katholische Lehrerinnenbildungsanstalt entstand bei der von Elisabeth Schwering geleiteten höheren Töchterschule in der Hohenstaufenstraße, der 1910 auch eine Präparandie angegliedert wurde. — Zwei private katholische Präparandien für männliche Studierende entstanden zu Beginn des 20. Jahrhunderts in Charlottenburg unter der Leitung von Rektor Carl Ommendahl und in Neukölln unter der Leitung von Rektor Egon Baensch. — Ein eigenes katholisches Lehrerseminar für die katholischen brandenburgischen Lehrerseminaristen wurde erst 1911 in Paradies (Provinz Posen) eingerichtet. Vgl. Bruno Stephan, *Das Königliche Schullehrer-Seminar zu Paradies, Kreis Meseritz/Posen als brandenburgisches Lehrerseminar,* in: Friedrich Buchholz/Gerhard Buchwald (Hrsg.), *Die brandenburgischen Lehrerseminare und die ihnen angegliederten Präparandenanstalten. Einzeldarstellungen ihrer Entwicklung,* Berlin 1961, S. 471—495. — Als Ausbildungsseminare der im *Illustrierten Kalender der „Märkischen Volkszeitung" in Berlin,* Berlin 1898, S. 50f., mit diesbezüglichen Angaben aufgeführten 15 Rektoren katholischer Berliner Gemeindeschulen begegnen fünfmal Liebenthal (Reg.-Bez. Liegnitz), viermal Breslau, zweimal Heiligenstadt (Reg.-Bez. Erfurt), je einmal Oppeln, Pilchowitz (Reg.-Bez. Oppeln), Berent (Reg.-Bez. Danzig) und Fulda. Vgl. auch: R. Adamski, *Oberschlesiens Anteil...* (wie Anm. 18). — Für die Ausbildung an den Lehrerbildungsanstalten galten die Lehrordnung und der Lehrplan für die Königlichen Schullehrerseminare vom 15. 10. 1872, abgedruckt in: K. Schneider/E. v. Bremen (Hrsg.), *Das Volksschulwesen...* (wie Anm. 4), Bd. 1, S. 433—440, bezüglich der katholischen Religionslehre: S. 436. Seit dem 1. 7. 1901 galten die Lehrpläne für Präparandenanstalten und Lehrerseminare, mit den dazugehörenden methodischen Anweisungen abgedruckt in: Egon von Bremen (Hrsg.), *Die Preußische Volksschule. Gesetze und Verordnungen,* Stuttgart-Berlin 1905, S. 199—230, bezüglich der katholischen Religionslehre: S. 201 f., S. 208 und S. 220f.

erwarten gewesen wäre. Lag 1910 der Anteil der katholischen Schüler in den Gemeindeschulen der Stadt Berlin bei 10,5 Prozent, so betrug er in den städtischen Realschulen 5,9 Prozent, in den städtischen Gymnasien, Realgymnasien, Oberrealschulen und Studienanstalten 6,6 Prozent.[31]

Abschließend sollen einige Probleme benannt werden, die eine weitere Untersuchung verdienen: Auffällig ist die hohe Akzeptanz, welche die katholischen Schulen beim katholischen Bevölkerungsteil fanden, obwohl die Distanz zur Gottesdienstgemeinde, gemessen am sonntäglichen Gottesdienstbesuch und am Empfang der Sakramente, in einzelnen Pfarreien relativ hoch war. Eine bewußte Distanzierung — etwa durch die Unterstützung der politischen Forderung nach Simultanschulen — läßt sich kaum beobachten.[32] Diese hohe Geschlossenheit, zumindest in der Form der Nicht-Distanzierung, dürfte die politische Durchsetzung des schulpolitischen Anliegens erleichtert haben. Sie desavouierte nicht die politischen Meinungsführer des katholischen Bevölkerungsteils in ihrem Anspruch, für eine Mehrheit zu sprechen.[33]

Die Mehrheit der Vertreter der Stadtgemeinde stimmte am Ende der politischen Auseinandersetzungen, obwohl sie eine nicht-konfessionelle Gestalt des städtischen Gemeindeschulwesens vorgezogen hätte, einem Kompromiß zu, der den Anspruch der Minderheit auf ein konfessionelles Schulwesen tolerierte und dieses in das städtische Gemeindeschulwesen integrierte. Es wäre zu prüfen, inwiefern diese Minderheitenpolitik Parallelen hat im Umgang mit anderen Minderheiten und welches

[31] Vgl. *Bericht über die Gemeinde-Verwaltung 1906/1910*... (wie Anm. 11), Bd. 2, S. 64 und S. 69 — Vgl. auch: Karl Erlinghagen, *Katholisches Bildungsdefizit in Deutschland,* Freiburg 1965.

[32] Vgl. R. Weber, *Katholiken*... (wie Anm. 1), S. 108—109: *Simultanisierungsversuche zwischen 1870 und 1880*; H. Zwick, *Die Entwicklung*... (wie Anm. 7), S. 60.

[33] Die Zentrumspartei als politische Repräsentanz des Katholizismus spielte in der Stadt Berlin kaum eine Rolle. Sie hatte bei den Reichstagswahlen im Regierungs-Bezirk Berlin 1871: 600, 1874: 1100, 1881: 900, 1890: 2500, 1898: 4800, 1912: 8700 Stimmen. Das heißt, der Prozentsatz der das Zentrum wählenden Katholiken lag bei den Reichstagswahlen im Regierungs-Bezirk Berlin 1971 bei 24,2 %, 1874 bei 38,5 %, 1881 bei 6,9 %, 1890 bei 11,6 %, 1898 bei 18,2 %, 1912 bei 16,3 %. Vgl. Johannes Schauff, *Das Wahlverhalten der deutschen Katholiken im Kaiserreich und in der Weimarer Republik. Untersuchungen aus dem Jahre 1928,* hrsg. und eingel. von Rudolf Morsey (= Veröffentlichungen der Kommission für Zeitgeschichte, Reihe A: Quellen, Bd. 15), Mainz 1975, S. 166 f. und S. 174 f. Vgl. auch: Wilfried Loth, *Katholiken im Kaiserreich. Der politische Katholizismus in der Krise des wilhelminischen Deutschland* (= Beiträge zur Geschichte des Parlamentarismus und der politischen Parteien, Bd. 75), Düsseldorf 1984.

die entscheidenden Interessen und Argumente waren, die es möglich machten, diesen Kompromiß zu bejahen und über die Zeit des Kulturkampfes hinweg durchzuhalten und durchzutragen.[34]

Worin aber bestand das spezifisch „Katholische" dieser Schulen, die von seiten der Pfarrei als „unsere" Schulen erlebt wurden, mit denen man sich identifizierte? Wie zeigte sich dieses katholische Profil im Schulalltag, wie ging es ein in den „heimlichen Lehrplan" des schulischen Umgangs?[35] Ein vielmaschiges Beziehungsnetz verknüpfte über die Personen einzelner Lehrer die Schule mit dem Leben der Pfarrei und der Verbände,[36] über die Personen der Religionsunterricht erteilenden Pfarrgeistlichen die Pfarrei mit den Schulen. Das Fehlen der geistlichen Schulaufsicht sicherte den Rektoren eine Unabhängigkeit und eigenständige Verantwortung, die sie jedoch in der Regel in einem grundlegenden Einverständnis und in Solidarität mit den Kirchengemeinden ausübten. Welche Wirkungen und welche Funktionen hatte der Lernort „katholische Schule" im Gesamt der religiösen Sozialisation und Erziehung?

[34] Vgl. dazu die beiden anläßlich der Ausstellung „Ich bin kein Berliner. Minderheiten in der Schule" erschienenen Veröffentlichungen der Arbeitsgruppe Pädagogisches Museum, in: *Mitteilungen und Materialien der Arbeitsgruppe Pädagogisches Museum,* Nr. 25 (1987): Sinti und Roma, Hugenotten, Böhmen, Polen, und Nr. 26 (1988): Katholiken, Russen, Juden.

[35] Vgl. R. Weber, *Katholiken...* (wie Anm. 1), S. 121—126: *Zu den inneren Verhältnissen der katholischen Volksschulen in Berlin vor dem Ersten Weltkrieg.*

[36] Als Organisationen der katholischen Lehrerschaft entstanden 1894 der Verein katholischer Lehrerinnen Berlins und 1895 als Provinzialverein des Katholischen Lehrerverbandes des Deutschen Reichs der Katholische Lehrerverein Brandenburg-Pommern. Zu dieser Zeit gehörten die katholischen Lehrer Berlins fast ausnahmslos dem Deutschen Lehrerverein an. Der Katholische Lehrerverein Brandenburg-Pommern zählte 1895: 21, 1901:192, 1910: 331, und 1914: 421 Mitglieder. 1916 waren in Berlin fast 1000 Lehrkräfte an katholischen Schulen tätig. Ein Katechetenverein wurde erst 1925 auf Anregung des Propstes Deitmer und nach dem Vorbild des Breslauer Katechetenvereins eingerichtet. Vgl. L. Jablonski, *Geschichte...* (wie Anm. 2), Bd. 2, S. 227 f. und S. 284; F. Czempiel (Hrsg.), *Handbuch...* (wie Anm. 2); Josef Tymister, *Die Entstehung der Berufsvereine der katholischen Lehrerschaft Deutschlands. Beiträge zur Schul- und Standespolitik katholischer Lehrerschaft im 19. Jahrhundert* [Maschinenschrift], Phil. Diss., Köln 1964, S. 238—240; Paul von Gyżycki, *Das Volksschulwesen,* in: Wilhelm Lexis (Hrsg.), *Das Unterrichtswesen im Deutschen Reich,* Bd. 3, Berlin 1904, S. 1—229, hier: S. 187 f.; ferner Ernst Cloer, *Sozialgeschichte, Schulpolitik und Lehrerfortbildung der katholischen Lehrerverbände im Kaiserreich und in der Weimarer Republik,* Ratingen-Kastellaun-Düsseldorf 1975.

II

Nachdem in den vorausgegangenen Überlegungen der schulorganisatorische Rahmen analysiert worden ist, in den der Religionsunterricht eingebettet war, sollen nun die äußere und innere Gestalt dieses Faches beschrieben und die in ihm vorherrschenden pädagogischen und pastoralen Intentionen erhoben werden.

Der schulische Religionsunterricht[37] wurde als schulplanmäßiger Unterricht in staatlichem Auftrag durch entsprechend geprüfte Lehrkräfte erteilt. Allerdings war eine Mitwirkung der Pfarrgeistlichen nicht prinzipiell ausgeschlossen. Sie mußten dafür eine staatliche Unterrichtserlaubnis einholen.[38] Ordensleute blieben in der Folge des Kulturkampfes zeitweise vom Religionsunterricht an den öffentlichen Schulen ausgeschlossen.[39] Die staatliche Aufsicht erstreckte sich auch auf die Feststellung des Lehrplans und die Auswahl der Schulbücher. Diese erfolgten so, daß vorgängig gutachtliche Stellungnahmen der

[37] Vgl. zum folgenden vor allem den Erlaß vom 18. 2. 1976, betreffend den katholischen Religionsunterricht in der Volksschule. Der Erlaß ist abgedruckt in: K. Schneider/E. v. Bremen (Hrsg.), *Das Volksschulwesen*... (wie Anm. 4), Bd. 1, S. 109f. Vgl. auch die sich auf diesen Erlaß beziehenden Verfügungen und Erlasse *a. a.* O., S. 110—120; ferner Franz Xaver Schulfreund, *Der Religionsunterricht in der Preußischen Volksschule,* Paderborn 1909.

[38] Vgl. den Erlaß vom 21. 12. 1874, betreffend den Charakter des Amts eines Religionslehrers sowie des Religionsunterrichts an öffentlichen Schulen: K. Schneider/E. v. Bremen (Hrsg.), *Das Volksschulwesen* ... (wie Anm. 4), Bd. 1, S. 120f.; ferner das Erkenntnis des Obertribunals vom 12. 1. 1876, betreffend die Strafbarkeit der Erteilung des schulplanmäßigen Religionsunterrichts seitens eines Geistlichen ohne staatlichen Auftrag, *a. a.* O., S. 121—124. — Versuche der Berliner Schuldeputation, die Erteilung des schulplanmäßigen Religionsunterrichts auf Religionslehrer zu beschränken, blieben 1869/70 nach der Anrufung des Provinzial-Schulkollegiums durch das Kirchenkollegium von St. Hedwig erfolglos. 1896 kam es zu einer Regelung zwischen dem Fürstbischof und den Schulbehörden, die den Geistlichen die Übernahme des Religionsunterrichts freistellten und die Stunden dem Lehrer anrechneten, der sich auch bereithalten mußte, den Geistlichen im Verhinderungsfalle zu vertreten. Nach der Erweiterung der Volksschule Berlins zur achtklassigen Schule 1902 setzte der Propst gegen die Schuldeputation beim Provinzial-Schulkollegium durch, daß Geistliche den Religionsunterricht in den vier oberen Schuljahren erteilen durften. Die Erteilung des Religionsunterrichts durch die Geistlichen an den Gemeindeschulen erfolgte kostenlos. Vgl. L. Jablonski, *Geschichte*... (wie Anm. 2), Bd. 2, S. 280f.; R. Schlenke, *Die katholische Kirche*... (wie Anm. 3), S. 16 und S. 29; E. Müller, *Eine katechetische Studienreise*... (wie Anm. 3), S. 7.

[39] Vgl. die den Ausschluß der Mitglieder geistlicher Orden und Kongregationen von Schulstellen betreffenden Gesetze, Erlasse und Verfügungen, in: V. Rintelen, *Die*

kirchlichen Behörden eingeholt wurden.[40] Eine kirchliche Mitwirkung bei den Lehrerprüfungen war dadurch gewährleistet, daß zu den Seminarabschlußprüfungen ein bischöflicher Kommissar hinzugezogen wurde.[41] Die sich auf die Inhalte des Unterrichts beziehende Leitung des Religionsunterrichts lag im Unterschied zur Aufsicht bei der Religionsgesellschaft.[42] Sie wurde im Regelfall durch den Ortspfarrer wahrgenommen, dem ein Visitations- und Revisionsrecht zustand. Die Leitung des katholischen Religionsunterrichts an höheren Schulen wurde in Berlin durch den Fürstbischöflichen Delegaten ausgeübt.[43]

Volksschule... (wie Anm. 4), S. 124—128. In Berlin betrafen diese Regelungen die Seelsorgegeistlichen der seit 1895 von Dominikanern betreuten Kuratie St. Paulus in Moabit. Der Religionsunterricht in den oberen Klassen der dortigen katholischen Gemeindeschulen wurde von Pfarrgeistlichen der Pfarrei St. Sebastian erteilt, der Sakramentenunterricht in den Gemeinderäumen der Kuratie durch Dominikanerpatres. Nach Auskunft der Konvents-Chronik wurde jedoch P. Casimir von Tessen durch Verfügung der städtischen Schuldeputation vom 27. 4. 1907 der schulplanmäßige Religionsunterricht an der Dorotheenschule, einer städtischen höheren Töchterschule, übertragen.

[40] Vgl. den Erlaß vom 27. 2. 1873, betreffend die Einführung von Lehr- und Lernbüchern, in: K. Schneider/E. v. Bremen (Hrsg.), *Das Volksschulwesen*... (wie Anm. 4), Bd. 1, S. 17; den Erlaß vom 10. 10. 1881, betreffend die Einführung von dem Religionsunterricht zu Grunde liegenden Lehr- und Lernbüchern: *a. a. O.*, S. 129; die Verfügung der Berliner Schuldeputation vom 2. 9. 1895, in: Rechtsausschuß des Berliner Lehrer-Vereins (Hrsg.), *Verfügungen der Berliner Schuldeputation. Ein alphabetisches Nachschlagebuch*, 2. Aufl., Berlin 1908, S. 19.

[41] Vgl. den Erlaß vom 1. 10. 1887, der den Erlaß vom 22. 3. 1827 bestätigt, in: V. Rintelen, *Die Volksschule*... (wie Anm. 4), S. 196 f. und S. 205 f.

[42] Vgl. die diesbezüglichen Erlasse in: K. Schneider/E. v. Bremen (Hrsg.), *Das Volksschulwesen*... (wie Anm. 4), Bd. 1, S. 109 f. und S. 125—127. Ferner die *Verordnungen des Fürstbischöflichen General-Vikariat-Amtes zu Breslau* 271/III (1891), betreffend den jährlich durch den Erzpriester anzulegenden Separatbericht über die Leitung und Erteilung des katholischen Religionsunterrichts im Archipresbyterat, sowie 259/III (9. 10. 1889), betreffend die Berechtigung zur Leitung des schulplanmäßigen Religionsunterrichts durch den Pfarrklerus. In der Verordnung vom 9. 10. 1889 heißt es bezüglich der pastoralen Zielsetzung der Leitung: „Es liegt mir durchaus fern, gegen die Pflichttreue, die kirchliche Gesinnung und die Befähigung der Herren Lehrer meiner Diözese irgend welche Zweifel zu setzen; ich erkenne vielmehr die kirchliche Gesinnung derselben, wie sie mir überall auf meinen Firmungsreisen entgegengetreten ist, gern und freudig an. Es liegt jedoch im Interesse des Pfarrers, mit der Jugend seiner Gemeinde in lebendige Verbindung zu treten und auf deren religiöse Erziehung und Ausbildung im Vereine mit der Schule einzuwirken, wie es auch dem Religionsunterrichte in der Schule nur förderlich sein kann, wenn die Herren Pfarrgeistlichen zum klaren Verständniß der Glaubenslehren beitragen und die Thätigkeit der Lehrer hierin unterstützen."

[43] Vgl. L. Jablonski, *Geschichte*... (wie Anm. 2), Bd. 2, S. 144; Jablonski spricht

Die Grundlehrpläne für die achtklassigen Gemeindeschulen in Berlin von 1902[44] und 1914[45] sahen in den Unterstufenklassen wöchentlich drei, in den Mittel- und Oberstufenklassen wöchentlich vier Religionsstunden vor. Vereinzelt wurde in den oberen Klassen eine zusätzliche fünfte Religionsstunde als Perikopenstunde eingeführt.[46] Die Stunden sollten in der Regel am Beginn des Schultages liegen,[47] der mit einem Gebet eröffnet und beschlossen wurde.[48] Während der Unterricht auf

unpräzise von „Aufsicht" statt von „Leitung" des Religionsunterrichts. H. Zwick, *Die Entwickelung...* (wie Anm. 7), S. 54, betont: „An dieser Stelle muß konstatiert werden, wie das gute Einvernehmen zwischen der Schulaufsichtsbehörde und den zur Leitung des Religionsunterrichts der einzelnen Konfessionen delegierten Geistlichen niemals ernstlich gefährdet worden ist." — Von dieser Leitung ist zu unterscheiden die kirchliche Religionsprüfung im Rahmen der Kirchenvisitation der Pfarreien durch den Erzpriester, an deren Tag schulfrei war, so daß Kinder und Lehrer freiwillig an der Prüfung in der Pfarrkirche teilnehmen konnten. Diese „Prüfung" erfolgte etwa in der Form, daß die ersten Klassen mit ihren Lehrern am Gottesdienst teilnahmen und sangen; im Anschluß an die Messe hielt der Visitator eine Ansprache. Vgl. den Erlaß vom 14. 5. 1877, betreffend die Beteiligung der Lehrer und Schulkinder an der Religionsprüfung bei Kirchenvisitationen: K. Schneider/E. v. Bremen (Hrsg.), *Das Volksschulwesen...* (wie Anm. 4), Bd. 1, S. 134; sowie die *Verordnung des Fürstbischöflichen General-Vicariat-Amtes zu Breslau* 469/VI (15. 7. 1908) und die vom Fürstbischof am 1. 2. 1901 erlassene „Ordnung für die Spendung des heiligen Sakramentes der Firmung und die kirchliche Visitation"; W. Frank, *Rosen und Dornen...* (wie Anm. 3), S. 68. — Sie ist ferner zu unterscheiden von der Teilnahme der Geistlichen an den in jedem Semester in jeder Klasse anzusetzenden einstündigen Prüfungen in den Religionskenntnissen, zu denen die mit der Leitung des Religionsunterrichts betrauten Geistlichen einzuladen waren. Vgl. die diesbezügliche Verfügung der Berliner städtischen Schuldeputation vom 25. 2. 1878, in: Leopold Hermann Fischer (Hrsg.), *Sammlung aller für die Berliner Gemeindeschulen und Hilfsschulen gültigen allgemeinen Verfügungen des Magistrats und der Städtischen Schuldeputation*, Berlin 1912, S. 85 f.; Rechtsausschuß des Berliner Lehrervereins (Hrsg.), *Verfügungen...* (wie Anm. 40), S. 77.

[44] *Grundlehrplan der Berliner Gemeindeschulen*, Berlin 1902, zum katholischen Religionsunterricht: S. 11—23 und S. 52—54.

[45] *Grundlehrplan für die Volksschulen Groß-Berlins.* Genehmigt durch Min.-Erl. vom 5. 12. 1913, Berlin-Bielefeld-Leipzig 1914, zum katholischen Religionsunterricht: S. 15—22 und S. 5. Vgl. auch: *Verteilung des Lehrstoffes für die Volksschulen Groß-Berlins. Ein Beitrag zur Spezialisierung des Grundlehrplans*, hrsg. von dem Berliner Rektorenverein und dem Rektoren-Verein Groß-Berlin, Berlin 1914, zum katholischen Religionsunterricht: S. 41—55 und S. 158 f.

[46] Vgl. die Erlasse vom 24. 7. und 7. 10. 1884 in: K. Schneider/E. v. Bremen (Hrsg.), *Das Volksschulwesen...* (wie Anm. 4), Bd. 3, S. 450—452.

[47] Vgl. den Erlaß vom 28. 11. 1883, *a. a. O.*, S. 450.

[48] Vgl. den Erlaß vom 2. 10. 1875, *a. a. O.*, S. 444. — „Als Schulgebet wird das Vaterunser, das Ave Maria und der Engel des Herrn gebetet, am Schlusse der Unterrichts

der Unter- und Mittelstufe normalerweise durch Lehrer erteilt wurde, wurde insbesondere der Katechismusunterricht in den oberen Klassen von Pfarrgeistlichen gehalten. Auch an den nicht-katholischen Gemeindeschulen wurde nach Möglichkeit für die katholischen Schüler ein eigener Religionsunterricht eingerichtet, so daß 1912 im Archipresbyterat Berlin nur 0,3 Prozent, im Archipresbyterat Charlottenburg 2 Prozent der katholischen Schüler keinen katholischen Religionsunterricht erhielten.[49]

Schwieriger gestaltete sich die Organisation des katholischen Religionsunterrichts der höheren Lehranstalten.[50] Er wurde seit 1879 in Gruppen mit je vier nach Altersstufen differenzierten Abteilungen erteilt, in denen sich die Schüler lokal nicht allzu weit voneinander entfernter Schulen in der Regel in den Abschlußstunden des Vormittags oder auch nachmittags in einer zentral gelegenen Schule sammelten. Die Beschwernisse der langen Wege und die ungünstige Nachmittagszeit führten dazu, daß Eltern häufig ihre Kinder von diesem Unterricht dispensieren oder Versäumnisse entschuldigen ließen. Darüber hinaus erschwerte die Inhomogenität der Gruppen ein fruchtbares unterrichtliches Arbeiten. Für die Schülerinnen der nicht-katholischen höheren Töchterschulen wurde ein ordentlicher Religionsunterricht erst 1907 eingerichtet.[51] Vorher wurde er nur vereinzelt auf der Grundlage freiwilliger Teilnahme und aufgrund von privaten Initiativen einzelner Geistlicher, Lehrerinnen und Lehrer außerhalb der Schulzeit erteilt.[52] Der von den Lehrplänen für die höheren Schulen vorgesehene Stundenansatz lag für die Sexta bei wöchentlich drei Religionsstunden, für die übrigen Schuljahre bei wöchentlich zwei Religionsstunden.[53] Der Unterricht wurde in den oberen Abteilungen ausschließlich durch

wohl auch die drei göttlichen Tugenden, wozu treffliche *kurze* Formulare im Katechismus gegeben sind." (E. Müller, *Eine katechetische Studienreise* ... [wie Anm. 3], S. 7.)

[49] Vgl. L. Jablonski, *Geschichte*... (wie Anm. 2), Bd. 2, S. 250.

[50] Vgl. *Bericht über die Gemeinde-Verwaltung der Stadt Berlin in den Jahren 1877 bis 1881*, 3. Teil, Berlin 1885, S. 29f. — Ferner R. Schlenke, *Die katholische Kirche*... (wie Anm. 3), S. 16—20; L. Jablonski, *Geschichte*... (wie Anm. 2), Bd. 2, S. 294—296.

[51] Vgl. auch den preußischen „Lehrplan für den katholischen Religionsunterricht an höheren Mädchenschulen" vom 25. 9. 1894 (in: E. v. Bremen [Hrsg.], *Die Preußische Volksschule*... [wie Anm. 30], S. 712—714).

[52] Vgl. L. Jablonski, *Geschichte*... (wie Anm. 2), Bd. 2, S. 297.

[53] Vgl. *Lehrpläne und Lehraufgaben für die höheren Schulen in Preußen 1902*, Berlin 1903, zum katholischen Religionsunterricht: S. 14—17.

Geistliche, in den unteren Abteilungen auch durch Elementarschullehrer erteilt.[54]

Die für den Unterricht in den Berliner Gemeindeschulen eingeführten Grundlehrpläne von 1902 und 1914 haben in ihren Bestimmungen für den katholischen Religionsunterricht die Gestalt von Stoffplänen mit kurzen methodischen Bemerkungen.[55] Sie verteilen die Inhalte der als Referenzdokumente verbindlichen Schulbücher eher quantitativ auf die einzelnen Schuljahre. Intentionen und methodische Implikationen müssen aus diesen inhaltlichen Vorentscheidungen erschlossen werden. Der Lehrplan von 1914 nennt als Globalziel die „Erziehung der Kinder zu lebendigen Gliedern der Kirche". Die inhaltlichen Hauptakzente liegen auf dem Katechismusunterricht und dem Unterricht in der Biblischen Geschichte. Dazu kommen als weitere inhaltliche Teilbereiche: Gebete und Lehrstücke, liturgische Themen, Kirchenlieder, Lebensbilder von Heiligen und in der Abschlußklasse ein Überblick über die Kirchengeschichte. Das Gesamtcurriculum folgt dabei dem didaktischen Prinzip der konzentrischen Kreise, das einen mehrmaligen, wiederholenden und vertiefenden Durchgang durch die gleichen Stoffgebiete im Verlauf der Schuljahre vorsieht. Welche Gestalt hatte dieser Religionsunterricht, und welche Wirkungen dürften von ihm ausgegangen sein?

Der Katechismusunterricht[56] folgte in der Unterstufe dem Kleinen, in der Mittel- und Oberstufe dem Großen Katechismus für die Diözese

[54] Erst 1922 kam es zur Anstellung eines hauptberuflichen Religionslehrers für die höheren Knabenschulen. Vgl. L. Jablonski, *Geschichte*... (wie Anm. 2), Bd. 2, S. 296. — „Mit dieser schweren Belastung des Seelsorgers wird die Einheitlichkeit der pfarrlichen Arbeit wohl gewahrt, aber die besonderen Fachstudien, welche dieser wichtige Religionsunterricht verlangt, sind unter solchen Umständen nicht möglich. Andererseits liegt für den Pfarrer viel geistige Anregung in einer höheren Lehrtätigkeit, und ebenso wird der Unterricht der zukünftigen katholischen Intelligenz des herzlichen und erzieherischen Elementes nicht entbehren." (H. Swoboda, *Großstadtseelsorge*... [wie Anm. 3], S. 120.)

[55] Sie folgen dabei den Bestimmungen des Lehrplans für den katholischen Religionsunterricht, der auf der Grundlage eines fürstbischöflichen Lehrplanentwurfs in Kooperation von Fürstbischöflichem Delegaten und Stadtschulinspektoren erarbeitet und 1890 verbindlich eingeführt worden war. In diesem Zusammenhang erfolgte auch eine Umstellung der für den Lehrplan verbindlichen Religionsbücher (vgl. Anm. 57 und 63). Vgl. H. Zwick, *Die Entwickelung*... (wie Anm. 7), S. 60; L. Jablonski, *Geschichte*... (wie Anm. 2), Bd. 2, S. 280.

[56] Vgl. zur Geschichte des Katechismusunterrichts in Deutschland in der zweiten Hälfte des 19. Jahrhunderts Jakob Linden, *Die deutschen Katechismen seit Deharbe bis*

Breslau. Beide Katechismen sind identisch mit dem 1887 erarbeiteten und in der Nachfolge der neuscholastischen Katechismen von Joseph Deharbe stehenden norddeutschen Einheitskatechismus.[57] Sie entfalten in über 300 beziehungsweise 600 Fragen und Antworten die Glaubenslehre der Kirche hinsichtlich des Glaubensbekenntnisses, der Gebote und der Gnadenmittel, der Sakramente und des Gebets. Als

zum Ende des 19. Jahrhunderts, in: *Christlich-pädagogische Blätter,* 38. Jg. (1915), S. 237—247; Karl Raab, *Das Katechismusproblem in der katholischen Kirche,* Freiburg 1934, S. 57—68; Wilhelm Busch, *Der Weg des deutschen Katechismus von Deharbe bis zum Einheitskatechismus,* Freiburg 1936; Konrad Baumgartner, *Das Religionsbuch von Canisius bis zur Gegenwart. Ein historischer Rückblick über katechetische Probleme,* in: *Katechetische Blätter,* 101. Jg. (1976), S. 705—716; Eugen Paul, *Der Katechismus im Gesamt der Glaubensverkündigung. Zur Entstehung und Entwicklung bis zum „Katholischen Katechismus der Bistümer Deutschlands" (1955),* in: ders. u. a., *Katechismus — Ja? Nein? Wie? Drei Diskussionsbeiträge* (= Studien zur Praktischen Theologie, Bd. 25), Zürich-Einsiedeln-Köln 1982, S. 7—29; Alfred Teipel, *Die Katechismusfrage,* Freiburg 1983, S. 47—71; Friedrich Trzaskalik, *Studien zur Geschichte und Vermittlung des katholischen Katechismus in Deutschland,* Köln-Wien 1984, S. 110—119; Eugen Paul, *Zur Geschichte des Katechismus in Deutschland, besonders in neuerer Zeit,* in: *Religionspädagogische Beiträge,* Nr. 20 (1987), S. 45—62.

[57] *Kleiner katholischer Katechismus für die Diözese Breslau und den Delegaturbezirk* bzw. *Katholischer Katechismus für die Diözese Breslau und den Delegaturbezirk,* beide: Amtlich herausgegeben von dem Fürstbischöflichen Ordinariat zu Breslau und im Selbstverlag desselben, Breslau o. J. — Beide wurden in den Berliner Schulen mit dem neuen Lehrplan von 1890 eingeführt. Vgl. H. Zwick, *Die Entwickelung...* (wie Anm. 7), S. 60. Zur Einführung in der Diözese Breslau: *Verordnungen des Fürstbischöflichen General-Vicariat-Amtes zu Breslau* 252/I (20. 12. 1888). Die Diözese Breslau schloß sich 1894 nicht der in vielen norddeutschen Diözesen eingeführten Neubearbeitung des Katechismus von 1887 an, die allerdings nur geringfügige Veränderungen brachte. Vgl. Friedrich Wilhelm Bürgel, *Handbuch der Geschichte und Methode des katholischen Religionsunterrichts,* Düsseldorf 1909, S. 30. — Als Religionsbücher für den systematischen Teil des Religionsunterrichts waren an den höheren Schulen der Provinz Brandenburg außer den Katechismen zugelassen und vereinzelt eingeführt: Arthur König, *Handbuch für den katholischen Religionsunterricht in den mittleren Klassen,* Freiburg 1880, 18.—20. Aufl., 1912; ders., *Lehrbuch für den katholischen Religionsunterricht in den oberen Klassen,* 4 Bde. (Allgem. Glaubenslehre, Die Geschichte der christl. Kirche, Die besondere Glaubenslehre, Die Sittenlehre), Freiburg 1879, 14.—16. Aufl. 1910. Vgl. Ewald Horn (Hrsg.), *Verzeichnis der an den höheren Lehranstalten Preußens eingeführten Schulbücher,* Berlin-Leipzig 1901, S. 17f. — Als katechetische Handbücher fanden Verwendung: H. Moecke, *Erklärung des katholischen Katechismus für die Diözese Breslau und den Delegaturbezirk,* Breslau 1912; Martin Waldeck, *Lehrbuch der katholischen Religion auf der Grundlage des in den Diözesen Breslau, Ermland, Fulda u. a. eingeführten Katechismus,* Freiburg 1889; *Katechetische Skizzen im Anschluß an den neuen katholischen Katechismus für die Diözesen Breslau, Köln, Münster und Trier,* hrsg. von den Pfarrern J.

autoritative Vorlage bemühen sie sich um möglichst umfassende Vollständigkeit und Präzision, um theologische Korrektheit und begriffliche Eindeutigkeit. Dies führt zu einer vielfach lebensfremden und situationslosen theologischen Systematik, zu einer Stoffülle und einem Grad der Abstraktion, die die Verstehensvoraussetzungen der Schüler nicht selten überfordern und verfehlen.[58] Es dominiert ein „Intellektualismus, der von apologetischen ‚Beweisen', wissenschaftlichen Definitionen und der Erklärung eines autoritativen Textes eine Förderung des Glaubenslebens erhofft".[59] Dem autoritativen Charakter des Katechismustextes entsprachen die dominierenden Formen seiner methodischen Vermittlung. Es galt, den vorzustellenden Text erklärend zu erschließen und den Wortlaut durch Memorieren und Wiederholen einzuprägen.[60] „Pädagogisches Ziel wird das *Wissen* um die übernatür-

Hower, H. Laven, J. W. Weber, Trier 1889; A. Glattfelder, *Lehrbuch der katholischen Religion im Anschluß an den Katechismus der Diözesen Köln, Trier, Münster und Breslau,* 3 Teile, Trier 1890/91, 6. Aufl. 1902; Joseph Gründer, *Ausgeführte Katechesen zum katholischen Katechismus der norddeutschen Diözesen,* 3 Bde., 6. Aufl., Paderborn 1915/16.

[58] „Die grundsätzliche Beschränkung der Katechese auf die Kinder und Jugendlichen hatte als negative Folge, daß man in die Katechese und die Katechismen alle wichtigen Inhalte der kirchlichen Glaubensinhalte ‚hineinpackte', ohne fragen zu dürfen, ob man damit den Entwicklungsphasen gerecht würde. Die Gefahr der Überfütterung lag nahe, damit aber auch die weitere Gefahr, daß die so Behandelten sich gegen Unterweisung und Führung blockierten." (Adolf Exeler, *Wesen und Aufgaben der Katechese. Eine pastoralgeschichtliche Untersuchung* [= Untersuchungen zur Theologie der Seelsorge, Bd. 21], Freiburg 1966, S. 65.)

[59] E. Paul, *Der Katechismus*... (wie Anm. 56), S. 22.

[60] Die in den Lehrerseminaren der preußischen Ostprovinzen verbreitete Methodenlehre Constantin Damroths beschreibt die Mitteilung in der Form des Vortrags und die zum Selbstfinden anleitende Frage als die beiden grundlegenden katechetischen Lehrformen; als die vier Grundformen der methodischen Einwirkung im katechetischen Unterricht galten die Veranschaulichung, Erklärung, Beweisführung und Anwendung. Vgl. Constantin Damroth, *Katechetik oder Methodik des Religionsunterrichts in der katholischen Volksschule,* Danzig 1881, 3. Aufl. 1891, hier S. 78ff. und S. 87ff. Den typischen Verlauf einer durchschnittlichen Katechismusstunde beschreibt nach den Vorgaben zeitgenössischer Methodenmuster J. Meyer, *Das Berufsbild*... (wie Anm. 20), S. 30f. — Kritik am übermäßigen Memorieren übte der Erlaß vom 31. 1. 1908: „Was den Religionsunterricht betrifft, so ist unter Beachtung der aufgestellten Lehrpläne dahin zu wirken, daß eine Überhäufung mit Unterrichtsstoff vermieden wird, um nicht die religiös-sittliche Einwirkung auf die Kinder zu beeinträchtigen. Geistloses Einlernen soll nicht Platz greifen. Bei der gedächtnismäßigen Aneignung der Religionsstoffe ist ein Übermaß zu vermeiden." (Abgedruckt in: L. H. Fischer [Hrsg.], *Sammlung*... [wie Anm. 43], S. 22—26, hier S. 24.) — Impulse der süddeutschen und

liche Wahrheit und die durch Wissen glaubwürdig zu machende Gewißheit der autoritativ von Gott gesicherten Lehre der Kirche, welche durch eben dieses Glaubenswissen selber als die wahre Kirche erkennbar wird."[61] Dem im Grundansatz deduktiven Lehrverfahren korrespondiert das Verständnis des Glaubens als eines autoritätsbezogenen Gehorsams.[62]

Der Unterricht in der Biblischen Geschichte besaß demgegenüber eine größere methodische Freiheit. Er erfolgte in den Formen eines eher freien Erzählens und der erklärenden Auslegung. Das Memorieren beschränkte sich vielfach auf ausgewählte Perikopen der gottesdienstlichen Schriftlesungen. Als verbindliche Schulbücher waren seit 1890 für die Unterstufe die Schustersche *Kurze Biblische Geschichte* in der Bearbeitung von Friedrich Justus Knecht, für die Mittel- und Oberstufe die Schustersche *Biblische Geschichte* in der Bearbeitung von Gustav Mey eingeführt worden.[63] Dennoch blieb auch der Bibelunterricht funktional bezogen auf den Katechismusunterricht, den er unterstützend vorbereitete und vertiefte, indem er Veranschaulichungen und Begründungen für die dogmatischen und moralischen Lehren des Glaubens bereitstellte. In der Form der moralischen Auslegung und

österreichischen katechetischen Reformbewegung („Münchener" bzw. „Wiener Methode") gelangten erst nach 1918 voll zur Auswirkung. Ansatzweise fanden sie im Grundlehrplan von 1914 Berücksichtigung, so in der Empfehlung, in der Unterstufe von der Biblischen Geschichte auszugehen und den Religionsunterricht dort ungeteilt, d. h. ohne eine Trennung von Katechismusunterricht und Biblischem Geschichtsunterricht, durchzuführen (S. 22) sowie in der Empfehlung des synthetischen Verfahrens, d. h. des Ausgangs von der Anschauung bei der Entfaltung des katechetischen Stoffes (S. 22). Vgl. Artikel *Lehrplan für Berlin*, in: *Katechetische Blätter*, 40. Jg. (1914), S. 111 f.

[61] Peter Eicher, *Das Offenbarungsdenken in seiner katechetischen Konsequenz. Ein theologischer Prospekt*, in: *Katechetische Blätter*, 101. Jg. (1976), S. 289—305, hier S. 293.

[62] Vgl. zum Verständnis des Lehrers als Inhabers des katechetischen Amtes im Horizont neuscholastischer Theologie und Katechese: J. Meyer, *Das Berufsbild*... (wie Anm. 20), S. 21—57.

[63] Friedrich Justus Knecht, *Kurze Biblische Geschichte für die unteren Schuljahre der katholischen Volksschule. Ausgabe für die Schüler*, Freiburg 1875 u. ö.; *Dr. Ignaz Schusters Biblische Geschichte für katholische Volksschulen.* Neubearbeitet von Gustav Mey, Freiburg 1882 u. ö. — Beide wurden in Berlin mit dem neuen Lehrplan von 1890 eingeführt. Vgl. H. Zwick, *Die Entwickelung*... (wie Anm. 7), S. 60. Zur Einführung in der Diözese Breslau: *Verordnung des Fürstbischöflichen General-Vicariat-Amtes* 249/II (19. 5. 1888). Vgl. auch Paul Bergmann, *Die in den katholischen Volksschulen Deutschlands, Österreichs, Luxemburgs und der Schweiz eingeführten Katechismen und Biblischen Geschichten*, in: *Katechetische Blätter*, 33. Jg. (1907), S. 126—134.

Nutzanwendung fanden Übertragungen der in den biblischen Erzählungen gewonnenen allgemeinen Einsichten auf die konkrete gegenwärtige Lebenssituation statt.[64] Die Vorrangigkeit des Katechismusunterrichtes zeigt sich nicht zuletzt auch darin, daß er in der Oberstufe in der Regel dem Geistlichen vorbehalten blieb, während der Bibelunterricht normalerweise auch dort vom Religionslehrer erteilt werden durfte — eine Regelung, die in ihrer Wertung von einzelnen Lehrern als kränkend empfunden wurde.

Der so beschriebene Religionsunterricht zielte auf Integration und auf Identifikation mit den Lehren und Vollzügen der kirchlichen Glaubensgemeinschaft. Das Einüben in die Gebete, das Vertrautmachen mit der Liturgie, die unterrichtliche Vorbereitung auf das Hören des Sonntagsevangeliums, aber auch das nicht seltene Nachfragen nach den Inhalten der sonntäglichen Predigt und die von den Lehrern wahrgenommene Aufsicht beim sonntäglichen Kindergottesdient und bei den Schulmessen[65] schlugen durchaus ambivalente Brücken zwischen Schule und

[64] Vgl. vor allem Friedrich Justus Knecht, *Praktischer Kommentar zur Biblischen Geschichte mit einer Anweisung zur Erteilung des biblischen Geschichtsunterrichts und einer Konkordanz der Biblischen Geschichte und des Katechismus,* Freiburg 1882, 23.—24. Aufl. 1913, S. 1—37. — Ferner Heinrich Kreuzwald, *Zur Geschichte des Biblischen Unterrichts und zur Formgeschichte des biblischen Schulbuches* (= Untersuchungen zur Theologie der Seelsorge, Bd. 11), Freiburg 1957, S. 147—163; Gabriele Miller, *Biblische Schulbücher — Schulbibeln — Auswahlbibeln. Gestern — heute — morgen,* in: *Katechetische Blätter,* 100. Jg. (1975), S. 738—749; Wolfgang Langer, *Moralpädagogische Bibelinterpretation. Die ethische Aktualität biblischer Texte im deutschsprachigen katholischen Bibelunterricht seit dem Ende des 18. Jahrhunderts* (Maschinenschrift), Theol. Diss., Münster 1977, S. 45—55; ders., *Moral aus der Bibel. Die ethische Interpretation von biblischen Texten in der bisherigen Praxis des Bibelunterrichts und als künftige Aufgabe,* in: *Katechetische Blätter,* 102. Jg. (1977), S. 34—45.

[65] Bezüglich der in der Regel an zwei Wochentagen vor Schulbeginn eingerichteten und etwa halbstündigen Schulmessen und der Aufsicht von Lehrern bei Gottesdiensten für Schulkinder vgl. die Erlasse vom 16. 4. 1875, abgedruckt in: K. Schneider/E. v. Bremen (Hrsg.), *Das Volksschulwesen...* (wie Anm. 4), Bd. 1, S. 130; vom 2. 10. 1875, *a. a. O.*, Bd. 3, S. 444; vom 18. 10. 1879, *ebda.*; vom 17. 3. 1890 und 27. 1. 1892, in: V. Rintelen, *Die Volksschule...* (wie Anm. 4), S. 138 f. Vgl. auch *Verordnungen des Füstbischöflichen General-Vicariat-Amtes zu Breslau* 541/II (15. 6. 1914). Über die Schwierigkeiten hinsichtlich eines regelmäßigen Besuches der Schulmesse schreibt Ernest Müller: „Die Schulmesse stößt auf die gewöhnlichen Schwierigkeiten einer Großstadt; so die Inanspruchnahme der größeren Kinder — die Katholiken Berlins sind meist ärmeren Standes — durch häusliche Beschäftigung oder durch Erwerbsmithilfe, wie Austragen von Zeitungen, Milch u. dgl.; im Sommer auch noch der frühe Schulbeginn, schon um 7 Uhr; deshalb ist die Schulmesse in den einzelnen Pfarreien ... verschieden, mitunter

Pfarrgemeinde. Der Katechismus begegnete den Kindern und Jugendlichen mit dem Anspruch auf Glaubensgehorsam und versuchte zugleich, diesen Anspruch apologetisch zu rechtfertigen. Es begegnet in diesem Zusammenhang der Rekurs auf die biblische Geschichte und eine apologetisch erzählte Geschichte der Kirche und der Heiligen.[66] Aber es fehlt fast vollständig der Versuch, die Wahrheit und Vernunft des Glaubens im situativen und zeitgeschichtlichen Kontext des Lebens der Schüler, in ihrem gegenwärtigen Lebens- und Erfahrungshorizont zu erschließen und zu bewähren. Eine situationsbezogene Profilierung der Inhalte und Zielsetzungen des Faches läßt sich weder in den Vorgaben des Lehrplans, noch in den genannten Schulbüchern erkennen. Ein solcher Ansatz unterschätzt die Wirksamkeit der außerhalb des Unterrichts liegenden Sozialisationsbedingungen und überschätzt die Möglichkeiten einer diesen Kontext allzusehr vernachlässigenden, sich auf das Medium der Lehre beschränkenden schulischen Erziehung.[67]

Pfarrer Wilhelm Frank von St. Pius schrieb 1908: „Kein Jahr ist verflossen, wo nicht schulpflichtige Kinder, die ohne Taufe geblieben waren, nachträglich hätten getauft werden müssen." Und: „Wiederholt ist es vorgekommen, daß 13- und 14jährige Knaben und Mädchen getauft werden mußten, als sie das erste Mal zur heiligen Beichte

täglich, oder 2- bis 3mal in der Woche, im Winter wohl auch gar nicht." (E. Müller, *Eine katechetische Studienreise*... [wie Anm. 3], S. 7.) — Allmählich wurde in den meisten Pfarreien eine Sonntagsmesse als „Kindermesse" mit einer katechetischen Predigt eingeführt. Eine „Christenlehre" am Sonntagnachmittag fand nur noch in wenigen Pfarreien statt. Bezüglich der Aufnahme der Kindermesse bei Kindern und Lehrern findet sich in der *Pfarrchronik von St. Matthias* (Pfarrarchiv St. Matthias [1906]), S. 45, der Hinweis: „Diese ‚Kindermesse' wurde zuerst von den Lehrerpersonen beider Gem(einde)schulen freudig begrüßt, aber bald ließ das Interesse nach und damit auch seitens der Kinder. Der Pfarrer hielt es nicht für gut, die Lehrer an ihre Aufsichtspflicht zu erinnern." Die Visitationsverhandlung vom 17. 10. 1910 der Pfarrei St. Clara (Pfarrarchiv St. Clara) gibt als Dauer der Predigt im Sonntagsgottesdienst 20—30 Minuten an. — Katholische Lehrer und Schüler hatten an den katholischen Feiertagen (6. 1., 2. 2., 25. 3., Fronleichnam, 29. 6., 1. 11., 8. 12.) schulfrei. Vgl. die Verfügung der Berliner Schuldeputation vom 24. 6. 1897, in: Rechtsausschuß des Berliner Lehrervereins (Hrsg.), *Verfügungen*... (wie Anm. 40), S. 23; auch L. H. Fischer (Hrsg.), *Sammlung*... (wie Anm. 43), S. 541.

[66] Vgl. den dem „Großen Katechismus" (vgl. Anm. 57) beigebundenen 42seitigen *Kurzen Abriß der Kirchengeschichte*.

[67] „Die Katechese bezweckte von Anfang an und erstrebt auch heute noch Erziehung durch das Mittel der Lehre." (Friedrich Justus Knecht, Artikel *Katechese*, in: *Wetzer und Welte's Kirchenlexikon*, 2. Aufl., Freiburg 1891, Bd. 7, S. 238—258, hier S. 240.)

beziehungsweise zur heiligen Kommunion gehen sollten; auch der Fall ist zu beklagen gewesen, daß ungetaufte Knaben wiederholt gebeichtet hatten, ohne getauft zu sein!"[68] Vor diesem Hintergrund und angesichts der Klassenfrequenzen von 50 Schülern[69] werden Grenzen der möglichen erzieherischen Wirksamkeit deutlich.

Die Pfarrgeistlichen haben diese Aufgabe dennoch mit großem Engagement angenommen. Vereinzelt erteilten sie bis zu 27 Wochenstunden Religionsunterricht.[70] Ein Motiv, das wiederholt genannt wurde, war die Überzeugung, in den Kindern und Jugendlichen auch die zukünftigen Erwachsenen prägen und gewinnen zu können: „Wer die Jugend hat, hat auch die Zukunft." Ein anderes Motiv spricht Pfarrer Robert Schlenke von St. Bonifatius an: „Hier werden der Pfarrgeistlichkeit die Eltern und die Familie zumeist erst durch die Kinder bekannt; sie vermitteln auch den Zusammenhang zwischen Pfarrer und Elternhaus."[71] Insofern hatte der schulische Religionsunterricht auch eine Funktion im Gesamt der Erwachsenenpastoral.

III

Wenden wir uns abschließend dem Sakramentenunterricht zu, der außerhalb des schulplanmäßigen Religionsunterrichts und in kirchlicher Verantwortung durch die Pfarrgeistlichen erteilt wurde.[72]

[68] W. Frank, *Rosen und Dornen*... (wie Anm. 3), S. 29.

[69] H. Zwick, *Die Entwickelung*... (wie Anm. 7), S. 35, nennt für 1892 Durchschnittsfrequenzen zwischen 42 (I. Klasse) und 62 (V. Klasse) Schülern. Marion Klewitz, *Preußische Volksschule vor 1914. Zur regionalen Auswertung der Schulstatistik,* in: *Zeitschrift für Pädagogik,* 27. Jg. (1981), S. 551—573, hier S. 560, berechnet für die Berliner Volksschulen im Jahre 1911 eine durchschnittliche Klassenfrequenz von 43 Schülern.

[70] Vgl. L. Jablonski, *Geschichte*... (wie Anm. 2), Bd. 2, S. 249.

[71] R. Schlenke, *Die katholische Kirche*... (wie Anm. 3), S. 21. — Doch decken sich Pfarrgrenzen und Schulgrenzen nicht. So kommt es 1907 in einer Pfarrei zur Klage, daß von 1600 schulpflichtigen Kindern nur 900 den Religionsunterricht in Schulen im Bereich der Pfarrei besuchen. Vgl. L. Jablonski, *Geschichte*... (wie Anm. 2), Bd. 2, S. 282.

[72] Um hier zu einem differenzierten Bild von den realen und von Pfarrei zu Pfarrei oft unterschiedlichen situativen und Rahmenbedingungen zu gelangen, wäre es erforderlich, sorgfältig alle in den Pfarrarchiven noch vorhandenen Archivalien aufzuarbeiten und auszuwerten: Vermeldebücher, Nachrichtenblätter, Gottesdienstordnungen, Pfarrchroniken, Visitationsverhandlungen, Kommunikantenregister, Statistiken. Darüber hinaus geben vielfach Festschriften und andere Publikationen einzelner Pfarreien aufschlußreiche Einblicke in das konkrete Gemeindeleben. Vgl. in diesem Zusammenhang

Beicht- und Kommunionunterricht waren in zwei Kursen organisiert, die sich jeweils über etwa ein halbes Jahr erstreckten und nicht notwendig aneinander anschlossen. Im Extremfall konnten sie durch mehrere Jahre voneinander getrennt sein. Die Bildung der Gruppen erfolgte in der Regel schulbezogen. Die Schüler höherer Schulen wurden häufig in eigenen Gruppen vorbereitet. Die Gruppenfrequenzen waren in der Regel nicht niedriger als die Schulklassenfrequenzen.[73] Der Sakramentenunterricht wurde entweder nachmittags außerhalb der Schulzeit oder unmittelbar im Anschluß an den Unterricht in der letzten Unterrichtsstunde des Vormittags erteilt, im letzteren Fall in den Räumen der Schule.[74] Die Sammlung der Kinder außerhalb des

W. Frank, *Werdegang*... (wie Anm. 3); R. Schlenke, *Die katholische Kirche*... (wie Anm. 3); W. Frank, *Rosen und Dornen*... (wie Anm. 3); Eduard Cortain, *1860—1910. Zum Goldenen Jubiläum der St. Sebastiansgemeinde zu Berlin, 8. Dezember 1910*, Berlin 1910 (Pfarrarchiv St. Sebastian); *Moabiter St. Paulus-Kalender 1914*, Berlin 1913 (Pfarrarchiv St. Paulus), Josef Treffert, *Altes und Neues aus der katholischen Gemeinde St. Clara zu Berlin-Neukölln. Festschrift zum 25jährigen Jubiläum der St. Clara-Pfarrkirche am 25. Juni 1922*, Berlin 1922 (Pfarrarchiv St. Clara); Carl Milz, *Werdegang der Pfarrgemeinde von St. Ludwig in Berlin-Wilmersdorf. Vom 29. Juni 1897 bis 29. Juni 1922* (Maschinenschriftliches Manuskript, Pfarrarchiv St. Ludwig); Albert Coppenrath, *Unsere St.-Matthias-Pfarrei im Wandel der Zeiten*, Berlin 1938.

[73] Die Gesamtzahl der Erstkommunikanten der einzelnen Pfarreien war wegen der Größe der Berliner Pfarreien relativ hoch: Sie betrug z. B. in St. Pius 1895: 320, 1900: 343, 1905: 374; in St. Paulus 1907: 320, 1908: 330, 1909: 352; in St. Clara (Rixdorf/Neukölln) 1905: 140, 1910: 242, 1914: 310.

[74] Der Erlaß vom 18. 2. 1876 (vgl. Anm. 37) sah die Möglichkeit eines kirchlichen Religionsunterrichts in kirchlicher Verantwortung vor, für den innerhalb der schulplanmäßigen Unterrichtszeit in 2 Jahren der Oberstufe je 2 Stunden, ferner 2 Stunden als Kommunionunterricht für die Dauer von 2—4 Monaten zur Verfügung gestellt werden konnte. Vgl. dazu auch die *Verordnung des Fürstbischöflichen General-Vicariat-Amtes zu Breslau* 506/I (15. 8. 1911): „Soweit Befreiung vom Schulunterricht und Benutzung der Schulräume für diesen Vorbereitungsunterricht in Anspruch genommen wird, darf dieselbe je die Dauer eines Halbjahres nicht überschreiten und hat unter näherer Vereinbarung mit der staatlichen Schulaufsichtsbehörde regelmäßig an zwei Wochentagen mit je einer Stunde zu erfolgen, wobei auf das Interesse der Schule möglichst Rücksicht zu nehmen ist." Von diesbezüglichen Schwierigkeiten berichtet die Visitationsverhandlung vom 10. 11. 1915 der Pfarrei St. Clara, Neukölln (Pfarrarchiv St. Clara): „Ein Versuch, den Kommunion-Unterricht als besonderen ‚kirchlichen Unterricht' außer dem schulplanmäßigen einzuführen und wöchentlich einmal das ganze Jahr hindurch in der 2., 1. und Oberklasse als eine letzte Nachmittagsstunde zu erteilen, scheiterte am Widerstande der kgl. Regierung." — Vgl. auch die Verfügungen der kgl. Regierung in Köln vom 7. 4. 1865, in Marienwerder vom 28. 10. 1871, in Aachen vom 14. 3. 1876, in: K. Schneider/E. v. Bremen (Hrsg.), *Das Volksschulwesen*... (wie Anm. 4), Bd. 3, S. 63—65; und in Oppeln vom 29. 6. 1875, *a. a. O.*, Bd. 1, S. 132f.

schulischen Organisationsrahmens stieß auf große Schwierigkeiten. Pfarrer Frank schreibt: „Wohl gibt es jetzt in Berlin Gemeinden, in denen es dem Priester gelingt, die Beicht- beziehungsweise Kommunionkinder ziemlich vollständig außerhalb der Schule und der Schulzeit, also nachmittags um sich in der Kirche oder im Kommunikantensaale zu versammeln, das sind aber Ausnahmen. In den ärmeren Gemeinden ... ist es einfach unmöglich; dutzende hatten ‚Stellen' als ‚Rollmöpse', als Kegeljungen, Laufburschen oder bei Kindern. Diese bekam man außerhalb der Schulzeit gewiß nicht regelmäßig zum Unterricht, und wenn er allzu lückenhaft ist, was hat er dann für Sinn?"[75]

Die Teilnahme am Sakramentenunterricht erfolgte aufgrund der Anmeldung durch die Eltern. Das durchschnittliche Alter der Beichtschüler lag bei etwa elf, das der Kommunionschüler bei etwa 13 bis 14 Jahren. Die im Anschluß an das Dekret *Quam singulari* von 1910 getroffenen Verordnungen konkretisierten die Forderung nach einer zeitigeren Zulassung der Kinder zur Erstkommunion für die Diözese Breslau und den Delegaturbezirk dahingehend, daß die Kinder mit dem vollendeten zehnten Lebensjahr in den Beicht- und mit dem vollendeten elften Lebensjahr in den Kommunionunterricht eintreten sollten.[76] Diese Regelung und entsprechende frühere Bemühungen stießen jedoch auf vielfachen Widerstand der Eltern.[77] Sie traten in ihrer Mehrheit für einen späteren Termin ein, so daß zum einen eine Parallelität zur evangelischen Konfirmation — auch katholische Eltern bezeichneten die Erstkommunion als „Einsegnung"[78] — und zumindest tendenziell ein Zusammenfallen von Erstkommunionfeier und Schulabschluß erreicht wurde. Da die Erstkommunion zugleich mit der Spendung des Firmsakramentes durch den Fürstbischöflichen Delegaten — am

[75] W. Frank, *Rosen und Dornen*... (wie Anm. 3), S. 7f. — In der Pfarrei St. Matthias, Schöneberg, wurde zeitweise auf die parallele Erteilung des schulischen Katechismusunterrichts neben dem Kommunionunterricht verzichtet. Vgl. *Pfarrchronik St. Matthias* (Pfarrarchiv St. Matthias [1907]), S. 47.

[76] Vgl. die *Verordnung des Fürstbischöflichen General-Vicariat-Amtes zu Breslau* 506/I (15.8.1911) — Vgl. auch die auf das Dekret „Quam singulari" bezogenen Ausführungsbestimmungen der Fuldaer Bischofskonferenz, *Erstkommunion in Norddeutschland*, in: *Katechetische Blätter*, 37. Jg. (1911), S. 110f.

[77] Nach den Angaben der Visitationsverhandlungen vom 10.11.1915 (Pfarrarchiv St. Clara) waren von den Kindern, die zu Ostern 1914 in der Pfarrei St. Clara zur Erstkommunion geführt wurden, geboren in den Jahren 1898: 2, 1899: 22, 1900: 151, 1901: 72, 1902: 38, 1903: 5, 1904: 1, 1905:1.

[78] Vgl. W. Frank, *Rosen und Dornen*... (wie Anm. 3), S. 26.

Nachmittag des gleichen Tages oder am folgenden Tag — verbunden war,[79] erlangte sie in den Augen vieler Eltern den Stellenwert eines Übergangsritus an der Schwelle von der Kindheit zum Erwachsenenalter, von der Welt der Schule in die Welt des Berufs und der sozialen und politischen Öffentlichkeit.

Pastoral wurde seitens der Verantwortlichen eine Vorverlegung der Termine des Sakramentenunterrichts auch deshalb begrüßt, weil man sich von der vorpubertären Phase der späten Kindheit eine größere Offenheit und Bereitwilligkeit erhoffte: „Die Erfahrung lehrt es, daß die jüngeren Jahrgänge durchweg ein besseres Verständnis und größeren Ernst und Eifer in der Vorbereitung zeigen, als die älteren ... Der Grund dafür liegt in dem Erwachen der Leidenschaften, die das Interesse des reiferen Kindes von Gott und göttlichen Dingen nur zu leicht abziehen und in ganz entgegengesetzte Bahnen lenken."[80]

Ziel des Sakramentenunterrichts war es, eine verständige und ehrfürchtige Teilnahme an den sakramentalen Vollzügen vorzubereiten und in diesen Vollzug selbst einzuführen. Inhaltliche Schwerpunkte waren die Sakramentenlehre des Katechismus[81] und darüber hinaus die Gebete und Lieder, sowie eine Erschließung der Grundhaltungen und Einzelvollzüge, die der Empfang der Sakramente voraussetzte. Methodisch orientierte sich der Unterricht an den Methoden des schulischen Religionsunterrichts. Eine Einbettung in den Kontext einer über den Bezug zum Gottesdienst der Gemeinde hinausgehenden Kinder- und Jugendarbeit war nicht gegeben. Gelegentlich begegnet eine Rückbindung an gottesdienstliche Vollzüge in der Form, daß die im Unterricht angesprochenen Haltungen eucharistischer Frömmigkeit in der eucharistischen Andacht der Gemeinde eingeübt wurden.[82]

[79] Vgl. die vom Fürstbischof von Breslau am 1. 2. 1901 erlassene „Ordnung für die Spendung des heiligen Sakramentes der Firmung und die kanonische Visitation". Der Firmunterricht für die Kinder und Jugendlichen war in Berlin offenbar in den Erstkommunionunterricht integriert. Vgl. auch E. Müller, *Eine katechetische Studienreise...* (wie Anm. 3), S. 7.

[80] P. A., *Zehn- oder vierzehnjährige Kommunionkinder?* — Der aus einer Zeitschrift ausgeschnittene Artikel wurde unter dem 12. 11. 1916 in die Pfarrchronik von St. Paulus eingefügt (Pfarrarchiv St. Paulus).

[81] In der Visitationsverhandlung vom 26. 10. 1911 der Pfarrei St. Clara (Pfarrarchiv St. Clara) wird erwähnt, daß die Katechismusinhalte des Erstbeichtunterrichts im schulplanmäßigen Religionsunterricht erarbeitet wurden.

[82] In der Pfarrei St. Matthias (Schöneberg) wurde zusätzlich zum Erstkommunionunterricht eine mit der Segensandacht verbundene Christenlehre für die Kinder und

Wie war es um den Erfolg dieses Unterrichts bestellt? Trotz aller Bemühungen, die Kinder und Jugendlichen in regelmäßig angebotenen Generalbeichten und Generalkommunionen zu einem kontinuierlichen Empfang der Sakramente zu motivieren,[83] blieb der zahlenmäßige Erfolg eher gering. Auch die Erfassung der Erstkommunikanten in religiösen Vereinigungen mit der Selbstverpflichtung zur monatlichen Beichte und Kommunion erreichte nur einen kleinen Teil der Jugend, vor allem den weiblichen.[84] In der Regel bedeutete der Abschluß der Schulzeit und der Eintritt in das Erwachsenenalter auch den endgülti-

Jugendlichen der beiden oberen Klassen, die zur Erstkommunion gingen, eingerichtet, die am Sonntagnachmittag in der St. Matthias-Kapelle (heute St. Ludgerus) gehalten wurde: „Diese Christenlehre hat den Zweck, den Kommunion-Unterricht insofern zu ergänzen, als den Kindern dadurch Gelegenheit geboten wird, das hl. Sakrament zu verehren. Die Kapelle ist wegen der besseren Akkustik gewählt." (*Pfarrchronik der Pfarrei St. Matthias* [1901], S. 34, Pfarrarchiv St. Matthias). In der Visitationsverhandlung vom 23. 10. 1913 der Pfarrei St. Clara (Pfarrarchiv St. Clara) heißt es: „Die letzten sechs Wochen vor den Tagen der Hlg. Kommunion wurden zur asketischen Vorbereitung der Kinder verwandt." — Dabei ist in Erinnerung zu halten, daß unter den Formen eucharistischer Frömmigkeit besonders die Formen der anbetenden Verehrung und der Andacht des einzelnen hervorgehoben wurden. Es war durchaus üblich, daß Gemeinden die Meßfeier des Priesters (in lateinischer Sprache) mit gemeinschaftlichem Rosenkranzgebet und im „privaten" Gebet von „Meßandachten" begleiteten. Die Kommunion wurde in der Regel vor und nach der Meßfeier ausgeteilt.

[83] Vgl. *Verordnungen des Fürstbischöflichen General-Vicariat-Amtes zu Breslau* 506/I (15. 8. 1911): „Die Generalkommunion wird im Laufe des Jahres wiederholt, besonders bei außergewöhnlichen kirchlichen Anlässen, z. B. bei Volksmissionen, jedoch ohne besondere Feierlichkeit; an ihr nehmen alle zur ersten heiligen Kommunion schon zugelassenen Kinder teil. Jeder dieser Generalkommunionen ist eine kurze Belehrung und Vorbereitung in der schulfreien Zeit vorauszuschicken." — Bezüglich der Beichten von Kindern, die noch nicht zur Erstkommunion gegangen sind, enthält die *Pfarrchronik der Pfarrei St. Paulus* (Pfarrarchiv St. Paulus) unter dem 12. 11. 1916 den Vermeldehinweis: „Kinderbeichten. In dieser Woche gehen alle Kinder, die schon das hl. Sakrament der Buße empfangen haben, aber noch nicht zur hl. Kommunion gegangen sind, zur hl. Beichte. Die Beichtzettel, die in der Schule übergeben worden sind, müssen ausgefüllt dem Beichtvater übergeben werden." Die Beichtstunden wurden schulbezogen angesetzt. — Vgl. auch W. Frank, *Werdegang*... (wie Anm. 3), S. 143: „Im übrigen halten wir die Schulkinder an, daß sie regelmäßig alle Vierteljahre beichten gehen, wobei wir immer wieder die traurige Erfahrung machen, daß ein großer Teil der Kinder nicht einmal ein Gebetbuch besitzt." — Die Institution der Beichtzettel, die vielfach als Einladung zur Generalbeichte und Generalkommunion verteilt wurden, diente zugleich einer Kontrolle des regelmäßigen Sakramentenempfangs.

[84] In diesem Zusammenhang sind vor allem die in vielen Pfarreien eingerichteten St. Imelda-Bruderschaften für Erstkommunikantinnen zu erwähnen. Daneben gab es eine Vielzahl religiöser Vereinigungen für schulentlassene Jugendliche und Erwachsene.

gen Übergang von einer im schulischen Zusammenhang gestützten kirchlichen Praxis zu der kirchlichen Praxis, die seitens der Erwachsenen in der Umgebung des nun selbst erwachsenen Jugendlichen gelebt wurde. Nüchtern beschreibt Pfarrer Frank die Situation, die nach Ausweis der Quellen nicht nur für St. Pius zutraf: „Ich habe die Überzeugung, daß noch nicht der dritte Teil derjenigen Katholiken regelmäßig hier an Sonn- und Feiertagen zur hl. Messe geht, welche dazu verpflichtet sind ... Ich bin überzeugt, daß mindestens die Hälfte aller Verpflichteten nicht zur hl. Osterkommunion geht ... Ich habe nicht einmal die Meinung ausgesprochen, daß wohl die Hälfte aller unserer Neokommunikanten schon das Jahr nach der ersten hl. Kommunion ihre Osterkommunion nicht mehr hält, wie überhaupt der Kirchenbesuch seitens der Schulkinder — und das kann jeder Religionslehrer bestätigen — sehr viel zu wünschen übrig läßt.“[85]

Der pädagogische und didaktische Ansatz des Sakramentenunterrichts vernachlässigt diesen Sozialisationskontext. Er begegnet ihm ähnlich wie im schulischen Religionsunterricht vor allem durch das Erziehungsmittel der unterrichtlichen Belehrung. Eine Einbettung dieser Belehrung in erzieherisch wirksame Erlebnis- und Erfahrungszusammenhänge in überschaubaren Gruppen — wie sie für die Erwachsenen der Gemeinde in einem reichen und vielfältigen Vereinsleben gegeben war — unterblieb. Das pastorale Bemühen um eine Kinder- und Jugendarbeit für die schulpflichtigen Kinder und Jugendlichen stand noch in den ersten Anfängen.[86] Die Erwartungen, welche Geistliche, Eltern und Kinder beziehungsweise Jugendliche mit dem Sakramentenunterricht verbanden, waren verschieden. Sie deckten sich nicht. Aber diese Divergenz fand keine Berücksichtigung im pastoralen Konzept der Katechese, das gegenüber den oft sehr unterschiedlichen Voraussetzungen der Adressaten neutral blieb, ohne daß dieses inhaltliche Grundproblem bei der vorherrschenden Methode einer autoritativen Vermittlung notwendigerweise augenfällig zu Tage treten mußte.

[85] W. Frank, *Rosen und Dornen...* (wie Anm. 3), S. 25f.

[86] Vgl. Richard Tucholski, *Die Anfänge der kirchlichen Jugendarbeit in St. Matthias*, in: A. Coppenrath, *Unsere St.-Matthias-Pfarrei...* (wie Anm. 72), S. 78f.; *Katholischer Jünglingsverein „St. Thomas“, Berlin-Moabit. Festschrift zum silbernen Jubiläum*, Berlin 1920, Pfarrarchiv St. Paulus.

IV

Fassen wir die Ergebnisse der vorausgegangenen Überlegungen zusammen, so kann festgehalten werden: Die Bemühungen der katholischen Kirche um ein katholisches Schulwesen und den schulischen Religionsunterricht führten in Berlin im ausgehenden 19. und beginnenden 20. Jahrhundert zu einem hohen Grad der Institutionalisierung und der organisatorischen Erfassung der schulpflichtigen Kinder und Jugendlichen. Lehrer und Pfarrgeistliche widmeten sich dieser Aufgabe mit hohem Einsatz an Zeit und persönlichem Engagement.[87] Allerdings blieben die vorgegebenen Inhaltsstrukturen sowohl des schulischen Religionsunterrichts wie auch der außerschulischen Sakramentenkatechese abstinent gegenüber den epochalen und situativen Herausforderungen und dem konkreten Erlebnis- und Erfahrungshorizont der Schülerinnen und Schüler. Das methodische Vorgehen beschränkte sich in der Regel auf das erzieherische Mittel unterrichtlicher Belehrung. Diese Abstinenz und Selbstbeschränkung führten in einer Verkennung der sozialisatorischen und erzieherischen Wirkkraft des außerschulischen alltäglichen Umgangs dazu, daß die faktischen und erzieherischen Wirkungen der unterrichtlichen Bemühungen im allgemeinen eher gering blieben, insbesondere im Vergleich mit den teilweise sehr hohen Erwartungen, die mit ihnen verknüpft wurden.

[87] Dieses Engagement erfuhr immer wieder auch die Unterstützung durch die Vertreter des kirchlichen Amtes. Vgl. dazu u. a. den Fastenhirtenbrief des Fürstbischofs Georg Kopp von 1891, *Bischöfliche Worte über Schule und Erziehung,* in: *Christlich-pägagogische Blätter,* 14. Jg. (1891), S. 145 f., seine Rede im schlesischen Landtag vom 19. 1. 1895, *Religionsunterricht in der Volksschule,* in: *Christlich-pädagogische Blätter,* 18. Jg. (1895), S. 37—42, und seinen Hirtenbrief von 1896, *Ein bischöfliches Wort über die Schule,* in: *Christlich-pädagogische Blätter,* 19. Jg. (1896), S. 145 f.

ANHANG

TABELLE 1

Anteil der Katholiken an der Bevölkerung der Stadt Berlin 1867 bis 1910

Jahr	Gesamtbevölkerung der Stadt Berlin[1]	Davon Katholiken[2]			
		männlich	weiblich	insgesamt	In Prozent der Gesamtbevölkerung
1867	702.041	—	—	41.303	5,9
1871	825.937	—	—	51.700	6,3
1875	966.858	40.089	26.976	67.065	6,9
1880	1.122.330	44.604	35.273	79.877	7,1
1885	1.315.287	54.121	45.107	99.228	7,5
1890	1.578.794	72.151	62.878	135.029	8,5
1895	1.677.304	80.563	74.408	154.971	9,2
1900	1.888.848	97.930	89.918	187.848	9,9
1905	2.040.148	116.567	105.860	222.447	10,9
1910	2.071.257	125.146	117.372	242.518	11,7

[1] Angaben für 1867: *Statistisches Jahrbuch der Stadt Berlin* (= *SJB*), 4 (1876), S. 15; für 1871—1910: *SJB*, 32 (1908/11), S. 3*.

[2] Angaben für 1867 und 1871: *SJB*, 4 (1876), S. 15; für 1875: *SJB*, 4 (1876), S. 17; für 1880: *SJB*, 8 (1880), S. 10; für 1885: *SJB*, 13 (1885), S. 10; für 1890—1900: *SJB*, 27 (1900/02), S. 28; für 1905: *SJB*, 31 (1906/07), S. 6*; für 1910: *SJB*, 32 (1908/11), S. 3*.

TABELLE 2

Schüleranteil an der Bevölkerung (Stadt Berlin)
1875 bis 1905

	Gesamtbevölkerung (Stadt Berlin)[1]	davon Schüler[2]		Nichtkatholischer Bevölkerungsanteil[1]	davon Schüler[2]		Katholischer Bevölkerungsanteil[1]	davon Schüler[2]	
		absolut	prozentual		absolut	prozentual		absolut	prozentual
1875	966.858	114.957	11,9	899.793	110.136	12,2	67.065	4.821	7,2
1880	1.122.330	139.934	12,5	1.042.453	133.436	12,8	79.877	6.498	8,1
1885	1.315.287	190.474	14,5	1.216.059	180.895	14,9	99.228	9.579	9,7
1890	1.578.794	219.996	13,9	1.443.765	207.532	14,4	135.029	12.464	9,2
1895	1.677.304	231.360	13,8	1.522.333	216.541	14,2	154.971	14.819	9,6
1900	1.888.848	255.133	13,5	1.701.000	235.814	13,8	187.848	19.319	10,3
1905	2.040.148	270.525	13,3	1.817.701	246.974	13,6	222.447	23.551	10,6

[1] Angaben nach: vgl. TABELLE 1.
[2] Angaben nach: vgl. TABELLE 3 und 5.

Tabelle 3

Katholische Schüler/Schülerinnen nach Schularten (Stadt Berlin)
1876, 1880, 1885

	1876[1]	davon katholisch				1880[2]	davon katholisch				1885[3]	davon katholisch			
	insg.	abs.	m.	w.	%	insg.	abs.	m.	w.	%	insg.	abs.	m.	w.	%
Gymnasien	5.973	185	185	—	3,1	7.496	252	252	—	3,4	8.796	291	291	—	3,3
Real-, Gewerbe- und Seminarschulen	8.338	149	111	38	1,8	—	—	—	—	—	—	—	—	—	—
Real-, Gewerbe- und höhere Mädchenschulen	—	—	—	—	—	9.569	173	114	59	1,8	—	—	—	—	—
Realgymnasien, Ober-Realschulen, höhere Mädchenschulen	—	—	—	—	—	—	—	—	—	—	10.288	218	158	60	2,1
Mittel- und Vorschulen	4.354	98	97	1	2,3	—	—	—	—	—	—	—	—	—	—
Vorschulen	—	—	—	—	—	4.002	91	91	—	2,3	4.102	96	96	—	2,3
Mittel-, Arbeits-, Waisenhausschulen	—	—	—	—	—	1055	20	12	8	1,9	—	—	—	—	—
Mittel-, Seminar-, Waisenhausschulen	—	—	—	—	—	—	—	—	—	—	1.408	35	22	13	2,5
Gemeindeschulen	77.975	3.343	1.781	1.562	4,3	94.067	4.894	2.450	2.444	5,2	143.597	7.837	3.906	3.931	5,5
Vereinsschulen, kirchliche Schulen[4]	3.292	566	236	330	17,2	2.458	527	227	300	21,4	2.421	523	236	287	21,6
Privatschulen: sog. höhere	9.449	289	187	102	3,1	13.670	437	149	288	3,2	14.910	475	91	384	3,2
Privatschulen: Mittel- und Elementarschulen	12.211	164	91	73	1,3	4.775	81	43	38	1,7	2.630	93	22	71	3,5
Privatschulen für beide Geschlechter	3.365	27	14	13	0,8	2.634	23	15	8	0,9	2.073	6	3	3	0,3
Kontraktschulen	—	—	—	—	—	108	—	—	—	—	249	5	4	1	2,0
Insgesamt	114.957	4.821	2.702	2.119	4,2	139.934	6.498	3.353	3.145	4,6	190.474	9.579	4.829	4.750	5,0

1 Angaben nach: *Statistisches Jahrbuch der Stadt Berlin* (= *SJB*), 4 (1876), S. 185.
2 Angaben nach: *SJB*, 8 (1880), S. 257.
3 Angaben nach: *SJB*, 13 (1885), S. 338.
4 Zu den Vereinsschulen zählte die 1866 nicht kommunalisierte St. Hedwigs-Pfarrschule.

TABELLE 4

Katholische Schüler/Schülerinnen (Stadt Berlin)
1876, 1880, 1885 (II)

	1876[1]				1880[2]				1895[3]			
	Es besuchen von 100		Es besuchen[2] von 100 kath.		Es besuchen von 100		Es besuchen von 100 kath.		Es besuchen von 100		Es besuchen von 100 kath.	
	Schülern	Schülerinnen	Schülern	Schülerinnen	Schülern	Schülerinnen	Schülern	Schülerinnen	Schülern	Schülerinnen	Schülern	Schülerinnen
Gymnasien	9,9	—	6,8	—	10,4	—	7,5	—	9,0	—	6,0	—
Real-, Gewerbe- und Seminarschulen	8,5	5,8	4,1	1,8	—	—	—	—	—	—	—	—
Real-, Gewerbe- und höhere Mädchenschulen	—	—	—	—	7,2	6,5	3,4	1,9	—	—	—	—
Relagymnasien, Ober-Realschulen, höhere Mädchenschulen	—	—	—	—	—	—	—	—	5,8	5,0	3,3	1,3
Mittel- und Vorschulen	7,2	0,0	3,6	0,0	—	—	—	—	—	—	—	—
Vorschulen	—	—	—	—	5,5	—	2,7	—	4,2	—	2,0	—
Mittel-, Arbeits- und Waisenhausschulen	—	—	—	—	1,4	0,1	0,4	0,3	—	—	—	—
Mittel-, Seminar-, Waisenhausschulen	—	—	—	—	—	—	—	—	1,3	0,2	0,5	0,3
Gemeindeschulen	55,7	62,9	65,9	73,7	64,1	70,6	73,1	77,7	72,4	78,5	80,9	82,8
Vereinsschulen, kirchliche Schulen[4]	2,9	2,9	8,7	15,6	1,9	1,7	6,8	9,5	1,4	1,2	4,9	6,0
Privatschulen: sog. höhere	3,1	13,9	6,9	4,8	4,6	15,3	4,4	9,2	3,6	12,2	1,9	8,1
Privatschulen: Mittel und Elementarschulen	9,9	11,4	3,4	3,4	3,2	3,6	1,3	1,2	1,1	1,7	0,5	1,5
Privatschulen für beide Geschlechter	2,7	3,1	0,5	0,6	1,8	2,0	0,4	0,3	1,1	1,1	0,1	0,1
Kontraktschulen	—	—	—	—	0,0	0,1	0,0	—	0,2	0,1	0,1	0,0
Insgesamt	100	100	100	100	100	100	100	100	100	100	100	100

[1] Angaben nach: *Statistisches Jahrbuch der Stadt Berlin* (= *SJB*), 4 (1876), S. 185.
[2] Angaben nach: *SJB*, 8 (1880), S. 257.
[3] Angaben nach: *SJB*, 13 (1885), S. 338.
[4] Zu den Vereinsschulen zählte die 1866 nicht kommunalisierte St. Hedwigs-Pfarrschule.

TABELLE 5

Katholische Schüler/Schülerinnen nach Schularten (Stadt Berlin) 1890, 1895, 1900, 1905 (I)

	1890[1]	davon katholisch				1895[2]	davon katholisch			
	insg.	abs.	m.	w.	%	insg.	abs.	m.	w.	%
Gymnasien	8.257	293	293	—	3,5	7.416	296	296	—	4,0
Realgymnasien, Oberrealschulen	5.595	179	179	—	3,2	5.356	170	170	—	3,2
Real- und höhere Mädchenschulen bzw. höhere Bürger- und öffentliche höhere Mädchenschulen	7.867	148	72	76	1,9	10.140	248	168	80	2,4
Vorschulen	4.036	126	126	—	3,1	3.830	109	—	—	2,8
Gemeindeschulen	172.408	10.467	5.160	5.307	6,0	185.690	12.732	6.289	6.443	6,9
Sonstige öffentl. Schulen	824	30	19	11	3,6	717	26	13	13	3,6
Vereinsschulen[3]	1.361	512	245	267	37,6	1.262	461	238	223	36,5
Jüdische Schulen	964	—	—	—	—	1.002	—	—	—	—
Privatschulen: Höhere Knaben- und Töchterschulen[4]	15.078	604	97	507	4,0	13.262	612	73	539	4,6
Privatschulen: Mittel- und Elementarschulen	3.606	105	11	94	2,9	2.685	165	130	35	6,1
Insgesamt	219.996	12.464	6.202	6.262	5,7	231.360	14.819	7.486	7.333	6,4

[1] Angaben nach: *Statistisches Jahrbuch der Stadt Berlin* (= *SJB*), 16/17 (1889/90), S. 593.

[2] Angaben nach: *SJB* 22 (1895), S. 490.

[3] Zu den Vereinsschulen zählte die 1866 nicht kommunalisierte St.-Hedwigs-Pfarrschule.

[4] Zu den privaten höheren Töchterschulen zählten die katholischen höheren Töchterschulen: die Schule der Ursulinen (Lindenstraße 39) und die Theresien-Schule (Schönhauser Allee 182).

TABELLE 5 (*Fortsetzung*)

Katholische Schüler/Schülerinnen nach Schularten (Stadt Berlin) 1890, 1895, 1900, 1905 (I)

	1900[1]	davon katholisch				1905[2]	davon katholisch			
	insg.	abs.	m.	w.	%	insg.	abs.	m.	w.	%
Gymnasien	7.264	355	355	—	4,9	6.841	461	461	—	3,5
Realgymnasien, Oberrealschulen	5.018	167	167	—	3,3	5.221	218	218	—	4,2
Real- und höhere Mädchenschulen bzw. höhere Bürger- und öffentliche höhere Mädchenschulen	10.662	299	202	97	2,8	11.232	437	302	135	3,9
Vorschulen	3.655	126	126	—	3,4	4.151	183	182	1	4,4
Gemeindeschulen	210.098	17.249	8.592	8.697	8,2	225.237	20.937	10.266	10.671	9,3
Sonstige öffentl. Schulen	1.036	60	33	27	5,8	811	49	22	27	6,0
Vereinsschulen[3]	887	400	189	211	45,1	796	379	182	197	47,6
Jüdische Schulen	1.022	—	—	—	—	1.007	—	—	—	—
Privatschulen: Höhere Knaben- und Töchterschulen[4]	12.957	626	57	569	4,8	12.991	853	93	760	6,6
Privatschulen: Mittel- und Elementarschulen	2.534	37	10	27	1,5	2.238	34	6	28	1,5
Insgesamt	255.133	19.319	9.731	9.588	7,6	270.525	23.551	11.732	11.819	8,7

[1] Angaben nach: *SJB*, 27 (1900/02), S. 592 f.

[2] Angaben nach: *SJB* 30 (1905), S. 358 f.

[3] Zu den Vereinsschulen zählte die 1866 nicht kommunalisierte St.-Hedwigs-Pfarrschule.

[4] Zu den privaten höheren Töchterschulen zählten die katholischen höheren Töchterschulen: die Schule der Ursulinen (Lindenstraße 39) und die Theresien-Schule (Schönhauser Allee 182).

TABELLE 6

Katholische Schüler/Schülerinnen (Stadt Berlin)
1890, 1895, 1900, 1905 (II)

	1890[1]				1895[2]			
	Es besuchen von 100		Es besuchen von 100 kath.		Es besuchen von 100		Es besuchen von 100 kath.	
	Schülern	Schülerinnen	Schülern	Schülerinnen	Schülern	Schülerinnen	Schülern	Schülerinnen
Gymnasien	7,4	—	4,7	—	6,3	—	4,0	—
Realgymnasien, Oberrealschulen	5,0	—	2,9	—	4,5	—	2,3	—
Real- und höhere Mädchenschulen bzw. höhere Bürger- und öffentliche höhere Mädchenschulen	2,3	4,9	1,2	1,2	4,1	4,7	2,2	1,1
Vorschulen	3,6	—	2,0	—	3,2	—	1,5	—
Gemeindeschulen	76,2	80,6	83,2	84,8	78,0	82,6	84,0	87,9
Sonstige öffentliche Schulen	0,6	0,2	0,3	0,2	0,5	0,1	0,2	0,2
Vereinsschulen	0,6	0,7	4,0	4,3	0,5	0,6	3,2	3,0
Jüdische Schulen	0,5	0,3	—	—	0,5	0,4	—	—
Privatschulen: Höhere Knaben- und Töchterschulen	2,9	11,0	1,6	8,1	1,9	9,7	1,0	7,4
Private Mittel- und Elementarschulen	0,9	2,4	0,2	1,5	0,4	2,0	1,7	0,5
Insgesamt	100	100	100	100	100	100	100	100

[1] Angaben nach: *Statistisches Jahrbuch der Stadt Berlin* (= *SJB*), 16/17 (1889/90), S. 593.
[2] Angaben nach: *SJB*, 22 (1895), S. 490.

TABELLE 6 (*Fortsetzung*)

Katholische Schüler/Schülerinnen (Stadt Berlin)
1890, 1895, 1900, 1905 (II)

	1900[1]				1905[2]			
	Es besuchen von 100		Es besuchen von 100 kath.		Es besuchen von 100		Es besuchen von 100 kath.	
	Schülern	Schülerinnen	Schülern	Schülerinnen	Schülern	Schülerinnen	Schülern	Schülerinnen
Gymnasien	5,6	—	3,7	—	5,0	—	3,9	—
Realgymnasien, Oberrealschulen	3,9	—	1,7	—	3,8	—	1,9	—
Real- und höhere Mädchenschulen bzw. höhere Bürger- und öffentliche höhere Mädchenschulen	4,1	4,2	2,1	1,0	4,5	3,8	2,6	1,1
Vorschulen	2,8	—	1,3	—	3,0	0,0	1,6	0,0
Gemeindeschulen	80,7	84,0	88,3	90,3	81,4	85,2	87,5	90,3
Sonstige öffentliche Schulen	0,6	0,2	0,3	0,3	0,3	0,3	0,2	0,2
Vereinsschulen	0,3	0,4	1,9	2,2	0,2	0,4	1,6	1,7
Jüdische Schulen	0,5	0,3	—	—	0,4	0,3	—	—
Privatschulen: Höhere Knaben- und Töchterschulen	1,2	9,0	0,6	5,9	1,2	8,5	0,8	6,4
Private Mittel- und Elementarschulen	0,3	1,7	0,1	0,3	1,0	1,5	0,1	0,2
Insgesamt	100	100	100	100	100	100	100	100

[1] Angaben nach: *SJB*, 27 (1900/02), S. 592 f.
[2] Angaben nach: *SJB*, 30 (1905), S. 358 f.

TABELLE 7

Katholische Schüler nach Schularten (Stadt Berlin) 1911

Schultyp	Insgesamt	Davon katholisch	
		absolut	prozentual
Gymnasien[1]	6.140	528	8,6
Realgymnasien, Ober-Realschulen[2]	5.282	279	5,3
Realschulen[3]	6.338	383	6,0
Öffentliche höhere Mädchenschulen[4]	6.146	208	3,1
Vorschulen[5]	3.364	189	5,6
Gemeindeschulen[6]	221.481	23.570	10,6
Private höhere Knabenschulen[7]	1.720	90	5,2
Private höhere Töchterschulen	9.412	733	7,8
Private Mittel- und Elementarschulen[7]	2.272	27	1,2
Insgesamt	262.155	26.007	9,9

[1] Angaben nach: *Statistisches Jahrbuch der Stadt Berlin* (= *SJB*), 32 (1908/11), S. 776 und 788.

[2] Angaben nach: *SJB*, 32 (1908/11), S. 776 und 789 f.

[3] Angaben nach: *SJB*, 32 (1908/11), S. 792.

[4] Angaben nach: *SJB*, 32 (1908/11), S. 793—795.

[5] Angaben nach: *SJB*, 32 (1908/11), S. 776 und 788 f.

[6] Angaben nach: *SJB*, 32 (1908/11), S. 799.

[7] Angaben nach: *SJB*, 32 (1908/11), S. 832—835.

TABELLE 8

Katholische Schüler an den öffentlichen höheren Schulen in Berlin 1881 bis 1913[1]

Katholische Schüler	an Gymnasien		an Realgymnasien		an Oberrealschulen		an Realschulen	
	abs.	proz.	abs.	proz.	abs.	proz.	abs.	proz.
1881	237	3,4	99	2,4	20	3,8	—	—
1885	254	3,4	115	2,6	36	3,5	7	3,1
1890	299	3,6	139	3,0	38	3,8	67	2,7
1895	287	3,8	142	3,3	10	1,9	170	3,5
1900	324	4,7	115	3,8	28	2,8	203	3,8
1905	463	6,8	154	4,3	43	3,9	297	4,9
1910	532	8,7	184	5,0	87	5,6	387	6,1
1913	513	9,1	183	5,4	106	6,3	412	6,4

[1] Angaben nach: Detlef K. Müller, *Sozialstruktur und Schulwesen*, Göttingen 1977, S. 515 f.

TABELLE 9

Ausbau des (katholischen) Gemeindeschulwesens (Stadt Berlin) 1870 bis 1910

		1870	1880	1890	1900	1910
Gemeindeschulen[1]		53	114	183	241	302
Davon katholische Gemeindeschulen[2]		6	6	11	21	34
Davon in den späteren	Mitte	1	1	1	2	3
Verwaltungsbezirken	Tiergarten	1	1	2	3	5
	Wedding	1	1	2	3	6
	Prenzlauer Berg	—	—	—	3	6
	Friedrichshain	1	1	2	3	8
	Kreuzberg	2	2	4	6	6

[1] Angaben für 1870—1900 nach: Leopold Hermann Fischer, *Die ersten 75 Jahre der Berliner Gemeindeschule,* in: *Mitteilungen der Gesellschaft für deutsche Erziehungs- und Schulgeschichte,* 13 (1903), S. 42—68, hier S. 59; für 1910: Wilhelm Richter, *Berliner Schulgeschichte,* Berlin 1981, S. 63.

[2] Angaben nach: Franz Czempiel (Hrsg.), *Handbuch für das katholische Schulwesen Berlins und die Verbandsprovinzen Brandenburg-Pommern,* Berlin 1925, S. 102.

TABELLE 10

Kirchliche Statistik der katholischen Gemeinden der Stadt Berlin 1890 bis 1914

		1890[1]	1895[2]	1900[3]	1905[4]	1910[5]	1914[6]
St. Hedwig	Pfarrangehörige/Geistliche	58.000/15	24.700/8	24.000/9	31.000/6	./6	./7
	Taufen	936	730	708	766	776	772
	Erstkommunikanten	683	265	218	301	160	192
St. Sebastian	Pfarrangehörige/Geistliche	25.000/2	20.000/3	25.000/3	30.000/5	./3	./4
	Taufen	848	596	659	741	335	285
	Erstkommunikanten	289	260	240	350	·	230
St. Paulus	Pfarrangehörige/Geistliche	—	—	—	20.000/3	./3	./4
	Taufen	—	—	—	609	347	332
	Erstkommunikanten	—	—	—	349	170	259
St. Michael	Pfarrangehörige/Geistliche	20.000/2	20.000/2	21.000/3	21.000/3	./4	./10
	Taufen	833	780	434	383	600	444
	Erstkommunikanten	327	328	211	237	375	·
St. Marien (Liebfrauen)	Pfarrangehörige/Geistliche	—	—	—	13.000/3	./3	./3
	Taufen	—	—	—	286	304	312
	Erstkommunikanten	—	—	—	156	143	199
St. Matthias	Pfarrangehörige/Geistliche	9.000/3	10.000/3	17.000/5	21.000/5	./6	./6
	Taufen	272	331	424	465	448	309
	Erstkommunikanten	164	145	157	190	317	269
St. Pius	Pfarrangehörige/Geistliche	22.000/2	22.000/3	30.500/3	20.000/4	./3	./3
	Taufen	682	760	928	729	557	482
	Erstkommunikanten	156	320	343	374	306	·
Corpus Christi	Pfarrangehörige/Geistliche	—	—	—	—	./3	./3
	Taufen	—	—	—	—	281	246
	Erstkommunikanten	—	—	—	—	160	268

TABELLE 10 (*Fortsetzung*)

Kirchliche Statistik der katholischen Gemeinden der Stadt Berlin 1890 bis 1914

		1890[1]	1895[2]	1900[3]	1905[4]	1910[5]	1914[6]
St. Antonius	Pfarrangehörige/Geistliche	—	—	—	—	./2	./3
	Taufen	—	—	—	—	294	240
	Erstkommunikanten	—	—	—	—	173	215
Herz Jesu	Pfarrangehörige/Geistliche	—	—	27.000/3	18.000/3	./3	./4
	Taufen	—	—	652	454	410	393
	Erstkommunikanten	—	—	225	171	264	273
St. Afra	Pfarrangehörige/Geistliche	—	—	—	8.000/1	./2	./2
	Taufen	—	—	—	130	185	174
	Erstkommunikanten	—	—	—	63	95	142
St. Bonifatius	Pfarrangehörige/Geistliche	—	1.200/2	10.000/2	13.000/3	./3	./3
	Taufen	—	218	226	220	171	139
	Erstkommunikanten	—	106	152	138	200	174

[1] Angaben nach: *Statistisches Jahrbuch der Stadt Berlin* (=*SJB*), 16/17 (1889/90), S. 623.
[2] Angaben nach: *SJB*, 22 (1895), S. 517.
[3] Angaben nach: *SJB*, 27 (1900/02), S. 625.
[4] Angaben nach: *SJB*, 30 (1905), S. 381.
[5] Angaben nach: *SJB*, 32 (1908/11), S. 871 f.
[6] Angaben nach: *SJB*, 33 (1912/14), S. 879 f.

TABELLE 11

Kirchliche Statistik für einzelne Gemeinden des Dekanats Rixdorf 1910

	Pfarr-angehörige	Pfarr-geistliche	Sonstige Welt-geistliche	Eheschließungen beide Partner katholisch		Eheschließungen ein Partner katholisch		Lebendgeborene beide Ehepartner katholisch		Lebendgeborene Ehepartner konfessions-verschieden		Lebendgeborene, unehelich, katholische Mutter		Sterbefälle katholisch		Oster-kom-munion
				Gesamtzahl	kirchliche Trauungen	Gesamtzahl	kirchliche Trauungen	Gesamtzahl	Taufen	Gesamtzahl	Taufen	Gesamtzahl	Taufen	Gesamtzahl	kirchliche Begräbnisse	
Rixdorf St. Clara	28.000 (1.11.1911)	3	1	106	75	556	40	352	294	1.447	180	80	36	250	172	8.153
Rixdorf St. Eduard	2.991	1	—	8	7	47	7	43	52	90	30	11	11	120	36	684
Lichtenberg	11.361	3	—	90	85	225	34	292	290	425	120	46	45	159	78	5.800
Weißensee	6.000	2	2	20	18	105	12	74	89	105	49	12	12	57	31	2.500
Pankow	5.000	2	2	14	13	44	11	47	51	147	44	13	12	60	36	1.600

Angaben nach: Kirchliche Statistik des Deutschen Reiches, Zählbogen des Dekanats Rixdorf 1910 (Pfarrarchiv St. Clara).

Die konfessionelle Publizistik des 19. Jahrhunderts in der zeitgenössischen Auseinandersetzung und als Gegenstand der Forschung

BERND SÖSEMANN
Berlin

In zehn „Feststellungen“ sollen die Fülle und die Bedeutung der kommunikationshistorischen Aspekte des Themas „Kirchenpresse“[1] sichtbar werden und die epochen- und konfessionsspezifischen Besonderheiten der Ereignisse und Entwicklungen wenigstens in ihren Grundzügen hervortreten.

I

Einen großen Teil der konfessionellen Publizistik bildet die sogenannte Kirchenpresse. Der Begriff „Kirchenpresse“ wird hier in Ablehnung engerer und zumeist normativ angewandter Definitionen als überzeitlicher Kollektivsingular verwendet.[2] Er umfaßt eine Vielzahl

[1] Die folgende Feststellung gilt nicht allein für die „katholische Presse“ des 19. Jahrhunderts: „Ein verwirrendes Labyrinth von ungezählten Einzelerscheinungen, die wieder tausendfach und doch so selten faßbar ineinander übergreifen, so erscheint dem forschenden Blicke das Gesamtbild der katholischen Presse, angefangen von ihren im Dunkel liegenden Quellen bis zu ihrer fast allzu mannigfaltigen Ausgestaltung in der Gegenwart; und noch mancher schürfenden Hand wird es bedürfen, bis alle wichtigen Adern dieses einflußreichen Kulturfaktors der letzten drei Jahrhunderte bloß gelegt sind.“ (Franz Wetzel, *Geschichte der katholischen Presse Deutschlands im 18. Jahrhundert,* Phil. Diss., Heidelberg 1913, S. 7.)

[2] Vgl. hierzu die Artikel in den verschiedenen Auflagen der einschlägigen katholischen und evangelischen Lexika und Handbücher, insbesondere jedoch für unsere Epoche Friedrich Michael Schiele/Leopold Zscharnak (Hrsg.), *Die Religion in Geschichte und Gegenwart* (im folgenden *RGG* zitiert), Bd. 4, Tübingen 1913, Sp. 1763—1787, und Julius Bachem (Hrsg.), *Staatslexikon,* Bd. 4, 2. Aufl., Freiburg i. Br. 1903,

einzelner Medien, die eher in ihrer historischen Entwicklung als in einer Systematik angemessen zu würdigen sind. Diese Festlegung schließt ein Publikationsorgan wie Friedrich Naumanns *Hilfe* ausdrücklich ein, das eng und streng definierende Autoren bewußt nicht in die Reihe konfessioneller Presseorgane stellen.[3] Zu den Merkmalen dieser „Kirchenpresse" gehört, daß sie in ihrer Mehrheit zu der Sparte der Bekenntnis- oder Meinungspublizistik zählt, die vorrangig religiöse beziehungsweise kirchliche Anschauungen und Interessen mit verschiedenartigen Methoden und Mitteln öffentlich vertritt. Diese Medien versuchen, in jeweils unterschiedlicher Aufmachung, Sprache und Intensität ihren in religiöser und sozialer Hinsicht nicht homogenen Leserkreisen durch informative, belehrende und unterhaltende Artikel sowie durch publizistische Lebens- und Glaubenshilfe zu dienen. Sie wenden sich jedoch weder ausschließlich an Gläubige einer Konfession noch klammern sie parteipolitische Themen aus.[4]

Die konfessionelle Publizistik wird durch folgende äußere Merkmale gekennzeichnet, die nicht in jedem Fall in ihrer Gesamtheit erfüllt sein müssen: Anerkennung einer kirchlichen Autorität; institutionelle Bindung an eine kirchliche Organisation; alleinige oder kooperativ gestaltete Führungskompetenz in kirchlicher Hand; direkte oder indirekte finanzielle Abhängigkeit von kirchlichen Institutionen. Ein ungleich höherer Grad der Verbindlichkeit kommt den inneren Kriterien zu, wie eine kirchliche Grundhaltung beziehungsweise Überzeugung bei den Redakteuren und Verlegern, eine entschiedene Bevorzugung, häufige Berücksichtigung und meist auffallende Plazierung religiöser Informationen und thematischer Schwerpunkte in den Publikationsorganen

S. 627—638; auch Otto B. Roegele, *Presse und Publizistik des deutschen Katholizismus 1803—1963,* München 1982, S. 430f., Anm. 1.

[3] Siehe Brigitte Wiegand, *Krieg und Frieden im Spiegel führender protestantischer Presseorgane Deutschlands und der Schweiz in den Jahren 1890—1914,* Phil. Diss., Frankfurt a. M. 1976.

[4] Mit Michael Schmolke, *Die Kirchenzeitung — ein „nötiges Möbel im Hause"? Fragen zur Funktionalität der Bistumspresse 1984,* in: *Communicatio socialis,* 17. Jg. (1984), S. 110, wird „1. Kirchenpresse nicht mehr primär ... verstanden als a) ‚zweite Kanzel', b) Instrument der Verkündigung bzw. des Apostolats im engeren Sinne, c) ‚Arm der Seelsorge' (will sagen: der direkten Seelsorge), d) ‚Sprachrohr des Bischofs'. 2. Kirchenpresse wird vielmehr verstanden als a) eine besondere Erscheinungsform des modernen Massenmediums Presse mit eigener Sachgesetzlichkeit, b) Kommunikationsorgan der diözesanen Kirche oder der Ortskirche, c) (optimistisch-idealistisch) dialogisches Forum der sich erneuernden Gemeinschaft(en) von Glaubenden".

sowie eine Widerspiegelung christlicher beziehungsweise religiöser Positionen und entsprechender moralischer Überzeugungen in nahezu sämtlichen Artikeln, Berichten und Kommentaren.

Damit richtet sich das Interesse auf eine konfessionelle Publizistik, die in mehr oder weniger prononcierter Auseinandersetzung mit der übrigen Publizistik dazu beiträgt, Inhalte christlichen Glaubens zu vermitteln, geistliches Leben mitzugestalten und das öffentliche Eintreten für Ziele und Interessen der Kirche zu fördern. „Wem die Jugend, dem ist die Zukunft", schrieb ein Anonymus in Übereinstimmung mit den meisten seiner Zeitgenossen in den *Historisch-politischen Blättern für das katholische Deutschland* und fuhr fort, „wem die Presse, dem die Gegenwart."[5] Doch hat sich die konfessionelle Publizistik in keiner Phase ihrer Entwicklung ausschließlich auf eine „Propaganda" — oder, im Sprachgebrauch unserer Zeit, auf eine „Public Relations"-Aufgabe beschränkt.

II

Das Verhältnis von Kirchen und Publizistik ist in angemessener Form nur als ein Teil des Gesamtthemas Kirchen und Gesellschaft abzuhandeln. Eine Untersuchung zur konfessionellen Publizistik hat somit den vielfältigen Wechselbeziehungen zwischen pastoralen, publizistischen, sozialen, kulturellen, finanziellen und politischen Einflüssen und Phänomenen nachzugehen.[6] Die verfassungsrechtlichen, parteipolitischen und wirtschaftlichen Rahmenbedingungen sind wie bei jeder medien- oder kommunikationshistorischen Arbeit zu analysieren, des weiteren die Rezipienten in ihrer sozialen und politischen Heterogenität und Interessenlage und die finanzielle und personelle Struktur der Verlage und Redaktionen. Eine scharfe Abgrenzung zwischen konfessioneller und nicht-konfessioneller Publizistik wäre nur im Bereich der Extreme überzeugend zu leisten und kann daher unbeachtet bleiben. Die konfessionelle Publizistik ist deshalb in ihren kommunikationsgeschichtlichen Zusammenhängen abzuhandeln.[7] Als Spezi-

[5] Zit. nach Klemens Löffler, *Geschichte der katholischen Presse Deutschlands* (= Soziale Tagesfragen, Bd. 50), Mönchen-Gladbach 1924, S. 9.

[6] Vgl. dazu Joachim Westerbarkey, *Zur Kommunikationssoziologie des Katholizismus,* in: *Communicatio socialis,* 4. Jg. (1971), S. 209—225.

[7] Vgl. dazu Hans Joachim Dörger, *Kirche in der Öffentlichkeit,* Stuttgart 1979, S. 85, und Michael Schmolke, *Die schlechte Presse. Katholiken zwischen „Katholik" und „Politik". 1821—1968,* Münster 1971, mit umfassender Bibliographie S. 395 ff.

fika einer konfessionellen Publizistik sind der Einfluß amtskirchlicher Institutionen anzusehen und die Einwirkungsmöglichkeiten von kirchlichen Verbänden, Vereinen, Kirchentagen oder einzelnen Persönlichkeiten kirchlicher Hierarchien. Übernahm ein Geistlicher die Redaktionsleitung, trat in den meisten Fällen die individuelle Verantwortung des Redakteurs in einem nicht unbedeutenden Umfang zugunsten der Kollektivverantwortung der Kirche zurück. „Der Episkopat erkennt es als seine Pflicht", heißt es im Protokoll einer bayerischen Bischofskonferenz 1867, „gegenüber den von Tag zu Tag schädlicher werdenden kirchenfeindlichen Blättern die kath. Tagespresse nach Kräften zu unterstützen und zu befördern."[8]

In der hier bevorzugt zu behandelnden Epoche, der Zeit des Früh- und Hochkonstitutionalismus, standen im übrigen alle Vorgänge im staatlich-kirchlichen Bereich in einem untrennbaren Zusammenhang mit den sich ausbildenden Parteien und ihren kirchenpolitischen Positionen.[9] Ausgehend von dem Grundsatz einer „gesellschaftlichen Identität" von Staatsvolk und Kirchenvolk, beanspruchten die Kirchen ihren Rang als Kulturmacht auch in ihrer Verantwortung für die religiöse, moralische und geistige Bildung in der Publizistik.

III

Untersuchungen zur Kirchenpresse können sich auf eine überwältigende Fülle verschiedenartiger Quellen stützen. Der besondere Reiz, aber auch die nicht zu unterschätzende methodische Herausforderung liegen in der angemessenen Erschließung und Interpretation der disparaten Materialien. Dabei gilt es, ihre jeweilige kommunikationshistorische Relevanz angemessen herauszuarbeiten. Die wichtigsten Dokumente lassen sich in acht Gruppen einteilen. Zur ersten Gruppe gehören Broschüren pastoraler, aufklärender oder propagandistischer Art, tagesaktuelle Veröffentlichungen und insbesondere die populär gehaltenen Schriften des Genres „Bekenntnisliteratur". Zur zweiten Gruppe

[8] *Protokoll über die Conferenz der hochwürdigsten Herrn Erzbischöfe und Bischöfe Bayerns* (Eichstätt, 20./21. X. 1867), zit. nach Karola Nüßler, *Geschichte des katholischen Pressvereins für Bayern. 1901—1934* (Maschinenschrift), Phil. Diss., München 1954, Anhang 2, S. 1.

[9] Vgl. Ernst Rudolf Huber, *Deutsche Verfassungsgeschichte seit 1789,* Bd. 2: *Der Kampf um Einigkeit und Freiheit, 1830 bis 1850,* 2. Aufl., Stuttgart 1960, S. 324—434.

sind die Tages- und Wochenzeitungen zu rechnen;[10] zur dritten die Sonntags-, Diözesan-, Kirchenkreis- und Gemeindeblätter sowie die kirchliche Kleinpublizistik der Traktate und Flugschriften, denen in der Forschung noch eine zu geringe Aufmerksamkeit gewidmet wird, obwohl gerade sie einen intensiven Eindruck von der Fülle und Wirksamkeit der lokalen und parochialen Kommunikation vermitteln.[11] In einer vierten Gruppe lassen sich illustrierte Flugblätter, Plakate, Karikaturen, Volkskalender — zumeist illustriert —, Heiligenbildchen und Bilderbogen zusammenfassen. Die fünfte Gruppe bilden Standes- und Organisationsblätter, Vereins- und Fachblätter der Verbände sowie Zeitschriften unter Einschluß der Fachzeitschriften und der von den Orden selbständig herausgegebenen Zeitschriften. Eine sechste umschließt Hirtenbriefe, Verhandlungs- und Tagungsprotokolle, Richtlinien und Denkschriften kirchlicher Institutionen sowie die Veröffentlichungen regionaler oder nationaler Kirchentage. Die siebte Gruppe bilden die Pressekorrespondenzen sowie die Informationen kirchlicher Nachrichtenagenturen und ähnlicher Dienste. In die achte Gruppe gehören die erst im 20. Jahrhundert auftretenden audiovisuellen Dokumente aus Hörfunk und Fernsehen. Weder zur evangelischen noch zur katholischen Kirchenpresse, nicht einmal für einzelne Medien liegen — von wenigen Ausnahmen abgesehen — befriedigende oder sogar erschöpfende Bibliographien und eine „Quellenkunde" vor. Auf eine der Ausnahmen soll nachdrücklich hingewiesen werden: Es ist der *Kritische Katalog der Kirchenblätter von 1821 bis 1848,* den Rudolf Pesch zusammengetragen hat.[12] Deshalb ist es wenig verwunderlich,

[10] Hierzu gehören auch „Unterhaltungs- und Belehrungsblätter" wie die überregionale illustrierte katholische Wochenschrift *Die Welt,* die seit der Jahrhundertwende im Germania-Verlag Berlin erschien. In der einschlägigen Literatur wird sie nicht einmal am Rande erwähnt, obwohl sie bis 1932 abonniert werden konnte.

[11] Löfflers Urteil von 1913, es bestehe „ein starkes Mißverhältnis zwischen Quantität und Qualität, sowohl bei den Zeitungen wie bei den Zeitschriften", die Masse setzte sich aus „kleinen und minderwertigen Organen" zusammen, formuliert ein Vorurteil, das auch im evangelischen Bereich verbreitet war. (Klemens Löffler, Artikel *Presse: IV. Katholische Presse,* in: *RGG,* Bd. 4, Sp. 1786.)

[12] Rudolf Pesch, *Die kirchlich-politische Presse der Katholiken in der Rheinprovinz vor 1848,* Mainz 1966. Das Werk erschien in der Reihe *Veröffentlichungen der Kommission für Zeitgeschichte bei der Katholischen Akademie in Bayern* (= Reihe B, Forschungen, Bd. 2), in der in den vergangenen 25 Jahren der größte Teil aller wichtigen Monographien, Editionen und Dokumentationen zur Geschichte der katholischen Kirche und des Katholizismus im 19. und 20. Jahrhundert erschienen ist.

daß eine umfassende Geschichte der konfessionellen Publizistik in Deutschland aussteht, ganz zu schweigen von einer Geschichte des konfessionellen Kommunikationswesen. Sie hätte nicht allein die aufgeführten Quellengruppen zu berücksichtigen, sondern auch Einrichtungen wie die um die Jahrhundertwende weit verbreiteten Lesezirkel.[13]

IV

Die Historiographie hat sich mit der konfessionellen Publizistik des vergangenen Jahrhunderts höchst ungleichmäßig befaßt. Einzelne Personen, etwa Joseph Görres[14] oder Adolf Stoecker,[15] einzelne Redaktionen, zum Beispiel die der 1871 gegründeten *Germania,*[16] einzelne Regionen und Staaten wie Bayern und das Rheinland, historische Ereignisse, vor allem die Amtssuspension des Kölner Erzbischofs von Droste-Vischering[17] und die Kulturkämpfe[18] sind intensiv behandelt worden. Ähnliches gilt übrigens für die Verstrickungen der Kirchen und einzel-

[13] Die *Katholischen Sonntagsblätter,* 5. Jg. (1846), S. 413f., publizierten in einem längeren Artikel Programme und detaillierte Ausführungen zu den Aktivitäten des „Religiösen Lesezirkels" in Mainz, aus denen hervorgeht, daß die Auslage der Zeitschriften und Broschüren wöchentlich wechselte.

[14] Vgl. dazu die jüngst erschienenen Arbeiten von Esther-Beate Körber, *Görres und die Revolution. Wandlungen ihres Begriffs und ihrer Wertung in seinem politischen Weltbild 1793 bis 1819* (= Historische Studien, Bd. 441), Husum 1986, und Winfried Becker, *Der lange Anlauf zur Christlichen Demokratie. Joseph Görres und andere Interpreten im 19. Jahrhundert,* in: Winfried Becker/Rudolf Morsey (Hrsg.), *Christliche Demokratie in Europa. Grundlagen und Entwicklungen seit dem 19. Jahrhundert,* Köln 1988, S. 1—27, die auch zu unserem Thema die einschlägige Literatur aufführen.

[15] Zuletzt Günter Brakelmann, *Protestantismus und Politik. Wesen und Wirkung Adolf Stöckers,* Hamburg 1982; vgl. auch Dietrich von Oertzen, *Adolf Stoecker,* 2 Bde., Berlin 1910.

[16] Siehe die kurze Skizze der Geschichte der *Germania* von K. M. Stiegler, in: Heinz Dietrich Fischer (Hrsg.), *Deutsche Zeitungen des 17. bis 20. Jahrhunderts,* Pullach 1972, S. 299—313, die die wichtigste Literatur nennt. Vgl. auch den für das Selbstverständnis dieser Zeitung bedeutsamen Beitrag von Hermann Orth, *50 Jahre Zeitung Germania* (Beilage zur Ausgabe der *Germania* vom 5. 12. 1920).

[17] Vgl. Ernst Rudolf Huber/Wolfgang Huber (Hrsg.), *Staat und Kirche im 19. und 20. Jahrhundert. Dokumente zur Geschichte des deutschen Staatskirchenrechts,* Bd. 1: *Staat und Kirche vom Anfang des alten Reichs bis zum Vorabend der bürgerlichen Revolution,* Berlin 1973, S. 309—405 (mit der grundlegenden Literatur).

[18] Vgl. *a. a. O.*, Bd. 2: *Staat und Kirche im Zeitalter des Hochkonstitutionalismus und des Kulturkampfs, 1848—1890,* Berlin 1976, S. 395—762.

ner ihrer Führungspersönlichkeiten im Ersten Weltkrieg[19] und im nationalsozialistischen Staat.[20] Hierfür läßt sich in der jüngsten Zeit ein überdurchschnittliches Interesse konstatieren.[21] Weitgehend unberücksichtigt blieben jedoch die kirchliche Kleinpublizistik sowie wirtschafts- und sozialgeschichtliche Fragestellungen. Die Lücken auf diesem Gebiet überraschen nicht, weil die Quellenlage zumeist ungünstig ist. Die meisten Verlags-, Redaktions- und Firmenarchive sind unvollständig, etliche wurden in den Kriegen zerstört oder in Notzeiten nicht angemessen betreut. Ein Großteil der Kleinpublizistik ist für die Forschung allein schon deshalb unwiederbringlich verloren, weil sie so gut wie nie systematisch gesammelt wurde.[22] Auch die nur schwer zu ergründenden Bereiche der Rezipientenforschung, also die Fragen nach den Wirkungen des publizierten Materials, sind bislang weitgehend ausgespart geblieben. Deshalb ist große Skepsis angebracht, ob die

[19] Dazu die grundlegende Arbeit von Gerhard Besier, *Die protestantischen Kirchen Europas im Ersten Weltkrieg,* Göttingen 1984, und Karl Hammer, *Deutsche Kriegstheologie, 1870—1918,* München 1971, und der Beitrag von Karl Kupisch, *Kirchengeschichte,* Bd. 5: *Das Zeitalter der Revolutionen und Weltkriege,* Stuttgart 1975. Vgl. auch die zeitgenössische Dokumentensammlung von Hermann Kellermann (Hrsg.), *Der Krieg der Geister. Eine Auslese deutscher und ausländischer Stimmen zum Weltkriege 1914,* Dresden 1915; den Artikel *Krieg* von Wilhelm Philipps, in: *Die Reformation. Deutsche Evangelische Kirchenzeitung für die Gemeinde,* 13. Jg. (1914), S. 385 f.; Dieter Langewiesche, *Das Deutsche Kaiserreich. Bemerkungen zur Diskussion über Parlamentarisierung und Demokratisierung Deutschlands,* in: *Archiv für Sozialgeschichte,* 19. Jg. (1979), S. 628—642, und Winfried Becker, *Kulturkampf als Vorwand. Die Kolonialwahlen von 1907 und das Problem der Parlamentarisierung des Reiches,* in: *Historisches Jahrbuch,* 106. Jg. (1986), S. 59—84.

[20] Intensive Forschungen und umfangreiche Aktenpublikationen setzten in den sechziger Jahren ein; nicht zuletzt in engagierten Stellungnahmen zu den Thesen von Hans Müller, *Katholische Kirche und Nationalsozialismus* (= dtv-dokumente, Bd. 328), München 1965. Vgl. auch die Beiträge von Gerhard Besier, Eberhard Bethge, Heinz Hürten, Günther van Norden, Barbara Schellenberger, Klaus Scholder und Christoph Strohm zu dem Gesamtthema *Kirchen und Konfessionen zwischen Kooperation und Teilwiderstand,* in: Jürgen Schmädeke/Peter Steinbach (Hrsg.), *Der Widerstand gegen den Nationalsozialismus. Die deutsche Gesellschaft und der Widerstand gegen Hitler,* München 1985, S. 227—326 (ausführliche Literaturangaben).

[21] 1988 reagierte ein Kreis von Historikern, Politologen, Soziologen und Theologen auf dieses öffentliche Interesse mit der Gründung der Zeitschrift *Kirchliche Zeitgeschichte* (Göttingen).

[22] Eine systematische Auswertung der jährlichen „Bücherverzeichnisse" des 19. Jahrhunderts dürfte allein auf dem Gebiet der Flugschriften und Broschüren, wie ein erster Versuch erwies, eine außerordentliche Materialfülle erschließen.

vorliegenden Monographien und Aufsätze ausreichen, Konturen eines Gesamtmosaiks zu erkennen und nachzuzeichnen. Eine Ausnahme dürfte allein das Kaiserreich bilden. Die Presse-Monographien, die Darstellungen einzelner Ereignisse oder Entwicklungen und die Biographien erlauben für das letzte Drittel des 19. Jahrhunderts den Entwurf eines konturenscharfen Bildes.[23] Für das zweite Drittel muß dieses positive Resümee bereits eingeschränkt und für das erste Drittel erheblich relativiert werden. Otto B. Roegele weist in seinem knappen Überblick zur katholischen Presse darauf hin, daß immer noch strittig sei, in welchem Ausmaß die konfessionelle Publizistik der zweiten Hälfte des 19. Jahrhunderts auf älteren Voraussetzungen beruht.[24]

V

In der Entwicklung unterscheiden sich die evangelische und die katholische Publizistik in der Behandlung einzelner Themen, in der Form und in der kirchlichen „Medienpolitik" — wenn dieser aktuelle Begriff einmal auf die Verhältnisse des 19. Jahrhunderts übertragen werden darf. Zwar reagierten beide Kirchen und besonders ihre Tagespresse in den ersten Jahrzehnten des 19. Jahrhunderts in weitgehender Übereinstimmung mit antidemokratischen, antiliberalen Tendenzen auf die Ideen der Französischen Revolution im Allgemeinen, auf die Forderungen des Vor- und Frühkonstitutionalismus in den süddeutschen Staaten im Besonderen.[25] Trotz dieser Gemeinsamkeit nahmen die evangelische und katholische Publizistik jedoch eine in Nuancen unterschiedliche Grundhaltung zu dem „neuen Medium" Presse ein. Skepsis und Ablehnung gegenüber der „Ehr- und Schaamlosigkeit" eines erbärmlichen, gesinnungslosen, halbgebildeten Journalismus[26]

[23] Vgl. Kurt Koszyk, *Deutsche Presse im 19. Jahrhundert. Geschichte der deutschen Presse,* T. 2 (= Abhandlungen und Materialien zur Publizistik, Bd. 6), Berlin 1966.

[24] Roegele betont zu Recht, daß ein enger Zusammenhang zwischen Kirchenzeitung und der jüngeren Tagespresse von der Art bestehe, daß „Entstehen und Wachstum einer leistungsfähigen Tagespresse" nur auf dem Boden möglich gewesen sei, „den die Kirchenzeitungen vorbereitet" hätten. O. B. Roegele, *Presse ...* (wie Anm. 2), S. 403.

[25] Besonders deutlich werden solche Positionen in der Polemik eines bayerischen Feldkuraten gegen die „Presse-Lumperei": Joseph Lukas, *Die Presse, ein Stück moderner Versimpelung,* Regensburg 1867.

[26] *Katholik,* 24 (1844), S. 417. Außerdem heißt es dort: „In der That werden auch unsere Tagesblätter meist von (getauften oder nicht getauften) Neujuden oder von Protestanten geschrieben, die für sich keinen positiven Glauben, wohl aber einen inne-

waren auf der katholischen Seite größer. Nur allmählich kam man hier zu der Erkenntnis, daß es langfristig von Vorteil sei, die „Lesesucht" des Publikums mit eigenen Presseerzeugnissen zu befriedigen,[27] dem Kampf mit der Presse nicht auszuweichen, sondern zu versuchen, auf Themen und Inhalte Einfluß zu nehmen. Doch setzten sich in der katholischen Kirche erst nach häufigen Rückschlägen die Ansichten derjenigen durch, die in einer eigenen Presse die Möglichkeit sahen, die andere, die „schlechte" oder die „farblose Presse" mit ihren eigenen Waffen, aber im Geiste konfessioneller Lauterkeit und Wahrheit zu bekämpfen.[28] Die Realisierungs- beziehungsweise Erprobungsphase dieser nur zögernd einsetzenden und relativ zurückhaltend agierenden „Vorläufer"-Presse endete für die katholische Kirche abrupt mit den Kölner Wirren. Diese Zäsur von 1837/38 vertiefte sich noch durch die Auseinandersetzungen um die Wallfahrten zur Ausstellung des Heiligen Rocks vom August bis Oktober 1844 in Trier[29] und durch die Debatten um die deutsch-katholische Ronge-Bewegung.[30]

In den Auseinandersetzungen zwischen der katholischen Kirche und dem preußischen Staat und in dem Abwehrkampf gegen das Sektierertum entwickelte sich ein kämpferisches Selbstbewußtsein. Selbst die zuvor in theologische und kirchenpolitische Kontroversen verstrickten Gruppierungen schlossen sich zusammen, und die periodischen katholischen Publikationsorgane gewannen erstmals einen größeren Einfluß auf das sich profilierende katholische Publikum.[31] In der Verteidigung

ren Haß gegen jede Positivität (wo sie auch sich finde) haben und zur Schau tragen; die deshalb eben so wenig von wahrer Vaterlandsliebe als von christlicher Gesinnung beseelt sind. In diesem Geiste werden dann die Journale redigirt, die Correspondenzen fabricirt, die leitenden Artikel und Feuilletons, Mannichfaltigkeiten u.s.w. bearbeitet ..."

[27] So zum Beispiel in der *Passauer Katholischen Kirchen-Zeitung,* 5 (1845), S. 481 f.

[28] Vgl. Artikel *Die Presse und die öffentliche Meinung,* in: *Katholik,* 24 (1844), S. 417—419; dazu auch die anonyme Schrift *Die Katholische Presse Deutschlands,* Freiburg 1861, die ein optimistisches Bild von den Möglichkeiten einer idealen Presse zeichnete. Der Verfasser war der bayerische Kaplan Andreas Niedermayer.

[29] Vgl. dazu den Artikel *Die Freiheit der Presse vom katholischen Standpuncte,* in: *Sonntagsblatt für katholische Christen,* 7 (1848), S. 217—224 (= Nr. 13 vom 26. 3. 1848).

[30] Johannes Ronge (1813—1887) war im Januar 1843 nach dem Erscheinen seines Artikels *Rom und das Breslauer Domkapitel* in den *Sächsischen Vaterlandsblättern* von seinem Amt als Kaplan in Grottkau suspendiert worden. Sein „offener Brief" an den Trierer Bischof Arnoldi zur Ausstellung des Heiligen Tuches erregte großes Aufsehen und führte zur Exkommunizierung. Seit 1845 hatte er die Pfarrstelle einer deutsch-katholischen Gemeinde in Breslau inne.

[31] Als bedeutendste Zeitungsgründung dieser Jahre mit einer besonders starken Breitenwirkung gilt das Freiburger *Südteutsche katholische Kirchenblatt* (1841).

gegenüber dem Staat, gegenüber seinen Polizeiorganen und den protestantischen Zensoren[32] fanden sie mit ihrer Leserschaft einen politischen und geistigen Mittelpunkt. Die Folgen der Kölner und Trierer Ereignisse kommen in Preußen kommunikationshistorisch einer revolutionären Umwälzung gleich. In den publizistischen Auseinandersetzungen etablierte sich eine wachsende und zunehmend kritischer reagierende Öffentlichkeit. Opponierende Kirche und Staatsregierung erkannten in der „öffentlichen Meinung" erstmals eine politische und gesellschaftliche Größe. Zensurpraktiken, Repressionen gegen Publizisten und Verleger wurden staatlicherseits trotz der erst kürzlich verschärften Bundesgesetze zurückgestellt oder aufgegeben. Beide Seiten mußten in diesem Konflikt ein Interesse an freier öffentlicher Diskussion haben, denn nur sie gewährte eine wirkungsvolle Darlegung der Argumente — die Verwaltung veröffentlichte sogar Briefe und Dokumente —, nur durch sie waren die Gläubigen zu halten und die der Kirche Entfremdeten oder Fernstehenden zu erreichen.

Die gesteigerten publizistischen Aktivitäten der katholischen Kirche veränderten auch die Beziehungen zwischen den Konfessionen. Franz Schnabel sieht in diesen Entwicklungen zu Recht eine Verschärfung des Gegensatzes der Konfessionen begründet, weil „dem Protestantismus, der im preußischen Staat einen starken politischen Rückhalt besaß, ein politisch aktiver Katholizismus gegenübertrat ...".[33]

Nicht erst die Kulturkämpfe der sechziger und siebziger Jahre des 19. Jahrhunderts, sondern bereits der *Athanasius* von Joseph Görres und die Schriften der ihm nachfolgenden Publizisten schufen die Voraussetzungen dafür, daß der Katholizismus zur politischen Kraft werden konnte. Die *Historisch-politischen Blätter für das katholische Deutschland* und die sich kämpferischer artikulierenden *Neuen Würzburger Blätter* leiteten darüber hinaus eine taktisch bestimmte Hinwendung zur Presse- und Informationsfreiheit ein. 1848/49 kulminierte das neue pragmatische Verständnis in der Gründung von Tageszeitungen.[34] In der Folge von 1837/38 war nicht nur der Weg zur Popularisierung

[32] So in der rückblickenden Polemik des *Rheinischen Kirchenblatts*, 5 (1848), S. 121—126, das kirchliche Zensurmaßnahmen ausdrücklich akzeptiert und die „Inquisition der Staatspolizei" verdammt.

[33] Franz Schnabel, *Deutsche Geschichte im neunzehnten Jahrhundert*, Bd. 7: *Die katholische Kirche in Deutschland*, Freiburg i. Br. 1965, S. 265.

[34] Vgl. Heinrich Keiter (Hrsg.), *Katholischer Literaturkalender 1*, Regensburg 1891, S. 52.

politischer und publizistischer Kontroversen beschritten, sondern auch die Abtrennung des protestantischen Konservativismus vom katholischen angebahnt worden. Die politische Neuorientierung und ihr erstes Ergebnis schienen sich 1848/49 anzudeuten: Bei erschütterten staatlichen Grundfesten stehe „die Kirche nicht bloß fest", sondern habe „auch für alles gesorgt".[35] „Es ist um die politische Journalistik im katholischen Deutschland befriedigend bestellt", hieß es in einer Flugschrift des Jahres 1867, „wenn wir ein mit Tact und Intelligenz redigirtes Centralorgan besitzen, wenn sich um dies an den natürlichen Mittelpunkten der bisherigen Staatenconfigurationen vortreffliche größere Stammesblätter reihen und um diese sich kleinere Provinzial- und Localblätter gruppiren (, denn) die Durchschlagskraft publizistischen Meinens und Beeinflussens wächst, sobald man sich nicht föderalistisch zersplittert, sondern kraftvoll zentralisiert. Auf diese Weise kann man die Bevölkerung überall in gleicher Einmütigkeit ansprechen."[36] Im letzten Jahrzehnt des 19. Jahrhunderts trat das Bemühen, die Regierungs- und Kaisertreue der Katholiken journalistisch zu dokumentieren, in der Mehrheit der Blätter stark hervor.[37]

Für die evangelische Publizistik zeigen sich im Vormärz keine Einschnitte beziehungsweise Periodisierungsmöglichkeiten ähnlicher Art. Sie blieb in ihrer großen Mehrheit auf der Seite der traditionsgebundenen Gewalten im Staat. Mit Ausnahme der von Hengstenberg 1827 begründeten *Evangelischen Kirchen-Zeitung* entstanden erst in den

[35] Artikel *Politisches und sociales Glaubensbekenntniß eines rheinischen Ultramontanen und katholischen Priesters,* in: *Rheinisches Kirchenblatt,* 5 (1848), S. 137—144. Zur Forderung der Pressefreiheit wird hier u. a. zu bedenken gegeben: „Der Gedanke will durchdringen! Aber wohin? Wird er Brod schaffen? Den ruinirten Credit wieder herstellen? Die entfesselten Leidenschaften zügeln? Dem Reichen Mäßigung und Barmherzigkeit, dem Armen Trost bringen, dem Gewaltthätigen Schranken setzen, die Falschheit entlarven, den mit Unrecht Verfolgten schützen? Nein! — Aber vielleicht wird die Kirche wieder sprechen können! Hoffen wir es!"

[36] Zit. nach Wilhelm Molitor, *Die Organisation der katholischen Tagespresse,* Speyer 1867, S. 27. Im Sinne dieser Vorstellungen wirkte der katholische Publizist und Zentrumsabgeordnete im Preußischen Landtag (1890) und im Reichstag (1898), Georg Friedrich Dasbach, mit dem *Paulinusblatt* und der *Katholischen Volkszeitung* (seit 1875: *Trierische Landeszeitung*). Zu Biographie und Werk vgl. Wilmont Haacke, *Georg Friedrich Dasbach, in: Neue Deutsche Biographie*, Bd. 3, Berlin 1957, S. 518.

[37] Diese Tendenz wird besonders deutlich in den Jahrgängen 1895 und 1898 des *Märkischen Kirchenblatts,* obgleich die Redaktion in ihrem Aufruf, die Wochenzeitung zu abonnieren, ausschließlich die religiöse Thematik und Tendenz erwähnt. Vgl. *a. a.* O., Nr. 8 vom 22. 1. 1900, S. 64.

vierziger Jahren nennenswerte publizistische Äußerungen auf der Provinzialebene. Anders als die katholische Kirchenpresse in den Kulturkämpfen fand die protestantische keinen vergleichbar starken geistigen oder politischen Integrationspunkt, auch keine ähnlich starke politische Interessenvertretung in Form einer überregionalen oder sogar mit nationalrepräsentativem Anspruch auftretenden Organisation und Partei. Deshalb konnte sich keine ähnlich entschiedene Fronde ausbilden.[38] Aufgrund ihrer Mehrgleisigkeit, der wenig übersichtlichen Präsenz auf regionaler und nationaler Ebene und wegen des daraus sich ergebenden wenig spektakulären Wirkens entstand der falsche Eindruck, die evangelische Publizistik sei bis in die neunziger Jahre des 19. Jahrhunderts weitgehend profillos gewesen. Denn nicht erst mit dem erneut erwachenden religiösen Interesse um 1890 ist das evangelische Christentum publizistisch hervorgetreten.

Die seit den ausgehenden achtziger Jahren von Friedrich Naumann und Adolf Stoecker getragene publizistische Offensive ist zwar unübersehbar und markiert einen deutlichen Einschnitt: Zeitschriften wie *Das Volk* (1888), *Die Hilfe* (1894) und *Das Reich* (1904) dokumentieren die damals mit Nachdruck einsetzende evangelische Pressearbeit.[39] Dennoch sollte diese Akzentuierung nicht dazu führen, publizistische Aktivitäten der vorausgehenden Jahre abzuwerten oder sogar zu übersehen. Dazu sind an erster Stelle die „Werbefeldzüge" von Johann Hinrich Wichern zu nennen, mit denen er sich bewußt an die „Massen" wenden wollte: „Suchen die Proletarier nicht mehr die Kirche, so muß die Kirche anfangen, die Proletarier zu suchen und nicht zu rasten, bis sie sie mit dem heilbringenden Worte gefunden hat."[40] Für diese Aufgabe bediente er sich gezielt neuer Methoden, verbreitete Broschüren über seine „Agentur", gründete Vereine und reiste zu Vorträgen durchs Land. Er sprach und publizierte aus der Überzeugung heraus, daß der geistliche Stand mit seinen konventionellen und traditionellen

[38] Franz Heinrich Philipp, *Protestantismus nach 1848*, in: Karl Heinrich Rengsdorf (Hrsg.), *Kirche und Synagoge. Handbuch zur Geschichte von Christen und Juden. Darstellungen und Quellen*, Bd. 2, Stuttgart 1970.

[39] Daneben gab es in Hunderttausenden von Exemplaren verbreitete Flugblätter, kolorierte Jugendschriften, Kleinkindergarten-Bücher, Volkskalender oder *Biblische Geschichten in Bildern*.

[40] Zit. nach F. Schnabel, *Deutsche Geschichte*... (wie Anm. 33), Bd. 8, Freiburg 1965, S. 200.

Methoden versagt habe.[41] Für den *Berliner Arbeiterfreund* verknüpfte sich übrigens sein erfolgreiches journalistisches Wirken mit der Fabrikmission, die — mit entschiedener publizistischer Unterstützung des „Kampfes für Religion und Gottesfurcht"[42] — in Konkurrenz zu dem sozialdemokratischen „Propheten des Unglaubens in der Arbeiterblouse" treten sollte.[43]

Die nächste Zäsur ist allgemein unbestritten und für die evangelische und katholische Kirchenpresse gleichermaßen von Bedeutung. Sie wird durch den Ersten Weltkrieg beziehungsweise durch den militärischen Zusammenbruch und die revolutionären Ereignisse des Winters 1918/19 gebildet. Diesen knappen Hinweisen zur Periodisierung ist zu

[41] Vgl. Gerhard Besier, *Preußische Kirchenpolitik in der Bismarckära. Die Diskussion in Staat und Evangelischer Kirche um eine Neuordnung der kirchlichen Verhältnisse Preußens zwischen 1866 und 1872* (= Veröffentlichungen der Historischen Kommission zu Berlin, Bd. 49), Berlin 1980.

[42] *Mitteilungen des Vereins zur Verbreitung christlicher Zeitschriften,* hrsg. vom Christlichen Zeitschriftenverein, Bd. 9, Nr. 53 (September 1890), S. 417.

[43] *Fabrikmission, 1. Arbeitszweig,* hrsg. vom Christlichen Zeitschriftenverein, Berlin o. J. [1883], S. 4. Im *Berliner Arbeiterfreund,* Nr. 44 (1893), S. 1 f., heißt es unter dem Titel *Die Religion*: „Oft genug schon haben socialdemokratische Vereine in ihren Resolutionen erklärt: ‚Socialismus und Christenthum sind unvereinbare Gegensätze.' Daher ist auch die Behauptung der Socialdemokratie erklärlich, nach welcher der Friede der Seele nichts zu thun habe mit unseren Glücksgütern, mit der Lehre von der göttlichen Gnade und der menschlichen Selbstentsagung. Den Frieden der Seele schmähen die Socialdemokraten als eine lächerliche Einbildung urtheilsschwacher Menschen. Dafür wollen sie durch gerechte Vertheilung des Arbeitserträgnisses alle Quellen der Leidenschaften verstopfen und übersehen gänzlich, daß es immer solche geben wird, die sich zurückgesetzt und andere für bevorzugt halten. Und giebt es denn nur eine Besitzesfrage? Sind die Laster der Unsittlichkeit nicht eine viel größere Quelle der Volksschädigung? Wie sollen diese schwinden? Das kann nur durch die Segnungen der Religion auf dem Wege der sittlichen Entwicklung, der Selbstzucht geschehen. Woher kommt es doch, daß die Socialdemokratie als Partei so von Haß gegen die Religion erfüllt ist, daß sie nichts wissen will von dem ehrwürdigen Kaiserwort: ‚Dem Volke muß die Religion erhalten bleiben'? Kommt es nicht daher, daß die socialdemokratische Weltanschauung sich selbst als Religion giebt und als solche von ihren Anhängern geglaubt sein will? Die Socialdemokratie verlangt unbedingten Glauben an die Verwirklichung des von ihren Anführern ausgedachten Zukunftsstaates. Sie will als neue Religion angesehen werden und sucht um sich eine Gemeinde der Gläubigen zu sammeln, die dem großen Tage der socialistischen Weltwiedergeburt mit aller Zuversicht entgegensieht. Die Socialdemokratie giebt sich nicht bloß als politische Meinung, sondern als Religion. Sie fordert vor allem Glauben an sich. Daher ihr Widerspruch gegen die christliche Religion. Diesen Widerspruch braucht das Christenthum nicht zu fürchten. Denn es hat noch viel schwerere Anstürme siegreich überwunden."

entnehmen, in welch hohem Maß die Frage der Epochengliederung nicht nur von der Interpretation kommunikationshistorischer Entwicklungen abhängig ist — ein Allgemeinplatz —, sondern von der Unsicherheit, die sich aus der unbefriedigenden Forschungslage ergibt. Es ist zu vermuten, daß das Bild von der profillosen evangelischen Kirchenpresse aufgrund einer unzureichenden Erschließung der Quellen entstand.

VI

In der konfessionellen Publizistik dominierten im Verlauf des 19. Jahrhunderts Theologen und Geistliche. Seit den achtziger Jahren rekrutierte sich jedoch ein stetig wachsender Kreis von Publizisten auch aus Nicht-Theologen und Nicht-Geistlichen. Allen Gruppen war gemeinsam, daß ihnen weithin besondere journalistische Kenntnisse fehlten.[44] Bei den Sonntags- und Gemeindeblättern herrschten die Gemeindepfarrer vor. Sie hatten zumeist die Initiative zur Gründung ergriffen und gaben nicht selten die Schriftleitung an den Sohn oder an den befreundeten oder theologisch ähnlich eingestellten Amtsbruder weiter. Diese Handhabung der Nachfolge führte in inhaltlich-konzeptioneller und in theologischer Hinsicht zu einer auffallenden Homogenität der einzelnen Sonntags- und Gemeindeblätter. In der Regel wählten die Gemeindepfarrer ihre Mitarbeiter aus dem Kreis der Theologen, so daß in der evangelischen Publizistik die Einflüsse der verschiedenen Erweckungsbewegungen, der neulutherischen Orthodoxie oder der liberalen Theologie rasch verbreitet wurden.[45] Für die katholische Publizistik läßt sich ähnliches feststellen. Niedermayer nennt 1861 als notwendige Fähigkeiten und Eigenschaften eines guten Journalisten: Kenntnisse in Geschichte, Recht, Ökonomie, Literatur und Sprache, stilistische Sicherheit (ohne salbungsvolle Töne), Scharf-

[44] Im Artikel *Die Kirche und das öffentliche Leben III*, in: *Deutsche Evangelische Kirchen-Zeitung*, Nr. 16 vom 16. 5. 1887, S. 125, wird der Mangel an journalistischen Kenntnissen bedauert mit der Begründung, Journalisten verfügten doch immerhin über eine Machtposition im öffentlichen Leben, die der eines Lehrers gleichgestellt werden könne.

[45] Vgl. Gerhard Meier-Reutti, *Politik der Unpolitischen. Kirchliche Presse zwischen Theologie und Gemeinde* (= Evangelische Presseforschung, Bd. 3), Bielefeld 1976, S. 16—133.

sinn, kritische Übersicht und politische Divinationsgabe.[46] Rechnet man in der Leserschaft mit einem Multiplikationsfaktor vier pro Auflage,[47] so erreichte die Publizistik in der katholische Kirche nahezu einen gleichgroßen Rezipientenkreis wie der Gottesdienst, in der evangelischen jedoch einen größeren als die Predigt.[48] Das Publikum war heterogen; in der Regel ist es der Kerngemeinde zuzurechnen.

Mit dem publizistischen Werk des Trierer „Preßkaplans" Georg Friedrich Dasbach (1846—1907) — er gilt als der einflußreichste und geschickteste Publizist und Zeitungsverleger seiner Zeit[49] — sind die thematisch breit gestreuten Aktivitäten eines nur vereinzelt auftretenden journalistischen Typus zu erfassen. Sein Wirken reichte über die engere Region hinaus, weil er sich nahezu aller publizistischen Formen der Agitation bediente und die Abfassung von Flugschriften zu tagesaktuellen Themen als seelsorgerische Tätigkeit verstand.[50] Einen engen Kontakt mit ihren Lesern und eine Ausweitung der Abonnentenzahl[51] erstrebten alle Publizisten und ihre Redaktionen. In Zeitschriften und

[46] Andreas Niedermayer, *Die katholische Presse Deutschlands,* Freiburg i. Br. 1861, S. 55.

[47] Zahlenangaben bei Ulrich Fohrmann, *Trierer Kulturkampfpublizistik im Bismarckreich. Leben und Werk des Preßkaplans Georg Friedrich Dasbach,* Trier 1977, S. 347—354.

[48] Genaue Zahlenangaben liegen nur für einzelne Regionen vor; die Aussagen über die Reichweite sind als Mittelwert zu verstehen, da die regionalen Unterschiede (Kirchenbesuch, Auflagenhöhe, Rezeptionsverhalten) nicht unerheblich divergieren.

[49] Vgl. U. Fohrmann, *Trierer Kulturkampfpublizistik* ... (wie Anm. 47), S. 5.

[50] Vgl. Georg Friedrich Dasbach, *Zur Luther-Feier,* Trier 1883; ders., *Der ländliche Wucher,* Trier 1887; ders., *Die neue Kreis- und Provinzial-Ordnung für die Rheinprovinz,* Trier 1887.

[51] Im *Märkischen Kirchenblatt,* Nr. 1 vom 2. 1. 1904, *An unsere Leser!,* heißt es: „Es wird auch in Zukunft [das Blatt erschien im 47. Jahrgang] unser Bestreben sein, mehr noch als es bisher möglich war, durch gediegene Auswahl des Stoffes den Inhalt so reich als möglich zu gestalten. Ein bewährter Stamm tüchtiger Mitarbeiter ist dem kommenden Jahrgang gesichert. Etwaige Wünsche von seiten unseres Leserkreises wird die Redaktion stets dankbar zur Kenntnis nehmen und nach Möglichkeit zu berücksichtigen suchen. Um aber das Blatt immer auf der Höhe zu halten, bezw. nach Inhalt und Ausstattung immer mehr zu heben, bedürfen wir der treuen Unterstützung unserer Leser. Die Zahl der Katholiken, die unsere Wochenschrift nicht einmal dem Namen nach kennen, ist — selbst in Berlin und der Mark, geschweige in den übrigen deutschen Landen — noch immer sehr groß. Und doch kann eine gute Zeitschrift in katholischen Familien, zumal solchen, deren kirchliches Leben mannigfachen fremdartigen Einflüssen ausgesetzt ist, und unter diesen besonders den Unbemittelten, denen die Auswahl guter Lektüre mangelt, *überaus reichen Segen stiften.*" (Hervorhebungen im Original.)

Zeitungen finden sich bereits früh fest eingerichtete Leserbrief-Rubriken, sie wurden jedoch unterschiedlich intensiv betreut und zeigen qualitativ und quantitativ erhebliche Unterschiede. Zu einem „Diskussionsforum" entwickelte sich die *Deutsche Evangelische Kirchen-Zeitung.* Sie betonte nicht nur wiederholt, daß sie sich abweichenden Meinungen nicht verschließen und sich zugunsten einer „regen" Diskussion engagieren werde, sondern hielt sich auch weitgehend an diese Linie.[52]

Im Laufe der Jahrzehnte verschoben sich der Erfahrungs- und der Erwartungshorizont der innerkirchlichen Kritiker, der Redakteure und der Leserkreise mehrmals. Die verschiedenartigen Verfassungs- und Gesellschaftssysteme sowie die stufenweise errungene Presse- und Informationsfreiheit mußten sich auch auf die Formen und Möglichkeiten der Seelsorge im Bereich der konfessionellen Publizistik auswirken. Der Vorwurf, sie sei zu politisch oder auch zu pastoral und zu konfessionell, wurde von der kirchlichen Hierarchie beziehungsweise von ihr nahestehenden Beobachtern ebenso erhoben wie von etlichen Kollegen. Durchgängig sind Klagen über die Rückständigkeit in der äußeren Gestaltung zu hören, über die Lückenhaftigkeit der Berichterstattung, über die fehlende Aktualität im politischen Teil, über die Unangemessenheit der Sprache und über Abweichungen von der Programmatik. Eine lange Tradition haben auch die Vorwürfe, die konfessionelle Presse sei zu wenig „journalistisch" oder weitgehend nicht „zeitungsgerecht" gemacht, sie unterhalte ein literarisch und künstlerisch armseliges Feuilleton und sie sei in ihrem moralisierenden Grundton unerträglich, da sie sich so gut wie gar nicht bemühe, in diesen Fällen über den innerkirchlichen Raum hinauszudenken.[53]

VII

Zu den theoretischen Überlegungen, die die publizistische Arbeit begleitet und beeinflußt haben, bieten die programmatischen Erklärungen und die Beschreibung der Motive, Aufgaben und Ziele in den

[52] Vgl. *Deutsche Evangelische Kirchen-Zeitung,* Nr. 16 vom 20.4.1889, S. 166: *Zur Lage.*

[53] Vgl. dazu die praxisnahen Hinweise *An unsere Mitarbeiter,* in: *Die Evangelische Kirchen-Zeitung,* 43 (1901), Sp. 1030, in denen auch die Verwendung einer Grammatik empfohlen wird, und den anonymen Artikel *Die katholische Presse,* in: *Das zwanzigste Jahrhundert. Wochenschrift für Politik, Wissenschaft und Kunst,* 7 (18.8.1987), S. 385—388.

Nullnummern oder Gründungsausgaben der Zeitungen und Zeitschriften hervorragendes Material.[54] Einen Höhepunkt der innerkirchlichen Debatten über publizistische und medienpolitische Konzepte markieren die ausgedehnten Diskussionen in der Weimarer Republik.[55] Ihr intellektuelles Format wurde erst wieder in dem Jahrzehnt nach 1945 erreicht.[56] In den vorausgegangenen anderthalb Jahrhunderten

[54] In Bibliotheken und Archiven sind die Nullnummern jedoch oft nicht überliefert. Eine erste Auswertung dieser Materialien findet sich in: Gottfried Mehnert, *Programme evangelischer Kirchenzeitungen im 19. Jahrhundert* (= Evangelische Presseforschung, Bd. 2), Witten 1972.

[55] Hingewiesen sei auf den Sammelband Johann Wilhelm Naumann (Hrsg.), *Die Presse und der Katholik,* Augsburg 1930, und auf die Beiträge von Joseph Eberle, *Die Frage der besten Gestaltung der katholischen Tageszeitung,* in: *Schönere Zukunft,* 3 (1927/28), S. 531—533, 561 f.; Adolf Knobloch, *Katholische Großpresse in [der] Diskussion,* in: *Das Neue Reich,* 12 (1930), S. 712 f.; Friedrich Muckermann, *Katholische Presse und Kulturpolitik,* in: *a. a. O.,* S. 968—970; Karl Werner Bühler, *Presse und Protestantismus in der Weimarer Republik. Kräfte und Krisen evangelischer Publizistik* (= Evangelische Presseforschung, Bd. 1), Witten 1970. Die spezifischen Aufgaben der katholischen Publizistik bestimmte der *Osservatore Romano* am 29. 12. 1927 unter dem Titel *Katholischer Journalismus. Zur Frage der besten Gestaltung der katholischen Tageszeitung*: „*Unter diesen Umständen und mit diesen Aussichten sollte die katholische Presse keinen Augenblick zögern, ihre Position zu beziehen, zu ihren Anfängen zurückzukehren und von neuem an den glorreichen Überlieferungen ihrer Vergangenheit zu lernen.* Bildungspresse zur Erziehung und Aufklärung: das einmal gewesen zu sein und wieder zu werden, ist ihr Charakteristikum. Mit einem industrialisierten, informationsreichen, ja in diesem Bezuge vielleicht sogar objektiven Blatt, das aber keine Persönlichkeit darstellt, ist den Katholiken nicht gedient. Eine solche Zeitung wird immer, mag sie noch so korrekt sein und kontrolliert werden, die Zweideutigkeit, das Mißverständnis und das Durcheinander in Grundsatzfragen aufrechterhalten und in der Chronik Polizeibericht und Gerichtssaal, Modeköniginnen, Box- und Flugchampions, Primaballerinen und den Fragen des kurzen Rockes und der geschnittenen Haare den Vorrang lassen ... Auch die Chronik der Tatsachen gehört ebenso zu seiner Zuständigkeit wie die Doktrinen des Tages, wie die Kunst und die Wissenschaft, wie die Wirtschaft und Politik, weil zu jedem dieser einzelnen Seiten des Lebens der Katholizismus sein Wort zu sagen und eine Lösung zu bieten hat. *Dieses Wort auszulegen, darzustellen, zu beleuchten und auf dem Wege der Überredung seinen Lösungen zur Wirklichkeit zu verhelfen, ist die spezifische Aufgabe des katholischen Journalismus.*“ (Übersetzung von E. M. Kogon; Hervorhebungen im Original.)

[56] Die thematisch breite Diskussion wird nach 1945 in nahezu allen politisch-kulturell orientierten Zeitschriften geführt. Nachdrücklich sei hingewiesen auf: Franz Josef Schöningh/Walter Dirks, *Die Wahrheit und der Weg,* in: *Frankfurter Hefte,* 4. Jg. (1949), S. 53—63; Emil Dovifat, *Begriff und Aufgabe der katholischen Publizistik heute,* in: *Katholisches Leben und publizistische Verantwortung. Vorträge und Referate der I. Internationalen Werkwoche katholischer Publizisten,* Heidelberg 1949, S. 88—102, und

war das Reflexionsniveau unterschiedlich hoch. Seit der Mitte des 19. Jahrhunderts befaßte sich die Kirche mit der zunehmend akzeptierten „Großmacht"[57] Presse und mit der „öffentlichen Meinung" als nicht zu ignorierendem Phänomen auch auf intellektueller Ebene intensiver als zuvor. Die Vorteile einer qualitativ erweiterten Öffentlichkeit und eines vertieften öffentlichen Interesses hatten Kirchenleitung und konfessionelle Publizistik bereits erkannt, weniger bekannt waren die genauen Wirkungen und die weitreichende Intensität dieses Mediums.

Für die meisten Zeitgenossen, ob Seelsorger oder Leser, stellte die konfessionelle Presse in erster Linie ein Instrument der „mannigfaltigen religiösen Erbauung und frommen Belehrung" dar.[58] Ihnen konnte sie bestenfalls eine „zweite Kanzel" sein, von der aus es im übrigen nie darum gehen dürfe, die „Modepresse" nachzuahmen.[59] Neben dem seelsorgerischen erfuhr jedoch von Anfang an auch der amtskirchliche

Walter Hagemann, *Zur Praxis christlicher Publizistik*, in: *a. a. O.*, S. 103—121. Zur evangelischen Kirche siehe den Sammelband Günter Heidtmann (Hrsg.), *Hat die Kirche geschwiegen? Das öffentliche Wort der evangelischen Kirche aus den Jahren 1945—1964*, 3. Aufl., Berlin 1966.

[57] Anonym [Wilhelm Molitor], *Die Großmacht der Presse*, Regensburg 1866.

[58] *Sion*, 13. Jg. (1844), Sonderdruck, S. 1. Zum Selbstverständnis der Publizisten vgl. die Feststellungen in: Christoph Freiherr von Imhoff, *Die Aufgabe des evangelischen Publizisten*, Stuttgart o. J., S. 14: „Entscheidend ist es vielmehr, daß der evangelische Publizist mit der inneren Freiheit eines Christenmenschen die Dinge der Welt zum Besten zu führen bestrebt ist. Das kann nicht oft genug in einer Zeit unterstrichen werden, in der die reformatorischen Kirchen zum ersten Mal seit der Reformation wieder das innere Verhältnis zwischen Kirche und Welt neu entdeckt, neu entschlüsselt und darauf dann auch eine Verantwortung der Kirche für das öffentliche Geschehen begründet haben. Für den Publizisten kann es kraft dieser Auffassung also nur darum gehen, diese Welt so objektiv, so wahrheitsgetreu als möglich zu unterrichten, das heißt also: in die Welt hineinzugehen und in ihr zu wirken, sie im übrigen aber Welt sein zu lassen. Das mag dem einen oder anderen entsetzlich einfach erscheinen. Das wäre es wahrscheinlich auch, wenn dieser evangelische Publizist nicht täglich und stündlich in seiner Arbeit mit einer ganz anderen Auffassung konfrontiert wäre, nämlich dem Nachrichtenverständnis der römisch-katholischen Kirche. Ihm kommt es darauf an, diese Welt mit Hilfe der Publizistik zu verkirchlichen, durch die Publizistik also den Alleinanspruch der katholischen Kirche gegenüber dieser Welt zur Geltung zu bringen. Das versteht sich nun einmal aus der Lehre dieser Kirche. Dazu kommt die Erziehung des katholischen Publizisten in dieser Lehre, sein ständiger Rückhalt an dieser Lehre und an seiner Kirche; alles entscheidende Momente, die ihm das Wesen einer Zeitschrift, das Wesen einer Zeitung anders erscheinen lassen als seinem evangelischen Kollegen."

[59] J. Eberle, *Die Frage* ... (wie Anm. 55), S. 532, polemisiert zum Beispiel scharf gegen die „geistig-moralischen Bordelle der Generalanzeigerpresse".

Aspekt eine überdurchschnittliche Beachtung bei Journalisten und Kirchenleitungen, die der konfessionellen Publizistik auch die Funktion eines „Sprachrohrs“ der kirchlichen Hierarchie zubilligten. Idealistisch-optimistische Betrachter sahen in der Publizistik sogar ein Forum für den Dialog innerhalb der Kirche und mit der jeweiligen Umwelt. Mit dieser Entwicklung hatten sich die evangelische und katholische Publizistik als wichtige Teilstücke ihres innerkirchlichen Kommunikationswesens etabliert. Die seelsorgerischen Gesichtspunkte, die Caritas und sämtliche Verkündigungsleistungen dieses publizistischen Belehrungs- und Erziehungsmittels dominierten gegenüber der Nachrichten-Dimension im politischen und sozialen Feld.

Bislang zeichnet sich in der Forschung zur evangelischen Publizistik des 19. Jahrhunderts ein Bild ab, das die journalistische Vertretung der divergierenden kirchenpolitischen Richtungen in den Grundlinien spiegelt. Als wichtigste Repräsentanten sind zu nennen: Ernst Wilhelm Hengstenberg (1802—1868), Otto Zöckler (1832—1906) und Otto Holtzheuer (1846—1906) mit der *Evangelischen Kirchen-Zeitung*, Christoph Ernst Luthardt (1823—1902) mit der *Allgemeinen (evangelisch-)lutherischen Kirchenzeitung* und schließlich Adolf Stoecker (1835—1909) mit der *Deutsch-Evangelischen Kirchenzeitung* beziehungsweise Ernst Bunke (1866—1937 [?]) seit 1912 mit der *Reformation*. Bei genauerer Betrachtung ergibt sich jedoch ein nuancenreicheres Bild als bisher: Die weitere Differenzierung der kirchenpolitischen und theologischen Strömungen wurde von der konfessionellen Tagespresse — im Unterschied zum Zeitschriftenwesen und zur Pamphletistik — nur noch unzureichend wahrgenommen. Die deutlichste Reflexion kirchenpolitischer Strömungen läßt sich in der konfessionellen Flugschriftenliteratur nachweisen, die auf stark popularisierende, auf öffentliche Wirkung angelegte Reduktionen setzte. Sie erzielte damit anhaltende Erfolge. Apologetische und nationalprotestantische Auffassungen rückten seit der Jahrhundertwende in den Vordergrund.[60] Diese Sicht repräsentiert die programmatisch zu verstehende Kundgebung des Deutschen Evangelischen Kirchenausschusses an das deutsche evangelische Volk von 1903, in der es heißt: „Seit hundert Jahren hat der deutschen evangelischen Christenheit ein äußeres Band ihrer Zusam-

[60] Vgl. dazu Karl-Egon Lönne, *Politischer Katholizismus im 19. und 20. Jahrhundert* (= Neue Historische Bibliothek, Edition Suhrkamp, Bd. 264), Frankfurt a. M. 1984, und B. Wiegand, *Krieg* ... (wie Anm. 3), S. 399.

mengehörigkeit gefehlt ... Zu gleicher Zeit hat die katholische Kirche sich in Deutschland kraftvoll zusammengeschlossen ... Was wir anstreben, ist nicht eine kirchliche Neugestaltung nach Art eines weltlichen Reiches ... Aber es gibt gemeinsame Interessen — die wollen wir fördern; gemeinsame Güter — die wollen wir wahren; gemeinsame Not — der wollen wir wehren ... Wir lieben den Frieden und wollen wahrhaftig die Kluft, die unser Vaterland auf religiösem Gebiete durchzieht, nicht erweitern. Aber wenn die Ehre unserer evangelischen Kirche öffentlich geschmäht wird, so soll es in Zukunft nicht von ungewissen Umständen abhängen, ob und wie dem begegnet wird — wir werden auf dem Plan sein, um sofort dem entgegenzutreten."[61]

Im Gegensatz zur evangelischen Publizistik vermochte die katholische erheblich mehr zur Bildung einer in der Kirche weithin akzeptierten Meinung, zur Stärkung einer Fronde und auch zur innerkirchlichen Integration beizutragen.[62] Die Zeitschriften, Tageszeitungen oder die Diözesanblätter erfüllten dabei ebenso entschieden Aufgaben der Mission und der Verkündigung wie der Abwehr gegenüber den zumeist in apologetisch-polemischer Form vorgetragenen Angriffen von außen. Die vom Kulturkampf bestimmten siebziger und achtziger Jahre ließen die Zahl der Zeitungen und Zeitschriften sprunghaft anwachsen: von 20 im Jahr 1865 auf 120 im Jahr 1873 und auf mehr als 270 Ende der siebziger Jahre.[63] Bald rührte sich innerkatholische Kritik an dieser teuren „Aufblähung": Die „große Zahl" führe nicht zwangsläufig zu einer stärkeren Verbreitung des Glaubens, ja nicht einmal zu einer Festigung des status quo.

Ein Vergleich der Situation in den beiden Konfessionen ergibt, daß der innere Zusammenhalt und die gesellschaftliche Integration im katholischen Bereich ausgeprägter waren als im protestantischen. Gleichzeitig entstand in der katholischen Publizistik eine festere Abwehrfront gegen die „schlechte Presse". Sie wandte sich entschiedener gegen die weithin erfolgreichen antikirchlichen und glaubensfeindlichen

[61] Zit. nach: *Allgemeines Kirchenblatt für das evangelische Deutschland,* [10. XI.] 1903, S. 549f.

[62] Diese Funktion wurde u. a. herausgearbeitet von Hermann Baumhauer, *Die Anfänge der katholischen Presse im Elsass. Der Weg zur katholisch-politischen Meinungszeitung,* Phil. Diss., München 1939; gedruckt: Konstanz 1939.

[63] Angaben nach: Hans Joachim Reiber, *Die katholische deutsche Tagespresse unter dem Einfluß des Kulturkampfes,* Phil. Diss., Leipzig 1930, S. 136—140 (mit Auflagenhöhen und Abonnentenzahlen).

Kräfte in der nicht-konfessionellen und in der evangelischen Publizistik. Diese sei vom Juden- und Heidentum, vom Sozialismus und Kommunismus, vom Amerikanismus oder Kapitalismus und Liberalismus bestimmt. Der Kampf um den Arbeiter[64] müsse entschieden und kompromißlos geführt werden, seitdem sich die offenbarungsfeindlichen, irreligiösen, revolutionären und destruktiven Ansichten zunehmend auch in den unteren Volksschichten verbreitet hätten.[65] Das Vorgehen der Konkurrenz, der evangelischen Publizistik, wurde in der *Germania* wiederholt kritisiert mit Feststellungen wie: „Eine Polemik der Unwissenheit und der Unehrlichkeit ist es, welche der Protestantismus von jeher gegen die katholische Kirche geführt hat ... Unwissenheit und Unehrlichkeit waren auch die hauptsächlichen Mittel, durch welche in der nachreformatorischen Zeit das ‚odium Papae‘ im Herzen des protestantischen Volkes lebendig erhalten und die protestantische Polemik bis in die Gegenwart hinein ihr friedestörendes Gewerbe fortzuführen verstanden hat."[66]

VIII

Für den langfristigen Erfolg der konfessionellen Presse war die finanzielle, organisatorische und ideelle Unterstützung durch Vereine in der Art von Bibel- und Volksschriftenvereinen, durch konzeptionell brei-

[64] Dieser Aufgabe — Verringerung der Religionslosigkeit und der Anziehungskraft sozialdemokratischer Parolen — widmete sich vorrangig der von 1879 bis 1900 wöchentlich erscheinende *Berliner Arbeiterfreund* mit seinem hohen Anteil zielgruppenbezogener Beiträge. Sein politisch-wirtschaftlicher Teil war umfangreicher als der des Durchschnitts. Die Auflage stieg von 3400 (1881) auf rund 100000 (Anfang der neunziger Jahre). Vgl. dazu die Angaben in den *Mitteilungen des Vereins zur Verbreitung christlicher Zeitschriften*, hrsg. vom Christlichen Zeitschriftenverein, Bd. 3, Nr. 15 (April 1884), S. 213, und Bd. 6, Nr. 36 (Oktober 1887), S. 283.

[65] Wilhelm Fahlbusch, *Evangelische Kirche und Arbeiterschaften* (= Vorlagen, Bd. 16), Hannover 1984.

[66] *Germania* vom 29. 5. 1887. Und im *Badischen Beobachter* hieß es in Nr. 185 (1889) unter Anspielung auf die herausragende Stellung Friedrich Wilhelm Thümmels im „Evangelischen Bund" unter der Überschrift *Die Bedeutung der Thümmelei:* „Wo der ruhig denkende Teil (des Protestantismus) mit Bewunderung (zum Katholizismus) hinaufblickt, schauten sie (die Mitglieder des „Evangelischen Bundes") mit der Brille des Fanatismus voller Haß und Scheelsucht hinan ... Endlich glaubten die Führer der Fanatiker sich zur Tat aufraffen zu sollen; wie zu Christi Zeit die Schriftgelehrten und Pharisäer den ‚Pharisäischen Bund‘, so gründeten sie den ‚Evangelischen Bund‘, dessen Bestimmung offenbar die Hetze gegen den Katholizismus ist ... ‚Gegen Rom‘ war die

ter ausgerichtete Verbände[67] und durch spezielle Preßvereine bedeutsam. Auch hierbei zeigte sich im Protestantismus eine verspätete, leicht phasenverschobene Entwicklung. Den entscheidenden Anstoß gab der „Evangelisch-soziale Preßverband für die Provinz Sachsen" (1890). Er stellte die „Pressearbeit" in den Vordergrund und versuchte, Fragen konfessioneller Mission, Polemik und Apologie zurückzudrängen, um die evangelische Kirche aus ihrer „Aschenbrödelstellung" herauslösen zu können.[68] Die konfessionelle Publizistik konzentrierte sich in den folgenden Jahren nicht zuletzt mit Hilfe ihrer Preßverbände auf das Generalthema der Zeit, die soziale Frage. Nicht selten verbanden sich soziale und missionarische Bestrebungen, mitunter auch Erweckungsmotive, im publizistischen Einzelfall eng miteinander.

Obwohl im „Evangelischen Preßverband für Deutschland" auf Provinzialebene bereits seit zwanzig Jahren zahlreiche Verbände existierten, konnte August Hinderer erst 1910 eine wirkungsvolle Dachorganisation schaffen. Zu dieser Zeit verfügte die katholische Kirche mit dem mehr als dreißig Jahre zuvor gegründeten „Augustinus-Verein zur Pflege der katholischen Presse" über eine gut organisierte Institution, die in der Auseinandersetzung mit den „von Tag zu Tag schädlicher werdenden kirchenfeindlichen Blätter(n)" die Oberhand zu gewinnen suchte.[69] Den Augustinus-Verein leitete folgender Grundsatz: „... da

Devise, unter der sich ungläubige, altgläubige und orthodoxe Protestanten zusammenfanden ... Das Werk, das der staatliche Kulturkampf nicht durchzuführen vermochte, wollte der ‚Bund' zu Ende kriegen."

[67] Vgl. dazu die Hinweise von Margaret Lavina Anderson, *Windthorsts Erben. Konfessionalität und Interkonfessionalismus im politischen Katholizismus 1890—1918,* in: W. Becker/B. Morsey, *Christliche Demokratie...* (wie Anm. 14), S. 85 ff., und Dieter Fricke (Hrsg.), *Die bürgerlichen Parteien in Deutschland. Handbuch der Geschichte der bürgerlichen Parteien und anderer bürgerlicher Interessenorganisationen vom Vormärz bis zum Jahr 1945,* 2 Bde., Leipzig 1970, passim. Dabei ist zu beachten, daß in der wissenschaftlichen Diskussion der öffentliche Einfluß etlicher Vereine und Verbände oftmals falsch eingeschätzt wird. Margaret L. Anderson erwähnt für den interkonfessionellen Bereich die „Gesellschaft für Sozialreform" und für den katholischen den „Volksverein für das katholische Deutschland", der mit seinen mehr als 800 000 Mitgliedern in der einschlägigen Literatur übersehen oder nur am Rand beachtet wird. *A. a. O.*, S. 90.

[68] Siehe dazu die vertrauliche Informationsschrift des Sekretärs des Preßverbandes P. Swierczewski, *Evangelische Preßbestrebungen und Hoffnungen im Jahre 1907* und *Jahresbericht des evangelisch-sozialen Preßverbandes für die Provinz Sachsen, das Herzogtum Anhalt und Thüringen,* auszugsweise gehalten auf der Generalversammlung in Magdeburg am 2. Juni 1908, 2. Aufl., Halle/S. 1908.

[69] Wilhelm Kisky, *Der Augustinus-Verein zur Pflege der katholischen Presse von 1878*

die Bedürfnisse und Ansprüche gebildeter Leser andere sind, als diejenigen des gemeinen Mannes, so ist dafür zu sorgen, daß allenthalben in Deutschland durch Tagesblätter ersten und zweiten Ranges diesen verschiedenen Bedürfnissen und Ansprüchen Abhilfe gewährt werde."[70] Und weiterhin hieß es in dem Gründungsbeschluß: „Die Geldunterstützung, welche man einem Tagesblatt zuwendet, wird nur auf so lange gewährt, als dasselbe nicht eine solche Zahl von Abonnenten besitzt, um aus der Abonnentenrente seinen Bedarf vollkommen zu decken und ebenso vermindert sich die Subventionssumme nach dem Maß des steigenden Abonnements."[71]

Ein Indiz für den hohen Stellenwert, der der konfessionellen Presse zukam, liefern neben den Aktivitäten der Vereine und Verbände die Anträge, Diskussionen und Beschlüsse der Kirchentage und Generalversammlungen, die sich als zunehmend selbstbewußter agierende politische Vertretung der evangelischen oder katholischen Kirche verstanden. Auf der 29. Generalversammlung der Katholiken in Frankfurt 1882 erklärte einer der Referenten: „Der Culturkampf ist über Deutschland dahingebraust, er hat das katholische Volk aufgeweckt ... Nun fragen wir uns: Wer hat denn diese Siege erkämpft? Gewiß der Clerus und das Volk! Aber wer hat dem Clerus und dem Volke beigestanden? Ist es nicht unsere gute katholische Presse? Hat sie nicht ihre Schuldigkeit gethan im Norden wie im Süden, im Osten wie im Westen? ... Man konnte einmal die Frage erörtern, ob denn eine katholische Presse notwendig sei; doch grau ist alle Theorie — die Praxis hat uns gezeigt, wie brauchen eine Presse, und Gott sei Dank, wir haben eine Presse!"[72]

IX

Eine lebhafte innerkirchliche Kritik hat die Entstehung und den Ausbau der konfessionellen Publizistik über die Jahre hinweg konstruktiv gefördert. Larmoyanz und Selbstanklage fehlten dabei nicht —

bis 1928. Festschrift zum goldenen Jubelfest, im Auftrag des Vorstandes bearb., Düsseldorf 1928; vgl. dazu die programmatischen Erklärungen von 1878, Anhang, passim.

[70] *Was ist und will der Augustinus-Verein? Eine kurze Geschichte des Vereins,* 3 Teile, in: *Augustinusblatt,* Nr. 5, S. 45—46; Nr. 8, S. 64—66; Nr. 10, S. 77—79, mit Abdruck des 1. Statuts.

[71] *Ebda.*

[72] *Bericht über die 29. Generalversammlung der deutschen Katholiken 1882,* Berlin 1883, S. 102 (Referent war Georg Schmidt).

sie waren sogar an der Tagesordnung, dürfen jedoch nicht überschätzt werden, da derartiges im publizistischen Bereich weit verbreitet ist —, insgesamt haben die selbstkritischen Äußerungen der kirchlichen Fachleute mehr bewirkt als die äußeren, zumeist polemisch vorgetragenen Angriffe. Die Kritiker notierten wiederholt, daß die kirchliche Tagespresse im Unterschied zur Zeitschriften- und Broschürenpublizistik die Aufnahmefähigkeit des Publikums nicht immer richtig eingeschätzt und seine Interessen mitunter sogar auffallend stark vernachlässigt habe. Die Quellen bestätigen den Verdacht einer gewissen Mißachtung, zumindest einer geringen Achtung der häufig für etwas töricht gehaltenen Leserschaft. Des weiteren wurde vorgebracht, daß die Redakteure in religiöser und fachlicher Hinsicht nicht genügend ausgebildet seien, daß sie von Minderwertigkeitskomplexen im Kreis der Journalisten ebenso geplagt seien wie innerhalb der Kirche, die sie offenkundig nicht voll akzeptiere. Die schwierige Situation der Verleger im Dauerkonflikt zwischen kommerziellen Überlegungen, publizistischen Intentionen und einer theologisch-ethisch bestimmten Verantwortung wurde ebenfalls kritisch reflektiert; zu überzeugenden Lösungsvorschlägen kam es jedoch nicht.

X

Ein abschließender Blick auf die Gesamtentwicklung der konfessionellen Publizistik im 19. Jahrhundert soll auf Desiderata hinweisen und in Anregungen für künftige Forschungsbemühungen münden. In seinen *Politischen Wahrheiten* hatte der Staatsrechtler Friedrich Carl von Moser 1796 konstatiert: „Publicität ist das große Losungswort unserer Tage" und zugleich die Frage gestellt, „warum sollte nicht die Publicität der Canzel eine besondere Beleuchtung verdienen?"[73] Vor dem Hintergrund seiner unmittelbaren Erfahrung mit der Französischen Revolution schien im das enge Verhältnis von Kirche und Öffentlichkeit und dabei das von kirchlicher Predigt und Presse als naturgegeben.

Von dieser Überzeugung ausgehend, ließen sich mit gutem Recht die Grundzüge einer Darstellung der konfessionellen Publizistik bis zum Ende des Ersten Weltkrieges skizzieren. Die „Publicität" ist von den

[73] Friedrich Carl von Moser, *Politische Wahrheiten*, Bd. 2, Zürich 1796, S. 178; vgl. auch seinen Beitrag *Publizität (geschrieben im Dec. 1791)*, in: Friedrich Carl von Moser, *Neues Patriotisches Archiv für Deutschland*, Bd. 1 (1792), S. 519—527.

Kirchen nach anfänglicher Zurückhaltung als das große Losungswort des Jahrhunderts anerkannt worden. In der Praxis haben beide Kirchen in ihrem kommunikationspolitischen Umfeld und im weiteren journalistischen Bereich Grundelemente der Information, der Seelsorge und der Kritik an der „schlechten Presse" gestärkt. Möglichst anspruchsvolle Orientierung über aktuelle Themen sollte erzielt werden; Wissen und Bildung sollten mit kirchlichen, religiösen und moralischen Interessen vereinbar sein.[74] Im zeitlichen Ablauf der kirchlichen Eroberung der bürgerlichen, der „modernen" Öffentlichkeit zeigen sich zwischen den Konfessionen auf der organisatorischen, methodischen und inhaltlichen Ebene Unterschiede. Die von einem geistigen Zentrum aus operierende, stärker reglementierte und hierarchisch dirigierte katholische Publizistik — sie operierte lange Zeit aus einer Position der Bedrohung heraus[75] — war in der Wirkung, in der integrierenden Kraft,

[74] Vgl. dazu die programmatischen Äußerungen Paul Martin Rades in der Probenummer der *Christlichen Welt* (*Evangelisch-lutherisches Gemeindeblatt für die gebildeten Glieder der evangelischen Kirchen*) vom 1. 1. 1887 — sie wurde als Nr. 1 gezählt —, in denen es heißt, man wolle nicht für die Theologen, sondern für die Gebildeten und Interessierten in der Gemeinde schreiben: „Der Kundige traut oft seinen Augen kaum, wie der unschätzbare Dienst, welchen der Kirche eine aufrichtige und gewissenhafte Forschung leistet, verkannt wird und wie Untersuchungen, die den Kern des Christentums gar nicht berühren, als lebensgefährlich für den Glauben der Gemeinde hingestellt werden. Laien urteilen da auf Grund tendenziöser Ausschnitte, die ihre politischen (oder kirchenpolitischen) Zeitungen ihnen auftischen, schnell ab, ohne nur eine Ahnung zu haben von den Problemen, um die es sich handelt und von den festen religiösen Positionen, die etwa mit scheinbarer Negation sich verbinden. Zugegeben, daß mancher bei seinem Forschen und Sinnen Kirche, Christus und Gott vergessen kann, so sollte doch auch ein wissenschaftlich arbeitender Christ von seinen Brüdern und Schwestern erwarten dürfen, daß man ihn nicht ungehört verdamme, und zuvor sich ein wenig mühe ihn zu verstehen." (*A. a. O.*, S. 4.)

[75] Die Motive und Intentionen einer protestantischen „Gegenbewegung" lassen sich aus der vertraulichen Denkschrift entnehmen, die 1886 von Nippold und Beyschlag initiiert bzw. inhaltlich entscheidend gestaltet worden ist: „Es läßt sich nicht verkennen, daß die Lage der evangelischen Angelegenheiten in Deutschland derzeit eine in hohem Grade ungünstige und gefährdete ist. Die deutschen Regierungen haben die im Vatikanischen Konzil neukonstituierte Kirche als die rechtsbeständige katholische tatsächlich anerkannt und den anfänglichen Versuch, die Wirksamkeit derselben im Interesse des Gemeinwohls mit bestimmten Schranken zu umgeben, so gut wie völlig aufgegeben. Damit ist den vatikanischen Prinzipien nun erst die ungehemmte Entfaltung auf deutschem Boden eröffnet." Und: „Es wurde vor allem gedacht an eine planmäßige Konstatierung und Veröffentlichung evangelischen Rechts, aller unter dem Mantel der Parität geschehenen Imparitäten, aller Übergriffe der römischen Kirche und falschen Konnivenzen gegen dieselben." Die Denkschrift findet sich bei Willibald Beyschlag, *Zur*

der evangelischen letztlich überlegen. Die evangelischen Vereine haben ebenfalls weniger stark kontrollierend oder bevormundend als die katholischen wirken können, nicht zuletzt, weil es ihnen an einem ähnlich gut entwickelten publizistischen Instrumentarium mangelte. Sie hatten sich deshalb stärker auf Reaktion und Abwehr einzulassen und damit auf den um ein Vielfaches beschwerlicheren Weg, der allmählich auch zu einer ethischen Durchdringung der Inhalte in der nichtkonfessionellen Publizistik führen sollte.

Auf drei Sachverhalte ist abschließend aufmerksam zu machen:

1. Studien zur konfessionellen Publizistik im 19. Jahrhundert könnten mit einem größeren Gewinn betrieben werden, läge eine bibliographische Zusammenstellung der Quellen vor, die die Vielfalt des Gegenstandes dokumentieren und dem Bearbeiter mit der Angabe der Fundstelle in Archiven und Bibliotheken die oftmals nur fragmentarisch und verstreut überlieferten Bestände leichter zugänglich machen könnte. Ein weiteres grundlegendes Hilfsmittel stellte die Erfassung sämtlicher technischer, biographischer, sachlicher und redaktioneller Daten zur konfessionellen Publizistik in Form eines Handbuches dar, das nach dem Muster der Bibliographie von Rudolf Pesch alle Informationen bis hin zu Auflagenhöhe, Preis und regionaler Verbreitung im knappen Überblick präsentieren müßte.[76] Von einer mehrbändigen Quellen- und Dokumentensammlung zur konfessionellen Publizistik dürften ebenfalls neue Impulse für die Forschung ausgehen. Die knapp, aber kenntnisreich kommentierten Dokumentenbände *Staat und Kirche in Deutschland* von Ernst Rudolf Huber oder zumindest die bescheidener angelegte und thematisch engere Dokumentation von Gottfried Mehnert[77] könnten dafür Vorbilder sein.

2. Zu den Forschungsdesiderata gehören systematische Untersuchungen über den Umfang, die Bedeutung, die soziokulturellen Wirkungen der konfessionellen Publizistik auf lokaler und regionaler Ebene. Für eine Studie über die Berliner Verhältnisse dürfte sich die Quellenlage als nicht ungünstig erweisen. Vergleichende Untersuchungen über die publizistisch-journalistischen Diskussionen und Stellungnahmen der Kirchentage und Generalversammlungen könnten tiefere Aufschlüsse über das kritische Bewußtsein und das Urteilsvermögen,

Entstehungsgeschichte des Evangelischen Bundes, Berlin 1926, S. 15—26, hier S. 15 und S. 22.

[76] Vgl. R. Pesch, *Die kirchlich-politische Presse* ... (wie Anm. 12).

[77] G. Mehnert, *Programme* ... (wie Anm. 54).

aber auch den Einfalls- und Gedankenreichtum der kirchlichen Repräsentanten und der Betroffenen erbringen. Zu den lohnenden Aufgaben gehört auch die systematische Erarbeitung des bislang nur fragmentarisch behandelten Verbands-, Verlags-, Vertriebs- und Finanzierungswesens in seinem Verhältnis zur konfessionellen Publizistik.[78]

3. Schließlich sind vergleichend angelegte Studien über die Verschiebungen der publizistischen Zielsetzungen und über die sich verändernden Funktionen der Presse im Verlauf der politischen und soziokulturellen Entwicklungen nötig. Sie müssen durch Biographien ergänzt werden, denn ein charakteristisches Merkmal der konfessionellen Publizistik ist ihr „Persönlichkeitsjournalismus". Er fand seine stärkste Ausprägung in Zeitschriften und Broschüren. Außerdem wären Arbeiten über die jeweiligen Leserschichten und ihre Rezeptionshaltungen wünschenswert, die das ganze seelsorgerische und soziale Spektrum berücksichtigen.[79] Sie hätten das Augenmerk auf Profession und Bildung zu richten — in der Frühzeit geht es zuerst einmal um die Lesefähigkeit —, auf die Geschlechts- und Altersstruktur, auf den Lebens- und Arbeitsraum, denn es ist nicht zu übersehen, daß zum einen die Publikationen für die ländliche Leserschaft fast ausnahmslos in der Stadt und von Städtern geschrieben wurden und zum anderen die Wirkungen der konfessionellen Publizistik in der Diaspora ungleich höher einzuschätzen sind, als in der Mehrzahl aller Gemeinden. Auf den regionalen oder lokalen Ebenen sind auch wichtige Aufschlüsse über die interkonfessionellen Auseinandersetzungen zu erlangen, nämlich über die Behandlung der sogenannten Mischehen, über das Simultanschulwesen oder über die Vorwürfe der Proselytenmacherei.[80]

[78] Dazu gehören auch die unbeachtet gebliebene Wirtschafts- und Sozialgeschichte der konfessionellen Publizistik im engeren Sinne.

[79] Erste Hinweise finden sich in: Rudolf Schenda, *Die Lesestoffe der Kleinen Leute. Studien zur populären Literatur im 19. und 20. Jahrhundert* (= Beck'sche Schwarze Reihe, Bd. 146), München 1976.

[80] Willibald Beyschlag, *Aus meinem Leben. Erinnerungen und Erfahrungen der jungen Jahre*, [1. Teil], 2. Aufl., Halle 1896, S. 477f., formulierte zu den Vorgängen, die er mit den Begriffen „Kriegszustand" und „Kriegsführung" umschrieb: „Es gibt eine Toleranz, welcher die stumpfsten protestantischen Waffen die liebsten sind; die am zufriedensten wäre, wenn wir unser Schwert ganz wegwürfen. Sie setzt sich mit der Redensart ‚Wir glauben all' an Einen Gott' hinweg über eine Gewissensfrage, der unsre Väter Gut und Blut geopfert haben; sie verleugnet auch unter der Hand einmal das evangelische Bekenntnis, weil es so behaglich ist, an dem Feuer der Kriegsknechte, die den Herrn gebunden halten, sich die Hände zu wärmen. Aber wenn irgend ein herzhaftes Wort,

Die konfessionelle Publizistik ist im 19. Jahrhundert ein Mittel der inneren Mission gewesen und damit — ob nun gewollt oder nicht — zugleich ein aussagekräftiges Indiz für die Nähe oder Ferne der Kirchen zu den Veränderungen in der Gesellschaft. Dennoch „wird die Information in der kirchlichen Publizistik immer nur indirekt ‚verkündigen' können. Sie wird Information über den christlichen Glauben, über die Kirche und deren Begebenheiten, nicht Information über Christus, sondern über die Christen sein können."[81] Diese Zielsetzungen und die darin angelegte Begrenzung sollten nicht übersehen werden. Otto Zöckler hat bereits 1870, also noch vor seiner Herausgebertätigkeit für die *Evangelische Kirchenzeitung* (1882—1892), die Kirche aufgefordert, „die modernen Communicationsmittel ... auf christliche Weise" zu nutzen. Mahnend hat er dem hinzugefügt: „Wichtiger freilich, als alle diese Versuche zur Nutzbarmachung der Presse für christliche Zwecke, scheint uns, daß man dabei stets im Auge behalte, daß die Presse doch *immer nur Ein* Hauptlebensgebiet ist, mittels dessen sich auf die Menschheit unsrer Zeit einwirken läßt ... Die Presse ist ein mächtiger, aber keineswegs ein *all*mächtiger Factor unsres gegenwärtigen öffentlichen Lebens."[82]

eine gewissenhafte That der Abwehr ausgeht, dann erhebt sie ihr Zetergeschrei. Mit dieser Toleranz, meine Freunde, wollen wir nichts gemein haben ..."

[81] Ernst-Albert Ortmann, *Motive evangelischer Publizistik. Programme der Gründerzeit als Frage an die Theologie,* Witten 1969. Vgl. dazu die Betrachtungen G. Heidtmanns über den funktionellen Charakter der Information in der konfessionellen Publizistik, die er in *Evangelische Presse heute,* München 1966, S. 29—37, angestellt hat.

[82] Abgedruckt in: Otto Zöckler, *Erinnerungsblätter,* Gütersloh 1906, S. 86 (Hervorhebungen im Original).

Die evangelische Kirchenpresse Berlins

Ein Rückblick auf ihre Geschichte

FRIEDRICH WEICHERT †

Das Konferenzthema beschränkt die vorzutragenden Studien auf den engen Zeitraum vom ausgehenden 19. bis zum beginnenden 20. Jahrhundert, eine Zeit, in der die Tradition der bestehenden kirchlichen Presseorgane unter nur geringfügig veränderter Zielsetzung weitergeführt wird. Ein Blick auf die Geschichte der evangelischen Publizistik Berlins bringt indes eine bemerkenswerte Entwicklung zum Vorschein: Die religiösen Motive, die in der Reformationszeit die ersten öffentlichkeitswirksamen Massendrucke entstehen ließen, reichen nur zum Teil und mit verschiedener Intensität in das 17. und 18. Jahrhundert hinüber. Dennoch erlöschen sie nicht, sondern können sich in den ersten acht Jahrzehnten des 19. Jahrhunderts eindrucksvoll entfalten. Diese Entwicklung wird im folgenden in ihren Grundzügen vorgestellt.

I

Anfänge des evangelischen Pressewesens in Berlin

Die ersten Massendrucke entstanden im 16. Jahrhundert, im Zusammenhang mit dem Aufbruch der Wittenberger Glaubensbewegung.[1] Diese artikulierte sich auf der populären Ebene — unter Anwendung der aufkommenden Drucktechnik — in Flugblättern und Flug-

[1] Vgl. Karl Schottenloher, *Flugblatt und Zeitung. Ein Wegweiser durch das gedruckte Tagesschrifttum*, Bd. 1: *Von den Anfängen bis zum Jahr 1848*, Berlin 1922, Nachdruck, neu hrsg., eingel. u. erg. von Johannes Binkowski, München 1985, S. 48; Gerhard E. Stoll, Artikel *Evangelisches Pressewesen*, in: *Staatslexikon. Recht, Wirtschaft, Gesellschaft*, hrsg. von der Görres-Gesellschaft, 7., völlig neu bearb. Aufl., 5 Bde., Freiburg-Basel-Wien 1985 ff., hier Bd. 2, S. 518 ff.

schriften, die mit ihren Informationen über den jeweils neuesten Stand der konfessionellen Auseinandersetzungen und mit ihren Angriffen auf die unduldsamen Inhaber der kirchlichen und politischen Gewalt viele wahrheitsuchende Menschen zu fesseln wußten. Es waren also religiöse Kräfte, die diese ersten öffentlichkeitswirksamen Massendrucke hervorbrachten; die Flugblätter und Flugschriften entstanden zum größten Teil unter dem Eindruck der flammenden Aufrufe Luthers.[2]

Die älteste Berliner Zeitung erschien 1617, nur acht Jahre nach der ältesten deutschen Zeitung überhaupt.[3] Das Informationsnetz dieses ältesten Berliner Presseorgans spannte sich schon früh über mehrere europäische Länder.[4] Das auch im Ausland gelesene Wochenblatt zeigte eine entschieden evangelische Haltung, die kirchenpolitisch motiviert war. Berichtet wurde über konfessionelle Ereignisse, dabei stand die Taufe des Großen Kurfürsten an erster Stelle.[5] Die Preußische Staatsbibliothek gab 1928 handgeschriebene Informationstexte von 1626 als angeblich „älteste Berliner Zeitung" heraus. Diese ebenfalls als Wochenblatt erschienenen Texte beschrieben vor allem die Vorgänge des Dreißigjährigen Krieges. Die Kirche erscheint nur als „Nebenschauplatz" des Krieges, von den Schäden, die sie damals erlitten hat, wird nur ein Bruchteil erwähnt.[6]

Im 18. Jahrhundert entstand in Berlin nur eine theologische Zeitschrift; sie kam vom rationalistischen Kirchenflügel und trug den seltsamen Namen *Terumot hanedabah oder freywillige Hebopfer von aller-*

[2] Vgl. K. Schottenloher, *Flugblatt...* (wie Anm. 1), S. 66.

[3] Vgl. Walther G. Oschilewski, *Berlins älteste Zeitung. Marginalien zu ihrer Geschichte,* in: *Der Bär von Berlin,* 6. Jg. (1956), S. 137; Friedrich Ege, *Die älteste Berliner Zeitung,* in: *Brandenburgia. Monatsblatt der Gesellschaft für Heimatkunde und Heimatschutz in der Mark Brandenburg,* 42. Jg. (1933), S. 72; K. Schottenloher, *Flugblatt...* (wie Anm. 1), S. 235 f.; Arno Scholz/Walther G. Oschilewski, *Marginalien zur Berliner Zeitungsgeschichte,* Berlin 1963, S. 45.

[4] Vgl. Otto Heinemann, *Zur Geschichte der ältesten Berliner Zeitungen,* in: *Forschungen zur brandenburgischen und preußischen Geschichte* (= Neue Folge der *Märkischen Forschungen* des Vereins für Geschichte der Mark Brandenburg), 17. Jg. (1904), S. 216.

[5] Vgl. Emil Dovifat, *Das publizistische Leben,* in: Hans Herzfeld (Hrsg.), *Berlin und die Provinz Brandenburg im 19. und 20. Jahrhundert* (= Veröffentlichungen der Historischen Kommission zu Berlin, Bd. 25), Berlin 1968, S. 754 f.; W. G. Oschilewski, *Berlins älteste Zeitung...* (wie Anm. 3), S. 145 f.

[6] Vgl. Preußische Staatsbibliothek (Hrsg.), *Die älteste Berliner Zeitung. Fragmente der Berliner Wochenzeitung von 1626,* Berlin 1928, S. 13: Artikel *Auß Erffurt vom 20. Martij, Anno 1626,* und Artikel *Auß Westphalen vom 26. Martij.*

hand in die Theologie lauffenden Materien. Ihr Herausgeber war der Berliner Propst Johann Gustav Reinbeck, ursprünglich ein Pietist aus dem Schülerkreis August Hermann Franckes in Halle, der in Berlin ein entschiedener Anhänger der Aufklärung wurde.[7] Seine Zeitschrift erlangte keine große Bedeutung, nach fünfzehnjährigem Bestehen wurde sie im Jahre 1730 eingestellt.[8] Das Fehlen einer konservativen Kirchenpresse im evangelischen Berlin des 18. Jahrhunderts ist im Rationalismus und im rationalistisch geprägten Staatsjournalismus begründet. Ihre Vertreter wollten eine eigenständige Kirchenpresse nicht aufkommen lassen.[9] Doch der konservative Einfluß blieb spürbar, ausgehend von Wittenberg, wo schon 1701 die erste konservative evangelische Zeitschrift Deutschlands erschienen war, Valentin Ernst Löschers *Unschuldige Nachrichten von alten und neuen theologischen Sachen.*[10] Mit seiner Verteidigung der lutherischen Lehre gegenüber der einflußreichen areligiösen Richtung des Rationalismus hat Löscher den schwachen konservativen Kräften des evangelischen Berlin eine gewisse

[7] Vgl. Walter Wendland, *Siebenhundert Jahre Kirchengeschichte Berlins,* Berlin-Leipzig 1930, S. 98f. und S. 129.

[8] Vgl. Otto Kippenberg, Artikel *Zeitschriften, theologische,* in: *Realencyklopädie für protestantische Theologie und Kirche,* hrsg. von Albert Hauck, 3. Aufl., Leipzig 1896—1913, unveränd. Nachdruck Graz 1969—1971, Bd. 24, S. 662—691, hier S. 663. Nicht mehr dem gemäßigten rationalistischen Kirchenflügel ist die *Berlinische Monatsschrift* von Friedrich Gedike und Johann Erich Biester zuzurechnen, die zwischen 1783 und 1796 erschien, da hier die Polemik gegen bestehende Formen christlicher Frömmigkeit von einem säkularen Standpunkt aus betrieben wurde. Dasselbe gilt von der *Allgemeinen Deutschen Bibliothek,* die der Berliner Buchhändler Christoph Friedrich Nicolai herausgab. Man wertet sie fälschlicherweise als wichtigstes Organ der Berliner Aufklärung überhaupt. Hier wird mit schonungsloser Kritik und beißendem Spott alles angegriffen, was nicht dem rationalistischen Denken der Zeit entsprach. Die Publikationsform — von 1765 bis 1796 erschienen 118 „Bände" — weist das Werk zudem nicht mehr als Zeitschrift aus. Vgl. dazu Wilhelm Ziethe, *Berliner Bilder aus alter und neuer Zeit. Sieben Vorträge,* Berlin 1886, S. 122ff.

[9] Vgl. E. Dovifat, *Das publizistische Leben...* (wie Anm. 5), S. 756. Dovifat, *a. a. O.,* S. 758, weist darauf hin, daß auch im profanen Bereich erst gegen Ende des 18. Jahrhunderts ein gewisser Aufschwung einsetzte. Dagegen bleibt die Behauptung Münzers unbewiesen, daß die brandenburgische Publizistik „schon mit dem Jahre 1656 ... der anderer Länder ebenbürtig zu werden beginnt". Emanuel Münzer, *Die brandenburgische Publicistik unter dem Großen Kurfürsten,* in: *Märkische Forschungen,* hrsg. von dem Vereine für Geschichte der Mark Brandenburg, Bd. 18, Berlin 1884, S. 226.

[10] Vgl. von Engelhardt, Artikel *Löscher, Valentin,* in: *Encyklopädie für protestantische Theologie und Kirche,* 2. Aufl., Leipzig 1881, Bd. 8, S. 730. Löschers *Unschuldige Nachrichten von alten und neuen theologischen Sachen* erschienen bis 1755.

Schützenhilfe geleistet. Mißt man diese Zeitschrift allerdings mit publizistischen Maßstäben, dann kann sie trotz einer Reihe von hervorragenden theologischen Abhandlungen erst als Vorstufe eines Presseorgans gelten. Sie war noch überwiegend ungegliedert, nur der Rezensionsteil zeigte einen Ansatz zur Systematik, und ihre Themen waren eng auf theologische und kirchliche Fragen beschränkt.

Zwischen 1713 und 1717 gab es außerdem handgeschriebene Zeitungen, die vor allem Skandalgeschichten verbreiteten, zum Beispiel Berichte über den ersten Gottesdienstbesuch einer königlichen Wöchnerin, über die einem Leutnant erlassene Kirchenbuße wegen Schwängerung eines jungen Mädchens, über die Hornvieh-Seuche auf einem Pfarrhof, dessen Prediger deshalb verhaftet wurde.[11] Für die Entwicklungsgeschichte der evangelischen Kirchenpresse sind diese Zeitungen ebenso unbedeutend wie die von den Landesfürsten inspirierten „Intelligenzblätter“, die in ihren Marginalien zur Zeitgeschichte gelegentlich auch eine Satire über die kirchlichen Verhältnisse der Zeit einfließen ließen.[12] Diese Blätter hatten für Berlin eher merkantile Bedeutung.[13] Seit 1727 erschien in Berlin ferner unter dem Titel *Memorabilien* die erste Heimatschrift. Sie wurde von dem Berliner Pfarrer Jacob Schmidt herausgegeben, der manchmal ebenfalls aus der „chronique scandaleuse“ schöpfte.[14] Er erklärte dies mit dem menschlichen Bedürfnis, auch etwas über weltliche Dinge erfahren zu wollen.[15] Eine Ironisierung der Kirche, wie sie zum Teil in den handgeschriebenen Zeitungen und in den Intelligenzblättern erfolgte, lag dem Pfarrer Schmidt fern. Dies zeigt besonders seine Beschreibung der Heiligen-Geist-Kapelle und ihrer Bilder.[16]

[11] Vgl. Ernst Friedländer (Hrsg.), *Berliner geschriebene Zeitungen aus den Jahren 1713 bis 1717 und 1735. Ein Beitrag zur Preußischen Geschichte unter König Friedrich Wilhelm I.* (= Schriften des Vereins für die Geschichte Berlins, Bd. 38), Berlin 1902, S. 17ff., S. 597 und S. 654.

[12] Vgl. Friedrich Weichert, *Der Stand der Forschung in den kirchengeschichtlichen Jahrbüchern der EKD*, in: *Jahrbuch für Berlin-Brandenburgische Kirchengeschichte*, Bd. 51 (1978), S. 152f.

[13] Sie ähneln so den *Berlinischen Nachrichten von Staats- und gelehrten Sachen*, die von 1813 bis 1833 herausgegeben wurden.

[14] Vgl. Carl Nagel, *Memorabilia Berolinensia*, in: *Der Bär von Berlin*, 4. Jg. (1965), S. 11 und S. 25.

[15] Nagel, *a. a.* O., S. 24, überliefert eine Äußerung des Pfarrers Jacob Schmidt: „Man kann nicht immer in der Kirche sein.“

[16] Vgl. *a. a.* O., S. 17ff.

Zusammenfassend läßt sich feststellen, daß sich im 17. und 18. Jahrhundert eine spezielle Kirchenpresse in Berlin noch nicht durchsetzen konnte. Eine überparochiale evangelische Kirchenpresse im Sinne systematisch gegliederter Publikationsorgane hat Berlin erst seit dem 19. Jahrhundert.

II
Entwicklung und Bedeutung der Berliner evangelischen Kirchenpresse im 19. Jahrhundert

Als erstes Blatt der neuen Pressegeneration entstand 1819 die *Theologische Zeitschrift.* Sie wurde herausgegeben von Friedrich Schleiermacher, Wilhelm De Wette und Friedrich Lücke und sollte der Buchbesprechung dienen. Die Rezensenten hatten jeweils mehrere Werke zu beurteilen, also „Collectivrecensionen" zu liefern. Das Votum zum einzelnen Buch war nicht sehr eingehend, es wurden nur „kritische Übersichten" gefordert. Daneben konnte jedoch auch ein einzelnes bedeutendes Werk untersucht werden. Durch den Vergleich mit den anderen Arbeiten einer Disziplin, die unter dem jedenfalls von Schleiermacher sonst kaum geliebten Evolutionsaspekt gesehen wurden, sollte der Wert eines solchen Werkes erwiesen werden. Von dieser Zeitschrift erschienen nur drei Jahrgänge.

Eine ebenfalls progressive theologische Richtung vertraten die Theologen Julius Müller, August Neander und Karl Immanuel Nitzsch in der von ihnen 1850 gegründeten *Deutschen Zeitschrift für christliche Wissenschaft und christliches Leben.* Sie bestand unter wechselnden Herausgebern bis 1861. Den Gründern ging es vor allem um die Neufassung des Inspirationsbegriffs. Ob dies im Anschluß an Schleiermacher geschah, wie Kippenberg es darstellt,[17] ist zu bezweifeln, da jedenfalls Julius Müller in erheblichem Gegensatz zu Schleiermacher stand.[18]

Konservativer als die beiden vorgenannten Organe war die *Zeitschrift für spekulative Theologie,* die von Bruno Bauer gemeinsam mit einer Gelehrtengruppe herausgegeben wurde. Sie erschien 1836 und erreichte ebenfalls nur drei Jahrgänge. Dennoch erlangte sie durch Bruno Bauer eine gewisse Bedeutung für die Geschichte der biblischen Exegese. Sie

[17] Vgl. O. Kippenberg, Artikel *Zeitschriften...* (wie Anm. 8), S. 678.

[18] Vgl. E. Fahlbusch, Artikel *Müller, Julius,* in: *Die Religion in Geschichte und Gegenwart,* hrsg. von Kurt Galling, 6 Bde., 3., völlig neu bearb. Aufl., Tübingen 1957—1962, hier Bd. 4, S. 1171.

zeigt, daß der bekannte Leugner der Historizität zentraler biblischer Komplexe ursprünglich ganz anders dachte, stand er doch zunächst auf seiten der konservativen, also der positiven Theologie.

Eine über diese theologischen Zeitschriften weit hinausreichende Bedeutung erlangte die *Evangelische Kirchen-Zeitung*. Auch diese Zeitschrift ist weithin theologisch geprägt. Daneben geht sie aber so vielen anderen Fragen nach, daß sie als erste konfessionelle Zeitschrift Berlins angesehen werden muß, und zwar im umfassendsten Sinne des Wortes. In den Jahren 1827 bis 1869 von dem bekannten Berliner Theologen Ernst Wilhelm Hengstenberg redigiert, übertraf sie die anderen Kirchenblätter der preußischen Hauptstadt bei weitem durch ihren Informationsumfang sowie durch die Intensität, mit der hier fast die gesamte kirchliche und theologische Problematik ihrer Zeit untersucht wurde.[19] Hengstenberg bestimmte vor allem als Publizist lange Zeit nicht nur die preußische Kirchenpolitik,[20] sondern auch weite Bereiche des kulturellen Lebens. Die stärkste Wirkung erzielte er mit den berühmt gewordenen „Vorreden“ zu den einzelnen Jahrgängen seiner Zeitschrift. Man nannte sie in nicht zu überbietender Wertschätzung „Thronreden“.[21]

Das Programm der *Evangelischen Kirchen-Zeitung* umfaßt theologische, kirchenpolitische und profane Themen. Die von Hengstenberg und seinen Mitarbeitern aus vielen Ländern aufgegriffenen Themen reichen vom Religionsunterricht der gymnasialen Unterstufe bis zur systematischen Theologie, von der Schöpfungslehre bis zur Konkordienformel des Hochluthertums, von der speziellen Christologie bis zu ihrer Vollendung in der Eschatologie, von der schlichten Gemeindebibelstunde bis zur wissenschaftlichen Exegese des Neuen Testaments, von der Berliner Pastoralkonferenz bis zur Generalsynode, von der Zustandsbeschreibung der Kirche in vielen Ländern bis zu den entsprechenden Problemfeldern, von der Inneren bis zur Äußeren Mission, von den Lutheranern über die Union bis zu den Reformierten, von dem spannungsreichen Verhältnis der Kirche zum Staat bis zu dem noch spannungsreicheren Verhältnis der Kirche zum Rationalismus, ferner

[19] Die *Evangelische Kirchen-Zeitung* bestand unter mehrfach wechselnden Schriftleitern noch bis 1930; es erschienen insgesamt 104 Jahrgänge.

[20] Vgl. Wolf-Dieter Zimmermann, *So habe ich's erlebt*, Berlin 1980, S. 95.

[21] Vgl. Hans Wulfmeyer, *Ernst Wilhelm Hengstenberg als Konfessionalist*, Phil. Diss., Erlangen-Nürnberg 1970, S. III; Gustav Frank, *Geschichte der protestantischen Theologie*, 4. Teil: *Die Theologie des 19. Jahrhunderts*, Leipzig 1905, S. 446.

von der zunächst noch etwas abgewogenen Beurteilung der Juden bis zur offenen Ablehnung ihrer Emanzipation und zu noch stärkerer Aversion gegen sie im Jahre 1848.[22] Auch profane Themen wurden behandelt, von einem Bremer Theaterzwist bis zum Aufruhr des Jahres 1848 in Berlin, vom Liberalismus bis zum Sozialismus — besonders in den siebziger und achtziger Jahren —, von rheinischen Sagen bis zum geheimnisvollen Wesen des Magnetismus. Gelegentlich fiel Hengstenberg dabei aus der Rolle. So sprach er 1840 von der „Leipziger Affentheologie",[23] und zwei Jahre später zitierte er „Briefe eines Idioten an einen alten Waffenbruder".[24] Abgesehen von solchen verbalen Entgleisungen sowie seinem damals verbreiteten, darum aber nicht weniger zu verwerfenden Antisemitismus, suchte er mit seinen Mitarbeitern in der *Evangelischen Kirchen-Zeitung* weithin das Niveau eines gediegenen Journalismus zu erreichen.

Damit ist freilich noch nicht die Frage beantwortet, wie Hengstenberg durch sein Blatt einen so mächtigen Einfluß auf Kirche und Staat erlangen konnte. Diese Antwort geben auch Wolfgang Kramer, Anneliese Kriege und Hans Wulfmeyer nicht, die sich mit der *Evangelischen Kirchen-Zeitung* befaßt haben.[25] Wahrscheinlich erklärt sich dieser Einfluß zum einen aus der Fülle von Informationen, über die Hengstenberg zu allen Fragen von öffentlichem Interesse verfügte, zum andern aus dem Scharfsinn, mit dem er alle Vorgänge sondierte, durchleuchtete und zur Rechtfertigung seiner kirchenpolitischen und theologischen Auffassungen nutzte. Welches Durchsetzungsvermögen Hengstenberg speziell in kirchlichen Angelegenheiten hatte, zeigt die Wirkung seines Aufrufs gegen die Einführung eines rationalistischen Gesangbuches: Das bisherige konservative Gesangbuch blieb der weit

[22] Die sich verändernde Einstellung gegenüber den Juden läßt sich z. B. in folgenden Beiträgen ablesen: Artikel *Klagen eines Juden*, in: *Evangelische Kirchen-Zeitung*, Jg. 1837, S. 273 ff., Artikel *Über die Möglichkeit der Juden-Emancipation im christlich-germanischen Staat*, in: *a. a.* O., Jg. 1843, S. 485, und Artikel *Judenherrschaft*, in: *a. a.* O., Jg. 1848, S. 926 ff.

[23] *A. a.* O., Jg. 1840, S. 313 ff.

[24] *A. a.* O., Jg. 1842, S. 825 ff.

[25] Vgl. Wolfgang Kramer, *Ernst Wilhelm Hengstenberg, die Evangelische Kirchen-Zeitung und der theologische Rationalismus* (Maschinenschrift), Phil. Diss., Erlangen-Nürnberg 1972; Anneliese Kriege, *Geschichte der Evangelischen Kirchen-Zeitung unter der Redaktion Ernst-Wilhelm Hengstenbergs* (Maschinenschrift), Ev.-theol. Diss., Bonn 1958; H. Wulfmeyer, *Ernst Wilhelm Hengstenberg...* (wie Anm. 21).

überwiegenden Mehrheit der Kirchengemeinden erhalten.[26] Noch wesentlich stärker war sein Einfluß jedoch auf kirchenpolitischem Gebiet. So erwirkte er eine Kabinettsordre des Königs zur Sicherung des lutherischen Bekenntnisses in den theologischen Fakultäten der preußischen Universitäten,[27] außerdem setzte er die Berufung ihm genehmer Wissenschaftler in das universitäre Lehramt durch.[28] Am spürbarsten wurde sein Einfluß jedoch in der Resonanz, die seine Zeitung nicht nur in den konservativen Kreisen fand.

Diese Kirchenzeitung widerlegt den heute vielfach erhobenen Vorwurf, die Evangelische Kirche habe vor 1945 zu den meisten gesellschaftlichen, politischen und wirtschaftlichen Fehlentwicklungen geschwiegen. Seit dem ersten Viertel des 19. Jahrhunderts gab es keine Frage von öffentlichem Interesse, welche die *Evangelische Kirchen-Zeitung* und die *Neue Evangelische Kirchen-Zeitung* nicht intensivster Analyse im Lichte des Evangeliums unterzogen hätten. Allerdings wirft man besonders Hengstenberg vor, dabei immer wieder in die Polemik gegen den Rationalismus abgeglitten zu sein. Bei diesem Vorwurf wird jedoch übersehen, daß sich sein Protest gegen Kräfte richtete, die im Begriff waren, das Glaubensgebäude der konservativen Theologie einzureißen — obgleich sich die Vertreter jener Weltanschauung vermutlich weniger aggressiv gebärdet hätten, wenn Hengstenberg mehr Bereitschaft gezeigt hätte, ihre zivilisatorische Leistungsbilanz anzuerkennen. Unterstützt wurde Hengstenberg in seinem Kampf gegen den Rationalismus durch die Erweckungsbewegung. Einer ihrer profiliertesten Vertreter, der spätere Oberlandesgerichtspräsident Ludwig von Gerlach in Magdeburg, stand ihm bei der redaktionellen Arbeit treu zur Seite.[29] So wurde die *Evangelische Kirchen-Zeitung* zusammen mit der Erweckungsbewegung ein wirksames Gegengewicht zu jenem Rationalismus, der im Revolutionsjahr 1848 durch die säkulare Presse erheblichen Auftrieb erhielt. Die *Evangelische Kirchen-Zeitung* setzte sich von

[26] Vgl. Ludwig Lehmann, *Kirchengeschichte der Mark Brandenburg von 1818 bis 1932,* Berlin 1936, S. 83 f.

[27] Vgl. H. Wulfmeyer, *Ernst Wilhelm Hengstenberg...* (wie Anm. 21), S. 59 f.

[28] Vgl. dazu den Brief von Delitzsch an Hengstenberg vom 20. 6. 1844, in: Nathanael Bonwetsch, *Aus vierzig Jahren Deutscher Kirchengeschichte. Briefe an E. W. Hengstenberg,* Erste Folge, Gütersloh 1917, S. 56 f., und Heinrich Hermelink, *Das Christentum in der Menschheitsgeschichte,* Bd. 2, Stuttgart 1953, S. 378.

[29] Die entsprechende Korrespondenz im *Nachlaß Hengstenberg,* Staatsbibliothek Preußischer Kulturbesitz Berlin (West), liefert dafür viele Beweise.

dieser Presse noch schärfer ab, als sich der Rationalismus in den profanen Publikationsorganen zum Teil christlicher Termini zu bemächtigen begann, was auf einen dubiosen Synkretismus hinauslief.[30]

Von dieser fragwürdigen Tendenz unterschied sich im 19. Jahrhundert neben der *Evangelischen Kirchen-Zeitung* noch ein anderes Organ der evangelischen Kirchenpresse Berlins, die *Neue Evangelische Kirchen-Zeitung.* Dieses Blatt entstand im Jahre 1859, sein Herausgeber und Redakteur war bis 1886 Hermann Meßner. Dessen Nachfolger wurde 1887 Adolf Stöcker. Gleichzeitig änderte die Zeitschrift ihren Namen, sie hieß dann *Deutsche Evangelische Kirchenzeitung.* 1902 stellte sie ihr Erscheinen ein. Ihre Nachfolge trat die Zeitschrift *Reformation* an, die bis 1934 bestand.[31] Alle drei Blätter haben weder die politische und soziale noch die theologische Bedeutung der *Evangelischen Kirchen-Zeitung* Hengstenbergs erlangt. Andererseits besitzt jedenfalls die Zeitschrift Meßners den Vorzug, daß sie lückenloser als die *Evangelische Kirchen-Zeitung* über die parochialen Festereignisse in Berlin berichtete. Hier erfährt man alle Grundsteinlegungen und Einweihungen der Gotteshäuser, aber auch zutage tretende Verfallserscheinungen wurden nicht verschwiegen. So ist Meßners Blatt eine nicht unbedeutende Quelle für die Berliner Parochialgeschichtsschreibung.

Das gilt noch mehr in überparochialer Beziehung. Die *Neue Evangelische Kirchen-Zeitung* informierte über das außerordentlich vielseitige und rege Vereinsleben des evangelischen Berlin, vor allem über die evangelischen Missionsvereine, deren Betreuungsgebiete von Nordamerika bis China, von Ostafrika bis Ostindien reichten.[32] Von großer

[30] Im Jahre 1848 entstanden das *Missionsblatt zur Bekehrung der politischen Heiden, Die ewige Lampe* und *Der Teufel in Berlin;* vgl. K. Schottenloher, *Flugblatt...* (wie Anm. 1), S. 390. Nicht weniger radikal waren die beiden ersten Jahrgänge (1853—1854) einer „Montagszeitung", die sich *Berliner Feuerspritze* nannte. In der satirischen Schrift *Die gedungene Revolverpresse,* Berlin 1876, hat Nathan Schlesinger diese „Presseblüten" aufs Korn genommen.

[31] Die *Deutsche Evangelische Kirchenzeitung* ist zur Zeit nicht einsehbar. Die *Reformation* hat die wichtigen theologischen und kirchenpolitischen Vorgänge des 16. Jahrhunderts weithin aktualisiert, und zwar im Sinne des heute vielfach zu kirchenpolitischen Zwecken mißbrauchten „ecclesia semper reformanda"-Prinzips. Dies führte zu einer weitgehenden Verfremdung jener Vorgänge. Zudem wurde die regionale Gliederung des Meßnerschen Blattes in der *Reformation* zugunsten der sachlichen aufgegeben, so daß die Übersicht über die — hier auch wesentlich seltener auftauchenden — Berlin-Vorgänge verloren geht. Den letzten 13 Bänden fehlt sogar das Inhaltsverzeichnis.

[32] Vgl. auch Friedrich Weichert, *Berlin als Weltstadt der Mission,* in: *Pastoralblätter.*

Bedeutung für Berlin war nach Meßners Darstellung ferner die diakonische Arbeit, wie sie im Zentralausschuß der Inneren Mission, in der Stadtmission, aber auch in einzelnen Hilfsgruppen, die vielfach aus der Not des Krieges entstanden waren, geleistet wurde.[33] Meßner berichtete auch über allgemeine Wissensgebiete. An erster Stelle stand das historische Interesse. Es reichte vom Kirchenvater Augustin bis zu den Kreuzzügen, von Maria Stuart bis zu den Reformationstheologen Osiander und Brenz, von Zinzendorf bis Schleiermacher. Dazu kamen die Vorträge des Berliner Professors Paulus Cassel, der in zündender Rede der Weltgeschichte neue Aspekte abzugewinnen vermochte. Daher versammelte sich unter seinem Katheder stets eine große, dankbare Hörerschaft. Aus Meßners Informationen geht sogar hervor, daß Cassels Vorträge oft im Mittelpunkt des gesamten Berliner Interesses gestanden haben.[34]

Über diesen historischen Perspektiven vergaß die Redaktion der Zeitschrift aber nicht die Gegenwart. Die Öffentlichkeit wollte zum Beispiel in den siebziger und achtziger Jahren laufend über den Stand des Kulturkampfes unterrichtet werden, der sie auf das höchste erregte. Dann aber schweifte Meßners Blick zuweilen über den konfessionellen Bereich hinaus. Er bezog auch Baptisten, Methodisten und Mennoniten in seine Berichterstattung ein; selbst zum „Muhammedanismus" nahm er Stellung. In diesen Beiträgen zeigte sich im Unterschied zu dem etwas engen Horizont, in dem die *Neue Evangelische Kirchen-Zeitung* den Kulturkampf darstellte, schon ein ökumenischer Ansatz. Außerdem setzte sich Meßner mit aktuellen Strömungen auseinander, zum Beispiel mit dem Darwinismus, Pantheismus und Idealismus. Er ging auch nicht an den sittlichen Problemen der Zeit vorbei, wie sie sich etwa in den Spielhöllen, der Vivisektion und dem Sklavenhandel darstellten. In diesem vielseitigen Programm kam aber auch die Schriftauslegung zu ihrem Recht. Sie war sogar das zentrale Thema des Meßnerschen Journalismus, und darin weist sich seine Zeitschrift am konsequentesten als Blatt der Kirche aus.

Monatsschrift für den Gesamtbereich des evangelischen Pfarramtes, 103. Jg. (1963), S. 212—218.

[33] Daneben erschienen die großen repräsentativen Institutionen, z. B. die Generalsynode; der Evangelische Oberkirchenrat (EOK) kam ebenfalls gebührend zu Wort.

[34] Vgl. Friedrich Weichert, *Der Berliner Judenmissionar D. Paulus Cassel (1821—1892),* in: *Jahrbuch für Berlin-Brandenburgische Kirchengeschichte,* Bd. 42 (1967), S. 116 ff.

Neben diesen gesamtkirchlichen Zeitschriften schuf sich die evangelische Publizistik noch andere Wirkungsformen auf parochialer oder individueller Grundlage. Seit 1850 erschien zunächst der *Evangelisch-kirchliche Anzeiger von Berlin*, der Gemeindenachrichten brachte und den mehr als fünfzig christlichen Vereinen in Berlin als Informationsquelle diente. 1879 ging dieses Blatt in dem von dem Prediger Ernst Hülle geschaffenen *Berliner Evangelischen Sonntagsblatt* auf, das im Unterschied zu dem mehr exklusiv gehaltenen *Anzeiger* alle Bevölkerungsschichten ansprach.[35] Mit seinem Informationsteil förderte es ebenfalls die Kommunikation zwischen den Gemeinden. Dieses Blatt verstand sich noch weit über die Jahrhundertwende hinaus als Förderin biblisch geprägter Gemeindefrömmigkeit und als Bewahrerin der kirchlichen Tradition. 1890 entstand der Christliche Zeitschriftenverein, der das *Berliner Evangelische Sonntagsblatt* fortführte. Aber das war nur ein Bruchteil seiner publizistischen Aktivitäten, die von Ostfriesland bis nach Württemberg reichten. Im Sinne des Christlichen Zeitschriftenvereins wirkte in Berlin auch der Evangelische Trostbund, den 1890 Graf Douglas gegründet hatte. Sein großes Stiftungskapital ermöglichte ihm eine umfassende Schriftenmission mit parochialer und individueller Ausrichtung. Wie die Verteilblätter zeigen, wollte diese Schriftenmission vor allem zu einem tieferen Verständnis der Casualien führen. An die Krankenbetten gingen in Fülle *Trostblätter* hinaus.[36] Eine seelsorgerische Absicht ließen auch schon die beiden vorangehenden Zeitschriften erkennen. Diese publizistischen Aktivitäten hoben sich von den gesamtkirchlichen Zeitschriften des 19. Jahrhunderts deutlich ab, auch in ihrer geringeren Öffentlichkeitswirkung.

Die Darstellung der evangelischen Presse Berlins bliebe unvollständig, wenn in sie nicht auch die liberale Kirchenpresse einbezogen würde. Ihr sind vor allem zwei überparochiale Zeitschriften zuzurechnen, das *Evangelische Gemeindeblatt* und die *Protestantische Kirchenzeitung für das evangelische Deutschland*, die dem Protestantenverein nahestand und zwischen 1854 und 1896 unter wechselnden Herausgebern erschien. Hier trat der konservativen Kirchenlehre nicht einfach ein säkularisiertes Christentum entgegen. Die ernst zu nehmenden Vertreter des liberalen Kirchenflügels bestimmte der Wunsch, das konserva-

[35] Manfred Bretall (Bearb.), *Hundert Jahre Christlicher Zeitschriftenverein 1880–1980*, Berlin 1980, S. 8f.

[36] *A. a. O.*, S. 12f.

tive Schriftverständnis durch — allerdings gewundene — Erklärungen, aber auch durch gewisse Umdeutungen der tradierten Glaubenslehre den aufgeklärten Bürgern des 19. Jahrhunderts annehmbarer zu machen. Sie wollten also eine Art Brückenfunktion wahrnehmen, wie immer man diese Funktion auch beurteilen mag. Ganz andere Absichten verfolgten die radikalen Vertreter des Liberalismus. Sie legten es von Anbeginn auf eine Zerstörung der alten christlichen Glaubensfundamente an, wie sie vor allem das Apostolikum darstellt. Sie witterten im Festhalten an diesen Fundamenten einen Rückfall in die nachlutherische Orthodoxie des 16. und 17. Jahrhunderts. Vertreten sahen sie diese Richtung vor allem in der Partei Hengstenbergs, mit der sie sich auch noch lange nach dessen Tode heftig stritten. Aber diese Auseinandersetzungen hatten auch ihr Gutes: Sie zwangen die Kontrahenten zur immer genaueren Formulierung ihrer Standpunkte. Damit kamen sie sich zwar nicht näher, aber sie mußten gelegentlich erkennen, daß sich das jeweils eigene Verständnis von Wahrheit hinterfragen läßt. In den Zeitschriften *Der Protestant* und *Protestantische Kirchenzeitung für das evangelische Deutschland* meldeten sich nun sowohl die gemäßigten als auch die extremen Liberalen zu Wort. *Der Protestant* hatte jedoch nur einen relativ geringen Einfluß auf die Berliner Öffentlichkeit, denn dieses Blatt bestand nur vier Jahre.[37]

Hinzuweisen ist noch auf die *Kirchlichen Wochenblätter,* die sich aber nur mit Mühe dem liberalen Spektrum zurechnen lassen. Hier kommt es zu einer Kombination extremer Gegensätze: Auf den ersten Seiten werden nur Gottesdienstnachrichten gebracht. Daran schließt sich ein ausgedehnter Informationsteil an, der von Klatschkolumnisten redigiert wurde; es ist ausschließlich von den Skandalen und Katastrophen des Tages die Rede, von der Brandstiftung bis zum Selbstmord. So entsteht der Eindruck, daß sich im damaligen Berlin nur Böses und Tragisches zugetragen habe. Die der „chronique scandaleuse" vorangestellten Gottesdienstnachrichten mildern diesen Eindruck kaum, sie dienten dieser wüsten „Journaille" offensichtlich nur als Fassade. Daß eine „Revolverpresse" sich unter kirchlichem Namen überhaupt betätigen durfte, war nur am äußersten Rande des damaligen Liberalismus möglich.

[37] *Der Protestant* erschien von 1897 bis 1901; 1902 ging die Zeitschrift im Bremer *Protestantenblatt* auf.

III
Schlußbetrachtung

Am Ende dieser gewiß noch unvollständigen Übersicht bleibt festzuhalten, daß die evangelische Kirchenpresse Berlins ihre entscheidende Bedeutung im 19. Jahrhundert gewonnen hat. Ihr Erscheinungsbild ist in dieser Epoche von Gegensätzen gekennzeichnet: Den *Kirchlichen Wochenblättern* — als den Exponenten einer überwiegend negativen Presserichtung — stehen die seriösen Zeitschriften — von der *Evangelischen Kirchen-Zeitung* bis zur *Reformation* und auch die Äußerungen der gemäßigten Liberalen in ihren Blättern — weithin als ethische Hochleistung gegenüber. Die seriösen Zeitschriften bemühten sich um Aufhellung der Ursachen, die zu dem immer rascheren Wandel der Weltanschauungen im 19. Jahrhundert geführt haben. Diese Ursachen erschlossen sich für Hengstenberg und Meßner aus dem Vergleich jener wechselnden Ideologien mit den theologischen und ethischen Grundaussagen der christlichen Weltanschauung. Damit erstarrten die beiden Theologen keineswegs in Apologetik; sie wiesen vielmehr nach, daß sich die Krisis jener Ideologien vom radikalen Idealismus Fichtes bis zur ebenso radikalen Anthropologie Feuerbachs aus dem Unvermögen erklärte, das Dasein sub specie aeternitatis zu begreifen. Diese Fähigkeit bestimmte den Grundtenor der seriösen Kirchenpresse. Dabei wußte sie, daß sie ihr Leben nicht allein durch Verbreitung überkommener christlicher Lehre fristen konnte. Sie mußte daneben Denkprozesse in Gang setzen. Das wurde von ihr erwartet und das leistete die evangelische Kirchenpresse Berlins in ihren überparochialen Wirkungsfeldern. Um diesem Anspruch gerecht werden zu können, ließ sie sich — abgesehen von den Zeiten des Staatsjournalismus friderizianischer Prägung — niemals in das funktionale System der bloßen Nachrichtengebung einzwängen; darüber hinaus gingen von ihr Impulse zur Aufarbeitung offener Zeitfragen aus, wie des Sozialismus, der Synodalverfassung, der christlichen Gehorsamspflicht gegenüber dem Staat, des Eides und anderer Probleme.

Doch damit ist erst ein Bruchteil ihrer Aktivitäten erfaßt. Der gegenwärtige Forschungsstand zeigt die großen Lücken in unserem Wissen über die Entwicklung der evangelischen Kirchenpresse in Berlin.[38] Wir

[38] Die erste umfassende Darstellung der deutschen Pressegeschichte seit ihren Anfängen bietet Karl Schottenloher in seinem zweibändigen Werk *Flugblatt und Zeitung*... (wie Anm. 1). Die Zeitschriften der konfessionellen Presse verzeichnet mit einiger

stehen vor ganz konkreten Aufgaben: Gründlicher als bisher ist die Frühgeschichte der evangelischen Kirchenpresse Berlins zu erforschen, um festzustellen, welchen Einfluß die Flugblätter und Flugschriften des Reformationsjahrhunderts auf Berlin und das brandenburgische Umfeld hatten.[39] Es sollte auch gefragt werden, ob und in welchem Maße diese frühen „Massenmedien" sprachprägend gewirkt haben, ob sie gar Multiplikatoren der obersächsischen Kanzleisprache Luthers waren. Außerdem muß den Anfängen der Berliner Parochialblätter noch gründlicher nachgegangen werden. Untersucht werden sollte auch das Verhalten der evangelischen Kirchenpresse Berlins in den Krisenzeiten des 19. und 20. Jahrhunderts: Wie hilfreich trat sie der Bevölkerung in Krieg und in Katastrophen auf der Suche nach einem neuen Standort zur Seite? Welche Impulse gab sie zur Bewältigung der materiellen Nöte, die diese schweren Zeiten mit sich brachten? Der Themenkatalog ließe sich erweitern. Hier tut sich dem Historiker beträchtliches Neuland auf, dessen sorgfältige Erforschung sich lohnt, zumal sich fesselnde Parallelen zur Geschichte der säkularen und der katholischen Publizistik andeuten.

Vollständigkeit Hermann Erbacher (Bearb.), *Zeitschriftenverzeichnis theologischer Bibliotheken, Stand: Oktober 1978,* Neustadt a. d. Aisch 1980. Von den Periodika der evangelischen Publizistik erschienen bisher mehrere Auflistungen. Sie bleiben hier jedoch unberücksichtigt, da sie keine wesentlichen Ergänzungen bieten und auch vorwiegend das 20. Jahrhundert betreffen. Speziell über das evangelische Pressewesen unterrichtet das *Handbuch der Evangelischen Presse,* bearb. von Gerhard Kauffmann d. Ä., 2., wesentl. erw. Aufl. vom *Verzeichnis der Evangelischen Presse,* Leipzig o. J. (1929); es orientiert aber nur über das Volumen der evangelischen Publizistik und listet die damals vorhandenen Zeitungen ebenfalls lediglich auf.

[39] Vgl. Arnold Erich Berger, *Die Sturmtruppen der Reformation. Ausgewählte Flugschriften der Jahre 1520—1525,* Leipzig 1931, S. 32 ff.

Katholische Kirchenpresse in Berlin

JÜRGEN MICHAEL SCHULZ
Berlin

„Wie der Prediger um die Kanzel die Menge der gläubigen Zuhörer schart, so schart die Presse, einem Prediger gleich, eine ungeheure Menge um sich, die alles glaubt, was die Presse ihr vorlegt. Ja der Einfluß der Presse ist sogar hundertmal stärker. Der Kanzelredner predigt einmal in der Woche, die Presse spricht Tag für Tag, oft zwei- und dreimal am Tage. Der größte Prediger spricht höchstens zu ein paar Tausenden. Die Presse spricht zu Millionen. Der Prediger spricht ernste Wahrheiten, die oft nicht gern gehört werden ... Die Presse schmeichelt, interessiert, der Mensch kommt ihrem Wort mit größtem Interesse, mit Aufmerksamkeit, mit blindem Glauben entgegen. Hat darum diese Völkerkanzel einen alles überwältigenden Einfluß, so kann es der Kirche und dem katholischen Volke unmöglich gleichgültig sein, ob auf dieser Kanzel Todfeinde unseres Glaubens stehen, die Tag für Tag mit Haß und Wut das Christentum bekämpfen, die das Gift des Unglaubens in die Massen des Volkes tragen und das Schöne und Gute im Katholizismus verschweigen — oder ob diese Völkerkanzel zu einem Herold der Wahrheit und zum Verteidiger der höchsten Interessen wird ... Darum sei praktische Preßarbeit unser Ziel ..."[1] Diese Sätze stammen aus einer 1913 anläßlich einer Pressetagung gehaltenen Festrede. Die *Märkische Volkszeitung*, eine Berliner katholische Tageszeitung, hat sie in ihrer Beilage abgedruckt. Äußerungen wie diese sind charakteristisch für die 1913 keineswegs neue Einschätzung der Möglichkeiten und potentiellen Gefahren öffentlicher Kommunikation auf katholischer Seite. Die Überzeugung von der Notwendigkeit katholi-

[1] *Die Presse, die Schule der Erwachsenen, die Völkerkanzel der modernen Zeit. Festrede v. Prof. P. Dominicus Dietrich, O. Praem. bei der Preßvereins-Versammlung zu München am 30. April 1913*, in: *Empor die Herzen*, Nr. 31 vom 3. 8. 1913, S. 121.

scher Publizistik in Deutschland geht zurück bis auf die Gründung der Mainzer Zeitschrift *Der Katholik* im Jahr 1821, deren Wahlspruch „Christianus mihi nomen, Catholicus cognomen“ das neue Selbstverständnis programmatisch zum Ausdruck bringt.[2] Seitdem prägten Zustimmung und Widerspruch die katholische Pressediskussion des 19. Jahrhunderts. In ihrem Mittelpunkt stand von Anfang an die Frage, ob Presse und Kirche überhaupt vereinbar seien, und — wenn ja — wie weit sich die katholische Pressearbeit von den kirchlichen Prinzipien zugunsten journalistischer Grundsätze entfernen dürfe. Das Kölner Ereignis von 1837, die Revolution von 1848, der Krieg in Italien mit seinem Höhepunkt 1859 und endlich der Kulturkampf im letzten Drittel des 19. Jahrhunderts verliehen den Diskussionen neue Impulse und gaben den Anlaß zu Aktivitäten, in der Regel in Form von Neugründungen oder strukturellen Veränderungen bereits bestehender Zeitungen und Zeitschriften.[3] Die Verteidigung katholischer Interessen wurde zu einem konstitutiven Element der katholischen Presse in Deutschland. Allein in den ersten fünf Jahren des Kulturkampfes verdoppelte sich die Zahl der Tageszeitungen von 53 auf über 100.[4]

[2] Vgl. Michael Schmolke, *Die schlechte Presse. Katholiken und Publizistik zwischen „Katholik“ und „Publik“ 1821—1968*, Münster 1971, S. 15. Nach Karl-Egon Lönne, *Politischer Katholizismus im 19. und 20. Jahrhundert*, Frankfurt a. M. 1986, S. 67f., war der *Katholik* „Vorreiter eines sich in Deutschland immer weiter ausbreitenden Katholizismus, der sich nur in scharfer Konfrontation mit dem rationalistischen und liberalen Zeitgeist behaupten zu können glaubte ...“.

[3] Ebenso wie bestimmte Ereignisse prägten auch hervorragende Persönlichkeiten des deutschen Katholizismus dessen Presse. So sieht Otto Roegele in Joseph Görres den „repräsentativen Vorkämpfer“ der katholischen Publizistik in Deutschland. Otto Roegele, Artikel *Katholische Presse*, in: *Staatslexikon. Recht — Wirtschaft — Gesellschaft*, hrsg. von der Görres-Gesellschaft, 6., völlig neu bearb. u. erw. Aufl., Freiburg 1957—1970, Bd. 4, Sp. 890f.

[4] Vgl. Heinz-Dietrich Fischer, *Handbuch der politischen Presse in Deutschland 1480—1980. Synopse rechtlicher, struktureller und wirtschaftlicher Grundlagen der Tendenzpublizistik im Kommunikationsfeld*, Düsseldorf 1981, S. 207; M. Schmolke, *Die schlechte Presse...* (wie Anm. 2), S. 180. Ähnlich ist auch die Bewertung von Paul Majunke, in den Jahren 1871—1878 selbst verantwortlicher Redakteur der Berliner katholischen Tageszeitung *Germania*, in seiner rückblickenden *Geschichte des „Culturkampfes“ in Preußen-Deutschland*, Paderborn-Münster 1886, S. 357: „Hand in Hand mit der zunehmenden Bewegung im Volksleben ging der Aufschwung der katholischen Presse. Vor dem ‚Culturkampfe‘ existirten in Preußen nur vier bis fünf katholische Blätter, welche außerdem an beständigem Mangel an Abonnenten litten und ihrem gänzlichen Verfall entgegen zu gehen schienen. Der ‚Culturkampf‘ änderte diese Situation mit einem Schlage. Ende 1873 konnte man bereits gegen 120 täglich erscheinende neue katholische

Wenn wir die katholische Presse in Berlin einer näheren Betrachtung unterziehen, fragen wir nach den Übereinstimmungen mit der allgemeinen Entwicklung und nach den Sonderformen, die eine katholische Publizistik hier auszeichneten. In den Mittelpunkt stellen wir einen Aspekt kirchlicher Pressetätigkeit, der in den Untersuchungen über die Geschichte des katholischen Pressewesens häufig zu kurz gekommen ist. Es ist die Wahrnehmung einer seelsorgerischen Funktion, die bei der Kirchenpresse in der Großstadt Berlin wegen der dort herrschenden umfangreichen pastoralen und sozialen Probleme erwartet werden könnte. Dazu werden einige Erscheinungsformen und inhaltliche Schwerpunktbildungen der Berliner katholischen Periodika, die geeignet erscheinen, ein seelsorgerisches Selbstverständnis zu verdeutlichen, exemplarisch hervorgehoben. Abschließend soll mehr allgemein die Frage nach der Wirksamkeit der Berliner katholischen Presse gestellt werden.

I
Rahmenbedingungen und Motive für die Berliner katholische Presse

Im 19. und beginnenden 20. Jahrhundert stellte sich die Berliner katholische Presse dem zeitgenössischen Beobachter in einer bemerkenswerten Vielzahl dar. Mit der *Germania* (1871—1938), der *Katholischen Volkszeitung* (1891—1921), der *Märkischen Volkszeitung* (1889—1939) und der an die Katholiken der nördlichen Diaspora gerichteten *Nordischen Volkszeitung für die nordischen Missionen* (1897—1929[5]) erschienen in Berlin vier katholische Tageszeitungen. Daneben gab es, allerdings auf einen größeren Zeitraum verteilt, ein buntes Spektrum an Wochen- und Monatsschriften, von denen hier *Petrus* (1845),[6] *Petrus und Paulus* (1847), der *Kirchliche Anzeiger* (1848—1857), das *Märkische Kirchenblatt* (1858—1919), *Das Schwarze Blatt* (1877—1895[7]), *Klarheit*

Zeitungen in Preußen zählen, abgesehen von einer großen Anzahl kleinerer Wochenblätter."

[5] Die *Nordische Volkszeitung* erschien seit dem 1. 1. 1897 als Nebenausgabe der *Katholischen Volkszeitung.* Die Herausgabe der Zeitung ist nur bis zum Jahr 1929 nachzuweisen.

[6] Der vollständige Titel der Monatsschrift lautet *Petrus oder der Fels in den Brandungen der Jahrhunderte,* 1. Jg. hrsg. von Johann Hast, 2. Jg. hrsg. von Th. Sternaux und J. Wawreczko, Berlin 1845—1846.

[7] Das *Schwarze Blatt* erschien von 1896 an als Beilage der *Katholischen Volkszeitung* und von 1901 an als Beilage der *Märkischen Volkszeitung.*

und Wahrheit (1912—1914) und die illustrierte Wochenschrift *Die Welt* (1900—1932) hervorgehoben werden sollen. Die Aufzählung ließe sich ergänzen durch Vereinszeitschriften,[8] Broschüren[9] und ein Periodikum besonderer Art, den jährlich veröffentlichten *Berliner St. Bonifaciuskalender* (1863—1902).[10]

Als im Herbst 1848 mit dem *Kirchlichen Anzeiger* die erste katholische Wochenzeitung Berlins erschien, ging andernorts in Deutschland mit der Gründung einer großen Zahl von katholischen Tageszeitungen die Epoche der Wochenblätter kirchlich-politischer Provenienz bereits ihrem Ende entgegen.[11] Die Wochenblätter hatten nicht mehr die Aufgabe, Tagespolitik zu betreiben; dies galt zunächst auch für das neu gegründete Wochenblatt in Berlin. In der Delegatur war die Zahl der Katholiken auf 30 000 angestiegen.[12] Viel zu gering war angesichts der

[8] Besonders die vom Verband der katholischen Arbeitervereine (Sitz Berlin) herausgegebene Wochenzeitung *Der Arbeiter*. Im Eigenverlag erschien sie seit 1897 und wurde, bei Verrechnung mit dem Mitgliedsbeitrag, kostenlos an alle Mitglieder des Verbandes abgegeben.

[9] Besonders die *Katholischen Flugschriften zur Wehr und Lehr'*, die der *Germania*-Verlag von 1890 bis vermutlich 1906 herausgegeben hat. In dieser Zeit erschienen, in der Regel in unregelmäßigen Abständen, bei durchgehender Zählung 155 Broschüren.

[10] Von allen Periodika hat für den Untersuchungszeitraum des 19. und beginnenden 20. Jahrhunderts nur die *Germania* eine nennenswerte Beachtung in der Forschung gefunden. Dabei hat vor allem der überregionale Charakter dieser Tageszeitung und ihre enge Anlehnung an die Politik des Zentrums das Interesse an ihr begründet: Klemens Löffler, *Geschichte der katholischen Presse Deutschlands*, M.-Gladbach 1924; Joachim Reiber, *Die katholische Tagespresse unter dem Einfluß des Kulturkampfes*, Görlitz 1930; Klaus Martin Stiegler, *Germania*, in: Heinz-Dietrich Fischer (Hrsg.), *Deutsche Zeitungen des 17.—20. Jahrhunderts* (= Publizistisch-historische Beiträge, Bd. 2), Pullach 1972, S. 299—313. Mit anderen großen Tageszeitungen wurde die *Germania* mehrfach befragt über ihre Stellung zum Kulturkampf, so bereits von Klemens Löffler, *Das katholische Zeitungswesen in der Kulturkampfzeit*, in: *Der Aar*, 2. Jg. (1912), Bd. 2, H. 10 (Juli), S. 487—500, und in neuerer Zeit von Josef Lange, *Die Stellung der überregionalen Tagespresse zum Kulturkampf in Preußen (1871—1878)*, Bern-Frankfurt 1974. In anderen Zusammenhängen behandeln die *Germania* Ursula Koch, *Berliner Presse und europäisches Geschehen 1871*, Berlin 1978, und Armine Haase, *Katholische Presse und die Judenfrage. Inhaltsanalyse katholischer Periodika am Ende des 19. Jahrhunderts*, Pullach 1975.

[11] Vgl. Rudolf Pesch, *Die kirchlich-politische Presse der Katholiken in der Rheinprovinz vor 1848*, Mainz 1966, S. 195.

[12] Vgl. Ernst Thrasolt, *Eduard Müller. Der Berliner Missionsvikar. Ein Beitrag zur Geschichte des Katholizismus in Berlin, der Mark Brandenburg und Pommern*, hrsg. von Alfons Erb, Berlin 1953, S. 74. Allein die katholische Gemeinde Berlins zählte 1847 über

Weiträumigkeit des Seelsorgeraums die Anzahl der zur Verfügung stehenden Priester. Der Antrag zur Anstellung von Ordensgeistlichen, die Propst Brinkmann noch 1846 von der preußischen Regierung erbeten hatte, wurde von dieser zum zweiten Mal abgelehnt. Statt dessen gelang dem Propst am 2. Juli 1847 die Gründung eines Missionsvereins für Brandenburg und Pommern.[13] Missionsarbeit wurde auch die Hauptaufgabe für die junge katholische Presse in Berlin: *Petrus und Paulus* schilderte 1847 den Zustand der pastoralen Versorgung der Katholiken Berlins und der Delegatur und fragte: „Soll der Geistlichkeit das Heil aller dieser Seelen gleichgültig sein? Wie kann sie für sie sorgen, wie den nothwendigen kirchlichen Verband mit denselben aufrecht erhalten, religiöses Wissen an sie bringen, auf daß sie gestärkt, getröstet, ermuthiget werden, und beharrlich bleiben bis ans Ende? Daraus ist schon seit lange her der Gedanke hervorgegangen, ein Blatt zu gründen, um wenigstens annäherungsweise zu ersetzen, was das lebendige Wort in dem Hörer desselben unter Gottes Gnade wirkt, religiös-kirchliches Wissen und im kirchlichen Wissen Befestigung und Kräftigung im Glauben und Leben. — Darin liegt der erste Grund für die Herausgabe dieser Monatsschrift."[14] Der *Kirchliche Anzeiger* kündigte in seiner ersten Ausgabe vom 30. September 1848 an, das Wochenblatt solle den Missionsverein in seiner seelsorgerischen Arbeit unterstützen und mit dem Reinertrag den katholischen Schulen in Berlin und in den Missionsgemeinden zu Hilfe kommen.[15] Als Zielgruppe nannte das Blatt die an 30 Orten in der Mark und in Pommern lebenden Katholiken, für die zu dieser Zeit nur 15 Geistliche zur Verfügung standen.[16] Missionsarbeit konzentrierte sich auf die Bewahrung des Glaubens dort, wo Katholiken in seelsorgerisch vernachlässigte oder kirchlich unversorgte Gebiete gezogen waren und Gefahr

20000 Katholiken; vgl. den Artikel *Zur Verständigung,* in: *Petrus und Paulus,* 1. Jg. (1847), Februar, S. 25.

[13] Am 2.7.1847 erhielt der Missionsverein die Genehmigung seiner Statuten durch Kabinettsorder, vgl. *Kirchlicher Anzeiger,* Nr. 1 vom 30.9.1848, S. 2. Zur Entstehung des Missionsvereins aus einem Schulverein vgl. den Artikel *Die Wurzeln des Bonifaciusvereines,* in: *Kirchlicher Anzeiger,* Nr. 18 vom 2.5.1857, S. 137—140, und Hans Warren, *Laien bauen am Bistum Berlin,* Berlin 1955, S. 22.

[14] Artikel *Zur Verständigung,* in: *Petrus und Paulus* ... (wie Anm. 12), S. 26.

[15] Vgl. den Artikel *An die geehrten Leser,* in: *Kirchlicher Anzeiger,* Nr. 51 vom 21.12.1850, S. 301; ebenso erschien schon seit 1848 auf den Titelseiten der entsprechende Hinweis.

[16] *Kirchlicher Anzeiger,* Nr. 1 vom 30.9.1848, S. 2.

liefen, der Kirche verlorenzugehen. Ein Verlust drohte der katholischen Kirche auch durch die sogenannten Mischehen,[17] durch den Mangel an katholischer Schulerziehung und durch die Versuche der Anhänger des ehemaligen katholischen Pfarrers Johannes Ronge, in der Diaspora deutsch-katholische Gemeinden zu gründen.[18]

Der Mangel an kirchlicher Versorgung blieb wegen der Auswirkungen des Kulturkampfs in den Jahren nach 1870 ein wichtiges Argument für die Intensivierung der Kirchenpresse. Weil in dieser Zeit zahlreiche Geistliche an der Ausübung ihrer amtlichen Seelsorgetätigkeit gehindert wurden, entstanden in vielen Gemeinden „Versorgungslücken", die die katholischen Zeitungen, Zeitschriften und Broschüren ausfüllen sollten. Einige der Priester, die von den staatlichen Verbotsmaßnahmen betroffen waren, fanden in den Redaktionen eine neue Wirkungsstätte, es war die Zeit der sogenannten Preßkapläne. Als Mittelpunkt des politischen Lebens wurde Berlin auch zu einem Zentrum der publizistischen Auseinandersetzung und bot einer streitfreudigen katholischen Presse damit äußerst günstige Rahmenbedingungen. Im Unterschied zur Entwicklung in anderen Teilen Deutschlands brachten die Berliner Katholiken mit der *Germania* und dem *Schwarzen Blatt* in dieser Zeit allerdings nur zwei Pressegründungen zustande. Während die Wochenzeitung *Das Schwarze Blatt* erst 1877, als der Höhepunkt des Konflikts schon überschritten war, in den publizistischen Meinungsstreit eingriff, erschien die *Germania* schon im Dezember 1870 mit ihrer ersten Probenummer. Obwohl sie sich unter dem Eindruck des deutsch-französischen Krieges und der Reichsgründung dank ihres ersten verantwortlichen Redakteurs Friedrich Pilgram zunächst eher

[17] Walter Wendland, *Die Entwicklung der katholischen Kirche in Groß-Berlin bis 1932 (unter Berücksichtigung der Gesamtentwicklung im Bistum Berlin)*, in: *Jahrbuch für Brandenburgische Kirchengeschichte*, 30. Jg. (1935), S. 31, nennt 5536 konfessionsgemischte Ehen in Berlin im Jahr 1864, 20879 für 1885 und 43900 für 1900.

[18] Der Abwehr gegen den Deutschkatholizismus, der den Papstprimat und fundamentale katholische Glaubensinhalte ablehnte, widmete sich besonders die Monatsschrift *Paulus oder das Schwert des Glaubens*, hrsg. von Johann Hast, Berlin 1845—1846. Ihr programmatischer Nebentitel lautet: „Monatsschrift zum Schutze der katholischen Kirche gegen Irreleitung von falschen Katholiken, wie zur Vermeidung und Beseitigung der zunächst durch solche hervorgerufenen oder begünstigten schiefen und falschen Auffassung des Katholizismus seitens der Protestanten." Zur Bedeutung von Johannes Ronge aus katholischer Sicht vgl. E. Thrasolt, *Eduard Müller...* (wie Anm. 12), S. 233f.

versöhnlich als kämpferisch präsentierte,[19] ist die Herausgabe der Zeitung mit den west- und südwestdeutschen Zeitungsgründungen der Kampfjahre vergleichbar. Vorausgegangen war im August 1869 eine spektakuläre Aktion von Angehörigen des liberalen Bürgertums gegen die Niederlassung des Dominikanerordens in Berlin, der sogenannte Moabiter Klostersturm.[20] Das Ereignis, dem ein parlamentarisches Nachspiel gefolgt war, nahm in der zeitgenössischen Berliner Presse einen breiten Raum ein.[21] Das *Märkische Kirchenblatt* und der *Berliner St. Bonifaciuskalender*[22] bewerteten den Klostersturm als eine Inszenierung der liberalen Zeitungen. Beabsichtigt sei gewesen, einen „Volkswillen" gegen die Niederlassung des Dominikanerordens in Berlin zu dokumentieren und damit die Beschränkung der religiösen Genossenschaften in der Verfassung des Norddeutschen Bundes durchzusetzen.[23]

Bei den Vorgängen um den Moabiter Klostersturm hatte sich für die katholische Seite erneut herausgestellt, daß der Standpunkt der Berliner Katholiken von den herkömmlichen Tageszeitungen nicht vertreten wurde.[24] In der Zeit des Kulturkampfs verfestigte sich die Einsicht,

[19] Zur Person Pilgrams vgl. die Einführung von Heinrich Getzeny in: Friedrich Pilgram, *Physiologie der Kirche. Forschungen über die geistigen Gesetze, in denen die Kirche nach ihrer natürlichen Seite besteht* (= Deutsche Klassiker der katholischen Theologie aus neuerer Zeit, hrsg. von H. Getzeny, Bd. 3), Neuauflage Mainz 1931.

[20] Zum Zusammenhang zwischen Klostersturm und Gründung der *Germania* vgl. den Artikel *Von der Wiege der Germania*, in: *Germania*, Nr. 292, Erstes Blatt vom Mi., den 18. 12. 1895. Zur historischen Bewertung vgl. Meinolf Lohrum, *Die Wiederanfänge des Dominikanerordens in Deutschland nach der Säkularisation 1856—1875* (= Walberberger Studien der Albertus-Magnus-Akademie, Theologische Reihe, Bd. 8), Mainz 1971, S. 125 und S. 175. Zum Ablauf vgl. Hans Warren, *Vor 100 Jahren: Der Moabiter Klostersturm*, in: *Petrus-Kalender. Jahrbuch für das Bistum Berlin*, Berlin 1969, S. 32—36 und S. 106—110; M. Lohrum, *Die Wiederanfänge...*, *a. a. O.*, S. 166—175, und E. Thrasolt, *Eduard Müller...* (wie Anm. 12), S. 185—193.

[21] Besonders in der *Vossischen Zeitung;* vgl. M. Lohrum, *Die Wiederanfänge...* (wie Anm. 20), S. 169f.

[22] Das *Märkische Kirchenblatt* erschien 1858 in Nachfolge des *Katholischen Anzeigers*, der *Berliner St. Bonifaciuskalender* im Jahr 1863. Beide Periodika wurden mehr als drei Jahrzehnte von Eduard Müller herausgegeben und redigiert.

[23] Vgl. den Artikel *Zweck und Mittel der Aufregung*, in: *Märkisches Kirchenblatt*, Nr. 28 vom 15. 7. 1871, S. 217—219.

[24] Daß dieser Vorwurf schon früher bestanden hatte, zeigt ein Zitat von 1847 aus dem Artikel *Zur Verständigung*, in: *Petrus und Paulus...* (wie Anm. 12), S. 26: „In neuerer Zeit nämlich tritt das Bedürfniß eines solchen Organs für die Gemeinde wo möglich noch in einer wichtigeren Beziehung ganz besonders hervor. Während nämlich

für die Lektüre aller katholischen Bevölkerungsschichten künftig selbst Sorge tragen zu müssen. Die Gründung einer Tageszeitung in Berlin sollte nach Meinung des *Märkischen Kirchenblatts* „die Gemüther der Katholiken (aufrichten), die furchtbar unter den Geißelstreichen einer kirchenfeindlichen Presse zuletzt noch gelitten haben, so daß endlich eine Erlösung aus der geistigen Sklaverei der hiesigen öffentlichen Meinung um jeden Preis sich herausarbeiten muß".[25] Der seit den Abgeordnetenhauswahlen von 1858 in Preußen erfolgreiche Liberalismus blieb aus katholischer Sicht lange der gefährlichste Gegner. Die Auseinandersetzung mit ihm führte dazu, daß andere Aufgaben vernachlässigt wurden, der publizistische Kampf rückte in den Mittelpunkt der Pressearbeit.[26]

Erst Ende der achtziger Jahre des 19. Jahrhunderts trat ein spürbarer Wandel ein. Das Abklingen des Konflikts führte dazu, daß Verleger und Journalisten sich gezwungen sahen, neue Konzepte zu entwickeln, wenn sie ihre Zeitungen und Zeitschriften erhalten oder sogar neue gründen wollten. Mit der wachsenden Bedeutung der Sozialdemokratie entstand für die katholische Presse ein neues Betätigungsfeld. Nach katholischer Einschätzung drohten die Sozialdemokraten besonders in Berlin zu einer ernsten Gefahr für den Glauben der katholischen Arbeiter zu werden. Auf diese Weise gewann für die katholische Kirche die Auseinandersetzung mit der sozialen Frage neben der karitativen auch eine pastorale Bedeutung und gab einer seelsorgerlich motivierten Pressearbeit neue Impulse. Vor diesem Hintergrund entstanden in Berlin bis 1914 drei katholische Tageszeitungen und zwei Wochenblätter. Außerdem gelang es dem *Germania*-Verlag in dieser Zeit, mindestens

die katholische Kirche und ihre treu ergebenen Mitglieder fast in jeder Nummer der hiesigen Zeitungen, auf Theatern, in Bilderläden, und in unzähligen Flugschriften mit Schmach überhäuft werden, alle möglichen Mittel gegen sie in Bewegung gesetzt sind, in ihrem Glauben sie zu erschüttern ... ist der Geistlichkeit fast alle Gelegenheit benommen, gegen solches Unwesen in irgend angemessener und wirksamer Weise aufzukommen, Schmähungen nach Gebühr abzuweisen, Irrthümer und Entstellungen der Wahrheit gemäß zu berichtigen." Katholikenfeindlichkeit der anderen Presse blieb mehrere Jahrzehnte das am häufigsten verwendete Argument für die Presseerzeugnisse der Katholiken. Vgl. dazu M. Schmolke, *Die schlechte Presse...* (wie Anm. 2), passim.

[25] *Märkisches Kirchenblatt,* Nr. 50 vom 10. 12. 1870, S. 396.

[26] So heißt es im *Märkischen Kirchenblatt,* Nr. 51 vom 23. 12. 1871, S. 406 f.: „Zeigen wir, daß wir, wider Willen mobil gemacht, den Kampf aufnehmen, den wir nicht heraufbeschworen haben. Zeigen wir, daß wir in den Martyrern und Bekennern der Kirche unsere Ahnen haben!"

155 Broschüren aus der Reihe seiner *Katholischen Flugschriften zur Wehr und Lehr'* herauszugeben.[27] Von den Vereinsorganen erlangte *Der Arbeiter* als Organ des Verbands der katholischen Arbeitervereine Nord- und Ostdeutschlands sowohl wegen seiner hohen Auflage als auch wegen seiner Rolle im Gewerkschaftsstreit eine herausragende Bedeutung.[28]

II

Großstadtseelsorge durch katholische Wochenschriften und Tageszeitungen

Katholische Wochenschriften sind äußerlich mit den evangelischen Sonntagsblättern vergleichbar. Sie erschienen in der Regel am Samstag, denn am Wochenende fanden die Leser am ehesten die Zeit, die notwendig war, um die umfangreichen, häufig mehrere Seiten umfassenden Artikel zur Kenntnis nehmen und im familiären Gespräch verarbeiten zu können. Dabei setzten die Zeitschriften beim Lesen voraus, daß er sich seine täglichen Informationen woanders beschaffte, während sie für ihn die Aufgabe übernahmen, die „Lügen und Verdrehungen" der glaubensfeindlichen Blätter „einzufangen"; außerdem wollten sie den Leser schulen, deren „Redaktionsgeheimnisse" zu durchschauen.[29] Damit korrespondierte die Arbeitsweise in den Redaktionen. Weil nämlich die Korrespondenzen für die kleinen Redaktionen häufig noch zu teuer waren, verwerteten sie — freilich unter Verzicht auf Aktualität — als Hauptquelle allgemein zugängliche Zeitungsartikel, Artikel anderer katholischer Organe genauso wie Artikel aus den übrigen auf dem Markt erhältlichen Periodika. Zur Verfügung standen außerdem private Zusendungen, publizierte Reden, offiziöse Verlautbarungen der Kirche und literarische Abhandlungen.

Die Apologetik, die Verteidigung der katholischen Glaubenslehre gegen ihre Gegner, wurde als die „erste Waffe" gegen den Unglauben verstanden.[30] Sie richtete sich noch im zweiten Drittel des 19. Jahrhunderts gegen die Bemühungen der Deutschkatholiken, unter dem Deckmantel des Katholizismus Einfluß auf die unzureichend informierten und wegen der Diasporasituation pastoral vernachlässigten

[27] Vgl. Anm. 9.

[28] Vgl. Anm. 8.

[29] Artikel *Erklärung!*, in: *Kirchlicher Anzeiger*, Nr. 51 vom 19. 12. 1857, S. 401.

[30] Vgl. *a. a.* O., S. 402.

Katholiken zu gewinnen.[31] Ein anderer Gegner waren die politisch aktiven Protestanten der sogenannten Pietistenpartei, als deren publizistischer Mittelpunkt die *Kreuzzeitung* von der katholischen Presse heftig bekämpft wurde. In zahlreichen, häufig polemischen Artikeln sollte das Konzept vom christlichen Staat evangelischer Prägung als Angriff auf die Freiheit der katholischen Kirche entlarvt werden. Die zweite Waffe gegen den Unglauben wurde in der „tieferen Kenntniß und herzhaften Uebung aller Pflichten des Katholicismus" gesehen.[32] Eduard Müller, der sich als Missionsvikar und Redakteur des *Märkischen Kirchenblatts* und des *Berliner St. Bonifaciuskalenders* nachhaltig um die Integration der Berliner Katholiken bemühte, propagierte den von ihm so genannten Beharrlichkeitskatechismus. Gemeint war ein Katechismus über die Schule hinaus, ein Katechismus für das Leben. Das Übel stecke in den Menschen selber, es sei die „Cholera des Indifferentismus", dem am besten mit einem gründlichen „Unterricht in den Heilswahrheiten" begegnet werden könne.[33] Die flüchtigen Lehrstunden der Kindheit reichten nicht aus und hinterließen nicht die Eindrücke, die imstande seien, das Verhalten für das übrige Leben zu bestimmen. „Man frage die Priester der Hauptstadt, welche jedes Jahr eine große Anzahl junger Christen um den Herrn versammeln, wie viel darunter seien, welche ausharren ... Darum mag ein Beharrlichkeitskatechismus, der, wie sein Name sagt, Ausdauer im Studium der Religion und der Pflichtübung vermitteln will, einem Zeitbedürfnisse entsprechen und unter Gottes Gnade und fleißigem Gebrauche mitwirken, die jugendlichen Geschlechter christlicher, glücklicher und für die kom-

[31] Vgl. Edmund Kreusch, *Eduard Müller der priesterliche Volksfreund. Ein Lebensbild*, Berlin 1898, S. 34, und E. Thrasolt, *Eduard Müller...* (wie Anm. 12), S. 75 und S. 93.

[32] Artikel *Erklärung!* In: *Kirchlicher Anzeiger...* (wie Anm. 29).

[33] Im *Kirchlichen Anzeiger* von August bis November 1854, beginnend mit dem Artikel *Laßt uns besser werden und bald wird's besser sein!*, in: *Kirchlicher Anzeiger*, Nr. 35 vom 26. 8. 1854, S. 241—243. Müllers Autorenschaft wird zwar an keiner Stelle des *Kirchlichen Anzeigers* ausdrücklich erwähnt, aufgrund der für Müller typischen Diktion und äußerlicher Hinweise, wie z. B. der Übereinstimmung des Titels mit dem ersten Leitartikel des *Märkischen Kirchenblatts*, Nr. 1 vom 2. 1. 1858, S. 1, dessen Redakteur Müller war, läßt sich der Zuordnung Thrasolts zustimmen. Vgl. E. Thrasolt, *Eduard Müller...* (wie Anm. 12), S. 135—137. Zu den zitierten Begriffen vgl. den Artikel *Die kräftigste Maßregel gegen die Cholera des Indifferentismus ist ein gründlicher Unterricht in den Heilswahrheiten!*, in: *Kirchlicher Anzeiger*, Nr. 37 vom 9. 9. 1854, S. 254—256.

mende Zeit segensreich zu machen."[34] Im *Kirchlichen Anzeiger* erschienen in den Jahren 1854 und 1855 mehrere Artikel, die die Funktion eines Katechismus für Erwachsene übernahmen und anhand des katholischen Glaubensbekenntnisses systematisch nachzuholen versuchten, was die Priester wegen ihrer geringen Zahl in der praktischen Seelsorge allein nicht leisten konnten. Müllers Aufsätze erschienen schon wenig später — für sechs Silbergroschen „zum Besten des Gesellenvereins" — in gebundener Form.[35] Der drei Jahre später in seinem *Märkischen Kirchenblatt* geäußerte Glaube an den Beginn eines Zeitalters, das die Menschen der katholischen Kirche wieder näherbrächte, erwies sich als voreiliger Optimismus.[36] Noch viele Jahre begegnet uns der Begriff „Indifferentismus" in der katholischen Presse Berlins. Er ist Synonym für andere Begriffe wie „Interesselosigkeit" oder „Lauheit" im Glauben und kennzeichnet nicht selten die Furcht, sich im privaten Umfeld offen zum Glauben zu bekennen. Er weist hin auf ein Hauptproblem großstädtischer Seelsorge.

Mit der Aktivierung des Vereinswesens hatte der Katholizismus 1848 eine Wendung zum Volk vollzogen.[37] Bei der katholischen Presse Berlins stand dieser Wandel bis zum letzten Drittel des 19. Jahrhunderts noch aus. Der selbstgestellte Missionsauftrag verschaffte den katholischen Zeitschriften von Anfang an eine kirchliche Legitimität, während noch in den sechziger Jahren auf den Katholikenversammlungen namhafte Kirchenvertreter die Unvereinbarkeit von Kirche und Presse propagierten.[38] In Berlin löste sich dieser Konflikt durch die enge personelle Verbindung von Presse und Klerus: Redakteure wie Hast, Ruland und Künzer waren als Kapläne tätig, Robert, der erste Herausgeber und Redakteur des *Kirchlichen Anzeigers,* arbeitete im Kirchenvorstand von St. Hedwig, Müller war Geistlicher Rat und diente der

[34] Artikel *Laßt uns besser werden und bald wird's besser sein!,* in: *Kirchlicher Anzeiger,* Nr. 40 vom 30. 9. 1854, S. 273.

[35] Artikel *Nachtrag zum Beharrlichkeitskatechismus,* in: *Kirchlicher Anzeiger,* Nr. 21 vom 19. 5. 1855, S. 152.

[36] Vgl. den Artikel *Laßt uns besser werden und bald wird's besser sein!,* in: *Märkisches Kirchenblatt,* Nr. 1 vom 2. 1. 1858, S. 1.

[37] Vgl. Heinz Hürten, *Kurze Geschichte des deutschen Katholizismus 1800—1960,* Mainz 1986, S. 134.

[38] Zum Beispiel der bayerische Feldkurat Joseph Lukas, der seine Vorbehalte gegen katholische Pressearbeit auch in einer Schrift publizierte: *Die Presse, ein Stück moderner Versimpelung,* Regensburg-New York-Cincinnati 1867.

Kirche fast vier Jahrzehnte als Missionsvikar. Ähnlich, wie wir es von vielen katholischen Vereinen kennen, blieben auch die Zeitschriften faktisch von der kirchlichen Hierarchie abhängig. Dennoch forderte der *Kirchliche Anzeiger* seine Leser immer wieder zur Mitarbeit auf. 1849 wurden sie wiederholt „dringend ersucht, Material aller Art, an Nachrichten, Aufsätzen, Wünschen, Anfragen, zur Benutzung" einzusenden, „da die Theilnahme für den Kirchlichen Anzeiger wesentlich auf dem Interesse beruht, das durch Anschauungen aus dem katholischen Leben in den einzelnen Punkten des Delegaturbezirks angeregt werden kann".[39]

Eine Artikelserie des *Märkischen Kirchenblatts* im Sommer 1876 präzisierte die Kompetenzen, die es den Laien zubilligen wollte.[40] Der namentlich nicht genannte Verfasser beantwortete die Frage, ob der Laie jemals das Recht gehabt habe, sich in das apostolische Amt der Kirche einzudrängen, wie folgt: „Gewiß nicht. Im Gegentheil. Nirgends ist die Grenze zwischen Priester und Laien schärfer gezogen, als eben in der katholischen Kirche. Allein, es stehen auch den Laien, als solchen, Mittel genug zu Gebote, die außer der rein priesterlichen Sphäre liegen, und dennoch einen höchst wirksamen Einfluß auf die Bekehrung der Ungläubigen und Irrgläubigen und auf die Verbreitung der Kirche ausüben. Es gibt nämlich nebst dem mit apostolischer Autorität gepredigten Wort und der Spendung der sakramentalischen Gnadenmittel auch ein den Laien zugängliches Apostolat."[41] Der Autor stellte die verschiedenen Formen eines Laienapostolats vor, unter anderen nannte er das „Apostolat des guten Beispiels", das „Apostolat des Unterrichts" und das „Apostolat der Presse".[42] Auch wenn die Pressearbeit gesondert von den anderen Betätigungsformen genannt wurde, beinhalteten die ersten beiden Funktionen, die hier auf alle Katholiken bezogen wurden, auch die Aufgaben der katholischen Journalisten, nämlich, den anderen Vorbild zu sein und sie zu unterrichten. Der Auftrag komme von Christus selber: „Lasset euer Licht

[39] *Kirchlicher Anzeiger*, Nr. 18 vom 27. 1. 1849, S. 69; ebenso der *Kirchliche Anzeiger*, Nr. 42 vom 14. 7. 1849, S. 170, und Nr. 52 vom 22. 9. 1849, S. 207.

[40] Vgl. die Artikelserie *Apostolat der Laien*, in: *Märkisches Kirchenblatt*, Nr. 29 vom 15. 7. 1876, S. 228, Nr. 30 vom 22. 7. 1876, S. 235 f., Nr. 31 vom 29. 7. 1876, S. 243 f., und Nr. 32 vom 5. 8. 1876, S. 254.

[41] *A. a. O.*, S. 228.

[42] *Ebda.* Die übrigen genannten Formen eines Laienapostolats sind das Apostolat des Umgangs, das Apostolat des Gebetes und das Apostolat des Herzens Jesu.

leuchten vor den Menschen, damit sie eure Werke sehen, und dafür den Vater preisen, der im Himmel ist." Nach dem Zitat verwies der Verfasser des Artikels auf das Christentum der ersten Jahrhunderte, als jeder Christ ein Missionar gewesen sei. Das könne auch für die Gegenwart gelten, „besonders wenn alle Katholiken in solcher Tugendreinheit lebten in Mitte des Sittenverderbnisses, das jetzt die Erde überfluthet und sich in entsetzlicher Weise geltend macht".[43] Das Unterrichtsgebot beinhalte nicht nur die Verpflichtung, andere in Glaubensdingen zu unterweisen, es verpflichte besonders den Laien, zunächst sich selbst zu informieren: „Es sollte auch in unserer Zeit jeder Katholik der Welt in einer Weise unterrichtet dastehen, daß er überall und jederzeit im Stande sei, privat und öffentlich von seinem Glauben Zeugniß abzulegen." Dafür müsse das Apostolat der Presse passende „Controvers- und Unterrichtsschriften" verbreiten, denn durch das, was der Mensch lese, könne er sich eher überzeugen, als durch das, worüber er nur „stückweise reden" höre.[44]

Personellen und damit auch inhaltlichen Wandel brachten in Berlin die katholischen Tageszeitungen. Bereits mit der Gründung der *Germania* gewannen die Laien mehr Einfluß auf die katholische Presse. Die Gründer dieser Tageszeitung repräsentierten die wesentlichen Interessen des katholischen Berlins der siebziger und achtziger Jahre, nämlich des katholischen Bürgertums mit seiner Vielfalt an Vereinen. Langjähriger Direktor der Zeitung war der Kaufmann Edmund Eirund, Mitbegründer und Schriftführer des katholischen Gesellenvereins, der seit 1888 über zehn Jahre hinweg das Lokalkomitee der Berliner katholischen Vereine leitete. Zum Gründungskomitee der *Germania* gehörten außerdem der Legationsrat a. D. Friedrich von Kehler, der bis zur Jahrhundertwende die Berliner Zentrumsorganisation leitete, Eduard Müller, dessen *Märkisches Kirchenblatt* wenig später auch im *Germania*-Verlag erschien, und der Schlossermeister Johannes Strobel, der schon Jahre zuvor die Missionstätigkeit Müllers tatkräftig unterstützt hatte.

Unter ihrem ersten Redakteur Friedrich Pilgram verfolgte die *Germania* einen versöhnlichen Kurs. Sie wurde vom katholischen *Mainzer Journal* daher verächtlich als hoffähig bezeichnet. Das *Märkische Kirchenblatt* Eduard Müllers — das sich selbst als rigoroser einschätzte — sah sich daher genötigt, die *Germania* in Schutz zu nehmen und damit

[43] *Ebda.*

[44] *A. a. O.*, S. 235.

zu entschuldigen, daß sie habe Rücksicht nehmen wollen auf diejenigen Kreise in Berlin, die ihrerseits eine „mildere, rücksichtsvollere Praxis wollten".[45] Das werde nun anders. „Man habe doch nur Geduld mit der ‚Germania'." Als dieser Artikel Ende März 1871 im *Märkischen Kirchenblatt* erschien, hatte ein Freund Müllers, der Kaplan Paul Majunke, die *Germania* bereits übernommen, gerade rechtzeitig zur Eröffnung des Reichstags, um so der Zentrumsfraktion in den Konflikten der Zukunft mit einer Entschiedenheit beistehen zu können, die dem Blatt zahlreiche staatliche Repressalien und mehrmals die Attribute „subversiv" und „staatsgefährdend" einbringen sollte.[46]

Die Absicht der Gründer der *Germania,* den Berliner Vereinen eine publizistische Unterstützung zu gewähren und damit ihre Integrationsarbeit zu fördern, trat während des Kulturkampfs immer mehr in den Hintergrund. Erst der Druckereibesitzer Friedrich Bannenberg griff zwei Jahrzehnte später mit seiner *Märkischen Volkszeitung* diesen Gedanken wieder auf. Er wollte die Interessen der Mehrheit der Berliner Katholiken vertreten, die sich im ausgehenden 19. Jahrhundert überwiegend aus Dienstboten, Handwerkern und Arbeitern zusammensetzte. Nach Meinung der *Märkischen Volkszeitung* war die *Germania* zu teuer, und für ihren Inhalt hätten viele Glaubensgenossen kein Interesse oder Verständnis.[47] Zu ihrem Programm schrieb die Zeitung: „Darum, katholisches Volk, Ihr lieben Glaubensgenossen in Berlin, in der Delegatur, Provinz und darüber hinaus, — seht, jetzt habt Ihr in unserem Blatte ein auf kirchlichem Boden stehendes unabhängiges Blatt, Ihr braucht nicht mehr Blätter für Euer gutes Geld zu halten, die Eure hl. Kirche beschimpfen oder die recht fein glimpflich, das heißt stückweise, daß es keiner merkt, den letzten Rest von Glauben aus den Herzen derer reißen, die vielleicht durch die Ungunst der sie umgebenden Verhältnisse schon lau und schwankend geworden sind."[48]

[45] *Märkisches Kirchenblatt,* Nr. 12 vom 25. 3. 1871.

[46] K. M. Stiegler, *Germania,* in: H.-D. Fischer (Hrsg.), *Deutsche Zeitungen...* (wie Anm. 10), S. 301. Paul Majunke bewertet die Gründung der *Germania* als Mobilmachung und sieht im Gegensatz zu Pilgrams Tätigkeit erst in seiner eigenen journalistischen Arbeit die korrekte Vertretung des Zentrumsstandpunkts. Vgl. P. Majunke, *Geschichte des „Culturkampfes"* ... (wie Anm. 4), S. 127.

[47] Vgl. Artikel *Zweck und Standpunkt des „Märkischen Volksblattes["],* in: *Märkische Volkszeitung,* Probenummer vom So., den 27. 1. 1889.

[48] Artikel *Nochmals in eigener Sache,* in: *Märkische Volkszeitung,* Nr. 4 vom Mi., den 6. 2. 1889.

III

Anspruch und Aufgaben einer katholischen Lokalzeitung am Beispiel der Märkischen Volkszeitung

Als die *Märkische Volkszeitung* im Februar 1889 als erste katholische Lokalzeitung Berlins erschien, war die Zeit der Begünstigung der katholischen Publizistik durch den Kulturkampf bereits vorbei. Verleger und Redakteure erkannten die Notwendigkeit, sowohl durch Programm und Gestaltung als auch durch die Bildung geeigneter inhaltlicher Schwerpunkte um das Interesse des Lesers zu werben. Im Gegensatz zu den eher unübersichtlichen und nur wenig strukturierten Wochenzeitungen sollte die *Märkische Volkszeitung* mit einem vielfältigen und übersichtlich gestalteten Angebot die Bereitschaft der Berliner Katholiken wecken, auf ihre bisherige Tageslektüre zu verzichten.[49] Dazu warb sie mit einem innen- und außenpolitischen Teil unter besonderer Berücksichtigung des Standpunkts der Zentrumspartei, einem Lokalteil, verbunden mit regelmäßigen Berichten vom Vereinsgeschehen, einem Handelsteil mit Börsennachrichten, Berichten vom Herrscherhaus, einem Feuilleton, das als „sittenrein und spannend" angekündigt wurde.[50] Zum Konzept der Zeitung gehörte es, das Interesse der ganzen Familie des Abonnenten für die Zeitung zu gewinnen.[51] Dafür sorgte mit einem Angebot an erbaulicher Unterhaltung und Belehrung als Ergänzung zum Feuilleton auch die Sonntagsbeilage *Der Tag des Herrn,* aber erst nach der Übernahme durch den *Germania*-Verlag im Dezember 1900 war es möglich, ein breites Spektrum von Beilagen anzubieten, das von der *Rechtsberatung* über den *Praktischen Ratgeber für Haus und Familie,* einem *Illustrierten Sonntagsblatt,* einer *Kinderbeilage* bis hin zur *Praktischen Hausfrau* reichte. Der Inhalt der *Märkischen Volkszeitung* war auf die vermeintlichen Bedürfnisse der katholischen Mittel- und Unterschicht in den Jahren vor und nach der

[49] Vgl. *ebda.*

[50] Artikel *Zweck und Standpunkt des „Märkischen Volksblattes[“],* in: *Märkische Volkszeitung,* Probenummer vom So., den 27. 1. 1889.

[51] Vgl. z. B. die programmatischen Artikel *Einladung zum Bezuge der „Märkischen Volkszeitung“,* in: *Märkische Volkszeitung,* Nr. 67 vom Fr., den 21. 3. 1890, *An unsere Leser!,* in: *Märkische Volkszeitung,* Nr. 295 vom So., den 24. 12. 1893, Georg Friedrich Dasbach, *An die Katholiken Berlins!,* in: *Märkische Volkszeitung,* Nr. 171 vom Di., den 28. 7. 1896, und *An unsere Leser!,* in: *Märkische Volkszeitung,* Nr. 295 vom Di., den 25. 12. 1900.

Jahrhundertwende zugeschnitten. Einer der erfolgreichsten katholischen Zeitungsgründer seiner Zeit, der Trierer Kaplan Georg Friedrich Dasbach, beschrieb, nachdem er die *Märkische Volkszeitung* im Sommer 1896 übernommen hatte, die inhaltlichen Schwerpunkte wie folgt: „Die in meinem Verlage hier erscheinende Märkische Volks-Zeitung ist ein katholisches gemeinverständliches, billiges Blatt. Sie tritt ein für die berechtigten Forderungen der Arbeiter. — Ueber die Fragen der inneren und äußeren Politik wird rasch berichtet. Die Tagesneuigkeiten von Berlin und der Mark werden schleunigst mitgeteilt."[52]

Die Zeitung versuchte nicht nur, den Zusammenhalt der Katholiken zu fördern, sie wollte sie auch mit der Gesellschaft, mit dem Staat aussöhnen: „Sie (die Zeitung) muß die Liebe zum Vaterlande, die Treue zum angestammten Herrscherhause wecken und erhalten."[53] Die Toleranz Kaiser Wilhelms II. und die Aufgeschlossenheit, mit der der junge Monarch in den ersten Jahren seiner Regierung der katholischen Kirche zu begegnen schien, machte der katholischen Presse ein Entgegenkommen wesentlich leichter als die Politik seiner Vorgänger. Gerade wenn man berücksichtigt, daß das *Märkische Kirchenblatt* die Reichsgründung im Januar 1871 mit keinem Wort erwähnt hatte, kann die Terminwahl für die Probenummer der *Märkischen Volkszeitung* als programmatisch bewertet werden. Sie erschien am 27. Januar, also zum Geburtstag Wilhelms II., und gab der Zeitung damit Gelegenheit, ihr Treuegelöbnis an das Herrscherhaus und den Kaiser zum Ausdruck zu bringen. Das Bekenntnis wurde in den folgenden Jahren bei verschiedenen Anlässen erneuert. Dieses Verhalten entsprach dem auf Kooperationsbereitschaft basierenden Kurs, den der Breslauer Fürstbischof Georg Kopp nicht erst seit seinem Amtsantritt 1887 verfolgte, und das, obwohl das Verhältnis zwischen Staat und Kirche auch nach dem Kulturkampf in vielen Punkten noch immer ungeklärt war.[54] Die Gespräche des Kaisers mit dem Papst und die Annäherung des Zentrums an die Konservativen — besonders nach den Reichstagswahlen im Frühjahr 1890 — schienen durchaus geeignet zu sein, die Katholiken

[52] G. F. Dasbach, *An die Katholiken Berlins!*, in: *Märkische Volkszeitung* ... (wie Anm. 51). Der Artikel wird in den anschließenden Ausgaben der *Märkischen Volkszeitung* wiederholt.

[53] Artikel *Welche Aufgaben hat die christlich-katholische Presse zu erfüllen?*, in: *Märkische Volkszeitung*, Nr. 12 vom Do., den 16. 1. 1890.

[54] Vgl. Rudolf Morsey, *Georg Kardinal Kopp*, in: ders. (Hrsg.), *Zeitgeschichte in Lebensbildern*, Bd. 1, Mainz 1973, S. 17ff.

vom Makel der Reichsfeindlichkeit zu befreien und ihnen einen Zugang zum wilhelminischen Staat zu verschaffen.[55]

Für die Berliner katholische Presse war das die Grundlage, auf der sie nun versuchte, eines der schwierigsten seelsorgerischen Probleme in der herangewachsenen Industriemetropole zu lösen: Berlin hatte sich im ausgehenden 19. Jahrhundert in zunehmendem Maß zu einer Hochburg der Sozialdemokratie entwickelt. Spätestens mit dem Ablauf des Sozialistengesetzes im Herbst 1890 würde es sich zeigen, wie brauchbar eigene katholische Konzepte zur Bewältigung der sozialen Frage waren und welche Aussichten damit bestanden, der sozialdemokratischen Konkurrenz wirksam begegnen zu können. Dabei war die *Märkische Volkszeitung* zunächst noch von der Möglichkeit überzeugt, es publizistisch mit den Sozialdemokraten aufnehmen zu können. Während unter dem Druck des Ausnahmegesetzes nur wenig „für die wirkliche Aufklärung und Belehrung der arbeitenden Klassen" geschehen könne, werde der Kampf gegen die Sozialdemokratie entschieden erfolgreicher sein, „wenn alle mit offenem Visier auf dem Plane erscheinen können".[56] Den Wunsch des Kaisers, staatliche Maßnahmen zur Verbesserung der Lage der Arbeiter durchzuführen, begrüßte die *Märkische Volkszeitung* im Februar 1890: „Mit der größten Freude werden diese Worte des deutschen Kaisers von der Nation begrüßt in einem Augenblicke, wo die Hochflut der Sozialdemokratie bedenklich anschwillt und namentlich für die nächsten Wahlen eine noch nie dagewesene Agitation in Szene setzt, um der Welt zu zeigen, wie tief ihre verderblichen Ideen im deutschen Volke bereits Wurzel geschlagen. Es ist mit Bestimmtheit zu erwarten, daß diesen Helden des Umsturzes und Propheten einer neuen Weltordnung ohne Monarchie und Religion durch diese allerhöchste Kundgebung ein gewaltiger Strich durch die Rechnung gezogen ist."[57] Mit dem Ziel eines ideellen Bündnisses zwischen der katholischen Kirche und einem sozialen Kaisertum und mit dem beiden Partnern gemeinsamen Wunsch, die Arbeiterbewegung in die bestehende Gesellschaftsordnung einzugliedern, sah die Zeitung sich durchaus im Einklang mit einer in katholischen Kreisen weit verbreiteten Beurteilung der sozialen Frage als Bedrohung für den

[55] Vgl. H. Hürten, *Kurze Geschichte...* (wie Anm. 37), S. 165.

[56] Artikel *Das Sozialistengesetz,* in: *Märkische Volkszeitung,* Nr. 85 vom Di., den 15.4.1890.

[57] Artikel *Kaiser Wilhelm und der Arbeiterschutz,* in: *Märkische Volkszeitung,* Nr. 31 vom Fr., den 7.2.1890.

Glauben der katholischen Unterschicht. Entsprechend hatte schon 1884 der katholische Sozialpolitiker Franz Hitze auf dem Katholikentag in Amberg eine „wohlgeschulte" und „wohlbewaffnete" Armee von christlichen Arbeitern gefordert, „die den Sozialdemokraten auch in die Fabrik, in die Werkstatt hinein folgt ... ehe es zu spät ist".[58] Der Aufruf des Breslauer Fürstbischofs Georg Kopp, in Anlehnung an die Enzyklika *Humanum genus* Papst Leos XIII. auch in seiner Diözese und in der Delegatur Arbeitervereine zu gründen, fand in der Berliner katholischen Presse sogar eine nachhaltigere Unterstützung als die Enzyklika *Rerum novarum.* Einen Tag nach der Veröffentlichung des Hirtenschreibens gelobte die *Märkische Volkszeitung,* ihren Fürstbischof und die Geistlichkeit bei der Einrichtung von Arbeitervereinen mit Rat und Tat zu unterstützen, und kommentierte: „Der Zweck der Arbeitervereine ist ein doppelter, nämlich die Förderung des *geistigen* und *leiblichen* Wohles der Arbeiter ... Sie sollten den Arbeiter den Armen einer materialistischen Weltanschauung entreißen und ihm den sittlichen Gehalt wiedergeben. Die Arbeiter müssen zu der Erkentnis kommen, daß nicht die Lehren der Sozialdemokratie sie beglücken können, sondern nur die Religion — der Glaube an Gott und die Verfolgung seines Sittengesetzes. Dann wird auch jeder Vorteil, welcher dem Arbeiter geboten wird, gewürdigt werden und reichen Segen bringen."[59]

Nicht nur die Betreuung der Arbeitervereine, sondern auch die Berücksichtigung aller übrigen katholischen Vereine aus Berlin und der näheren Umgebung entsprachen dem Konzept der *Märkischen Volkszeitung.* Von Anfang an wurden in einer entsprechenden Rubrik mit der Überschrift *Aus den Vereinen* regelmäßig Berichte abgedruckt, die nicht nur einen Eindruck vom zeitgenössischen Vereinsleben vermitteln, sondern auch Auskunft geben über Fragen, die die organisierten Berliner Katholiken im ausgehenden 19. und beginnenden 20. Jahrhundert beschäftigt haben. Dabei fällt auf, daß die inhaltliche Auswahl der *Märkischen Volkszeitung* häufig mit den Themen der Vorträge übereinstimmte, die namhafte Katholiken auf Vereinsversammlungen hielten.[60] Dieser Konsens erwies sich für die Zeitung als durchaus

[58] Zit. nach H. Hürten, *Kurze Geschichte...* (wie Anm. 37), S. 166.

[59] Artikel *Zweck der katholischen Arbeiter-Vereine,* in: *Märkische Volkszeitung,* Nr. 33 vom So., den 9. 2. 1890.

[60] Allerdings dürfte der Einfluß der Vereinsmitglieder auf die Auswahl der besprochenen Themen eher gering gewesen sein, vor allem bei den Arbeitervereinen, in deren

nützlich: Indem die Vereine die Zeitung anstelle eigener Vereinsorgane hielten und für ihre Mitteilungen nutzten, sicherten sie dem Verlag eine nicht unerhebliche Mindestabnahme. Darüber hinaus konnten sie durch ihren Einfluß auf die übrige katholische Bevölkerung für die *Märkische Volkszeitung* einen wirksamen Werbebeitrag leisten. Die Vereinsbetreuung wurde daher von der katholischen Presse so ernst genommen, daß es im Sommer 1896 zwischen der *Märkischen Volkszeitung* und der vom *Germania*-Verlag inzwischen gegründeten *Katholischen Volkszeitung* zu einer öffentlichen Auseinandersetzung um die Gunst der Vereine kam. In ihrer Folge erschienen in der *Märkischen Volkszeitung* Leserbriefe, in denen sowohl einige Vereine als auch Einzelpersonen dem Blatt ihr Vertrauen aussprachen.[61]

Mag der Abdruck von Vereinsberichten damit wichtig gewesen sein für den Kontakt zur katholischen Basis, so muß die Anteilnahme der Zeitung an den Interessen der katholischen Leserschaft, besonders der unteren Bevölkerungsschichten, in erster Linie an der Auseinandersetzung mit deren Problemen gemessen werden. Tatsächlich war die soziale Frage von Anfang an fester Bestandteil des Themenkanons der *Märkischen Volkszeitung*. Einen Weg für die Lösung dieser Frage sahen die Redakteure — in Übereinstimmung mit der Kirchenführung — nicht in erster Linie in einer tiefgreifenden Umgestaltung der sozialen und innerbetrieblichen Verhältnisse. Vielmehr galt es, der Unzufriedenheit zu begegnen, welche sich der Arbeiter, Handwerker, kleinen Geschäftsleute und Unterbeamten wegen der Steuern, Lebensmittelpreise, Einkommen und zum Teil wegen der Behandlung durch die Arbeitgeber bemächtigt habe.[62] Daher forderte die *Märkische Volkszeitung*: „Will man uns die Unzufriedenheit nehmen, so muß man nicht nur für eine gerechte Normirung der Löhne, Einschränkung der Arbeitszeit und Gewährung von Ruhetagen sorgen, sondern man muß sich auch bestreben, daß die Lebensmittel billiger werden ... und die (Personen) zu den Steuern in gerechter Weise heran ... ziehen, welche

Vorständen häufig Angehörige des Bürgertums oder des Klerus dominierten. Einen entsprechenden Eindruck vermittelt neben den zahlreichen Vereinsberichten der *Bericht über den Verband der kath. Arbeitervereine (Sitz Berlin) und über dessen sechsten Delegiertentag 1903 am 1. und 2. Juni in Berlin*, Berlin o. J. [1903].

[61] Z. B. *Märkische Volkszeitung*, Nr. 177 vom Di., den 4. 8. 1896, Beilage.

[62] Vgl. den Artikel *Die Unzufriedenheit der unteren Volksklassen*, in: *Märkische Volkszeitung*, Nr. 55 vom Fr., den 7. 3. 1890.

im Ueberflusse leben."[63] Die Verbesserung der Situation der unteren Bevölkerungsschichten war für die Zeitung nicht nur eine materielle Angelegenheit; sie könne nur dann erreicht werden, wenn sich der christliche Glaube bei Arbeitern und Arbeitgebern erneuern ließe. So lautete der Kommentar der *Märkischen Volkszeitung* zur Arbeiterschutzkonferenz im Frühjahr 1890: „Mindestens ebenso wichtig, als die ernstliche Verbesserung des Loses der Arbeiter ist die Verbreitung der christlichen Weltanschauung unter den Reichen wie unter den Armen; denn nur sie macht den sozialen Frieden möglich und bietet die Gewähr für eine gedeihliche soziale Entwicklung."[64] Nur die Liebe sei geeignet, die Kluft zwischen Arbeitgeber und Arbeitnehmer, Reichtum und Armut zu überbrücken, sie allein vermöge es, „die Irregeleiteten auf den richtigen Weg zurückzuführen", sie werde vielen den verlorengegangenen Glauben an Gott und die Menschheit wiedergeben.[65]

IV
Erfolg oder Mißerfolg?

Die Frage nach der Wirksamkeit der Berliner katholischen Presse kann nach dem gegenwärtigen Forschungsstand noch nicht in befriedigender Weise beantwortet werden. Hinweise, die uns weiterführen könnten, finden wir beispielsweise in den regelmäßig zum Quartalsbeginn wiederkehrenden Eigenanzeigen — meistens mit der Überschrift *An unsere Leser* versehen — oder in Artikeln, die den Typ der katholischen Presse dem der übrigen Presse gegenüberstellten. Fast durchgängig, wenngleich mit unterschiedlicher Intensität, erweisen sich diese Artikel als eine an die katholische Bevölkerung gerichtete Aufforderung, keine anderen als die eigenen Presseerzeugnisse zu lesen. Form und Inhalt, die häufig geprägt sind von einer bestimmten Diktion, dem stereotypen Gebrauch bestimmter Argumentationsmuster und dem Einsatz von Redundanzen, deuten auf die Probleme hin, die die Periodika hatten, um den Leser zu erreichen. „Wir Katholiken thun nicht, was wir thun können, und unterstützen wohl noch gar die Presse unserer Feinde."[66] Dieses Zitat aus dem *Märkischen Kirchenblatt* ist

[63] *Ebda.*

[64] Artikel *Die Arbeiterschutzkonferenz,* in: *Märkische Volkszeitung,* Nr. 76 vom Mi., den 2. 4. 1890.

[65] Artikel *Die Pflicht der Arbeitgeber,* in: *Märkische Volkszeitung,* Nr. 38 vom Sa., den 15. 2. 1890.

[66] *Märkisches Kirchenblatt,* Nr. 30 vom 22. 7. 1876, S. 236.

typisch für den Unmut über das ungenügende Interesse der katholischen Bevölkerung an einer eigenen Presse. Schon Ende des Jahres 1849 beklagte die Redaktion des *Kirchlichen Anzeigers*, daß es noch nicht gelungen sei, „diejenige Theilnahme zu erwecken, die zur dauernden Existenz des Blattes nöthig ist".[67] Und ein Jahr später schrieb sie ihren Lesern, daß der Zweck, „durch den Reinertrag den Schulen hier am Orte und auch in den Missionsgemeinden zur Hülfe zu kommen", nicht erreicht worden sei, zumal die Einnahmen kaum die Ausgaben gedeckt hätten.[68] Die Sorgen sind verständlich, denn auch 1851 fand das Blatt unter 21 000 Katholiken in Berlin nur 200 Abnehmer in der Woche.[69] Selbst 1881 hatte das *Märkische Kirchenblatt* nur etwa 1500 Abonnenten, während die Zahl der Katholiken auf fast 100 000 gestiegen war.[70]

Ähnlich war die Lage bei der Tagespresse. Die *Märkische Volkszeitung* erreichte in den ersten zehn Jahren ihrer Existenz täglich höchstens 4500 Leser, wechselte in dieser Zeit unter einer erdrückenden Schuldenlast dreimal den Besitzer, um schließlich im Dezember 1900 vom *Germania*-Verlag aufgekauft zu werden.[71] Auch von der *Germania* wissen wir, daß sie in der Zeit vor dem Ersten Weltkrieg ihre Auflage auf höchstens 8000 steigern konnte.[72] Das war wenig, verglichen mit der Berliner katholischen Wochenzeitschrift *Das Schwarze Blatt*, die wegen der überregionalen Resonanz in der Kulturkampfzeit eine Auflage von 20 000 Exemplaren erreicht hatte.[73] Beide Periodika waren wegen ihres politischen Impetus vom Abklingen der Auseinandersetzungen so hart betroffen, daß Paul Majunke, vermutlich aus der Sicht des ehemaligen Redakteurs, 1888 öffentlich den Niedergang der Zentrumspresse konstatierte: „Es ist traurig, aber wahr, daß große Centrumsblätter, die zur Zeit, als der ‚Kulturkampf' auf seiner Höhe stand, über 8000 Abonnen-

[67] *Kirchlicher Anzeiger*, Nr. 65 vom 22. 12. 1849, S. 259, und Nr. 66 vom 29. 12. 1849, S. 263.

[68] Artikel *An die geehrten Leser*, in: *Kirchlicher Anzeiger*, Nr. 51 vom 21. 12. 1850, S. 301, und Nr. 52 vom 28. 12. 1850, S. 309.

[69] E. Thrasolt, *Eduard Müller*... (wie Anm. 12), S. 77, spricht von den Klagen des Redakteurs Wawreczko.

[70] Vgl. Leo Woerl, *Die Pressverhältnisse im Kgr. Preußen*, Würzburg 1881, S. 641.

[71] Vgl. Ulrich Fohrmann, *Trierer Kulturkampfpublizistik im Bismarckreich. Leben und Werk des Preßkaplans Georg Friedrich Dasbach*, Trier 1977, S. 264 ff.

[72] Vgl. K. M. Stiegler, *Germania*, in: H.-D. Fischer (Hrsg.), *Deutsche Zeitungen*... (wie Anm. 10), S. 301.

[73] Vgl. L. Woerl, *Die Pressverhältnisse*... (wie Anm. 70), S. 640.

ten hatten, jetzt kaum noch 2000 besitzen, daß Wochenblätter, die damals über 25 000 Abonnenten zählten, jetzt deren kaum noch 3000 haben."[74] Bei der Beurteilung des Erfolgs einer Zeitschrift oder Zeitung sollte die Abonnentenzahl jedoch nicht überbewertet werden, denn trotz der geringen Auflage erlangte die *Germania* in der Öffentlichkeit das Ansehen eines katholischen Zentralorgans,[75] während das *Schwarze Blatt* ab 1896 nur noch als Beilage der *Katholischen Volkszeitung* und später der *Märkischen Volkszeitung* zu finden war.

Für den heutigen Betrachter schwer zu verstehen ist die Konkurrenz im eigenen Lager, die die Lage der Zeitschriften und Zeitungen spürbar verschlechterte. Die später in Jubiläumsschriften[76] gern formulierte Idealvorstellung, getrennt zu marschieren und vereint zu schlagen, erwies sich in der Realität als Legende. Dazu ein Beispiel: Es fällt auf, daß im Jahr 1889 die *Germania* die neuerschienene *Märkische Volkszeitung* mit keinem einzigen Hinweis würdigte, sie totschwieg, statt für die willkommene Ergänzung zu werben. 1891 brachte der *Germania*-Verlag mit der *Katholischen Volkszeitung* sogar ein eigenes Lokalblatt auf den Berliner Zeitungsmarkt. Die beiden katholischen Lokalzeitungen, die sich um den gleichen Leserkreis bemühten, boten 1896 ihren Lesern ein trauriges Schauspiel ihrer Zerstrittenheit. Anlaß war der Vorwurf, Dasbach habe die *Märkische Volkszeitung* in den Konkurs getrieben, um sie danach zu einem geringen Preis erwerben zu können. Nachdem er in seiner Zeitung diese Anschuldigung zurückgewiesen und im Gegenzug der *Katholischen Volkszeitung* Konkurrenzdenken vorgeworfen hatte, wurde im Sommer 1896 die Auseinandersetzung vor aller Öffentlichkeit ausgetragen.[77] Erst die Übernahme der *Märkischen Volkszeitung* durch den *Germania*-Verlag zu Beginn dieses Jahrhunderts beendete die Rivalität und führte zur Konzentration mit den Vorteilen größerer Rentabilität und bedarfsgerechter inhaltlicher Ergänzung.

[74] *Frankfurter Zeitung,* Nr. 346 vom Di., den 11. 12. 1888, Morgenblatt.

[75] Vgl. J. Lange, *Die Stellung...* (wie Anm. 10), S. 87.

[76] Vgl. z. B. Lorenz Zach, *Festgabe zum vierzigjährigen Jubiläum der Märkischen Volks-Zeitung,* Berlin 1928, besonders S. 16—18.

[77] Vgl. den Artikel von Georg Friedrich Dasbach, *Unser letztes Wort gegen die kathol. Volkszeitung,* in: *Märkische Volkszeitung,* Nr. 178 vom Mi., den 5. 8. 1896, den Prozeßbericht, Georg Friedrich Dasbach, *Der Prozess Dasbach gegen Haubrich. Bericht über die Gerichts-Verhandlungen vom 20. bis 23. April 1900 nebst dem Urtheil vom 30. April,* Trier 1900, und die ausführliche tägliche Prozeßberichterstattung in der *Märkischen Volkszeitung* und in der *Germania* in der Zeit vom 21.—28. 12. 1900.

Sicherlich war sich die Berliner katholische Presse der eigenen Schwächen in einer Pressemetropole wie Berlin stets bewußt. Um so mehr erstaunen der Mut und die Risikobereitschaft der katholischen Verleger und Redakteure, die — wie Bannenberg und Dasbach — als eigenverantwortliche Geschäftsleute antraten, um der katholischen Bevölkerung unter dem Diktum der „guten Presse" eine Alternative zu so erfolgreichen Massenzeitungen wie dem *Berliner Lokalanzeiger* und der *Berliner Morgenpost* anzubieten, die um die Jahrhundertwende allein schon 280 000 Abonnenten hatten. Daß die Berliner katholische Presse dabei zum Vorbild für die Gestaltung konfessioneller Publizistik werden konnte, wurde im Jahr 1901 deutlich. Nach dem Verkauf der *Märkischen Volkszeitung* an den *Germania*-Verlag ersuchte der Verleger Dasbach zwei erfahrene Redakteure der *Märkischen Volkszeitung*, nämlich Georg Schork und Joseph Cremerius, nach Trier zu kommen, um seine dortigen Zeitungen, die *Trierische Landeszeitung* und das *Paulinusblatt*, nach dem Muster der *Märkischen Volkszeitung* zu modernisieren. Folgt man Schorks Erinnerungen, dann war ihre Trierer Mission bei einer Auflagesteigerung der *Trierischen Landeszeitung* um das Siebenfache bis zum Jahr 1914 „von vollem Erfolg gekrönt".[78]

Dem Phänomen konfessioneller Publizistik unter den Bedingungen einer heranwachsenden Weltstadt wie Berlin konnten wir uns hier nur in Ansätzen nähern. Vertiefende Untersuchungen müßten berücksichtigen, daß die katholische Presse mindestens auf drei Ebenen wirksam werden konnte: erstens als Medium öffentlich vollzogener Kommunikations- und Interaktionsprozesse zwischen der Kirche, der Kirche nahestehenden Institutionen und der Gemeinde, zweitens als Bestandteil kirchlich-christlicher Praxis sowohl im Verbund mit anderen kirchlichen Kommunikationsformen wie Predigt und Gemeindearbeit als auch als eigenständiger Vermittler christlicher Glaubensinhalte und drittens als Protagonist im Widerstreit verschiedener katholischer Positionen. Diese Trias zeigt vielfältige Anknüpfungspunkte für die Forschung, weist aber auch darauf hin, daß eine befriedigende Erfassung des Phänomens publizistischer Großstadtseelsorge nur interdisziplinär geleistet werden kann. Gemessen am Stand der Erforschung von Presse als Bestandteil der Geschichte des politischen Katholizismus, wird es in diesem Bereich noch viel zu tun geben.

[78] Georg Schork, *Erinnerungen eines alten Trierer Journalisten*, in: *75 Jahre Trierische Landeszeitung*, Sonderausgabe der Trierischen Landeszeitung vom April 1950.

Die Berliner Stadtmission

MARTIN GRESCHAT
Giessen

Als Stadtmission bezeichnen wir heute eine Einrichtung, die im Rahmen des Diakonischen Werkes der Evangelischen Kirche in Deutschland selbständig tätig ist; lexikographisch ausgedrückt: „Stadtmission heißt ein freies Werk ... zur Evangelisierung und diakonischen Betreuung jenes Teils der Bevölkerung einer Stadt, der durch das geordnete Pfarramt nicht oder nur ungenügend erreicht wird.“[1] So genau diese Definition die gegenwärtige Wirklichkeit trifft, so wenig ist sie geeignet, das historische Phänomen, speziell die Vorgänge in Berlin, in den Blick zu rücken. Die ursprüngliche Vorstellung von dem, was Stadtmission sei und sein müsse, war erheblich vielfältiger. Man faßte darunter sämtliche Bemühungen evangelischer Vereinigungen und Vereine zusammen, die seelsorgerlich und karitativ, vor allem aber missionierend in einer Stadt tätig waren. Daraus entwickelte sich in Berlin im letzten Drittel des 19. Jahrhunderts die Stadtmission in dem uns geläufigen Sinn — ohne jedoch alle in der Reichshauptstadt existierenden evangelistischen und diakonischen Organisationen integrieren zu können oder auch nur dauerhaft mit ihnen zu kooperieren. Noch 1884 sah sich deshalb eine Inspektor der Berliner Stadtmission genötigt, öffentlich zu erklären: „Stadtmission ist nicht, wie von vielen irrthümlich angenommen wird, die innere Mission der Stadt, also eine Zusammenfassung aller Anstalten und Veranstaltungen der inneren Mission ... sondern Stadtmission ist nur ein Theil der inneren Mission.“[2] Wir werden deshalb zu fragen haben, was die Berliner Stadtmis-

[1] Hans Brandenburg, Artikel *Stadtmission*, in: *Die Religion in Geschichte und Gegenwart*, hrsg. von Kurt Galling, 3., völlig neu bearb. Aufl., 6 Bde., Tübingen 1957—1962, hier Bd. 6, S. 322 f.

[2] Inspektor Pastor Schlegel, in: *Fliegende Blätter aus dem Rauhen Hause zu Horn bei Hamburg* (im folgenden *FB* zitiert), Jg. 1884, S. 142 f.

sion mit den anderen gleichzeitigen oder auch früheren Werken und Aktivitäten im Umkreis der Inneren Mission in der Reichshauptstadt verband und was sie davon unterschied, worin also ihre Besonderheit bestand. Eng verbunden damit ist die Frage nach der kirchlichen und kirchenpolitischen Situation im Berlin des ausgehenden 19. Jahrhunderts, weil nur vor diesem Hintergrund die Arbeit der Stadtmission verständlich wird. Diese Überlegungen führen weiter zur Darlegung der Ziele, die die Stadtmission verfolgte, und schließlich zum Versuch einer kritischen Würdigung ihres Wirkens.

I
Die Stellung der Stadtmission im Rahmen der evangelischen Vereinstätigkeit in Berlin

Im Frühjahr 1848, also noch vor dem Wittenberger Kirchentag, vor der berühmten Stegreifrede Johann Hinrich Wicherns und der Gründung des Central-Ausschusses für innere Mission,[3] war in Berlin der Evangelische Verein für kirchliche Zwecke gegründet worden, „zu derselben Stunde, in welcher sich die Aufrührer zum Sturme gegen das Zeughaus sammelten".[4] Die Organisation und Zielsetzung dieses Vereins entsprach voll und ganz den Vorstellungen Wicherns, wie er sie 1849 in seiner Denkschrift zur inneren Mission entfaltet hat.[5] Danach sollten gleichgesinnte Theologen und Laien zusammentreten, kirchliche Distriktvereine in Anlehnung an die Grenzen der einzelnen Parochien bilden — und zwar möglichst einvernehmlich mit den jeweiligen Pastoren. Die Arbeit der in diesen Bezirken bereits bestehenden Ver-

[3] Vgl. Günter Brakelmann, *Kirche und Sozialismus im 19. Jahrhundert. Die Analyse des Sozialismus und Kommunismus bei Johann Hinrich Wichern und bei Rudolf Todt*, Witten 1966; Martin Gerhardt, *Johann Hinrich Wichern. Ein Lebensbild*, 3 Bde., Hamburg 1927—1931; Hans Christoph von Hase/Peter Meinhold (Hrsg.), *Reform von Kirche und Gesellschaft, 1848—1973. Johann Hinrich Wicherns Forderungen im Revolutionsjahr 1848 als Fragen an die Gegenwart*, Stuttgart 1973; Helmut Talazko, *Johann Hinrich Wichern*, in: Martin Greschat (Hrsg.), *Gestalten der Kirchengeschichte*, Bd. 9,2: *Die neueste Zeit* II, Stuttgart 1985, S. 44—63.

[4] Joachim Dietrich, *Dienet einander! Geschichte des Evangelischen Vereins für kirchliche Zwecke in Berlin von 1848 bis 1898*, Berlin 1898; Zusammenfassung in: *Monatsschrift für Innere Mission* (im folgenden *IM* zitiert), Jg. 1898, S. 191—196, hier S. 192.

[5] Johann Hinrich Wichern, *Die innere Mission der deutschen evangelischen Kirche. Eine Denkschrift an die deutsche Nation*, in: ders., *Sämtliche Werke*, hrsg. von Peter Meinhold, Bd. 1, Berlin-Hamburg 1962, S. 236—242.

eine sollte koordiniert und intensiviert werden — Wichern sprach von „Frauenverein, Sonntagsschule, Schutzverein für Sträflinge, Enthaltsamkeitsverein, Bibelgesellschaft, Traktatgesellschaft, Kinderrettung usw.“;[6] an weiteren Aufgaben nannte er unter anderen das Vorgehen gegen wilde Ehen und den Bettel, den Kampf gegen Spielleidenschaft, Unsittlichkeit und Prostitution, die Fürsorge für weibliche Dienstboten und konfirmierte männliche Jugendliche, die Vermittlung von Arbeit sowie die Einrichtung von Bibliotheken und Sparkassen, schließlich die Schaffung eines Besuchsdienstes von Frauen für Wöchnerinnen und Kranke.[7] Besonderen Nachdruck legte Wichern auf den persönlichen Besuch bei armen Leuten: Wohltätigkeit sollte mit seelsorgerlichen Gesprächen verbunden werden. Auf der gleichen Linie lag seine Aufforderung, Bibelstunden einzurichten, auf den Besuch des Gottesdienstes und die Sonntagsheiligung hinzuwirken und die Familienandachten zu fördern. Zur Verwirklichung dieses Programms sollten neben „Kolporteuren“ und Straßenpredigern besondere Stadtmissionare eingesetzt werden. Geplant war weiterhin, durch ein Leitungsgremium, einen Bund für innere Mission als Stadtmission,[8] die Arbeiten in den einzelnen Distrikten miteinander zu verknüpfen und neue gesamtstädtische Projekte in Angriff zu nehmen, etwa den Aufbau größerer Leihbibliotheken oder die Einrichtung einer Institution zur wirtschaftlichen Unterstützung und geistigen Förderung von Handwerksgesellen. Auf diese Weise, meinte Wichern, würde es gelingen, eine Stadtmission aufzubauen, „wie wir ihrer bedürfen und wie wir sie haben müssen, um unsere großen Städte allmählich wieder in solche Kirchengemeinden umzubilden, in welchen die evangelische Kirche nach allen Seiten hin, durch alle Stände hindurch zur wahren Volkskirche durch die Hilfe der inneren Mission erwachsen könnte“.[9]

Der Evangelische Verein für kirchliche Zwecke in Berlin hatte also mit der Ausführung von Wicherns Plänen bereits vor der Zusammenfassung seiner Gedanken in der Denkschrift begonnen. Dieselbe Verbindung von diakonischem und evangelistischem Einsatz, dasselbe Bemühen um kirchliche und gesellschaftliche Erneuerung im Rahmen eines politisch und sozial konservativen Selbstverständnisses waren hier wie da leitend. So überrascht es nicht, daß der erste Vereinsgeistli-

[6] *A. a. O.*, S. 238 f.

[7] Vgl., auch zum folgenden: *ebda.*

[8] *A. a. O.*, S. 237.

[9] *A. a. O.*, S. 240.

che dieser Organisation in Berlin auch als „Stadtmissionar" bezeichnet wurde.[10] Allerdings ließ sich Wicherns Konzept nicht in seiner ursprünglichen Fassung verwirklichen. Was als Kooperation zwischen Pfarrgemeinden und dem Evangelischen Verein geplant war, entwickelte sich schnell zu eigenständigen und auseinanderstrebenden Aktivitäten in vielfältigen Vereinigungen. Noch 1849 wurden in mehreren Berliner Parochien Vereine für Innere Mission gegründet, exakt im Sinne von Wicherns Forderung. Diese Vereine wurden entweder bald in die Arbeit der einzelnen Pfarrgemeinden eingebunden oder entwickelten sich, was sehr viel häufiger der Fall war, zu „Sonder-Vereinen",[11] konzentriert auf die Beseitigung unterschiedlicher religiöser, diakonischer oder sozialer Mißstände. Doch so oder so: Der Einfluß des Evangelischen Vereins auf die Koordinierung und Steuerung dieser Aktivitäten und Werke war von Anfang an gering. Mehr als Anregungen und Anstöße vermochte man nach eigenem Urteil nicht zu geben.[12] Damit war eine zentrale Voraussetzung für Wicherns Integrationsmodell, wonach die verfaßte Kirche sich mit freien evangelischen Vereinen zu gemeinsamer Arbeit zusammenschließen sollte, in der Berliner Stadtmission zumindest in Frage gestellt. In Wicherns Denkschrift hatte es dazu geheißen: „... in solcher Gemeinschaft einer freien Konföderation aller rettenden Kräfte werden sich die kirchlichen Organe, gleichwie die bisherigen Einzelvereine neu beleben, während die außerhalb dieses Bündnisses verbleibenden wahrscheinlich absterben werden."[13] Belebungen gab es durchaus und auch das Absterben mancher Aktivitäten. Aber weder das eine noch das andere vollzog sich als Konsequenz der „freien Konföderation aller rettenden Kräfte", wovon Wichern sprach. Vielmehr war es gerade diese „Konföderation", die in Berlin dahinkümmerte, so daß die weitere Entwicklung sich sehr viel angemessener mit dem Bild der Zellteilung erfassen läßt als unter dem Gesichtspunkt eines mehr oder weniger festen organisatorischen Zusammenschlusses.

Es ist nötig, wenigstens mit einigen Worten auf die Struktur dieser diakonisch-missionarischen Bemühungen im Rahmen der Theologie und Frömmigkeit der Erweckungsbewegung einzugehen, die — jedenfalls seit der Mitte des 19. Jahrhunderts — durchweg mit einem konser-

[10] *IM*, Jg. 1898, S. 193.
[11] *A. a. O.*, S. 192.
[12] Vgl. *ebda.*
[13] J. H. Wichern, *Die innere Mission* ... (wie Anm. 5), S. 237 f.

vativen politischen und gesellschaftlichen Denkmodell verbunden waren.[14] Ohne auf die Buntheit und Vielfalt der entsprechenden Unternehmungen im Berlin dieser Zeit im einzelnen eingehen zu können,[15] bleibt grundsätzlich festzuhalten: In der Regel waren es einzelne oder kleine Gruppen, Theologen oder Nichttheologen, die sich mit bestimmten seelsorgerlichen oder sozialen Problemen konfrontiert sahen und die gewillt waren, das ihre zu tun, um offenkundige Mißstände abzustellen. Durchweg entschloß man sich schnell, einen Verein zu gründen oder wenigstens eine Vereinigung zu bilden, worin Gleichgesinnte sich zusammentaten. Häufig baute man dabei auf den geistigen Sukkurs und die finanzielle Unterstützung wohlhabender oder doch einflußreicher Persönlichkeiten des öffentlichen Lebens. Aber von solchen wirtschaftlichen und politischen oder auch sozialen Förderungen her lassen sich die Aktivitäten dieser Menschen nicht wirklich erfassen. Sie drängten — wie begrenzt im einzelnen auch immer — darauf, den Anbruch des Reiches Gottes nicht nur in der Geschichte, sondern in ihrer Stadt Berlin konkret Gestalt gewinnen zu lassen. Das verlieh ihnen Energie, Entschlossenheit und Phantasie.

Wenige Beispiele dafür müssen genügen. Sie illustrieren eine ebenso lebendige wie unkontrolliert wuchernde Vielfalt an Tätigkeiten, aus der die Institution der Stadtmission nicht nur erwuchs, sondern von der sie auch dauerhaft geprägt blieb. Da war ein Medizinstudent, der nach schwerer Krankheit aus Dankbarkeit für die empfangenen Besuche mit einigen Gleichgesinnten im Herbst 1833 einen Christlichen Männer-Krankenverein gründete.[16] Man besuchte Alleinstehende in ihren Wohnungen und war bestrebt, sie nach Kräften auch mit Sachmitteln und Geld zu unterstützen. Im Laufe der Zeit kam ein Frauen-Nähverein hinzu, der die Arbeit der Gruppe auf seine Weise fördern wollte. Zu einem Anschluß an die Stadtmission kam es jedoch nicht. Daneben gab es Unternehmungen mit weitergespannten stadtmissionarischen Zielsetzungen, die schließlich in die Konzentration auf besondere Aufgaben mündeten. Wohlbekannt ist das 1858 in Berlin gegründete Johannesstift. Weniger bekannt ist, daß diese Ausbildungsanstalt für Diakone nach den Vorstellungen Wicherns auch die ins

[14] Vgl. dazu neben der in Anm. 3 genannten Literatur: Martin Greschat, *Das Zeitalter der Industriellen Revolution,* Stuttgart 1980, S. 76—83 und S. 126—131.

[15] Vgl. Martin Gerhardt, *Ein Jahrhundert Innere Mission,* Bd. 1, Hamburg 1948.

[16] *IM,* Jg. 1887, S. 282—294; allgemein: Friedrich Gustav Lisco, *Das wohlthätige Berlin,* Berlin 1846.

Stocken geratene Stadtmission vorantreiben sollte.[17] Das gelang erst in der Mitte der siebziger Jahre unter völlig veränderten kirchenpolitischen Voraussetzungen. Dieser Versuch einer umfassenden stadtmissionarischen Arbeit stand in jenen Jahren in Berlin nicht allein. 1873 wurde in der Reichshauptstadt ein Verein für Gemeindepflege gegründet mit dem Ziel, „ganz Berlin mit einem Netze von Gemeindepflege, und zwar männlicher wie weiblicher, zu durchziehen".[18] Das weitgespannte Projekt scheiterte bald. Doch entwickelte sich hieraus — ähnlich wie beim Johannesstift — die erfolgreiche, begrenzte Arbeit des Paul-Gerhardt-Stiftes, das aus dem Zusammenschluß des Vereins für Gemeindepflege mit dem älteren Convikt für Privat-Krankenpflege zum Verein für Privat-Kranken- und Gemeinde-Pflege erwuchs. Hier ging es darum, Diakonissen in der Pflege armer, kranker Menschen sowie in der Gemeindearbeit einzelner Pfarrbezirke gezielt einzusetzen — und vor allem zu finanzieren. Auch diese Einrichtung bestand nach der Gründung der Berliner Stadtmission weiter, doch immer wieder lösten sich aus ihr kleine Gruppen, die sich Sonderaufgaben widmeten. Man gründete eigene Vereine, die bald nur noch locker mit dem Leitungskomitee der Stadtmission verbunden waren. Relativ eng gestaltete sich die Kooperation mit dem Anfang der achtziger Jahre gegründeten Kapellenverein christlicher Jungfrauen, der Mittel für die Errichtung kleiner kirchlicher Gebäude für die Zwecke der Stadtmission aufbringen wollte. 1885 gehörten zu dieser Vereinigung 74 junge Mädchen, die sich verpflichtet hatten, mindestens drei Mark jährlich zu zahlen; 1888 wurden bereits mehr als zweitausend Mitglieder gezählt.[19] Sehr viel selbständiger entwickelten sich die Bünde gegen die Sittenlosigkeit, die in der gleichen Zeit entstanden, veranlaßt durch öffentliche Versammlungen der Stadtmission, insbesondere unter Stoeckers Führung. 1887 existierte ein Frauenbund, der eine Zufluchtsstätte für Prostituierte unterhielt, getragen und unterstützt von acht Vereinen mit mehr als 200 Mitgliedern. Eine Massenveranstaltung in der Berliner Tonhalle führte zur Gründung auch eines Männerbundes, dem sich spontan 143 Männer „aus allen Ständen" anschlossen.[20]

Worauf es ankommt, sind nicht diese Einzelheiten, es geht um die Erhellung der Strukturen. Die Berliner Stadtmission entstand und

[17] Vgl. dazu *FB*, Jg. 1875, S. 232—241; Jg. 1877, S. 123—131; Jg. 1881, S. 105 f.

[18] *FB*, Jg. 1876, S. 214—219.

[19] Vgl. *FB*, Jg. 1885, S. 217; Jg. 1888, S. 183 f.

[20] *FB*, Jg. 1887, S. 172.

stand dauerhaft im Kontext eines ungemein vielfältigen, fruchtbaren und aktiven Lebens evangelischer Vereine, getragen vom Geist und Erbe der Erweckungsbewegung, gestaltet keineswegs nur von Theologen, sondern gerade auch von Laien. Diese Menschen griffen spontan und engagiert immer neue diakonische und seelsorgerliche Aufgaben und Herausforderungen auf; sie lösten sich dabei nicht vom Geist, auch nicht von der großen Zielsetzung und Organisation, in die sie bis dahin eingebunden waren, wohl aber von deren weitergespanntem Aktionsprogramm zugunsten enger und genau umrissener Projekte, die sie in eigener Verantwortung und mit eigenen Mitteln, Zeit, Geld und Kreativität, zu realisieren versuchten. Bei dieser Feststellung muß man freilich im Auge behalten, daß sich alle diese wildwuchernden Aktivitäten innerhalb eines bestimmten Rahmens abspielten: Sie waren getragen und bestimmt von einer durch die Erweckungsbewegung geprägten Theologie und Frömmigkeit. Sie konnten sich deshalb auch alle dem Central-Ausschuß für innere Mission unterstellen, der ihnen in organisatorischer Hinsicht große Freiheiten ließ. Außerdem gab es bei vielen Vereinen personale Verbindungen mit führenden kirchlichen Repräsentanten.

Es ist schwierig, die Vernetzung dieser Vereine und Vereinigungen mit dem orthodox-konservativen Führungskreis der Preußischen Landeskirche in wenigen Sätzen darzulegen. Wieder müssen einige Andeutungen genügen. In Central-Ausschuß für innere Mission saßen die Hofprediger Kögel und Baur, seit 1877 auch ihr Kollege Stoecker. Gleichzeitig war Baur im Vorstand einer Reihe wichtiger Werke vertreten, etwa des Johannes- und des Magdalenenstifts.[21] Der einflußreichste Berliner Hofprediger jener Zeit, Rudolf Kögel, gehörte zur Leitung des Melanchthon-Hauses und des Vereins zur Erbauung kirchlicher Gebäude in Berlin.[22] Im bedeutenden Evangelischen Verein für kirchliche Zwecke führte Konsistorialpräsident Hegel den Vorsitz.[23] Generell wird man sagen dürfen, daß die konservative kirchenpolitische Fraktion innerhalb der Preußischen Landeskirche einen beachtlichen Einfluß auf diese evangelischen Vereine und Vereinigungen auszuüben vermochte — wie dann umgekehrt jene zu den eifrigsten Parteigängern

[21] Vgl. *FB,* Jg. 1874, S. 249.

[22] Vgl. *Die innere Mission in Berlin. Übersicht der dem Werke der inneren Mission dienenden Anstalten und Vereine für das Jahr 1881 zusammengestellt,* Berlin 1883, S. 122f.; Archiv des Konsistoriums Berlin-Brandenburg, Ges. und Ver., R. 3, F. 16.

[23] Vgl. *FB,* Jg. 1886, S. 151.

und Schrittmachern der theologischen und kirchenpolitischen Richtung der Kirchenleitung an der Basis zählten.

Überblickt man diese Zusammenhänge, drängt sich die Frage auf, worin die Besonderheit der Arbeit der Berliner Stadtmission bestand. Aus eigener Sicht wurde darauf gern mit dem Hinweis auf die feste Einbindung ihrer Tätigkeit in die Gemeindearbeit und die enge Kooperation mit den jeweiligen Pfarrern geantwortet.[24] Diese Aussage charakterisiert die Stadmission jedoch nur begrenzt, da — wie erwähnt — auch andere Vereine in dieser Weise arbeiteten. Das Besondere der Stadtmission waren vielmehr ihre Erfolge. Die besondere kirchenpolitische Lage in Berlin trug zu diesen Erfolgen ebenso bei wie die Energie eines einzelnen Mannes, nämlich Adolf Stoeckers.

II

Die kirchliche Situation in Berlin nach der Reichsgründung

Zu den besonders auffälligen Merkmalen der Entwicklung Berlins seit der Jahrhundertmitte gehörte das rasante Wachstum der Stadt. Dieser Vorgang mit den daraus resultierenden wirtschaftlichen, sozialen und mentalen Folgen wurde auch von der kirchlichen Presse, insbesondere von den Blättern der Inneren Mission, sorgfältig beobachtet und kommentiert.[25] Nach der Volkszählung vom 1. Dezember 1871 lebten in Berlin 826 341 Menschen, wobei der kirchliche Berichterstatter wohl zu Recht darauf hinwies, daß die Zahl vermutlich erheblich größer sei, weil viele Menschen in der Großstadt untertauchen wollten.[26] 1875 wurden bereits 966 859 Einwohner gezählt, 1890 waren es 1 587 794.[27] Dieses schnelle Wachstum war das Ergebnis einer gewaltigen Wanderungsbewegung. In der Zeit von 1871 bis 1880 betrug der Anteil der Eingewanderten an der Zuwachsrate etwa 216 000 Menschen; zwischen 1881 und 1890 waren es 318 000; im folgenden Jahrzehnt bis zur Jahrhundertwende „nur" noch 143 000.[28] Dabei muß man sich vor Augen halten, daß sich in diesen Zahlen lediglich ein Aus-

[24] So z. B. in: *FB*, Jg. 1884, S. 143 f.

[25] Vgl. etwa *FB*, Jg. 1870, S. 140 f.; Jg. 1872, S. 205 ff.; Jg. 1873, S. 108 ff.; Jg. 1884, S. 143 f.; Jg. 1889, S. 172 ff.

[26] Vgl. *FB*, Jg. 1870, S. 140 f.

[27] Vgl. Gerd Hohorst/Jürgen Kocka/Gerhard A. Ritter, *Sozialgeschichtliches Arbeitsbuch. Materialien zur Statistik des Kaiserreichs 1870—1914*, München 1975, S. 45.

[28] *A. a. O.*, S. 41.

schnitt der Migrationsbewegung niederschlägt, weil sie nur die Differenz von Zu- und Abwandernden angeben. Die Zahl der Menschen, die nach Berlin kamen und sich dort mehr oder weniger lange aufhielten, war erheblich größer. Allein im Jahre 1872 waren 211 452 Menschen von und nach Berlin unterwegs: 133 693 zogen zu, 77 759 verließen die Stadt.[29]

Hinzu kam eine starke innerstädtische Fluktuation. Nach einer ebenfalls für das Jahr 1872 erstellten Statistik wurden 74 688 Umzüge registriert, das heißt 43,1 Prozent der Mieter wechselten im Laufe von zwölf Monaten die Wohnung.[30] Zehn Jahre später berechnete man, „daß nur 20 000 von 255 000 Wohnungen seit zehn Jahren bewohnt sind, die übrigen 235 000 ihre Bewohner während dieser Zeit ein-, zwei-, fünf-, neun-, zehnmal gewechselt haben".[31] Die enorme Wohnungsnot und die erschreckenden Verhältnisse in den Unterkünften der Arbeiterbezirke sind oft geschildert worden. Kamen 1860 in Berlin auf ein Haus statistisch 45,18 Bewohner, waren es 1870 bereits 51,24 und 1872 sogar 55,63; das heißt, daß in einem Zimmer zehn und mehr Menschen zusammengepfercht lebten.[32] 1880 hatten 39 208 Wohnungsinhaber an Schlafgäste untervermietet, das waren 15,3 Prozent sämtlicher Berliner Haushalte; 15 065 davon, das heißt nicht weniger als 38 Prozent, verfügten aber nur über einen einzigen Raum, den sie nun noch mit Schlafgästen teilen mußten.[33]

Daß solche Verhältnisse verheerende moralische und soziale Folgen hatten, liegt auf der Hand. Zwar malten die Zeitschriften der Inneren Mission die Unsittlichkeit und das Verbrechertum in diesen Quartieren bisweilen besonders kraß aus, um die für das Elend Verantwortlichen aufzurütteln; zwar wiesen sie, um die Bedeutung der Kirche und der evangelischen Vereinstätigkeit zu unterstreichen, besonders auf die Gefahren eines drohenden Umsturzes hin, dem mit sozialen und religiösen Mitteln vereint begegnet werden müsse: „Kirchennoth und Wohnungsnoth sind, auch in Berlin, Zwillingsschwestern."[34] Dennoch kann kein Zweifel daran bestehen, daß die Lebensverhältnisse in den Berliner Arbeiterbezirken erschreckend waren, daß Abstumpfung und

[29] Vgl. *FB*, Jg. 1873, S. 108.
[30] Vgl. *a. a. O.*, S. 249.
[31] *FB*, Jg. 1884, S. 143.
[32] Vgl. *FB*, Jg. 1873, S. 123.
[33] Vgl. *FB*, Jg. 1889, S. 174.
[34] Vgl. *FB*, Jg. 1871, S. 308—316.

Not viele Menschen zu kriminellen Delikten, Unsittlichkeit und Prostitution veranlaßten. Diese Zusammenhänge wurden von den kirchlichen Beobachtern genau erkannt. Sie sahen, wie viele alleinstehende Männer und Frauen in die Großstadt strömten, wie hier „Individuen flüssig" gemacht wurden, „die Nichts haben und deshalb wandernd Alles gewinnen wollen, die den Boden verlassen, wo die natürlichen Verhältnisse sie heranwachsen ließen, und sich auf ein unbekanntes Terrain begeben, wie weiland die Goldsucher ... Mit der Loslösung vom heimatlichen Boden fühlen sich die Auswanderer auch von der gesellschaftlichen Beaufsichtigung und Beurtheilung befreit, und es lockern sich die religiösen und moralischen Bande."[35] Man begriff auch, daß die Industriearbeit die Menschen veränderte, sie zu Teilen der Maschine werden ließ, „zu Wesen ohne Lust und Liebe, ohne Empfindungen und Erinnerungen", so daß sie sich nirgends mehr zu Hause und geborgen fühlten, vielmehr getrieben waren von innerer Unrast und keineswegs nur aufgrund äußerer Zwänge nomadengleich herumzogen und die Wohnungen wechselten.[36] Trotzdem konzentrierten die Autoren dieser Blätter — und mit ihnen die meisten evangelischen Vereinigungen und Vereine in Berlin — ihre Kraft und Energie und Phantasie auf die Behebung der gravierenden religiös-sittlichen und der kirchlichen Mißstände in der Reichshauptstadt. Darin sahen sie ihre Aufgabe und Verantwortung als Christen — nicht im Aufgreifen von wirtschaftlichen, sozialen oder politischen Themen. Möglich war ihnen diese Beschränkung deshalb, weil sie überzeugt waren, daß die genannten Schwierigkeiten und Probleme nur wirklich gelöst werden könnten, wenn die Menschen wieder zum Glauben oder doch wenigstens zur Kirche zurückfänden, wenn wieder Stetigkeit und Ordnung, Ehrlichkeit und Gewissenhaftigkeit, Treue, Vertrauen und Liebe in ihrem Leben eine grundlegende Rolle spielten. Das aber vermochten nach ihrer Überzeugung weder staatliche Behörden und Politiker noch Wirtschaftsreformer zu leisten. Das konnten nur sie, die Christen und die Kirche. Und deshalb war es für sie konsequent, daß sie sich im Zusammenschluß mit Gleichgesinnten voll und ganz der diakonisch-seelsorgerlichen Arbeit an den Menschen widmeten, freilich nicht, ohne die Verantwortlichen im Staat immer wieder mahnend an ihre Pflicht zu erinnern.

[35] Vgl. *FB*, Jg. 1873, S. 108 f.

[36] Vgl. *a. a. O.*, S. 247—251.

Diese evangelistisch-diakonische Tätigkeit erschien jenen Christen aber auch deshalb so wichtig und dringend, weil die evangelische Kirche in weiten Teilen Berlins und insbesondere in den Arbeiterbezirken der neuen Vorstädte kaum anzutreffen war. Die kirchliche Versorgung der Stadt war bereits vor der Reichsgründung wenig zufriedenstellend gewesen. 1870 gab es in Berlin 661 798 evangelisch Getaufte, die in 35 Pfarrgemeinden von 92 Pfarrern und Hilfspredigern betreut wurden. Auf jeden Geistlichen kamen demnach mehr als 7000 Gemeindeglieder, für rund 15 000 gab es einen gottesdienstlichen Raum.[37] Aber diese statistischen Durchschnittswerte lassen die Realität nur begrenzt erkennen. In den folgenden Jahren verschlechterten sich diese Verhältnisse noch erheblich. Am Ende des Jahrhunderts kamen bis zu 30 000 Seelen auf einen Pastor, und für 440 000 evangelische Christen waren in einem Synodalbezirk Berlins nicht einmal 20 000 Sitzplätze in einer Kirche oder Kapelle vorhanden.[38] Wie konnten die drei Geistlichen der Thomasgemeinde, zu der 1870 schon 60 000 Menschen zählten, 1884 aber bereits 130 000,[39] die Fülle der Amtshandlungen bewältigen? Wie sollten die zwei Geistlichen der Simeonsgemeinde mit mehr als 40 000 Gliedern — ebenfalls 1884[40] — noch Seelsorge betreiben? Die Gemeinde zum heiligen Kreuz zählte 1875 bereits 46 601 Seelen,[41] fünf Jahre später waren es 68 866, nach weiteren fünf Jahren 100 695 und 1890 mehr als 120 000. Dafür gab es drei Geistliche, zu denen erst 1890 ein vierter kam, eine Kirche und eine Kapelle! In der gleichen Zeit — berichtet ein Stadtmissionar — entstanden in diesem Bezirk sechs Polizeireviere, mehrere Schulen wurden gebaut; es gab mehr als 350 Destillationen, Restaurationen und Vergnügungslokale in der Gemeinde zum heiligen Kreuz. Ein anderer Stadtmissionar schreibt: „Jährlich ein Zuwachs von 50 000 Seelen, meist evangelische, und vielleicht alle fünf Jahre eine neue Kirche ... Es sind mehr Dienstmädchen in Berlin als Kirchensitze in allen evangelischen Kirchen und Kapellen, nämlich 58 930 weibliche Dienstboten und etwa 50 000 Kirchensitze."[42]

An der Richtigkeit dieser deprimierenden Zustände, an der faktischen Nicht-Existenz der Kirche in den Arbeitervorstädten Berlins, ist

[37] Vgl. *FB*, Jg. 1871, S. 186—188.
[38] Vgl. *IM*, Jg. 1899, S. 465 f.
[39] Vgl. *FB*, Jg. 1884, S. 140.
[40] *Ebda.*
[41] Vgl. auch zum folgenden: *FB*, Jg. 1890, S. 216.
[42] *FB*, Jg. 1884, S. 140.

nicht zu zweifeln. Niemand außer den Mitarbeitern der Stadtmission und der anderen evangelischen Vereinigungen und Vereine bezeugte dort den christlichen Glauben; niemand sonst leistete, was doch geleistet werden mußte, wenn Staat und Gesellschaft auf sicheren sittlichen und religiösen Fundamenten ruhen sollten. Aber mit dieser Überzeugung verband sich auch die Gewißheit, daß das eigene, nämlich das erwecklich-orthodoxe Verständnis des Christentums und der Kirche das allein richtige sei, daß das eigene missionarisch-karitative Handeln zur Rückgewinnung der Massen für den christlichen Glauben den allein angemessenen Weg darstelle. Insofern waren die Kreise, die die Stadtmission trugen, zwar faktisch eine kirchliche und kirchenpolitische Gruppe neben anderen; nach ihrem Selbstverständnis bildeten sie jedoch den Kern der Kirche — und standen dementsprechend den Pfarrern, die theologisch und kirchenpolitisch anders dachten, sehr distanziert, wenn nicht ausgesprochen ablehnend gegenüber. Folgerichtig war jeder Einsatz der Stadtmissionare zur Linderung der materiellen und seelischen Not der Bevölkerung mit dem Bemühen verbunden, Menschen für die eigene kirchliche Partei zu gewinnen. Nach ihrer Überzeugung galt es, das eigene Verständnis von Glauben und Frömmigkeit und mithin von Kirche durchzusetzen. Die damit bereits angelegten Spannungen im Verhältnis zu anderen kirchlichen Gruppierungen und ihren Vertretern mochten so lange verdeckt bleiben, wie die trostlosen kirchlichen Verhältnisse in Berlin jeder Partei Raum und Möglichkeit ließen, die eigenen Vorstellungen einigermaßen konkurrenzlos zu verwirklichen. Daß es dazu in der Reichshauptstadt nur in einem sehr begrenzten Maß kam, lag an den erbitterten kirchenpolitischen Auseinandersetzungen der siebziger Jahre. In diesem Konflikt verbündete sich die „Positive Union" — die kirchliche Rechte also, die aufgrund der in ihr führenden Personen auch die „Hofpredigerpartei" hieß — mit den theologisch und politisch gleichermaßen konservativen „erweckten" Werken und Vereinen. Auch die Stadtmission unter Stoeckers Führung wurde zur Durchsetzung der eigenen theologischen und kirchenpolitischen Zielvorstellungen eingesetzt. Nicht zuletzt darin gründeten die schnelle Expansion und die beachtlichen Erfolge der Berliner Stadtmission.

Es ist hier nicht der Ort, ausführlich auf den leidenschaftlichen theologischen und politischen Streit einzugehen, der im Zusammenhang mit der Einführung der neuen Kirchengemeinde- und Synodalordnung in den sechs östlichen preußischen Provinzen seit 1873 das kirchliche Berlin in Atem hielt.[43] Nur so viel: Die neue Kirchenverfassung erschien den meisten Repräsentanten der evangelischen Kirche der Altpreußischen Union in Berlin und andernorts als ein höchst bedenkliches Entgegenkommen des Evangelischen Oberkirchenrats gegenüber dem als verderblich angesehenen Liberalismus. War es schon schlimm genug, daß Bismarck mit den Nationalliberalen regierte, statt mit der konservativen Partei, daß er den Kulturkampf zuließ, der sich doch keineswegs nur gegen die katholische Kirche richtete, sondern offenkundig auch die viel schwächere und verwundbarere evangelische Kirche traf: so mußte mit allen Kräften und Mitteln Front dagegen gemacht werden, daß der politische und erst recht der theologische Liberalismus in der preußischen Kirche Fuß faßte. Ungeschützte Äußerungen nationalliberaler Politiker im Preußischen Abgeordnetenhaus und fragwürdig zugespitzte theologische Aussagen einzelner liberaler Pastoren wurden von der orthodox-konservativen Gruppe, die der Hofprediger Rudolf Kögel anführte, geschickt genutzt, um die Mehrheit in der Kirche und insbesondere Kaiser Wilhelm I. gegen „die Verderber des christlichen Glaubens" zu mobilisieren. Doch blieb man nicht bei der Bekämpfung der Liberalen stehen, sondern attackierte mit nahezu derselben Heftigkeit alle mittelparteilichen, das heißt auf Ausgleich und Verständigung in der Kirche bedachten Kreise, in der Überzeugung, daß jeder, der nicht auf die Seite der „Positiven Union" trat, es mit der kirchlichen Lehre nicht allzu genau nehme und deshalb der Ausbreitung des Liberalismus in der Kirche mehr oder weniger bewußt Vorschub leiste. Die Evangelische Kirche in Preußen war nach dieser Überzeugung — die dann bei der Besetzung der Synoden und bei der Einsetzung von Pfarrern Schritt um Schritt durchgesetzt wurde — im wesentlichen identisch mit der kirchenpolitischen Richtung der Hofpredigerpartei. Oder, wie Stoecker es 1875 bei seinem Bemühen, die Kirchentreuen für den Anschluß an die „Positive Union" zu gewinnen, ausdrückte: Wer so handle, wähle „keine Partei, sondern im Grunde die Kirche selbst".[44]

In diesem Sinne verfolgte die „Hofpredigerpartei" auch in Berlin ein geschlossenes Konzept, um alle „erweckten" und orthodoxen kirchli-

[43] Vgl. dazu Martin Greschat, *Adolf Stoecker und der deutsche Protestantismus,* in: Günter Brakelmann/Martin Greschat/Werner Jochmann, *Protestantismus und Politik. Werk und Wirkung Adolf Stoeckers,* Hamburg 1982, S. 19—83. Dort ist auch die ältere Literatur verzeichnet.

[44] Adolf Stoecker, Artikel *Unsere Aufgaben,* in: *Neue Evangelische Kirchenzeitung,* Jg. 1876, S. 436.

chen Gruppen und Kreise zu gewinnen, zu mobilisieren und ihren Einfluß nach Möglichkeit auszuweiten. Deshalb wurden jetzt die früher vom Evangelischen Verein für kirchliche Zwecke gegründeten Parochial-Vereine für Innere Mission reaktiviert — und zwar als Positive Parochial-Vereine, „die in erster Linie zur Bildung einer positiven Mehrheit in den neugeschaffenen kirchlichen Gemeinde-Körperschaften dienen" sollten, darüber hinaus der „Sammlung der kirchlich lebendigen gläubigen Gemeindeglieder".[45] Außerdem wurde die Berliner Stadtmission Stoeckers Führung unterstellt und nach Kräften gefördert,[46] um auch auf diesem Wege „die Kirche wirksam zu machen im Volksleben".[47]

III
Die Ziele der Berliner Stadtmission

Der Einfluß, den Adolf Stoecker auf Zielsetzung und Arbeitsweise der Stadtmission hatte, ist bereits angeprochen worden. In der Tat hat er sie wie kein anderer vor oder nach ihm und erst recht nicht neben sich organisiert und intensiviert, erweitert und zum Erfolg geführt. Nicht zufällig pflegt man bis heute Stoecker und die Berliner Stadtmission in einem Atemzug zu nennen.

Als Stoecker 1877 an die Spitze der neugegründeten Stadtmission trat, gehörten dieser zwei „Inspektoren" und sieben „Brüder" an. Die „Inspektoren" waren vom Verein angestellte Geistliche, die jeweils für einen Teil des Stadtgebietes verantwortlich waren. Bei den „Brüdern", den eigentlichen Stadtmissionaren, handelte es sich um Diakone, die den Inspektoren unterstanden und in bestimmten Pfarrbezirken eingesetzt wurden. Einmal im Monat trat das Leitungskomitee der Stadtmission zusammen, zu dem neben Stoecker unter anderen auch die Inspektoren gehörten. Die Diakone trafen sich wöchentlich zu mehrstündigen Konferenzen mit ihren Inspektoren, wobei es sowohl um theologische Weiterbildung ging, als auch um die Besprechung von Problemen, die aus der Arbeit erwachsen waren. Das gesamte Unternehmen wurde frei finanziert. Durch ein Netz von männlichen und vor

[45] *IM*, Jg. 1898, S. 192f.

[46] Vgl. dazu Martin Greschat, *Die Entstehung der Berliner Stadtmission (1874—1877)*, in: *Jahrbuch für Berlin-Brandenburgische Kirchengeschichte*, 50. Jg. (1977), S. 45—77, hier S. 62f.

[47] Zit. nach *IM*, Jg. 1878, S. 483.

allem weiblichen Stadtmissionsvereinen in Berlin und in den preußischen Provinzen wurden die erforderlichen Mittel aufgebracht. Diese Hilfsvereine vermehrten sich im Laufe der Jahre ebenso schnell wie die Zahl der Inspektoren und Diakone. Nach einem 1887 veröffentlichten Aufruf zur Deckung eines finanziellen Defizits waren damals vier Inspektoren und zwei ebenfalls ordinierte Inspektionsgehilfen, 29 Stadtmissionare sowie fünf Stadtmissionsschwestern mit zwei Helferinnen in der Berliner Stadtmission tätig.[48]

Im Jahre 1887 fand auch die folgenreiche Versammlung im Hause des stellvertretenden Chefs des Generalstabs und Generalquartiermeisters des Heeres, Alfred von Waldersee, statt, die neben der kirchenpolitischen Einbindung auch die politische Funktion der Stadtmission offen zutage treten ließ. In Gegenwart des Prinzen Wilhelm und seiner Gemahlin, dessen Regierungsantritt in Kürze erwartet wurde, und einer ansehnlichen Schar von Ministern und einflußreichen konservativen Persönlichkeiten, darunter Stoecker, entwickelte Waldersee einen Plan, wie man die Stadtmission auf eine sichere finanzielle Basis stellen könnte: Da sie und ihre Förderer ohnehin ein Sammelbecken aller patriotischen und königstreuen Kreise seien, sollten führende Gestalten im ganzen Reich unter der Leitung des Prinzen Wilhelm ein Komitee bilden, um diese Arbeit zu unterstützen. Der Prinz erklärte sich sogleich dazu bereit und hob in seiner Rede nachdrücklich die Bedeutung des christlich-sozialen Gedankens für die Politik hervor. Zwar gelang es Bismarck relativ leicht, den Thronanwärter von dem politischen Kurs eines unbedingten Anschlusses an die Konservativen abzubringen, der die Position des Kanzlers bedroht hätte; aber die geistige und politische Ausrichtung der Stadtmission blieb davon unberührt.[49]

Die innerhalb dieses kirchenpolitischen und politischen Rahmens geleistete Arbeit läßt sich, etwas vereinfacht, unterscheiden in evangelistisch-diakonische Bemühungen und in das Bestreben, vor allem in den Berliner Vorstadtgemeinden kirchliche Gruppen zu organisieren. Dementsprechend sollte der Besuchsdienst die eine wichtige Aufgabe des Stadtmissionars darstellen; als die andere galt die Abhaltung von Bibelstunden und besonderen Erbauungsveranstaltungen für Kinder und Jugendliche sowie für Männer und Frauen. Zu zehn Hausbesuchen am Tag waren die Diakone verpflichtet, vor allem bei Straf-

[48] Vgl. *FB*, Jg. 1887, S. 91 f.

[49] Vgl. M. Greschat, *Adolf Stoecker* ... (wie Anm. 43), S. 50f.

entlassenen und Familien von Strafgefangenen, bei Armen und Kranken, bei Prostituierten oder der Prostitution Verdächtigen. Dabei hatten sie zugleich die soziale Lage derer zu überprüfen, die Bettelbriefe an das Kaiserhaus oder andere hochgestellte Persönlichkeiten geschrieben hatten. Vor allem sollten sie feststellen, wo Taufen, Konfirmationen oder Trauungen unterblieben waren, diese Fälle dem zuständigen Gemeindepfarrer melden und nach Möglichkeit darauf hinwirken, daß solche Amtshandlungen nachgeholt wurden. Daß die Stadtmissionare von der Bevölkerung bisweilen auch als „schwarze Polizei" tituliert wurden, ist demnach verständlich.

Trotz der raschen Zunahme der Mitarbeiter weitete sich dieser Zweig der Tätigkeit der Stadtmission allerdings nur in sehr begrenztem Maße aus. Das lag daran, daß die Arbeitskraft der Stadtmissionare mehr und mehr von den Veranstaltungen und Versammlungen, die sie in den kirchenlosen Vorstädten durchführten, beansprucht wurde. 1887 kamen in 17 gemieteten Sälen Kinder, Jugendliche und Erwachsene in den verschiedensten Kreisen und Gruppen zusammen.[50] Damit verlagerten sich die Aktivitäten der Stadtmission: Der Akzent lag nun weniger auf der evangelistisch-diakonischen Zielsetzung als vielmehr auf der Sammlung und Betreuung kirchlich Gesinnter in eigenen Gemeinschaften. Diese Entwicklung manifestierte sich auch darin, daß Stoecker einerseits seit Beginn der achtziger Jahre für den Einsatz besonderer Evangelisten eintrat[51] und daß auf der anderen Seite die Generalkonferenz des Evangelisationsvereins der Gemeinschaftsbewegung, die der verfaßten Kirche mit erheblichen Vorbehalten gegenüberstand, 1887 feststellen konnte, Berlin biete einen guten Boden für evangelistische Bemühungen.[52]

Stoecker sah durchaus die Gefahren, die die geschilderte Entwicklung in sich barg: Mit dem Zurücktreten des missionarischen Elans ging Hand in Hand die Stabilisierung der „erweckten" Kreise zu eigenen Gemeinschaften, die sich auf ihre Form der Frömmigkeit und des Beisammenseins konzentrierten. Daraus konnten Spannungen erwachsen und sogar Abgrenzungen von der verfaßten Kirche und deren Repräsentanten, also den Gemeindepfarrern. Inwieweit durch diese

[50] Vgl. *FB*, Jg. 1887, S. 169.

[51] Vgl. *FB*, Jg. 1884, S. 149f.

[52] Vgl. Jörg Ohlemacher, *Das Reich Gottes in Deutschland bauen. Ein Beitrag zur Vorgeschichte und Theologie der deutschen Gemeinschaftsbewegung*, Göttingen 1986, S. 239f.

Gruppen die Bindung anderer Zuwanderer an die Kirche gefördert oder behindert wurde, ist eine offene Frage, die durch detaillierte Untersuchungen beantwortet werden müßte, vor allem mit Blick auf die Zusammensetzung der Kirchengemeinderäte. Stoecker jedenfalls setzte entschlossen den Kurs fort, den er von Anfang an gesteuert hatte: Die Stadtmission sollte — wie die gesamte Innere Mission — bei aller äußeren Selbständigkeit möglichst eng an die verfaßte Kirche gekoppelt werden; dadurch wollte er die Kirche „erwecklich", missionarisch und diakonisch durchdringen und mobilisieren. Darum verteidigte Stoecker 1887 ausdrücklich die neue Entwicklung: „Es liegt in den Verhältnissen der großen Stadt mit ihren unübersehbaren Gemeinden, daß die Stadtmission die Seelen, mit denen sie in Berührung gekommen ist, auch zu Gemeinschaften sammeln muß."[53] Freilich vergaß er nicht hinzuzufügen, daß „diese Verkündigung des Evangeliums in den Sälen der Vorstadtgemeinden" natürlich dem Zweck diene, daß sie „die Entfremdeten für die Kirche zurückgewinnen will".[54] War beides möglich? Stoecker hat an diesem Konzept trotz wachsender innerkirchlicher Schwierigkeiten festgehalten. Noch 1900, in einer seiner letzten Veröffentlichungen, proklamierte er diese Kooperation als die große Aufgabe und Chance der evangelischen Kirche im neuen Jahrhundert: „Die Evangelisations- und Gemeinschaftsbewegung in enger Verbindung mit den gläubigen Kreisen des Protestantismus, und die positiv gerichteten Glieder der Kirche in freundlicher Fühlung mit einem lebendigen Pietismus ... Das ist die Verheißung einer großen Zukunft im zwanzigsten Jahrhundert."[55]

Als Stoecker diesen Satz schrieb, war sein pragmatisch-konservativer Kirchenbegriff, der auf äußerer, das heißt, politischer Effizienz basierte, getragen von einer inneren Geschlossenheit, die notfalls auch eine kirchenamtlich durchzusetzende orthodoxe Lehreinheit einschloß, bereits brüchig geworden. Die Gemeinschaftsbewegung mitsamt den ihr innerlich verbundenen Kreisen und Gruppen hatte im ausgehenden Jahrhundert ihre Kritik an der unchristlichen Massenkirche und deren ungläubigen Pastoren verschärft;[56] und in der Kirche

[53] Vgl. *FB*, Jg. 1887, S. 169.

[54] *Ebda.*

[55] Adolf Stoecker, *An der Grenze zweier Jahrhunderte*, Berlin 1900, S. 31.

[56] Vgl. dazu etwa Dieter Lange, *Eine Bewegung bricht sich Bahn. Die deutschen Gemeinschaften im ausgehenden 19. und beginnenden 20. Jahrhundert und ihre Stellung zu Kirche, Theologie und Pfingstbewegung*, Gießen 1979.

setzte sich seit dem Ende der „Ära Kögel" um 1890 eine sehr viel stärker auf theologischen Ausgleich und kirchenpolitische Verständigung bedachte Mittelpartei durch.[57] Das Konzept der Volkskirche, das von dieser Richtung vertreten wurde, war sehr viel breiter und differenzierter, als Stoecker es wollte. Stoecker stritt, gerade auch mit der Stadtmission, für eine lebendige Kirche, die missionarisch tätig und diakonisch verantwortlich wirken sollte. Er wollte eine Kirche, in der Laien verantwortlich mitarbeiteten, unter voller Berücksichtigung ihrer Fähigkeiten und Gaben. Freilich ging er dabei weniger vom Individuum aus — so selbstverständlich ihm stets der persönliche, von der Erweckungsfrömmigkeit geprägte Glaube war —, als vielmehr von der Gemeinde oder jedenfalls von der Gruppe, vom Zusammenschluß Gleichgesinnter. Dahinter stand sicherlich die Einsicht, daß in der modernen Massengesellschaft der einzelne Christ die Unterstützung und Stabilisierung durch andere nötig hat. Vor allem jedoch stand dahinter der Wille, durch Vereine, Organisationen und Parteien Einfluß zu gewinnen auf die kirchliche und politische Öffentlichkeit, um die evangelische Kirche wieder zu einem öffentlichen Machtfaktor werden zu lassen.[58] Denn so sehr Stoecker die Stadtmission förderte und ausbaute, so sehr brauchte er sie für die Durchsetzung seines weitgespannten kirchenpolitischen und politischen Programms der Rechristianisierung der Gesellschaft. Er brauchte die Stadtmission als Basis, wie er 1879 schrieb, „wenn anders in den tiefen Schlammgrund des in weiten Kreisen entkirchlichten Berlins feste Pfeiler gerammt werden sollen, auf denen ein kirchlicher Neubau sich erheben kann".[59] Denn nur mit einer starken und möglichst geschlossenen Kirche, wenigstens mit einer dominierenden kirchlichen Partei im Rücken konnte er hoffen, ein respektierter Bündnispartner für den politischen Konservatismus zu sein. Die Aktivitäten, die Stoecker in diesem Zusammenhang entfaltete — bis hin zu seiner antisemitischen Agitation als Folge seines national-konservativen gesellschaftlichen Leitbildes[60] — können hier nicht dargestellt werden.

[57] Vgl. Klaus Erich Pollmann, *Landesherrliches Kirchenregiment und soziale Frage. Der evangelische Oberkirchenrat der altpreußischen Landeskirche und die sozialpolitische Bewegung der Geistlichen nach 1890*, Berlin 1973.

[58] Zu den Einzelheiten vgl. M. Greschat, *Adolf Stoecker* ... (wie Anm. 43).

[59] *FB*, Jg. 1879, S. 305.

[60] Grundlegend dazu: Werner Jochmann, *Stoecker als nationalkonservativer Politiker und antisemitischer Agitator*, in: G. Brakelmann/M. Greschat/W. Jochmann, *Protestantismus* ... (wie Anm. 43), S. 123—198.

Aber man muß diesen Kontext vor Augen haben, weil er für Stoecker von grundlegender Bedeutung war, auch für die Arbeit der Stadtmission. Erst vor diesem Hintergrund wird ihr großartiger Aufstieg ebenso verständlich wie ihr Niedergang. Weder die kirchlichen und kirchenpolitischen noch die politischen Kräfte sahen seit den neunziger Jahren in der Stadtmission noch eine effiziente Verbündete, die es zu fördern galt.

Fragen wir nach dem theologischen und kirchlichen Besonderen der Arbeit der Berliner Stadtmission, wird schnell deutlich, daß sie grundsätzlich nicht über die von Wichern vorgezeichneten Bahnen hinausgegangen ist. Stoecker hat dieses Konzept mit sehr viel Energie realisiert. Aber neue Gesichtspunkte oder gar alternative Akzente hat er jenem Modell nicht hinzugefügt. Eher wird man sagen müssen, daß er die allerdings beim späteren Wichern bereits erkennbare Tendenz, die Tätigkeit der Stadtmission auf Arme, Kranke und soziale Außenseiter zu konzentrieren,[61] noch verschärft hat. Bemühungen, wie sie der Evangelische Verein für kirchliche Zwecke in Berlin unternahm, durch wissenschaftlich-apologetische Vorträge gebildete bürgerliche Kreise anzusprechen,[62] entfielen hier weitgehend. Die auf eine ähnliche Ausweitung der Arbeit zielenden Überlegungen des Generalsuperintendenten Bruno Brückner in seiner 1874 gegründeten Stadtmission, die Stoecker dann übernahm,[63] kamen nicht zum Zug. Gerechterweise wird man einräumen müssen, daß Brückner ebenso wie Stoecker aufgrund ihrer Kooperation mit den diakonischen Ausbildungsstätten die personalen Voraussetzungen für weitergespannte Aktivitäten fehlten. Aber dieser Feststellung ist sogleich hinzuzufügen, daß Stoecker in den langen Jahren, in denen er die Berliner Stadtmission leitete, nichts unternommen hat, um jene eingeengte Ausrichtung der Arbeit grundsätzlich zu ändern.

Natürlich können und sollen diese Überlegungen nicht vergessen machen, daß die Berliner Stadtmission erhebliche Erfolge erzielt hat. Welche wirklichen Gewinne auch immer hinter den statistischen Er-

[61] In der Denkschrift hatte Wichern noch betont: „Noch soll an dieser Stelle ausdrücklich, um jedem Irrtum von vornherein zu steuern, die Meinung abgewiesen werden, als ob die innere Mission als solche nichts anderes sei als ein Werk der Wohltätigkeit, im christlichen Sinne betrieben, also eine erneuerte Pflege, Versorgung oder Beschäftigung der Armen." J. H. Wichern, *Die innere Mission* ... (wie Anm. 5), S. 189.

[62] Vgl. *FB*, Jg. 1876, S. 379—381; Jg. 1883, S. 296; Jg. 1884, S. 162.

[63] Vgl. M. Greschat, *Die Entstehung* ... (wie Anm. 46), bes. S. 47 f. u. S. 52.

folgsmeldungen stehen mögen, die jeder neue Jahresbericht nannte: Ohne Zweifel haben die Anstrengungen der Stadtmissionare erheblich dazu beigetragen, ein evangelisches Kirchenbewußtsein zu fördern und im Zusammenhang damit die Erinnerung und den erneuten Anschluß vieler einzelner an die Kirche entscheidend zu begünstigen und zu unterstützen. Die Frau oder der Mann, die sich durch die Begegnung mit einem Vertreter der Stadtmission an eine christlich geprägte bessere Jugend oder Vergangenheit erinnert sahen und dorthin zurückstrebten, sind geradezu ein literarischer Topos in den Berichten Stoeckers und seiner Mitarbeiter geworden. Wieviel an allgemein menschlicher Sehnsucht nach besseren Verhältnissen und einer heilen Welt dabei mit einfloß, wurde in diesen Berichten nicht reflektiert. Insofern ist es im einzelnen schwierig und aufs Ganze gesehen wohl unmöglich, exakt feststellen zu wollen, welche missionarischen Erfolge die Arbeit der Stadtmission gehabt hat. Von außerordentlicher Bedeutung war auf jeden Fall, daß sich durch sie Menschen als Individuen, als unauswechselbare Einzelne angesprochen und ernstgenommen sahen. „Es kommt nicht selten vor", schrieb 1884 ein Stadtmissionar, „daß Droschkenkutscher und Kellner und andere erklären, wie wohl es ihnen thue, daß sie nun nicht mehr für gottlos gehalten würden, daß man sich um ihre Seele kümmere, die Predigtvertheilung beweise, daß man auch sie so viel werth achte wie andere Menschen."[64]

IV
Die Grenzen der Berliner Stadtmission

Die Berliner Stadtmission verlor gegen Ende des Jahrhunderts an Bedeutung, weil sie wegen der in ihr gepflegten Frömmigkeit und dem Zusammenschluß Gleichgesinnter zunehmend in ein distanziertes Verhältnis zu der theologisch und religiös sehr viel breiter angelegten verfaßten Kirche und ihren Vertretern geriet. Die Stadtmission löste sich zwar nicht auf, sondern existierte und wirkte weiter, aber ihre Tätigkeit stand jetzt nicht mehr im Mittelpunkt der kirchlichen und politischen Auseinandersetzungen. Dazu trug — neben der Distanzierung des Hofes und der politischen Führungsschicht von Stoecker — nicht unerheblich die Tatsache bei, daß die Stadtmission bei ihrem traditionellen Ansatz und bei ihrer gewohnten Arbeitsweise blieb, während sich die Gesellschaft und die Kirche in einem Prozeß tiefgrei-

[64] *FB*, Jg. 1884, S. 147.

fender Veränderungen befanden.[65] Die Stadtmission erschien bald als altmodisch, die Vertreter der verfaßten Kirche hingegen suchten neue Wege. So wurden Tätigkeitsfelder, die bis dahin Domänen der Berliner Stadtmission waren, immer häufiger von Gemeindepfarrern erschlossen.

Wieder müssen einige Beispiele genügen. Im Januar 1897 wurde bei einer Zusammenkunft von Berliner Jünglingsvereinen die Gesellschaft zur Fürsorge für die einwandernde männliche Jugend gegründet.[66] Man wollte jungen Menschen, die nach Berlin zogen, helfend und beratend zur Seite stehen und sie nach Möglichkeit in die Vereine, die der Gesellschaft angeschlossen waren, integrieren. Dabei handelte es sich nahezu ausschließlich um kirchliche Jugendvereine. Im Bericht über die neue Organisation hieß es ausdrücklich, daß man die Arbeit in die Kirchengemeinden einbinden wolle. Dementsprechend waren es fast nur Gemeindepfarrer, die hinter diesem Projekt standen. Zwar saß auch ein Inspektor der Stadtmission im Vorstand; aber die Initiative war eindeutig von der Mission auf die kirchlichen Amtsträger übergegangen. Dasselbe Bild zeigt sich bei der 1899 erreichten Vereinigung der städtischen, kirchlichen und von freien Verbänden getragenen Wohlfahrtsbestrebungen in Berlin.[67] Wieder war es ein Gemeindepfarrer, der aus eigener Initiative die Zusammenarbeit mit den städtischen Stellen suchte, woraus sich, Schritt um Schritt, in den einzelnen Bezirken der Stadt Wohlfahrtsvereinigungen bildeten und schließlich ein zentraler Arbeitsausschuß, in dem zwei Pfarrer saßen — aber nur der „stellvertretende Vorsitzende eines größeren Wohlfahrtsvereins".[68]

Zu konstatieren ist also am Ausgang des 19. Jahrhunderts eine ausgesprochen modern anmutende Tendenz zur Straffung der Arbeit durch die organisatorische Zusammenfassung aller Kräfte unter der Führung von Männern der Kirche. Deutlich erkennbar ist deren gewachsenes Selbstbewußtsein. Der wichtigen Frage, aus welchen empirischen und theologischen Quellen sich dieses speiste, kann hier nicht nachgegangen werden.[69] Wesentlich für unseren Zusammenhang ist, daß die

[65] Vgl. M. Greschat, *Das Zeitalter* ... (wie Anm. 14).

[66] Vgl. *IM*, Jg. 1898, S. 475—484.

[67] Vgl. *IM*, Jg. 1899, S. 187—193.

[68] *A. a. O.*, S. 191.

[69] Hingewiesen sei immerhin auf Martin Rade und seinen Kreis, in dem die Betonung der Gemeinde seit 1890 eine wichtige Rolle spielte. Vgl. dazu Christoph Schwöbel, *Martin Rade. Das Verhältnis von Geschichte, Religion und Moral als Grundproblem seiner Theologie*, Gütersloh 1980, S. 54—56 u. ö.

spontanen evangelistischen und karitativen Aktivitäten erweckter Christen und ihre vielfältigen Vereinsgründungen jetzt nicht allein den Geruch des Zufälligen und Ungeordneten bekamen, sondern zunehmend auch mit dem Vorwurf der Zersplitterung der Kräfte, der oberflächlichen Behandlung der Probleme und mithin der Ineffizienz aller ihrer Bemühungen konfrontiert wurden. Die Epoche der großen missionarischen und diakonischen Aktivitäten und Initiativen der erweckten Vereinigungen und Vereine ging somit im letzten Jahrzehnt des 19. Jahrhunderts ebenso unübersehbar wie unerbittlich zu Ende.

Neben den politischen und kirchenpolitischen, aber auch den mentalen Veränderungen ist innerkirchlich noch einmal auf das religiöse und theologische Problem des erweckten Frömmigkeitsverständnisses und des damit verbundenen Kirchenbegriffs zu verweisen. Ein kleiner Vorgang verdeutlicht die Situation: In seiner ausführlichen Stellungnahme für eine Berliner Kreissynode im Mai 1899 wandte sich der Referent gegen die Abhaltung von Evangelisationsveranstaltungen. Hiervon versprach er sich „weder eine bleibende heilsame Frucht für unsere Gemeinden noch eine Aussicht auf kirchliche Eingliederung".[70] Der Redner lobte zwar die Leistungen der Inneren Mission, weil sie sich in die kirchliche Arbeit integrieren ließen, der Tätigkeit der Stadtmission jedoch stand er mit deutlichen Vorbehalten gegenüber. Sie war nicht nur zu groß und zu selbständig geworden, um sich eingliedern zu lassen, sondern sie verfolgte auch einen Kurs, dem der Referent im Blick auf Stoeckers Bemühungen in der Freien Kirchlich-Sozialen Konferenz das Scheitern vorhersagte, nämlich „die für Evangelisation und Gemeinschaftsbewegung erwärmten Kreise kirchlich und social zugleich zu interessieren".[71] Die weitere Entwicklung hat diesem Urteil recht gegeben. Die kirchlichen evangelischen Kreise einerseits und die neuen, teilweise von England und den USA beeinflußten Gruppen der Gemeinschaftsbewegung andererseits entwickelten sich nicht aufeinander zu, sondern eher selbständig und gegeneinander, mit wachsenden Vorurteilen oder doch Vorbehalten auf beiden Seiten. Die Stadtmission stand historisch und faktisch zwischen beiden Richtungen, Ausdruck einer früheren, durch die Erweckungsbewegung geprägten Theologie und Frömmigkeit, nun aber offenkundig nicht mehr in der Lage, die auseinanderstrebenden Tendenzen in ihrer Organisation und Arbeit

[70] *IM*, Jg. 1899, S. 464—481, hier S. 477.
[71] *A. a. O.*, S. 475.

zusammenzuhalten, geschweige denn zu integrieren. Folgerichtig geriet die Berliner Stadtmission in den Windschatten der Entwicklung.

Dieser Prozeß läßt sich noch auf einer anderen Ebene verfolgen. Während des Jahrzehnts der Erfolge der Stadtmission in den Berliner Arbeiterbezirken florierten dort auch die Sekten.[72] Lucian Hölscher hat darauf hingewiesen, daß es hier — wie in anderen industriellen Ballungsgebieten auch — ein erhebliches religiöses Potential gab.[73] Dies äußerte sich in einer im Vergleich mit bürgerlichen Quartieren prozentual höheren neuen Zuwendung zur Kirche seit der Mitte der siebziger Jahre, also seit den Aktivitäten der Stadtmission;[74] insofern hatte Stoecker recht, wenn er wieder und wieder von dem noch immer vorhandenen christlichen Geist in der Bevölkerung sprach.[75] Dieses religiöse Potential wurde allerdings sowohl von der Sozialdemokratie als auch von den Freikirchen beziehungsweise Sekten genutzt, die beide eine hochemotionale Endzeitstimmung, verbunden mit sozialem Protest, proklamierten. Auf die Unterschiede hier und dort, aus denen dann in den folgenden Jahrzehnten grundsätzlich verschiedene Entwicklungen resultierten, ist hier nicht einzugehen; ebensowenig auf die erbitterten Kämpfe, die sich beide Richtungen lieferten. Hier geht es nur um die Feststellung, daß in denselben Arbeiterbezirken, in denen die Sozialdemokratie stark war und wuchs, gleichzeitig auch die Stadtmission Erfolge hatte und jene Sekten zunahmen, die das unmittelbar bevorstehende Weltende verkündeten, mitsamt dem Anbruch der Herrlichkeit des Reiches Gottes. Was offenbar in allen Lagern faszinierte, wenngleich in sehr unterschiedlichem Ausmaß, war der Entwurf einer neuen, besseren Zukunft, die mit Sicherheit kommen mußte. Der Erweckungsbewegung war dieser Gedanke der eschatologischen Naherwartung keineswegs fremd;[76] auch Stoecker entwickelte eine Vision des unaufhaltsamen Voranschreitens und der schließlichen Durchsetzung des

[72] Vgl. Lucian Hölscher, *Weltgericht oder Revolution. Protestantische und sozialistische Zukunftsvorstellungen im deutschen Kaiserreich,* Stuttgart 1989, S. 104 ff.

[73] Vgl. *a. a. O.*, S. 126 ff.

[74] Vgl. *a. a. O.*, S. 156 f.

[75] So z. B. 1876: *Der religiöse Geist in Volk und Heer während des französischen Krieges,* in: Adolf Stoecker, *Christlich-sozial. Reden und Aufsätze,* 2. Aufl., Berlin 1890, S. 133—159.

[76] Eine auch nur bescheidenen Ansprüchen genügende Aufarbeitung dieses zentralen Themas fehlt leider immer noch, so daß man sich mit sporadischen Hinweisen in der Literatur behelfen muß.

Reiches Gottes auf Erden.[77] Aus mannigfachen Gründen, die wir im einzelnen noch nicht durchschauen, verflachte diese Stimmung seit den neunziger Jahren sowohl in der Sozialdemokratie als auch in kirchlichen Kreisen. Auch dies hat nicht unerheblich zum Niedergang der Berliner Stadtmission beigetragen oder, genauer gesagt, zur Beendigung ihrer herausragenden Rolle, die sie rund ein Jahrzehnt lang in Berlin hatte behaupten können.

[77] Diese Auffassung unterschied sich allerdings grundsätzlich von der glühenden „Naherwartung" der Sekten wie auch der Sozialdemokratie. Bei Stoecker hieß es: „Mögen die Feinde auf das Evangelium schmähen, — das Evangelium hat dennoch die Welt überwunden; mögen die Spötter das Kreuz schmähen, — sie müssen doch leben in der Kreuzesluft der Liebe. Sie nennen es Humanität, aber es ist das Christenthum; sie nennen es Kultur, aber es ist das Evangelium. Sie möchten das Reich Gottes vernichten, aber sie können es höchstens aufhalten und müssen doch zu seinem endlichen Siege mithelfen. Nur sei nicht ungeduldig! Warte fein in Geduld, bis das Mehl ganz durchsäuert ist. Völlige Bekehrung ist eine große Sache, die das ganze Leben fordert ... Wundere dich nicht, daß die Welt nicht gleich ein Reich Gottes wird. Aber untrennbar wird das Mehl mit dem Sauerteig, wird die Welt mit dem Christenthum verbunden; allmählich, still wirkt der Geist Gottes, bis die ganze Völkerwelt mit dem Kreuz gezeichnet ist. Das Wort Gottes läuft bis an den jüngsten Tag, und gerade jetzt ist die Mission, die äußere wie die innere, fleißig am Werk. Es ist der große Charakterzug der Gegenwart, daß von vielen Seiten her wieder der ernstliche Versuch gemacht wird, mit den Gedanken des Christenthums alle Lebensgebiete zu befruchten und die christliche Weltanschauung zur beherrschenden Macht der Zeit zu machen. Christliche Staatsidee, christlicher Socialismus, christliches Deutschthum: das sind Losungsworte, die heute wieder hin und her fliegen, von Millionen mit Hoffnung genannt werden und wenigstens das Eine beweisen, daß das Reich Gottes wieder als ein Sauerteig angesehen und gebraucht wird." (Adolf Stoecker, *Eins ist noth. Ein Jahrgang Volkspredigten über freie Texte*, Berlin 1885, S. 265 f.)

Katholische Aktion versus Vereinskatholizismus

Zur kirchlichen Integration und Emanzipation der katholischen Laien

DIRK H. MÜLLER
Berlin

Der Terminus „Katholische Aktion" stammt aus der Enzyklika *Ubi arcano Dei* Pius' XI. vom 23. Dezember 1922. Sie gilt als seine Regierungserklärung, die er zehn Monate nach seiner Wahl und zwei Monate nach Mussolinis Machtergreifung veröffentlichte. Ihr Kernsatz ist die Forderung nach der „Teilnahme der Laien am hierarchischen Apostolat", das heißt am Sendungs- und Missionsauftrag der Kirche.[1] Ähnliche Gedanken sind bereits bei seinen beiden Vorgängern zu finden. Die kirchliche Aktivierung der Laien war — was Italien betrifft — mit der vom Papst betriebenen Auflösung der Unione Populare, der letzten der weltlichen Massenorganisationen der Laien, verbunden.[2] Die kirchliche Integration der Laien und der Rückzug der weltlichen Organisationen der Katholiken ist jedoch nicht nur als Anpassung an die italienischen Verhältnisse zu Beginn der Faschisierung von Staat und Gesellschaft zu interpretieren. Die Katholische Aktion war zugleich eine innerkirchliche Gegenbewegung gegen die katholischen Laienorganisationen. Mit ihr beginnt ein neuer Abschnitt im Verhältnis zwischen Klerus und Laien, dessen spezifische Vorgeschichte bis zur Französischen Revolution zurückreicht und der mit dem Dekret des 2. Vatikanischen Konzils

[1] Vgl. G. Schwaiger, Artikel *Pius XI.*, in: Josef Höfer/Karl Rahner (Hrsg.), *Lexikon für Theologie und Kirche* (im folgenden *LThK* zitiert), Bd. 8, 2., völlig neu bearb. Aufl., Freiburg 1963, Reprint 1986, S. 540, und *Richtlinien für die Arbeit der Katholischen Aktion. Genehmigt von der Fuldaer Bischofskonferenz am 6. August 1925*, Historisches Archiv der Stadt Köln, Abteilung 1070, Nr. 155.

[2] Vgl. *Denkschrift des Volksvereins über die Katholische Aktion*, Staatsarchiv Mönchengladbach (im folgenden StAMG zitiert), Nachlaß Hohn 15/2/166, S. 1.

über das Apostolat der Laien durch eine neue kirchengeschichtliche Ära abgelöst wurde. Zunächst sei die Entstehung, Struktur und Funktion des katholischen Vereinswesens skizziert, wobei wir uns auf die deutschen Ereignisse beschränken wollen.

I

Zu Beginn der Weimarer Republik war der organisierte Katholizismus als Vereins- und Verbandskatholizismus voll ausgebildet.[3] Entsprechend seiner spezifischen und differenzierten Funktionen kann er in acht Hauptgruppen unterteilt werden: die Vereinigungen für die

[3] Es ist sinnvoll, zunächst vom organisierten Katholizismus zu sprechen und vom Vereins- bzw. Verbandskatholizismus erst von da an, als die klerikal geführten Laienorganisationen durch organisatorische Zusammenschlüsse die kirchlichen Verwaltungsgrenzen überschritten hatten. Übergangen wurden dadurch die Zuständigkeiten des teilkirchlich verfaßten Episkopats, der auf nationaler Ebene keine überdiözesane Verfassung hatte. Einen Ersatz bildete die 1848 erstmals abgehaltene Fuldaer Bischofskonferenz, die erst 1867 erneut und von 1869 an im jährlichen Turnus abgehalten wurde. Der bayerische Episkopat hielt Distanz zu dieser informellen nationalen Konferenz der deutschen Bischöfe: Vgl. hierzu Klaus Schatz, *Zwischen Säkularisation und zweitem Vatikanum. Der Weg des deutschen Katholizismus im 19. und 20. Jahrhundert*, Frankfurt a. M. 1986, S. 100. Wenn hier dennoch auch der nur parochial organisierte Katholizismus als Vereinskatholizismus bezeichnet wird, so deshalb, weil es neben den vereinsähnlich verfaßten Organisationen noch weitere Vereinigungen der Katholiken gab, die keinen Vereinscharakter hatten, etwa die traditionellen Bruderschaften der Sodalitäten. In jüngster Zeit hat das historische Interesse an den Säkularorganisationen der Katholiken zugenommen. Allein 1986 erschienen drei Monographien zu dieser Fragestellung, wobei die Akzentuierungen unterschiedlich sind. Während die Arbeit von K. Schatz, *Zwischen Säkularisation* ... (s. o.), eher kirchengeschichtlich orientiert ist, wendet sich Heinz Hürten in seinem Buch *Kurze Geschichte des deutschen Katholizismus 1800—1960*, Mainz 1986, den allgemeinen, über die Kirche hinausgehenden Phänomenen des „Katholizismus" zu. Einen interessanten, politikgeschichtlich orientierten internationalen Vergleich hat Karl-Egon Lönne mit seiner Monographie *Politischer Katholizismus im 19. und 20. Jahrhundert*, Frankfurt a. M. 1986, vorgelegt. Ebenfalls politikgeschichtlich zentriert und auf das Deutschland des wilhelminischen Reiches begrenzt, ist die pointierte Arbeit von Wilfried Loth, *Katholiken im Kaiserreich. Der politische Katholizismus in der Krise des wilhelminischen Deutschland*, Düsseldorf 1984. Die der katholischen Kirche nahestehende Kommission für Zeitgeschichte (Bonn) hat in jüngster Zeit eine Reihe von Monographien zu katholischen Verbandsgruppen bzw. Einzelverbänden veröffentlicht, so Barbara Schellenbergers Arbeit *Katholische Jugend und Drittes Reich*, Mainz 1975, Hans Dieter Denks Studie *Die christliche Arbeiterbewegung in Bayern bis zum Ersten Weltkrieg*, Mainz 1980, und die Monographie von Jürgen Aretz, *Katholische Arbeiterbewegung und Nationalsozialismus*, 2. Aufl., Mainz 1982. Einzelnen Verbänden

äußere und die innere Mission; in karitative Organisationen; Glaubensvereinigungen, Organisationen für das kirchliche Eigenleben (Kirchengesangs-, Paramenten- und ähnliche Vereine) und für kirchliche Laienstände; bürgerliche Standesorganisationen; Vereine für Kultur, Bildung, Propaganda und Geselligkeit; Organisationen der katholischen Jugendbewegung und schließlich in Vereinigungen der Priester und der kirchlichen Angestellten.[4] Nach der Novemberrevolution waren in mehr als 200 regionalen und überregionalen katholischen Vereinigungen etwa sechs Millionen Mitglieder organisiert.[5] Einige dieser Vereini-

widmen sich die Arbeiten von Heinrich Küppers, *Der Katholische Lehrerverband in der Übergangszeit von der Weimarer Republik zur Hitler-Diktatur,* Mainz 1975, Horstwalter Heitzer, *Der Volksverein für das katholische Deutschland im Kaiserreich 1890—1918,* Mainz 1979, und von Heinz-Albert Raem, *Katholischer Gesellenverein und deutsche Kolpingsfamilie in der Ära des Nationalsozialismus,* Mainz 1982. Zu den christlichen Gewerkschaften sind ebenfalls jüngst zwei ausführliche Monographien erschienen: Michael Schneider, *Die christlichen Gewerkschaften 1894—1933,* Bonn 1982, und Hartmut Roder, *Der christlich-nationale Deutsche Gewerkschaftsbund (DGB) im politisch-ökonomischen Kräftefeld der Weimarer Republik,* Frankfurt a. M.-Bern-New York 1986. Die Geschichte des Zentrums ist durch die Arbeiten von Bachem, Grebing, Hömig, Junker, Koch, Knapp, Mittmann, Morsey, Nipperdey, Stump u. a. weitgehend erforscht, die Absplitterung der Bayrischen Volkspartei hat Klaus Schönhoven untersucht. Zur Geschichte des Katholikentages liefert immer noch wertvolle Informationen die schon als klassisch geltende Darstellung von Johannes B. Kißling. Einen vorläufigen und unvollständigen Überblick über den Verbandskatholizismus bietet der Bericht von Josef Schlüter, *Die katholische Bewegung in Deutschland seit der Jahrhundertwende,* Freiburg 1928. Noch immer lesenswert, auch wegen der eigenwilligen Wertungen, ist Emil Ritter, *Die katholisch-soziale Bewegung Deutschlands im neunzehnten Jahrhundert und der Volksverein,* Köln 1954. Die Realgeschichte der Katholischen Aktion ist so gut wie unerforscht. Auf die Diözese Passau beschränkt sich die Dissertation von Josef Meier, *Die Katholische Aktion im Bistum Passau von 1929—1968,* Theol. Diss., Passau 1980; gedruckt: Passau 1980.

[4] Das *Kirchliche Handbuch* arbeitet bei der Einteilung der zahlreichen katholischen Vereine in sogenannte Hauptgruppen mit anderen Kategorien. Die Bezeichnung der Hauptgruppen ist jedoch uneinheitlich, wobei die Zuordnungen mitunter wechseln. Auch in der hier vorgenommenen Einteilung gibt es eine Reihe von problematischen Fällen, was im multifunktionalen Charakter vieler Vereine begründet ist und darin, daß die verschiedenen Funktionen eines Vereins in einigen Fällen im Laufe der Zeit unterschiedlich akzentuiert wurden. Vgl. *Kirchliches Handbuch für das katholische Deutschland* (im folgenden *Kirchliches Handbuch* zitiert), begr. von Hermann Anton Krose, hrsg. von der amtlichen Zentralstelle für kirchliche Statistik des katholischen Deutschlands, Bd. 1—16, Freiburg 1908—1928, Bd. 17 und 18, Köln 1931—1934.

[5] Die tatsächliche Anzahl der Vereine und ihrer Mitglieder war größer; denn von einer Reihe von Vereinen sind keine Mitgliedszahlen überliefert, darunter von den in den meisten der ca. 13 000 deutschen Pfarreien vorhandenen kirchlichen Gesangsvereinen

gungen und ihre Vorläuferorganisationen konnten auf eine Tradition von mehr als siebzig Jahren zurückblicken. So existierten bereits im Vormärz für die Auslandsmission, für die Caritas, für das kirchliche Eigenleben, für Kultur, Geselligkeit und Propaganda sowie für einzelne „Berufsstände" katholische Organisationen.

Als erste Organisation ist der Passauer Verein zur Verbreitung guter Bücher, der 1830 gegründet wurde, zu nennen. Vierzehn Jahre später erfolgte in Bonn die Konstituierung des Borromäus-Vereins mit gleicher Zielsetzung.[6] 1838 wurde in München die erste Organisation für die ausländische Mission gegründet, der Ludwig-Missionsverein, ihm folgte 1842 die Aachener Franziskus-Xaverius-Mission.[7] 1840 schlossen sich Trierer Katholikinnen zum karitativen Elisabeth- und Frauenvinzenzverein zusammen, für 1845 ist ein Pendant für männliche Katholiken in München überliefert.[8] 1844 vereinigten sich katholische Frauen in Trier zum Verein zur Herstellung und Reparatur liturgischer Gewänder, dem ersten Paramentenverein,[9] im gleichen Jahr gab es den ersten als Geselligkeitsverein bezeichneten Club Aachener Honoratioren, die „Constantia".[10] 1847 wurden mit dem aus einem kirchlichen Gesellenchor hervorgegangenen Elberfelder Gesellenverein und dem Nürnberger Arbeiterunterstützungsverein die ersten beruflichen Standesorganisationen gegründet.[11]

Trotz der nur punktuellen Verbreitung zeigt der Vereinskatholizismus bereits einige seiner typischen Eigenschaften. Er hat kompensatorische Funktion für die der katholischen Kirche durch die Säkularisation zugefügten materiellen und institutionellen Verluste. Die Vereine der Auslandsmissionen leisteten einen finanziellen, die Paramentenver-

(Cäcilienvereine) und den zahlreichen Vereinen für die Herstellung und Reparatur kultischer Gewänder (Paramentenvereine).

[6] Vgl. *General-Statistik der katholischen Vereine Deutschlands* (im folgenden *General-Statistik* zitiert), im Auftrage der XX. General-Versammlung zu Düsseldorf (1869) bearb. von Dr. Marx, Trier 1871, S. 62; Johannes B. Kißling, *Geschichte der deutschen Katholikentage*, im Auftrage des Zentralkomitees für die Generalversammlungen der Katholiken Deutschlands, Bd. 1 u. 2, Münster 1920 u. 1923, hier Bd. 1, S. 143, und K. Schatz, *Zwischen Säkularisation* ... (wie Anm. 3), S. 99.

[7] Vgl. *Kirchliches Handbuch*, Bd. 1, S. 218 f.

[8] Vgl. *a. a. O.*, Bd. 1, S. 222, und Bd. 12, S. 211.

[9] Zu den Paramentenvereinen vgl. *General-Statistik*, S. 85.

[10] Vgl. H. Hürten, *Kurze Geschichte* ... (wie Anm. 3), S. 77 f.

[11] Vgl. H.-A. Raem, *Katholischer Gesellenverein* ... (wie Anm. 3), S. 5, und M. Schneider, *Die christlichen Gewerkschaften* ... (wie Anm. 3), S. 26.

eine einen materiellen Beitrag zur Fortführung traditioneller Aktivitäten der Kirche. Während diese Form der Kompensation keine unmittelbaren Folgen für das traditionelle Verhältnis zwischen Klerus und Laien hatte, war dies bei der durch Laien ausgeübten Krankenfürsorge in den Elisabeth- beziehungsweise Vinzenzvereinen sehr wohl der Fall, da die Krankenfürsorge nicht nur als leibliche Dienstleistung, sondern auch als Seelsorge, mithin als Caritas verstanden wurde. Die organisierte ehrenamtliche Krankenfürsorge erfüllte nicht nur solche karitative Funktionen, sie führte ihre Mitglieder auch zu internen religiösen Veranstaltungen zusammen. Diese meist multifunktionalen Organisationen waren nicht ausschließlich Ergebnis der Selbsthilfe von Laien, sondern gingen oft auf die Initiative von Klerikern zurück. Die halb ständisch, halb bürgerlich orientierte Definition ihres sozialen Organisierungsfeldes läßt ebenso wie ihre ursprüngliche Plazierung in der Diaspora auf eine gesellschaftliche Abwehrhaltung schließen, die zugleich einen innerkirchlichen Aspekt hatte: die Stabilisierung der sozial zentrifugalen Kräfte unter den katholischen Laien. Der Zuschnitt der sozialen Organisierungsfelder der bürgerlichen Standesorganisationen der Katholiken war an den gesellschaftlich restaurativen Bestrebungen der Kirche orientiert. Die berufsständischen Organisationen agierten anfänglich nicht in den sich neu herausbildenden Vermittlungsformen und Instanzen, handelten daher zunächst auch nicht wie moderne Interessenorganisationen. Dennoch war der Trend dorthin mit der Säkularisierung der Nächstenliebe mittels der im Verein etablierten Versicherungskasse bereits angelegt. Nach 1848 gründeten Kleriker Organisationen, in denen die Laien ausschließlich nach traditionellen innerkirchlichen Kriterien, nämlich nach den sogenannten vier Natur-, Lebens- oder Laienständen — Männer, Frauen, Jungmänner und Jungfrauen —, zusammengeführt wurden. Die Aktivitäten dieser Organisationen bezogen sich vorwiegend auf das kirchlich-religiöse Leben und bezweckten eine rein pfarrliche Organisierung der im geltenden Kirchenrecht primär als Objekt der Seelsorge geltenden Laien. Hierzu zählten auch die mit ihnen vergleichbaren Vereinigungen für Kirchenmusik und die Verbreitung religiöser Bilder.[12] Seit 1848 trafen sich Vertreter der genannten Vereine auf den in der Regel

[12] Vgl. *General-Statistik*, S. 20—91, und J. B. Kißling, *Geschichte der deutschen Katholikentage ...* (wie Anm. 6), Bd. 1, S. 419f., und Bd. 2, S. 210.

jährlich abgehaltenen Katholikentagen, die oftmals Anregungen zur Gründung neuer Organisationen gaben.[13]

Eine am Vorabend des Kulturkampfes aufgestellte Statistik zeigt deutlich, daß das quantitative Übergewicht bei den kompensatorischen Organisationen lag. An der Spitze standen die Geldsammelvereine für die Auslands- und Inlandsmissionen. Ihnen folgten die religiös-karitativen Organisationen, die nach Geschlechtern getrennt waren. Den drittgrößten Sektor bildeten die Organisationen für das interne kirchliche Leben, das heißt die Paramenten-, Gesangs- und Bildervereine, einschließlich der Organisationen der vier kirchlichen Laienstände. Deutlich geringer war die Zahl der kulturellen, geselligen und bildenden Organisationen. Zahlenmäßig am Ende standen die halb kirchlichen, halb bürgerlichen Standesvereine der Katholiken, nämlich für Meister, Gesellen, Lehrlinge, Arbeiter, Bauern, Winzer, Unternehmer, Studenten, Lehrer und katholische Edelleute,[14] wobei die Gesellenvereine quantitativ dominierten.[15] Die bürgerlichen Standesvereine für Frauen bezogen sich zunächst nur auf weibliche Dienstboten. Diese Organisationen wurden von weiblichen Laien aus dem Stand der Arbeitgeber für Dienstboten geleitet, waren mithin Patronage-Vereine.[16]

Ein weiteres Charakteristikum des halb kirchlichen, halb bürgerlichen Katholizismus waren informelle Gesprächskreise und Gruppen, die die materielle und kommunikative Basis für eine kirchen- und vereinsunabhängige katholische Publizistik legten und oft zugleich das spezifische Honoratioren-Milieu bildeten,[17] in dem sich bis zum Ende der Weimarer Republik das parteipolitisch wirkende katholische Bürgertum vornehmlich organisierte. Die Honoratioren-Clubs hatten nicht nur einen entscheidenden Einfluß auf die Meinungsbildung unter

[13] Vgl. H. Hürten, *Kurze Geschichte* ... (wie Anm. 3), S. 105 u. S. 112ff.

[14] Vgl. H.-A. Raem, *Katholischer Gesellenverein* ... (wie Anm. 3), S. 5; M. Schneider, *Die christlichen Gewerkschaften* ... (wie Anm. 3), S. 26; J. Schlüter, *Die katholische Bewegung* ... (wie Anm. 3), S. 63; Leo Jablonski, *Geschichte des fürstbischöflichen Delegaturbezirkes Brandenburg und Pommern,* 2 Bde., Breslau 1929, hier Bd. 2, S. 241; J. B. Kißling, *Geschichte der deutschen Katholikentage* ... (wie Anm. 6), Bd. 1, S. 395, und Bd. 2, S. 166 f.; *Kirchliches Handbuch,* Bd. 10, S. 145, Bd. 12, S. 313, und Bd. 17, S. 189; Arnold Bongartz, *Das katholisch-soziale Vereinswesen in Deutschland. Geschichte, Bedeutung und Statistik desselben,* Würzburg 1879, S. 115—161.

[15] Vgl. *General-Statistik,* S. 20—91.

[16] Vgl. J. B. Kißling, *Geschichte der deutschen Katholikentage* ... (wie Anm. 6), Bd. 1, S. 434.

[17] Vgl. H. Hürten, *Kurze Geschichte* ... (wie Anm. 3), S. 51—59.

den Katholiken, sie waren meist auch Basis für die aus der katholischen Fraktion entstehende Zentrumspartei, die bis in die Weimarer Republik hinein nur eine schwach ausgebildete Organisation hatte, mithin lange Zeit dem direkten Einfluß ihrer Anhänger und Helfer entzogen war.[18] Das Zentrum war nicht der verlängerte weltliche Arm der Kirche: Als Bismarck dem Papst die Beendigung des Kulturkampfes anbot, wenn dieser das Zentrum zur Zustimmung zum siebenjährigen Militärhaushalt bewegen würde, widersetzte sich die katholische Reichstagsfraktion diesem Tauschhandel,[19] was sie nicht davor bewahrte, weiterhin als ultramontane Partei denunziert zu werden.

Für klerikale Traditionalisten stand der organisierte Katholizismus nicht nur im Widerspruch zur Verfassung, sondern auch zum Wesen der Kirche. Eine extreme, aber auch isolierte Position vertrat der Passauer Bischof Heinrich v. Hofstätter, der bis zum Ende seiner Amtszeit 1875 keine Vertretung seines Bistums auf den Katholikentagen, den jährlichen Generalversammlungen der Katholiken, zuließ. Hofstätter befürchtete, die demokratischen oder auch nur konstitutionellen Tendenzen des Vereinskatholizismus könnten auf die Kirche selbst übergreifen. Er beschwor die Gefahr einer dogmatischen Aufweichung und sprach davon, daß „die katholischen Vereine aus den allerbuntesten und verschiedensten Elementen zusammengewürfelt sind und dennoch in allen kirchlichen Fragen mitreden, handeln und eine Rolle spielen wollen, ohne die notwendige Bildung, moralische Haltung, die erforderlichen wissenschaftlichen Kenntnisse und die unentbehrliche Erfahrung, abgesehen von anderen unerläßlichen Eigenschaften, für die vorliegenden Aufgaben nur entfernt zu besitzen".[20] Bereits im Vormärz hatte der Thüringer Moraltheologe Johann Baptist Hirscher aus der Prognose, die konstitutionellen Tendenzen der organisierten Laien würden auf die Kirche selbst übergreifen, den entgegengesetzten Schluß gezogen. Er wollte ihre Vorfeldorganisationen durch die kirchliche Integration von ausgesuchten Laien und einen Konstitutionalismus für den Pfarrklerus ersetzt wissen, um der Kirche dadurch eine größere Beweglichkeit innerhalb der sich rapide wandelnden Gesellschaft zu schaffen.[21] Damit war er jedoch nicht nur seiner Zeit weit

[18] Vgl. Thomas Nipperdey, *Die Organisation der deutschen Parteien vor 1918,* Düsseldorf 1961, S. 265—292.

[19] Vgl. H. Hürten, *Kurze Geschichte* ... (wie Anm. 3), S. 148.

[20] Zit. nach J. Meier, *Die Katholische Aktion* ... (wie Anm. 3), S. 25 f.

[21] Vgl. H. Hürten, *Kurze Geschichte* ... (wie Anm. 3), S. 107.

voraus. Während des Kulturkampfes bewahrheiteten sich diese Prognosen, wenn auch nur zum Teil und in anderer Form: Der niedere Klerus entdeckte die bürgerliche Organisation des Vereins sowie den bürgerlichen Selbsthilfegedanken für sich und gründete mit dem St. Joseph Verein eine Unterstützungskasse für kranke Mitglieder.[22] 1876 wurde die Görres-Gesellschaft zur „Pflege der Wissenschaft" ins Leben gerufen, die die Beschäftigung mit theologischen Fragen ausklammerte, um ihre Unabhängigkeit als Laienorganisation zu bewahren.[23] Die im publizistischen Bereich berufstätigen Kleriker und Laien schlossen sich 1878 im Augustinus-Verein zur Pflege der katholischen Presse zusammen, der auf Dauer jedoch nicht nur diesem Zweck diente, sondern später auch Arbeitsstellen vermittelte und von 1900 an eine eigene Pensionskasse einrichtete.[24] Katholische Kaufleute und Juristen organisierten sich kurze Zeit später.[25] 1885 wurde mit dem Verein katholischer Lehrerinnen erstmals eine Standesorganisation für weibliche Laien gegründet.[26] Von der Mitte der achtziger Jahre an ist ein neuer Schub von Arbeitervereins-Gründungen zu verzeichnen.[27]

In die Zeit des Kulturkampfes fällt die Gründung des Vereins, der den wohl größten Einfluß auf den modernen Vereinskatholizismus hatte: die Vereinigung katholischer Industrieller und Arbeiterfreunde im Verband „Arbeiterwohl". Ideologisch leitete er die Neuorientierung großer Teile des Vereinskatholizismus ein. Statt eine ständisch organisierte, traditionelle christliche Gesellschaft anzustreben, nahm der Verband „Arbeiterwohl" die auf der kapitalistischen Produktion und Distribution beruhenden Strukturen der bürgerlichen Gesellschaft als gegeben hin und wollte in diesem Rahmen sozialpolitisch tätig werden. Das vorrangige Bestreben des Verbandes „Arbeiterwohl" galt der Sozialreform zur Abwehr revolutionärer Tendenzen.[28] Auf organi-

[22] Vgl. *Kirchliches Handbuch*, Bd. 1, S. 262.

[23] Vgl. *a. a. O.*, S. 264; Johannes Horstmann, *Katholizismus und moderne Welt. Katholikentage, Wirtschaft, Wissenschaft, 1848—1914*, Wien 1976, S. 99.

[24] Vgl. *Kirchliches Handbuch*, Bd. 1, S. 270.

[25] Vgl. J. B. Kißling, *Geschichte der deutschen Katholikentage* ... (wie Anm. 6), Bd. 2, S. 166 und S. 184 f.

[26] Vgl. *Kirchliches Handbuch*, Bd. 1, S. 251.

[27] Vgl. J. B. Kißling, *Geschichte der deutschen Katholikentage* ... (wie Anm. 6), Bd. 2, S. 161 f.

[28] Vgl. *Verhandlungen der XXIX. Generalversammlung der Katholiken Deutschlands zu Frankfurt a. M. am 11., 12., 13. und 14. September 1882*, Frankfurt a. M. 1882, S. 91—102.

satorischer Ebene inaugurierte er zwei Vereinigungen, mit denen der deutsche Katholizismus seine internationale Spitzenstellung begründete: 1890 den Volksverein für das katholische Deutschland[29] und 1897 den Caritasverband.[30] Der Caritasverband koordinierte die zahlreichen überregionalen, regionalen und lokalen Laienorganisationen mit karitativer Zielsetzung. Sein Hauptanliegen war die Konzentration der Kräfte, die Vereinheitlichung und Rationalisierung der Organisationsarbeit sowie die Professionalisierung des Personals. 1912 waren im Caritasverband 810 karitative Vereine und Anstalten zusammengeschlossen.[31]

Der Etablierung des Volksvereins gingen kontroverse Verhandlungen mit Vertretern des deutschen Episkopats voraus, die einen konfessionellen Kampfverband gegen den Evangelischen Bund schaffen wollten. Die eher staatsbürgerlich orientierte Richtung des Verbandes „Arbeiterwohl" und des Zentrums setzte sich jedoch mit ihrer Konzeption einer politischen Massenorganisation durch. Für die Repräsentation des modernen Katholizismus war der Hauptfeind nicht mehr der protestantische Widersacher, sondern die atheistische und für revolutionär gehaltene Sozialdemokratie. Nicht mehr die Kanzel, sondern das Rednerpult und der Arbeitsplatz galten ihnen als Kampfplatz der Zukunft. Der Volksverein war von Anfang an ein einheitlicher Verein auf nationaler Ebene. Er war nicht nach Diözesen und Pfarreien untergliedert. In ihm gab es keinen statutarisch abgesicherten klerikalen Führungsanspruch, was nicht ausschloß, daß vor dem Ersten Weltkrieg etwa die Hälfte der in seiner Zentrale arbeitenden Funktionäre beurlaubte Kleriker waren. Mit der Bezeichnung „Volksverein" wurde eine demokratische Organisation suggeriert, die jedoch nur auf dem Papier stand. Da der Volksverein zwischen den Vorstandswahlen und den Einzelmitgliedern keinerlei Delegationsstufen kannte, begünstigte schon die Notwendigkeit einer individuellen Anreise zu den Generalversammlungen das Honoratiorensystem. Der Volksverein war eher eine sozialpolitische Propagandagesellschaft, die das Führungspersonal des sozialen Vereinskatholizismus ausbildete, Massenpropaganda insbesondere für das Zentrum betrieb, das derart der Notwendigkeit des Aufbaus einer formalisierten Parteistruktur auf nationaler Ebene enthoben war. Schließlich begünstigte der Volksverein die Gründung

[29] Vgl. E. Ritter, *Die katholisch-soziale Bewegung* ... (wie Anm. 3), S. 137f. und S. 140ff.; H. Heitzer, *Der Volksverein* ... (wie Anm. 3), S. 17.

[30] Vgl. *Kirchliches Handbuch*, Bd. 1, S. 281.

[31] Vgl. *a. a. O.*, Bd. 4, S. 328.

weiterer Organisationen des Katholizismus, wie etwa die der christlichen Gewerkschaften, die aus den katholischen Arbeitervereinen Westdeutschlands hervorgingen.[32]

Am Ende des Wilhelminischen Reiches war der organisierte Katholizismus durch eine reichhaltige und funktional differenzierte Palette von Vereinigungen charakterisiert. Der universelle Anspruch der katholischen Kirche manifestierte sich in der säkularisierten Gesellschaft im Aufbau eines funktional differenzierten Organisationsgeflechts, das seinerseits weltliche Bedürfnisse und Interessen artikulierte. Neben den zahlreichen Sammelvereinen zur materiellen Unterstützung der inneren und äußeren Mission existierten weitere kompensatorische Organisationen, vor allem im karitativen Bereich. Hier gab es mehr zu tun, als nur Geld und Güter zu sammeln. Neben den Fürsorgevereinen zur Linderung allgemeiner und spezieller Nöte und zur Heilung gesundheitlicher Beschwerden und Gebrechen nahmen die Vorsorgeeinrichtungen, insbesondere für Jugendliche, einen immer größeren Raum ein. Hinzu kamen Interessenvereinigungen der ehrenamtlich, semi-professionell oder professionell auf dem Gebiet der Caritas tätigen Katholiken. Die karitativen Organisationen betrieben in unterschiedlicher Rechtsform Säuglingsheime, Waisenhäuser, Kindergärten, Kranken- und Pflegeanstalten, Arbeiterkolonien, Trinkerheilanstalten, Bahnhofsmissionen, Stellenvermittlungen sowie Institute zur Betreuung auswandernder oder ausgewanderter Deutscher. Für das innerkirchliche Leben engagierten sich die Cäcilien- und Paramentenvereine. Die vier kirchlichen Laienstände der unverheirateten und verheirateten Männer oder Frauen waren getrennt organisiert, wobei die verheirateten Männer eine Sonderstellung einnahmen. Ihnen fehlte ein flächendeckendes Netz kirchlicher Standesvereine, denn die Organisierung der Männer erfolgte meist nach Kriterien des Berufes, so daß deren Vereine primär als soziale Standesvereine firmierten. Umgekehrt waren zahlreiche Frauenvereine, die von ihrem Vereinsnamen her als bürgerliche Standesvereine geführt wurden, etwa die Organisation der weiblichen Dienst-

[32] Vgl. E. Ritter, *Die katholisch-soziale Bewegung* ... (wie Anm. 3), S. 144—147; H. Heitzer, *Der Volksverein* ... (wie Anm. 3), S. 40f., S. 42, Anm. 206, S. 144—151; Wilhelm Spael, *Das Katholische Deutschland im 20. Jahrhundert*, Würzburg 1964, S. 20f. und S. 23; *Handbuch des Volksvereins für das katholische Deutschland*, gewidmet insbesondere den Geschäftsführern und Vertrauensmännern des Volksvereins, hrsg. von der Zentralstelle des Volksvereins, Mönchengladbach 1901, S. 22, und *60. Generalversammlung der Katholiken Deutschlands in Metz vom 17. bis 21. August 1912*, Metz 1913, S. 488.

boten, eher sozial und beruflich eingegrenzte kirchliche Standesvereine. Im Sektor der kulturellen, geselligen und propagandistischen Vereine gab es kaum einen Bereich, der nicht organisiert war. Während manche Aktivitäten innerhalb der Kirche blieben (Cäcilienvereine), waren andere Organisationen eher im Bereich der bürgerlichen Freizeit angesiedelt und befriedigten literarische, sprachliche, gesellige, sportliche Bedürfnisse, organisierten Theateraufführungen, Kunstausstellungen beziehungsweise den Vertrieb von Kunstgegenständen, betrieben Wissenschaften im katholischen Sinn oder waren in der Erziehung tätig. Mit den quantitativ kaum ins Gewicht fallenden Vereinigungen der katholischen Jugendbewegung, der Priester und der von kirchlichen Instanzen angestellten Laien wurde das katholisch-bürgerliche Vereinsuniversum abgerundet.

Im *Handbuch der Kirchengeschichte* wird der Vereinskatholizismus im nachhinein auch als „geliehene Form" bezeichnet:[33] „geliehen", weil die bürgerliche Assoziation des Vereins nicht der nach wie vor hierarchisch verfaßten Kirche entstammte; „Form", weil die innere Autonomie der meisten katholischen Vereine durch die Institution des geistlichen Beirates (Präses/Präsides) beschränkt wurde, denn dieser verdankte sein Amt der Delegation durch den zuständigen Bischof. Der Widerspruch zwischen Vereins- und Kirchenrecht konstituierte nicht immer zugleich auch einen konzeptionellen. Die konzeptionellen Gegensätze gingen mitunter quer durch den Stand der Laien und den der Kleriker, wie der Begriff der „roten Kapläne" signalisiert. Sie sind ein Beispiel dafür, daß die Säkularisation das soziale Profil des Klerus, insbesondere des niederen, verändert und die Bildung der Laien verbürgerlicht hatte. „Geliehene Form" war der Vereinskatholizismus aber auch, weil die enge Bindung an die Kirche die organisatorische Struktur des Vereinskatholizismus bestimmte: zum einen territorial: Die frühen Vereine der Katholiken waren räumlich durch die diözesanen und pfarrlichen Verwaltungsgrenzen der Kirche definiert. Zum anderen wurden die Mitglieder der Vereine entsprechend der katholischen Vorstellung von den vier Laienständen nach Geschlecht und Alter in getrennten Vereinen organisiert. So gab es nicht nur im Bereich der innerkirchlichen Vereine, sondern auch in dem der Caritas, der Geselligkeit, des Sports, der Bildung und sogar bei den sozialen Standesvereinen die organisatorische Segmentierung nach den vier Laien-

[33] Vgl. Hubert Jedin (Hrsg.), *Handbuch der Kirchengeschichte,* Bd. 1—7, 2. Aufl., Freiburg-Basel-Wien 1985, hier Bd. 6,2, S. 199.

ständen. Auch auf der sozialen Ebene hatte der Vereinskatholizismus sein eigenes Profil: Entsprechend der gesellschaftlichen Standeslehre der Kirche wurden katholische Standesvereine gegründet, deren Spektrum der Heterogenität der kirchlichen Klientel entsprach. Darüber hinaus strukturierten diese Vorstellungen auch die funktionale Ebene des Vereinskatholizismus: Die Stände konnten in jedem einzelnen Funktionsbereich des organisierten Katholizismus eigene Vereinigungen haben. Die katholischen Akademiker zeichneten sich durch eine hohe Anzahl Standesorganisationen aus. Das bereits eingangs skizzierte Charakteristikum des Vereinskatholizismus, er sei nicht nur insgesamt, sondern auch in seinen Einzelorganisationen multifunktional gewesen, war kein katholisches Spezifikum, wie der Blick auf das bürgerliche oder sozialdemokratische Organisationsgeflecht zeigt.

Spezifisch für den Vereinskatholizismus war die sich aus der kirchlichen Bindung ergebende kirchlich-weltliche Multifunktionalität. Die in säkularen gesellschaftlichen Bereichen agierenden Vereine erfüllten auch kirchliche Funktionen, wie umgekehrt Vereine des kirchlichen Eigenlebens säkulare Interessen und Bedürfnisse befriedigten. Der katholische Arbeiterverein Köln-Mitte zum Beispiel hielt neben den monatlichen Vereinsversammlungen Unterrichtskurse ab, veranstaltete alle vier Wochen Unterhaltungsabende mit belehrendem Vortrag, bot Theateraufführungen an, pflegte die Geselligkeit, feierte jährlich sein Stiftungsfest, organisierte Familienausflüge und Nikolausbescherungen, hatte eine Vereinsbibliothek, die vom Borromäusverein materiell unterstützt wurde, besaß mehrere Spar- und Versicherungskassen (Sparkasse, Sterbekasse, Krankengeldzuschußkasse und Familienkrankenkasse) und sorgte dafür, daß seine Mitglieder vierteljährlich gemeinsam zur Kommunion gingen.[34] Umgekehrt trugen Organisationen des kirchlichen Lebens wie etwa die Marianische Jünglings-Kongregation in Mönchengladbach zur Jahrhundertwende keinen ausschließlich religiösen Charakter. Im Untertitel ihres Vereinsnamens wurden neben der Religion auch die Fortbildung und die Unterhaltung als ihre Hauptziele genannt. Neben der Teilnahme an Prozessionen verpflichtete sie ihre Mitglieder zu regelmäßigem Besuch des Gottesdienstes, wobei in der Kirche Kontrollmarken ausgehändigt wurden, die in die Mitgliedsbücher geklebt werden mußten. Die Fortbildung bestand in

[34] Vgl. *Katholischer Arbeiterverein Köln-Mitte. Bericht über die Entwicklung des Vereins und seine Tätigkeit in der Zeit vom 1. Januar 1905 bis zum 15. April 1906,* StAMG, Nachlaß Hohn 15/2/132.

der Unterweisung in Buchführung, Wechselrecht und Stenographie. Einen festen Platz im Vereinsprogramm nahmen die sommerlichen Ausflüge ein, in der warmen Jahreszeit wurde Fußball gespielt und im Winter geturnt. Unterhaltungsabende und Theaterspiel waren weitere Aktivitäten, wobei der vereinsinterne Chor, der Zitherclub, der Orchesterclub oder das Trommlercorps besonders hervortraten. Eine katholische Vereinsbibliothek konnte benutzt werden, ebenso stand jedem Mitglied die Einrichtung eines eigenen Kontos bei der Vereinskasse frei.[35] Durch seine kirchlichen und religiösen Aktivitäten konstituierte der Vereinskatholizismus auf der Ebene der Pfarrei daher zugleich eine funktional differenzierte, sozial geschlechts- und altersspezifisch separierte Protogemeinde.

Die Laien konnten die materiellen, institutionellen und funktionalen Verluste der Kirche nur deswegen kompensieren helfen, weil ihnen die säkularisierte Gesellschaft Rechts-, Organisations- und Partizipationsmöglichkeiten einräumte, die ihnen in der Kirche verwehrt blieben und im klerikal kontrollierten Vereinskatholizismus nur beschränkt eingeräumt wurden. Diese Beschränkung traf nicht alle Laien gleichmäßig, sie war sozial abgestuft. Innerhalb der Führungsschicht des Vereinskatholizismus, die sich vor allem aus Angehörigen des Klerus, des Adels und des Bildungsbürgertums rekrutierte,[36] kooperierte die kirchliche mit der gesellschaftlichen Hierarchie. Während katholische Edelleute, Fabrikanten und Akademiker sich vereinigen konnten, ohne dem Klerus einen Anteil an der Vereinsleitung einräumen zu müssen, war eine eigenständige Organisierung von Arbeitern, Jugendlichen und Frauen nicht möglich. Frauen wurde noch 1908 die Teilnahme an den Katholikentagen verwehrt.[37] Arbeiter, Jugendliche und Frauen wurden auch innerhalb des halb kirchlichen, halb bürgerlichen Vereinskatholizismus wie mehr oder minder unmündige Laien behandelt, unter denen es zusätzliche Abstufungen gab, so daß im säkularen Bereich von Laien unterschiedlichen Grades gesprochen werden kann.

[35] Vgl. *Jahresbericht über die Wirksamkeit der Marianischen Jünglings-Kongregation der Marienpfarre von M. Gladbach im Jahre 1901,* StAMG, Nachlaß Hohn 15/2/170.

[36] Vgl. *Handbuch der Kirchengeschichte,* Bd. 6,1, S. 400, Anm. 20.

[37] Vgl. *Handbuch der Kirchengeschichte,* Bd. 6,2, S. 217, Anm. 67. Erst 1912 erhielt mit „Fräulein Schmitz (Oberlehrerin)" erstmals eine katholische Frau Rederecht als Referentin auf einem Katholikentag; vgl. *59. Generalversammlung der Katholiken Deutschlands in Aachen,* Aachen 1912, S. 565. Dagegen saß bereits 1906 erstmals ein Arbeiter im Präsidium eines Katholikentages; vgl. Ephrem Filthaut, *Deutsche Katholikentage 1848—1958 und die soziale Frage,* Essen 1960, S. 195.

II

Carl Schmitts Beschreibung der katholischen Kirche als einer „complexio oppositorum“[38] gilt für den Vereinskatholizismus nicht nur organisatorisch, sondern auch konzeptionell. Zwischen der Jahrhundertwende und dem Vorabend des Ersten Weltkrieges wurde dieser Widerspruch innerhalb des deutschen Vereinskatholizismus und des Klerus als Streit zwischen den traditionalistischen Integralisten und den Vertretern des modernen Katholizismus ausgefochten, bei dem Konzeptionelles und Organisatorisches miteinander verquickt waren. Die Integralisten leugneten jede auch nur relative Eigenständigkeit der außerhalb der katholischen Kirche liegenden gesellschaftlichen Bereiche. Die auf den verschiedenen gesellschaftlichen Ebenen agierenden katholischen Organisationen galten den Integralisten als verlängerter Arm der Kirche. Die säkularen Vereinigungen sollten unter der strengen Leitung des Klerus arbeiten und ihre Strategie und Taktik allein nach den tradierten und von der Hierarchie zu formulierenden Prinzipien ausrichten. Ihr Hauptangriffsziel waren die christlichen Gewerkschaften, die als interkonfessionelle Organisationen keinen statutarisch abgesicherten Führungsstil des Klerus kannten, aber auch andere Organisationen katholischer Laien wie das Zentrum und der Volksverein.[39] Diese „präterepiskopalen Vereinigungen“ wurden auch wegen ihrer organisatorischen Autonomie angegriffen, weil diese nicht mit der Struktur der übrigen Vereinigungen der Katholiken übereinstimmte und als Ursache für die modernistischen Abweichungen angesehen wurde, die bei den christlichen Gewerkschaften, aber auch beim Zentrum zur Verwischung der konfessionellen Gegensätze geführt habe. Der jahrelang und auf diffamierende Weise von den Integralisten geführte Streit wurde, was die christlichen Gewerkschaften angeht, vor dem Ersten Weltkrieg mit einem vom Vatikan formulierten Kompromiß beendet: Voraussetzung für die Duldung einer Mitgliedschaft katholischer Laien in den interkonfessionellen Gewerkschaften sollte die gleichzeitige Zugehörigkeit zu einem der unter geistlicher Leitung stehenden katholischen Arbeitervereine sein.[40]

[38] Carl Schmitt, *Römischer Katholizismus und politische Form*, 2. Aufl., Stuttgart 1984, S. 11.

[39] Vgl. hierzu die ausführliche Studie von Rudolf Brack, *Deutscher Episkopat und Gewerkschaftsstreit 1900—1914*, Köln-Wien 1976; kürzer und instruktiv M. Schneider, *Die christlichen Gewerkschaften* ... (wie Anm. 3), S. 172—212.

[40] Vgl. M. Schneider, *ebda.*

Der Integralismusstreit der Vorkriegszeit war sicherlich nicht vergessen, als Papst Pius XI. 1922 die Katholische Aktion ins Leben rief. Organisatorisch konnte das italienische Modell als genuiner Integralismus gewertet werden. Denn für Italien bedeutete die Katholische Aktion — wie schon erwähnt — das Ende der säkularen Laienorganisationen. An ihre Stelle war die parochiale Organisierung der Katholiken nach den kirchlichen Laienständen der Männer und Frauen, der Jungmänner und Jungfrauen getreten. Freilich gab es auch hier — wie so oft im Katholizismus — eine wichtige Ausnahme: Studenten galten als Laien mit besonderem Status und erhielten ihre eigenen geschlechtsspezifischen Organisationen.[41] Die Katholische Aktion sollte die — nicht nur in Italien — immer offenkundiger werdende soziale und politische Desintegration innerhalb des Katholizismus überwinden. Als deren Ursache erblickte die Kirche die zunehmende Säkularisierung der Vereins- und Verbandsarbeit. Statt der überhandnehmenden politischen und sozialen Betätigung sollte nunmehr die apostolische Arbeit an die erste Stelle rücken.[42] Zunächst jedoch war die Auseinandersetzung mit der vom Papst initiierten Katholischen Aktion in Deutschland nur spekulativer Art und auf Diskussionen innerhalb der Organisationen und ihrer Organe beschränkt. Hier bestand von Anfang an das Mißverständnis, es handle sich bei der Katholischen Aktion lediglich um eine Innovation für das Laienapostolat, dem man sich ohnehin verpflichtet fühlte. Daher schien sie für viele nur eine Akzentverschiebung innerhalb der multifunktionalen Verbandsarbeit zu bedeuten. Eine Übernahme des sechsgliedrigen italienischen Organisationsmodells mußte in Deutschland, wo das katholische Vereinsmilieu am Ende der Weimarer Republik mehr als zweihundert verschiedene nationale Organisationen umfaßte und nahezu zehn Millionen Mitglieder zählte, als undenkbar erscheinen. Die deutschen Bischöfe nahmen an dieser Diskussion zunächst nicht teil, obwohl sie mit der Katholischen Aktion unmißverständlich und obendrein per Rundschreiben angesprochen worden waren. Noch 1927 beklagte Papst Pius XI. in seiner Weihnachtsansprache das „dumpfe Schweigen" des deutschen Episko-

[41] Vgl. *Handbuch der Kirchengeschichte*, Bd. 7, S. 61, und *Denkschrift des Volksvereins über die Katholische Aktion*, StAMG, Nachlaß Hohn 15/2/166, S. 1 f.

[42] Vgl. *Denkschrift des Volksvereins über die Katholische Aktion*, *a. a. O.*, S. 9, und Gickler, *Die katholischen Arbeitervereine und die Katholische Aktion*, in: *Mitteilungen an die Arbeiterpräsides*, hrsg. von der Diözesanleitung der katholischen Arbeitervereine der Erzdiözese Köln, 6. Jg. (1929), Nr. 1, S. 7.

pats in dieser Frage.[43] Erst der Magdeburger Katholikentag von 1928 leitete die offiziöse und breitere Diskussion über die Katholische Aktion ein, insbesondere die Begrüßungsansprache des päpstlichen Nuntius Eugenio Pacelli, des späteren Papstes Pius XII.[44] Er stellte zunächst klar, daß die Organisationsform der Katholischen Aktion Italiens nicht als Modell für Deutschland gedacht sei. Die Vereine sollten ihre organisatorische und konzeptionelle Selbständigkeit in weltlichen Fragen behalten. Damit entkräftete er die Befürchtungen, es werde ein neuer Integralismus angestrebt. Seine positiven Aussagen zur Organisationsstruktur der Katholischen Aktion warfen hingegen mehr Probleme auf, als seine abgrenzenden Bemerkungen ausgeräumt hatten. Er sprach in seiner relativ kurzen Rede davon, die katholischen Organisationen beziehungsweise das Laienapostolat seien in die „gottgewollte Hierarchie" beziehungsweise in die „Verfassung der Kirche, wie Christus sie gewollt"[45] habe, einzubauen. Der Einbau der katholischen Organisationen in die Hierarchie konnte unter den gegebenen Umständen nur bedeuten, sie zu deren Objekt zu machen oder, wie es Pacelli unmißverständlich formulierte: „Die Katholische Aktion will die Tätigkeit der Laien jener der Priester angliedern und ihre geschlossenen Reihen zu einer machtvollen Phalanx, zu einer acies bene ordinata in der Hand der Bischöfe und des Stellvertreters Christi auf Erden machen."[46] Die von ihm geforderte Einfügung der katholischen Organisationen in den „Leib der Katholischen Aktion" zielte bei gleichzeitiger Wahrung ihrer Selbständigkeit auf eine Auflösung der organisatorischen und funktionalen Doppelstruktur des Vereinskatholizismus ab. Während seine primär weltlichen Funktionen weiterhin in den nationalen Organisationen wahrgenommen werden sollten, die mittlerweile die Diözesangrenzen überschritten hatten, sollten ihre religiösen Funktionen aus der Verbandstätigkeit herausgelöst und organisatorisch auf die Ebene der Diözesen und Pfarreien zurückgeschraubt werden. Die Verwirklichung dieser Konzeption hätte die Dissoziation des traditionell multifunktionalen, weltlichen und religiösen Aktivitätsspektrums der katholischen Laienorganisationen bedeutet.

[43] Zit. nach J. Meier, *Die Katholische Aktion* ... (wie Anm. 3), S. 15.

[44] Vgl. *Bericht über den Katholikentag zu Magdeburg vom 5. — 9. September 1928*, Paderborn o. J. (1929), S. 19—22.

[45] *A. a. O.*, S. 20f.

[46] *A. a. O.*, S. 21.

Das Mißverständnis bei der Beurteilung des Laienapostolats klärte sich: Es sollte nicht Apostolat von Laien, sondern durch Laien unter der Regie der Bischöfe sein. Bei der Definition der Katholischen Aktion lag also der Akzent nicht auf „Teilnahme", sondern auf „hierarchisch". Das Wort Teilnahme war im Zusammenhang mit der Katholischen Aktion ein nomen passivum. Damit waren zwar Zweck und Zuständigkeit der Katholischen Aktion genannt, die konkrete Organisationsform jedoch offengelassen. Wenige Monate nach Pacellis Ansprache auf dem Magdeburger Katholikentag drängte Pius XI. beim Vorsitzenden der Fuldaer Bischofskonferenz schriftlich auf die Einführung der Katholischen Aktion in Deutschland.[47] Im August 1929 verabschiedete die Fuldaer Bischofskonferenz Richtlinien für die Arbeit der Katholischen Aktion. Die Konferenz beschrieb den universellen, aber in sich differenzierten gesellschaftlichen Bereich, in dem das Apostolat wirksam werden konnte und mußte. Und wie von selbst ergab sich daraus eine Aufzählung aller jener Funktionsbereiche, für die katholische Organisationen existierten; ohne alle beim Namen zu nennen, konnten sich alle angesprochen fühlen. Zur Organisationsform wurde lapidar erklärt: Die Katholische Aktion habe „sich den Verhältnissen der einzelnen Orte, Diözesen und Länder anzupassen", mithin sei die „Pfarrgemeinde ... der Organismus, in dem die Katholische Aktion ihre Tätigkeit zu entfalten" habe. Dort sei der Pfarrer der Leiter der Katholischen Aktion. Unter seiner Leitung sollten von ihm berufene Laien, seien sie nun organisiert oder nicht, Komitees für die zu lösenden Aufgaben bilden. Diese Komitees hießen bald offiziell Ausschüsse oder Räte, deren Mitglieder Berufene und gleichzeitig Ausführende waren. Entsprechende Gremien wurden für die Dekanate und Diözesen eingerichtet. Berufenen Laien wurde somit die Möglichkeit der Anhörung eingeräumt, jede Selbstverwaltung aber ausgeschlossen. Die Laienorganisationen galten als „Brücken und Stege, über die das Religiöse den Weg ins Leben finden" sollte.[48] Die Fuldaer Bischofskonferenz von 1929 hatte noch offengelassen, wie die Katholische Aktion auf parochialer Ebene zu organisieren sei und welche Organisationen als Rekrutierungsfeld für Räte und Ausschußmitglieder berücksichtigt werden sollten.

[47] Vgl. J. Meier, *Die Katholische Aktion ...* (wie Anm. 3), S. 5 und S. 18.

[48] *Richtlinien für die Arbeit der Katholischen Aktion, genehmigt von der Fuldaer Bischofskonferenz am 6. August 1929*, StAMG, Nachlaß Hohn 15/2/166.

Nach der Etablierung des Nationalsozialismus beschloß die Bischofskonferenz, daß die vier Naturstände die organisatorischen „Grundeinheiten“ der Katholischen Aktion in der Pfarrei bilden sollten. Es blieb dem einzelnen Bischof jedoch überlassen, aus welchen Vereinigungen er die Mitglieder der parochialen Ausschüsse berufen würde.[49] Im Februar 1934 legte der Erzbischof von Köln fest: „Im übrigen muß der gewissenhafte Hirt, der die Seinen kennt, ohne Rücksicht auf persönliche Wünsche prüfen, welcher Vereine seine Herde bedarf.“[50] In jedem Fall aber sollten die Angehörigen der vier Laienstände in die Katholische Aktion berufen werden. Mit dieser Konzeption wurde also nicht nur die nationale Verbandsstruktur der katholischen Laienorganisationen unterlaufen, die vielen Bischöfen schon lange ein Dorn im Auge war. Darüber hinaus wurden Frauen und Männer unterschiedlich behandelt. Während die verheirateten Frauen eine einheitliche Organisation für ihren Stand hatten und zusätzlich ihre berufsständischen Organisationen, existierte für die verheirateten Männer keine Gesamtorganisation. War der Frauen- und Mütterverein das gegebene Rekrutierungsfeld für die weiblichen Mitarbeiter der Katholischen Aktion, so blieben die weiblichen Standesorganisationen unberücksichtigt. Bei den verheirateten Männern dagegen konnte sich der Erzbischof von Köln aussuchen, aus welchen sozialen Standesorganisationen der verheirateten Männer er die männlichen Mitarbeiter der Katholischen Aktion berufen wollte. Denn die sozialen Standesorganisationen galten nach den Richtlinien der Katholischen Aktion für die Erzdiözese Köln nicht als „unentbehrlich“, sondern sie verdienten lediglich „Pflege und Unterstützung“.[51] Das hatte zur Folge, daß die sozialen Standesorganisationen der weiblichen Katholiken nicht den Schutz des Reichskonkordats beanspruchen konnten. Bei den Standesvereinen für Männer lag es ausschließlich im Ermessen des Kölner Erzbischofs, welche Organisation er unter den Schutz des Reichskonkordats stellen wollte, denn dort hieß es: „Diejenigen katholischen Organisationen und Verbände, die ausschließlich religiösen, rein kulturellen und caritativen Zwecken dienen und als solche der bischöflichen Behörde unterstellt sind, wer-

[49] *Richtlinien für die einheitliche Gestaltung der Katholischen Aktion in Deutschland*, Archiv in der Kommission für Zeitgeschichte, KAB-Materialien, Nr. 10 a.

[50] *Die Katholische Aktion (Das Katholische Laienapostolat) in den deutschen Diözesen*, hrsg. von der Bischöflichen Zentralstelle Düsseldorf, Hildesheim 1934, S. 46.

[51] *Ebda.*

den in ihren Einrichtungen und in ihrer Tätigkeit geschützt."[52] Die Geschichte des Konkordats machte diese Unterscheidung jedoch bald bedeutungslos.

Wenn oben die katholischen Laienorganisationen auf parochialer Ebene als sozial und funktional separierte Protogemeinden bezeichnet wurden, so können die nach den episkopalen Richtlinien etablierten Ausschüsse nicht als tendenziell integrierte Protogemeinden gelten, denn die in diese Komitees berufenen Laien galten nicht als Vertreter ihrer Organisationen, sondern als Hilfsapostel mit kirchlichem Mandat. Die Berufung von Laien zu Hilfsaposteln und die Funktionalisierung der katholischen Laienorganisationen als Hilfstruppen der Katholischen Aktion bedeutete die Zurücknahme der relativen Laienautonomie, die es der katholischen Kirche ermöglicht hatte, die Folgen der Säkularisation und Säkularisierung zu überwinden. Dieser Prozeß wurde zu einem Zeitpunkt forciert, als die katholischen Organisationen, allen voran der Volksverein, der Kolpingbund und die Arbeitervereine, aber auch andere berufsständische Organisationen, unter dem Nationalsozialismus ihre weltlichen Positionen räumen mußten. Die Schutzfunktion des Reichskonkordats war von Anfang an relativiert, da eine Aufzählung der geschützten Organisationen unterblieben war. Die Aufstellung eines solchen Katalogs sollte vertragsgemäß Vereinbarungen zwischen Reichsregierung und deutschem Episkopat vorbehalten bleiben.[53] Der Episkopat war jedoch weder innerkirchlich noch staatsrechtlich ein Rechtssubjekt, was die beiden Katholiken, die das Konkordat unterzeichnet hatten, Pacelli und v. Papen, wissen mußten.

III

Daß die Zurückdrängung der weltlichen Organisationen nicht nur ein Anpassungsprozeß der katholischen Organisationen an den Nationalsozialismus war, sondern auch einer traditionalistischen Konzeption entsprach, zeigt die Zeit nach 1945. Die Entwicklung der katholischen Laienorganisationen nach dem Zweiten Weltkrieg war in Westdeutschland uneinheitlich. Vielerorts wurde an die Tradition der Weimarer Republik angeknüpft. Unter den Bischöfen war man sich zunächst nicht einig, ob das Modell der Katholischen Aktion beibehalten

[52] Vgl. Artikel 31 des Reichskonkordats vom 20. Juli 1933, zit. nach *Kirchliches Handbuch*, Bd. 18, S. XI—XX, hier S. XVIII.

[53] Vgl. *ebda.*

oder ob es durch das ältere Vereinswesen ersetzt werden sollte. Für viele, und das erinnert an die Kontroverse am Ende der Weimarer Republik, gab es nur diese Alternative. Mancherorts sprach der Bischof sogar Verbote gegen die Neugründung beziehungsweise Wiederbelebung der alten Verbände aus.[54] Bald schon stellte sich eine Koexistenz von alten Laienorganisationen und Katholischer Aktion her. Für die Wiederbelebung des organisierten Katholizismus sprach vor allem die geringe Spezialisierung der Katholischen Aktion, die weiterhin nur die vier sogenannten Natur-, Lebens- oder Laienstände kannte und nur schwer eine differenzierte Vertretung katholischer Interessen innerhalb einer sich formierenden pluralistischen Verbändegesellschaft ermöglicht hätte. So liest sich das Verzeichnis der katholischen Organisationen von 1950 wie eine geglättete Neuauflage ihres Vorläufers von 1931.[55]

Dennoch hatte sich Entscheidendes verändert. Der Volksverein, die bedeutsamste außerepiskopale Massenorganisation des Katholizismus, fehlte. Und auch die organisatorischen Traditionen der christlichen Gewerkschaften und des Zentrums wurden nicht wieder aufgegriffen. Damit waren jene drei Organisationen, die die Hauptangriffsziele des Integralismus gewesen waren, nicht mehr vorhanden. Die Diskussion um die Neugründung des Volksvereins verlief rasch im Sande. Die Anhänger und Parteigänger des Zentrums fusionierten mit anderen christlichen Gruppierungen zur CDU/CSU, und die Einheitsgewerkschaft nahm sozialdemokratische und christliche Gewerkschafter auf, was eine bislang bedeutungslos gebliebene Wiederbelebung christlicher Gewerkschaftsorganisationen Anfang der fünfziger Jahre nicht ausschloß.[56] Außerdem existieren im Rheinland weiterhin marginale organisatorische Restposten des Zentrums auf kommunaler Ebene. Aber

[54] Vgl. *Handbuch der Kirchengeschichte,* Bd. 7, S. 312, und Bernhard Hanssler, *Der Pluralisierungsprozeß im deutschen Katholizismus und seine gesellschaftlichen Auswirkungen,* in: Albrecht Langner, *Katholizismus im politischen System der Bundesrepublik 1949—1963* (= Beiträge zur Katholizismusforschung, hrsg. von Anton Rauscher, Reihe B: Abhandlungen), Paderborn-München-Wien-Zürich 1968, S. 103—121, hier S. 105 f.

[55] Vgl. *Kirchliches Handbuch,* Bd. 17, S. 202—239; Franz Croner (Hrsg.), *Amtliches statistisches Jahrbuch der katholischen Kirche Deutschlands,* Bd. 23, Köln 1951, S. 69—91.

[56] Vgl. J. Aretz, *Katholische Arbeiterbewegung und christliche Gewerkschaften. Zur Geschichte der christlich-sozialen Bewegung,* in: Anton Rauscher (Hrsg.), *Der soziale und politische Katholizismus. Entwicklungslinien in Deutschland 1803—1963,* Bd. 2, München-Wien 1982, S. 159—214, hier S. 204—210.

auch die Katholische Aktion blieb nicht die alte. Schon 1940 deutete sich eine Umorientierung an, als Pius XII. nicht mehr wie noch sein Vorgänger von der Teilnahme, sondern von der Mitarbeit der Laien am hierarchischen Apostolat sprach.[57] Der anhaltende, nach dem Zweiten Weltkrieg wieder zunehmende Priestermangel erforderte eine weitere Aktivierung der Laien. 1958 hieß es im revidierten Statut der Katholischen Aktion der Diözese Passau, sie habe die Aufgabe, den Bischof und die Seelsorger zu beraten.[58] Zwar wurden auch jetzt noch die Laien in die Katholische Aktion berufen, vor dieser Berufung aber waren die bestehenden Organisationen anzuhören.

Eine weitere Aktivierung der Laien war jedoch nicht auf der Grundlage der seit der Säkularisation weitgehend unveränderten Kirchenverfassung und ohne eine Revision der bisher geltenden ekklesiologischen Vorstellungen zu erreichen. Diese Revision wurde auf dem Zweiten Vatikanischen Konzil, auf dem die katholische Kirche den Weg zur Gemeindekirche einschlug, vorgenommen.[59] Voraussetzung dafür war eine neue Definition des Verhältnisses zwischen Laien und Klerus. Die die Katholische Aktion betreffenden Passagen sind daher auch in den Dekreten über die dogmatische Konstitution, über die pastorale Konstitution, über die Hirtenaufgaben des Bischofs und den Dienst des Priesters, also keineswegs nur im Dekret über das Apostolat der Laien zu finden.[60] Im Dekret über die dogmatische Konstitution der Kirche wird die Pfarrei nicht mehr lediglich als unterste Verwaltungseinheit verstanden, sondern als Teil der Gesamtkirche definiert.[61] Der Laie, der bislang nur als Objekt galt, wird nunmehr neben dem Klerus als Träger des „allgemeinen Priestertums" der Kirche bezeichnet.[62] Nach Auffassung des Zweiten Vatikanischen Konzils konstituiert sich die Kirche in der Eucharistiefeier.[63] Der Laie ist durch Taufe und Firmung berufen,

[57] Vgl. *Handbuch der Kirchengeschichte,* Bd. 7, S. 312f.

[58] Vgl. J. Meier, *Die Katholische Aktion ...* (wie Anm. 3), S. 364.

[59] Vgl. *LThK,* Bd. 14, S. 156f.

[60] Die Beschlüsse des Zweiten Vatikanischen Konzils sind in lateinisch und deutsch in den Bänden 12, 13 und 14 des *LThK* dokumentiert und annotiert.

[61] Vgl. *LThK,* Bd. 12, S. 144 und S. 149.

[62] *A. a. O.,* S. 181.

[63] Vgl. *Dogmatische Konstitution über die Kirche,* Artikel 33, in: *LThK,* Bd. 12, S. 268f.; *Dekret über das Apostolat der Laien,* Artikel 3, in: *LThK,* Bd. 13, S. 610—614, und *Dekret über Dienst und Leben der Priester,* Artikel 5 und 14, in: *LThK,* Bd. 14, S. 163 und S. 209.

am Apostolat teilzunehmen. Das Apostolat gilt jetzt als ein Auftrag, innerhalb dessen es verschiedene Dienste gibt.[64]

Die Hineinnahme des Laien in ein „allgemeines Priestertum" bringt ihn der Amtskirche näher;[65] die exakte Grenze zwischen dem Priestertum aller Gläubigen und dem besonderen Dienst des auf der Weihe beruhenden Amts-Priestertums ist theologisch definiert: Der Laie wird zwar in die katholische Kirche integriert, doch bleibt er vom geweihten Priester geleitet.[66] Der theologisch fundierte Primat der Hierarchie blieb mithin unangetastet. Und so haben denn auch die Gremien zur organisatorischen Umsetzung kirchlicher Aktionen eine beschränkte Beschlußkompetenz, die auch nicht durch die Teildemokratisierung der Delegationsprozesse angetastet wurde. Die seit dem Zweiten Vatikanischen Konzil etablierten Gemeinderäte beziehungsweise Pfarrausschüsse, deren Satzungen von Diözese zu Diözese variieren, werden in der Regel durch eine Kombination unterschiedlicher Legitimationen konstituiert. Neben der freien Wahl durch die Gemeindemitglieder steht die Delegation durch die katholischen Organisationen und die Berufung durch den Priester. Auch die Gremien auf der Ebene der Dekanate und Diözesen werden durch Vertreter gebildet, die ihre Legitimation verschiedenartigen Delegationsmodi verdanken.[67] Auf der Grundlage eines kirchlichen Sonderrechts werden zur Synode der Diözese Hildesheim einige Synodale neuerdings direkt von den Laien gewählt.[68]

In der zeitgenössischen Literatur finden sich gelegentlich euphorische Bemerkungen über die Demokratisierung innerhalb der katholischen Kirche. Der heutige Stand des kirchlichen, Laien wie Klerus einbeziehenden Konstitutionalismus wird mit Staatsformen des 19. Jahrhunderts in Analogie gesetzt, wobei mitunter die weitere demokratische Entwicklung der konstitutionellen Staaten auf die zukünftige

[64] Vgl. *Dekret über das Apostolat der Laien,* Artikel 23, in: *LThK,* Bd. 13, S. 669 ff., und *Dekret über die Hirtenaufgabe der Bischöfe in der Kirche,* Artikel 17, *a. a. O.*, S. 183 f.

[65] Vgl. *Dogmatische Konstitution über die Kirche,* Artikel 31, in: *LThK,* Bd. 12, S. 264 f. und S. 270, und *Dekret über das Apostolat der Laien,* Artikel 24, in: *LThK,* Bd. 13, S. 675—679.

[66] Vgl. *Dogmatische Konstitution über die Kirche,* Artikel 10, in: *LThK,* Bd. 12, S. 181 f.

[67] Vgl. Egon Golomb, *Repräsentation des Kirchenvolkes,* in: *Jahrbuch für christliche Sozialwissenschaften,* Bd. 12 (1971), S. 53—70, hier S. 64—67.

[68] Vgl. Klaus Weber, *Anfänge innerkirchlicher Demokratie,* in: *Jahrbuch für christliche Sozialwissenschaften,* Bd. 12 (1971), S. 123—136, hier S. 124 f.

Kirche projiziert wird.[69] In diesen Analogien wird — wie ich meine — zum einen der gravierende Unterschied zwischen dem staatsrechtlichen und dem innerkirchlichen Budgetrecht übersehen. Zum zweiten, so haben andere Autoren eingewandt, gehe es innerhalb der Kirche nicht um „Herrschaft“ und „Unterwerfung“, sondern um „Ausgleich“ und „Vertrauen“, und schließlich seien drittens Probleme der Seelsorge und Glaubensgrundsätze nicht abstimmungsfähig.[70] Als weiteres gesellschaftliches Moment, das einer Demokratisierung der katholischen Kirche entgegenwirkt, ist die Professionalisierung und Bürokratisierung der Arbeit in den Diözesen zu nennen; beides hat immer häufiger dazu geführt, daß die mitspracheberechtigten Gremien vor vollendete Tatsachen gestellt wurden. Außerdem hat unter den Laienräten längst ein sozialer Ausleseprozeß stattgefunden. Gremienmüdigkeit hat dazu geführt, daß Akademiker, unter ihnen vor allem Beamte, und hier insbesondere Juristen und Lehrer, überrepräsentiert sind. Die sozialen Strukturen der Gemeinde und ihrer Räte stimmen nicht überein. Dies gilt insbesondere für Frauen, die noch immer als Laien niederen Grades gelten: Ihnen werden zwar bei der Besetzung innerkirchlicher Laienämter Mindestquoten eingeräumt, diese werden jedoch weder ihrem statistischen Anteil noch ihrer Mitarbeit in der Gemeinde gerecht.[71]

Die Katholische Aktion, wie sie von Pius XI. und Pius XII. propagiert und konstituiert wurde, war eine Gegenbewegung zu der relativ autonomen katholischen Laienbewegung des 19. und 20. Jahrhunderts. Sie trat langfristig aber nicht an die Stelle der Laienorganisationen. Beide, der traditionelle Vereins- beziehungsweise Verbandskatholizismus und die Katholische Aktion, schufen organisations- und dogmengeschichtlich die Voraussetzung für die Integration und die relative Emanzipation der Laien sowie für die Konstituierung der Gemeinde in der katholischen Kirche.

[69] Vgl. *a. a. O.*, S. 135; Josef Stegmann, *Demokratie in der Kirche?*, in: *Jahrbuch für christliche Sozialwissenschaften*, Bd. 12 (1971), S. 9—51, hier insbesondere S. 30, 37.

[70] E. Golomb, *Repräsentation ...* (wie Anm. 67), S. 63 und S. 69.

[71] Vgl. Walter Bayerlein, *Die Arbeit der Laienräte. Versuch einer Bilanz*, in: *Internationale katholische Zeitschrift „Communio“*, 8. Jg. (1979), S. 129—141, hier S. 139ff., und E. Golomb, *Repräsentation ...* (wie Anm. 67), S. 68ff.

Geschichte und Bedeutung der Märkischen Katholikentage für den Berliner Katholizismus

HERIBERT ROSAL
Berlin

„Katholikentage sind keine Träume der Romantik! Es ziemt dem Katholizismus der Mark, die Dinge bis zum Mark nüchtern zu sehen. Wir nähren keine Aspirationen ... Es geht nicht um die Steine (der alten Kirche und Dome) ... Es geht um die Seelen der Menschen."[1] Dieses Wort Carl Sonnenscheins sei an den Anfang dieser Ausführungen gestellt, um aufzuzeigen, worum es bei diesen immer größer werdenden Katholikenversammlungen ging: die katholischen Gläubigen in der Diaspora zu sammeln, ihnen das Erlebnis der größeren Gemeinschaft in der Vereinsamung zu vermitteln, sie dadurch im Glauben zu stärken und sie zu ermuntern, Zeugen des Glaubens in der Mark zu sein. Die Märkischen Katholikentage entwickelten sich aus zunächst lokalen, später regionalen Zusammenkünften der katholischen Vereine in Berlin und in der Delegatur. Die seit dem letzten Jahrzehnt des 19. Jahrhunderts jährlich durchgeführten Berliner beziehungsweise Märkischen Vereinstage schufen die Voraussetzungen für die Einrichtung der Märkischen Katholikentage, jener Großveranstaltungen, auf denen die märkischen Katholiken ihren Glauben bezeugten und die Selbstbehauptung in der Diaspora demonstrierten.

I

Vorgeschichte der Märkischen Katholikentage

Von Propst Brinkmann, der von 1838 bis 1849 die Delegatur leitete, ging die erste Initiative für die Durchführung Märkischer Katholiken-

[1] Carl Sonnenschein, *Notizen. Weltstadtbetrachtungen,* H. 8, Berlin 1929, S. 20.

tage aus,[2] doch die folgenden Jahrzehnte waren zunächst noch von der Gründung und dem Ausbau des katholischen Vereinswesens bestimmt. Brinkmann hatte mit seinem Oberkaplan Ruland schon 1848 den Missionsverein für Brandenburg und Pommern gegründet, der ein Zeichen der Verantwortung für das Ganze und ein Mittel war, die Gemeinsamkeit der in der Diaspora zerstreuten Katholiken zu einem Miteinander und Füreinander zu führen. Nachdem durch die Verfassung von 1849/50 die Gründung von Vereinen möglich geworden war, nutzten Brinkmann und seine Nachfolger, vor allem Eduard Müller, diese neue Freiheit, um die Gläubigen in den kleineren Gemeinschaften der Vereine zusammenzuführen, ihnen Gemeinschaftserlebnisse zu vermitteln und der Vereinsamung der einzelnen vorzubeugen. „Es darf wohl ohne Übertreibung ausgesprochen werden, daß in Berlin und der Mark Brandenburg gar viele (Gläubige) der Sache Gottes erhalten oder neu gewonnen wurden durch den Anschluß an die katholischen Vereine", heißt es in der *Festschrift zum 25. Berliner katholischen Jubiläums-Vereinstage.*[3]

Der Gedanke, die zahlreichen Vereine in Katholikenversammlungen zusammenzuführen, entstand nach dem Kulturkampf erneut, und zwar anläßlich einer Papstfeier am 25. Februar 1888 im großen Saale der Philharmonie, an der 3000 Gläubige teilnahmen. Linnarz überliefert: „Auf Anregung ... (von) Eduard Müller etwa im Juli 1888 traten einige Herren zu einer Vorbesprechung betreffs Gründung einer ‚losen Vereinigung' der katholischen Vereine Berlins zusammen. Über ein ‚Zentral-Komitee' sollte mit Rücksicht auf das Vereinsgesetz vom 30. Mai 1881 zunächst noch nichts verlauten. Zur ersten Versammlung am 29. August 1888 fanden sich Vertreter folgender 12 Vereine ein: Akademie des Gesellenvereins — Bonifatiusverein — Meisterverein — Gesellenverein — Kongregation — Konstantia — Matthiasverein — Piusverein — Polenverein — Unitas — Geselliger Verein und St. Joseph-Verein ... Es wurde beschlossen, alle Jahre, möglichst am 15. November, dem Geburtstage des Herrn Geistlichen Rates Müller, einen Vereinstag abzuhalten."[4] In fünf weiteren Treffen wurde der

[2] Vgl. Georg Banasch, *Vom Delegaturbezirk zum Bistum Berlin,* in: *Wichmann-Jahrbuch* 1953, S. 83.

[3] Franz Weber, *Das katholische Vereinsleben in Berlin und der Mark Brandenburg,* in: Erich Linnarz, *Festschrift zum 25. Berliner katholischen Jubiläums-Vereinstage,* hrsg. vom Zentral-Komitee der katholischen Vereine, H. 1, Berlin 1919, S. 24.

[4] E. Linnarz, *Festschrift...* (wie Anm. 3), S. 3 f.

erste Vereinstag vorbereitet. Linnarz berichtet weiter: „So kam nun endlich der 15. November 1888 heran, der Tag des 70. Geburtstages des seligen Geistl. Rates Müller und des ersten Vereinstages der katholischen Vereine Berlins. Herr Legationsrat v. Kehler übernahm seine Leitung. Der große Saal im Vereinshause Niederwallstraße 11 war überfüllt; 18 katholische Vereine hatten ihre Vertreter entsandt. Herr Legationsrat v. Kehler hielt die Festrede. Herr Direktor Eirund verlas das Glückwunschschreiben des Fürstbischöflichen Delegaten Aßmann. Die Delegierten gaben je einen kurzen Überblick über die Entwicklung ihres Vereins. Der Herr Jubilar hielt eine tiefempfundene Dankrede. Zum Schluß erfolgte die Ernennung des Herrn Jubilars zum Generalpräses aller katholischen Vereine Berlins.“[5] Ein Zentralkomitee der katholischen Vereine wurde gebildet, Nachfolger des ersten Generalpräses waren die jeweiligen Delegaten. Damit war die enge Bindung der katholischen Vereine an kirchliche Einrichtungen und Würdenträger auch auf der Ebene der Delegatur gewährleistet. Die katholischen Vereine bildeten in jeder Pfarrei ein Pfarrkomitee unter Vorsitz des Pfarrers, in jedem Archipresbyterat ein Bezirkskomitee unter Vorsitz des Erzpriesters und im Delegaturbezirk das Zentralkomitee unter Vorsitz des Fürstbischöflichen Delegaten. Die Gründung dieses Zentralkomitees auf dem ersten Berliner Vereinstag nahm vorweg, was die Katholiken Deutschlands 25 Jahre später auf ihrer 60. Generalversammlung 1913 in Metz als Forderung erhoben: in allen größeren Orten aus den bestehenden Organisationen einen Gemeinsamen Ausschuß zu bilden, um die katholischen Interessen besser vertreten und fördern zu können.[6]

Am Rande sei allerdings noch angemerkt, daß in den Berliner Vereinen mitunter das ursprüngliche Ziel des katholischen Vereinswesens aus den Augen geriet. Propst Jahnel gab am 8. März 1892 eine Bekanntmachung heraus, in der vor Fehlentwicklungen gewarnt wurde: „Bei dem heutigen Archipresbyterats-Konvent wurde folgende Resolution einstimmig beschlossen: Das katholische Vereinsleben in Berlin ist eine herrliche Frucht lebendigen Glaubens und werktätiger Liebe. Je größer die Aufgabe ist, welche gerade in Berlin den kath. Vereinen obliegt, desto gewissenhafter ist darüber zu wachen, daß die katholischen Vereine ihrem erhabenen Ziele nicht untreu werden, oder daß

[5] *A. a. O.*, S. 4.
[6] Vgl. *a. a. O.*, S. 16.

sich Vereine bilden, welche unter katholischem Namen nicht katholische Zwecke verfolgen. Katholisch sind nur die Vereine, welche in Verbindung mit ihren Seelsorgsgeistlichen tätig sind, und auf deren ganzes Wirken die Seelsorgsgeistlichen maßgebenden Einfluß haben. Vereine, welche bloß der Vergnügungssucht oder anderen irdischen Zwecken dienen, tragen den Namen ‚katholisch' mit Unrecht, und sind die Gläubigen vor solchen Vereinen zu warnen."[7]

Mit der Gründung eines Zentralkomitees aller katholischen Vereine und mit der Einberufung des ersten Vereinstages für Berlin waren die Voraussetzungen für Zusammenkünfte der Katholiken in der Delegatur geschaffen. Die Anregung für die Einberufung eines Märkischen Vereinstages kam nun von Gemeinden außerhalb Berlins. Über den Anlaß heißt es in der Festschrift *50 Jahre Gesangverein St. Joseph, Brandenburg/Havel:* „Ein schönes Bild katholischer Einmütigkeit entfaltete sich am Sonntag dem 1. September 1889, da der ‚Katholische Leseverein Xaveria' aus Potsdam als Gastverein in unserer alten Bischofsstadt weilte. Auch Herr Bochaneck, der Redakteur der ‚Märkischen Volkszeitung', war erschienen. Nach dem Rundgange durch die historischen Stätten und nach einem gemeinsamen Mittagsmahle im ‚Deutschen Hause' fanden sich alle Potsdamer und Brandenburger Mitglieder auf dem Marienberge zu einem Abschiedskommerse ein. Reden, Lieder und Toaste gaben der begeisterten Stimmung Ausdruck. Hier war es, wo Herr Kaufmann Ernst Riedel den Vorschlag machte, daß alle katholischen Vereine Brandenburgs und Pommerns zusammentreten möchten, um alljährlich einen ‚Katholikentag für die ganze Delegatur' abzuhalten. Mit heller Begeisterung und brausendem Beifall fand dieser Vorschlag einstimmig Annahme in der Resolution: ‚Einen katholischen Vereinstag für die Delegatur einzuberufen und die hierzu nötigen Vorbereitungen durch die ‚Märkische Volkszeitung' zu veröffentlichen'."[8] Zwei Jahre später, am 1. Oktober 1891, ließen der Direktor der *Germania,* Edmund Eirund, und Pfarrer Schomer aus Brandenburg im Namen des Zentralkomitees die Einladung zum 1. Märkischen Vereinstage ergehen. In dem Zirkular heißt es: „Nachdem von höchster kirchlicher Stelle, von Seiten unseres Hl. Vaters und von den Bischöfen Deutschlands auf die Notwendigkeit eines regen katholischen Vereinslebens und auf die Pflicht eines jeden Katholiken, dasselbe nach Kräften

[7] *Ebda.*

[8] Ernst Schneider, *50 Jahre Gesangverein St. Joseph, Brandenburg/Havel,* Brandenburg 1931, S. 13.

zu fördern, hingewiesen ist, erscheint es wohl überflüssig, die Bedeutung und Notwendigkeit einer festen Organisation der Katholiken nochmals zu betonen. In der Mark Brandenburg, wo unsere Glaubensgenossen nur eine verschwindende Minderheit bilden, ist eine feste Vereinigung aller katholischen Elemente besonders notwendig, denn nur dadurch ist es uns möglich, den auf Umsturz aller staatlichen und kirchlichen Ordnung gerichteten Bestrebungen einen erfolgreichen Widerstand zu setzen und das Selbstbewußtsein der Katholiken, welches zum Ausharren im Kampfe so notwendige Vorbedingung ist, zu heben und zu erhalten."[9] Damit war der erste Märkische Vereinstag für den 18. Oktober 1891 nach Brandenburg eingeladen.

Über dieses Katholikentreffen wird in der Festschrift des Gesangvereins St. Joseph folgendes berichtet: „Was Herr Ernst Riedel im Herbst 1889 als Resolution und Herzenswunsch ausgesprochen hatte, einen ‚Märkischen Vereinstag' abzuhalten, das wurde am 18. Oktober 1891 zur Tatsache. Die Vereinstagung aller katholischen Vereine der Mark Brandenburg tagte in den Mauern unserer alten Bischofsstadt zum ersten Male. Ein Tag katholischer Begeisterung! Begrüßung am Bahnhof, Predigt und Hochamt in St. Dreifaltigkeit ... Begrüßungsversammlung ... Besichtigung der Baudenkmäler des Mittelalters, gemeinsames Mahl ... Treffen auf dem Marienberge und dann Delegiertenversammlung und als Höhepunkt des Tages: öffentliche Versammlung im großen Saale des Stadtparkes. Mehr als 600 katholische Männer und Frauen waren aus der Mark erschienen, um dieser ... Versammlung beizuwohnen und offen ihren Glauben zu bekennen ... Die Redner des Tages waren: 1. Direktor Edmund Eirund, der Präsident des Tages; 2. P. Ceslaus OP (Graf Robiano); 3. Dr. Marcour, Chefredakteur der ‚Germania', Berlin und 4. Redakteur Eckes, Berlin. Hocherfreut und erfüllt mit neuem Glaubensmut und katholischer Bekenntnistreue kehrten die Teilnehmer zu ihrer Berufstätigkeit zurück."[10]

[9] Zit. nach Julius Herzig, *Katholische Kundgebungen auf Märkischem Sande*, Berlin 1910, S. 4.

[10] E. Schneider, *50 Jahre* ... (wie Anm. 8), S. 15. Auf diesem Märkischen Vereinstag wurde der Märkische Sängerbund gegründet, zu seinem Bundesdirigenten wurde der Königliche Musikdirektor Rudolf Wecker (1833—1914) gewählt. Wecker, der Gründer des ersten Kirchenchores von St. Hedwig in Berlin, war ein Schüler Eduard Müllers in Sagan, später ein treuer Helfer in den Vereinen, besonders im Gesellenverein; er war am Katholischen Progymnasium in Berlin tätig. Vgl. dazu: Ernst Thrasolt, *Eduard Müller. Der Berliner Missionsvikar*, Berlin 1953, S. 171.

Da die erste Zusammenkunft märkischer Katholiken so großen Anklang gefunden hatte, beschloß man, solche Versammlungen zu wiederholen. Zwischen 1891 und 1913 wurden insgesamt 17 Märkische Vereinstage durchgeführt, und zwar 1893 in Luckenwalde, 1894 in Brandenburg, 1895 in Potsdam, 1897 in Luckenwalde, 1898 in Spandau, 1899 in Berlin — zusammen mit dem 11. Berliner Vereinstag —, 1900 in Weißensee, 1902 in Rixdorf, 1903 in Freienwalde, 1904 in Wittenberge, 1906 in Brandenburg, 1908 in Oranienburg, 1909 in Eberswalde, 1910 in Weißensee, 1912 in Neu-Ruppin und 1913 in Nauen.

Der Ablauf der Zusammenkünfte war im großen und ganzen der gleiche: am Vormittag Festgottesdienst, anschließend oder am Nachmittag Festversammlung und, wenn möglich, Festzug. Inhaltlich setzten sich die Vereinstage mit ihrer nicht-katholischen christlichen oder gar kirchen- und christentumsfeindlichen Umgebung auseinander. Behandelt wurden apologetische Fragen, kirchengeschichtliche Themen, besonders aus der katholischen Vergangenheit der Mark, soziale Fragen, Schulfragen, pastorale Fragen, schließlich Laienapostolat, Presse, Jugendseelsorge: alles zeitbedingte Probleme und aus der Diasporaseelsorge geboren.

Die Zahl der Teilnehmer an den Märkischen Vereinstagen stieg von 600 beim ersten Vereinstag bis auf 8000. Es ist erstaunlich, wie viele Berliner Katholiken zu diesen Märkischen Vereinstagen in die Diaspora gefahren sind. Denn in Berlin gab es seit 1888 eigene Berliner Vereinstage, und zwar immmer um den 15. November, dem Geburtstag Eduard Müllers. Von 1888 bis 1913 wurden 24 Berliner Vereinstage und 18 weitere größere Veranstaltungen für die Berliner Katholiken abgehalten.

II

Die Märkischen Katholikentage in der Zeit der Weimarer Republik

Während des Krieges konnten keine großen Versammlungen der Katholiken durchgeführt werden. Doch schon im ersten Nachkriegsjahr wurde unter Führung und Förderung des Delegaten Kleineidam wieder eine solche Zusammenkunft geplant. Die Leitung des Zentralkomitees der katholischen Vereine Berlins hatte inzwischen der Lehrer Erich Linnarz übernommen. Sein Verdienst ist das Wiederaufleben des katholischen Vereinslebens in Berlin und in der Mark. Das Zentralkomitee beschloß, den 18. Märkischen Vereinstag in Oberschöneweide bei Berlin abzuhalten und dazu auch die Frauen-, Jungfrauen- und

Jünglingsvereine einzuladen; die katholischen Vereine Pommerns sollten ebenfalls Fahnendeputationen entsenden. Geplant wurde ein Katholikentag des gesamten Delegaturbezirks, der bisherige Name „Märkischer Vereinstag" wurde in „Märkischer Katholikentag" abgeändert. Am 24. August 1919 fand der erste Märkische Katholikentag statt. Die *Märkische Volkszeitung* berichtete über ihn: „Drei große Aufgaben waren dem diesjährigen Katholikentag gestellt: er sollte der katholischen Gemeinde in Oberschöneweide ... Stärkung bringen in den vielfachen Widrigkeiten, denen sie durch eine unduldsame ‚unabhängige' Gemeindevertretung fortwährend ausgesetzt ist, — sollte (zweitens) so durch Stärkung des katholischen Selbstbewußtseins den Teilnehmern eine größere Widerstandskraft gegen die religionsfeindlichen Bestrebungen unserer Zeit geben und zum dritten in der Zeit öffentlicher Demonstrationen durch einen imposanten Festzug den Gedanken der Zusammengehörigkeit aller Katholiken der Delegatur offensichtlich zum Ausdruck bringen."[11] Nach dem Gottesdienst am Vormittag und nach der Nachmittagsandacht nahmen an dem Festzug etwa 15 000 Katholiken mit 180 Fahnenabordnungen teil. Anschließend traf man sich in drei großen Versammlungen.

Mit diesem Katholikentag begann ein neuer Abschnitt in der Geschichte der Zusammenkünfte der märkischen Katholiken. Die Katholikentage nahmen mehr und mehr den Charakter großer Demonstrationen an. Von Mal zu Mal wuchs die Zahl der Teilnehmer, auf dem letzten Katholikentag 1934 in Hoppegarten wurden 60 000 bis 75 000 Teilnehmer geschätzt. Die zahlreichen katholischen Verbände kamen immer häufiger schon am Vortag der Großveranstaltung zu Beratungen zusammen. Zwischen 1919 und 1934 wurden insgesamt 15 Märkische Katholikentage durchgeführt.

Bei den behandelten Themen wurden die inhaltlichen Schwerpunkte der Märkischen Vereinstage aufgegriffen und aktualisiert. Neu kam hinzu, daß die Versammlungen seit 1920 unter Generalthemen oder Leitgedanken standen, wie „Pflichten der Katholiken in heutiger Zeit", „Sorge um die katholische Schule", „Katholische Presse", „Die sieghafte Kraft der katholischen Religion", „Der Friede Christi im Reiche Christi". Weitere Leitgedanken waren 1925 in Rathenow „Das katholische Deutschland im Lichte des Hl. Jahres" und „St. Canisius", 1926 in

[11] Artikel *18. Märkischer Katholikentag zu Oberschöneweide*, in: *Märkische Volkszeitung*, Nr. 197 vom 25. 8. 1919, und in: *Germania*, Nr. 386 vom 25. 8. 1919.

Tegel „Das Laienapostolat im Lichte des Königtums Christi", 1927 in Brandenburg „Die Liebe Christi drängt", 1928 in Lichtenberg „Die soziale Kraft der katholischen Kirche und die Diaspora".

1929 fand der Katholikentag in Potsdam statt; sein Thema war „Unsere Jugend". Dieser Katholikentag war der erste nach dem Abschluß des Preußen-Konkordates, durch das die Gründung des Bistums Berlin vereinbart worden war, und der letzte, an dem der Nuntius Pacelli, der spätere Papst Pius XII., teilnehmen konnte. Bei der Schlußveranstaltung sprach er ein Segensgebet für das neue Bistum Berlin: „Der Segen Gottes steige herab auf das neugegründete Bistum Berlin, auf alle seine kommenden Bischöfe, seine Priester und auf das ganze gläubige Volk! Der Tau der göttlichen Gnade befruchte auf die Fürbitte der Himmelsmutter die Katholische Arbeit in Berlin, in der Mark und in Pommern, auf daß alle, die dahin kommen, zur Erkenntnis der Wahrheit gelangen und der Liebe Christi und auf daß sie zum ewigen Heil gelangen. Glaube und Liebe, Freude und Friede, Gottinnigkeit und Ehrbarkeit erfüllen unsere katholischen Familien, ein jedes Heim, und sei die heilige Atmosphäre, in der unsere Kinder aufblühen. Das hohe Gut des erwärmenden Glaubens und der Gottesliebe werde vor allem unserer Jugend zuteil. Gott gebe ihr Erzieher und Führer nach seinem Herzen. Er stärke ihren Willen, auf daß sie in Demut und Gehorsam den Weg seiner heiligen Gebote wandeln. Er entflamme sie zu heiliger Glaubensstärke, auf daß sie heranwachse zu einem heiligen Volke Gottes! Ich fasse meine Wünsche für die Katholiken des neuen Bistums Berlin zusammen in den Wunsch des hl. Paulus: ‚Brüder! Freuet Euch! Ermahnet einander zum Guten! Werdet vollkommen! Seid einig und friedfertig! Dann wird der Gott der Liebe und Friede mit Euch sein! Die Gnade des Herrn Jesu Christi, die Liebe Gottes des Vaters und die Gemeinschaft des Heiligen Geistes sei mit Euch allen!' Als Unterpfand dessen spende ich Ihnen allen, Ihren Angehörigen, Eltern, Kindern, Geschwistern, allen Notleidenden auch und den Kranken, die an dieser gewaltigen Glaubenskundgebung nicht haben teilnehmen können, im Namen seiner Heiligkeit, unseres glorreichen Papstes Pius XI. von ganzem Herzen den Apostolischen Segen."[12]

Die letzten Katholikentage der Weimarer Republik, die in Berlin (1930), Stettin (1931) und Frankfurt a. d. Oder (1932) stattfanden,

[12] Zit. nach Artikel *Der erste Katholikentag des neuen Bistums*, in: *Märkische Volkszeitung*, Nr. 229 vom 19. 8. 1929.

standen unter den Themen „Das Kreuz — unser Sieg!", „Tag der Jugend" und „Die katholische Schule", „Aktivismus, aber nicht Radikalismus". Das auf den Katholikentagen jeweils artikulierte Anliegen der katholischen Kirche und der versammelten Gläubigen wurde seit 1920 von der Leitung des Kirchentages in einer Entschließung zusammengefaßt und veröffentlicht. Nicht wenige dieser Entschließungen enthielten eine Aufforderung zum häufigeren Empfang der hl. Kommunion, zur Förderung des katholischen Schulwesens, zur Verbreitung katholischer Presseerzeugnisse, zur Vertiefung des eucharistischen Lebens, zu Exerzitien und Männerapostolat, zur Erneuerung der Familie aus dem Glauben, zur Förderung des katholischen Vereinslebens, zur Treue zu Kirche, Papst und Bischof sowie zum Schutz des Priesterstandes.

Für die Gestaltung der Katholikentage wurde seit 1930 absichtlich die Form einer Großveranstaltung gewählt. Im Grunewalder Stadion nahmen zum Beispiel 34 Kirchenchöre mit 15 000 Sängern, ein Kinderchor mit 2000 Kindern und ein Bewegungschor mit 2500 Kindern teil.

Bereits 1928, nach dem 26. Märkischen Katholikentag in Lichtenberg, kam es zu einem Wechsel in der Leitung der Katholikentage, die Verantwortung für die Vorbereitung und Durchführung der Veranstaltungen ging vom Zentralkomitee der katholischen Vereine auf die Katholische Aktion über. Die Katholische Aktion, die in der Folgezeit als Spitzenorganisation der Berliner Katholiken fungieren sollte, wurde seit Ende 1928 von Erich Klausener geleitet.[13]

III

Die letzten Märkischen Katholikentage zu Beginn des Nationalsozialismus

In der Zeit des NS-Regimes konnten noch zwei Katholikentage durchgeführt werden. Sie waren geprägt von der Auseinandersetzung mit der NS-Ideologie und den antikirchlichen Maßnahmen der damali-

[13] Bis dahin hatten der Delegaturrat Rennoch den Vorsitz und der Direktor des Jugendamtes, Puchowski, die Geschäftsführung inne. Vgl. Artikel *In memoriam Dr. Erich Klausener,* in: *Katholisches Kirchenblatt für das Bistum Berlin,* Nr. 28 vom 15. 7. 1934, S. 6. Anlaß für die organisatorische Änderung war ein Apostolisches Schreiben von Papst Pius XI. Vgl. *Wesen und Arbeitsweise der Katholischen Aktion. Apostolisches Schreiben Papst Pius XI. vom 13. November 1928,* in: *Kirchliches Amtsblatt des Fürstbischöflichen Ordinariats in Breslau,* Nr. 19 vom 4. 12. 1928, S. 127 ff.

gen Regierung. Der 31. Märkische Katholikentag fand am 25. Juni 1933 im Grunewaldstadion und der 32. Märkische Katholikentag am 24. Juni 1934 in Hoppegarten statt. Unmittelbar nach der Machtergreifung war der Haß Hitlers gegen die Kirche sichtbar geworden. Schon am 10. März 1933 appellierte Kardinal Bertram an Reichspräsident Hindenburg in einem Schreiben: „Die sich überstürzenden Ereignisse der letzten Tage wecken die Befürchtung in den weitesten Kreisen, einerlei welchem religiösen Bekenntnis sie angehören, daß in ihrer Auswirkung die Sicherheit von Recht und Gerechtigkeit und von gesetzlich verbürgter Freiheit der dem Volkswohl treu dienenden Organisationen im Volksbewußtsein stark erschüttert werde. An uns als Bischöfe tritt insbesondere mit wuchtigem Ernste die Frage heran, ob die zur Macht gelangte Bewegung vor dem Heiligtum der Kirche und vor der Stellung der Kirche im öffentlichen Leben Halt machen werde."[14] Am 31. Mai 1933 faßte die Fuldaer Bischofskonferenz einen Beschluß zur Frage der katholischen Jugendorganisationen. Darin heißt es: „Eine Staatsauffassung, nach der die gesamte Jugend ausschließlich vom Staat erfaßt und erzogen werden soll, innerhalb und außerhalb der Schule, in interkonfessioneller Gemeinschaft und eigener weltanschaulicher Prägung, lehnt die Kirche als mit der kirchlichen Lehre unvereinbar ab ... Die Kirche verlangt vielmehr als Glaubensgemeinschaft, um ihrer Sendung willen, volles Gemeinschaftsrecht für die kirchliche Jugendorganisation."[15]

Solche Befürchtungen und bereits erfolgte Übergriffe auf Leben und Freiheit der Kirche und ihrer Organisationen bildeten den Hintergrund für den 31. Märkischen Katholikentag. Man hatte nur eine zentrale Feier geplant, in deren Mittelpunkt die Feier der Eucharistie stand. Das *Katholische Kirchenblatt* berichtete zuvor über Sinn und Bedeutung dieses Märkischen Katholikentages: „Wir feiern unseren Katholikentag diesmal im Heiligen Jahr. Dieser Umstand gibt unserer Veranstaltung die besondere charakteristische Note: Gedächtnis an den Erlösertod Christi ... Im Mittelpunkt steht demnach das Gedächtnis an die größte Tat der erbarmenden Gottesliebe für die Menschheit ... Die uns umgebenden Entwicklungen sind ein äußerer Anstoß zu dieser Besinnung und Erneuerung. Wir bauen ein neues

[14] Zit. nach Walter Adolph, *Die katholische Kirche im Deutschland Adolf Hitlers*, Berlin 1974, S. 24.

[15] Zit. nach *Katholisches Kirchenblatt für das Bistum Berlin*, Nr. 28 (1933), S. 11.

Reich. Es soll, was an uns liegt, ein christliches Reich sein ... Es gibt in keinem anderen das Heil als in Christus!"[16] Den Gottesdienst im Stadion feierte der Generalvikar Dr. Steinmann. Bischof Schreiber konnte an diesem Katholikentag nicht teilnehmen; er hielt jedoch vom Krankenbett aus eine Rede, die der Versammlung über Telefon und Lautsprecher übermittelt wurde. Nuntius Orsenigo sprach am Schluß der Veranstaltung ein Grußwort und spendete den Apostolischen Segen. Erich Klausener, der Vorsitzende der Katholischen Aktion, hatte in seinem Redebeitrag über das „Bekenntnis zu Kirche und Volk" unter anderem ausgeführt: „Wenn wir den diesjährigen Katholikentag unter den religiösen Gedanken und die Feier der hl. Eucharistie gestellt haben, so deshalb, weil alle Wiederaufbauarbeit unseres Volkes ausgehen muß von seiner sittlichen Erneuerung, und weil wir Katholiken glauben, aus unserem Glaubensgut die größten Kraftquellen für diese Arbeit herleiten zu können ... (Wir empfinden) tiefen Schmerz, daß katholische und evangelische Arbeitervereine aufgelöst wurden ..."[17] Die Konfrontation zwischen Staat und Kirche war überdeutlich geworden!

Zum 32. Märkischen Katholikentag trafen sich am 24. Juni 1934 zwischen 60 000 und 75 000 Katholiken auf der Rennbahn Hoppegarten. Das Geleitwort war in diesem Jahr „Herz Jesu König und Mittelpunkt aller Herzen". Das Katholikentagsabzeichen zeigte das Kreuz, die Dornenkrone und das durchstoßene Herz Jesu, ein Symbol für die Situation der Kirche: Kirche in der Passion! — Am Vormittag wurde von Bischof Bares ein Pontifikalamt gefeiert. In einem Hirtenwort erinnerte der Bischof daran, daß bereits sein Vorgänger, Bischof Schreiber, die Weihe des Bistums Berlin an das Heiligste Herz Jesu vollziehen wollte. Nun mache er dessen Anliegen zu seinem eigenen: „Diese ernste Erwägung leitete meinen in Gott ruhenden Vorgänger, sich nach einer festen Schutzwehr umzusehen, hinter der er seine Herde bergen könnte, wenn der lang verhaltene Sturm losbricht, wenn die Gerichte Gottes an den abtrünnigen Völkern sich vollziehen, wenn Satan Gewalt erhält, die Menschen zu sieben, wie man Weizen siebt."[18] Nach dem

[16] Christian Schreiber, *Sinn und Bedeutung unseres Katholikentages 1933*, in: *Katholisches Kirchenblatt für das Bistum Berlin*, Nr. 26 vom 25. 6. 1933.

[17] Zit. nach *Katholisches Kirchenblatt für das Bistum Berlin*, Nr. 26 vom 25. 6. 1933, S. 7, und *Märkische Volkszeitung*, Nr. 173 (1933).

[18] Artikel *Hirtenbrief unseres Bischofs zur Weihe des Bistums an das heiligste Herz Jesu*, in: *Katholisches Kirchenblatt für das Bistum Berlin*, Nr. 25 (1934), S. 5.

Pontifikalamt wurde die Weihe des Bistums Berlin an das Heiligste Herz Jesu in einer Feierstunde vollzogen. Das Schlußwort sprach Emil Dovifat. Auch seine Ansprache ließ die Not jener Zeit durchscheinen. Die *Märkische Volkszeitung* referierte: „Viele Tausende hätten heute im stillen Gebet des Bischofs gedacht, daß Gott ihm in den kommenden Entscheidungen den Weg zeige, der einen inneren Ausgleich und ein einträchtiges Zusammenwirken schaffe zwischen der politischen Willensmacht des neuen Staates und den ewigen, dem deutschen Katholiken unerläßlichen, aber auch dem deutschen Volke dienstbaren Kräften seines Glaubens und Seins."[19] Aus der Begeisterung der Stunde heraus sprach schließlich noch Erich Klausener ein Dankeswort an Bischof, Gäste und alle Katholiken. Es war seine letzte Rede! Wenige Tage später wurde er in seinem Dienstzimmer auf Befehl Heydrichs erschossen. Sein Tod wurde als Selbstmord ausgegeben.

In einem Bericht der *Märkischen Volkszeitung* wurde die Atmosphäre dieses letzten Märkischen Katholikentages beschrieben: „Es will uns als symbolhaft zu deutendes Zeichen scheinen, daß diesmal über den 45 000, die im mächtigen Oval unter den flatternden Bannern der Kirche und des Reiches saßen, nicht die Sonne in der vollen Pracht des Sommers herabschien, sondern daß über ihren Häuptern ununterbrochen eine niedrige Wand dunkler, manchmal gefahrdrohender tiefschwarzer Wolken hing. Das ist ein Bild der Zeit. Selten drückte die Sorge so sehr wie heute."[20]

IV

Die Bedeutung der Märkischen Katholikentage für den Berliner Katholizismus

Die über einen Zeitraum von fast fünfzig Jahren durchgeführten Märkischen Vereins- beziehungsweise Katholikentage sind ein Beweis für den großen Wunsch und Willen der Gläubigen im Berliner Raum, sich zu größerer Gemeinschaft zusammenzufinden und diese auch in der Öffentlichkeit darzustellen. Sie waren ein Mittel, Ausgrenzungen zu begegnen, die katholische Christen als konfessionelle Minderheit in den vorangegangenen Jahrzehnten immer wieder zu spüren bekommen hatten. Den Teilnehmern schenkten sie das Erlebnis der Bereicherung

[19] Artikel *Das Schlußwort Prof. Dr. Dovifats,* in: *Märkische Volkszeitung,* Nr. 173 vom 25. Juni 1934.

[20] *Ebda.*

und Befreiung in einer größeren Gemeinschaft, eine Stärkung ihres Glaubens und den Mut, diesen Glauben noch entschiedener zu bekennen. Die Märkischen Katholikentage boten außerdem der Berliner Kirche die Gelegenheit, öffentlich zu Tages- und Zeitfragen aus der Sicht des Glaubens Stellung zu nehmen und mehr Gerechtigkeit, Freiheit und Gleichberechtigung zu fordern. Schließlich dokumentierten die Katholikenversammlungen die Einheit des Kirchenvolkes mit den kirchlichen Führern. Eine immer größer werdende Zahl von Gläubigen nahm die Mühen und Strapazen der oft langen Anreise auf sich, um an den Versammlungen teilnehmen zu können. „Ein solcher Katholikentag ist mehr wert als eine große Volksmission in der Kirche!",[21] urteilte ein Bischof nach dem Katholikentag in Berlin-Wilmersdorf. Sicher ist, daß die Berliner Vereinstage, die Märkischen Vereins- beziehungsweise Katholikentage ein bedeutender, prägender und segensreicher Faktor waren für den Berliner und märkischen Katholizismus. Sie haben mitgeholfen, dem Berliner Katholizismus mehr Selbstbewußtsein und Stärkung der Glaubenskraft zu verleihen.

[21] Zit. nach Artikel *Nachklänge zum Märkischen Katholikentag. Die Antwort des Hl. Vaters und der Bischöfe,* in: *Märkische Volkszeitung,* Nr. 213 (1924).

Milde Stiftungen und Sozialstaat

HANS ADOLF OELKER
Berlin

Der Titel dieses Beitrages enthält Begriffe, die zueinander in spannungsreicher Beziehung stehen. Dieser Spannung will ich in Form von Problemskizzen nachgehen. Ich tue dies als Vorsteher des Evangelischen Johannesstiftes. Dies ist eine milde Stiftung, die seit dem Jahre 1858 in Berlin besteht und zur Zeit als solche im Sozialstaat und mit dem Sozialstaat lebt.

I

Ich beginne mit Onkel Bräsig. Fritz Reuter hat ihm in seinem Roman *Ut mine Stromtid* folgendes Diktum in den Mund gelegt: „Die Armut kommt von der Poverteh." Dieser Satz ist viel belächelt worden. Und dennoch trifft er punktgenau die Hoffnungslosigkeit der sozialen Situation weiter Schichten unseres Volkes in der Mitte des 19. Jahrhunderts. Heinrich Heine formuliert die gleiche Situation auf seine Weise. Er schreibt über die neubürgerliche Gesellschaft, daß sie, wie die altadelige vor 1789, im Korridor schon die marmornen Tritte der neuen Götter höre, welche ohne anzuklopfen in den Festsaal eintreten werden und die Tische umstürzen. Es spricht für den regierenden preußischen König, daß er mit Kabinettsordre vom 13. November 1843 seine Oberpräsidenten aufforderte, „sich der verwahrlosten und der nötigen Aufsicht entbehrenden Kinder ... und der in Not geratenen Armen anzunehmen und Vereinsbildungen anzuregen zur Minderung oder zur Abwehr des Pauperismus oder der Abwehr ... des sittlichen und sozialen Verderbens".[1]

[1] Zit. nach Werner Conze, *Vom Pöbel zum Proletariat*, in: *Vierteljahrschrift für Sozial- und Wirtschaftsgeschichte*, Bd. 41 (1954), S. 333—364.

Die Stichworte „Stiftung" und „Sozialstaat" führen uns in eine der dunkelsten Epochen der deutschen und der Berliner Geschichte. Man erinnert sich ihrer nicht gern, wie es zum Beispiel die spröde und, höflich gesagt, zurückhaltende Berichterstattung über dieses Thema in der Jubiläumsausstellung „Berlin — Berlin" sinnfällig zeigte. Deshalb gerade beginne ich meinen kurzen Rapport mit einem Ausspruch von Johann Hinrich Wichern, dem Gründer des Evangelischen Johannesstiftes: „Hier in Berlin muß man gottlos werden — ob man will oder nicht."[2] Wichern kannte viele Großstädte. Berlin muß wohl eine der schlimmsten gewesen sein. Ein fernes Echo dieses unermeßlichen Elends findet man in den Zeichnungen Zilles und in den Bildwerken von Käthe Kollwitz. Es spiegelt sich in den Gedichten Gottfried Benns aus seiner expressionistischen Phase. Es hallt nach in den erbitterten Worten von Engels und Marx. Aber auch sie, wenn sie schreiben, der Klassenantagonismus schließe eine friedliche Lösung aus, lassen das individuelle Elend nur ahnen.

Bei der Bewältigung des Elends kam den milden Stiftungen der Kirchen eine wichtige Rolle zu. Aber auch die in der Berliner kommunalen Armenpflege tätigen Männer und Frauen arbeiteten in der damals schier ausweglosen Situation mit einem bewundernswerten Einsatz. Ich möchte die Gelegenheit nutzen, den Mitarbeitern der kommunalen Armenverwaltung von Berlin ein Denkmal zu errichten. Viel geschmäht, mit unzureichenden Mitteln ausgestattet, zwischen Erbarmen und Verbitterung, zwischen Hoffnung und Verzweiflung haben sie unter den Elenden gewirkt. Heilen konnten sie nicht — oft noch nicht einmal lindern. Dank empfingen sie nie — von wem auch? Ihre Namen sind vergessen. Die Statistiken von damals sind verstaubt. Der Geruch der Armut, wie er damals über unserer Stadt lag, hat sich verzogen. Wir haben ein dichtes soziales Netz gespannt. Die Schrecken sind vergessen, mit denen vor hundert Jahren sehr viele Bewohner dieser Stadt leben mußten. Deshalb dieser Salut an die Väter. Er ist ein dankbarer Gruß an die Menschen, aus deren Leidenschaft und Mut unsere soziale Sicherheit herausgewachsen ist.

Wenn sich auch die Bedingungen geändert haben, so sind die Schwierigkeiten sozialer Arbeit die gleichen geblieben. Immer wieder neu zu beantworten sind die grundlegenden Fragen: Wie können wir rechtzei-

[2] Artikel *Eine Riesengemeinde Berlins,* in: *Fliegende Blätter aus dem Rauhen Hause zu Horn bei Hamburg,* Jg. 1890, S. 216.

tig helfen? Wie können wir gerecht helfen? Wie können wir so helfen, daß die Hilfebedürftigen zur Selbsthilfe befähigt werden? Wie kann die Verantwortlichkeit des Staates so ausgeübt werden, daß sie die Hilfsbereitschaft der Bürger nicht schwächt, sondern deren Hilfefähigkeit verstärkt? Bei der Bewältigung sozialer Not gehören institutionelle Sicherung von Hilfe und Bürgerinitiative unabdingbar zusammen. Sie benötigen einander, damit es den Bürgern gut geht. Damit bei der Verständigung über die Aufgaben sozialer Arbeit die Menschen nicht aus dem Blick geraten, die leiden mußten und leiden müssen, sei ein Gedicht von Alfons Petzold (1882—1923) mit dem Titel *Proletarierkinder* wiedergegeben:

„Dreißig lichthungrige Fenster, eng aneinander gereiht,
aus jedem mit hungriger Stimme, nach Freude die Armut schreit.
An jedem zweiten und dritten Fenster ein blasses Kindergesicht.
Und jedes hat in den Augen eine klagende Stimme, die spricht:
Wir sollen die hoffnungsvollen Blüten der Menschheit sein.
Wir sollen schließen die Kraft und die Schönheit der Zukunft ein.
Doch unsere Väter hungern am Werktisch und an der Bank.
Die Brüste unserer Mütter sind schlaff und krank.
Luft suchen unsere Lungen, die Hand frisches Brot.
Was wir als Erbe bekommen ist Siechtum und früher Tod.
Und hinter unserer Gasse ist die Welt so reich und weit.
Dreißig lichthungrige Fenster, eng aneinander gereiht,
aus jedem mit grausiger Stimme die Schande der Großstadt schreit.“[3]

Darum gehört zu dem Salut, den ich den Vätern der Berliner Armenpflege entboten habe, auch ein Kranz frischer Blumen für die Opfer des Elends.

II

Sozialstaat und Stiftungen, so unterschiedlich sie zu sein scheinen, sind in einer Reihe von Prinzipien einander sehr ähnlich. Beide garantieren die Bestimmung von Zuwendungen. Beide achten darauf, daß die Gewährung von Zuwendungen von der Willkür einzelner unabhängig bleibt. Sowohl die Stiftung wie der Sozialstaat werden von einer zeit-, raum-, stände- und rangübergreifenden Institution geschützt. Beide

[3] Alfons Petzold, *Proletarierkinder,* in: Wolfgang Rothe (Hrsg.), *Großstadt-Lyrik,* Stuttgart 1973, S. 69.

sichern das Recht derer, denen diese Zuwendungen nützen sollen. So garantiert die milde Stiftung, eine Einrichtung, die schon im vorchristlichen Altertum bekannt war, in allen ihren rechtlichen Formen, daß der Wille eines Individuums nach seinem Tod und gegen die Zugriffe der Nachfahren und der öffentlichen Hand geschützt wird. Im Sozialstaat wird die Behebung von Not und die Erfüllung von Grundbedürfnissen durch den sogenannten Generationenvertrag sichergestellt. Das Gemeinwesen bürgt für diesen Generationenvertrag, über seine Einhaltung wachen Institutionen unterschiedlichster Art.

Neben dieser strukturellen Verwandtschaft der milden Stiftungen mit dem Sozialstaat gibt es grundsätzliche Differenzen: Der Sozialstaat sichert die Ansprüche der Hilfeberechtigten. Die Stiftungen ermöglichen den Hilfswilligen dauerhafte Setzungen. Der Sozialstaat sorgt dafür, daß niemand übersehen wird, der Hilfe braucht. Das Stiftungsrecht erinnert freiheitliche und verantwortungsfähige Bürger an die Solidarität aller Bürger und ermöglicht verbindliches und schnelles Reagieren auf Notlagen. Im Sozialstaat geht es um die Minderung von Hilfsbedürftigkeit bei möglichst vielen Menschen. Im Stiftungswesen geht es um die Bewahrung des Hilfswillens einzelner.

Wie immer man dazu steht: Das Bemühen um eine Balance zwischen individueller Not und allgemeiner Solidarität hat in der Bundesrepublik Deutschland bewundernswerte Leistungen bei der Minimierung von Elend erbracht. Der Sozialstaat weist in die Zukunft. Milde Stiftungen und wohltätige Vereine haben in diesem System einen ehrbaren, aber nachgeordneten Platz.

Die heutige Gestalt unseres sozialen Netzes ist nicht das Ergebnis eines planvollen Aufbaus. Der Stand der sozialen Versorgung, wie wir ihn heute haben, hat sich als Reaktion auf die sozialen Mißstände und die Lücken entwickelt, die in den verschiedenen gesellschaftlichen Systemen zutage traten. Dies ging zunächst sehr langsam vor sich. Seit hundert Jahren etwa beschleunigte sich die Entwicklung nicht nur, weil sich mit der Zunahme der Bevölkerung auch die Notsituationen vermehrt haben, sondern auch, weil sich durch staatliche Hilfsmaßnahmen neue, vorher unbekannte Notlagen ergeben haben. Diese durch hilfreiche Eingriffe erst geschaffene Not ist das eigentliche Problem des Sozialstaates.

Soziale Not, wo immer sie auftritt, ist in der Regel die Folge von Veränderungen im Sozialgefüge, deren Ursachen in der Veränderung von religiösen und ökonomischen Grundüberzeugungen zu suchen sind. In den letzten Jahrhunderten ist der einzelne mit seinem Recht in den Vordergrund gerückt. Zurückgedrängt wurde die Erfahrung, daß keiner ohne den anderen leben kann, daß wir alle nur Bruchstücke sind und zu unserer eigenen Vollendung des andern bedürfen. Die Veränderung sozialer Grundregelungen machte die bis dahin bestehenden karitativen Maßnahmen der Gemeinden und Kirchen wirkungslos. Spätestens in der ersten Hälfte des 19. Jahrhunderts war nicht mehr zu übersehen, daß diese Maßnahmen aus dem Glauben nicht mehr wirksam waren. Das Elend nahm zu, eine Situation entstand, die die Obrigkeit zum Handeln verpflichtete. Sie hat viel zu spät und nicht grundsätzlich genug eingegriffen. Dennoch haben diese frühen staatlichen Maßnahmen eine besondere Qualität: Zum ersten Male wird auf eine übergreifende und systemverändernde Weise geregelt und durchgesetzt, festgelegt und garantiert, was bislang dem Bereich der gegenseitigen Hilfeleistung angehört hatte und durch „Bürgerinitiative" geregelt worden war. Die uns geläufige Qualität des modernen Staates begann sich zu entwickeln, als er anfing, sich als Träger und Garant eines sozialen Netzes zu verstehen, als er Aufgaben übernahm, die bislang in der Hand der Bürger gelegen hatten und die von diesen nicht mehr erkannt und wahrgenommen wurden. Der fürsorgliche und der totale Staat stehen in einer seltsamen Affinität zueinander, wie denn auch die Freiheit des Bürgers und das Risiko des Lebens zusammengehören. Aber immer wird es Menschen und Menschengruppen geben, die des einen mehr als des anderen bedürftig sind.

Bei dieser Veränderung von Selbstbewußtsein und Aufgabenbestimmung bediente sich der Staat wohl vorhandener kirchlicher Einrichtungen. Deren Wohltätigkeit war jedoch stets auf den bürgerlichen Nahbereich, also auf die konkrete Not der einzelnen Menschen gerichtet, nicht auf gesamtgesellschaftliche Verpflichtungen. So mußten die hergebrachten Formen kirchlicher Liebestätigkeit nicht nur modifiziert, sondern ergänzt, verändert und zum Teil ersetzt werden durch ein soziales Netz, das sich auf übergreifende gesamtgesellschaftliche Realitäten bezog und dem sich der bürgerliche Nahbereich unterzuordnen hatte. So trat gegen Ende des letzten Jahrhunderts eine neue Sozialordnung zutage, an deren Vervollkommnung in der Weimarer Republik und in der Bundesrepublik weitergearbeitet wurde. Inzwischen hat die Sozialordnung der Bundesrepublik eine in Europa und in der westlichen Welt sonst nicht gekannte Qualität erreicht. Für alle Bürger gibt es ein installiertes Netz sozialer Maßnahmen, das sich an den gesamtgesellschaftlichen Zusammenhängen orientiert, das sich aber immer weniger an der konkreten Not der bedürftigen Menschen auszurichten vermag. Diese Entwicklung verläuft in der Regel nicht nach den Wünschen der kirchlichen Liebestätigkeit, jedoch niemals ohne deren Mitwirkung. Die karitativen Institutionen der Christenheit werden zwar auf dem Wege der Subsidiarität gesichert, doch über die Kontrolle des sachgemäßen Einsatzes der zugewendeten Mittel werden sie zugleich reglementiert und oft in ihrer Wirkung eingeschränkt.

Es liegt mir fern, der öffentlichen Hand die Schuld für diese Entwicklung zuzuschreiben. Sie mußte ja tätig werden, als die Christenheit ihre grundständigen Aufgaben vernachlässigte. Dies hat Wichern bereits 1856 in seiner Denkschrift über *Die Diakonie und den Diakonat* erkannt. Der preußische König und der preußische Oberkirchenrat lehnten das Gutachten damals ab. Unserer Kirche steht es bis auf diesen Tag noch bevor, die Feststellungen Wicherns als Realität und Aufgabe anzuerkennen. Wichern schreibt: „Die in unseren Tagen oft wiederholte Anklage gegen den Staat, daß er der Kirche die Liebespflege entzogen, ist eine sehr ungerechte. Die Ankläger beweisen damit lediglich ihre Unkenntnis auf diesem Gebiete. Denn als jene Synode zu Tours (567) und die Gesetzgebung in England unter Eduard dem VI. endlich den Anfang machten, die Pflege der wachsenden Armenwelt dem geordneten Staatswesen zu übergeben, geschah es nicht ohne vieles Zögern. Der Staat hatte die lebhaftesten Anstrengungen, um die Kirche mit Bitten und Strafen zur Erfüllung ihrer Pflicht gegen die Armen zu nötigen, vorangehen lassen; allein diese Bemühungen waren stets vergebens gewesen. Die Kirche war ohnmächtig geworden, weil sie das Wort Gottes nicht bewahrt. Läßt sie Christum, so verläßt sie auch die Armen. Sollten die Armen nicht umkommen, so mußte die Obrigkeit sich ihrer annehmen. Wie in England und Frankreich so in Deutschland. Es ist ein tragisches Schauspiel, wenn gleichmäßig die sonst so streitbaren Kirchen Deutschlands sowohl die römische als auch die evangelische — die sich in dieser Beziehung beide nichts vorzuwerfen haben — unter dem Andrang ihrer Armen aller Art die Waffen strecken und sich bald macht- und wehrlos gefangen geben. Auf ihrem Ruin ergreift dann das bürgerliche Gemeinwesen allein die Zügel, um in dem wilden Haufen gottloser Armut und maßlosen Elends Ordnung zu schaffen und Hunger, Blöße und Verbrechen zu bändigen. Der alte, keineswegs beendete Kampf der Polizei gegen Bettler und lose Leute, gegen Verbrechen und Laster aller Art, die zur Armut führen oder in der Armut wuchern, schließt vorläufig ab. Aber freilich nur mit der sogenannten Regulierung des Armenwesens, an dessen Spitze nun Magistratur und Polizeigewalt treten. Die Kirche ist aber nicht beteiligt. Sie war bereits erstorben, das Wort vom Kreuz war dahin. Die Kirche wird von da an unter den Armen, und die Armen werden in der Kirche vergessen."[4]

Einige Seiten vorher heißt es: „Christi Erscheinung ist die volle Offenbarung der Diakonie ... aber noch mehr! Er ist nicht bloß das Subjekt der Diakonie. Seine Liebe erfüllt sich, indem er sich zugleich als Objekt derselben ergibt."[5]

Wieder einige Seiten zuvor liest man: „Die Diakonie ist die den Armen zugewendete Liebespflege. In der vor- und mitchristlich-heidnischen Welt gibt es und gab es keine Diakonie. Sie ist die Signatur der Christenheit. Dem Wesen nach ist sie immer nur eine, wie die offenbarte Liebe Gottes selbst, aus der sie stammt. Der Erscheinung nach ist sie aber prismatisch gebrochen. Ihre Aufgaben sind vom einfachsten ausgehend, in die reichste Mannigfaltigkeit auseinander gegangen. Die ursprünglichste Form, in der sie der Christenheit erscheint, ist insofern Norm, als sie das Prinzip enthält. Diese Form gestaltet sich aber im Laufe der Geschichte und unter den von ihr gegebenen Bedingungen in verschiedene Hauptformen aus, in denen die Urform erhalten oder wo dieselbe zurückgetreten oder abgeschwächt ist, doch immer wieder hergestellt werden kann."[6] Wichern spricht von der Familia Dei. Er fährt fort: „Diesen Hauptformen nach ist jetzt eine dreifache Diakonie zu unterscheiden: eine freie, eine kirchliche und eine bürgerliche. Diese drei sind so verschieden und insoweit prinzipiell gesondert auseinanderzuhalten, als die entsprechenden Gebiete des bürgerlichen, des kirchlichen und des freien gesellschaftlichen Lebens selbst. Die Nichtunterscheidung dieser drei Seiten der Diakonie ist die Quelle großer und unheilsamer Verwirrung geworden; ihre Vermischung untereinander, das Versäumnis oder die Erhebung der einen zugunsten der anderen, richtet zuletzt auch die begünstigte zugrunde. So ruinierte im Mittelalter die kirchliche Armenpflege, die mit der Kirche unfähig geworden war, sich richtig gegen den Staat zu stellen, die bürgerliche schon gleich nach deren Beginn und schuf sich selbst dasjenige Ende, das zur Zeit der Reformation vor aller Augen lag; aber ebenso ruinierte nach der Reformation die bürgerliche Armenpflege

[4] Johann Hinrich Wichern, *Die Diakonie und der Diakonat*, in: ders., *Sämtliche Werke*, hrsg. von Peter Meinhold, Bd. 3,1, Berlin 1968, S. 137.

[5] *A. a.* O., S. 132.

[6] *A. a.* O., S. 130.

wiederum die Anfänge der neubeabsichtigten kirchlichen, als diese mit der Kirche die Kraft des göttlichen Wortes verlor. Jetzt ist wieder die bürgerliche in die gefährlichste Krisis geraten und um ihr Vertrauen gekommen. In diesen schwankenden Bewegungen erzeugen sich nicht nur Gefahren für die Armen und deren Wohl, sondern zugleich Gefahren für das ganze Volksleben. Wenn zum Beispiel die bürgerliche Armenpflege das ganze Gebiet der Diakonie an sich zieht, so wird der Staat prinzipiell zum sozialistischen System gedrängt; von dem Wesen der Diakonie bleibt dann zuletzt nur noch der Schein; sie wird bloße Philanthropie oder Administration, sie wird karikiert, und das Volk wird im innersten Gewissen ruiniert. Als Aufgabe erscheint uns deswegen die richtige Teilung der diakonischen Arbeit und die organische Verknüpfung der verschiedenen Teile in den untersten und obersten Regionen."[7]

III

Nach der Aussage Wicherns bedingen das Aufblühen des Sozialstaates und das Versagen der Diakonie einander. Beide sind aneinander gekettet. Sie wirken auf die jeweiligen Gestaltungsformen gegenseitig ein. Darum wird im folgenden den Wirkungsmöglichkeiten des kirchlichen Sozialwesens am Beispiel der milden Stiftungen nachgegangen.

Milde Stiftungen sind Petrefakte der Rechtsgeschichte, sie waren dies bereits in der Mitte des vorigen Jahrhunderts. Mit Beginn der Reformation hatten sie ihre große Zeit hinter sich: Eine Religionsgemeinschaft, die die „Heiligen" nicht mehr als dauerhafte Rechtspersonen akzeptiert, wie soll sie im Namen von „Heiligen" Stiftungen begründen können? Allerdings gingen die wichtigsten Fürsten der Reformation mit den karitativen milden Stiftungen des Mittelalters behutsam um, in den seltensten Fällen haben sie sich daran bereichert.

In der Regel wurden die Mittel der milden Stiftungen für Schule und Bildung eingesetzt. So gehört der Kloster- und Studienfonds, den die welfischen Herzöge aus milden Stiftungen des Mittelalters errichtet haben, bis heute zu den Quellen, aus denen die Universität in Göttingen lebt. Vermutlich gibt es für den Wandel vom Mittelalter zur Neuzeit kein besseres Gleichnis als diese Beobachtung: Nicht mehr der Himmel garantiert die Dauer. Jetzt ist der Fürst der Himmel des

[7] *Ebda.*

neuzeitlichen Staates. Er garantiert die Beständigkeit. Damit er dies kann, benötigt er Macht. Damit er die Macht ausüben kann, benötigt er Legitimation. Später ist nicht mehr das Blut der Fürsten die Legitimation, sondern das Votum der Bürger oder das Recht der Revolution. Das Hauptproblem jedes modernen Staatswesens ist seine Legitimation. Von dieser hängt dann auch die Legitimität der milden Stiftung ab.

Was wir heute „Milde Stiftungen" nennen, hieß im 19. Jahrhundert Wohltätigkeitsanstalten beziehungsweise wohltätige Einrichtungen.[8] Im Jahre 1842 zählte man in Berlin 386 solcher Anstalten. Davon stammten nur 139 aus der Zeit vor der Reformation, 247 waren im frühen 19. Jahrhundert gegründet worden. Die alten Stiftungen lebten aus dem Ertrag von Grund und Boden und von alten Gerechtsamkeiten, die im 19. Jahrhundert hinzugekommenen Stiftungen lebten von den Zinsen, die ein ausgelobtes Kapital abwarf. Die Gewährung der Koalitionsfreiheit durch die Preußische Verfassung von 1850 veränderte und beflügelte das Stiftungswesen in gleicher Weise. Die Zahl der Stiftungen stieg von 495 im Jahre 1886 über 1017 im Jahre 1896, 1362 im Jahre 1904, auf 1727 im Jahre 1910. 1922 hatte das Berliner Stiftungswe-

[8] Grundlegende und weiterführende Literatur zur Geschichte der wohltätigen Einrichtungen in Berlin: Friedrich Gustav Lisco, *Das wohltätige Berlin,* Berlin 1846; Friedrich Lück, *Die zweifache innere und äußere Mission der evangelischen Kirche,* Hamburg 1843; Ernst Hülle, *Der Evangelische Verein für kirchliche Zwecke in Berlin. Festschrift zum 25. Jahresfeste,* Berlin 1873; Archiv für Wohlfahrtspflege (Hrsg.), *Die Wohlfahrtseinrichtungen in der Stadtgemeinde Berlin,* 5. Aufl., Berlin 1921—1922; *Nachweisung der Stiftungen und Legate der Stadtgemeinde Berlin für spezielle Unterrichts- und Armen-Zwecke,* Berlin o. J. (um 1880); Victor Böhmert, *Das Armenwesen in 77 deutschen Städten,* Dresden 1886; *Bericht über die Gemeinde-Verwaltung der Stadt Berlin in den Jahren 1877—1881,* Berlin 1884; *Die innere Mission in Berlin. Übersicht der dem Werke der Inneren Mission dienenden Anstalten und Vereine,* hrsg. vom Berliner Hülfsverein des Centralausschusses für die innere Mission, Berlin 1883; Georg Berthold, *Armenlast und Freizügigkeit unter besonderer Bezugnahme auf die Armenpflege der Stadt Berlin. Eine statistische Untersuchung nach amtlichen Quellen,* Berlin 1881; Benno Fromm, *Die Wohltätigkeitsvereine in Berlin,* Berlin 1894; Adolf Koenning, *Stand der Inneren Mission in Berlin 1898,* Berlin 1899; Hermann Prahn, *Aus der Mappe eines Berliner Armenvorstehers,* Berlin 1910; Friedrich Ulrich, *Die Innere Mission und die evangelische Wohlfahrtspflege in Berlin 1848—1923. Festschrift zum 75jährigen Jahresfest des Evangelischen Vereins,* Berlin 1923; Hans Brennert/Erwin Stein, *Probleme der neuen Stadt Berlin,* Berlin 1926; Walter Wendland, *Die Entwicklung der christlichen Liebestätigkeit in Groß-Berlin vom Mittelalter bis zur Gegenwart,* Berlin-Spandau 1939.

sen mit 2873 Einrichtungen seinen Höhepunkt erreicht.[9] Die Inflation entzog vielen Stiftungen ihre finanzielle Grundlage, dennoch blieb die Zahl der wohltätigen Einrichtungen in Berlin weiterhin bemerkenswert. — Bei dieser Entwicklung ist zu beobachten, wie die althergebrachte Rechtsform der Stiftung und die bürgerliche Rechtsform des privaten Vereins aufeinander einzuwirken beginnen. Stiftungen sind Setzungen einzelner. Im Verein schließen sich mehrere Menschen zur Erreichung bestimmter Ziele zusammen. Ziele und Zwecke des Vereins werden in einer Satzung vereinbart und festgeschrieben. Ihre Dauer und Beachtung wird mit der Eintragung in ein Register gesichert und durch den Staat überwacht. Im 19. Jahrhundert waren in vielen Fällen wohltätige Zwecke der Anlaß zur Vereinsgründung. Wohltätigkeitsvereine beziehungsweise Wohltätigkeitsanstalten dienten dazu, die Lücken auszufüllen, welche die kommunale Armenfürsorge gelassen hatte.

Das Evangelische Johannesstift entstand in diesem Zusammenhang. Ungewöhnlich ist an dieser Gründung, daß als Rechtsform nicht der Verein, sondern die Stiftung gewählt wurde. Das Evangelische Johannesstift wurde am 25. April 1858 mit einem Kapital von 1000 Talern gegründet, das die Gräfin Bismarck-Bohlen dem Oberkonsistorialrat Wichern geschenkt hatte. Diese Summe, von der die Einrichtung nicht unterhalten werden konnte, war als Initialzündung gedacht, um endlich die Errichtung eines „Brüderhauses" nach Hamburger Muster im Königreich Preußen zu ermöglichen.[10] Dem jeweiligen Vorsteher fiel die Aufgabe zu, weitere Mittel einzuwerben, um die Realisierung des Anstaltszweckes zu sichern. Noch heute gehört dies zu den vorzüglichen Aufgaben des Vorstehers. Die Stiftung zielte also nicht auf die Ammunitionierung mit Mitteln ab, sondern wollte sicherstellen, daß Zweck und Ziel von Dauer seien. Darum wurde die Zustimmung der Krone nötig, die mit Kabinettsordre erteilt wurde, sowie die Zustimmung des Oberkirchenrates, der 1867 das Johannesstift zur Anstaltsparochie erklärte.

[9] Vgl. *Die Wohlfahrtseinrichtungen Berlins. Ein Auskunftsbuch,* hrsg. von der Auskunftsstelle der Deutschen Gesellschaft für ethische Kultur, Berlin 1896.

[10] Vgl. Wicherns Vortrag zur Begründung des Evangelischen Johannesstiftes, in: Johann Hinrich Wichern, *Sämtliche Werke,* hrsg. von Peter Meinhold, Bd. 4,2, Berlin 1959, S. 251 ff.; dazu auch: Martin Gerhardt, *Johann Hinrich Wichern. Ein Lebensbild,* 3 Bde., Hamburg 1927—1931, hier Bd. 3, S. 273 ff. Diverse Aktenstücke über die Gründungsgeschichte befinden sich im Archiv des Evangelischen Johannesstiftes.

Zur Frage, warum sich Wichern des rechtshistorischen Petrefakts der Stiftung bediente, finden sich in den zeitgenössischen Äußerungen keine Hinweise. Zu vermuten ist, daß nur auf diesem Wege die Einrichtung dieser Anstalt zu erreichen war. Die preußische Regierung war, wie die bereits zitierte Kabinettsordre von 1843 zeigt, dem Vereinswesen nicht abgeneigt. Die kirchliche Obrigkeit jedoch war diesem Vereinswesen nicht zugetan, weil sie befürchtete, daß durch Koalition von Kirchenmitgliedern die Einheit der Lehre gefährdet werde. Mit der Zurückhaltung gegenüber dem Vereinswesen wollten die kirchlichen Behörden der Sektenbildung vorbeugen. So wurden die „Vereine für Innere Mission" von Kirchen, Behörden und orthodoxen Kirchenlehrern auf das schärfste bekämpft. Es hat etwa eine Generation gedauert, bis die Kirchenbehörden das Vereinswesen akzeptierten. Wicherns Position war im preußischen Staate von Anfang an umstritten, und sie ist es bis zu seiner Rückkehr nach Hamburg geblieben. Deshalb war es ein Gebot der Klugheit, für die Neugründung nicht die Form eines Vereins, sondern die Form einer Stiftung zu wählen, zumal es der romantischen Sehnsucht des Königs entsprach, alte Rechtsformen wieder aufleben zu lassen. Bereits in den vierziger Jahren hatte der preußische König mit Wichern lange über die Gründung eines „Schwanenordens" verhandelt; Wichern hatte sich der Mitwirkung versagt. Der König erfüllte sich diesen Wunsch später mit der Neugründung des Johanniterordens.

So zeigt sich an der Gründungsgeschichte des Johannesstiftes, daß das Stiftungswesen und der Sozialstaat so unterschiedlich nicht sind. Milde Stiftungen sind im Sozialstaat mehr als rechtshistorische Petrefakte. Sie sind eine besondere Rechtsform, mit der sich die Initiative von einzelnen gegen die lähmende Sicherheit sozialstaatlicher Regelungen behauptet. Indem der Sozialstaat solche Initiativen von Gruppen und von einzelnen stützt, schützt er sich selbst vor der ihn ständig bedrohenden Metamorphose in eine soziale Despotie.

Das St. Hedwig-Krankenhaus in Berlin

ELEONORE LIEDTKE und CHARLOTTE RIEDEN*
Berlin

I

„Es sind kaum einige Jahre verflossen, daß der damalige Propst zu St. Hedwig, der jetzige Domherr zu Münster, Herr Brinkmann, den Gedanken faßte, in Berlin eine Katholische Krankenanstalt unter der Leitung des Ordens der barmherzigen Schwestern zu gründen. Den würdigen Seelenhirten leitete dabei nicht nur das Verlangen, den vielen armen Kranken in ihrer leiblichen Noth zu Hülfe zu eilen, sondern noch weit mehr die traurige Erfahrung, daß die Mehrzahl der hier sterbenden Katholiken ohne den Trost und die Heilsmittel der Kirche, ohne Empfang der heil(igen) Sakramente aus der Welt scheidet. Geschieht es ja im Laufe des ganzen Jahres nur in einzelnen wenigen Fällen, daß der Priester der Katholischen Kirche zu den hiesigen großen Krankenanstalten und insbesondere zur Charité berufen wird, wo bisher die Mehrzahl aller armen Kranken und jährlich mehrere hundert Katholiken verpflegt wurden und folglich auch gewiß viele starben. Um diesem doppelten Uebel abzuhelfen, gab es kein geeigneteres Mittel als die Errichtung einer Katholischen Krankenanstalt unter der Leitung des Ordens der barmherzigen Schwestern."[1] Kein geringerer als der spätere Mainzer „Sozialbischof" Wilhelm Emmanuel Freiherr von Ketteler leitete mit diesen Worten seinen *Hülferuf zur Errichtung eines*

* Eleonore Liedtke stellt die Gründungsgeschichte (Abschnitte I—IV), Charlotte Rieden die weitere Entwicklung des Krankenhauses und seine Bedeutung (Abschnitte V—VII) dar.

[1] Wilhelm Emmanuel Freiherr von Ketteler, *Hülferuf zur Errichtung eines Katholischen Krankenhauses in Berlin,* in: ders., *Sämtliche Werke und Briefe,* Abt. 1, Bd. 1: *Schriften, Aufsätze und Reden 1848—1866,* Mainz 1977, S. 94.

Katholischen Krankenhauses in Berlin ein, den er am 19. März 1850 als Flugschrift an die Nichtkatholiken Berlins sowie an die Katholiken von ganz Deutschland richtete. Mit diesem Aufruf machte Propst Ketteler auf die seelsorglichen Probleme und Notstände in der Armen- und Krankenpflege und auf die besonderen Bedürfnisse der in Berlin lebenden Katholiken weit über die Grenzen Preußens hinaus aufmerksam. Ansehnliche 50 000 Taler brachte dieser Hilferuf für das Projekt eines Erweiterungsbaus des St. Hedwig-Krankenhauses ein. Ende August 1849 hatte Wilhelm Emmanuel von Ketteler sein Amt als Propst von St. Hedwig und als Fürstbischöflicher Delegat für die Mark Brandenburg und Pommern angetreten. Nur eine kurze Spanne Zeit war ihm geschenkt, in der Hauptstadt Preußens zu wirken und auf seinen Reisen durch den Delegaturbezirk die Nöte der Diasporagemeinden kennenzulernen, da ihn bereits nach wenigen Monaten der Ruf auf den Bischofsstuhl von Mainz erreichte, dem er sich nicht verschließen konnte. Hier in Berlin galt sein besonderes Augenmerk den katholischen Schulen sowie dem St. Hedwig-Krankenhaus, für dessen Erweiterung sich Propst Ketteler mit seinem *Hülferuf* tatkräftig und erfolgreich einsetzte.

Gemessen an der Gesamtbevölkerung war die katholische Gemeinde in Berlin recht klein. Um 1846 zählte man etwa 14 000 Katholiken unter rund 400 000 Einwohnern. Schon 1849 war die Zahl der katholischen Berliner auf ca. 20 000 gestiegen. In der Festschrift zum hundertjährigen Bestehen des St. Hedwig-Krankenhauses heißt es: „Daß es unter diesen Umständen schon in den vierziger Jahren des vorigen Jahrhunderts zur Gründung eines katholischen Krankenhauses kam, spricht für den tiefen religiösen Geist und den aufgeschlossenen Sinn der Berliner Katholiken, die in ihren geistig führenden Schichten in lebendiger Beziehung zu den großen und karitativen Zeitströmungen standen.“[2] Das Jahr 1821 bedeutete einen Einschnitt in der Geschichte der katholischen Kirche Berlins. Damals errichtete Papst Pius VII. durch die Bulle *De salute animarum* die Fürstbischöfliche Delegatur für Brandenburg und Pommern und stellte diesen Delegaturbezirk unter die Verwaltung des Propstes zu St. Hedwig in Berlin als Delegaten des Bischofs von Breslau.

Wie Propst Ketteler in seinem *Hülferuf* erwähnte, war es Propst Anton Brinkmann (1796—1856), ein gebürtiger Westfale aus Biller-

[2] *Die Liebe überwindet alles. Hundert Jahre St. Hedwig-Krankenhaus Berlin. Festschrift,* hrsg. vom Kuratorium des Krankenhauses, Berlin 1946, S. 10.

beck, der die Gründung eines katholischen Krankenhauses unter der Leitung von Ordensschwestern anregte. Schon ein Jahr vor seiner Priesterweihe im Jahre 1821 wirkte er als Lehrer in Warendorf. Als er sich 1826/27 studienhalber zum ersten Mal in Berlin aufhielt, konnte er die geistig-geistliche Diasporasituation der hier lebenden Katholiken und ihr Milieu kennenlernen. Von 1829 bis 1831 wirkte er als Geistlicher Schulrat beim Königlichen Provinzialschulkollegium in Koblenz,[3] wo er gewiß schon erste Beziehungen zum dortigen Stadtrat Dietz und den Borromäerinnen angeknüpft hat, die bereits seit der Mitte der zwanziger Jahre bei der Umgestaltung der städtischen Krankenpflege in Koblenz hervorragende Leistungen erbrachten. Als Brinkmann 1836 seinen Vorgänger Nicolaus Fischer als Propst an St. Hedwig und Delegat ablöste, steuerte die katholische Kirche in Preußen infolge des „Kölner Ereignisses" auf eine Krise zu. Seine Berliner Zeit war vor allem durch die Behandlung der Mischehenfrage belastet, so daß das von Propst Fischer geprägte Wort von der „Kreuzeslast des Berliner Propstes"[4] sich gleich zu Anfang an ihm bewahrheitete. Anton Brinkmann „war bekannt durch seine streng kirchliche Gesinnung und vertrat im Mischehenstreit zwischen Staat und Kirche den korrekten kirchlichen Standpunkt mit allem Freimut und schritt ein, wo sich die vom Staat geförderte Unsitte einzubürgern drohte, bei Mischehen eine Doppeltrauung sowohl in der katholischen wie in der evangelischen Kirche vorzunehmen."[5] Brinkmanns seelsorglicher und karitativer Impetus sowie sein Weitblick bildeten das Fundament für die Einrichtung von katholischen Schulen, Krankenhäusern und Missionsstationen in Berlin und im weiteren Delegaturbezirk, so daß man ihm den Ehrennamen „Pionier des katholischen Berlin" gab.[6]

Als im Jahre 1846 das Berliner St. Hedwig-Krankenhaus gegründet wurde, gab es in der preußischen Hauptstadt neben der Kgl. Charité nur noch zwei kleinere Krankenhäuser, nämlich das der jüdischen Gemeinde (gegr. 1703) und das evangelische Elisabeth-Krankenhaus in der

[3] Vgl. *Akte Anton Brinkmann,* Karte 1 und Karte 2, Diözesanarchiv Münster (Westfalen).

[4] Zit. nach Hubert Bengsch, *Bistum Berlin. Kirche zwischen Elbe und Oder mit tausendjähriger Vorgeschichte,* Berlin 1985, S. 79.

[5] *Der Glaube lebt. 50 Jahre Bistum Berlin 1930—1980,* hrsg. vom Bischöflichen Ordinariat Berlin, unter Mitarb. von Peter Beier u. a., Leipzig 1980, S. 24.

[6] *Ebda.*

Potsdamer Straße 31 vom Jahre 1837, eine Schöpfung Johannes Evangelista Goßners. Die Kgl. Charité, auf deren Dienste die Berliner Kranken im wesentlichen angewiesen waren, war Anfang des 18. Jahrhunderts als Pesthaus gegründet und 1726 zum Krankenhaus umgewandelt worden. In diesem staatlichen Krankenhaus wurde auf religiöse Bedürfnisse wenig Rücksicht genommen. Nicht nur in der katholischen Bevölkerung genoß die Krankenpflege an der Charité einen schlechten Ruf. Als Ursache der Mißstände wurde häufig angeführt, daß weltliche, nicht ausgebildete Pflegekräfte ihrem Dienst ohne besonderes Engagement nachkämen. Philipp Hille überliefert, daß der Arzt der Kgl. Charité, Dr. Ernst Horn, im Jahre 1818 in einer „öffentlichen Rechenschaft über seine zwölfjährige Dienstzeit" die Zustände aus seiner Sicht beklagte und mit Recht fragte: „Wo sind die Christusnaturen, die einen Dienst, wobei man sich selbst vergessen und beschwerlichen, zum Theil widerlichen, nicht selten lebensgefährlichen Verrichtungen seine beste Kraft widmen muß, gern übernehmen?"[7] Dazu kommentiert Philipp Hille: „Die Antwort wäre leicht und erfreulich gewesen, wenn man Barmherzige Schwestern gehabt hätte."[8]

Vor der Gründung des St. Hedwig-Krankenhauses gab es nur eine karitative Einrichtung für Arme und Hilfsbedürftige, das katholische Hospital. Propst Brinkmann charakterisiert die karitative Situation dieser Zeit in seinem 1848 erschienenen *Bericht über das katholische Krankenhaus zu Berlin* mit folgenden Worten: „Den ersten Gedanken zur Gründung eines katholischen Krankenhauses in hiesiger Residenz gab das kleine Hospital, welches die St. Hedwig-Pfarrgemeinde dahier in der Gipsstraße Nr. 3 besaß. Dieses Hospital oder richtiger Armenhaus, weil es die Bestimmung hatte, armen und hülfsbedürftigen Leuten Obdach zu geben, war um die Mitte des vorigen Jahrhunderts von einem Geistlichen, dessen Namen die Akten nicht aufbewahrt haben, gestiftet und wurde von Almosen unterhalten... Um das Jahr 1787 befanden sich im Hause 7 arme Frauen, welche nebst Wohnung und Feuerungsbedarf auch ein monatliches Almosen bis zu einem Thaler empfingen, in Erkrankungsfällen aber zur Königlichen Charité gebracht werden mußten. Die Anstalt hatte damals noch keine eigenen

[7] Zit. nach Philipp Hille, *Erinnerungsblätter aus der Geschichte des Katholischen St. Hedwig-Krankenhauses zu Berlin. 1846 — 14. September — 1896. Zur Feier des fünfzigjährigen Bestehens*, Berlin 1896, S. 10.

[8] *Ebda.*

Fonds und wurde aus den bei der St. Hedwig-Kirche angesammelten und asservierten Kirchen- und Armen-Mitteln, wie die kurz zuvor errichtete Schule bei der Kirche, unterhalten."[9] Dank eines 1822 ausgezahlten Vermächtnisses des Grafen Schaffgotsch zugunsten der Schule, des Hospitals und der Armen von St. Hedwig sowie einer von Propst Ambrosius Taube angeregten Kollekte für einen Erweiterungsbau zur Aufnahme eines Männerhospitals und einer neuen Schule wurde die katholische Armenpflege zwar verbessert, für die Kranken war aber immer noch nicht gesorgt.

Maßgeblichen Anteil bei der Verwirklichung des Planes, in Berlin ein katholisches Krankenhaus zu errichten, hatte der aus einem litauisch-polnischen Adelsgeschlecht stammende Fürst Boguslaw Radziwill (1809—1873), der aus dem Geiste christlicher Nächstenliebe das Unterfangen mit Zielstrebigkeit und persönlichem Engagement vorantrieb, so daß Propst Brinkmann ihn „als den eigentlichen Stifter unseres Krankenhauses"[10] bezeichnen konnte. Fürst Friedrich Wilhelm Ludwig Boguslaw Radziwill entstammte der Ehe des Fürsten Anton Heinrich Radziwill mit der Prinzessin Luise von Preußen.[11] Er wurde 1809 in Königsberg geboren, wohin die königliche Familie vor Napoleon geflohen war. Nach seinem Ausscheiden aus dem Militärdienst als Major des 2. Garderegiments zu Fuß in Berlin widmete sich Fürst Boguslaw Radziwill ausschließlich humanitären und karitativen Aufgaben. Lange Jahre war er Mitglied der Berliner Stadtverordnetenversammlung und Dezernent für das Armenwesen. Politisch trat er hervor im Erfurter Parlament, im Preußischen Herrenhause sowie im Posener Provinziallandtage. An den Angelegenheiten der St. Hedwig-Gemeinde nahm er lebhaften Anteil; er war zum Beispiel Mitbegründer und steter Präses des Vinzenzvereins.[12] Von seinen acht Kindern wurden zwei Söhne Ordenspriester,[13] seine älteste Tochter Hedwig wurde Borromäerin,

[9] *Bericht über das katholische Krankenhaus zu Berlin,* Berlin 1848, S. 5. Dieser Bericht, verfaßt von Anton Brinkmann, ist die grundlegende Quelle für die Gründungsgeschichte des St. Hedwig-Krankenhauses.

[10] *A. a.* O., S. 10.

[11] Fürst Anton Heinrich Radziwill errichtete das Berliner Palais Radziwill in der Wilhelmstraße, das 1871 Reichskanzlei wurde. Prinzessin Luise von Preußen war die Schwester des Prinzen Louis Ferdinand von Preußen.

[12] Vgl. Ph. Hille, *Erinnerungsblätter...* (wie Anm. 7), S. 14.

[13] Prinz Ladislaus wurde Jesuit; Prinz Edmund begann als Weltpriester, trat später der Beuroner Kongregation der Benediktiner bei.

wie es sich der fromme Vater gewünscht hatte.[14] Als Schwester Maria Hedwig vom hl. Karl leitete sie 17 Jahre lang die Apotheke der Borromäerinnen in der Potsdamer Niederlassung.

II

Fürst Radziwill setzte sich bereits Anfang „des Jahres 1843 gleichzeitig mit der Direktion des hiesigen Charité-Krankenhauses und dem Stadtrathe Herrn Dietz zu Coblenz, unter dessen umsichtiger Leitung das Hospital daselbst gleichfalls zu einem Krankenhaus erweitert und in dieser Gestaltung zu einer weithin renomirten wahren Musteranstalt erhoben war, in Verbindung".[15] Auf des Fürsten Anfrage an die Direktion der Kgl. Charité, wieviele katholische Patienten in den letzten Jahren dort verpflegt worden waren, erhielt er am 18. Februar 1843 einen Überblick über den Zeitraum von 1838 bis 1842. In dieser Zeit hatten 2129 Katholiken in der Charité gelegen, im Jahresdurchschnitt 425 katholische Patienten, wobei der Anteil der Männer um sechsmal höher lag als der der Frauen.[16] Nach dem Bericht von Propst Brinkmann rechnete man mit durchschnittlich 900 Krankheitsfällen im Jahr unter den Berliner Katholiken, für die größtenteils ein Krankenhausaufenthalt in Frage käme.[17]

Zwischen Fürst Boguslaw und Stadtrat Dietz entspann sich ein ausgedehnter Schriftverkehr über Anlage, Einrichtung und Unterhaltung eines Krankenhauses, wobei Dietz auf seine Koblenzer Erfahrungen zurückgreifen konnte, besonders hinsichtlich der Pflegesituation. Bei seinem Urteil konnte er sich auf die Feststellung eines Protestanten,

[14] Vgl. dazu Wilhelm Hohn, *Barmherzige Schwestern vom heiligen Karl Borromäus 1652—1900,* Trier 1900, S. 401, Brief von Schwester Xaveria an die Generaloberin vom 12. Februar 1847: „Wie sehr ihm [Fürst Radziwill] unser Orden gefällt, geht aus seiner Äußerung hervor, er würde sich für den glücklichsten aller Väter halten, wenn sein Töchterchen Hedwig, die jetzt acht Jahre zählt, eine barmherzige Schwester v. hl. Karl würde."

[15] *Bericht*... (wie Anm. 9), S. 10. Dietz kannte auch die Berliner Verhältnisse. Luise Hensel schrieb in ihrem Brief vom 20. November 1840 aus Berlin an Clemens Brentano: „Herr Dietz, der als Deputierter lange hier war ..."; abgedruckt in: Franz Binder, *Luise Hensel. Ein Lebensbild nach gedruckten und ungedruckten Quellen,* 2., durchges. Aufl., Freiburg i. Breisgau 1904, S. 321.

[16] Vgl. Ph. Hille, *Erinnerungsblätter*... (wie Anm. 7), S. 15.

[17] Vgl. *Bericht*... (wie Anm. 9), S. 10.

des Regierungsmedizinalrats Dr. Ulrich, stützen, die dieser im *Generalberichte des Rheinischen Medicinal-Collegii für 1826* getroffen hatte: „Die allergrößte und heilsamste Veränderung erfuhr das Bürgerhospital selbst, indem mit dem Anfang des Monats Julius die Krankenpflege und die ganze innere Verwaltung des Hauses sechs Barmherzigen Schwestern vom Orden des hl. Karl Borromäus anvertraut worden ist ... Der Geist der Ordnung und Liebe ist mit ihnen in das Haus eingezogen, und wenn schon auf den ersten Anblick die große Reinlichkeit des Ganzen und die verständige Anordnung des Einzelnen verkündet, daß hier eine neue bessere Zeit begonnen hat, welche im geraden Gegensatz zu der älteren Zeit (im Spital) steht, so wird der aufmerksame Zuschauer ... mit aufrichtiger Bewunderung erfüllt für den Geist, welcher sie (die Barmherzigen Schwestern) zu solchen edlen Werken tüchtig machte (der Geist christlicher Liebe und Barmherzigkeit)."[18] Stadtrat Dietz, der wesentlichen Anteil daran hatte, daß die Borromäerinnen in Deutschland Fuß faßten, empfahl dem Fürsten Radziwill, für das geplante katholische Krankenhaus in Berlin ebenfalls Barmherzige Schwestern zu gewinnen. Die Frage sei nur, „ob man die Schwestern aus einer Genossenschaft in Deutschland oder Frankreich will".[19]

Vor der Beschreibung des weiteren Verlaufs der Gründungsgeschichte des St. Hedwig-Krankenhauses wird im folgenden das „Koblenzer Modell" vorgestellt, mit dem sich ein Neubeginn christlicher Wohl- und Liebestätigkeit verbindet und das den Förderern eines katholischen Krankenhauses in Berlin als Vorbild diente. Dabei wird sich zeigen, daß dieser Neubeginn christlicher Krankenpflege, geboren aus dem Geiste der Romantik, nur durch die engen Verbindungen zwischen führenden Persönlichkeiten des deutschen Katholizismus und durch ihren persönlichen Einsatz zu verwirklichen war. Hier muß auf ein befreundetes Dichterpaar hingewiesen werden, das — wenn auch nur sporadisch — in der ersten Hälfte des 19. Jahrhunderts in der Berliner St. Hedwig-Gemeinde gelebt hatte: Clemens Brentano und Luise Hensel.

Anfang September 1816 traf die evangelische Pfarrerstochter Luise Hensel aus Linum im Havelländischen Luch[20] — von ihrem sommerli-

[18] Zit. nach Ph. Hille, *Erinnerungsblätter* ... (wie Anm. 7), S. 19.

[19] Brief Dietz vom 16. Februar 1843 an Fürst Radziwill, zit. nach *a. a.* O., S. 21.

[20] Ihr Bruder war der Hofmaler Prof. Wilhelm Hensel, verheiratet mit Fanny Mendelssohn-Bartholdy, der Schwester des Komponisten.

chen Landaufenthalt in der Schöneberger Hauptstraße[21] kommend — in dem Hause August von Staegemanns am Rande des Tiergartens bei einer Dichterlesung auf Clemens Brentano. Durch die freundschaftliche Begegnung mit Luise fand Brentano wieder zum katholischen Glauben zurück. Andererseits wurde Luise Hensel durch ihre Freundschaft mit Brentano in die katholische Glaubenslehre eingeführt; durch die zahlreichen Bekannten des Dichters faßte sie in der St. Hedwig-Gemeinde Fuß. Hier konvertierte sie 1818, am Vorabend des Festes der Unbefleckten Empfängnis Mariens, während der Amtszeit von Propst Taube. Wenn Luise Hensel in Berlin zu Besuch bei ihrer kränkelnden Mutter oder im Hause des Bruders[22] war, engagierte sie sich in der Gemeinde auf karitativem Gebiet, unter anderem im St. Hedwig-Frauenverein zur Verpflegung der Waisen.[23] Im Grunde führte sie ein unstetes Leben: Neben ihrem künstlerischen Wirken[24] war sie stets bereit, da einzuspringen, wo ihre Hilfe gesucht wurde, als Gesellschafterin, Lehrerin oder Erzieherin an wechselnden Orten.[25] Lange Jahre trug sie sich mit dem Gedanken, in ein Kloster einzutreten. „Da es den Karmelitessen noch nicht gestattet war, Novizen aufzunehmen, so wandte Luise in der Folge ihre Gedanken dem Berufe der Barmherzigen Schwestern zu, für deren opfermutige Wirksamkeit sie die größte Sympathie empfand."[26] Die Verwirklichung dieses Wunsches, Barmherzige Schwester in Münster zu werden, scheiterte daran, daß sie Mutterpflichten gegenüber ihrem Neffen Rudolf übernehmen mußte. Doch bot sich ihr die Gelegenheit, einmal als „Barmherzige

[21] Dort stand später das 1861 gegründete Maison de Santé.

[22] Wilhelm Hensel wohnte in der Leipziger Straße 3.

[23] Als 1837 vielen Kindern die Eltern durch die Cholera hinweggerafft wurden, gründete die Konvertitin jüdischer Abkunft Marianne Saaling mit zwei Fürstinnen Radziwill, Luise Hensel und anderen Frauen der St. Hedwig-Gemeinde mit Unterstützung von Propst Brinkmann diesen Frauenverein. Die Verfasserin bereitet einen Aufsatz über das Wirken von Marianne Saaling vor.

[24] Luise Hensel hat u. a. das bekannte Abendgebet *Müde bin ich, geh zur Ruh'* gedichtet.

[25] Welche starke Ausstrahlung als Erzieherpersönlichkeit Luise Hensel hatte, zeigt ihr Schülerinnenkreis in Aachen. Drei Schülerinnen wirkten in karitativen Ordensgemeinschaften: Die sel. Franziska Schervier und die sel. Pauline v. Mallinckrodt wurden in den letzten Jahren seliggesprochen. Der Seligsprechungsprozeß für Klara Fey läuft noch.

[26] F. Binder, *Luise Hensel*... (wie Anm. 15), S. 187. Luise Hensel sprach im Sommer 1822 zweimal im Karmeliterinnenkloster in Düsseldorf vor.

Schwester auf Zeit" zu wirken. Auf einer Reise nach Frankfurt in Angelegenheiten der Gräfin Stolberg lernte sie durch die Vermittlung Clemens Brentanos um die Osterzeit 1825 den Koblenzer Stadtrat Hermann Joseph Dietz kennen, dessen Bekanntschaft sie nach Koblenz führte.

III

In Koblenz hatte nach dem Hungerjahr 1817, in dem der Publizist Joseph Görres mit einem Hilfsverein zur Linderung der großen Not Außerordentliches geleistet hatte, ein neuer Anfang christlicher Wohl- und Liebestätigkeit begonnen. Maßgeblich getragen wurde diese karitative Arbeit von dem Fabrikanten und Stadtrat Hermann Joseph Dietz. Dem „Armenvater"[27] Dietz gelang eine Neuorganisation der städtischen Krankenpflege, denn nach der Rückgabe des in der vorangegangenen Kriegszeit als Lazarett benutzten Bürgerhospitals sollte dieses, seiner ursprünglichen Bestimmung gemäß, unter geistliche Leitung gestellt werden; erprobten Krankenpflegerinnen sollte die Krankenpflege übertragen werden. Stadtrat Dietz bemühte sich um Barmherzige Schwestern; im Frühjahr 1825 reiste er nach Frankreich, um von der Niederlassung in Straßburg einige Schwestern zu erbitten. Als seine Anfrage dort auf Schwierigkeiten stieß, wandte sich seine Frau direkt an den Konvent zu Nancy.[28] In ihrem Brief vom 28. Mai 1825 schrieb Therese Doll[29] aus Koblenz an Luise Hensel: „Frau Dietz ist nach Nancy, um dort Barmherzige Schwestern anzuwerben."[30] Die Reise von Frau Dietz war von Erfolg gekrönt: Das Mutterkloster der Barmherzigen Schwestern vom hl. Karl Borromäus schickte im Juni 1826 acht Barmherzige Schwestern für den Krankendienst an das Koblenzer Bürgerhospital. In der Zwischenzeit versahen den schweren und aufreibenden Kranken- und Liebesdienst an den Alten und Kranken die drei Freundinnen Luise Hensel, Apollonia Diepenbrock[31] und Karoline Felgenhauer. Über ihren Einsatz urteilt Clemens Brentano im Frühjahr

[27] *A. a.* O., S. 213.

[28] Vgl. *a. a.* O., S. 198.

[29] Die Schwestern Doll hatten auf Marienberg bei Boppard ein Mädcheninstitut gegründet; vgl. *ebda.*

[30] *A. a.* O., S. 205.

[31] Apollonia Diepenbrock war die Schwester des späteren Kardinals und Fürstbischofs von Breslau, Melchior v. Diepenbrock.

1826 gegenüber seinem Bruder Franz: „Unsere drei Jungfern: Hensel, Diepenbrock und Felgenhauer haben nun ein halbes Jahr die Kranken im Hospital mit großer Liebe und Frömmigkeit, und selbst viele in der Stadt mit Pflege der beschwerlichsten Nachtwachen, bedient, ja selbst die Toten aus den Sälen getragen, mit den Sterbenden gebetet und viele verkehrte und verlorene Personen durch Liebe und Gebet zur Bekehrung auf dem Krankenlager gebracht. Ihr Beispiel erweckte andere Jungfrauen der Stadt, deren mehrere bereits die Werke der Liebe und Almosenpflege zu großer Erbauung üben."[32]

Clemens Brentano, den Dietz nach Koblenz geholt hatte, unterstützte dessen Unternehmungen literarisch. Die beiden Freunde reisten im Frühjahr 1827 nach Frankreich und besuchten karitative Einrichtungen in Paris, Lothringen und besonders in Nancy. In einer kleineren Schrift gedachte Brentano weitere Kreise für die Borromäerinnen zu gewinnen und vor allem „Barmherzigkeit zu wecken". Sein Engagement weitete sich zu einem größeren Werk aus, das 1831 unter dem Titel *Die Barmherzigen Schwestern in Bezug auf Armen- und Krankenpflege. Nebst einem Bericht über das Bürgerhospital in Coblenz und erläuternden Beilagen*[33] in Koblenz erschien und seinem Freund Dietz gewidmet war. Hier legt Brentano die „Ausbeute eines kurzen Aufenthalts in Lothringen, und namentlich in Nancy" dar, da er — nach der Übernahme des Bürgerhospitals zu Koblenz durch die Barmherzigen Schwestern vom hl. Karl — den Wunsch gehabt hatte, „den Charakter dieses Instituts in seiner Heimath selbst näher kennen zu lernen."[34] Mit dieser Werbeschrift, mit der er eine große Wirkung erzielte, wurde Brentano „zum literarischen Anwalt der Barmherzigen Schwestern".[35] Dieses Werk, das als eine der reifsten literarischen Leistungen des Dichters gilt, erreichte schnell Zugang zu gebildeten Lesern. „Von einer besseren Hospitalpflege, wie sie Brentano bei den Barmherzigen Schwestern schilderte — und damals gab es keine Kran-

[32] Zit. nach F. Binder, *Luise Hensel*... (wie Anm. 15), S. 206f.

[33] Clemens Brentano, *Die Barmherzigen Schwestern in Bezug auf Armen- und Krankenpflege. Nebst einem Bericht über das Bürgerhospital zu Coblenz und erläuternden Beilagen,* in: ders., *Sämtliche Werke und Briefe,* hist.-krit. Ausg. d. Freien Deutschen Hochstift, Bd. 22,1: *Religiöse Werke,* Stuttgart-Berlin-Köln-Mainz 1985, S. 1—475.

[34] *A. a. O.*, S. 18.

[35] Erwin Gatz, *Kirche und Krankenpflege im 19. Jahrhundert. Katholische Bewegung und karitativer Aufbruch in den preußischen Provinzen Rheinland und Westfalen,* München-Paderborn-Wien 1971, S. 274.

kenpflegerinnen von vergleichbarer Qualität — erhoffte man mit Recht eine Hilfe gegen die Seuche ...",[36] eine Hilfe gegen die Cholera, die nach 1830 Europa in mehreren Wellen heimsuchte. Die positive Besprechung, die Joseph Görres in seiner Betrachtung *Staat, Kirche und Cholera* zuteil werden ließ,[37] bewirkte, daß führende katholische Kreise und Behörden aufhorchten. So verhalf Clemens Brentano den „Barmherzigen Schwestern mit einem Schlage zu einer ungeahnten Popularität. In Preußen trug man ihnen schon bald eine ganze Reihe bedeutender Hospitäler an. Einzig wegen der bedauerlichen Zurückhaltung der Genossenschaftsleitung in Nancy, die damals eine Ausdehnung nach Deutschland hinein und in allzu großer Entfernung vom Mutterhaus scheute, blieb ihre Tätigkeit auf wenige deutsche Filialen beschränkt."[38]

Die Gründung des Ordens der Barmherzigen Schwestern in Nancy, der Hauptstadt des ehemaligen Herzogtums Lothringen, geht auf eine Wohlfahrtsstiftung des Herrn von Xoudailles, Emanuel Chauvenel, aus dem Jahre 1652 zurück.[39] 1679 legten die ersten vier Schwestern vor dem Prämonstratenserabt Epiphanius Louys von der Abtei Estival das Gelübde ab, „den armen, verlassenen Kranken ihr Leben lang zu dienen".[40] Erst später traten die üblichen Gelübde der Armut, Keuschheit und des Gehorsams hinzu.[41] Nach ihrem Patron, dem hl. Karl Borromäus,[42] wurden die „Schwestern von Saint-Charles", wie sie in Nancy hießen, in Deutschland „Borromäerinnen" genannt.

[36] *A. a. O.*, S. 276.

[37] Josef von Görres, *Staat, Kirche und Cholera*, in: *Der Katholik*, 42 (1831), S. 145—180, Angaben nach *a. a. O.*, S. 276, Anm. 42.

[38] E. Gatz, *Kirche...* (wie Anm. 35), S. 276.

[39] Vgl. die ausführliche Darstellung der Gründungsgeschichte des karitativen Ordens durch W. Hohn, *Barmherzige Schwestern...* (wie Anm. 14).

[40] *Mutter Xaveria Rudler. Erste Generaloberin der Barmherzigen Schwestern vom hl. Karl Borromäus (Trier) 1811—1886*, dargest. von einer Schwester dieser Kongregation, hrsg. von Franz Hamm, Trier 1914, S. 20.

[41] Vgl. *Dokumentationsordner* von Schwester Gunthilde Potthoff aus dem St. Hedwig-Krankenhaus, 1846—1986, Teil 1, unveröffentlicht, Einlage nach S. 33.

[42] Der hl. Karl Borromäus hatte als Bischof und Kardinal in Mailand gewirkt; in den Mailänder Pestzeiten erwies er sich als treuer Helfer der Kranken und Armen.

IV

Das Bedürfnis nach einem katholischen Krankenhaus, das in der St. Hedwig-Gemeinde immer stärker wurde, steigerte sich noch, als Anfang 1843 der Paderborner Franziskanerpater Henricus Goßler[43] „mit 11 Jungfrauen aus Westphalen in Berlin erschien, um denselben einen Wirkungskreis im Dienst der Kirche zu schaffen. So wenig diese Schwestern, die weder einem Orden angehörten noch praktisch in der Krankenpflege ausgebildet waren, zur Begründung einer Krankenanstalt in Berlin verwendet werden zu können schienen, so wurde dennoch, durch ihr bloßes Erscheinen und mehrwöchentliches Verweilen dahier angeregt, zumal ihnen Allerhöchsten Orts, von hohen und höchsten Herrschaften die rührendste Theilnahme entgegenkam, die Errichtung eines kath. Krankenhauses vielfach besprochen und die Ausführbarkeit eines solchen nähergelegt."[44] Am 19. Mai 1843 richtete das

[43] Wegen der Namensähnlichkeit sei darauf hingewiesen, daß Goßler nicht mit dem Gründer des Berliner Elisabeth-Krankenhauses, Johannes Evangelista Goßner, verwechselt werden sollte. Binder überliefert, daß Luise Hensel in den letzten Tagen ihres Aufenthalts in Koblenz 1826 den beiden Söhnen Theodor und Hermann Joseph des damaligen Kölner Regierungspräsidenten Goßler begegnet war, die kurz zuvor in Bonn konvertiert waren. Die Bemerkung Luises zu einer Broschüre von Görres über den hl. Franz von Assisi, daß über dem Orden des hl. Franziskus ein besonderer Schutz und Segen dieses Heiligen liegen müsse, „da sie soeben die Nachricht erhalten hätte, daß die Kabinettsordre vom König schon unterzeichnet sei, daß die westfälischen Ordenshäuser der Franziskaner wieder annehmen dürften", bewog Theodor Goßler (Ordensname: Henricus) zum Ordenseintritt. Zit. nach F. Binder, *Luise Hensel*... (wie Anm. 15), S. 213.

[44] *Bericht*... (wie Anm. 9), S. 9. Aus anderer Quelle hört sich der vermutlich gleiche Sachverhalt so an: Der damalige Kaplan Ruland von der St. Hedwigkirche hielt auf der 1. Generalversammlung der Katholiken Deutschlands in Mainz im Oktober 1848 eine Rede über die Lage der Katholiken in Berlin, in der er u. a. ausführte: „Staunen Sie, meine Herren, dort (in Berlin) haben wir die Association der Liebe, die Barmherzigen Schwestern. Wie sind wir zu ihrem Besitze gekommen? Vor einiger Zeit (im Januar 1843) waren acht Jungfrauen aus Westfalen nach Berlin gekommen, um dort persönlich einen Paß ins Ausland zu erbetteln; sie waren entschlossen, das zu suchen, was das Vaterland ihnen nicht gewährte: eine Art klösterlicher Einigung. Ohne Gelübde abgelegt zu haben, trugen sie sich bereits klösterlich. Sie mußten in Berlin einige Tage verweilen, und staunend betrachteten die Berliner auf den Straßen das unerhörte Wunder. Nachdem sie wieder abgereist waren, sagte einmal ein katholischer Schustergeselle zu einem Geistlichen: schlagen die Berliner nicht die wandernden Nonnen todt, so werden sie auch die bleibenden nicht todtschlagen. Ueber diese Aeußerung wurde der Clerus stutzig, sprach mit Gliedern der Gemeinde, deren Geldbeutel auf eine Verwirklichung dieses Gedankens hoffen ließ. Diese aber hielten uns für verrückt und wir uns selbst auch. Eines

Kirchenkollegium von St. Hedwig an König Friedrich Wilhelm IV. eine Immediateingabe, in der das Vorhaben erläutert wurde, verbunden mit der Bitte, der König möge die „landesherrliche Ermächtigung" dafür erteilen.[45] Friedrich Wilhelm IV. war dem Wirken der Borromäerinnen aufgeschlossen; er hatte 1843 in Trier die berühmte Anlage der „Vereinigten Hospitien" St. Irminen besucht und war voller Lob und Bewunderung für die Leistungen dieser Barmherzigen Schwestern. So ist es nicht verwunderlich, daß der preußische König zur großen Freude der St. Hedwig-Gemeinde in seiner Kabinettsordre vom 11. März 1844 die Immediateingabe des Kirchenkollegiums positiv entschied. Das weitere Augenmerk mußte sich nun auf zwei Dinge richten: auf die Beschaffung der notwendigen Gelder für den Krankenhausbau und den Erwerb eines dafür geeigneten Grundstückes.

Die finanziellen Probleme waren groß: Durch die Kabinettsordre war nur eine Kollekte bei den katholischen Einwohnern Berlins genehmigt worden, eine allgemeine Kollekte konnte nicht durchgeführt werden. Wegen der Armut der Gemeinde — es gab nur wenige wohlhabende Gemeindemitglieder — war kein hohes Spendenaufkommen zu erwarten, das Kirchenkollegium hatte vor allem auf Spenden aus auswärtigen Kollekten gehofft. Dennoch entwickelte sich das Spendenaufkommen recht erfreulich. Ähnlich wie einst Propst Ambrosius Taube, so nutzte jetzt Propst Brinkmann ein Jubiläum der St. Hedwig-Gemeinde zu einem nochmaligen Spendenaufruf für das zu errichtende Krankenhaus. In seinem Bericht schreibt Brinkmann: „In der Pfingst-Octave (des Jahres 1844) wurde an die Pfarrgemeinde, innerhalb welcher die Collecte Allerhöchsten Orts nur genehmigt war, eine Ansprache und Aufforderung zur Zeichnung milder Beiträge gerichtet ... welche indessen bald über die engen Grenzen der Gemeinde hinaus eine öffentliche Verbreitung und überall die lebendigste Theilnahme fand. Es währte kaum ein Jahr, da waren bereits an 14 000 Thlr. gezeichnet und 11 282 Thlr. baar zur Kasse gezahlt. Vorzüglich waren Westphalen und

Morgens nun kam zu mir ein Tischlergeselle (in der Herberge 4 bis 5 Stock hoch hatten sie die Sache durchgesprochen); er brachte mir 17 Thaler und erklärte: ‚Das ist mein erspartes Vermögen aus meiner Arbeit von einem halben Jahre; diese gebe ich zur Gründung des Klosters für Barmherzige Schwestern.' Dies erzählte ich bei guten Katholiken, die das Herz auf dem rechten Fleck haben. Diese sagten: eine solche Opferwilligkeit, die den Schweiß eines halben Jahres Gott zu Füßen legt, wird und muß er erhören." Zit. nach Ph. Hille, *Erinnerungsblätter*... (wie Anm. 7), S. 12f.

[45] Die Immediateingabe ist abgedruckt in: *a. a.* O., S. 22f.

hier das kleine Münsterland, welches sich am lebhaftesten an der Sache betheiligte ... In den meisten dieser Schreiben waltet die sehr richtige und erfreuliche Ansicht vor, daß man das Berliner Krankenhaus nicht blos von dem engen Standpunkte der hiesigen Gemeinde, sondern vielmehr von dem allgemeinen des ganzen Landes betrachten müsse, an deren Segnungen alle Provinzen wegen ihres Zusammenhanges mit der Hauptstadt theilnehmen."[46]

Aus der Liste der „hiesigen" Wohltäter sind unter anderen zu nennen: Geh. Ob.-Reg. Rath Aulike,[47] Kammerger.-Räthin Gedicke, Geh. Ober-Justizrath von u. zur Mühlen, Königl. Kammersängerin Frl. Haenel, Präsident v. Beckedorf, Graf v. Ingenheim, Staatsminister v. Duesberg, Fürst Radziwill, Geh. Ob.-Medizinal-Rath Schönlein, Gartenbaudirektor Lenné, Geh. Reg.-Rath Brüggemann, Fräulein Saaling,[48] Gräfin von Dönhoff. Daneben gingen auch wahre Opfergroschen von Dienstmädchen, Handwerkern und Arbeitern ein. Von den „auswärtigen" Wohltätern mit höheren Beiträgen sind hervorzuheben: Fürstbischof von Breslau Freiherr v. Diepenbrock,[49] Fürsterzbischof von Prag Freiherr v. Schrenk, Fürsterzbischof von Olmütz Freiherr v. Sömmerau, Bischof von Ermland Dr. Geritz und der Münsteraner Weihbischof Dr. Melchers. An fürstlichen Personen sind zu nennen: Die Kaiserinmutter Carolina Auguste von Österreich sowie die Herzogin von Sagan-Talleyrand. Ebenso fühlten sich durch eine Spende mit St. Hedwig verbunden die beiden Landschaftsmaler Veit und Ahlhorn in Rom und Prof. Dr. Philipps in München.

Die Möglichkeit zur Eröffnung einer vorläufigen und bescheidenen Krankenanstalt sollte sich bald durch einen glücklichen Umstand ergeben. Der nach den Choleraverheerungen gegründete Waisenverein zur Verpflegung und Erziehung katholischer Waisenkinder hatte durch das stete Spendenaufkommen der St. Hedwig-Gemeinde neben den Auslagen für die Kinder ein Vermögen von ca. 60 000 Mark angespart. In der

[46] *Bericht...* (wie Anm. 9), S. 12.

[47] Mathias Aulike, aus Münster gebürtig, Leiter der „Abteilung für katholische Angelegenheiten" im preußischen Kultusministerium, verfaßte die Gründungsurkunde für die Grundsteinlegung des St. Hedwig-Krankenhauses.

[48] In einem Aufruf von Propst Brinkmann an die „Geliebten Pfarrgenossen" heißt es: „Insbesondere mache ich auf die Ausstellung aufmerksam, welche Fräulein Saaling — Behrenstraße No. 58 — zum besten unserer Waisen und Kranken nächstens eröffnen wird." *Bericht...* (wie Anm. 9), S. 44.

[49] Vgl. Anm. 31.

Kaiserstraße 29 kaufte der Verein ein geeignetes und zentral gelegenes Haus in der Nähe des Alexanderplatzes. Da der Waisenverein die Räumlichkeiten zu diesem Zeitpunkt nicht dringend brauchte, wurde zwischen dem Vorstand des Waisenvereins und dem Komité des zukünftigen Krankenhauses am 1. Oktober 1845 ein dreijähriger Mietvertrag für eine jährliche Miete von 2760 Mark abgeschlossen.

„Gleichzeitig", so schrieb Propst Brinkmann, „wurde für die baldige Herüberkunft barmherziger Schwestern Sorge getragen. Man hatte sich bereits früher an die verschiedenen Genossenschaften zu Prag, Straßburg, Münster und Nancy gewendet, theils um mit dem Geiste und den Einrichtungen derselben bekannter zu werden, theils auch um die Möglichkeit und die Bedingungen der Niederlassung in Berlin zu erfahren. Nach sorgfältiger Erwägung aller Umstände entschied man sich nunmehr für die Schwestern aus dem Orden des h. Carl Borromäus, welche zu Nancy ihr Mutterhaus haben und ihre Wirksamkeit auch auf preußischem Gebiete zu Saarlouis, Trier, Coblenz und Aachen in der befriedigendsten Weise bethätigt hatten, wie darüber das Rheinische Medizinal-Collegium in einem General-Berichte von 1827 über das damals kurz zuvor neu organisirte Hospital zu Coblenz ein unzweideutiges Zeugniß ablegt. ‚Mit diesen Schwestern, heißt es darin: ist der Geist der Ordnung und Liebe in das Haus eingezogen. Der höchst überraschende Erfolg der Verwaltung dieser sechs Schwestern für die Oekonomie, die Ordnung, die Reinlichkeit, die Krankenpflege, die Ausführung der ärztlichen Verordnungen und die Sorge für die physische wie die moralische Heilung der Armen und Kranken, erregt in jedem einsichtsvollen Beobachter den Wunsch, daß doch alle solche Anstalten gleicher Vortheile genießen möchten, indem sie mit geringen Kosten weit mehr zu leisten vermögen, als jede andere bezahlte Verwaltung, und weil durch sie diese Anstalten einen solchen Grad von Frieden erhalten, daß die Hergestellten sie oft mit Dank und Betrübniß, wie ein mütterliches Haus verlassen und der Arzt mit ungemein sicherem Erfolg seine Kunst darin auszuüben vermag.'"[50] Nach wiederholter Korrespondenz mit dem Mutterhause in Nancy wurde von diesem am 17. Juni 1846 die Zusicherung gegeben, daß im Herbst vier deutschsprachige Schwestern für das katholische Krankenhaus nach Berlin entsandt würden.[51] „Mittlerweile hatte man dafür Sorge getragen, dem

[50] *Bericht...* (wie Anm. 9), S. 14f.

[51] Zu den vier Schwestern kamen 1849/50 noch zwei weitere hinzu. Vgl. W. E. v. Ketteler, *Hülferuf...* (wie Anm. 1), S. 96.

interimistischen Krankenhause in der Kaiserstraße die möglichst zweckmäßigste Einrichtung zu geben. Das ganze Gebäude erhielt einen neuen Anstrich; Thüren, Fenster und die Bedachung wurden nachgesehen und das Schadhafte überall gebessert. Der in dem Seitenflügel hofwärts befindliche Pferdestall mit der daran stoßenden Wagen-Remise und der über derselben im Entresole befindlichen Kutscher-Wohnung wurden zu einer recht ansprechenden Haus-Kapelle umgeschaffen, deren Altar-Bild sinnreich die h. Theresia darstellte, wie sie ihr Herz voll flammender Liebe ihrem Heilande opfert. — Die innere Einrichtung des Hauses für den Krankendienst dagegen hatte man absichtlich anstehen lassen, um den Schwestern nicht vorzugreifen und denselben durchaus freie Hand zu lassen, ihren Einsichten gemäß das Zweckmäßigste selbst anzuordnen, ohne unnütze Ausgaben zu veranlassen. Nur für das Allernothwendigste zur Aufnahme der Schwestern war gesorgt worden."[52] Aus Spenden konnten mehrere Zimmer „anständig möblirt" werden.

Bei den damaligen Verkehrsverhältnissen war die Anreise der Schwestern äußerst beschwerlich. Nach einer langwierigen Reise im Postwagen von Köln bis Hannover fuhren sie mit der Bahn von Hannover nach Berlin, wo Propst Brinkmann am Nachmittag des Festes Kreuzerhöhung, am 14. September 1846, die Barmherzigen Schwestern empfing. Neben den vier Schwestern, die in Berlin ihre Arbeit aufnehmen sollten, kamen der Generalvikar des Ordens und die Generaloberin Maria Liduvine Barre in Begleitung ihrer Assistentin und der Novizenmeisterin aus Nancy.[53] „Mit stummem Erstaunen und einer Art von Ehrerbietigkeit betrachtete die große Volksmenge, die am Bahnhofe versammelt war, die angekommenen Fremden in ihrer hier noch nie gesehenen Ordenstracht — seit der ‚Reformation' des 16. Jahrhunderts war auch in Berlin, wie an manchen andern Orten Deutschlands die Ordenstracht unbekannt geworden — und begleitete dieselben neugierig zu den bereitstehenden, dem Fürsten Radziwill gehörigen Galawagen. Diese brachten nun die Schwestern durch die unbekannten Straßen Berlins an den Ort ihrer Bestimmung in der Kaiserstraße."[54]

Von seiten des Ordens wurde das Berliner Unternehmen mit einiger Skepsis betrachtet: „Die Generaloberin war mit ihren Begleiterinnen

[52] *Bericht...* (wie Anm. 9), S. 15f.

[53] Vgl. *a. a. O.*, S. 16.

[54] Ph. Hille, *Erinnerungsblätter...* (wie Anm. 7), S. 50.

zunächst einige Tage in Berlin geblieben, um zu erkennen, wie es mit der Einrichtung der Anstalt seinen Lauf nehmen werde. Sie schwankte noch und war im Zweifel, ob sie bei der großen, noch obwaltenden Aermlichkeit die vier für Berlin bestimmten Schwestern auch hier belassen könne; aber die Letzteren baten ihre ‚liebe Mutter' innigst, hier bleiben zu dürfen; sie würden mit Gottes Hülfe schon ‚durchkommen'. Und so blieb es denn auch. In den nächsten Tagen verließ die Generaloberin mit ihren Begleiterinnen das Haus und die Stadt..."[55] Als Oberin der Berliner Niederlassung — es waren alles deutschstämmige Schwestern — hatte man die bisherige Oberin von Saarlouis, Sr. Maria Xaveria Rudler ausersehen, „eine Enkelin des ehemaligen General-Gouvernementcommissarius Rudler und Nichte des frühern Generalgouverneurs Justus Gruner",[56] wie der Pfarrer und Dechant von Saarlouis verheißungsvoll an Propst Brinkmann schrieb. Nur zwei Jahre war es Sr. Xaveria vergönnt, dem St. Hedwig-Krankenhaus als Oberin vorzustehen, da sie dann an das neu gegründete — von Nancy nunmehr getrennte — selbständige Mutterhaus zu Trier berufen wurde.

Über das Fortschreiten der Aufbauarbeit und die Aufnahme der Schwestern durch die Berliner Bevölkerung berichtet Schwester Xaveria auf sehr anschauliche Weise in einem Brief vom 6. Dezember 1846 an die Generaloberin in Nancy: „Am 3. d. Mt.s, am Feste des hl. Franz Xaver, haben wir unsern ersten Kranken erhalten; es war mir das angenehmste Namenstags-Geschenk, und ich bin meinem großen Patron dafür sehr dankbar. Heute haben wir 3 Kranke, 11 Arme und Invalide, sie sind alle sehr froh, und unsere Schwestern sind glücklich, sie pflegen zu können."[57] Dazu äußert sich Propst Brinkmann folgendermaßen: „Freilich war die Einrichtung nicht reich und brillant zu nennen, wie man sie sonst wohl findet, sie trug vielmehr im Ganzen das Ansehen großer Bescheidenheit, selbst fast der Dürftigkeit an sich, allein sie war zweckmäßig und für den Anfang hinreichend. Der dritte Dezember 1846 endlich war der denkwürdige Tag, an welchem der erste Kranke — ein Protestant — aufgenommen und somit das Krankenhaus thatsächlich eröffnet wurde."[58] In dem soeben genannten Briefe fährt

[55] *A. a. O.*, S. 53.
[56] Zit. nach *a. a. O.*, S. 49.
[57] Zit. nach W. Hohn, *Barmherzige Schwestern...* (wie Anm. 14), S. 398.
[58] *Bericht...* (wie Anm. 9), S. 18f.

Schwester Xaveria fort: „Vor einem Monat haben mehrere Tausend Arbeiter der Stadt sich versammelt, um über die Aufnahme in unser Krankenhaus zu beraten. Einer ihrer bejahrtesten, der wie ihr General auftritt und Katholik ist, hat das Wort ergriffen und gesagt: ‚Nachdem ich erfahren habe, daß hier ein Krankenhaus unter Leitung von barmherzigen Schwestern errichtet ist, habe ich Sie versammelt, um Ihnen den Vorschlag zu machen, von jetzt an unsere Kranken dorthin zu schicken' (sie haben nämlich eine Sparkasse, woraus die Kurkosten für die Kranken bezahlt werden). Mehrere Protestanten wehrten sich gegen diesen Vorschlag: ‚Wie, wir sollen in ein Kloster gehen, zu Schwestern: Nein, niemals.' Andere sagten im Gegenteil: ‚Man sieht, Ihr wisset von nichts und kennet die Schwestern nicht.' Einer fügte hinzu: ‚Ich war während sechs Monaten im Hospital zu Prag, und ich verdanke diesen guten Schwestern mein Leben.' Andere riefen: ‚Ich bin in Trier ... ich in Koblenz gewesen, und überall wird man verpflegt wie von der eigenen Mutter!' Darauf nahmen alle den Antrag an. Doch wird unsere Verwaltung anfänglich wegen Raummangel nur Katholiken aufnehmen können. Die drei ältesten Arbeiter sind als Abgeordnete ihrer Gefährten zu uns gekommen, um das Haus zu besichtigen. Alles hat ihnen gut gefallen, und sie sind sehr befriedigt fortgegangen, nachdem sie uns gebeten hatten, ihre Kranken aufzunehmen. Wenn wir 200 Betten hätten, würden sie in acht Tagen besetzt sein."[59] Doch das Haus war klein, es konnte neben den Hospitaliten nur 20 bis 30 Kranke aufnehmen. „Nicht nur klein, sondern bethlehemitische Armut war der Anfang."[60]

Wie man sich in der Charité zu der neuen Krankenhausgründung stellte, entnehmen wir einem Brief Schwester Xaverias vom 5. April 1847: „Vor zwei Monaten hat einer der ersten Ärzte der Charité ... unsere Anstalt besucht. Er fragte eine Kranke, wie es ihr bei uns gefiele. Zufällig war das gerade eine, die schon in der Charité verpflegt worden war; sie antwortete mit großer Begeisterung, es könnte nicht besser gehen. Als er fortfuhr zu fragen: ‚Besser, als in der Charité?' antwortete sie: ‚Damit gar nicht zu vergleichen.' — ‚Warum?' — ‚Hier sind zunächst die schönen Feierlichkeiten in der Kapelle, dann die gute Fürsorge der Schwestern, endlich alles miteinander!' — ‚Aber', antwortete er, ‚wissen Sie, daß ich der Arzt der Charité bin? Sie machen mir

[59] Zit. nach W. Hohn, *Barmherzige Schwestern...* (wie Anm. 14), S. 399f.

[60] Ph. Hille, *Erinnerungsblätter...* (wie Anm. 7), S. 52.

Schande!' — ‚Das ist mir ganz gleich', wagte die Kranke zu sagen, ‚ich war auch dort, aber ich werde dahin nicht mehr zurückkehren.' Im Fortgehen gestand der Doktor mir: ‚Die Frau hat recht, alles gefällt mir hier besser, als in der Charité.' Vor acht Tagen hat der nämliche Arzt gelegentlich eines Vortrages in einer Versammlung, welcher die vornehmsten Kreise der Stadt beiwohnten, scharf den Unterschied zwischen den Hospitälern der barmherzigen Schwestern und den anderen hervorgehoben; ausführlich hat er über unser Haus referiert, über den Befund, die Ordnung und Reinlichkeit, über die Zufriedenheit seiner Kranken, und hat sogar nicht vergessen, an den Segen zu erinnern, mit dem die Vorsehung unsere Arbeiten und unsere uneingeschränkte Barmherzigkeit bedacht habe; mit Eifer hat er die landläufigen Vorwürfe der Protestanten zurückgewiesen, ich habe nicht mehr Raum genug, sie alle hier anzuführen; der Vortrag hat großen Eindruck gemacht ..."[61]

Der Respekt vor der Leistung der Schwestern wuchs im Bewußtsein der Berliner und damit die Bereitschaft, für die Ergänzung der Ausstattung an Betten, Wäsche, Mobiliar zu spenden. „So klein und anspruchslos die Anstalt begonnen hatte, so groß war die Theilnahme, welche dieselbe überall im Publikum erweckte. Die wieder gesund gewordenen und entlassenen Kranken waren nebst denen, die von der Anstalt Einsicht genommen hatten, die eifrigsten Lobredner derselben. Der Zudrang der Kranken wuchs mit jedem Tage und wurde bald so groß, daß die schon vorhandenen Einrichtungen niemals ausreichten und das nöthige Bettwerk nicht rasch genug bereitet werden konnte, um den angemeldeten Kranken genug zu thun. Und unter diesen befanden sich sogar Viele, welche nicht einmal freie Verpflegung in Anspruch nahmen, sich vielmehr gern einen Theil oder den ganzen Kostenbetrag erlegen zu wollen, erboten."[62] Erste finanzielle Erleichterungen brachte schon das Jahr 1847: Am 8. Februar 1847 stiftete der Vorstand des „Enthaltsamkeits-Vereins zu St. Hedwig" dem Krankenhaus das erste Freibett.[63] Außerdem initiierte Fürst Lichnowsky, der Fürst Radziwill freundschaftlich verbunden war, im Preußischen Herrenhaus eine Unterstützungsaktion. „Dieser Herr benutzte nämlich die Gelegenheit, welche ihm der hier gerade versammelte Landtag darbot, für unser

[61] Zit. nach W. Hohn, *Barmherzige Schwestern...* (wie Anm. 14), S. 403 f.

[62] *Bericht...* (wie Anm. 9), S. 20.

[63] Vgl. Ph. Hille, *Erinnerungsblätter...* (wie Anm. 7), S. 68.

Krankenhaus zu wirken und brachte eine Subscriptions-Liste zur Einzeichnung freiwilliger Unterstützungsbeiträge für dasselbe unter den Mitgliedern der Herren-Curie, zu denen er selbst gehörte, in Umlauf. Die Sache fand Anklang und binnen einigen Stunden waren über 800 Thlr. gezeichnet, die bald darauf zur Kasse abgeführt wurden."[64] Schließlich gewährte der Generalpostmeister von Schaper am 25. November 1847 auf Bitten von Schwester Xaveria dem St. Hedwig-Krankenhaus „unter den gewöhnlichen grundsätzlichen Bedingungen Porto-Freiheit".[65]

Die krisenhaften Ereignisse, die zur Revolution von 1848 führten, schienen auch das kleine Krankenhaus zu gefährden. Im Anschluß an den Straßenaufruhr vom 21. April 1847, zu dem es wegen der erhöhten Kartoffelpreise gekommen war, konnte Oberin Xaveria der Generaloberin jedoch beruhigend mitteilen, daß sich der Abgeordnete Caspers aus Koblenz, ein Wohltäter der dortigen Borromäerinnen, sowie Fürst Boguslaw Radziwill in das St. Hedwig-Krankenhaus begeben hatten, um die Schwestern durch ihre Anwesenheit vor eventuellen Übergriffen zu beschützen. „Auf jeden Fall seien Sie, liebe Mutter, unsertwegen ganz unbesorgt, der liebe Gott wacht über die Schwachen."[66] Welche Hochachtung und Zuneigung sich die Borromäerinnen in den Tagen der Märzrevolution von 1848 bei der Bevölkerung und den Revolutionären erwarben, beschreibt Philipp Hille: „Es war am Vorabend vom Feste des hl. Nährvaters Joseph, als die Empörung in den Straßen der Stadt schauerlich tobte. Barrikaden wurden aufgethürmt, und der Kampf wüthete. In dieser schrecklichen Nacht vom 18. zum 19. März kam ein roher Volkshaufen auch durch die Kaiserstraße gewälzt. Vor den friedlichen Pforten des Krankenhauses machten sie Halt, um auch hier, wie überall, ihrer Zerstörungswuth freien Lauf zu lassen. Tobend schlugen sie gegen Thor und Fenster, und höhnend riefen sie den Barmherzigen Schwestern zu: ‚Mit wem haltet Ihr es?' — Mit Milde zwar, aber auch mit Festigkeit tritt da die Oberin, die Schwester Maria Xaveria, hervor, und mit überwältigender Stimme ruft sie beherzt in die vor diesem Bilde verstummenden Massen das Wort: ‚Wir pflegen Eure Brüder und Schwestern. Wir halten es mit unseren Armen und Kranken!' — An diesem Worte der heldenmüthigen, gottgeweihten Jung-

[64] *Bericht*... (wie Anm. 9), S. 21.
[65] *Ebda.*
[66] *Mutter Xaveria Rudler*... (wie Anm. 40), S. 47.

frau bricht sich die Sturmfluth der Empörung und schlägt um in einen Sturm der Begeisterung. Wie umgewandelt ist die Gesinnung des Volkes. Sogleich ordnen sich die Massen und stellen eine Bürger-Ehrenwache vor das Haus der Schwestern. Sodann bringen sie ihre Verwundeten und Todten herbei und übergeben sie den Schwestern. Diese nehmen sich der Armen liebevoll an, verbinden ihre Wunden und lindern ihren Schmerz. Bei Anblick dieser heroischen Liebesthätigkeit wird das Herz der Empörer weich, und staunend sagen sie zu den Schwestern: ‚Das haben wir nicht gewußt, daß die Klosterleute auch arbeiten!' — Ach, die armen Verblendeten, die so voll Vorurtheile waren gegen die katholische Kirche und ihre besten Kinder — die Barmherzigen Schwestern! — Jetzt gingen ihnen die Augen auf, da sie die uneigennützige, thätige Liebe der Schwestern mit eigenen Augen sahen."[67]

Das Jahr 1849 brachte zwei für das Krankenhaus bedeutende Veränderungen. Die Oberin Schwester Xaveria Rudler wurde nach Trier versetzt, und Propst Brinkmann ging in seine Heimatdiözese Münster zurück. Als sein Nachfolger kam der Pfarrer von Hopsten in der Diözese Münster, Wilhelm Emmanuel Freiherr von Ketteler, der seit der Leichenrede für die Märzgefallenen in Deutschland kein Unbekannter mehr war. Als er nach längerem Zögern das Berliner Amt annahm, schrieb ihm der Fürstbischof von Breslau: „Wohl harrt Ihrer ein schweres Tagewerk, ein Ackerfeld von großer Fruchtbarkeit zwar, aber auch voll Disteln und Dornen."[68] Propst Ketteler war sich der Bedeutung eines katholischen Krankenhauses in Berlin bewußt; es gelang ihm, das St. Hedwig-Krankenhaus aus den bescheidenen Räumlichkeiten in der Kaiserstraße 29 herauszuführen. Durch den Kauf eines passenden Grundstücks von annähernd fünf Morgen Größe in der Großen Hamburger Straße 10 schuf er im Januar 1850 die Voraussetzungen für die Errichtung des heutigen Krankenhauses.[69] Zur Beschaffung der nötigen Baugelder richtete Ketteler den eingangs zitierten *Hülferuf zur Errichtung eines katholischen Krankenhauses in Berlin* am 19. März 1850 an die Öffentlichkeit. Erst Kettelers Nachfolger, Propst Leopold Pelldram, legte am 20. Oktober 1851 feierlich den Grundstein für das neue Krankenhaus in der Großen Hamburger Straße 10. Die

[67] Ph. Hille, *Erinnerungsblätter*... (wie Anm. 7), S. 71.
[68] Zit. nach *a. a.* O., S. 78.
[69] Vgl. *a. a.* O., S. 91.

Gründungsurkunde verfaßte Mathias Aulike, als Architekten hatte man den Kölner Dombaumeister Vincenz Statz gewinnen können. Ende August 1854 begann schließlich der Umzug von 60 Kranken und acht Schwestern. Am 14. Oktober 1854 wurde das St. Hedwig-Krankenhaus, das nun 250 Kranken Platz bot, eingeweiht.

Über dem Portal zu beiden Seiten der Freitreppe des Hauptgebäudes des St. Hedwig-Krankenhauses erheben sich zwei lebensgroße Statuen: Die linke Figur stellt den hl. Karl Borromäus dar, den Schutzpatron der Borromäerinnen; rechts die hl. Hedwig, die Schutzpatronin des Krankenhauses, die auch daran erinnert, daß die St. Hedwig-Gemeinde bis 1887 Eigentümerin dieses konfessionellen Krankenhauses war.[70] Die hl. Hedwig schafft zugleich die Verbindung zur St. Hedwig-Gemeinde, aus deren karitativem Geiste dies Krankenhaus als ein Stein gewordenes Manifest der Liebe und Barmherzigkeit gebaut wurde, das allen Kranken, unabhängig von Konfession, Partei und Hautfarbe, offensteht.

V

„Mit der Eröffnung des neuen Hauses war gewiß ein großes Ziel erreicht; aber Stillstand gab es hier nicht. Stillstand wäre auch hier gleichbedeutend mit Rückschritt gewesen. Stets gab es bis auf den gegenwärtigen Tag eine ständige Fortentwickelung in der inneren und äußeren Vervollkommnung des Hauses, seiner einzelnen Einrichtungen und seiner Verwaltung."[71] Diese Feststellung Philipp Hilles anläßlich der Feier des fünfzigjährigen Bestehens des St. Hedwig-Krankenhauses im Jahre 1896 trifft auch für die weitere Entwicklung zu. Schon die kontinuierlich steigende Zahl der Krankenbetten zeigt dies: Das neue Krankenhaus in der Großen Hamburger Straße hatte Räume für 250 Betten; 1896 standen bereits 480 Betten zur Verfügung, 1921 waren es 620.[72] Als diese Größe erreicht war, hatte das Kuratorium des St. Hedwig-Krankenhauses nicht die Absicht, das Haus noch weiter

[70] Vgl. Leo Jablonski, *Geschichte des fürstbischöflichen Delegaturbezirkes Brandenburg und Pommern,* Bd. 2, Breslau 1929, S. 312.

[71] Ph. Hille, *Erinnerungsblätter...* (wie Anm. 7), S. 129.

[72] Vgl. Franz Bock, *75 Jahre St. Hedwig-Krankenhaus. Statistische Darstellung,* in: *Zum 75jährigen Jubiläum des St. Hedwig-Krankenhauses zu Berlin. Festschrift zum 75jährigen Bestehen des St. Hedwig-Krankenhauses Berlin 1846—1921,* Berlin o. J., S. 21—82, hier S. 25f.

auszubauen. „An eine nochmalige Vergrößerung des ganzen Betriebes darf man vernünftigerweise nicht denken: denn ein Krankenhaus mit 600 Betten ist wahrlich groß genug. Ein größerer Betrieb läßt sich nicht mehr übersehen mit den bescheidenen Mitteln, die wir anzuwenden imstande sind und die allein unsere Anstalt rentabel gestalten."[73] Dennoch ging der Ausbau nach der Inflation weiter, zusammen mit einer 1924 eingerichteten Filiale erreichte die Anstalt schließlich eine Kapazität von 850 Betten.[74] Die Vergrößerung des Krankenhauses war begleitet von einer ständigen Verbesserung der medizinischen Einrichtungen und der Infrastruktur der Anstalt und von einer immer umfangreicheren Wohltätigkeit gegenüber Armen und Hilflosen. Begründet wurde der kontinuierliche Ausbau mit der immer wiederkehrenden Situation, daß Kranken die Aufnahme verweigert werden mußte, weil die Kapazität des Krankenhauses nicht ausreichte. Die Hilfesuchenden kamen nicht nur aus dem katholischen Teil der Berliner Bevölkerung, der durch Zuwanderer aus katholischen Provinzen bis zur Jahrhundertwende auf etwa zehn Prozent anstieg; auch Nichtkatholiken suchten im St. Hedwig-Krankenhaus ärztliche Behandlung und Pflege durch die Barmherzigen Schwestern: Das Haus genoß den Ruf eines „Musterkrankenhauses".[75] Für den Ausbau und die Verbesserung der Anlage war jedoch nicht nur die große Nachfrage bestimmend, sondern auch das Motiv, den Zweck des Krankenhauses besser zur Wirkung bringen zu können; „und der Zweck heißt: eine Heimstatt christlicher Caritas inmitten der Großstadt Berlin zu sein".[76] Eine genauere Betrachtung einiger Stationen dieser Entwicklung läßt besser verstehen, warum das St. Hedwig-Krankenhaus eine solche Bedeutung erlangen konnte und von „Freund und Feind" geachtet war.[77]

Der Chronist des Krankenhauses, Philipp Hille, berichtet über die Veränderungen, die im St. Hedwig-Krankenhaus in den ersten Jahren nach dem Umzug in die Große Hamburger Straße vorgenommen wur-

[73] *Zum 75jährigen Jubiläum*... (wie Anm. 72), S. 8.

[74] *Die Liebe überwindet alles*... (wie Anm. 2), S. 51.

[75] F. Bock, *75 Jahre*... (wie Anm. 72), S. 80.

[76] *Zum 75jährigen Jubiläum*... (wie Anm. 72), S. 9.

[77] „Im übrigen dürfen wir sagen, das St. Hedwig-Krankenhaus ist von Freund und Feind immerdar geachtet worden. Wenn ein Dr. Hugo Haase, der Führer der Unabhängigen Sozialdemokraten, nach dem ruchlosen Attentat, das ein Mörder auf ihn gemacht, sich ausgerechnet das Hedwig-Krankenhaus wählte, wo er Heilung suchte, so spricht das Bände." *Zum 75jährigen Jubiläum*... (wie Anm. 72), S. 15.

den: „Im Hause selbst wurden nach und nach verschiedene Verbesserungen angebracht, die allmählich sich als wünschenswerth herausgestellt hatten. Ferner wurde der Garten mit Bäumen und Gesträuch bepflanzt, so daß er bald den Kranken kühlenden Schatten gewährte. Mit der Küche verband man eine eigene Bäckerei, in welcher ein erfahrener Bäcker die Bereitung eines guten, nahrhaften Brotes besorgte. Je weiter der Betrieb sich ausdehnte, um so mehr stellte es sich heraus, wie nothwendig es sei, eigene Werkstätten für die verschiedenen Handwerke zu haben. Es entstand die eine Werkstatt nach der andern, so daß bald das Krankenhaus je eine Werkstatt für Schuster, Schneider, Tischler und Schreiner, Schlosser, Klempner, Anstreicher und Maler besaß. Auch ergab sich das Bedürfnis, für den Haushalt eine eigene Schlächterei einzurichten und einen eigenen Viehbestand zu beschaffen. Schon im Jahre 1856 wurde ein Kuhstall gebaut. Das nothwendige Geld für die erste Kuh hatte bereits ein freigebiger Jude geschenkt, und nicht lange währte es, da hatten sechs Kühe ihren Platz im Stalle. Dem Kuhstall wurde ein Schweinestall angeschlossen. Durch derartige praktische Einrichtungen erwuchsen dem Krankenhause so von Jahr zu Jahr beträchtliche Vortheile, die in letzter Linie keinem andern zu Gute kamen, als den Kranken."[78] In diesem Bericht wird deutlich, was die Leitung des Krankenhauses durch die Borromäerinnen auszeichnete: Sie verbanden das Krankenhaus mit einer Vielzahl wirtschaftlicher Betriebe, um möglichst viel von dem, was für die Krankenpflege, die Verpflegung der Hospitaliten und der anfangs noch im Haus untergebrachten Waisenkinder, für den Unterhalt der im Hause Tätigen und für die Instandhaltung und Erweiterung des Anwesens gebraucht wurde, in eigener Regie und durch eigene Arbeit beziehungsweise durch zuverlässige Angestellte herstellen zu können. Diese Art der

[78] Ph. Hille, *Erinnerungsblätter*... (wie Anm. 7), S. 129. Zu einem Detail aus Hilles Bericht sei eine ergänzende Information hinzugefügt, die m. E. besonders gut veranschaulicht, wie sich in der Wirtschaftsführung der Barmherzigen Schwestern betriebswirtschaftliche Fähigkeiten mit mütterlicher Umsicht und Fürsorge verbanden: „An Stelle des 1856 angelegten Kuhstalles ... wurde im Jahre 1881 ein neuer Kuhstall für 24 Kühe erbaut. Jede Woche wird eine Kuh geschlachtet und eine frischmelkende angeschafft, so daß die Reihe im Jahre mindestens zweimal durchlaufen wird. So kann stets frische gute Milch für die Kranken gewährleistet werden, zumal die Kühe auch unter steter tierärztlicher Beobachtung stehen." Wilhelm Hohn, *Die Nancy-Trierer Borromäerinnen in Deutschland 1810—1899. Ein Beitrag zur Statistik und Geschichte der barmherzigen Schwestern, ihres wohlthätigen und sozialen Wirkens,* Trier 1899, S. 31.

Wirtschaftsführung verlangte große Fähigkeiten in der Planung, Organisation und inneren Verwaltung. Die Schwestern vom hl. Karl Borromäus, die vom Mutterhaus in Trier ausgewählt wurden, als Oberinnen die Leitung des St. Hedwig-Krankenhauses zu übernehmen,[79] beherrschten diese Kunst des Wirtschaftsführens. Sie wendeten sie nicht nur im wirtschaftlichen Betriebe des Krankenhauses an, sondern auch bei der zweckmäßigen und wohltuenden Organisation der Krankenpflege.

Bis zur Jahrhundertwende war der Ausbau des Krankenhauses mit einer Vergrößerung des Haus- und Grundbesitzes verbunden; wenn mehr Kranke aufgenommen werden sollten, mußten auch die Wirtschaftsräume kontinuierlich erweitert und verbessert werden. Nach und nach wurden sechs an das Hauptgebäude angrenzende Häuser erworben, die Front des Krankenhauses erstreckte sich danach über die Große Hamburger Straße 5—11. Das Gelände konnte durch den Kauf von zwei Teilgrundstücken auf etwa sieben Morgen ausgedehnt werden.[80] Mit einigem Stolz wird in der Festschrift zum 75jährigen Bestehen des St. Hedwig-Krankenhauses Berlin resümiert: „So ist das Grundeigentum des St. Hedwig-Krankenhauses ein prächtiger abgeschlossener Besitz ... damals vor der Stadt, jetzt vollständig in der Mitte Großberlins gelegen. Mitten in der Großstadt!"[81] Von den Erweiterungen und Veränderungen, die auf diesem Grundstück bis 1921 durchgeführt wurden,[82] seien nur die wichtigsten aufgezählt: 1863

[79] Es scheint kein Zufall zu sein, daß zwei Oberinnen des St. Hedwig-Krankenhauses als Generaloberinnen nach Trier berufen wurden: Maria Xaveria Rudler wurde 1849 Provinzialoberin des Trierer Ordenszweiges und 1872 — nach dessen Erhebung zur selbständigen Genossenschaft — erste Generaloberin des Trierer Mutterhauses. Maria Aloysia Schmitz, die seit 1898 das St. Hedwig-Krankenhaus geleitet hatte, wurde 1912 Generaloberin in Trier. Außerdem wurde eine der vier Schwestern, die 1846 den Aufbau des Krankenhauses begonnen hatten, Angelika Eschweiler, 1884 zur Generaloberin gewählt. Vgl. dazu: *Die Liebe überwindet alles*... (wie Anm. 2), S. 22ff.

[80] Angabe nach: *Zum 75jährigen Jubiläum*... (wie Anm. 72), S. 6. Abweichend davon spricht Ph. Hille, *Erinnerungsblätter*... (wie Anm. 7), S. 136, von einem „zusammenhängenden Grundbesitz von ungefähr 12 Morgen...".

[81] *Zum 75jährigen Jubiläum*... (wie Anm. 72), S. 6.

[82] Die Angaben wurden zusammengestellt aus den Übersichten *a. a. O.*, S. 6ff., und F. Bock, *75 Jahre*... (wie Anm. 72), S. 25f. Ausführlichere Darstellungen, die auch die Zwecke der neuen Einrichtungen erläutern, finden sich bei Ph. Hille, *Erinnerungsblätter*... (wie Anm. 7), S. 129ff., und W. Hohn, *Die Nancy-Trierer Borromäerinnen*... (wie Anm. 78), S. 28ff.

wurde ein Eiskeller angelegt; 1866 die Leichenhalle umgebaut und mit einer Kapelle versehen; 1868 wurde ein Waschhaus mit einer Dampfkesselanlage errichtet, 1881 ein Krankenhausneubau mit 140 Betten; 1884 erfolgte der Neubau der Leichenhalle, 1887 der Bau eines Kinderkrankenhauses; 1889 bekamen die Hospitaliten ein neues Haus; 1890 entstand ein neues Eishaus, 1900 ein Neubau für die Chirurgie; 1903 wurde der bereits 1881 erweiterte Kuhstall erneut ausgebaut; 1905 entstand der Josephsbau mit Krankenzimmern und Wohnungen für Geistliche und Ärzte, 1911 der Karolusbau mit Liegehallen für Tuberkulose-Patienten; zwischen 1912 und 1916 wurden die gesamten Kraft-, Beleuchtungs- und Wasseranlagen erneuert, die Bäckerei umgebaut, ein großer Keller zur Aufbewahrung von Lebensmitteln eingerichtet, außerdem wurden die Balkonanbauten fertiggestellt; 1918 wurde die Küche modernisiert, 1920 eine neue Telefonzentrale eingerichtet. Diese Aufzählung, die für die Zeit der Weimarer Republik fortgesetzt werden könnte,[83] läßt erahnen, wieviel Kraft und Vernunft aufgewendet werden mußten, um die Voraussetzungen für die im St. Hedwig-Krankenhaus praktizierte Krankenpflege und Wohltätigkeit zu schaffen. Auf die Finanzierung dieses Werkes wird noch einzugehen sein. „Sein Wachstum und sein umfassendes Wirken verdankt das Haus vor allem der Tüchtigkeit seiner Ärzte, der rastlosen Sorge und dem Weitblick seiner Verwalter, der Selbstlosigkeit und dem wirtschaftlichen Sinn der Schwestern."[84]

In der Zeit des Kulturkampfes wurde der Ausbau des Krankenhauses zwar nicht unterbrochen, dennoch geriet das Werk der Barmherzigen Schwestern in eine Bewährungsprobe. Im Dokumentationsordner des St. Hedwig-Krankenhauses heißt es dazu: „Inzwischen waren im Verlauf des Kulturkampfes, der in Preußen von Fürst Otto von Bismarck (1815—1895) bestimmt wurde, Priester und Ordensleute ausgewiesen, Klöster aufgelöst und konfisziert worden. Im St. Hedwig-Krankenhaus durften die Borromäerinnen weiterhin die Kranken pflegen, doch wurden sie unter Polizeiaufsicht gestellt."[95] Daß trotz dieser sparsamen Notiz der Kulturkampf auf den Barmherzigen Schwestern in St.

[83] Über den weiteren Ausbau des St. Hedwig-Krankenhauses in der Zeit der Weimarer Republik wird in groben Zügen berichtet in: *Zum 75jährigen Jubiläum...* (wie Anm. 72), S. 50f.

[84] *Die Liebe überwindet alles...* (wie Anm. 2), S. 37. Auf die Verdienste der Ärzte kann in diesem Beitrag nicht eingegangen werden.

[85] *Dokumentationsordner...* (wie Anm. 41).

Hedwig lastete, läßt sich aus der Tatsache schließen, daß im Mutterhaus in Trier keine Novizinnen aufgenommen werden durften und daß ihre Mitschwestern in den zahlreichen anderen Niederlassungen, wenn sie nicht in der Pflege von Kranken und alten Menschen tätig waren, ihre Aufgabenfelder aufgeben mußten.[86] In der Festschrift von 1921 wird darüber hinaus gesagt, daß die Schwestern die Polizeiaufsicht als „großes Unrecht" empfunden hatten. „Wir müssen gestehen, daß wir im St. Hedwig-Krankenhaus von draußen viel Liebe empfangen, aber wenig Verfolgung erlitten haben. Ein großes Unrecht hat uns die Welt doch angetan: Still und klaglos haben unsere Schwestern es von 1875 an bis in den Krieg hinein ertragen, daß sie durch die Kulturkampfgesetze unter Polizeiaufsicht gestellt waren. Wer sollte es glauben, daß ein solch kränkendes Ausnahmegesetz über 40 Jahre, in der Glanzperiode Deutschlands, in Preußen bestehen und aufrechterhalten werden konnte? Gott sei Dank, nun ist es endlich geschwunden. Decken wir den Mantel der Liebe darüber. Es sei vergessen."[87]

In der Verwaltung des Hauses trat 1887 eine Veränderung ein. Eigentümerin des St. Hedwig-Krankenhauses war bis dahin die St. Hedwig-Gemeinde. Nachdem das Krankenhaus an Größe und Bedeutung zugenommen hatte und der Kulturkampf beendet war, stellte Propst Aßmann bei der zuständigen Staatsbehörde den Antrag, das Krankenhaus zu einer selbständigen Wohltätigkeitsanstalt der katholischen Kirche zu erheben. Diesem Antrag wurde durch Allerhöchsten Erlaß vom 5. Oktober 1887 entsprochen, dem „St. Hedwig-Krankenhaus in Berlin", so die offizielle Bezeichnung, die Rechte einer juristischen Person verliehen.[88] Die Verwaltung und Vertretung nach außen hatte nach dem Statut der Anstalt das „Comité des St. Hedwig-Krankenhauses"; dessen Vorsitzender war der jeweilige Propst von St. Hedwig. Die übrigen Mitglieder des Comités wurden „vom Vorstande aus den zu einer der katholischen Pfarreien zu Berlin gehörigen großjährigen Männern gewählt", sie mußten vom Fürstbischof von Breslau bestätigt werden.[89] Diese Männer, die durchweg hohe gesellschaftliche Positio-

[86] Das Preußische Gesetz vom 31. Mai 1875 untersagte den Orden jegliche Erziehungs- und Unterrichtstätigkeit.

[87] *Zum 75jährigen Jubiläum*... (wie Anm. 72), S. 15.

[88] Vgl. dazu W. Hohn, *Die Nancy-Trierer Borromäerinnen*... (wie Anm. 78), S. 35f., und Ph. Hille, *Erinnerungsblätter*... (wie Anm. 7), S. 133ff.

[89] Vgl. § 3 des Statuts, abgedruckt in: Ph. Hille, *Erinnerungsblätter*... (wie Anm. 7), S. 133ff.

nen einnahmen, werden in den Festschriften als Wohltäter des Krankenhauses gerühmt: „Sie haben in stiller, ehrenamtlicher Wirksamkeit dem Krankenhaus unschätzbare Dienste erwiesen und viel dazu beigetragen, daß dieses seinen Ruf und seine Bedeutung von Jahrzehnt zu Jahrzehnt mehren konnte."[90] Die Leitung des St. Hedwig-Krankenhauses blieb bei den Borromäerinnen. „Diese haben die gesamte Leitung des Bureaus, der Kasse, der Wirtschaft und der Apotheke, vor all'em aber die Pflege der Kranken. Die Leitung der Apotheke untersteht nur den einzelnen Schwestern, die vorher das Apotheker-Examen gemacht haben ... Wenn schon die Schwestern durch ihre Wirtschaftlichkeit, Sorgfalt und Umsicht ein Hauptverdienst an der Entwickelung des Hauses unbestritten haben, so muß an dieser Stelle rühmendst hervorgehoben werden das feine Taktgefühl, der Mut, die hingebende Aufopferung und Selbstverleugnung, mit der sie der Pflege der Kranken obwalten."[91]

VI

Mit dem Wirken der Barmherzigen Schwestern am St. Hedwig-Krankenhaus wurde auch in Berlin eine „neue Ära der Krankenpflege" begründet.[92] Die Professionalisierung der Krankenpflege schloß ein neues Verständnis dieses Berufs ein, das aus den „Kraftquellen der Religion" schöpfte und „Selbstaufopferung, Unverdrossenheit, die völlige Hingabe an den Beruf, überhaupt alle Eigenschaften, die der Krankendienst erfordert, und die Verachtung aller Gefahren, die er mit sich bringt ..." hervorbrachte.[93] Ausgebildet wurden die Barmherzigen Schwestern nicht nur in der Krankenpflege, sondern auch im Sinne der Caritas. Das Statut der Borromäerinnen sah vor, daß nur gesunde Schwestern im Alter von 20 bis 26 Jahren aufgenommen wurden, Bewerberinnen mit einer höheren Schulbildung und, wenn möglich, mit einer abgeschlossenen Berufsausbildung, zum Beispiel als Lehrerin oder als Apothekerin. In den beiden ersten Jahren ihres Noviziats wurden

[90] *Die Liebe überwindet alles...* (wie Anm. 2), S. 38. Die Namen und Positionen der Mitglieder des Comités bis zum Jahre 1899 finden sich in W. Hohn, *Die Nancy-Trierer Borromäerinnen...* (wie Anm. 78), S. 35f.

[91] W. Hohn, *Die Nancy-Trierer Borromäerinnen...* (wie Anm. 78), S. 36.

[92] *Die Liebe überwindet alles...* (wie Anm. 2), S. 5.

[93] *A. a. O.*, S. 14.

die jungen Frauen im St. Hedwig-Krankenhaus von qualifizierten Ordensfrauen, die bereits jahrelang Stationen geleitet hatten, in die Lehre genommen; außerdem erhielten sie Unterricht durch die Ärzte des Krankenhauses. Das dritte Noviziatjahr verbrachten sie im Mutterhaus in Trier. Sie erhielten dort eine theologisch-philosophische Zusatzausbildung und das geistige Rüstzeug für den Umgang mit Ärzten und Patienten.[94]

Das Besondere dieses Krankenhauses wird in der *Festschrift zum 75jährigen Bestehen des St. Hedwig-Krankenhauses in Berlin* zu erklären versucht: „Was macht das St. Hedwig-Krankenhaus zum St. Hedwig-Krankenhaus? Nicht die Steine des Baues, nicht die Anlage des Ganzen, nicht Luft und Licht, nicht Küche und Operationssaal, sondern der Geist, der das Ganze durchweht ... Das St. Hedwig-Krankenhaus sieht in dem Kranken auf dem Schmerzenslager und auf dem Operationstisch den Bruder und die Schwester Christi; nicht ein bloßes Studienobjekt für Medizin und Psychologie, nicht einen bloßen Menschen mit Fleisch und Blut, sondern ein vernünftiges Wesen mit irdischem Leib und unsterblicher Seele ... Wenn der Kranke durch das Haupttor unseres Hauses eintritt, so liest er auf den Scheiben der mächtigen Torflügel eingegraben das goldene Programm des Glückes, wie es unser Heiland in den acht Seligkeiten der Bergpredigt uns verkündet hat. Alle, die unser Haus hilfesuchend betreten, sind krank, sind unglücklich — es fehlt ihnen die Gesundheit des Leibes und gar oft auch der Seele ... Ohne Zweifel wollen wir alle, die zu uns kommen, körperlich heilen, ihnen womöglich die körperliche Gesundheit wiederschenken; aber fast überall in aller Welt spielen außer der leiblichen Hilfe auf dem Operationstische und im Krankenzimmer psychologische Kräfte mit, geistige Imponderabilien bei den Ärzten, bei den Schwestern, bei dem Personal und oft genug auch bei dem geistlichen Zuspruch, der von vielen mit Freuden begrüßt wird. Und kaum anderswo ist dies so wichtig wie hier — der Geist ist's, der unserem Hause sein individuelles Gepräge gibt — der Geist der acht Seligkeiten."[95] Im weiteren werden

[94] Als 1907 die ersten Vorschriften zur staatlichen Prüfung von Krankenpflegepersonen erlassen wurden, richtete das St. Hedwig-Krankenhaus eine Krankenpflegeschule ein, die sich schnell einen „hervorragenden Ruf (als) Bildungsanstalt für staatlich anerkannte Krankenpflegerinnen" erwarb und die auch weltlichen Schülerinnen offenstand. Vgl. *a. a. O.*, S. 52.

[95] Vgl., auch zum folgenden, das Kapitel *Der Geist des Hauses*, in: *Zum 75jährigen Jubiläum...* (wie Anm. 72), S. 11 ff., hier S. 11.

die acht Seligkeiten als selbstgewähltes „Programm" näher erläutert und auf das Wirken der Barmherzigen Schwestern bezogen. Das darin zum Ausdruck gebrachte Selbstverständnis sei hier wenigstens in einigen Grundsätzen vorgestellt. Die Schwestern, die „für Gotteslohn" und ohne „irdisches Eigeninteresse" arbeiteten, machten es sich zur Aufgabe, dem hohen Ideal der acht Seligkeiten nachzustreben: Sanftmut und Geduld sollten den Umgang mit den Kranken und untereinander bestimmen; ihr Mitgefühl mit den Kranken umfaßte Freude über die Genesenden, Mitleiden mit den Schwerkranken, Trauern mit den Witwen und Waisen eines Verstorbenen; den Kranken in „gerechter Liebe" zu begegnen, hieß, dieselbe Sorgfalt in der Behandlung der Patienten 1. und 3. Klasse zu verwenden; sie wollten Wohltätigkeit üben; die „Ehre des Hauses" niemals „beflecken"; „sozialen Frieden" zwischen Patienten unterschiedlicher sozialer und nationaler Herkunft herstellen; „großes Unrecht" — wie es die Schwestern durch die Kulturkampfgesetze erfahren haben — wurde „still und klaglos" ertragen.[96]

Was auf der Grundlage einer solchen Berufsauffassung im St. Hedwig-Krankenhaus geleistet wurde, drückt sich in Zahlen so aus: Zwischen 1846 und 1921 wurden 276 002 Personen behandelt, 159 755 Männer und 116 247 Frauen; davon waren 95 992 Katholiken, 173 944 Protestanten, 5759 Juden und 1094 mit anderer beziehungsweise ohne Konfession. Die Behandlung dieser Patienten erforderte 9 255 335 Verpflegungstage.[97] In diesem Zeitraum haben 560 Schwestern vom hl. Karl Borromäus im St. Hedwig-Krankenhaus „für Gotteslohn" gearbeitet;[98] sie hatten nur freie Verpflegung und ein „Nadelgeld", das für ihre Kleidung bestimmt war.[99] Diesen Grad der Armut übten die Ärzte und das angestellte Personal zwar nicht, aber es wird berichtet, sie seien stets „maßvoll in ihren Ansprüchen" gewesen.[100] Ohne dies hätte das

[96] Alle Zitate: *ebda.*

[97] Angaben nach F. Bock, *75 Jahre...* (wie Anm. 72), S. 25. Bis zum Jahr 1946 erhöhte sich die Zahl der Kranken, die im St. Hedwig-Krankenhaus Aufnahme gefunden haben, auf rund 480 000; davon waren 302 000 Protestanten, 152 000 Katholiken, 12 600 Juden und 13 400 Andersgläubige oder Glaubenslose. Vgl. *Die Liebe überwindet alles...* (wie Anm. 2), S. 52.

[98] Vgl. *Zum 75jährigen Jubiläum...* (wie Anm. 72), S. 19. Bis 1946 waren 765 Barmherzige Schwestern im St. Hedwig-Krankenhaus tätig. Vgl. *Die Liebe überwindet alles...* (wie Anm. 2), S. 52.

[99] Vgl. *Zum 75jährigen Jubiläum...* (wie Anm. 72), S. 12.

[100] *Ebda.*

Haus nicht ausgebaut und erhalten werden können. 1921 waren im St. Hedwig-Krankenhaus tätig: ein Geistlicher, 60 Barmherzige Schwestern, 12 Krankenwärter, 15 Krankenpflegeschülerinnen, 74 weibliche Hausangestellte, davon einige als Krankenwärterinnen, zehn Handwerker, elf Ärzte, elf Assistenzärzte und einige Volontäre und Medizinalpraktikanten. Hinzu kam, daß es unter den 109 Hospitaliten nicht wenige gab, die „hier und da ihre Dienste gern dem Hause leihen, so weit es ihnen möglich ist".[101]

Die Finanzierung des ganzen Werkes — allein die Anlagekosten beliefen sich bis zum Jahre 1900 auf zwei Millionen Mark[102] — beruhte auf zwei Voraussetzungen: auf der unentgeltlichen Arbeit und der Tüchtigkeit der Barmherzigen Schwestern und auf den Spenden und Zuwendungen von Freunden und Gönnern der Anstalt. Wenn sich auch das Krankenhaus wirtschaftlich fast immer selbst tragen konnte,[103] die Erweiterung und Verbesserung der Anstalt und das hohe Maß an Wohltätigkeit kam, wie schon die Gründungsgeschichte zeigte, nur zustande, weil Wohltäter das gesamte Unternehmen förderten.[104] Der von Marianne Saaling 1846 ins Leben gerufene Weihnachtsbasar, der seit 1868 von der Fürstin Anton Radziwill weitergeführt wurde — die Familie Radziwill blieb dem Krankenhaus verbunden —, erbrachte jährlich eine große Summe zugunsten der Anstalt. Die Mittel für die um die Jahrhundertwende entstandenen Erweiterungsbauten kamen durch zwei Geldlotterien zusammen, die 1899 und 1901 durch die Fürsprache der Fürstin Anton Radziwill mit staatlicher Genehmigung in ganz Deutschland durchgeführt werden konnten. Spenden und Geschenke kamen aus dem preußisch-deutschen Herrscherhaus, von Mitgliedern nichtpreußischer deutscher und ausländischer Höfe, von katholischen Vereinen, von Personen, die ungenannt bleiben wollten.

[101] *A. a. O.*, S. 8.

[102] Vgl. W. Hohn, *Die Nancy-Trierer Borromäerinnen* ... (wie Anm. 78), S. 42.

[103] Vgl. *Die Liebe überwindet alles* ... (wie Anm. 2), S. 37. In der Festschrift von 1921 wird darauf hingewiesen, daß das Krankenhaus der Stadt Neukölln in Buckow mit 700 Betten schon vor dem Ersten Weltkrieg ein Defizit von jährlich 830 000 Mark hatte; dem ist hinzugefügt: „Wenn wir so wirtschafteten, müßten wir nächstes Jahr unsere Tore schließen." *Zum 75jährigen Jubiläum* ... (wie Anm. 72), S. 8 f.

[104] Vgl. zum folgenden: *a. a. O.*, S. 18; W. Hohn, *Die Nancy-Trierer Borromäerinnen* ... (wie Anm. 78), S. 38 ff.; *Die Liebe überwindet alles* ... (wie Anm. 2), S. 35 ff.; Ph. Hille, *Erinnerungsblätter* ... (wie Anm. 7), S. 137 ff.; F. Bock, *75 Jahre* ... (wie Anm. 72), S. 80.

Durch die Einrichtung von „Stiftungsbetten", die den Namen des Stifters trugen — 1921 gab es 34 solcher Betten —, konnte ebenfalls zur Wohltätigkeit des St. Hedwig-Krankenhauses beigetragen werden.

Im St. Hedwig-Krankenhaus wurde stets einer Zahl „verschämter Armen"[105] die Krankenpflege und Behandlung unentgeltlich gewährt. Bis zum Jahr 1921 waren dies 16 521 Personen, davon 11 803 Katholiken, 4673 Protestanten und 55 Juden; mehr als 700 000 unentgeltliche Verpflegungstage hatte das Krankenhaus bis dahin aus Wohltätigkeit gewährt.[106] Weitere wohltätige Einrichtungen waren ein Freitisch für arme Studenten und die Unterstützung zahlreicher Einzelpersonen und Familien, die sich unentgeltlich ihr Mittagessen nach Hause holen konnten.[107] Ungezählt blieben die Almosen, die Notleidenden als Einzelgaben gespendet wurden. Als Wohltätigkeitsanstalt erwarb sich das St. Hedwig-Krankenhaus einen Ruf, der weit über die Grenzen Berlins hinausreichte,[108] aufgrund seiner medizinischen Erfolge sogar „Weltruf".[109]

Neben dem Erfolg, der von Außenstehenden anerkannt wurde, gab es Erfolge, die nach innen wirkten. Zu den „großen Erfolgen des Hauses"[110] wird gerechnet, „daß Ärzte, Schwestern und Angestellte gern bei uns sind und arbeiten ...",[111] daß bei der Behandlung von Nichtkatholiken der „richtige Weg" gefunden wurde, fern „von jeder Proselytenmacherei",[112] und daß „die Gegensätze, die sich draußen in religiöser, sozialer und politischer Beziehung breit machen, so klug und so wirksam versöhnt (werden)".[113] Was als „schönster Erfolg" bezeichnet wird, verweist auf die Beweggründe, die zur Einrichtung des St. Hedwig-Krankenhauses in der Berliner Diaspora geführt haben: „Als katholische Anstalt gegründet, wollte es ohne Zweifel an erster Stelle den vielen Katholiken, die immer zahlreicher nach Berlin zogen, eine Heilstätte bereiten. Die Berechtigung der konfessionellen Anstalten steht außer allem Zweifel ... Die katholischen Kranken sollen hier

[105] W. Hohn, *Die Nancy-Trierer Borromäerinnen* ... (wie Anm. 78), S. 42.

[106] Vgl. F. Bock, *75 Jahre* ... (wie Anm. 72), S. 80 ff.

[107] Vgl. *a. a. O.*, S. 80, und Ph. Hille, *Erinnerungsblätter* ... (wie Anm. 7), S. 137 ff.

[108] Vgl. *Die Liebe überwindet alles* ... (wie Anm. 2), S. 5.

[109] *Zum 75jährigen Jubiläum* ... (wie Anm. 72), S. 16.

[110] Vgl. das Kapitel *Erfolge des Hauses,* in: *a. a. O.*, S. 16 ff.

[111] *A. a. O.*, S. 17.

[112] *A. a. O.*, S. 18.

[113] *Ebda.*

im Hause katholische Luft atmen und ihren kirchlichen Pflichten getreu und leicht nachkommen können. Deshalb wurde an das Krankenhaus eine große Kapelle gebaut und ein Geistlicher für die Katholiken angestellt ... Viele, gar viele, die durch unsere Pforte kamen, waren krank am Leib und ebenso oder noch mehr krank an der Seele ... und wären sie nicht in ihrer Krankheit zu uns gekommen, sie wären in ihren Sünden dahingestorben. Fast kein einziger Katholik, der bei uns starb, starb ohne die hl. Sakramente. Wir konnten sie alle mit Gott versöhnen. Darum wagen wir die Behauptung: in keinem Hause Berlins werden so viele Seelen gerettet als im St. Hedwig-Krankenhause. Dies ist unser schönster Erfolg."[114]

VII

Wie die Barmherzigen Schwestern im St. Hedwig-Krankenhaus das Zeitgeschehen erlebten, überliefern die Chroniken fast ausschließlich im Zusammenhang mit den großen gesellschaftlichen Krisen. Mit den immer wiederkehrenden Epidemien war das Krankenhaus unmittelbar konfrontiert, zuerst mit der Cholera-Epidemie von 1851, die trotz großer Vorsichtsmaßnahmen auf Angehörige des Hauses übergriff.[115] Solange es in Berlin noch keine Kanalisation gab, brachen in den Sommermonaten regelmäßig Typhus, Ruhr und Malaria aus. In den ersten fünfzig Jahren seit Bestehen des Krankenhauses wurden jährlich bis zu 200 Malaria-Patienten behandelt.[116] Nach der Jahrhundertwende erlosch die Malaria fast ganz, aber Influenza-Epidemien und Tuberkuloseerkrankungen nahmen stark zu. Viele Schwestern haben ihre physischen Kräfte im selbstlosen Dienst der Nächstenliebe frühzeitig verzehrt. Ein Teil von ihnen hat die Pflege infizierter Patienten mit dem eigenen Leben bezahlt. Ihre letzte Ruhestätte ist auf dem St. Hedwig-Friedhof, dem kleinen Totenacker in der Liesenstraße, der am 21. November 1834 eingeweiht worden war.

Von den Kriegen war das St. Hedwig-Krankenhaus in sehr unterschiedlichem Maße betroffen. Während es sich in den Kriegen des 19. Jahrhunderts und im Ersten Weltkrieg als „musterhafte Wohlthätigkeitsanstalt" bewährte, war das Krankenhaus im Zweiten Weltkrieg

[114] *A. a. O.*, S. 17f.

[115] Vgl. Ph. Hille, *Erinnerungsblätter* ... (wie Anm. 7), S. 80.

[116] Vgl. F. Bock, *75 Jahre* ... (wie Anm. 72), S. 61.

selbst der „zerstörenden Wucht des modernen Krieges"[117] ausgesetzt. In den Kriegen von 1864, 1866 und 1870/71 erwarben sich Borromäerinnen, unter diesen auch jeweils zwei bis drei Schwestern aus dem St. Hedwig-Krankenhaus, „Verdienste um die Pflege der Verwundeten auf den Schlachtfeldern";[118] in Berlin wurden transportfähige verwundete Soldaten gepflegt. Hohn schreibt: „Auch in den Kriegen bewährte sich das St. Hedwig-Krankenhaus zu Berlin als eine musterhafte Wohlthätigkeitsanstalt. Im Jahre 1864 wurden verwundete österreichische Soldaten, welche ihren Weg über Berlin nahmen, zu sechs verschiedenen Malen und zwar jedesmal 30 bis 40, auf ein oder mehrere Tage verpflegt, 1866 wurden 437 verwundete Preußen, Sachsen und Österreicher verpflegt und behandelt, 1870/71 hatte das Krankenhaus 100 Betten, deren Zahl sich aber auf 115 steigerte, für verwundete und kranke Krieger zur Verfügung gestellt. Im ganzen wurden 538 Krieger verpflegt."[119] Für ihre Hilfsbereitschaft und Verdienste erhielten die Barmherzigen Schwestern des St. Hedwig-Krankenhauses vom österreichischen und preußischen Herrscherhaus großzügige Geschenke und hohe Auszeichnungen.[120] Nach dem Ersten Weltkrieg wird im Rückblick auf diese Kriege festgestellt: „Die Kriege von 1864, 1866, 1870 berührten uns kaum, trotzdem damals Schwestern mit ins Feld gezogen und Verwundete im Hause verpflegt wurden."[121] Im Anschluß

[117] *Die Liebe überwindet alles*... (wie Anm. 2), S. 54.

[118] W. Hohn, *Die Nancy-Trierer Borromäerinnen*... (wie Anm. 78), S. 36.

[119] *A. a. O.*, S. 43.

[120] Vgl. dazu Ph. Hille, *Erinnerungsblätter*... (wie Anm. 7), S. 141—144: „Der Kaiser Franz Josef von Österreich erwies sich sehr dankbar für die Hülfe, welche unsere Schwestern seinen Soldaten geleistet hatten. Mehrere Male schenkte er dem St. Hedwig-Krankenhause bedeutende Geldsummen und ließ der Oberin M. Angelica Eschweiler am 16. April 1865 als Orden das goldene Verdienstkreuz überreichen; und als er im Jahre 1872 zur ‚Drei-Kaiser-Zusammenkunft' in Berlin weilte, erfreute er das St. Hedwig-Krankenhaus mit seinem väterlich-liebevollen Besuche" (S. 141). Zum Krieg von 1866 heißt es: „Die an dem Schicksale der Verwundeten innigst theilnehmende Königin Augusta besuchte mehrfach unser Haus und die Kranken darin. Auch der König Wilhelm I. besuchte bei dieser Gelegenheit zum ersten Male das St. Hedwig-Krankenhaus seit der Eröffnung desselben" (S. 142). Und: „Zur dankbaren Erinnerung an all das Gute, was die Schwestern [1870/71] den Soldaten in den schmerzlichen Tagen ihrer Verwundung gethan, schickte die Kaiserin Augusta nebst einer größeren Geldsumme zwei kostbare Engelsfiguren, die in knieender Haltung dargestellt, zur Ausschmückung des Altars prächtig Verwendung finden konnten" (S. 144).

[121] *Zum 75jährigen Jubiläum*... (wie Anm. 72), S. 9.

daran wird dargestellt, was der Erste Weltkrieg für das Krankenhaus bedeutete: „Wie ganz anders im August 1914! Der gewaltige Weltkrieg ergriff auch uns alle und das Hedwighaus öffnete selbstverständlich seine Tore allen verwundeten Kriegern. Es blieb Krankenhaus, aber sein Bestand schmolz zusammen bis auf 150 bis 200; dagegen rückten ganze ‚Regimenter' Soldaten durch unser Tor ein. Wir wurden Vereinslazarett ... Ein Zimmer nach dem anderen wurde von Verwundeten belegt, alle Räume, alle Säle wurden benutzt ... Es war eine harte Zeit, aber auch eine glorreiche und segensreiche Zeit — die Zeit des Krieges."[122]

Ebenfalls als „harte Zeit" wurden der Zusammenbruch des Kaiserreiches, die revolutionären Ereignisse und die politischen Unruhen zu Beginn der Weimarer Republik erlebt. „Und dann kam mit dem Zusammenbruch und mit dem Verlust des Krieges die allerhärteste Zeit, die Zeit der Revolution, der Revolutionen, der Streiks, der Aussperrungen, des Kohlenmangels. Licht und Wasser wurden uns gesperrt, so daß die notwendigsten Operationen in Gefahr kamen. Der liebe Gott hat uns auch in den allerschwersten Tagen noch beschützt, so daß das Haus allezeit allen Kranken Wohnung, Kleidung, Nahrung, Medikamente und jegliche Krankenhilfe leisten konnte."[123] Zwei Ereignisse werden im Detail geschildert: Der politische Umsturz, „als am 11. November 1918 den Offizieren im Hause die Tressen mit Gewalt heruntergerissen wurden, als sich am selben Tage ein Soldatenrat bildete und eingriff in die Verwaltung des Hauses",[124] und das Bürgerkriegsgeschehen vom März 1919, als das St. Hedwig-Krankenhaus „mitten in der Kampfzone" lag.[125] Die wirtschaftliche Not konnte das St. Hedwig-

[122] *A. a. O.*, S. 9f. Ausführliche Informationen über das Vereinslazarett gibt F. Bock, *75 Jahre...* (wie Anm. 72), S. 56.

[123] *Zum 75jährigen Jubiläum...* (wie Anm. 72), S. 10.

[124] *Ebda.* Weiter heißt es: „An der Spitze des Soldatenrates stand ein ‚Unabhängiger'; wir müssen ihm aber das Zeugnis ausstellen, daß er in den kritischsten Tagen unparteiisch seines Amtes gewaltet und in unserem Hause unter den vielen revolutionären Elementen der Patientenschaft stramme Ordnung gehalten hat. Wir haben uns niemals über eigentliche Widersetzlichkeit oder Empörung unter der Soldatenschaft zu beklagen gehabt und alle haben sich gegen Ärzte und Schwestern musterhaft betragen. Unseren Kriegern zur Ehre sei das gern gesagt."

[125] *Ebda.:* „Die wildesten Tage waren die Märztage des Jahres 1919, als die Marinedivision gegen die Regierung sich empörte. Damals lag unser Haus mitten in der Kampfzone. Vor unserem Hause fielen vier Zivilisten, unschuldige Menschen, den Kugeln zum Opfer. Mehr als 20 Kugeln gingen durch unsere Fenster oder schlugen in unsere Mauern

Krankenhaus durch eigene Anstrengung bewältigen, nicht aber die Inflation. Durch sie geriet die Bilanz des Krankenhauses in ein Defizit. Trotzdem blickte man 1921 „mutig in die Zukunft": „Nie hat das St. Hedwig-Krankenhaus den Mut verloren und nie einen Kranken abgewiesen, weil es kein Stücklein Brot mehr für ihn gehabt hätte. Mit heiligem Optimismus sind wir durch die schweren Jahre hindurchgeschritten. Wir glauben an einen Aufstieg. Ein Volk wie das deutsche Volk geht nicht zugrunde, dafür birgt es in seinem Innern noch viel zu heilige Kräfte. Die Liebe erträgt alles, sie glaubt alles, sie hofft alles, sie übersteht alles. (1. Kor. 13,7.) Immer heiter — Gott hilft weiter. So schreiten wir auch über die Schwelle des Jubeljahres hinaus in die Zukunft hinein."[126]

In der Zeit der Weimarer Republik wurde das St. Hedwig-Krankenhaus auch zu einer Heimstatt für christliche Politiker. Von Zeitzeugen wird berichtet, daß Parlamentarier, wenn sie nach Berlin kamen, im St. Hedwig-Krankenhaus wohnten. Auf den Gängen des Krankenhauses soll manche politische Entscheidung gefallen sein. St. Hedwig war eine Drehscheibe der Erfahrungen, der Beratungen und der Diskussionen. Nach der Machtübernahme durch die Nationalsozialisten haben der frühere Zentrumsvorsitzende, Prälat Kaas, und Dr. Heinrich Brüning, Reichskanzler von 1930 bis 1932, ständig dort gewohnt.

Heimstatt war das St. Hedwig-Krankenhaus ganz besonders in der NS-Zeit. 1939 bot seine Krankenpflegeschule vielen von den Nationalsozialisten aus ihren Lyzeen vertriebenen Schulschwestern anderer Orden Hilfe, indem sie sie zu Krankenschwestern umschulte. Bemerkenswert ist, daß Goebbels das Krankenhaus drei Tage lang durch die Geheime Staatspolizei ausforschen ließ, um sich dann als Patient in die

ein. Das Knattern der Maschinengewehre hielt sechs Tage und Nächte an, ganz in unserer Nähe, und der Kanonendonner ließ unsere Kranken in den Betten erzittern. Die Ärmsten haben Todesnot ausgestanden, als die Kugeln jeden Augenblick durch die Gr. Hamburger Straße pfiffen. Zu gleicher Zeit lagen an die 30 Tote in unserem Leichenhaus und an die 130 Verwundete in den Krankensälen, zum Teil Soldaten, zumeist Kommunisten, die in den Kämpfen am Alexanderplatz gefallen oder verwundet worden waren. Die Spartakisten brachten ihre Verwundeten durch ihre Sanitätskolonnen genau wie die regierungstreuen Truppen; sie requirierten Wäschevorräte und Verbandzeug, so daß wir fast ausgeplündert wurden. Wir gaben es für Freund und Feind. Wir dachten an die Mutter Xaveria bei der Märzrevolution 1848: ‚Wir pflegen eure Brüder und Schwestern. Wir halten es mit unseren Armen und Kranken.' Und auch diese Tage gingen vorüber."

[126] *A. a. O.*, S. 10f.

Behandlung von Professor Hüdepohl zu begeben. Die Schwestern haben selbst in der Zeit des größten Kirchenkampfes niemandem die Nächstenliebe versagt. Andererseits waren sie diskret, klug und risikobereit, wenn es galt, ein Unheil abzuwenden. Als die Jugendlichen aus dem Don-Bosco-Heim zum Volkssturm ausrücken sollten, hat Dr. Lux — mit dem Wissen der Borromäerinnen — mutig eine Scharlachepidemie vorgeschoben, um zu verhindern, daß die jungen Menschen dem Tod ausgeliefert wurden. Um jüdischen Mitbürgern zu helfen, organisierte die Fürsorgerin Marianne Hapig zusammen mit dem Oberarzt Dr. Lux im St. Hedwig-Krankenhaus ein waghalsiges Unternehmen: Sie vermittelte jüdischen Mädchen, die den Judenstern abgelegt hatten, jeweils für 14 Tage eine Hauspflege bei vorzeitig entlassenen Patienten. Auf diese Weise — von Stelle zu Stelle — konnten diese jungen Frauen untertauchen.[127] Im Büro von Marianne Hapig fanden auch die geheimen Gespräche statt, um diffamierten Minderheiten, politisch Verfolgten, zu helfen. In den letzten Kriegsmonaten konzentrierte sich ihre Hilfe ganz auf die Männer des 20. Juli. Ihr Büro wurde zur „heimlichen Beratungsstelle für die Angehörigen der Verschwörer des 20. Juli 1944“; von hier aus plante sie gemeinsam mit ihrer Freundin Marianne Pünder Hilfsaktionen für inhaftierte Widerstandskämpfer. Einer von ihnen war der Jesuit Pater Delp. Er war am 31. Juli 1944 in München verhaftet und nach Berlin gebracht worden. Am 2. Februar 1945 endete sein Leben. Er war zum Tode am Galgen verurteilt. Diese Andeutungen müssen als Hinweis darauf genügen, daß im St. Hedwig-Krankenhaus bedrängte Flüchtlinge, politische Gefangene Aufnahme und Heilung gefunden haben.

Über den Zweiten Weltkrieg wird in der Festschrift von 1946 berichtet: „Der Zweite Weltkrieg hat Berlin sehr bald zu einer Frontstadt des Luftkrieges gemacht und schließlich mit der Schlacht um Berlin das Schicksal des deutschen Heeres und des nationalsozialistischen Regimes besiegelt. Er hat auch in die Chronik des St. Hedwig-Krankenhauses ein besonders herbes und schmerzliches Kapitel eingetragen. Diese Kriegsjahre seit 1939 verliefen gänzlich anders, als man das vom Ersten Weltkrieg her kannte, als hier in St. Hedwig Tausende von verwundeten und kranken Soldaten, fern vom eigentlichen Kriegsge-

[127] Vgl. Erich Klausener, *Frauen in Fesseln — Hoffnung in der Finsternis. Von Mut und Opfer katholischer Frauen im Dritten Reich*, Berlin 1982, S. 61—116.

schehen, eine ruhige Stätte der Heilung und Erholung fanden. Diesmal waren es besonders die Opfer des Luftkrieges, die in St. Hedwig Heilung und Rettung suchten."[128] Im Anschluß an die Evakuierung von Frauen und Kindern wurden im August 1943 auch die Berliner Krankenhäuser zum größten Teil geräumt. Die transportfähigen Kranken des St. Hedwig-Krankenhauses wurden nach Sachsen, Thüringen und in das Wartheland gebracht. Zurück blieben einige Schwestern und etwa hundert Schwerkranke. „Zum erstenmal seit seinem Bestehen schien das große Krankenhaus wie ausgestorben. Das Leben in Berlin ging trotzdem weiter, da die arbeitende Bevölkerung hierblieb. Daher bekam auch das St. Hedwig-Krankenhaus wieder neuen Zuwachs durch Kranke und Verletzte."[129] Ausführlich werden die Sorgen und Nöte der Barmherzigen Schwestern beschrieben, das Bangen um den „Fortbestand des Hauses"[130] und die Maßnahmen, die zum Schutz des eigenen Lebens und das der Kranken ergriffen wurden. Wie die letzten Tage des Kampfes um Berlin erlebt wurden, geht aus einem tagebuchartigen Bericht einer der Schwestern hervor.[131] Am Ende des Krieges war das St. Hedwig-Krankenhaus das einzige Großkrankenhaus in Berlin, das noch funktionsfähig war.[132] „Als große Gnade Gottes wurde es dabei empfunden, daß das Haus selbst die zerstörende Wucht des modernen Krieges überdauert hat. Ohne Schrecken und ohne schwere Schäden freilich gingen diese Jahre nicht vorüber."[133] Überdauert hat auch die Einstellung, mit der die Barmherzigen Schwestern am St. Hedwig-Krankenhaus wirkten: „So wechselvoll und schwer auch die äußeren Schicksale der Stadt und des Krankenhauses im Verlaufe dieses Säkulums gewesen sind, eines ist in diesen hundert Jahren unverändert geblieben: der Geist der nimmermüden, selbstlosen, ganz in Gott ruhenden Nächstenliebe, der mit den ersten barmherzigen Schwestern vom hl. Karl im Herbst 1846 in das Haus in der Kaiserstraße einzog, der sich dann in der Großen Hamburger Straße immer weiträumiger entfalten konnte und der im Laufe eines Jahrhunderts in vielen anderen Krankenhäusern der Stadt Nachahmung gefunden hat ... Mit der neueren Geschichte und Entwicklung der katholischen

[128] *Die Liebe überwindet alles...* (wie Anm. 2), S. 53f.
[129] *A. a. O.*, S. 54.
[130] *A. a. O.*, S. 55.
[131] *A. a. O.*, S. 56ff.
[132] *A. a. O.*, S. 61.
[133] *A. a. O.*, S. 54.

Kirche in Berlin ist die des St. Hedwig-Krankenhauses eng verbunden."[134]

Inzwischen umspannen mehr als 140 Jahre das fruchtbare Wirken des Krankenhauses, das als Heimstätte christlicher Caritas inmitten der Großstadt steht. Es ist mit seinen etwa 800 Barmherzigen Schwestern, die seit der Gründung des Hauses hier gewirkt haben, ein Meilenstein in der Geschichte der Caritas. Gegenwärtig umfaßt es 750 Betten und läßt — obwohl überwiegend weltliche Schwestern die Pflege übernommen haben[135] — noch heute den Geist spüren, mit dem die Borromäerinnen ihre Arbeit begonnen haben.

[134] *Die Liebe überwindet alles...* (wie Anm. 2), S. 6. Die Borromäerinnen des St. Hedwig-Krankenhauses waren Wegbereiter für die anderen weiblichen Orden, die in der Folgezeit nach Berlin kamen: 1852 wurden von Propst Pelldram Ursulinen aus Breslau geholt; sie eröffneten ein Jahr später in der Lindenstraße 39 eine katholische Höhere Mädchenschule, dem ein Mädchenwaisenhaus angegliedert war. Die Schwestern vom Guten Hirten wurden 1858 nach Charlottenburg berufen; 1887 erfolgte die Gründung ihres Klosters in Reinickendorf, 1899 wurde es nach Mariendorf verlegt. Die Schwestern vom Guten Hirten betreuten und förderten gefährdete weibliche Jugendliche, die mittellos und ohne Großstadterfahrung immer zahlreicher nach Berlin zogen. 1863 kamen die Schwestern von der hl. Elisabeth aus Neiße in Schlesien, geworben durch den Missionsvikar Eduard Müller. Sie widmeten sich vor allem der ambulanten Krankenpflege und riefen Kindertagesstätten ins Leben. Die Berliner nannten die einfachen Schwestern wegen ihrer volkstümlichen Tracht die „Grauen Schwestern". Seit 1870 hatten sie auch ein Haus zur Verfügung, das durch Zukauf und Umbau Jahrzehnte später zum St. Josefskrankenhaus gewordene Haus Niederwallstraße 9. Danach folgten Niederlassungen in den verschiedenen Berliner Bezirken und schließlich 1926 die Gründung des St. Josefskrankenhauses auf dem Tempelhofer Feld. Dem Fleiß der Ordensleute und der Begeisterung der Bevölkerung gelang die Schaffung dieser zahlreichen Anstalten für die Pflege von Kranken, alten Menschen und Waisenkindern. In gleicher Weise arbeiten dann mit verschiedenen Schwerpunkten die Dominikanerinnen, Franziskanerinnen, Hildegardschwestern, Johannesschwestern, Josefsschwestern, Salvatorianerinnen, Katherinerinnen aus Ermland, die Marienschwestern — wer kennt sie nicht aus dem St. Gertraudenkrankenhaus? —, die Schwestern Unserer lieben Frau und Vincentinerinnen aus Posen. 1891 kamen schließlich die Karmeliterinnen mit ihrer Gründerin Maria Tauscher in die Pappelallee 112 im Bezirk Prenzlauer Berg, heute im St. Josefsheim in Alt-Lietzow. Die gesamte kirchliche Atmosphäre wurde eine andere, nicht zuletzt durch den Geist und die Wirksamkeit dieser zahlreichen karitativen religiösen Genossenschaften in der Großstadt an der Spree. Vgl. dazu die Selbstdarstellungen der Ordensgenossenschaften und ihrer Einrichtungen wie Krankenhäuser und Schulen, in: *Das Bistum Berlin*, hrsg. von der Archiv-Gesellschaft für kirchliche und karitative Monographien der Bistümer, Berlin-Wilmersdorf o. J. (1932), S. 100ff.

[135] Zur Entwicklung des St. Hedwig-Krankenhauses nach 1961 vgl. den Artikel *Das St. Hedwig-Krankenhaus*, in: Sabine Kretschmer, *Sozialstadt Berlin*, Berlin 1987, S. 130f.

IV

Liturgie als Seelsorge in der evangelischen Kirche der Gegenwart

HELMUT KORNEMANN
Hannover

Er kam immer kurz vor der Predigt, trat in die letzte seitliche Bank, blieb mit dem Hut vor der Brust wenige Sekunden lang betend stehen und setzte sich. Nach dem Kanzelsegen stand er wieder auf, betete kurz wie beim Kommen und verließ die Kirche. Sonntag für Sonntag das gleiche. Und manche hätten es ihm sicher gern nachgetan, wenn es schicklich gewesen wäre. Wichtig im Gottesdienst war allein die Predigt. Das Drumherum, die Liturgie, konnte man gut entbehren. So meine Erinnerung aus den fünfziger Jahren. Die Zeiten haben sich gewandelt. Auch wenn sich jenes Verständnis der Predigt und die damit verbundene Wertung der Liturgie an vielen Orten bis heute erhalten haben, ist an vielen anderen eine neue, manchmal schon beängstigend irrationale Liebe zur Liturgie entstanden. Kennzeichen dafür sind die Verbreitung der sogenannten Lima-Liturgie und die Vorliebe für Gesänge aus Taizé und den orthodoxen Kirchen. Die kirchlich sonst recht provinziellen Deutschen haben aus der Ökumene gelernt, Liturgie als ein ganzheitliches Geschehen zu begreifen, neben dem die Konzentration auf das Sprechgeschehen der Predigt eine intellektualistische Verengung, ja auch der Bedeutung des Wortes Gottes unangemessene Verkürzung darstellt. Außerdem mußte sich eine aus antikatholischem Affekt genährte Liturgiefeindschaft verunsichert sehen durch die unerwartet reformfreudige katholische Kirche, deren Vertreter einem manchmal evangelischer erscheinen können als die eigenen Glaubensbrüder. Schließlich hatten sich auch die Homiletiker — die Homiletik war bisher wichtigstes Fach der in die Praxis drängenden Theologen — mehr und mehr den Problemen der Gestaltung zugewandt und neben der Hermeneutik, der Psychologie und Soziologie auch die Rhetorik neu entdeckt. Im Bereich der Predigtlehre bearbeitet, machte die Gestaltungsproblematik auch sensibel für das größere Problemfeld Gottesdienst. Freilich sind die meisten evangelischen Pfarrer noch kaum in der Lage, liturgischen Aufgaben kompetent zu begegnen. In der Predigt kann sich ein evangelischer Gemeindeleiter berufsgemäß entfalten. Dafür hat er im Studium die meiste Zeit und das größte Interesse aufgewandt. Liturgik ist ihm nie oder kaum begegnet. Daß unsere jungen Kollegen fast ohne liturgische Bildung und Kompetenz ins Pfarramt kommen, ist ein von vielen erkanntes, aber bei weitem noch nicht bewältigtes Problem. Die in einigen Landeskirchen eingerichteten Arbeitsstellen für den Gottesdienst arbeiten redlich und nicht ohne Erfolg, aber mit geringer Kraft. Die Vermittlung liturgischer Kompetenz wird zur Zeit noch dadurch erschwert, daß die Arbeit an der Gestaltung des Gottesdienstes in den evangelischen Kirchen zweigleisig fährt. Auf dem einen Gleis fahren die traditionsorientierten Liturgiker, immer bemüht, den Verdacht zu entkräften, daß sie elitär, anspruchsvoll und nur an der Vergangenheit interessiert seien; auf dem anderen Gleis jene um die Tradition wenig bekümmerten phantasievollen und von jugendlichem Elan beflügelten Musiker und Theologen, die ihr Hauptbetätigungsfeld in den Zusammenkünften der jungen Gemeinde und auf den Kirchentagen sehen. Ansätze zu Gemeinsamkeit sind spärlich. Einen Lehrstuhl für Liturgik gibt es an evangelisch-theologischen Fakultäten nicht. Liturgik wird im Rahmen der praktischen Theologie bearbeitet, wie und in welchem Umfang, ist der Neigung und Begabung der Lehrstuhlinhaber überlassen. Wissenschaftliche Kompetenz auf dem Feld der evangelischen Liturgik haben sich nur wenige angeeignet. In den kirchlichen Leitungsgremien wird dieses Problem seit langem diskutiert, bisher ohne wirksame Konsequenzen. Als einen ersten kleinen Schritt hat der Rat der Evangelischen Kirche in Deutschland 1986 eine Gemeinsame Arbeitsstelle für gottesdienstliche Fragen gegründet und diese beauftragt, ergänzend zu den in den Landeskirchen angesiedelten Arbeitsstellen für Gottesdienst, die stärker den praktischen Problemen der von ihnen überschauten Regionen zugewandt sind, sammelnd, sichtend und koordinierend tätig zu werden. Eine Arbeitsgruppe aus Vertretern der Kirchen aus der Bundesrepublik und der DDR erarbeitet derzeit eine erneuerte Agende, die in den neunziger Jahren allen evangelischen Kirchen zur Annahme vorgelegt werden wird. Der Umgang damit setzt erhöhte Kompetenz bei Pfarrern und Gemeinden voraus. Nach dem Prinzip einer festen Grundstruktur und variantenreicher Ausformung soll der Liturg vielen Situationen und Anlässen in wechselnd lebensvoller Gestaltung Rechnung tragen können. Ist er dazu nicht fähig, wirkt er hemmend auf die Sinngebung. Die Dimensionen von Liturgie sind so vielfältig, daß eine aus Angst, Unsicherheit und Unkenntnis reduzierte Wahrnehmung ihren Intentionen zuwiderläuft.

Es gilt zunächst das Mißverständnis auszuräumen, Liturgie sei eine besondere, vielleicht sogar besonders anspruchsvolle Gestaltungsweise des christlichen Gottesdienstes neben anderen. Wo eine Gemeinde sich im Namen Jesu Christi versammelt und ihre Versammlung durch die verheißene Gegenwart Jesu Christi konstituiert weiß, entsteht Liturgie, auch wenn man sie nicht so nennt, das heißt eine erkennbare, vermittelbare, sinngemäße Gestaltung. Das Gestaltungsproblem ist nicht zu umgehen, wenn eine sinnvolle Christenversammlung zustande kommen soll. Wo man es leugnet, überläßt man unkontrollierten Regulatoren das Feld und häuft in der Regel Negativsignale. Niemand in der evangelischen Kirche fordert, daß man sich einer vorgegebenen liturgischen Form unterwerfen müsse. Es gilt vielmehr, den Dimensionen der Liturgie und den Gestaltungskräften, die in der christlichen Gemeindeversammlung zur Äußerung kommen wollen, Raum zu gewähren. Ob das durch den Gebrauch überkommener Formen oder durch spontane Gestaltung geschieht, ist letztlich zweitrangig. Daß freilich die Dimensionen der Liturgie, die in der Gestaltung des Gottesdienstes erkennbar werden sollen, sich als Rahmen oder sogar als Struktur begrenzend erkennbar machen, hängt mit dem begrenzten Zeichenvorrat zusammen, der sinnvollerweise genutzt werden kann. Auch das Volk Gottes lebt konkret, das heißt inmitten von Begrenzung, Spruch und Widerspruch.

Liturgie hat teil am Bekenntnis „Credo ecclesiam"; dies betrifft sowohl den Aspekt der Sichtbarkeit als Identitätszeichen in Spannung zu dem der Unsichtbarkeit auf Grund der freien Gnadenwahl Gottes als auch den Aspekt der Unvollkommenheit, die auf kommende Vollendung gerichtet ist. Es gibt auf der Erde keine vollkommene Liturgie, wie es keine vollkommene Kirche gibt. Und zwar nicht nur deswegen, weil alles in dieser Welt unvollkommen bleibt und alles Erreichte stets Wünsche nach weiter zu Erreichendem freisetzt, sondern weil die Weise der Bezeugung Gottes in dieser Welt durch seine Kirche auf seine Zukunft hin offen bleibt und sein Eingehen in die Begrenztheiten dieser Welt seine göttliche Freiheit nicht aufhebt. Mysterium fidei.

Es gibt nicht die Liturgie, sondern zahlreiche und wandelbare, von Region und Zeit, Tradition und Gegenwartserfahrung, der Kraft des

Glaubens und dem Wirken des Heiligen Geistes abhängige Gestaltungsversuche. Nicht unbegrenzt und unreguliert, aber vielfältig. Wer die prinzipielle Möglichkeit der Vielfältigkeit leugnet, leugnet die Wirksamkeit des Heiligen Geistes, der sich in mancherlei Gaben konkretisiert, die freilich alle auf den einen Herrn bezogen sind.

Keine Christenversammlung ist ohne Liturgie. In irgendeiner Weise wird dem Sinn der Versammlung entsprochen, wird das Sinngemäße sich äußern wollen, wird eine erkennbare und vermittelbare Gestalt produziert. Da es um Sinngemäßheit dieser Gestalt geht, ist nach dem Sinn zu fragen, der in der Liturgie erfahrbar ist, besser, denn die Antwort könnte nur die gefeierte Liturgie selber geben, nach den Dimensionen der Liturgie, in denen der Sinn walten soll. Liturgie ist nicht verschönernde Zutat zum Gottesdienst, gemeint ist damit vielmehr das gesamte öffentliche, erfahrbare gottesdienstliche Handeln der christlichen Gemeinde. Wo sich die christliche Gemeinde um der Einladung Jesu willen zum Gottesdienst versammelt, tritt sie in ein Spannungsfeld, das mit der Darstellung von drei Dimensionen beschrieben werden soll.

I
Die katabatische Dimension

Daß Gott sein Volk ruft, zu ihm spricht, es mit den Gaben seiner Schöpfung beschenkt, daß Christus an seinen Tisch lädt und im Geheimnis der Feier des Heiligen Abendmahles mit seinen Gästen zu unbegreiflicher Einheit verschmilzt, ohne aufzuhören, ihr Herr und Gastgeber zu sein, und daß der Heilige Geist die christliche Kirche „beruft, sammelt, erleuchtet, heiligt und bei Jesu Christo erhält im rechten einigen Glauben“, ist die unverzichtbare Voraussetzung von Liturgie. Gott wendet sich seiner Kreatur durch die Kreatur zu. Er hat sich selbst an begrenzte Vermittlungsweisen gebunden, in denen wir ihn nach seiner Verheißung im Glauben empfangen sollen. Es sind die Vermittlungsweisen der Sprache und ausgewählter Zeichen — Taufe und Abendmahl —, in denen er Menschen durch Menschen anspricht und ihnen seine Nähe kundtut. Liturgie ist die Weise, diesen Grunddaten doxologisch, das heißt ehrfürchtig und ehrend, so zur Verfügung zu stehen, daß sie für Gottes Tun transparent werden. Es gehört zur Eigenart des göttlichen Tuns, daß seine Erstbindung an die Begrenztheit des palästinensischen Kulturraumes zu bestimmter Zeit und in einem historischen Menschen tradierbar geworden ist, wie alle Kultur tradierbar ist, und darüber hinaus in einer Weise, die den historischen Graben durch das Wirken des Heiligen Geistes überwindet und sich immer wieder neu in jenen Kulturzeichen inkulturiert. So erhält sich sein Wort über die Jahrhunderte hinweg, von Sprache zu Sprache transponiert, bleibt und wird immer neu wieder viva vox evangelii, und wird seine Verheißung, daß er in Brot und Wein eßbar und trinkbar gegenwärtig sein will, in immer wieder neuem Brot und neuem Wein kraft seiner Verheißung und seines Wiederholungsbefehles gegenwärtig wirksam. Es geht dabei nicht um dingliche Verfügbarkeit oder um die Weitergabe der Kenntnis eines großen Weisen in zeitgebundenen und zeitübergreifenden Worten, vielmehr um Begegnung mit dem dreieinigen Gott in der von ihm geordneten Weise. Liturgie ist die Kulturform, die geeignet ist, transparent zu werden für die göttlichen Gaben. Sie ist selbst als menschliche Schöpfung auch göttliche Gabe, wie jede menschliche Produktion göttliche Gaben zur Voraussetzung hat und selbst göttliche Gabe ist, aber sie ist als solche Schöpfung nicht explizit Vermittler des zu vermittelnden Heiles. Sie hat keinen höheren Heiligkeitsgrad als andere Vermittlungs- und Darstellungsweisen. Sie ist Vermittler nur, sofern sich Gott ihrer bedient und sofern sie der Auswahl und Begrenzung, an die Gott sich gebunden hat, entspricht. „Entsprechung" ist dabei ein immer wieder neu demütig zu unternehmendes Wagnis — man denke nur an das Problem, die von Gott gewählten Kulturgaben Brot und Wein sinnentsprechend in asiatischen und afrikanischen Kulturen zu ersetzen oder Bekenntnisse in Kontexte zu übertragen, die keine Entsprechung bieten.

II
Die anabatische Dimension

Jede Liturgie reagiert auf das Tun Gottes im angemessenen Gebrauch ihrer eigenen Gaben. Das gilt für die gesamte Liturgie des Lebens und erst recht für jene verkürzte, ins stellvertretende Zeichen komprimierte Gestalt der Gemeindeversammlung. Wir kommen als die Seinen und bringen von dem, was ihm gehört, Gaben und Erkenntnisse, Bekenntnis und Klage, Dank und Bitte, mit der Fröhlichkeit eingeladener Gäste, mit Ernst und Ehrfurcht vor dem heiligen Gastgeber. Der Geist selbst vertritt uns als Anwalt und Mund, nicht indem er uns zurückläßt und ausschließt (wie im weltlichen Gerichtsverfahren der Anwalt ohne Kläger oder Angeklagten auftreten kann), sondern indem er uns einbezieht, unser Leben der Quelle des Lebens verbunden hält.

Es hängt mit der Art und Weise göttlicher Zuwendung zusammen, daß Liturgie auf die gottgesetzten Vermittlungsweisen angewiesen bleibt. Die Versammlung der christlichen Gemeinde kann, wenn ihre Liturgie sinngemäß bleiben soll, weder zum kaffee- oder teetrinkenden gemeinschaftspflegenden Kränzchen noch zum Debattierclub werden. Beides ist im weiteren Umkreis um den Gottesdienst sinnvoll und notwendig, nicht aber im Zentrum und als Symbolgestalt. Notwendig sind sie, weil die in ihnen zum Tragen kommenden Aspekte aus dem Leben der Gemeinde nur um den Preis eines empfindlichen Realitätsverlustes ausgeklammert werden können, und sinnvoll, wenn und insofern diese Weisen der Versammlung auf die Vermittlungsweisen Gottes bezogen bleiben. Aber sie sind Erscheinungen der zu jedem Kreis gehörenden Peripherie. Im Zentrum wird die genannte Bezogenheit dichter und unmittelbarer erkennbar sein. Da es um die Annahme der Zuwendung Gottes geht, kann Liturgie nicht in den zeitbedingten Gewohnheiten menschlicher Kultur aufgehen oder mit ihr verwechselt werden, deren Elemente sie auswählend in Dienst nimmt. Sie wird immer fremd bleiben, muß es, weil sie der Nähe des Gottes dient, der in seinen Vermittlungsweisen der Welt zwar unübertroffen nahekommt, aber nicht mit ihr identisch wird, nicht aufhört, ihr Schöpfer und Herr zu sein. Wo Liturgie die Fremdheit nicht mehr spüren läßt, vielmehr nach dem Ausdruck einer Nähe strebt, der nicht mehr transparent, sondern verwechselbar ist mit Zeichen menschlicher Nähe, gibt sie ihre doxologische Funktion auf. Mit der Beziehung der anabatischen auf die katabatische Dimension hängt auch zusammen, daß die Liturgie immer auch auf tradierte Vermittlungsgestalt angewiesen bleibt. Das Wort Gottes fällt nicht heute vom Himmel herunter, Gott spricht zu uns nicht im Rauschen der Wälder, in geschichtlichen Ereignissen oder irgendwelchen Führergestalten. Er redet auch heute noch zu uns in den Weisen, die von Jesus Christus ihren Ausgang nehmen, von ihm zu tradieren befohlen sind und die durch den Heiligen Geist immer wieder neu gegenwärtig und lebendig gemacht werden. Es ist darum nicht nur Ausdruck des Angewiesenseins auf Tradition, wenn Christen oft am Alten festhalten und oft Neuem mißtrauen, so sehr sie die Zuwendung Gottes in immer wieder neuen Weisen erwarten sollten. Das Festhalten an alten Formen kann dann nicht als Belastung empfunden werden, wenn es in den Dienst des sich uns zugleich zuwendenden wie verborgen bleibenden Gottes gestellt wird. Es kann nicht geleugnet werden, daß das Signal der Fremdheit von Liturgie gelegentlich umschlägt in das der Verstaubtheit. Menschliche Sünde mischt sich in alles

Tun. Es kann aber auch nicht übersehen werden, daß der traditionsgelöste, dem gegenwärtigen Einfall vertrauende Gestaltungsversuch Züge scheinbar geistesbeherrschender Arroganz annehmen kann.

Extreme deuten auf die Grenzen. Ohne die unaufhörliche Bitte um den Heiligen Geist ist der Dienst an den Vermittlungsweisen Gottes Selbstbemächtigung, Vergewaltigung und Teufelswerk. Im Bewußtsein der Nähe Gottes und der Erfüllung durch den Heiligen Geist im Warten auf das unanfechtbare Kommen ihres Herren sammelt sich die christliche Gemeinde und begeht in einem symbolisch konzentrierten „darstellenden Handeln" das Geheimnis ihres gemeinsamen, doxologischen, auf den gnädigen Gott ausgerichteten, vom Heiligen Geist umfangenen Lebens. Die Erwähnung des gnädigen Gottes deutet auf einen Aspekt, den zu übersehen man den Liturgikern gelegentlich unterstellt, den man andererseits nicht besonders gern im Bewußtsein festhält, weil er dem optimistischen Menschenbild vieler Zeitgenossen widerspricht. Die christliche Gemeinde ist eine Gemeinde von Sündern. Ihr Vorzug ist es, dem Gott zu begegnen, der Sünde vergeben will. Es gehört zu ihrem doxologischen Tun, daß sie ihre Sünde bekennt. Mit diesem Bekenntnis antwortet sie dem auf Vergebung bedachten Tun Gottes, das ihr erst die Erkenntnis ihrer Sünde und ihrer Sünden ermöglicht hat. Sie bringt das demütige Eingeständnis ihres verfehlten Lebens, dessen Verfehlung sie nur partiell erkennt und doch als ganze anerkennt. Sie kommt als auf die Gnade Gottes angewiesene und bittet um diese Gnade stellvertretend für alle, die nicht bitten können oder wollen. Sie kommt nicht als Besserwisserin. Besserwisserisches Gehabe ist dem Geist zuwider, der nur vorläufige Erkenntnis gewährt und jedes Wissen mit seinen Gaben überholt. Die Gemeinde pflegt nicht ein von ihr prinzipiell überschaubares und verfügbares Hobby, sondern begegnet einem ihr ständig neue Lebensmöglichkeiten eröffnenden Freund. Sie weiß sich vom Geist in alle Wahrheit geleitet, aber nicht in deren Besitz. Sie wagt es, vorläufige Erkenntnis zu formulieren und im Bekenntnis ihr individuelles Erkennen zu überschreiten. Aber sie hört nicht auf, auf die endgültige Erfüllung zu warten, das Kommen ihres Herrn zu erhoffen und sich offenzuhalten für den Einfall des Geistes. Das Hören, die Empfangsbereitschaft, ist die dem Sinn ihrer Versammlung gemäße Haltung. Alles Handeln ist begleitet von Hörbereitschaft. In der ständig bereiten Reform- und Korrekturfähigkeit stellt sie sich dem Gott zur Verfügung, der durch ihr Handeln selbst handelt. Die versammelte Gemeinde ist die Gemeinde der Angefochtenen. Sie meidet die ideologische Verklemmung. Sie heuchelt nicht, überzeugt zu sein, wo sie voller Fragen ist. Ihr sind keine Geheimlehren offenbart oder besondere Heilungsrezepte mitgeteilt worden. Ihr Glaube ist angefochten, umstritten, in Zweifel gezogen, von anderen und von ihr selbst. Es gehört schon Verrücktheit dazu, dennoch zu glauben, sich mit den Kräften des Herzens an die Verheißung Gottes zu hängen, vertrauensvoll an der Wahrheit seines Wortes festzuhalten, wenn der Augenschein widerspricht. Der Glaubende erfährt die Rätsel und Unerklärbarkeiten göttlichen Handelns schärfer als die nicht Glaubenden und leidet daran, keine Antwort zu haben. Und wo er die Antwort wagt, hat diese die verletzbare Gestalt unbeweisbarer, vertrauensvoller Rede. Wo die Gemeinde handelt, verläßt sie sich auf die Gottesgaben der Einsichtsfähigkeit und des Verstandes, aber sie kennt ihre Neigung zur Selbstüberschätzung und zur Selbstrechtfertigung. Ihre Liturgie zieht nicht die himmlische Liturgie auf die Erde herab, wiewohl sie hofft und erbittet, an der himmlichen Liturgie teilzunehmen. Bei aller intendierten „Vollkommenheit" bleibt der Antwortversuch bruchstückhaft und anfechtbar. Aber so wie die Gemeinde über ihr Angefochtensein immer wieder hinweggerissen wird zu Antworten christusbewußten Glaubens, so kann auch ihre Liturgie den Glanz himmlischer Liturgie spiegeln, gebrochen zwar und begrenzt, denn die Gemeinde bleibt „Gemeinde unter dem Kreuz", aber kraft der Anwesenheit des göttlichen Geistes real. Die versammelte Gemeinde erfährt göttliches Heilshandeln im verborgenen, anfechtbaren und angefochtenen Wort und Zeichen und antwortet in der besten ihr möglichen und dennoch immer dem Mißverständnis ausgesetzten Weise. Sie weiß sich dem Auferstandenen und Erhöhten verbunden, aber sie teilt auch seine Verlassenheit. Nur als in Christi Tod getaufte hat sie Anteil an seiner Erhöhung. Darum bleiben ihre Gestaltungsversuche immer anfechtbar und mißverständlich. Sie erzeugen Verständnis nur, wo und insofern es Gott gefällt.

Die versammelte Gemeinde begegnet dem sich ihr eröffnenden Gott mit allen ihr geschenkten Gaben. Ihr steht nicht ein besonders heiliger Vorrat an Gestaltungsweisen zur Verfügung. Nach dem Motto „Prüfet alles und behaltet das Beste", das heißt das Angemessene und Sinnträchtige, bedient sie sich der reichen Möglichkeiten menschlich gestalteten Lebens, feiert ein unaufhörliches Erntedankfest. Sie muß nicht darauf schielen, daß jedermann ihr Handeln überzeugend findet. Sie versucht, so glaubwürdig wie möglich zu sein. Sie will kundtun, daß sie dort, wo sich ihr Gott in Wort und Sakrament gegenwärtig macht, der Wahrheit begegnet, der bestimmenden Realität ihres Lebens und des

Lebens der Welt. Sie macht in symbolischer Verkürzung und Konzentration erkennbar, daß sie diese Realität als alle andere Realität dieser Welt übersteigend, aber auch umfangend und durchdringend glaubt. Sie will sich dieser Realität nicht hinderlich in den Weg stellen und muß es doch, weil sich Gott ihrer für seine Ziele bedienen will; seinem Licht in den Weg zu treten, ist Grundbedingung für Transparenz.

Sie wagt zu tun, was auch das Falsche sein könnte, weil Gott das Richtige daraus machen kann. Diese Signatur trägt ihre Liturgie, und doch wird sie nicht aufhören zu prüfen, was das Beste sei. Und sie wird verwerfen, was ihrem Erntedankfest nicht dienlich ist. Sie wird nicht aufhören, Ausschau zu halten nach neuen Weisen, dem neuen Tun Gottes zu antworten. Sie braucht dazu nicht dem jeweils als neu Geltenden nachzulaufen, sie muß sich auch des Alten, das sie bewahrt, nicht schämen, als sei es etwas Tadelnswertes, Schätze wie in einem Museum aufzubewahren. Sie wird nach den Ausdrucksgestalten suchen, in denen Menschen heute ihre Klagen und Fragen, aber auch ihr Finden, Hoffen und Getrostsein artikulieren, und sie wird dabei besonders auf das Verletzliche, Leise und Bescheidene schauen, weil Gott sich ihr verletzlich, leise und bescheiden mitteilt. Vor allem aber wird sie darauf achten, daß die vielfältigen Gaben des Geistes in ihrer Mitte wahrgenommen werden und Raum zu sinngemäßer Entfaltung bekommen.

III
Die ökumenische Dimension

Sie betrifft die Christen untereinander und die ganze Welt. Die gemeinsame Teilnahme an der Teilgabe Gottes setzt sich fort in Teilnahme und Teilgabe untereinander. Die Vergebung, die Gott gewährt, hat die Vergebung der Schuld untereinander zur Folge. Die Gäste am Tisch des Herrn können sich als Brüder und Schwestern begegnen. Der in Christus verheißene Friede Gottes wird konkret in der Bewährung des Friedens füreinander. Die in gleicher Weise mit der Liebe Gottes Beschenkten können in der Kraft dieser Liebe Grenzen überwindend miteinander umgehen. Die ihnen anvertrauten — auch materiellen — Gaben können zu Hinweiszeichen auf den Reichtum Gottes werden, wenn sie seinem Willen entsprechend diakonisch genutzt werden. Im Apostolischen Gruß wird den Anwesenden die Gemeinschaft des Heiligen Geistes gewünscht. Das ist die Gemeinschaft mit dem Geist Gottes und die Atmosphäre der Gemeinschaft der vom Geist Gottes Ergriffenen. Trotz aller bösen Erfahrungen kann die christliche Gemeinde eine Kultur des gegenseitigen Vertrauens pflegen, nicht zuletzt deshalb, weil die Mißachtung dieser Kultur dem Zorn Gottes anheimgestellt ist. Jeder Glaubensgenosse kann als von Gott gleich geliebt angesehen werden und jeder Fremde als ein potentieller Glaubensgenosse. Grenzen können für den Ausgegrenzten auch der einladende Hinweis darauf sein, daß es jenseits der Grenze die Klarheit zu entdecken gibt, auf die man diesseits der Grenze selbstbewußt verzichtet. Grenzen dieser Art zu setzen und ihre Absicht zu verdeutlichen, ist der Sinn von Kirchenzucht. Nicht die Kirche grenzt die Ungläubigen aus, die Ungläubigen grenzen sich selbst aus. Die Dynamik der vom Geist des Lebens und der Wahrheit erfaßten Gemeinde dringt als attraktives Angebot über die Grenzen der Gemeinde hinaus und möchte, solange es Gott zuläßt, der Welt — und zwar nicht nur der Menschenwelt —, die sich noch nicht vom Geist Gottes hat erfassen lassen, die heilbringende Wirksamkeit dieses Geistes vermitteln. Darum findet der Gottesdienst nicht hinter geschlossenen Türen statt. Die Liturgie wird hörbar. Sie ist auch jenseits der Kirchenmauern zu vernehmen als Symbol der Öffentlichkeit des göttlichen Tuns. Dabei läßt sich die christliche Gemeinde nicht von außen diktieren, was als hilfreich, verständlich, förderlich und wertvoll anzusehen sei. Sie fragt nicht nach dem gerade gültigen Zeitgeist und dem, was als Realität angesehen wird. Sie ist selbst Teil der Welt, hat an der Wandlung des Zeitgeistes teil, auch an seinen Widersprüchen. Aber sie ist ein Stück besonders qualifizierte, weil von Gott beschlagnahmte und zum Zeugnis seiner Nähe gemachten Welt. Solchen Sätzen mag man im Blick auf die wahrnehmbare Realität der Kirche mit einiger Skepsis begegnen. Wenn sich die Skepsis aus säkularem Wertbewußtsein nährt, ist sie für die christliche Gemeinde prinzipiell nicht erschütternd; sie wird mit dem Bekenntnis der Sünde und der Bitte um die Kraft des Heiligen Geistes zu beantworten sein. Stammt die Skepsis aus angefochtenem Glauben, wird sie von einem Mitleiden begleitet sein, das die Sehnsucht nach Reform und die Kraft zur Veränderung in sich trägt. Zur gemeinsamen Erkenntnis des Willens Gottes kommen Christen, indem sie immer wieder fragen, aufeinander hören, miteinander sprechen und die Grenzen und Möglichkeiten des eigenen Erkennens bescheiden annehmen. Es wird aber auch festzuhalten sein, daß es gerade zur Kreuzesnähe der Kirche gehört, daß sie nicht die Macht hat, die Widersprüche aufzulösen, die ihr Glaube mit sich bringt. Wie sich Christen zugleich als Sünder und Angenommene (Gerechtfertigte) erkennen, wie ihnen in der Begrenztheit von zeichenhafter Vermittlung doch der unbegrenzte Gott begegnet, wie sie den Gott der Liebe und den doch rätselhaft Grausamen in der Person und im Schicksal Jesu Christi erkennen, so leben sie zugleich aus dem Erschrecken vor dem Kreuz, dem Zeichen des Zorns über die Sünde, und in der Freude an der Auferstehung Jesu Christi, die sie auch für sich selbst als eine Realität erhoffen dürfen, die alle denkbaren Realitäten übersteigt. Es ist dieses rätselhafte Hoffen und die im Grunde unerklärbare, dem Widerspruch des Leidens und Sterbens standhaltende Freude, welche die christliche Gemeinde bis heute mit einer seltsam verrückten Attraktivität ausstattet. Da wird selbst die oft beklagte Trennung von Kirchen begreifbar als Folge davon, daß die Gaben des Geistes in die Begrenztheit und Widersprüchlichkeit dieser Welt eingehen. Freude an Reichtum und Vielfältigkeit dieser Gaben ist dem Heiligen Geist sicher angemessener als ein Klagen über ihre trennenden Unterschiede. Die erhoffte Einheit aller Christen wird nicht intensiver und mehr von der göttlichen Liebe Zeugnis geben als das Getrenntsein der Kirchen. Beides kann transparent werden für das Wirken des Heiligen Geistes (das möchte ich als Nüchternheit, nicht als Resignation verstanden wissen). Darum ist auch die Verschiedenheit von Liturgien kein Zeichen des Widerspruchs gegen den einen Gott, sondern Hinweis auf die Vielfältigkeit seiner Gaben. Es kommt alles darauf an, daß die christlichen Gemeinden und die einzelnen Christen mit allen ihren Äußerungen in das doxologische Dreieck eintreten, das es ermöglicht, den anderen als in gleicher Weise von Gott beschenkt in das eigene Lob aufzunehmen und darauf zu vertrauen, daß die eigene Äußerung auch im Gotteslob des anderen Platz findet. Welche aktuelle Gestalt dies jeweils in der Liturgie hat, läßt sich nicht zeitlos festlegen. Es wird auch nicht zu vermeiden sein, daß jede Liturgie defizitär bleibt. Aber das Defizit darf nicht kultiviert, es muß erlitten werden, damit wenigstens die Intention, den drei genannten Dimensionen der Liturgie Äußerung zu verschaffen, erhalten bleibe.

IV
Liturgie als Seelsorge

In den bisherigen Erörterungen war das zweite Leitwort des Themas, „Seelsorge", unausgesprochen stets gegenwärtig. Seelsorge war lange Zeit das beliebteste Thema in der Theologenausbildung, und viele Pastoren haben sich in ergänzenden Studien und Praktiken spezielle Kenntnisse und Fähigkeiten angeeignet. Diese Kenntnisse sind so differenziert, daß ich es nur zögernd übernehme, über das Verhältnis von Liturgie und Seelsorge zu sprechen und eine These zu wagen, die im folgenden begründet werden soll. Die These lautet: Liturgie ist Seelsorge, insofern sie die Begegnung mit Gottes heilender Realität im Beziehungsfeld seiner Gemeinde eröffnet.

Die Differenzierung des Problemfeldes Seelsorge geschieht nach systematischen Ansätzen, Formen, Methoden und durch das Eingehen auf unterschiedliche soziale Bereiche und Dispositionen. Im systematischen Ansatz kann man verkündigende, diakonische oder psychologische Seelsorge unterscheiden, denen jeweils parochiale oder individuelle Formen der Praxis zugeordnet werden können, von der Berücksichtigung des seelsorgerlichen Aspektes in der Predigt, über Gruppengespräche, Hausbesuche, seelsorgerliche Einzelgespräche, bis zu Beichte und Absolution. Verschiedene Methoden bestimmen die Praxis. In der Hauptsache geht es um sprachliches Tun in Beratung, Gespräch oder schriftlicher Bearbeitung, daneben aber auch um zeichenhaftes Tun: Handauflegung, Exorzismus, Schweigen. Unterschiedliche Lebensverhältnisse und Sozialisationen fordern spezielle Kenntnisse und Begabungen, zum Beispiel für die differenzierte Berufs- und Arbeitswelt, für verschiedene Generationen und Gruppen. So gibt es eine spezielle Seelsorge für Ehepartner, Kranke, Schüler, Industriearbeiter, Schausteller, Ausländer und am Stadtrand Wohnende. Gemeinsam ist allen Formen der Seelsorge zum einen die besondere Zuwendung zum einzelnen Menschen und seinen persönlichen Problemen und Belastungen, zum andern — trotz des mißverständlichen Namens — der Blick auf den ganzen Menschen. Es geht dem Seelsorger nicht nur um die Stabilisierung von Innerlichkeit (Seele). Eine weitere Gemeinsamkeit besteht in dem Bemühen, den Menschen mit seinen originären Anlagen, Gaben und Defiziten ernst zu nehmen, ihn nicht zur Annahme irgendeines Idealbildes zu veranlassen, sondern ihm die Liebe Gottes so zu vermitteln, daß er sein eigenes, ihm geschenktes Menschsein erleben kann. Die Einflüsse und Defizite des Beziehungsfeldes, in dem Menschen leben, bedingen, daß die Seelsorge immer zum weitergehenden diakonischen Handeln offenbleiben muß. Allen Formen der Seelsorge gemeinsam ist schließlich der Einsatz hauptsächlich sprachlicher Mittel. Erst in jüngster Zeit wird auch nonverbalen Äußerungen wieder größerer Wert zuerkannt. So versucht zum Beispiel die Nordelbische Kirche, in einem liturgischen Entwurf den alten Ritus der Krankensalbung in der seelsorgerlichen Praxis wieder heimisch zu machen. Interessanterweise geschieht das vor allem auf Wunsch von Krankenseelsorgern.

Es ist erstaunlich, daß der Gottesdienst kaum im Blick der Seelsorgetheoretiker ist. Dabei ist der Gottesdienst, historisch gesehen, Ausgang und Begründung seelsorgerlichen Tuns. Die historischen Anfänge individueller Seelsorge liegen im Bemühen um die Büßer, die sich durch ihren Abfall vom Glauben aus der gottesdienstlichen Gemeinschaft ausgeschlossen haben und wieder mit ihr versöhnt werden wollen. Besondere Gottesdienstformen wie Trauung, Bestattung, Konfirmation haben immer schon den einzelnen Christen in besonderen Lebenssituationen im Blick gehabt. Da viele Menschen heute nur noch durch die kasuellen Amtshandlungen der Kirche mit der christlichen Gemeinde verbunden sind, deren Dienst an den mitunter krisenhaften Übergangspunkten gewisser Lebenszyklen erwarten, bietet die liturgische Gestaltung besondere Chancen und Probleme. Die inklusiven und exklusiven Wirkungen eines liturgischen Rituals werden in Amtshandlungen besonders stark empfunden und in der Erinnerung bewahrt. Zwar steht in den Kasualien besonders die Ansprache unter spannungsreichen Anforderungen; hier hat der Prediger extrem darunter zu leiden, daß eher das gehört wird, was man hören will, als was man hören soll. Aber das Wortgeschehen verblaßt schneller in der Erinnerung als der Gesamteindruck der Feier.

Es ist die Gemeinschaft der Christen, die sich in ihrer Liturgie den mitunter nur locker mit der Kirche Verbundenen hilfreich anbietet. Es sind gerade die Kasualien, in denen die Dimensionen der Liturgie intensiv erfahren werden können und auch erfahren werden. Gerade hier kann die Begegnung mit der Wahrheit Gottes und ihren Konsequenzen geschehen. Gerade hier ist aber auch die Gefahr besonders groß, die Transparenz zu verschleiern und die Erfahrung des Wirkens Gottes und der Angewiesenheit darauf durch eine nach Meinung der kirchlichen Funktionäre eindrucksvolle Gestaltung zu verstellen. Die katabatische Dimension der Liturgie verdichtet sich in der Amtshandlung zum Zuspruch und zur Vergewisserung für die einzelnen, die im Mittelpunkt der Amtshandlung stehen, und für alle, die durch ihre Anwesenheit ihre Beziehung zu ihnen kundtun. Die Liturgie ermöglicht dem in besonderer Krisensituation oft Äußerungsunfähigen, die Zuwendung Gottes zu erfassen und dies in einer überindividuellen, nicht mit der Forderung nach persönlicher Antwort belasteten Gestalt zu äußern. Darum wird der Segen und die liturgisch geordnete Antwort darauf oft und zu Recht als der Kern der Amtshandlung empfunden. Die horizontale Dimension der Liturgie kann in der Amtshandlung insofern wirksam werden, als sie den einzelnen Betroffenen mit festen

Formen umfängt und ihm so wie allen Beteiligten einen sinnvollen Platz zuweist. Die Liturgie ermöglicht es den Mitfeiernden, sich individuell zu beteiligen, auch in Situationen, die individuelles Verhalten unmöglich machen, weil es entweder für die außerordentlichen Situationen nicht geübt oder durch Umstände versperrt ist. Liturgie verbindet das individuelle Schicksal mit einem größeren Sinnzusammenhang und überwindet damit die Erfahrung von Sinnlosigkeit und Isolation ebenso, wie sie Orientierung und Stabilisierung ermöglicht.

Was in den Kasualgottesdiensten in zugespitzter Weise erkennbar und erfahrbar wird, gilt ebenso für andere Arten des Gottesdienstes, vom Bußgottesdienst bis zum Tagzeitengebet, sicher auch für den „Gesamtgottesdienst" der im Namen Jesu versammelten Gemeinde, die mit ihrer Liturgie die göttlichen Gaben des Wortes und des Mahles aufnimmt und vermittelt, Möglichkeit zur Antwort bietet und die horizontale Erstreckung des Friedens Gottes in Zuspruch und Anspruch gewährt. Dabei geschieht Seelsorge im Blick auf den einzelnen insofern, als der enge Bereich individueller Probleme entgrenzt und die Fixierung auf persönliche Leiden durch das Angebot zur Begegnung mit der Wahrheit überwunden wird. Der einzelne taucht gleichsam ein in die überindividuelle Atmosphäre des Lebens, die im individuellen Lebensakt konkret wird. Er erlebt bewußt verlangsamte und gemeinsam im Rhythmus von Bewegung und Ruhe, Einatmen und Ausatmen gestaltete Zeit als Gabe des Schöpfers. Er begibt sich in die Solidarität der Sünder, die ihr Leben aus dem immer wieder neuen Rückzug auf den tötenden und erweckenden Akt der Taufe gewinnen und deshalb vor Gott und den Menschen auf Selbstrechtfertigung und den Nachweis ihres Eigenwertes verzichten können. Er begibt sich in die Solidarität der Verletzlichen und Verletzten, der Angefochtenen und Leidenden, der Hoffenden und proleptisch Fröhlichen, die an Tod und Auferstehung Jesu Christi Anteil haben, den Widerspruch zur verletzenden und tötenden Realität mit Christus erfahren und zugleich in seinem unzerstörbaren Leben — gleichsam exterritorial — ihr Sein haben. Er begibt sich anteilnehmend und anteilgebend in die Gemeinschaft derer, die den göttlichen Frieden empfangen haben und ihn sich gegenseitig gewähren. Er kann sich in einer intelligent gefeierten Liturgie sogar selbst durch spontane Äußerungen „einbringen". Das sind eminent seelsorgerliche oder genauer lebenssorgerliche Akte, die für sich Wirkung haben und in weitergehende Seelsorge entfaltet werden können. Wer sich dessen bewußt ist, wird mit Liturgie nicht leichtfertig umgehen können. Wer die Frage nach den Konsequenzen seines Handelns im Gottesdienst verdrängt und die Probleme der Gestaltung vernachlässigt, vernachlässigt den Dienst, zu dem er bestellt ist, und hindert das seelsorgerliche Tun Gottes. Diesem Aspekt, an dem die eigentliche Begrenzung der Möglichkeiten der Liturgie als Seelsorge erkennbar wird, sollte entschieden mehr Aufmerksamkeit gewidmet werden als bisher.

Abschließend seien beispielhaft einige Einzelaspekte genannt, in denen Liturgie als Seelsorge erkennbar werden kann.

Ein Teilaspekt aus dem Problemfeld Liturgie und Sprache, die inklusive Sprache, ist ein sehr aktuelles Problem, das uns das Dilemma bewußt macht, das mit der Sprachförmigkeit der katabatischen Dimension gesetzt ist. Während uns im letzten Jahrzehnt besonders die Auseinandersetzung mit der Lutherübersetzung der Bibel und die Möglichkeiten einer Revision beschäftigt haben, sind es in neuester Zeit die Probleme der inklusiven Sprache. Die Auseinandersetzung mit dem Problem, das Lutherdeutsch dem Deutsch unserer Tage anzunähern, hat vielfältige Schwierigkeiten und Folgeprobleme erkennbar gemacht. Durch sie wurde eine Schneise geschlagen mit der Leitidee, so viel wie möglich von der Sprache Luthers zu bewahren, um die Wurzeln unserer säkularen oder kirchlichen Tradition erkennbar zu erhalten. Da man sich aber der ausgrenzenden Art dieses Verfahrens bewußt war, hat man es nur mit dem ergänzenden Hinweis auf andere Bibelübersetzungen gewagt, zum Beispiel die römisch-katholische Einheitsübersetzung und die besonders in der DDR beliebte *Gute Nachricht.* Diese Lösungsmöglichkeit versagt jedoch angesichts der Forderung der feministischen Theologinnen und Theologen, in der Kirche eine Sprache zu sprechen, die ihre weiblichen Glieder nicht ausgrenzt. Dies ist nicht mit der stereotypen Ergänzung der „Brüder" durch die „Schwestern" getan, was, auch auf andere Begriffe ausgedehnt, eine untragbare quantitative Aufblähung von Texten zur Folge hätte; es geht vielmehr darum, die in kirchlicher Sprache enthaltenen patriarchalen Strukturen aufzubrechen und damit Voraussetzungen für ein neues Bewußtsein zu schaffen. Diese Forderung hat die an der Liturgie arbeitenden Gremien vor ein neues, noch unübersehbares Aufgabenfeld geführt. Abgesehen davon, daß inklusive Sprache nicht nur als ein Spezialproblem feministischer Theologie zu behandeln ist, vielmehr — einmal sensibel geworden — sich auch andere ausgegrenzte Gruppen erkennen lassen, ist optimistische Arbeit an liturgischen Texten durch die prinzipielle Frage am Nerv getroffen, ob eine alle Gruppen, Schichten, Sprech- und Denkweisen einschließende Sprache denkbar ist oder anders gesagt, ob nicht Sprache auch ausgrenzenden Charakter hat. Es wird hier wohl bei allem Bemühen, das nicht vorschnell abgebrochen werden darf, unmöglich sein, es allen recht zu machen. Es wird darauf ankommen, in einer letztlich wohl nur vom Liturgen individuell zu entscheidenden Weise deutlich zu machen, daß Sprache im Dienste der göttlichen Katabasis jedem Menschen die Zuwendung Gottes bezeugen will. Daß dabei die Einsicht zu vermitteln ist, daß wir Gott mit untauglichen Gefäßen dienen, fördert die Wahrheit. Das Problem ist in der anabatischen Dimension freilich ebenso virulent, weil die Frage nach der Angemessenheit eine von Ehrfurcht und Bescheidenheit geleitete, letztlich ebenfalls individuelle Antwort verlangt, die ihre Ausformungen in einer Gemeinschaft ermöglichenden Weise finden muß. Auf jeden Fall geschieht im Bewußtmachen des Problems bereits Seelsorge im Blick auf den einzelnen als Teilgabe und die von ihm erwartete Teilnahme.

Musik ist die nächste Verwandte der liturgischen Sprache. Sie ist wegen ihrer Eigenschaft, sinnfällig zwischen Entstehen und Vergehen, Darstellen und Loslassen, Veröffentlichen und Verbergen, verletzlich und für tiefe Empfindungen mitteilungsfähig zu sein, ein unübertroffen geeignetes Medium für das Zeugnis des Glaubens. Sie hilft dem gesprochenen Wort, indem es diesem unerreichbare Gehirn- und Gemütszonen erschließt und die Dialektik von Verfügbarkeit und Unverfügbarkeit verdeutlicht. Die therapeutische Wirkung von Musik ist bekannt. Sie kann sich in der Liturgie entfalten. Dabei ist eine Musik, die sich als Äußerung besonderer Sensibilität verstehen läßt, der vorzuziehen, die nur ausdruckssteigernde Wirkung haben will. Letztere könnte ihren Platz dort finden, wo sie die Möglichkeiten zum dankbaren Jauchzen bereichert, auch dort, wo sie in der katabatischen Dimension vom Wort nicht erfaßte Nuancen hörbar macht. Sie mag auch die Öffentlichkeitswirkung kirchlichen Tuns fördern. Doch der eigentliche und wesensgemäße Dienst der Musik ist es, der hörenden Antwort zu dienen, deren Äußerung vorzubereiten, zu begleiten und nachklingen zu lassen.

Liturgie wird oft mißverstanden als Steigerung von Festlichkeit eines Geschehens, das prinzipiell den lebensbestimmenden Kontext von Leistung und Erfolg nicht verläßt. Gemeint sind also nicht jene frohen Feste, die die sauren Wochen unterbrechen und nur wie Einatmen und Ausatmen den natürlichen, um des Menschen willen notwendigerweise zu beachtenden Wechsel von Arbeit und Ruhe bewußt erhalten, sondern eine Festlichkeit, die im Unterstrom Arbeit und Ruhe trägt und belebt, die allerdings eher im Bereich der Ruhe als der Arbeit Verdeutlichung erfahren kann. So wie der Sonntag als gnädige Gabe aus dem

Frieden Gottes, der Woche vorausgeht, die abwechselnd aus Arbeit und Ruhe besteht, so verweist die Festlichkeit des Gottesdienstes auf die unverfügbaren, aber uns tragenden Kräfte des Lebens, die weder zu verdienen noch zu erkämpfen sind, vielmehr gewährt werden und — wie die Liebe — angenommen werden wollen. Das verdeutlicht sich im Zeichen des enthemmenden und Gemeinschaft und Freude vermittelnden Weines, in der Mitteilung des Segens, in der Weitergabe des Friedensgrußes, in der gemeinsamen Rühmung Gottes und manchen anderen Konkretionen. Die den Mythos und den Logos gleichermaßen ernst nehmende sprachliche Rationalität mag hier als Lebensnähe erfahren werden. Es hat für den einzelnen heilende Wirkung, wenn er sich, seinen eigenen Problembereich übersteigend, in diesem größeren Sinnzusammenhang eingefügt erleben darf.

Im Verhältnis von Liturgie und Realität wird ebenfalls Liturgie als Seelsorge erkennbar. Christen hören nicht auf — auch wenn ihr Bürgerrecht im Himmel ist —, Bürger dieser Welt zu sein, deren Realität sie mitgestalten und miterleiden. Ihr Gottesdienst ist ein Teil dieser Welt. Es entspricht zwar nicht dem aktuellen Bewußtsein vieler Christen, aber ich glaube, es muß festgehalten werden: Die im Gottesdienst erfahrbare Realität will die Realität der Welt bestimmen. Die oft kritisierte Weltferne der Christen kann es gar nicht geben, weil sie mit ihrem Tun und Denken ein Teil dieser Welt sind, so sonderbar sie sich darin auch gebärden mögen. Wer ihnen den Vorwurf der Realitätsferne macht, mißt sie an einem selbstgerechten Realitätsbegriff. Daß sich zudem nicht Christen allein diesem Vorwurf ausgesetzt sehen, sondern auch Wissenschaftler und Künstler, in Museen und Bildungseinrichtungen Arbeitende, Eremiten und Koinobiten in vielen Religionen, rechtfertigt sie nicht, kann sie aber gelassen machen. Welcher Fürst dieser Welt darf sich anmaßen festzustellen, was Realität ist? Wenn aber die sinnenfällige Gestalt des Gottesdienstes, die Liturgie, der Realität des Vaters und des Sohnes und des Heiligen Geistes, des Schöpfers, Versöhners und des lebenspendenden Gottes dient, dann eröffnet sie, trotz aller Unzulänglichkeit und ständiger Reformbedürftigkeit, gesprochen oder gesungen, bescheiden oder festlich anspruchsvoll, in der kleinen um den Tisch versammelten Schar oder im gefüllten Dom, den Zugang zu einer Realität, die uns einbeziehen will in ihr Wesen; einer Realität, deren Ziel es ist, die finstersten Winkel dieser Welt auszuleuchten, auch die Kleinsten der Schöpfung zu erreichen, die Unheiligen zu Heiligen und die Toten zum Leben zu erwecken. Eine so verstandene Liturgie bietet weder Platz für verengende, besserwisserische Appelle und Moralgesetze noch für problemflüchtige Isolation oder resignierende Zelebration des Folgenlosen. Sie wird sich vielmehr dynamisch entfalten in dem Gottesdienst des Lebens, in welchem Christen — in nüchterner Einschätzung des Möglichen und des Unmöglichen — mit Ernst, Sachverstand und Opferbereitschaft die Perspektive freizuhalten versuchen auf die Neuschöpfung Gottes, in welcher er — Gott — „abwischen wird alle Tränen von ihren Augen". Das sind große Worte für das, was sich immer wieder bescheiden und unvollkommen im kleinen vollzieht. So widersprüchlich und widerspruchweckend, daß uns oft die Klage viel näher liegt als die Gewißheit und die Freude. Aber gerade dieses Unscheinbare und Widersprüchliche hängt mit dem zusammen, welches zu beschreiben unsere Worte nicht ausreichen und das gerade darin groß ist, daß es sich klein und bescheiden dem einzelnen Menschen zuwendet und ihm das Interesse Gottes erfahrbar macht. Das ist die Seelsorge Gottes. Und alles was wir tun, auch unsere Liturgie, hat ihm zu dienen.

Liturgie und Seelsorge in der katholischen Kirche seit Beginn des 20. Jahrhunderts

KLEMENS RICHTER
Münster

Nach der Bedeutung der Liturgie für die Gemeinde zu fragen, ja die „Liturgie als Seelsorge" zu thematisieren, könnte als Selbstverständlichkeit betrachtet werden, denn das Zweite Vatikanische Konzil sieht in der Liturgie den „Höhepunkt, dem das Tun der Kirche zustrebt, und zugleich die Quelle, aus der all ihre Kraft strömt",[1] wobei vor allem die Eucharistiefeier als „Quelle und Höhepunkt des ganzen christlichen Lebens"[2] bezeichnet wird. Tatsächlich kommt es auch ein Vierteljahrhundert nach dem Konzil noch vor, daß selbst Pastoraltheologen über die Aufgaben christlicher Gemeinde sprechen, ohne deren Gottesdienst auch nur mit einem Wort zu erwähnen. Es mag erstaunen, aber der Verdacht ist nicht unbegründet, daß die „Liturgie ein vergessenes Thema der Theologie" ist — so der allerdings mit einem Fragezeichen versehene Titel einer Veröffentlichung, in der Vertreter verschiedenster theologischer Disziplinen zur Bedeutung der Liturgie in ihrem jeweiligen Fach befragt wurden.[3]

Zugleich ist aber einzugestehen, daß dieser Beitrag dem kaum gerecht werden kann, was vom Gesamtthema *Großstadtseelsorge und Diakonie* her wünschenswert wäre, nämlich eine Untersuchung der Bedeutung des Gottesdienstes bei der Entwicklung katholischer Ge-

[1] *Liturgiekonstitution Sacrosanctum Concilium* (im folgenden *SC* zitiert), Art. 10, abgedruckt in: Josef Höfer/Karl Rahner (Hrsg.), *Lexikon für Theologie und Kirche* (im folgenden *LThK* zitiert), Erg.-Bd. 1, Freiburg 1966, S. 25.

[2] *Dogmatische Konstitution über die Kirche Lumen Gentium,* Art. 11, abgedruckt in: *LThK,* Erg.-Bd. 1, S. 185.

[3] Klemens Richter (Hrsg.), *Liturgie — ein vergessenes Thema der Theologie?* (Quaestiones disputatae, Bd. 107), 2. Aufl., Freiburg-Basel-Wien 1987.

meinden in Berlin nach der Reformation, vornehmlich seit 1773, als die mit Hilfe Friedrichs II. errichtete Hedwigskirche Pfarrechte erhielt.[4] Von besonderem Interesse wäre dies für das 19. Jahrhundert, denn zweifellos hat der Gottesdienst bei der Eingliederung der Katholiken, deren Zahl zwischen 1821 und 1897 von 12 000 auf 263 347 stieg,[5] eine Rolle gespielt. Die in dieser Zeit zumindest für die Meßfeier überall gleiche römische Liturgie in lateinischer Sprache schaffte für die Zuwanderer eine Möglichkeit der Beheimatung. Hier ist nicht der Ort, über die Entwicklung der katholischen Liturgie im 19. Jahrhundert zu handeln,[6] die sich gerade in dieser Zeit in den deutschsprachigen Bistümern von der Pluriformität der Diözesanriten zu einer zunehmenden Uniformität hin verändert.[7] Lediglich für die Meßliturgie war diese Entwicklung durch das Missale Romanum Papst Pius' V. von 1570 schon zuvor weitgehend zum Abschluß gekommen.[8] Liturgiewissenschaftliche Forschungen liegen für die Zeit der Aufklärung vor,[9] doch zum Thema „Großstadtseelsorge und Diakonie" findet sich — soweit

[4] Vgl. u. a. Walter Wendland, *Die Entwicklung der katholischen Kirche in Groß-Berlin bis 1932*, in: *Jahrbuch für brandenburgische Kirchengeschichte*, 30. Jg. (1935), S. 4—87; Bernhard Stasiewski, *Die katholische Kirche im Bereich des Bistums Berlin. Ein geschichtlicher Überblick*, Berlin 1938.

[5] Johannes Allendorf, Artikel *Berlin*, in: *LThK*, Bd. 2, S. 232. Zahlen heute: Walter Dreß, Artikel *Berlin*, in: Gerhard Krause/Gerhard Müller (Hrsg.), *Theologische Realenzyklopädie*, Bd. 5, Berlin-New York 1980, S. 633—635.

[6] Im Rahmen eines dreibändigen Werkes über die *Seelsorge in Deutschland von der Säkularisation bis zum Vaticanum II* (Arbeitstitel), das von Erwin Gatz herausgegeben und voraussichtlich 1990 erscheinen wird, bearbeitet Andreas Heinz den Band *Die Entwicklung des gottesdienstlichen Lebens in Deutschland von der Säkularisation bis zum Zweiten Vatikanischen Konzil* (Arbeitstitel).

[7] Vgl. dazu Balthasar Fischer, *Das Rituale Romanum (1614—1964). Das Schicksal eines liturgischen Buches*, in: *Trierer Theologische Zeitschrift*, 73. Jg. (1964), S. 257—271; Andreas Heinz, *Im Banne der römischen Einheitsliturgie. Die Romanisierung der Trierer Bistumsliturgie in der zweiten Hälfte des 19. Jahrhunderts*, in: *Römische Quartalschrift*, 79. Jg. (1984), S. 37—92.

[8] Vgl. u. a. Balthasar Fischer, *Vom Missale Pius' V. zum Missale Pauls VI.*, in: *Liturgisches Jahrbuch*, 26. Jg. (1976), S. 2—18.

[9] Vgl. die Forschungsberichte bei Manfred Probst, *Der Ritus der Kindertaufe. Die Reformversuche der katholischen Aufklärung des deutschen Sprachbereiches. Mit einer Bibliographie der gedruckten Ritualien des deutschen Sprachbereiches von 1700 bis 1960* (= Trierer Theologische Studien, Bd. 39), Trier 1981; Benedikt Kranemann, *Die Krankensalbung in der Zeit der Aufklärung. Ritualien und pastoralliturgische Studien im deutschen Sprachgebiet* (= Liturgiewissenschaftliche Quellen und Forschungen, Bd. 72), Münster 1990.

wir sehen — bislang noch keine Untersuchung für diesen Zeitraum, der „von einer fast konkurrenzlosen Dominanz der Pfarrei bestimmt" ist,[10] was auch für Berlin weitgehend zutreffen dürfte. Anders wird das mit der Liturgischen Bewegung, die seit dem Ende des 19. Jahrhunderts, vor allem aber in der ersten Hälfte des 20. Jahrhunderts den Gottesdienst zur Mitte der Seelsorge machen will[11] und daher auf seine Erneuerung dringen muß. So konzentriert sich dieser Beitrag auf eine Darstellung des Verhältnisses von Liturgie und Seelsorge seit dem Beginn unseres Jahrhunderts. Ausgegangen wird von Berliner Seelsorgern und Theologen, die für die Liturgische Bewegung von erheblicher Bedeutung gewesen sind — und das sicherlich nicht zufällig von Berlin aus. Hier müssen vor allem Johannes Pinsk (1891—1957) und Romano Guardini (1885—1968), aber auch Walter Krawinkel (1906—1976) und Carl Sonnenschein (1876—1929) genannt werden.

I

Der Einfluß Berliner Theologen und Seelsorger auf die Liturgische Bewegung des 20. Jahrhunderts

Romano Guardini veröffentlichte 1923, als er seine Lehrtätigkeit in Berlin begann, bis heute und vielleicht gerade heute wieder aktuelle Überlegungen zur *Liturgischen Bildung.*[12] Völlig zu Recht trägt eine jüngst erschienene Würdigung seiner Bedeutung für die Liturgiereform den Untertitel *Romano Guardini — Denker liturgischer Erneuerung.*[13] Guardini hat immer den Zusammenhang von Liturgie und Seelsorge im Blick gehabt. Als die Liturgische Bewegung Anfang der vierziger Jahre in eine Krise geriet, weil sie von einflußreichen kirchlichen Kreisen als

[10] Erwin Gatz (Hrsg.), *Pfarr- und Gemeindeorganisation. Studien zu ihrer Entwicklung in Deutschland, Österreich und der Schweiz seit dem Ende des 18. Jahrhunderts* (= Quellen und Forschungen aus dem Gebiet der Geschichte, N. F., Bd. 10), Paderborn usw. 1987, S. 9.

[11] Vgl. Theodor Maas-Ewerd, *Liturgie und Pfarrei. Einfluß der Liturgischen Erneuerung auf Leben und Verständnis der Pfarrei im deutschen Sprachgebiet,* Paderborn 1969; Ferdinand Kolbe, *Die Liturgische Bewegung* (= Der Christ in der Welt, Bd. 9,4), Aschaffenburg 1964; Waldemar Trapp, *Vorgeschichte und Ursprung der Liturgischen Bewegung vorwiegend in Hinsicht auf das deutsche Sprachgebiet,* Regensburg 1940.

[12] Romano Guardini, *Liturgische Bildung* (= Versuche, Bd. 1), Burg Rothenfels 1923.

[13] Martin Marschall, *In Wahrheit beten. Romano Guardini — Denker liturgischer Erneuerung* (= Pietas liturgica. Studia, Bd. 4), St. Ottilien 1986.

Irrweg angesehen wurde,[14] wandte er sich in einem „Wort zur liturgischen Frage" gegen einen „Liturgismus", der „zuweilen die Liturgie als das christ-katholische Leben schlechthin angesehen und vergessen (hat), daß dies auch andere Formen hat. Man hat die klösterliche Kommunität mit ihren besonderen Voraussetzungen als Urbild der christlichen Gemeinde überhaupt genommen und die Grenzen verkannt, welche der liturgischen Arbeit in Wirklichkeit gezogen sind..."[15] In der Mißachtung der konkreten Seelsorge, eben der tatsächlichen Gegebenheiten innerhalb der einzelnen Gemeinden, sah er den Fehler dieser Haltung: Die „Pflege der Liturgie muß auf die Pfarrgemeinde bezogen sein, wie sie in Wirklichkeit ist. Sie muß ihre Bedürfnisse im Auge haben, ihre Möglichkeiten sehen und darf ihr nichts zumuten, was ihrem Wesen widerspricht. Andererseits muß sie ihr aber auch wirklich das zutrauen, was an Bereitschaft und Möglichkeit in ihr liegt — und das ist viel, sehr viel mehr, als so mancher ‚Praktiker' zuzugeben pflegt."[16] Daß ihn dabei die Liturgiefähigkeit des modernen Menschen im Industriezeitalter besonders beschäftigte, sei hier wenigstens angemerkt.[17]

Der Berliner Akademiker- und Großstadtseelsorger Carl Sonnenschein stellte einen Zusammenhang zwischen Sozialarbeit und Liturgie her. Ihm, dem ehemaligen Referenten des Mönchengladbacher Volksvereins, fühlten sich die Gründer des für die Liturgische Bewegung so bedeutenden Leipziger Oratoriums, Theo Gunkel, Josef Gülden, Klemens Tilmann, Ernst Tewes und Walter Krawinkel, eng verbunden. In seinen *Weltstadtbetrachtungen* notierte Sonnenschein 1925: „Drei Kategorien von Menschen wandern in die Stadt an der Spree ... Die Tüchtigen. Die Defekten. Die Armseligen ... Riesenaufgaben der Seel-

[14] Vgl. Theodor Maas-Ewerd, *Die Krise der Liturgischen Bewegung in Deutschland und Österreich. Zu den Auseinandersetzungen um die „liturgische Frage" in den Jahren 1939 bis 1944* (= Studien zur Pastoralliturgie, Bd. 3), Regensburg 1981.

[15] Romano Guardini, *Liturgie und liturgische Bildung,* Würzburg 1966, S. 198.

[16] *A. a. O.*, S. 196.

[17] Klemens Richter, *Die Frage nach der Liturgiefähigkeit angesichts einer erneuerten Liturgie,* in: Ludger Honnefelder/Matthias Lutz-Bachmann (Hrsg.), *Auslegungen des Glaubens. Zur Hermeneutik christlicher Existenz* (= Schriften der Katholischen Akademie in Berlin), Berlin-Hildesheim 1987, S. 85—106; Klemens Richter, *Die erneuerte Liturgie im Horizont der Fragestellung Romano Guardinis nach der Liturgiefähigkeit des Menschen von heute,* in: Klemens Richter/Arno Schilson, *Den Glauben feiern. Wege liturgischer Erneuerung* (= Rothenfelser Reihe), Mainz 1989, S. 136—163.

sorge!"[18] Daraus folgerte er: „Wenn eine Stadt Gemeinde braucht, Heimat, Familie, Organismus, dann Berlin." Er sah die Notwendigkeit der Liturgie für die Gemeindebildung, beklagte aber, daß die passive Teilnahme an der sonntäglichen Messe nicht zu Aktivitäten in der Gemeinde führte: „Es gibt auch Katholiken in Berlin, die nur zur universalen, römisch-katholischen Kirche gehören. Deren Petrussitz in Rom steht. Sie sind in diese Weltkirche eingebaut. Sie leben ihre Liturgie ... Aber sie haben keine kirchliche ‚Gemeinde'. Sie wissen vielleicht nicht, wo die Pfarreikirche liegt. Sonntags gehen sie nach Hedwig. Nach Clemens. Nach Mariaviktoria ... Gehören aber doch nicht zur ‚Gemeinde'. ‚Gemeinde' bedingt Miterleben, Mitsorgen, Mitarbeiten! ... ‚Gemeinde' bedeutet Not, Hoffnung, Freude, Leid, Probleme gemeinsam tragen. ‚Gemeinde' ist Heimat. Der äußere Ausdruck dieser Gemeindeauffassung ist der kirchliche Gottesdienst ... Diese Gemeinschaft darf nicht an der Kirchentüre ... Halt machen."[19] Gefährdet sah er die Verbindung von Liturgie und Seelsorge in einer Konzertmesse, in der zwar die Seelenerhebung des einzelnen, nicht aber Gemeindebildung ermöglicht würde. Nach seiner Auffassung wird „der Katholizismus von Berlin Ereignis ... nur durch seine dreiundfünfzig Gemeinden. Wächst er hier ... dann durchdringt wieder die Häusermassen der Riesenstadt christliche Kultur. Jede horizontale Seelsorge, so wichtig sie ist ... erreicht dieses eine nicht. Organisch wachsen die Dinge aus dem vertikal zugeschnittenen Boden."[20] Vertikale und Horizontale, Liturgie und Diakonie gehören danach untrennbar zusammen. Die Liturgie muß also selbst Seelsorge sein und ist nicht getrennt zu denken von einem konkreten Gemeindebezug. Über die Umsetzung dieses Konzepts unter Großstadt-Bedingungen schreibt Sonnenschein: „Das ist nirgends so schwer wie in Berlin. Die ganze Stadt und jede Einzelgemeinde sind wie Dünensand ... Dieser Flugsand des Nomaden muß Bodenerde der Ständigkeit werden. In Berlin, wo ... der Möbelwagen eine größere Rolle spielt als der Kinderwagen, ist eine absolute Bodenständigkeit natürlich nicht erreichbar. Aber eine relative! Wenn die Pfarrei ‚Gemeinde' wird!"[21] Damit hat er 1925 das spezifische Problem der Großstadtseelsorge so umschrieben, wie es heute wohl

[18] Carl Sonnenschein, *Notizen. Weltstadtbetrachtungen,* Heft 3, Berlin 1926, S. 39 und S. 43.

[19] *A. a. O.*, S. 8f.

[20] *A. a. O.*, S. 10f.

[21] *A. a. O.*, S. 9.

auch noch gilt, nur daß sich mit der Liturgiereform für die konkrete Gemeinde neue und damals noch ungeahnte Möglichkeiten eröffnet haben.

Walter Krawinkel unternahm während des Zweiten Weltkrieges den Versuch, zusammen mit Heinrich Kahlefeld und anderen Seelsorgern in Berlin ein Oratorium zu gründen, um die Verbindung von Liturgie und Seelsorge, wie sie im Leipziger Oratorium entwickelt worden war, auch in Berlin zu praktizieren. In der Nachkriegszeit verbindet sich mit dem Namen Krawinkel der Liturgische Kongreß 1965 in Ost-Berlin, der parallel zum Mainzer Liturgischen Kongreß von 1964 die liturgischen Neuorientierungen des Zweiten Vatikanischen Konzils auch für den Ostteil der Diözese Berlin wie für alle kirchlichen Jurisdiktionsbezirke in der DDR[22] fruchtbar machen wollte. Auf diesem Kongreß wies der Bischof von Berlin, Alfred Bengsch, in einer Ansprache während des Schlußgottesdienstes auf ein wichtiges Ziel der Seelsorge durch die Liturgie hin: „... was würde auch die vollendete liturgische Form nützen ohne die(se) Liebe zu der Herde Gottes, die uns anvertraut ist."[23]

Mit ihrer Arbeit haben die genannten Berliner Theologen und Seelsorger Einfluß auf die Liturgische Bewegung dieses Jahrhunderts genommen und damit zugleich wichtige Neuansätze für eine Umschreibung der Liturgie als Seelsorge geleistet, die von bleibender Bedeutung sind.

II
Neubestimmung des Verhältnisses von Liturgie und Seelsorge durch die Liturgische Bewegung

Die Liturgische Bewegung wurde vor allem von zwei Strömungen gespeist, die das gleiche Ziel auf verschiedenen Wegen erreichen wollten.[24] Einmal ist es die strenge benediktinische Richtung vornehmlich von den Klöstern Beuron und Maria Laach, die in der Liturgie eine vorgegebene Größe sah und das Volk zur Höhe der Liturgie emporführen wollte. Ihre Idealformen sind das Choralamt und die Missa recitata sowie die Choralvesper. Diese Strömung erfaßte vor allem Akademi-

[22] Zur Kirche in der DDR vgl. Wolfgang Knauft, *Katholische Kirche in der DDR. Gemeinden in der Bewährung 1945—1980,* 2., verb. u. erw. Aufl., Mainz 1980.

[23] Zit. nach Walter Krawinkel (Hrsg.), *Pastorale Liturgie. Vorlesungen, Predigten und Berichte vom Liturgischen Kongreß Berlin 1965,* Leipzig 1965, S. 141 f.

[24] Vgl. dazu Adolf Adam, *Grundriß Liturgie,* Freiburg-Basel-Wien 1985, S. 43—48.

ker, Seminare, Klöster und elitäre Gruppen, selten ganze Pfarrgemeinden. Dem steht die sogenannte volksliturgische Richtung gegenüber, wie sie sich in der Jugendbewegung oder durch Pius Parsch in Klosterneuburg formierte. Sie sah im Volk die vorgegebene Größe und wollte die Liturgie zum Volk bringen. Idealformen sind die Gemeinschaftsmesse, etwa die Betsingmesse, und die Gemeindevesper. Über einzelne Seelsorger erreichte diese Richtung viele Gruppen und auch ganze Gemeinden. Beide Strömungen miteinander zu verbinden, war das Ziel der schon genannten Berliner Seelsorger, vor allem Romano Guardinis. Er betonte, daß nicht die Kloster- und Kathedralkirchen für eine Neuorientierung der Liturgie als Seelsorge stehen dürfen: „Das Vorbild der Liturgie darf nicht von den — an ihrer Stelle natürlich höchst wichtigen — Kloster- oder Kathedralkirchen genommen, sondern muß aus den realen Bedürfnissen und Möglichkeiten der Pfarrgemeinde herausgearbeitet werden. Das darf nicht nach subjektivem Ermessen und Belieben, sondern nur in Einordnung in die lex orandi der Kirche geschehen; zugleich aber auch mit einer echten Freiheit des Schaffens und Gestaltens überall da, wo dieses Gesetz der Kirche es erlaubt."[25] Guardini machte deutlich, daß es in der Liturgie nicht um eine persönliche Erhebung zu Gott geht, sondern um ein gemeinsames Tun der versammelten Gemeinde; deshalb sei vor allem die Gemeinschaftsfähigkeit eine Voraussetzung für die Liturgiefähigkeit. Eine Folge der Liturgie müsse daher die Bereitschaft sein, das Leben der anderen zu teilen, „die Lebensinhalte der anderen, ihre Heilssorge, ihr Leid, ihr Anliegen als eigene anzunehmen".[26]

Die Auseinandersetzungen in der ersten Hälfte unseres Jahrhunderts um die Verbindung von Liturgie und Seelsorge hat Theodor Maas-Ewerd nachgezeichnet; dabei zeigte sich, daß die Liturgische Erneuerung zu einem neuen Gemeinde- und Seelsorgeverständnis entscheidend beigetragen hat.[27] Die Liturgische Bewegung entstand vor dem Hintergrund der sich im 19. Jahrhundert herausbildenden Industriestädte, in denen Gottesdienst und soziale Gemeinschaft im Unterschied zu dörflichen Verhältnissen auseinanderfielen, die Liturgie — so wie es Sonnenschein beschrieb — zunehmend und bestenfalls zu einer sonntäglichen Pflichtübung verkümmerte. Gefördert wurde diese Entwicklung auch durch die lateinische Liturgiesprache, die in der Stadt nicht mehr in muttersprachliches Brauchtum und Volksfröm-

[25] R. Guardini, *Liturgie*... (wie Anm. 15), S. 212.

[26] *A. a. O.*, S. 86.

[27] T. Maas-Ewerd, *Liturgie*... (wie Anm. 11), S. 135—242.

migkeit eingebunden werden konnte. Die Bemühungen um eine Erneuerung der Liturgie sind als ein Versuch zu verstehen, der Gemeinde eine aktive Teilnahme am Gottesdienst zu ermöglichen und somit die Voraussetzungen zu schaffen, daß die Liturgie zur Mitte der Seelsorgsarbeit in der Gemeinde werden und die Trennung von Liturgie und Pastoral überwunden werden konnte. Eben dies meinte wohl Valentin Thalhofer, als er 1883 mit einem heute etwas merkwürdig anmutenden Bild die Bedeutung der Liturgie kennzeichnete: „Nun erweist sich aber gerade die Liturgie als die fetteste Weide für die Herde Christi ...“[28] Solche Ansätze führten dort, wo sie erfolgreich waren, einen Schritt weg sowohl vom Modell der herkömmlichen Dorfkirche, als auch vom Modell der Angebots- und Servicekirche, das sich in den Großstädten schon ansatzweise entwickelt hatte.

Von dieser Zielstellung her ist die damals aufkommende, umstrittene Formulierung „Seelsorge vom Altare aus“ zu verstehen.[29] In einer Handreichung für Pfarrseelsorger aus dem Jahre 1943, die unter Mitarbeit einer Vielzahl von für die Liturgische Bewegung bedeutenden Theologen entstanden war, heißt es: „Der Altar ist Ausgangs- und Mittelpunkt und — recht verstanden — auch wieder Ziel; aber der Weg geht durch alle Gebiete des Lebens und begegnet allen Aufgaben, die aus der Sorge um die Gemeinde erwachsen.“[30]

Das Leitwort dieser Zeit lautete: „nicht ‚Liturgie allein‘, sondern ‚Seelsorge vom Altare aus‘, und dieses ‚vom Altare aus‘ sollte keineswegs an den Kirchenwänden seine Grenze haben, sondern hinauswirken in die Welt.“[31] Vor einem falschen Verständnis der „Seelsorge vom Altare aus“ warnte vor dem Konzil Alfons Kirchgässner in seinem Aufsatz *Ist die Liturgie die Mitte der Seelsorge?* „Die Seelsorge besteht nicht aus liturgischem Tun und Bemühen, sondern ist Sorge um den Menschen am Werktag, den Menschen in Familie und Beruf, in vielfa-

[28] Valentin Thalhofer, *Handbuch zur katholischen Liturgik,* Bd. 1, Freiburg 1883, S. 351.

[29] Vgl. dazu Klemens Richter, *Seelsorge vom Altare aus. Von der Gemeindetheologie des Leipziger Oratoriums,* in: *Gottesdienst,* 19. Jg. (1985), S. 57—60; Weitere Literaturangaben bei T. Maas-Ewerd, *Liturgie ...* (wie Anm. 11), S. 300.

[30] Karl Borgmann (Hrsg.), *Parochia. Handreichungen für die Pfarrseelsorger,* Kolmar o. J. (1943), S. 9f.

[31] So erläuterte der langjährige Direktor des Liturgischen Instituts in Trier, Johannes Wagner, diesen Ausgangspunkt der Gemeindebildung rückblickend. Johannes Wagner, *Kult und Aktion im Aufbau der Pfarrgemeinde,* in: *Liturgisches Jahrbuch,* 7. Jg. (1957), S. 217.

chen Nöten. Sacramenta propter homines: die Liturgie ... stellt den Menschen in eine entscheidende Situation, indem sie ihn abseits von der Welt mit Gott konfrontiert; aber das heißt nicht, daß sie für jede Situation ausreiche. Sie kann ja überhaupt nur sozusagen ausnahmsweise präsent werden, denn sie gehört von ihrem Wesen her zu den ungewöhnlichen Aktionen ... Nicht wenige hoffen, eine würdig gefeierte und volksnahe, also gründlich reformierte Liturgie werde, müsse die abgefallenen Massen für die Kirche zurückerobern. Das ist eine Täuschung. Die Neugestaltung unserer Liturgie, so wichtig sie ist, wird uns nicht der Pflicht entheben, auf hundert Pfaden, altgewohnten und neuen, den Schäflein nachzugehen. Die Eucharistiefeier ist aus eigener Kraft nicht imstande, die draußen an den Tisch des Herrn zu holen."[32] Trotz dieser Warnung vor einer Überbewertung der Liturgie als Seelsorge bezweifelt Kirchgässner nicht, daß „im Leben einer Gemeinde, aber auch im Leben des einzelnen Christen die Liturgie ein Kulminationspunkt ist, der durch nichts überboten werden kann".[33]

An der theologischen Konzeption von Johannes Pinsk läßt sich verdeutlichen, in welcher Weise Liturgie zur Mitte der Seelsorgsarbeit werden konnte. Für Theodor Schnitzler gehört Pinsk „zu den ersten, die die enge Zusammengehörigkeit von Liturgie und Pastoral und Homiletik und Verkündigung erkannten und verwirklichten".[34] Schon als Studentenseelsorger in Berlin wurde Pinsk durch die Herausgabe der *Liturgischen Zeitschrift* (1928—1933) und des *Liturgischen Lebens* (1934—1938) zu einem der einflußreichsten Vertreter der Liturgischen Bewegung. Auch als Pfarrer (1942—1954) und Honorarprofessor an der Freien Universität Berlin betonte er immer wieder *Die Liturgie als Grundlage für die religiöse Wirklichkeit von Kirche, Diözese und Pfarrei,* wie einer seiner Aufsätze zur Verbindung von Liturgie und Seelsorge überschrieben ist.[35] Als „religiöse Wirklichkeit der Pfarrei", von der er häufig spricht, versteht Pinsk ganz wesentlich die Liturgie, in der zum Ausdruck kommt, was inhaltlich das Wesen der Gemeinde prägt. Die Nachfolge Christi, das Christusleben der Gemeinde, gestaltet sich

[32] Alfons Kirchgässner, *Ist die Liturgie die Mitte der Seelsorge?*, in: *Liturgisches Jahrbuch,* 12. Jg. (1962), S. 87f.

[33] *A. a. O.*, S. 92.

[34] Theodor Schnitzler (Hrsg.), *Johannes Pinsk. Gedanken zum Herrenjahr,* Mainz 1963, S. 9.

[35] Johannes Pinsk, *Die Liturgie als Grundlage für die religiöse Wirklichkeit von Kirche, Diözese und Pfarrei,* in: *Liturgische Zeitschrift,* 4. Jg. (1931—1932), S. 427—437.

durch die actio Christi im Mysterium, wie es in der Liturgie gefeiert wird. Dabei werden weder die Pfarrei noch die Feier der Liturgie als eine Insel der Seligen dargestellt, „auf die sich die Gläubigen von der Welt zurückziehen können. Für Pinsk ist die Liturgie wirkliches und wirkendes Zeichen des durch die Fleischwerdung des Wortes in die Welt gekommenen Lebens Gottes. Aus ihm gestaltet sich alles religiöse Leben der Gläubigen. In der Wirklichkeit der ‚sakramentalen Welt' mit ihrer ‚inkarnatorischen Struktur' liegt für Pinsk der Zugang zum Wesen der Pfarrei sowie zum Kern pfarrlichen Lebens. Als betende und liturgiefeiernde Versammlung, als in Christus geeinte Gemeinde der Glaubenden, Hoffenden und Liebenden kann die Pfarrei verstehen, was sie ist."[36] Der Titel *Consecratio Mundi* einer Dissertation *Zur Theologie der Liturgie im Werk von Johannes Pinsk* faßt diese Konzeption treffend zusammen.[37] Es ist sein Verdienst, den Zusammenhang von Gemeinde und Liturgie als einen Wesenszusammenhang zu begreifen, eine Sicht, die zwar vom Konzil übernommen wurde, aber bis heute in der Praxis noch nicht recht wirksam ist.

Im folgenden wird die Gemeindepraxis des Leipziger Oratoriums etwas ausführlicher vorgestellt. In dieser Gemeinde entstand ein Modell der Liturgie als Seelsorge, das für jede großstädtische Situation Gültigkeit beanspruchen kann.[38]

III

Soziales Handeln und liturgisches Tun. Das Beispiel des Leipziger Oratoriums

Der Innsbrucker Liturgiewissenschaftler Hans Bernhard Meyer bezeichnet das Doppelgebot der Gottes- und Nächstenliebe als die „Magna Charta des christlichen Gottesdienstes" und bemerkt dazu: „Der ausdrückliche ... Bezug auf Gott gehört ebenso zu seinem Wesen wie die Sorge um den Menschen und um seine Welt. Wer diese Spannungseinheit zugunsten eines der beiden Pole auflöst, der zerstört den Gottesdienst

[36] T. Maas-Ewerd, *Liturgie...* (wie Anm. 11), S. 199.

[37] Jozef Stefanski, *Consecratio Mundi. Theologie der Liturgie bei Johannes Pinsk* (= Pietas liturgica. Studia, Bd. 7), St. Ottilien 1990. Dazu auch Eberhard Amon, *Lebensaustausch zwischen Gott und Mensch. Zum Liturgieverständnis Johannes Pinsks* (= Studien zur Pastoralliturgie, Bd. 6), Regensburg 1988.

[38] Vgl. zum folgenden Klemens Richter, *Soziales Handeln und liturgisches Tun. Das Beispiel des Leipziger Oratoriums*, in: *Liturgisches Jahrbuch*, 31. Jg. (1981), S. 65—78.

von der Wurzel her."[39] In der Liturgie geschieht Gottbegegnung in „Wort und Zeichen", im Alltag in „Menschen, Widerfahrnissen des Arbeits-, Familien-, gesellschaftlichen Lebens. Beide gehören zusammen, sind aufeinander verwiesen und angewiesen. Aber sie unterscheiden sich auch voneinander; so wie Alltagsarbeit und Festfeier nicht zu trennen und doch zu unterscheiden sind."[40] Gerade diese Verbindung war einer der Motoren der Liturgischen Bewegung. Für Josef Andreas Jungmann, der als einer der Väter der Liturgiereform des Konzils bezeichnet werden kann, war es 1938 „eine lehrreiche Tatsache, daß Zeiten, die wenig Sinn für das Soziale haben, in denen der Individualismus vorherrscht, auch wenig Sinn haben für die Liturgie, für ihre Symbole und Formen".[41]

Was es bedeutet, wenn der Sinn für beide Aspekte in einer Gemeinde wach ist, zeigt die Gemeindepraxis des Leipziger Oratoriums, in der der heutzutage selbst von Theologen oft belächelte Gemeindeaufbau „vom Altare her" geradezu beispielhaft gelungen ist. Eine Gemeinschaft junger Priester stellte sich 1930 in den Dienst einer Arbeiterpfarrei im Leipziger Westen. Es war nicht nur der Druck der Nazizeit, der den Pfarrer Theo Gunkel zu der „Gemeindetheologie der Ellipse" finden ließ, der Gemeinde mit zwei Brennpunkten: liturgische Versammlung und soziales Engagement. In einem Sammelband, den Gunkel und seine Mitbrüder 1942 unter dem Titel *Volksliturgie und Seelsorge* veröffentlichten, schrieb er: „Das ‚Brotbrechen' und die ‚brüderliche Gemeinschaft' leben voneinander. Sie werden beide krank, wenn eines von beiden verkümmert. Der schönste Gottesdienst ‚ist nichts' ohne die Liebe — aber auch die Caritas, das vornehmste Ziel der Seelsorge, verliert ihren Charakter und ihre Orientierung, verflacht und verkümmert, wenn sie nicht mehr mit der Quelle verbunden ist."[42] Gewiß, es handelte sich um Notzeiten, und „Seelsorge in Notzeiten", so Josef Gülden, „das heißt: den Gottesdienst der Gemeinde so gestalten, daß er zur wichtigsten Nahrungsquelle des religiösen Lebens einer Gemeinde in Not wird ... Es gilt gerade in Notzeiten zu erkennen,

[39] Hans Bernhard Meyer, *Liturgie und Gesellschaft,* in: Hans Bernhard Meyer (Hrsg.), *Liturgie und Gesellschaft,* Innsbruck-Wien-München 1970, S. 16.

[40] Hans Bernhard Meyer, *Politik im Gottesdienst,* Innsbruck-Wien-München-Würzburg 1971, S. 41.

[41] Josef Andreas Jungmann, *Liturgische Feier,* Regensburg 1939, S. 20.

[42] Theo Gunkel, *Zum Verhältnis von Liturgie und Seelsorge,* in: Karl Borgmann (Hrsg.), *Volksliturgie und Seelsorge. Ein Werkbuch zur Gestaltung des Gottesdienstes in der Pfarrgemeinde,* Kolmar o. J. (1942), S. 55.

welchen verantwortlichen Beruf die christliche Gemeinde zu erfüllen hat. Viel Secundäres darf und muß unter den Tisch fallen, nie aber: der Gottesdienst und der Caritasdienst."[43] Diese Feststellung trifft bis heute zu. Allerdings, wo dieses Ziel verwirklicht werden soll, muß Liturgie lebendig und mitvollziehbar sein, muß deutlich werden, daß sie mit dem Leben der Teilnehmer unmittelbar zu tun hat. Und das gelingt wohl nur, wenn die Gemeinde zu ihren eigenen Ausdrucksformen findet. Der Liebfrauen-Gemeinde in Leipzig-Lindenau ging es „um eine Theologie der seelsorgerlichen Praxis, um eine Wort-Gottes-Theologie (nicht nur Exegese), um eine Theologie des Gottesdienstes und des christlichen Lebens in Gemeinde, Familie, Arbeit und Beruf, um viele Zwischenfragen, wichtig für das Leben des Christen mitten in der Welt", schrieb Gülden rückblickend 1975.[44] Das Hauptanliegen war die „Bildung einer lebendigen Gemeinde, ein erneuerter Gottesdienst in einer erneuerten Gemeinde; also nicht nur äußere Teilnahme der Gläubigen, sondern Neubelebung des Kirchenbewußtseins, konkretisiert zum Gemeindebewußtsein, zur Realisierung der Kirche hier an diesem Ort".[45]

1950 erklärte Gunkel noch einmal den Ansatz des Leipziger Oratoriums, indem er zunächst fragte: „Warum soviel Mühe und Sorgfalt verwenden auf Fragen der Form und auf Einzelheiten des Gottesdienstes in Zeiten, in denen es für den einzelnen und für die Kirche um Leben und Tod geht? Ist hier nicht Flucht aus der eigentlichen Seelsorge und aus dem Leben, wo der Kampf ausgetragen werden muß, in den Kult?" Daß es sich nicht um eine „Flucht in den Kult" gehandelt habe, erläutert Gunkel anhand der praktischen Arbeit des Oratoriums: Von Anfang an ergab sich „die Verbindung von Liturgie und Caritas. Zur Vorbereitung der Feste gehörten der ‚Opfergang der Liebe' und die Mahnung: Wir können nur dann wirklich das Fest feiern, wenn wir vorher alles getan haben, daß unter uns niemand in wirklicher Not verlassen ist. Es mußte betont werden, daß die Feier der Eucharistie die Quelle der Caritas ist."[46] Diese Verwirklichung der Kirche in der

[43] Josef Gülden, *Seelsorge in Notzeiten,* in: Karl Borgmann (Hrsg.), *Anruf und Zeugnis der Liebe. Beiträge zur Situation der Caritasarbeit,* Regensburg 1948, S. 78—101.

[44] Josef Gülden, *Ende oder Anfang der liturgischen Erneuerung?,* in: A. Szennay (Hrsg.), *Régi és Uj a liturgia világából* (FS für Polikárp Radó), Budapest 1975, S. 39—47 (im deutschen Manuskript S. 2f.).

[45] *Ebda.*

[46] Theo Gunkel, *Pastoralliturgische Erfahrungen einer Leipziger Pfarrgemeinde zwischen 1932 und 1952,* in: *Liturgisches Jahrbuch,* 3. Jg. (1953), S. 36f.

Gemeindefeier — so Gunkel weiter — „muß aber in der Woche und im Leben draußen verwirklicht werden. Es kann aber auch wieder nur wirksam und vom einzelnen erfüllt werden, wenn der Gottesdienst so ist, daß das auch erfahren wird und jeder darin wieder Richtung und Nahrung bekommt." Ein anderer Oratorianer schrieb im letzten Heft der „Werkblätter", die 1939 illegal versandt wurden: „Wir gingen also nicht in die ‚Sakristei', wir gingen an den Altar. Von da aus aber in die ganze Welt."[47] Es war eine Folge dieser Überlegungen, daß die Liturgische Bewegung Eingang in diese Arbeiterpfarrei finden konnte und aus ihr immer wieder Impulse hinausgingen: viele liturgische Texte, deutsche Choralmessen und Vespern in Hunderttausenden von Exemplaren, auch die Erneuerung der Osternachtfeier. Immer aber war wesentliches Ziel der Bruderdienst, wie Predigttexte, Pfarrbriefe und Pfarrchronik ausweisen. In letzterer heißt es 1934: Unser „Opfergang der Liebe (ist) ein sichtbares Zeichen der Verbundenheit untereinander und der Sorge füreinander ... Wie bei den ersten Christen soll auch bei uns die Frucht des Gottesdienstes sein, daß niemand verlassen ist."[48]

Als Antwort auf eine kritische Anfrage des zuständigen Ordinariates wurden Anfang 1943 *Grundsätze und Hinweise zur volksliturgischen Arbeit des Oratoriums* formuliert.[49] Darin heißt es: „Die liturgische Arbeit war und ist uns zunächst nichts anderes als ein wichtiger Teil der Sorge um die uns anvertraute Gemeinde." Es handle sich „nicht darum, gegenwärtige Formen auf liturgische Frühgestaltungen (‚Urchristentum') zurückzuführen", sondern es gehe darum, der Liturgie wieder die gleiche Kraft für die Gemeindebildung zurückzugewinnen. Als Beleg für die Richtigkeit des beschrittenen Weges wird angeführt, „daß die Zeitverhältnisse nicht jene schweren Folgen für den zahlenmäßigen Bestand und das Leben der Gemeinde gebracht haben, wie sie befürchtet wurden ... Im Gegenteil verstärkt sich der Eindruck, daß das Verständnis ... bei den Gläubigen mit der immer stärkeren inneren und

[47] Zit. nach Josef Gülden, *Die Kirche — in unserem Leben*, in: Elfriede Kiel/Josef Gülden (Hrsg.), *Die Kirche in unserem Leben* (= Jahr des Herrn, Bd. 28), Leipzig 1979, S. 19.

[48] Zit. nach K. Richter, *Soziales Handeln ...* (wie Anm. 38), in: *Liturgisches Jahrbuch*, 31. Jg. (1981), S. 73.

[49] *Grundsätze und Hinweise zur volksliturgischen Arbeit des Oratoriums in Leipzig vom April 1943*, in: T. Maas-Ewerd, *Die Krise ...* (wie Anm. 14), S. 664—674; Schreiben der Oratorianer an den Bischof von Meißen vom 6. 2. 1943, Archiv des Leipziger Oratoriums, Mappe 15.

äußeren Belastung wächst, und daß viele gelernt haben, sich nun auch selbst geistige Nahrung und Trank zu holen, nachdem sie erfahren haben, wo sie zu finden sind."[50]

Für Gunkel stand fest: „Das recht verstandene gottesdienstliche Interesse kann mit dem recht verstandenen seelsorglichen Interesse nicht in Widerspruch kommen; ja mehr: was gottesdienstlich wahr und richtig ist, muß auch seelsorglich wahr und richtig sein und umgekehrt." Er räumte jedoch ein, daß viele „gut gemeinte und mit Eifer betriebene" Gestaltung der Eucharistiefeier „seelsorglich unfruchtbar geblieben (ist), weil ihr eine zu enge Auffassung von Eucharistie, im Unterschied zum biblischen und liturgischen Verständnis, zugrunde lag".[51] Er fragte allerdings auch, wie die wichtigen seelsorglichen Anliegen im Gottesdienst beheimatet werden können, denn oft gehe beides ungeregelt nebeneinanderher, und beides leide darunter. Hier den rechten Weg und die rechte Form zu finden, ist eine Aufgabe, die sich uns heute noch ebenso stellt wie damals. Gegen Ende seiner Tätigkeit als Gemeindepfarrer schrieb Gunkel 1965: Wir werden einst „nicht nach der Zahl unserer Kommunionen" beurteilt werden, „sondern danach, wie wir ihm begegnet sind in den Geringsten seiner Brüder ... Das ist schwer, und dazu brauchen wir Kraft und Nahrung, und dazu ist uns das Brot gegeben, in dem wir den Auftrag, aber auch die Kraft empfangen."[52] Daß die enge Verbindung von Liturgie und Diakonie auch zu einer stärkeren Beziehung zwischen Liturgie- und Lebensgemeinschaft führt, ohne daß damit die Gefahr eines Sektierertums verbunden sein muß, bestätigte Gülden noch vor dem Konzil: "Von der Liturgie her würde die Caritas auch wieder in der Gemeinde ihren Raum finden", sie würde wieder „zur Freund-Bruder-Liebe derer, die unter einem Dache eines Gotteshauses, in einer Art vita communis leben, in der niemand arm und verlassen sein kann. Tatsächlich hat man

[50] Zit. nach K. Richter, *Soziales Handeln...* (wie Anm. 38), in: *Liturgisches Jahrbuch*, 31. Jg. (1981), S. 75. Anzumerken ist noch, daß sich das im Leipziger Oratorium in die Praxis umgesetzte Prinzip der Liturgie als Seelsorge auch dann noch bewährt hat, als nach 1945 in die kleine Diaspora-Gemeinde von kaum mehr als zwei Prozent Katholiken eine Vielzahl katholischer Heimatvertriebener strömte. Um diesen in der Leipziger Gemeinde eine neue Heimat zu ermöglichen, war es notwendig, in Form einer vorsichtigen Inkulturation schlesisches Brauchtum mit der während zwei Jahrzehnten entwickelten Liturgie zu verbinden.

[51] T. Gunkel, *Zum Verhältnis...* (wie Anm. 42), in: K. Borgmann (Hrsg.), *Volksliturgie...*, S. 51.

[52] Theo Gunkel, *Bau aus lebendigen Steinen*, Freiburg 1965, S. 91.

heute noch oft den Eindruck, die Liturgie sei das Privatzimmer des Priesters am Altar..."[53] Einen solchen Eindruck haben nicht wenige Laien ein Vierteljahrhundert nach dem Konzil noch immer. Der zu geringen Verbindung beider Aspekte schreibt Gülden zu, daß „neben der ecclesia, als dem Haus der Gemeinde, alle möglichen Häuser und Häuschen (gebaut werden und) sich damit der Horizont des geistlichen Lebens" verengt.[54]

In Leipzig galt durch all die Jahre der Grundsatz: „Nichts einführen, bevor es nicht gründlich erklärt und von der Gemeinde begriffen wird. Echte Mystagogie, Kenntnis der Grundstrukturen des Gottesdienstes und der rechten Verteilung der Funktionen."[55] Für Tilmann heißt das: „Die Gläubigen dürfen keine Neuerung als willkürlich empfinden, sondern müssen selbst einsehen, daß es so richtiger" ist.[56] Diese Aufgabe ist auch heute noch aktuell. Gülden bemerkte dazu vor einigen Jahren: „Wenn die Liturgiereform noch nicht den beabsichtigten Erfolg gehabt hat, so liegt das hauptsächlich daran, daß die ‚Erneuerung der Mentalität' erst in den Anfängen steht, von vielen gar nicht in den Blick genommen wurde. Vor lauter Kritik an kirchlichen Instanzen und Strukturen konnte in ihnen kein engagiertes, dankbares, frohes und verantwortungsvolles Kirchen- und Gemeindebewußtsein erwachen."[57]

Mit dem Leitwort „Seelsorge vom Altare aus" soll die Liturgie nicht als Mittel der Seelsorge verstanden werden, das alles andere ersetzen könnte. Was Gunkel dazu sagte, galt damals wie heute: „Die Liturgie hat ihren Sinn und ihre Würde in sich, und die Gloria Dei ist nicht Mittel, sondern letztes Ziel. Aber alles andere bekommt hier ein Maß und eine Mitte. Es geht hier nicht um Fragen des Geschmacks und der Form, sondern es geht um die Lebensquelle, aus der die Kirche lebt und von der alles andere abhängt, und um das Ziel, zu dem alle anderen Wege führen müssen. Denn darin, daß eine Gemeinde als Zelle der Kirche per ipsum et cum ipso et in ipso den Vater verherrlicht und ‚in

[53] Josef Gülden, *Liturgie und persönliche Frömmigkeit,* in: Emile Donckel/Jean Hild/A. Turpel (Hrsg.), *Perspectives de pastorale liturgique,* Luxembourg 1951, S. 58f.

[54] *Ebda.*

[55] J. Gülden, *Ende...* (wie Anm. 44), in: A. Szennay (Hrsg.), *Régi...* (im deutschen Manuskript S. 3).

[56] Klemens Tilmann, *Die Liturgie missionarisch gesehen (II),* in: *Stimmen der Zeit,* 143. Jg. (1948—1949), S. 264.

[57] J. Gülden, *Ende...* (wie Anm. 44), in: A. Szennay (Hrsg.), *Régi...* (im deutschen Manuskript S. 10).

Ihm' mit dem Vater und untereinander eins wird in unitate Spiritus Sancti, verwirklicht sich die Erlösung."[58]

Im weiteren werden einige theologische Aspekte aufgezeigt, die erklären, warum Liturgie nicht als Mittel, sondern als Ziel der Seelsorge zu verstehen ist. Schon 1959 hieß es in einer *Theologie der Liturgie:* „Nicht durch die Liturgie, sondern in der Liturgie erfüllt die Seelsorge ihre Bestimmung."[59] Und noch vor dem Konzil schrieb Josef Andreas Jungmann, der für die Entwicklung der Katechetik und Liturgiewissenschaft nicht nur in der katholischen Kirche neue Wege eröffnete: „In der konkreten kirchlichen Gemeinschaft ... bildet die Liturgie nicht irgendeinen, wenn auch besonders heiligen Aufgabenkreis neben anderen Aufgabenbereichen, sie ist in der Form des Sonntagsgottesdienstes vielmehr geradezu das Ziel und innerhalb dieser irdischen Welt der letzte Sinn aller Seelsorge."[60] Und das deshalb, weil es sich hier um die Antizipation unseres Lebenszieles handelt, um die Teilnahme am unaufhörlichen Lob Gottes, an der himmlischen Liturgie.

IV
Liturgie als Grundvollzug christlichen Lebens und als Mitte der Gemeindearbeit

Nach den Aussagen des Zweiten Vatikanischen Konzils ist innerhalb der Sendung der Kirche die Liturgie der christlichen Gemeinde ein Bereich, dessen „Wirksamkeit kein anderes Tun der Kirche an Rang und Maß erreicht".[61] Dieser Vorrangstellung der Liturgie widerspricht es nicht, wenn die Konzilsdokumente in der Darstellung der drei klassischen Aufgaben christlicher Gemeinde die Aufzählung wählen: Lehr-, Priester- und Hirtenaufgaben. Dem entspricht die Abfolge: Martyria — den Glauben verkünden, Liturgia — den Glauben feiern und Diakonia — den Glauben tun. Bei dieser Unterscheidung der drei Grundaufgaben von Kirche und Gemeinde darf nicht übersehen werden, daß sie sich gegenseitig durchdringen. Zur Feier des Glaubens gehören auch die Verkündigung und das Tun des Glaubens. Umgekehrt sind Verkündi-

[58] Zit. nach K. Richter, *Seelsorge...* (wie Anm. 29), in: *Gottesdienst,* 19. Jg. (1985), S. 60.

[59] Cyprian Vagaggini, *Theologie der Liturgie,* Einsiedeln-Zürich-Köln 1959, S. 406.

[60] Josef Andreas Jungmann, *Liturgisches Erbe und pastorale Gegenwart,* Innsbruck 1960, S. 501.

[61] *SC,* Art. 7, abgedruckt in: *LThK,* Erg.-Bd. 1, S. 23.

gung und Bruderdienst im weitesten Sinne auch Liturgie, Gottesdienst des Lebens, das heißt sowohl heilsvermittelnd wie Gott verehrend. Die gottesdienstliche Versammlung ist nicht Selbstzweck, sondern zielt auf diesen Gottesdienst des Lebens. Emil Joseph Lengeling betont ebenfalls diesen Zusammenhang: „Die gegenseitige Abhängigkeit und Zuordnung der drei Aufgaben ist von eminenter pastoraler Bedeutung. Eine Erneuerung des gesamten Lebens der Kirche ... ist nur durch eine ‚Gesamtpastoral' zu erreichen. Weder vermehrte Anstrengungen auf dem Gebiet der Verkündigung und der Diakonie für die Welt können weiterhelfen, wenn sie nicht ausfließen aus dem in der Liturgie aktuierten Heilsmysterium Christi und der Kirche und zu ihr hinführen, noch nützt eine isolierte Bemühung um den Gottesdienst der Kirche, wenn nicht gleichzeitig seine anthropologischen Voraussetzungen und Konsequenzen beachtet ... werden."[62] So gesehen hat die Liturgie für die Gemeinde eine zentrierende Funktion. Wenn die Gemeindemitglieder zur Liturgie zusammenkommen, ist dies Mitte der Verkündigung, zugleich aber auch Vergewisserung darüber, wie das christliche Leben im Alltag sich zu bewähren hat. Der hohe Stellenwert, der der Liturgie im kirchlichen Leben zugewiesen wird, bedeutet also keinen Ausschließlichkeitsanspruch. Ohne die Umkehr und Zuwendung zu Christus und ohne die menschliche Fähigkeit zu brüderlicher Gemeinschaft ist sie nicht denkbar. Gottesdienst ist also nur dann sinnvoll, steht nur dann nicht unter der Kultkritik der Propheten und Jesu, wenn er als Mahnung und Forderung an die Gemeinde verstanden wird. In ihr muß ein Geist herrschen, in dem jeder auf seinen Nächsten zugeht, den Nachbarn annimmt, dem Bruder Mut macht, die Sorgen des anderen mitträgt, dem Leidenden zur Seite steht, der Glaube des anderen keinem gleichgültig ist — ein Geist, in dem die Unterlassung des Guten keinen Platz hat und die Verantwortung auch von allen wahrgenommen wird. Die Diakonie ist so das Zeichen der Glaubwürdigkeit des Herrenmahles. Eine Gemeinde, die nicht Zeichen der Versöhnung in ihrer Umwelt ist, verwirkt das Recht, die Feier der Versöhnung zu vollziehen; eine Gemeinde, die sich nicht um die Kranken kümmert, kann nicht rechtens die Krankensalbung spenden. So kann die Feier des Glaubens in der Liturgie in Zeichen nur das zum Ausdruck bringen, was tatsächlich in der Gemeinde geschieht und was sie im Bewußtsein ihres Unvermögens im Glauben an die Heilsverheißung Gottes erwartet.

[62] Emil Joseph Lengeling, *Liturgie — Dialog zwischen Gott und Mensch*, hrsg. von Klemens Richter, Altenberge 1988, S. 26.

Ein wesentliches Leitmotiv der Neuordnung ist der Wandel von einem statischen Liturgieverständnis zu einem dynamischen. Das zeigt die Darstellung der Gegenwartsweisen des eigentlichen Trägers allen liturgischen Handelns, Jesus Christus, in den nachkonziliaren Dokumenten. So heißt es in der Einführung in das Meßbuch: „In der Meßfeier ... ist Christus wirklich gegenwärtig in der Gemeinde, die sich in seinem Namen versammelt, in der Person des Amtsträgers, in seinem Wort sowie wesenhaft und fortdauernd unter den eucharistischen Gestalten.“[63] Liturgie wird also nicht in erster Linie von dem Ziel der eucharistischen Gabe her beschrieben, sondern sie wird als Prozeß gesehen. Der Herr ist nach dem Wort: „Wo zwei oder drei in meinem Namen versammelt sind, da bin ich mitten unter ihnen“ (Mt 18,20), zuerst gegenwärtig in den sich Versammelnden, dann im Dienst des Vorstehers, sodann im verkündigten Wort und erst am Ende dieses Prozesses, dieser Feier, auch in der Eucharistie. Dieses dynamische Verständnis bricht die mittelalterliche Verengung der Gültigkeit der Sakramente auf das Minimum von Materie und Form auf und gewinnt vor allem eine dialogische Sicht der Liturgie zurück.[64] Liturgie ist eben nicht nur Kult im Sinne der klassischen Schultheologie, die ihn seit der Scholastik als Akt der Tugend Religion begreift, die ihrerseits zur Kardinaltugend Gerechtigkeit gezählt wird. Liturgie kann heute nicht mehr einseitig als „cultus debitus“ umschrieben werden, denn eine religiöse Pflicht sieht nur den aufsteigenden, latreutischen Charakter der Liturgie, der sich in Opfer und Verehrung entfaltet. Dem voraus liegt aber immer der von Gott absteigende, soterische Aspekt, der die heilshafte Seite der Liturgie verdeutlicht, sichtbar in der Verkündigung und in den Sakramenten. Für den Glaubenden ist in Christus das Mysterium Gottes in dieser Welt sichtbar geworden (Ursakrament), das sich in der Gemeinde fortsetzt, die damit selbst Mysterium ist (Grundsakrament) und dieses Mysterium zugleich unter Zeichen, in Worten und Handlungen, feiernd begeht. Liturgie ist damit Weiterführung des Priesteramtes Christi, wobei dieses sazerdotale Amt im Unterschied zum presbyterialen Dienst des Amtsträgers allen durch Taufe und Firmung Christus Eingegliederten zukommt. Daraus ergibt sich, daß allen Gläubigen kraft der Taufe Recht und Amt zur Liturgie zukommen.[65]

[63] *Römisches Meßbuch. Allgemeine Einführung Nr. 7,* in: *Die Feier der heiligen Messe. Meßbuch für die Bistümer des deutschen Sprachgebietes.* Kleinausgabe. 2. Aufl., Einsiedeln-Köln-Freiburg-Basel-Regensburg-Wien-Salzburg-Linz 1988, S. 27*.

[64] Vgl. dazu E. J. Lengeling, *Liturgie...* (wie Anm. 62), S. 120—147.

[65] Vgl. *SC*, Art. 14, abgedruckt in: *LThK*, Erg.-Bd. 1, S. 29.

Die ganze versammelte Gemeinde ist also Subjekt und Trägerin des liturgischen Handelns, ja sie ist das grundlegende Zeichen der Gegenwart ihres Herrn in dieser Welt. Von da aus versteht es sich, daß eine Liturgiereform ohne eine ihr entsprechende Kirchenreform nicht denkbar ist, daß es bei der Liturgiereform letztlich um die Seelsorge geht, um das Ziel, „das christliche Leben unter den Gläubigen mehr und mehr zu vertiefen, die dem Wechsel unterworfenen Einrichtungen den Notwendigkeiten unseres Zeitalters besser anzupassen..."[66] Wenn zum Beispiel hier und da die Notwendigkeit der Territorialpfarrei bestritten wird, so ist dem zu entgegnen, daß die Liturgie Geschlechter, Stände, Klassen, Berufe, Rassen und Nationen transzendiert, daß alle Getauften „einer in Christus" sind (Gal 3,28 u. ö.), daß „alle an dem einen Brot Anteil haben" (1 Kor 10,16). „Wenn das alles nicht platonisch bleiben oder gar illusorisch werden soll, muß die Einheit in Christus sich in der notwendig ortsgebundenen und die natürlichen und gesellschaftlichen Unterschiede integrierenden Eucharistiefeier ... zeigen und bewähren."[67] Auch in dieser integrierenden Kraft zeigt sich, daß die Liturgie Teil der Seelsorge ist. Dabei ist es selbstverständlich, daß das „Pfarrprinzip... aus der Sicht der Liturgiefeier... nicht einziges Prinzip in der pfarrlichen Seelsorge sein" kann.[68] Wenn Paul M. Zulehner für die Zukunft ein basisgemeindliches Stadtchristentum, die Stadtviertelkirche und eine nicht kulturgestützte, sondern gemeindegestützte Kirchlichkeit erwartet,[69] dann kommt diesem Anliegen die Liturgiereform entgegen, denn die mit der Reform angezielte Inkulturation der Liturgie[70] sollte auch zu einer je neu zu gewinnenden Identität von Gemeindestruktur und Liturgie führen.[71]

In der Pastoraltheologie rückt die Liturgie als Mitte und als Form der Seelsorge gegenwärtig ebenfalls wieder neu in das Zentrum der Überlegungen. *Der Gottesdienst als Mitte der Gemeindearbeit* lautet der Titel

[66] *SC*, Art. 1, abgedruckt in: *LThK*, Erg.-Bd. 1, S. 15.

[67] E. J. Lengeling, *Liturgie...* (wie Anm. 62), S. 52.

[68] T. Maas-Ewerd, *Liturgie...* (wie Anm. 11), S. 378.

[69] So Paul M. Zulehner in einem Diskussionsbeitrag auf der Wissenschaftlichen Konferenz vom Oktober 1987 *Berlin — die Metropole des ausgehenden 19. und beginnenden 20. Jahrhunderts: ein Feld der Seelsorge und der Diakonie.*

[70] Vgl. u. a. Hans Bernhard Mayer, *Zur Frage der Inkulturation der Liturgie,* in: *Zeitschrift für katholische Theologie,* 105. Jg. (1983), S. 1—31.

[71] Vgl. Klemens Richter, *Feiernde Gemeinde. Die Identität der Gemeinde und ihr Gottesdienst,* in: *Bibel und Liturgie,* 61. Jg. (1988), S. 123—133.

eines Aufsatzes des evangelischen Theologen Karl-Fritz Daiber,[72] in dem er für die protestantische Kirche die Bedeutung des Gottesdienstes in der Gemeindearbeit dreifach bestimmt: Einmal „ist er die Lebensäußerung der Gemeinde schlechthin", zudem „gewinnt er Bedeutung durch seine Funktion für die Sendung" und sodann kann „er im Gesamtzusammenhang des Lebensvollzugs der Gemeinde das wesentliche Element" sein.[73] Soll der Gottesdienst Mitte der Gemeindearbeit sein — dies entspricht der Forderung des Konzils —, so genügt es nach Daiber nicht, „den Gottesdienst als Mitte zu behaupten, vielmehr geht es um praktische Schritte, diese Zielvorstellungen situationsbezogen und damit sachgerecht zu verwirklichen".[74]

Katholischerseits hat jüngst der Bonner Pastoraltheologe Gottfried Bitter eine „Pastoral vom Altar aus" gefordert,[75] weil er in der Fülle gemeindlicher Aktivitäten heute die Mitte vermißt: „Die Mitte des wirkenden Evangeliums ist (aber) die Eucharistie. Wenn die Eucharistie als das Testament Jesu die Mitte seines Lebens und Wirkens, seines Sterbens und seines Auferwecktwerdens darstellt und vermittelt, wenn die Eucharistie die Herkunft und das Ziel der Kirche als Sakrament des Reiches Gottes, als Frucht des Evangeliums feiert und darstellt und verschenkt, dann ist die Eucharistie die Mitte der Gemeinde..." Deshalb müssen „alle Gemeindeaktivitäten, alle Gemeindefunktionen in der Eucharistie ihre Mitte finden. Ein Stück Gemeindeaktivität, das in der Eucharistie keinen Platz findet ... müßte sich fragen lassen, ob es überhaupt in die christliche Gemeindearbeit gehört. Die verschiedenen Variationen der Verkündigung, des Bruderdienstes, des Gotteslobs, der Gemeinschaft in einer Gemeinde — als deren Grundfunktionen — finden darum in der Eucharistie ihr Zentrum."[76]

Der Augsburger Lehrstuhlinhaber für katholische Pastoraltheologie und Liturgie, Hanspeter Heinz, sieht im Gottesdienst das Maß der Pastoral. Die Struktur der Liturgie stelle sich als Gang in drei Schritten dar: „Der Herr will mit den Seinen gleichsam dreifach kommunizieren:

[72] Karl-Friedrich Daiber, *Der Gottesdienst als Mitte der Gemeindearbeit,* in: *Wissenschaft und Praxis in Kirche und Gesellschaft,* 69. Jg. (1980), S. 74—90.

[73] *A. a. O.,* S. 77.

[74] *A. a. O.,* S. 78.

[75] Gottfried Bitter, *Evangelisation und Inkulturation,* in: *Informationen,* hrsg. von der Presse- und Informationsstelle des Erzbistums Freiburg, Nr. 1—3, Freiburg 1987, S. 5—30.

[76] *A. a. O.,* S. 19f.

im Wort, im Sakrament, im Mitmenschen ... Eine dreifache Bewegung ergreift die feiernde Gemeinde: der Ruf von oben, das Opfer nach oben, der Dienst nach außen."[77] Von daher könne die Pastoral „ihr dreifaches Ziel ablesen: Leben und Welt gemäß dem Wort Gottes gestalten, Leben und Welt zur Hingabe an Gott einladen, Leben und Welt in der Kraft Gottes verwandeln".[78] Hier wird deutlich, daß der Gottesdienst in sich schon auf den unlöslichen Zusammenhang von Verkündigung (Martyria), liturgischer Feier (Liturgia) und Dienst an den Menschen (Diakonia) verweist, daß die Verkündigung des Wortes Gottes zur Weltgestaltung führen und die Verwandlung der Welt in der Liturgie auch ihre Entsprechung im Leben der christlichen Gemeinde haben muß.

V
Liturgie als Seelsorge heute

Weil alles kirchliche Tun letztlich auf das Heil der Menschen und die Verherrlichung Gottes ausgerichtet sein muß, ist die Liturgie Mitte der Seelsorge, denn diese Ausrichtung verwirklicht sich in höchstem Maße in der Liturgie. Das christliche Leben wird vom Pascha-Mysterium geprägt, dessen Anamnese, dessen Gedächtnis, nirgendwo so dicht begegnet wie in der liturgischen Feier. Zudem gilt: „Die seelsorglichen Bemühungen nichtliturgischer Art können nur wirksam werden, wenn sie aus der Gnade Gottes kommen; das seelsorglich-apostolische Wirken unterscheidet sich gerade dadurch von rein humanitärer Arbeit, daß es dasselbe letzte Ziel hat wie die Liturgie — die Ehre Gottes und das Heil der Menschen."[79] Die volle Verwirklichung christlicher Gemeinschaft besteht im Vollzug des Herrenmahles. Die Liturgie ist so Angelpunkt christlicher Gemeinschaft, brüderlicher Hilfe und missionarischer Tat. Joseph Ratzinger umschreibt das so: „Die Brudergemeinde der Christen besteht ... aus denen und nur aus denen, die wenigstens mit einer gewissen Regelmäßigkeit sich als Teilhaber an der Eucharistiefeier einfinden."[80] Selbstverständlich ist diese Bruderliebe offen für alle, also auch auf die bezogen, die sich nicht zur Bruder- und Schwestergemeinde zählen. Die Liturgiefeier ist also Mitte der Pfarr-

[77] Hanspeter Heinz, *Die Struktur der Liturgie als Maß der Pastoral,* in: *Münchener Theologische Zeitschrift,* 35. Jg. (1984), S. 124—138, hier S. 129.

[78] *A. a. O.,* S. 131.

[79] T. Maas-Ewerd, *Liturgie...* (wie Anm. 11), S. 359.

[80] Joseph Ratzinger, *Die christliche Brüderlichkeit,* München 1960, S. 100.

seelsorge, Verwirklichung christlicher Geschwisterschaft und ausgerichtet auf die apostolische Sendung der Gemeinde. Dabei scheint eine Chance gerade pfarrlicher Seelsorge darin gegeben zu sein, „daß sich in der Pfarrei und ihren Wohnvierteln in einem überschaubaren Bereich christliches Leben vollziehen kann, in dem die gemeindebildende Kraft der Eucharistiefeier als ‚Zeichen der Einheit' und ‚Band der Liebe'[81] zur Entfaltung gelangt. Die wiederholte Feier der Eucharistie am gleichen Ort mit etwa den gleichen Menschen sollte zur Folge haben, daß die Christen, die miteinander Gottesdienst feiern, zur Gemeinde zusammenwachsen."[82]

Ohne hier auf die Auseinandersetzungen einzugehen, die in den letzten Jahrzehnten in der Pastoraltheologie um die verschiedenen Seelsorgekonzepte ausgetragen wurden und noch werden, ist darauf hinzuweisen, daß der pluralen Gesellschaft auch eine plurale Seelsorge entsprechen muß. Das heißt für die Liturgie, daß es sogenannte Zielgruppengottesdienste geben muß, die verschiedenen Gruppen in einem gewissen Maße auch durch eigene liturgische Feiern erreicht werden können.[83] So läßt sich bei der Jugend zunehmend feststellen, daß sie einen Zugang zur Liturgie nur dort findet, wo der Gottesdienst in Lebenszusammenhänge eingebunden ist. Aus solchen Entwicklungen läßt sich wohl prognostizieren, daß die Verbindung von Lebensgemeinschaft und Liturgiegemeinschaft zukünftig entscheidend für das Zusammenkommen der Gottesdienstgemeinde sein wird. Die Liturgie wird dann als wahrhaftig empfunden, wenn sie diejenigen umfaßt, die auch das tägliche Leben miteinander teilen. Es gibt ja nicht die Liturgie der Kirche schlechthin, sondern immer nur die einer konkret versammelten Gemeinde. Damit zeichnen sich für Liturgie und Seelsorge Strukturen ab, wie sie für die christliche Gemeinde von Anbeginn kennzeichnend waren, jedenfalls bis zur „konstantinischen Wende". Nicht zufällig stellte sich schon in den unüberschaubaren Großstadtgemeinden der Antike die Frage, wie christliche Gemeinde gelebt werden könne. Das aktuelle Schlagwort von der Basisgemeinde meint im Kern wohl nichts anderes, als die Lebens- und Liturgiegemeinschaft unter den Verhältnissen einer pluralen Gesellschaft wieder zu vereinen.

[81] *SC*, Art. 47, abgedruckt in: *LThK*, Erg.-Bd. 1, S. 51 f.

[82] T. Maas-Ewerd, *Liturgie...* (wie Anm. 11), S. 361.

[83] Vgl. dazu Josef Schermann/Hans Bernhard Meyer (Hrsg.), *Der Gottesdienst im deutschen Sprachgebiet. Liturgische Dokumente, Bücher und Behelfe* (= Studien zur Pastoralliturgie, Bd. 5), Regensburg 1982, S. 268—270.

Das eben hat auch die Seelsorger bewegt, die in der Liturgischen Bewegung führend waren. Im Leipziger Oratorium wurde das Wohnviertelapostolat eingerichtet: Kleine Gruppen von Familien, die damals zwar noch keine Hausmessen feiern konnten, wohl aber Wortgottesdienste, fanden sich zu Schriftgespräch und Gebet regelmäßig zusammen und standen in der Not einander bei. Aus ihnen baute sich die Großgemeinde auf.

Sicherlich muß die Seelsorge vielgestaltig sein, also auch Zielgruppen umfassen, und dort, wo es erforderlich ist, Personalgemeinden errichten. Aber das territorial strukturierte Pfarrprinzip, das Bestreben einer Gesamtpastoral, fußt ja nicht allein auf einer methodischen Frage, die man so oder so lösen könnte, sondern ist begründet im Wesen der bischöflichen Ortskirchen. In Anlehnung an die frühe Kirche könnte die Pfarrei geradezu als Ortskirche bezeichnet werden, wobei im Sinne einer eucharistischen Ekklesiologie die Gesamtkirche durch die eucharistiefeiernden Ortsgemeinden auferbaut wird. Christliche Bruder- und Schwestergemeinde geht über persönliche Vorlieben hinaus. Von Anfang an kommen in der christlichen Gemeinde nicht die zusammen, die sich persönlich besonders mögen oder die durch den gleichen Berufs- oder Lebensstand miteinander verbunden sind, sondern diejenigen, die eins geworden sind im Glauben an und in der Taufe auf ihren Herrn und Bruder Jesus Christus. Sie sind durch Liturgie und Diakonie in der Koinonia mit ihm und untereinander verbunden. Der notwendigen Spezialisierung in der pastoralen Praxis widerspricht es daher nicht, daß es eine territoriale Ordnung der Seelsorge gibt, ein Zentrum liturgischen Lebens und umfassender Gemeinschaft. Spannungen sind dabei unausweichlich, wie schon Paulus für die Gemeinde von Korinth bezeugte, deren Zusammenkünfte für ihn „keine Feier des Herrenmahls mehr" waren (1 Kor 11,20). Die Aufgabe, „erster Ort, bleibendes Fundament und ständiger Rückhalt einer lebendigen und umfassenden kirchlichen Seelsorge zu sein, wird *die* Pfarrei am besten zu erfüllen vermögen, die aus der Mitte ihrer Liturgiefeier zur Gemeinde zusammenwächst",[84] Individualismus überwindet, Brüderlichkeit und Partnerschaft entfaltet und sich ihrer Sendung bewußt wird.

Diese grundsätzliche Feststellung entbindet allerdings nicht davon, über die Größenordnung einer einzelnen Gemeinde und damit auch über die Größe einer Gottesdienstgemeinschaft nachzudenken. Das

[84] T. Maas-Ewerd, *Liturgie...* (wie Anm. 11), S. 381.

Herrenmahl wurde im Laufe der Geschichte so spiritualisiert und stilisiert, daß es selbst in der erneuerten Form kaum als Mahlfeier zu erkennen ist. Wie groß kann sinnvollerweise eine eucharistische Tischgemeinschaft sein, wie groß eine funktionierende christliche Lebensgemeinschaft? Die Gemeinschaften zum jüdischen Paschamahl dürften in Jerusalem kaum mehr als jeweils hundert Tischgenossen umfaßt haben. Was bedeutet es also für die Liturgie und damit auch für die Seelsorge, wenn bei ständig abnehmender Zahl von Gemeindeleitern immer mehr Gläubige zu einer Gemeinde zusammengefaßt, in ländlichen Gebieten oft schon zwei oder drei Gemeinden zusammengelegt und damit christliche Lebensgemeinschaften eher verhindert als gefördert werden? Hinzu kommt — darauf hat schon 1985 der damalige Vorsitzende der Liturgiekommission der Deutschen Bischofskonferenz, der Trierer Bischof Hermann Josef Spital, in einem Referat über die liturgisch-pastorale Situation aufmerksam gemacht —, daß wir es in der westlichen Kirche des ausgehenden zweiten Jahrtausends mit einer seelsorglich außerordentlich widersprüchlichen Situation zu tun haben. Überall gibt es noch volkskirchlich lebende Gemeinden, während in den Großstädten diese Strukturen weithin zerbrochen sind. In den Städten wird sichtbar, was in unterschiedlicher Weise von allen unseren Gemeinden gilt: Wir sind in einer säkularisierten Welt zu einem Missionsland geworden. In dieser Situation sind andere Formen zu entwickeln, als wir sie bisher kennen.[85] „Das Ziel", schrieb Spital, „wird sein: den Einzelnen ansprechen, ihn in eine lebendige brüderliche Gemeinschaft einbeziehen und im Miteinander leben, beten, die Schrift meditieren — so wird sich dann der Glaube in all den Gliedern der Gemeinde aufbauen. Es wird berichtet, daß Cyrill von Alexandrien einmal gefragt worden sei, was er tun würde, wenn er einen Heiden zum Christentum bekehren solle. Er habe darauf geantwortet: ‚Ich werde ihn ein Jahr lang in meinem Hause wohnen lassen.' Wenn die Liturgie Herzstück eines solchen viel umfassenderen Lebensvorganges werden wird, wird sie ihre volle Kraft entfalten. Wo die Liturgie im Leben des einzelnen aber nicht mehr ist als ein allsonntäglich vollzogener Ritus, muß sie vertrocknen."[86] Und — so dürfen wir hinzufügen — der Seelsorge insgesamt wird es nicht anders ergehen.

[85] Vgl. Klemens Richter, *Liturgie in säkularisierter Gesellschaft?*, in: *Diakonia*, 21. Jg. (1990), S. 21—29.

[86] Hermann Josef Spital, *Zur liturgisch-pastoralen Situation und Aufgabenstellung 20 Jahre nach dem Konzil* (Maschinenschrift), Vortrag in Kevelaer vom 21. 10. 1985, S. 9.

BILDTEIL

Der Preußische Staat.

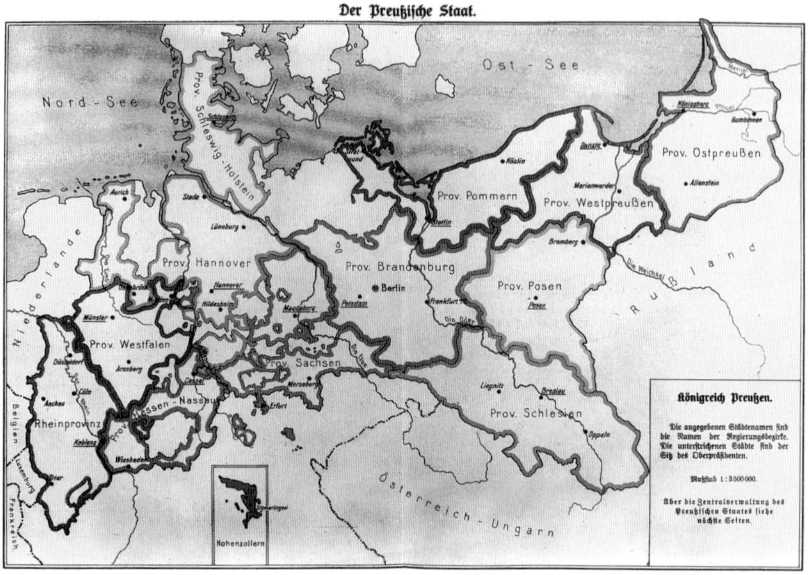

ABBILDUNG 1 Preußen 1911

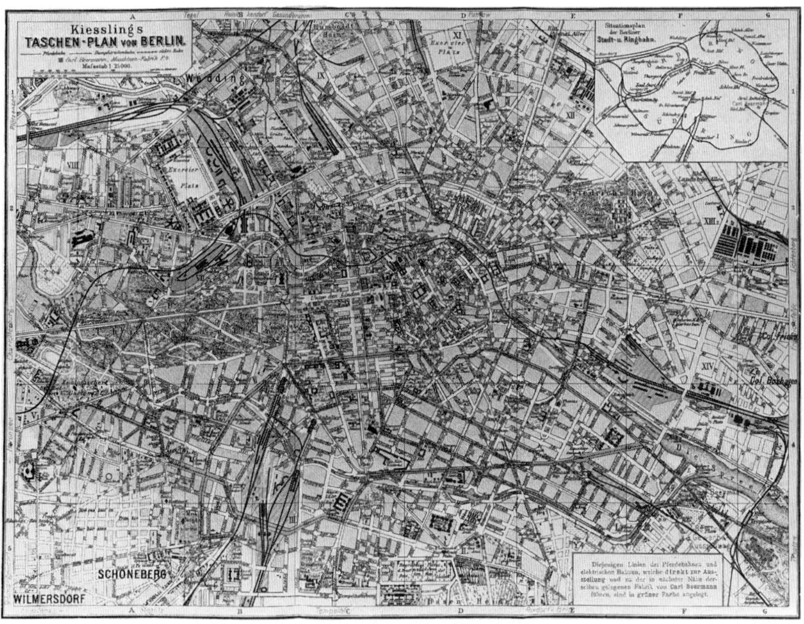

ABBILDUNG 2 Berlin 1896

ABBILDUNG 3 Dienstgebäude des Evangelischen Oberkirchenrats in der Jebenstraße, um 1912

ABBILDUNG 4 Straßenfront des Bischöflichen Ordinariats, Behrenstraße 66, nach 1930

ABBILDUNG 5 Berlin im Baufieber der Gründerjahre, anonymes Gemälde um 1875

ABBILDUNG 6 Skalitzer Straße mit der Hochbahn im Bau, 1900

ABBILDUNG 7 Bettlerin in Berlin, um 1920

ABBILDUNG 8 Vor einem städtischen Obdachlosenasyl, um 1923

ABBILDUNG 9 Verein „Dienst an Arbeitslosen“, Schrippenkirche

ABBILDUNG 10 Verein „Dienst an Arbeitslosen“, Werkstatt in der Ackerstraße 52

ABBILDUNG 11 Mädchenheim „Arbeitsfreude“ der Berliner Stadtmission in Berlin-Schmargendorf, 1928

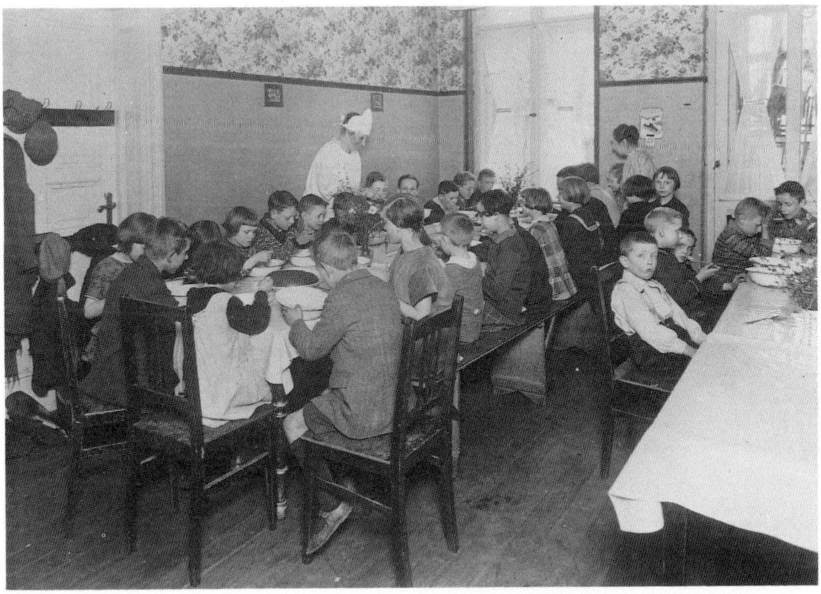

ABBILDUNG 12 Kinderspeisung des Deutsch-Ev. Frauenbundes im Kgl. Schloß Bellevue

ABBILDUNG 13 Waisenhaus St. Katharinenstift, Greifswalder Straße 18

ABBILDUNG 14 Bischof Schreiber vor dem St. Joseph Kinderheim des Klosters Sta. Trinita in Berlin-Charlottenburg, 1932

ABBILDUNG 15 Katholische Erziehungsanstalt „Maria Schutz“, Pfalzburger Straße 18, Berlin-Wilmersdorf

ABBILDUNG 16 Hedwigschule, Hinter der katholischen Kirche 3, um 1900

ABBILDUNG 17 Märkischer Katholikentag in Potsdam 1929

ABBILDUNG 18 Bernhard Lichtenberg und Prälat Banasch bei der Austeilung der Kommunion auf dem Märkischen Katholikentag 1930 im Stadion Grunewald

ABBILDUNG 19 Nuntius Orsenigo, Bischof Bares und Dompropst Dr. Steinmann auf dem Märkischen Katholikentag 1934 in Hoppegarten

ABBILDUNG 20 Nuntius Eugenio Pacelli auf dem Märkischen Katholikentag 1926 in Berlin-Tegel

ABBILDUNG 21 Das Evangelische Johannesstift auf dem Gelände des späteren Westhafens, 1898

ABBILDUNG 22 Evangelischer Verein Junger Männer, Ausmarsch der Sanitäter ins Feld, um 1915

ABBILDUNG 23 Katholisches Gesellenhaus in Berlin-Charlottenburg, Alt-Lietzow, 1932

ABBILDUNG 24 St. Hedwig-Krankenhaus, Große Hamburger Straße, 1895

ABBILDUNG 25 Gebäudekomplex um die St. Clemens-Kirche am Anhalter Bahnhof

ABBILDUNG 26 St. Josefsheim, Pappelallee 61

63. Jahrgang 1933
Nr. 241

Germania

Zeitung für das deutsche Volk

Berlin, Sonnabend, 2. September

Einzelpreis 15 Pfennig

Hauptgeschäftsstelle:
Berlin SW 68,
Puttkamerstraße 19.

Fernsprecher:
Sammelnummer F 5,
Bergmann 7680—7688

Die Germania erscheint wöchentl. 7 ×. Monatl. Bezugspreise: durch Boten (einschließlich RM. 1,17 Beförderungsgebühr) RM. 3,50, durch Post (einschließlich 56 Rpf. Zeitungsgeld) RM. 3,50 ausschließlich Zustellgeld. Bestellungen durch alle Postanstalten, unsere Filialen und die Geschäftsstelle Berlin SW 68, Puttkamerstr. 19. Auslands-Postüberweisung RM 4,50. Kreuzbandsendung RM 6,00. – Telegr.-Adr.: Zeitung Germania Berlin. Erfüllungsort Amtsgericht Berlin-Mitte

Anzeigenpreise: Die Nonpareillezeile RM. 0,50, an bevorzugter Stelle (Reklameteil) RM. 2,50. Todesanzeigen RM. 0,50, für Abonnenten RM. 0,20. Heiratsanzeigen RM. 0,50. Wohnungsanzeigen und Stellenangebote RM. 0,20. Kleine Anzeigen: Ueberschriftswort RM. 0,20, Textwort RM. 0,10. Stellengesuche: Ueberschriftswort: RM. 0,10, Textwort RM. 0,06. Für Platzvorschrift können wir keine Gewähr leisten. Postscheckkonto Berlin NW 7 Nr. 207 50.

Abbildung 27

Nr. 164. Berlin, Mittwoch den 22. Juli 1903. XV. Jahrg.

Märkische Volks-Zeitung

Katholische Volkszeitung für Berlin und die Mark. – Centralorgan der kath. Vereine von Berlin und Umgegend.

Erscheint täglich, mit Ausnahme des Tages nach einem Sonn- oder Festtage, mindestens 8—12 Seiten stark. Die Zeitung kostet in unserer Geschäftsstelle abgeholt 50 Pfg. monatlich, durch ein Zeitungsgeschäft bezogen 80 Pfg.; auf der Post abgeholt 2 M. vierteljährlich; frei ins Haus gebracht 2,42 M. Postzeitungsliste Nr. 4893.

Sechs Gratisbeilagen:
Illustrirtes Sonntagsblatt. Erholungsstunden.
Empor die Herzen. Das schwarze Blatt. Rechtshilfe.
Praktischer Rathgeber für Haus und Familie.

Redaction u. Geschäftsstell: Berlin C., Stralauerstr. 25. Verantw. Redacteur: Dr. Gg. Böckmann. Druck u. Verlag d. Germania, Actiengesellsch. f. Verlag u. Druckerei. Sämmtl. i. Berlin. Telephon: Redaction Amt I, 7578, Expedition Amt I, 5406. Anzeigen kosten die fünfgespaltene Kleinzeile 30 Pfg. Reclamen über dem Redactionsstrich: Zeile 90 Pf.

Abbildung 28

Abbildung 29 Gebäude des „Germania“-Verlags in der Puttkamerstraße, 1928

Evangelische Kirchen-Zeitung.

Berlin 1829. Sonnabend den 5. December. № 97.

Evangelische Kirchen-Zeitung.

Berlin, 1869. Mittwoch den 7. April. № 28.

ABBILDUNG 30

ABBILDUNG 31 Evangelische Vereins-Buchhandlung G.m.b.H. zu Berlin, Oranienstraße 105, nach 1888

ABBILDUNG 32 Ernst Wilhelm Theodor Herrmann Hengstenberg (1802–1869), Holzstich von 1869

Deutsche Evangelische Kirchenzeitung.

Wochenschrift zur Pflege evangelischen Gemeindelebens und zur Förderung kirchlicher Selbständigkeit.

In Verbindung mit

Professor D. **Cremer**-Greifswald, Pfarrer **Ebel**-Graudenz, Superintendent **Eichler**-Pasewalk, Pastor Dr. **Eiselen**-Altenweddingen, **Graf vom Hagen**-Möckern, Oberverwaltungsgerichtsrath **Hahn**-Berlin, Superintendent **Jeep**-Stendal, Rittergutsbesitzer **von Klitzing**-Dziembowo, Pfarrer **Krüger**-Langenberg, Superintendent **Müller**-Oberfischbach, Pastor **Olshausen**-Mertschütz, Superintendent **Pfeiffer**-Krakau, Divisionspfarrer Dr. **Rocholl**-Köln, Pastor **Schollmeyer**-Dingelstedt, Hofprediger **Schrader**-Berlin, **Graf zu Stolberg-Wernigerode**-Tütz, Pfarrer Lic. **Weber**-M. Gladbach, Professor **L. Witte**-Schulpforta,

herausgegeben von

Adolf Stöcker, Hof- und Domprediger.

Es ist aber die Kirche die Versammlung aller Gläubigen, bei welchen das Evangelium recht gepredigt und die heiligen Sacramente laut des Evangelii gereicht werden. Augsb. Glaubensbekenntnis, Artikel 7.	Wöchentlich Sonnabends erscheint eine Nummer, monatlich eine litterarische Beilage. Preis halbjährlich 5 Mark. — Bestellungen auf diese Zeitschrift nehmen alle Buchhandlungen und Postanstalten an.	Was thut unsere Kirche? Sie ist gebunden an Händen und Füßen. Der Schlüssel der Freiheit fehlt ihr. Friedrich Wilhelm IV.

No. 12. **Berlin, den 19. März 1887.** **1. Jahrgang.**

Inhalt: Kaisers Geburtstag — Der Antrag von Kleist-Retzow als Gesetzentwurf. — Aus dem antisemitischen Wahlkreis Marburg. I. — Kanzelaustausch in England. — Kirchliche Chronik. — Quittungen. — Anzeigen.

ABBILDUNG 33

ABBILDUNG 34 Parochialkirche in der Klosterstraße, 1931

ABBILDUNG 35 Thomaskirche am Mariannenplatz, um 1900

ABBILDUNG 36 Neue Garnisonkirche, später auch Stadtmissionskirche, auf dem Südstern, um 1910

ABBILDUNG 37 Gustav-Adolf-Kirche in Berlin-Charlottenburg, 1934 (Architekt: Otto Bartning)

ABBILDUNG 38 St. Michael-Kirche, Berlin-Mitte, Ansicht vom Engelbecken aus, 1897

ABBILDUNG 39 Liebfrauenkirche (St. Marien) in Berlin-Kreuzberg, 1915

Abbildung 40 Dominikaner-Kirche St. Paulus in Berlin-Moabit

Abbildung 41 St. Bernhard, Berlin-Dahlem, 1934

ABBILDUNG 42 Grundsteinlegung der Martin-Luther-Kirche durch Kaiser Wilhelm II. und Kaiserin Auguste Viktoria, 1891

ABBILDUNG 43 Rudolf Kögel (1829—1896), Hofprediger seit 1863

ABBILDUNG 44 Johann Hinrich Wichern (1808—1881)

ABBILDUNG 45 Friedrich von Bodelschwingh (1831—1910), Aufnahme: 1900

ABBILDUNG 46 Hofprediger Adolf Stoecker (1835—1909), Aufnahme: 1902

ABBILDUNG 47 Hofprediger Ernst Dryander (1843—1922)

ABBILDUNG 48 Einweihung der Kaiser-Wilhelm-Gedächtniskirche, 1897

ABBILDUNG 49 Victor Aimé Huber (1800—1869), nach einer Zeichnung aus dem Jahre 1826

ABBILDUNG 50 Friedrich Naumann (1860—1869)

ABBILDUNG 51 Luise Hensel (1798—1876), Zeichnung von Wilhelm Hensel

ABBILDUNG 52 Marianne Saaling (1783—1886), Aquarell von C. Neumann 1855

Abbildung 53 Fürst Bogislav Radziwill (1809—1873)

Abbildung 54 Propst Anton Brinkmann, 1838—1849 Delegat in Berlin

ABBILDUNG 55 Missionsvikar Eduard Müller (1818—1895)

ABBILDUNG 56 Propst Josef Jahnel (1834—1897)

ABBILDUNG 57 Trauerfeier für Bischof Schreiber, 1933

ABBILDUNG 58 Besuch Kaiser Wilhelms I. in St. Hedwig, an der Pforte: Kardinal Kopp, um 1887/88

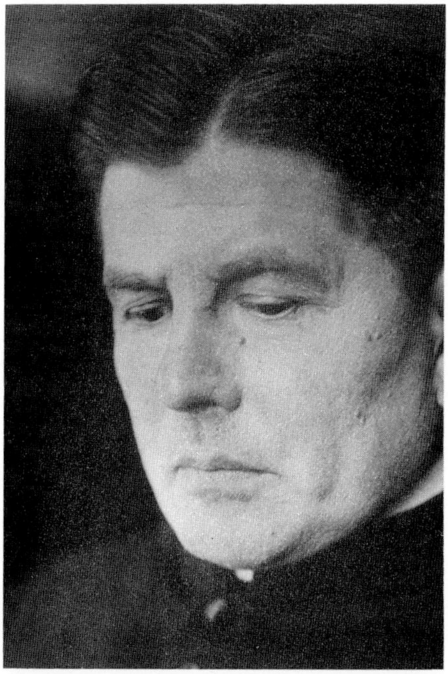

Abbildung 59 Maximilian Kaller (1880—1947), Pfarrer von St. Michael ab 1917, seit 1930 Bischof von Ermland

Abbildung 60 Dr. Carl Sonnenschein (1876—1929)

BILDNACHWEIS

(Bei den angegebenen Zahlen handelt es sich um die Nummern der jeweiligen Abbildungen)

Archiv des Diakonischen Werkes der EKD, Berlin: 7, 8, 9, 10, 11, 12, 44; Archiv des Petrus-Blatts, Berlin: 25, 27, 28, 29, 60; Archiv des St. Hedwig-Blatts, Berlin: 26; Bibliothek des Diakonischen Werkes der EKD, Berlin: 31, 49; Bildarchiv des Evangelischen Johannestifts, Berlin: 21; Bildarchiv Preußischer Kulturbesitz, Berlin: 1, 2, 5, 6, 32, 42, 43, 45, 46, 48, 50, 51, 53, 59; Bistumsarchiv, Berlin 17, 19, 24, 52, 54, 56; Diözesanarchiv, Berlin: 4, 13, 14, 15, 16, 18, 20, 40, 55, 58; Evangelisches Zentralarchiv, Berlin: 3; Landesbildstelle Berlin: 22, 23, 34, 35, 36, 37, 38, 39, 41, 47, 57; Staatsbibliothek Preußischer Kulturbesitz, Berlin: 30, 33.

Umschlag: Evangelischer Dom am Lustgarten, 1900 (Foto: Landesbildstelle Berlin); St. Hedwigs-Kathedrale vor der Zerstörung im Zweiten Weltkrieg (Foto: Diözesanarchiv, Berlin).

VERZEICHNIS DER AUTOREN

ASCHOFF, Hans-Georg (geb. 1947), Dr. phil. habil., Akad. Oberrat am Historischen Seminar der Universität Hannover, Schneiderberg 50, 3000 Hannover 1.

BLOTH, Peter C. (geb. 1931), Dr. theol. habil., o. Prof. für Praktische Theologie an der Kirchlichen Hochschule Berlin, Teltower Damm 120—122, 1000 Berlin 37.

BOECKH, Jürgen (geb. 1922), Dr. theol., Pfarrer i. R., Drakestraße 53, 1000 Berlin 45.

DIEDERIKS, Herman (geb. 1937), Dr. Lit., Dozent für Sozialgeschichte am Fachbereich Geschichte der Universität Leiden, Doelensteeg 16, 2311 VL Leiden, Niederlande.

ELM, Kaspar (geb. 1929), Dr. phil., Univ.-Prof. für Mittlere und Neuere Geschichte am Friedrich-Meinecke-Institut (Fachbereich Geschichtswissenschaften) der Freien Universität Berlin, Habelschwerdter Allee 45, 1000 Berlin 33.

GATZ, Erwin, Dr. theol., Prof., Rektor des Campo Santo Teutonico Rom, Via della Sagrestia 17, I-00120 Città del Vaticano.

GRESCHAT, Martin (geb. 1934), Dr. theol., Prof. für Kirchengeschichte und Kirchliche Zeitgeschichte an der Justus-Liebig-Universität Gießen, Karl-Glöckner-Straße 21, Haus H, 6300 Gießen.

HÖLSCHER, Lucian (geb. 1848), Dr. phil. habil., Privatdozent an der Fakultät für Geschichtswissenschaft und Philosophie der Universität Bielefeld, Postfach 8640, 48 Bielefeld 1.

KORNEMANN, Helmut (geb. 1935), Pfarrer, zur Zeit Leiter der Gemeinsamen Arbeitsstelle für gottesdienstliche Fragen der Evangelischen Kirche in Deutschland, Herrenhäuser Straße 12, 3000 Hannover 21.

LIEDTKE, Eleonore (geb. 1931), Wissenschaftliche Bibliothekarin an der Diözesanbibliothek Berlin, Theologisch-Pädagogische Akademie des Bistums Berlin, Katholisches Bildungszentrum, Westendallee 54, 1000 Berlin 19.

LOOCK, Hans-Dietrich (geb. 1927), Dr. phil., Univ.-Prof. a. D. für Neuere Geschichte am Friedrich-Meinecke-Institut (Fachbereich Geschichtswissenschaften) der Freien Universität Berlin, Habelschwerdter Allee 45, 1000 Berlin 33.

MATZERATH, Horst (geb. 1937), Dr. phil. habil., Privatdozent, Leiter des NS-Dokumentationszentrums der Stadt Köln, Appellhofplatz 23—25, 5000 Köln 1.

MCLEOD, Hugh (geb. 1944), Ph. D. (Cambridge 1971), Senior Lecturer in Church History, University of Birmingham, Department of Theology, P.O. Box 363, Birmingham B15, 2TT, G.B.

MÜLLER, Dirk H. (geb. 1944), Dr. phil. habil., wissenschaftlicher Mitarbeiter bei der Historischen Kommission zu Berlin, Kirchweg 33, 1000 Berlin 38.

OELKER, Hans Adolf (geb. 1928), Pfarrer, Vorsteher des Evangelischen Johannesstifts, Schönwalder Allee 26, 1000 Berlin 20.

RIBBE, Wolfgang (geb. 1940), Dr. phil. habil., Prof. am Friedrich-Meinecke-Institut (Fachbereich Geschichtswissenschaften) der Freien Universität Berlin, Habelschwerdter Allee 45, 1000 Berlin 33.

RICHTER, Klemens (geb. 1940), Dr. theol., Prof. für Liturgiewissenschaft an der Katholisch-Theologischen Fakultät der Universität Münster, Johannisstraße 8—10, 4400 Münster.

RIEDEN, Charlotte (geb. 1916), Dr. phil., Prof., Diplompsychologin; bis 1981 Fachhochschule für Sozialarbeit und Sozialpädagogik Berlin, Karl-Schrader-Straße 6, 1000 Berlin 30.

ROSAL, Heribert (geb. 1913), Ehrendomherr, Bischöflicher Archivar beim Bischöflichen Ordinariat, 1086 Berlin, Hinter der katholischen Kirche 3.

SAAL, Friedrich Wilhelm (geb. 1934), Dr. phil., Dipl. Theol., Privatdozent am Historischen Institut der Universität Dortmund, Emil-Figge-Straße 50, 4600 Dortmund 50.

SAUTER, Gerhard (geb. 1935), Dr. theol., Professor für Systematische und Ökumenische Theologie und Direktor des Ökumenischen Instituts an der Evangelisch-Theologischen Fakultät der Rheinischen Friedrich-Wilhelms-Universität Bonn, Am Hof 1, 5300 Bonn 1.

SCHULZ, Jürgen Michael (geb. 1958), M. A., wissenschaftlicher Mitarbeiter am Institut für Kommunikationsgeschichte und angewandte Kulturwissenschaften der Freien Universität Berlin, Malteserstraße 74—100, 1000 Berlin 46.

SIMON, Werner (geb. 1950), Dr. theol., Univ.-Prof. für Religionspädagogik und Didaktik der Katholischen Religionslehre an der Freien Universität Berlin, Seminar für Katholische Theologie, Schwendener Straße 33, 1000 Berlin 33.

SÖSEMANN, Bernd (geb. 1944), Dr. phil., Univ-Prof., Direktor des Instituts für Kommunikationsgeschichte und angewandte Kulturwissenschaften der Freien Universität Berlin, Malteserstraße 74—100, 1000 Berlin 46.

TEUTEBERG, Hans-Jürgen (geb. 1929), Dr. phil., o. Prof., Direktor des Historischen Seminars der Westfälischen Wilhelms-Universität, Lehrstuhl für Neuere und Neueste Sozial- und Wirtschaftsgeschichte, Domplatz 20—22, 4400 Münster.

WEICHERT, Friedrich (geb. 1913, † 1988), Dr. theol., Pfarrer in Berlin.

WEISSENSTEINER, Johann (geb. 1954), Dr. phil., Mag. phil., Archivassistent am Diözesanarchiv Wien, Wollzeile 2, 1010 Wien.

WINTZER, Friedrich (geb. 1933), Dr. theol., Prof. für Praktische Theologie an der Evangelisch-Theologischen Fakultät der Rheinischen Friedrich-Wilhelms-Universität Bonn, Evangelisch-Theologisches Seminar, Am Hof 1, 5300 Bonn.

HISTORISCHE KOMMISSION ZU BERLIN

Kirchweg 33 ('Mittelhof'). D-1000 Berlin 38 (Nikolassee)

FRIEDRICH ZIPFEL

Kirchenkampf in Deutschland 1933 - 1945

Religionsverfolgung und Selbstbehauptung der Kirchen in der nationalsozialistischen Zeit

Mit einer Einleitung von Hans Herzfeld

Groß-Oktav. XVI, 571 Seiten. 1965. Ganzleinen DM 75,–
ISBN 3 11 000459 3 (Band 11, Publikationen der Forschungsgruppe Berliner Widerstand beim Senator für Inneres von Berlin, Band 1)

GERHARD BESIER

Preußische Kirchenpolitik in der Bismarckära

Die Diskussion in Staat und Evangelischer Kirche um eine Neuordnung der kirchlichen Verhältnisse Preußens zwischen 1866 und 1872

Groß-Oktav. XIV, 608 Seiten. 1979. Ganzleinen DM 195,–
ISBN 3 11 007176 6 (Band 49)

Aus dem Inhalt: Rückblick auf die Entwicklung der preußischen Landeskirche (1807-1866) — Die Krise der Preußischen Union zwischen 1866 und 1872 — Die Fortbildung der preußischen Synodalverfassung von 1866 bis zur Berufung Emil Hermanns in den Evangelischen Oberkirchenrat (EOK) 1872 — Die Kirchenpolitik der preußischen Staatsregierung zwischen 1866 und 1872.

Preisänderungen vorbehalten

Walter de Gruyter Berlin · New York